天津市中小学优秀线上教学教研案例集

——上册

主编　郝捷

天津出版传媒集团

天津科学技术出版社

图书在版编目（CIP）数据

天津市中小学优秀线上教学教研案例集 / 郝捷主编
. -- 天津：天津科学技术出版社, 2023.5
ISBN 978-7-5742-1147-6

Ⅰ．①天… Ⅱ．①郝… Ⅲ．①中小学教育－课堂教学
－网络教学－教学研究 Ⅳ．① G632.0

中国国家版本馆 CIP 数据核字 (2023) 第 082235 号

天津市中小学优秀线上教学教研案例集
TIANJINSHI ZHONGXIAOXUE YOUXIU XIANSHANG JIAOXUE JIAOYAN ANLIJI
责任编辑：韦奥
责任印制：兰毅

出　　版：天津出版传媒集团
　　　　　天津科学技术出版社

地　　址：天津市西康路 35 号
邮　　编：300051
电　　话：（022）23332373
网　　址：www.tjkjcbs.com.cn
发　　行：新华书店经销
印　　刷：济南靓彩印务有限公司

开本 787×1092　1/16　印张 46.25　字数 569 000
2023 年 5 月第 1 版第 1 次印刷
定价：168.00 元

应时而动，因需教学
——天津市线上与线下教学模式切换的实践探索

天津市教育科学研究院课程教学研究中心 赵福楼

作为中国式现代化发展模式的一部分，我国中小学教育在本土的实践也是卓有成效的。实现教育现代化，要坚持与时俱进，坚持办好人民满意教育，坚持贯彻落实立德树人根本任务，坚持推进教育教学改革，坚持促进学生综合素质发展。中国发展进入新时代，信息化与人工智能已经成为科学技术发展的重要引擎。

互联网始于 1969 年美国的阿帕网。随着信息技术应用的普及，以及人工智能、大数据的技术发展，这张虚拟的大网现在已经深刻影响和改变着人类生活和工作。"互联网+"的理念应运而生。2012 年"互联网+"的概念出现在技术圈子，及至 2015 年 7 月国务院印发《关于积极推进"互联网+"行动的指导意见》，推进"互联网+"这已经成为国家行动计划。所谓"互联网+"是指在创新 2.0（信息时代、知识社会的创新形态）推动下由互联网发展的新业态，也是在知识社会创新 2.0 推动下由互联网形态演进所催生的经济社会发展新形态。这个"互联网+"自然包括"互联网+教育"。

"互联网+教育"，同样改变了教育生态与教育样式。"可汗学院"即是应用信息技术服务教育的产物。翻转课堂与慕课一时被业界所推崇。受其影响，"网易课堂"以及各种云课堂都在网络开办起来。在线教育与云课堂风潮汹涌。2020 年春季疫情突发，学生居家自主学习，学校普遍实施线上教学，云课堂与在线学习这时从辅助地位一下子成为主体学习方式。基于互联网的云课堂、在线学习、网络会议、线上教学等，再一次推进了"互联网"与"教育"的深度融合。而今，在广大教师的应用和教学探索中，线上与线下教学两种教学模式的随时切换，以及线上与线下教学的混合已经成为学校教育新常态。

教育部不断规范线上教学，加大线上教育教学优质资源建设，并且制定了线上教育教学五年行动计划。天津市教委和市教科院落实教育部工作要求，下发本市中小学线上教学指导意见、实施精品课程资源建设，依托天津市基础教育资源公共服务平台与"广电云课堂"开展线上教学，通过教育行政和教研部门的联合巡课制度提升线上教学质量。教科院课程中心应时而动，成立中小学线上教研中心，协调各学科教研室，进行市区校三级统筹，指导开展线上教学与线上教研。

本市线上教学的基本模式有四种：第一种模式是区域和学校组织研发优质课程资源，按照课程进度进行投放和做网络布局，教师指导学生自主学习，根据学生所需进行学习指导和答疑；第二种模式是按照全市统一布局，组织云课堂或网络课程的学习，教师有效组织学习指导和答疑；第三种模式是按照课表和课程计划，实施线上教学，增加师生互动以及可见性，重视融合师生关系，提升课堂教学质量；第四种模式是同步实施线上与线下教学，一部分学生在课堂听课，另外有学生线上学习。针对不同年龄段和不同学科所需，线上教学的组织形式是不一样的。

云课堂与线上教学客观存在物理隔离问题，教学观察和反馈不及时，而且师生与生生关系的融合普遍存在障碍。特殊境地之下的学生问题凸显，教学复杂性凸显，教学计划不同步，学生分化严重，而且学校根据防疫要求要为一些学生提供特需教育服务。在这个情况下，各层级的教研活动，通过集体会诊的办法及时发现问题和解决问题就显得非常必要；而且班集体教师集体的互助和互补也是必要的，只有采取集体协同的工作模式才能应对在紧急事态下的教育所需。教研员这支队伍在线上教研工作中同样经受了考验。

在全市普遍开展线上教学与线上教研的基础上，中小学线上教研中心组织了优秀教学案例和教研案例的征集评选工作。这是对于前期工作的一个总结，同时在这些案例中我们可以挖掘出很多宝贵的经验，作为持续推进线上与线下教学协同的重要支撑。互联网与教育的深度融合，这是大势所趋。教育教学改革需要应时而动，因需教学，与时代发展相适应，与学生发展相适应。

是为序言，亦为教育同仁的成果鼓与呼！

前 言

我国在 2021 年发布的《中华人民共和国国民经济和社会发展第十四个五年规划和 2035 年远景目标纲要》 提出要"加快数字化发展，建设数字中国"。教育的培养目标和发展方向，与数字经济和数字社会的发展息息相关。教育部长怀进鹏在 2022 年全国教育工作会议上提出，要实施教育数字化战略行动，推动实现教育数字化转型。

在基础教育，课堂教学是数字化转型的核心。随着互联网技术发展，线上教学已成为课堂教学的一种新的形式。2021 年 1 月教育部等五部门《关于大力加强中小学线上教育教学资源建设与应用的意见》要求，"积极推动线上线下混合教学，拓展教学时空，促进教学组织方式重构和教学方法创新。大力推广应用先进的线上教育教学方法，全面提升教师线上教学能力。"在 2020 年开始的抗击新冠疫情背景下，使得中小学一线教育工作者转入了线上教学的阵地，线上教学具有师生之间时空分离的特性，与传统师生直接互动为主要形式的线下教学有本质的区别。两年来，一线教师从对线上教学的不了解、不熟悉到研究经验、加强学习、总结方法、凝炼成果，进行了卓有成效的探索。新冠疫情成为线上教育实践和发展的催化剂，也在一定程度上倒逼教育教学向数字化方向发展。

疫情终将会过去，而线上教育已成为不可逆转的趋势。以往线上教学和线下教学相对分离的格局会被打破，线上、线下教学随时进行切换，以及线上、线下融合教学将成为未来的方向。但是教师如何提高线上教学质量？学生如何保持在线学习兴趣？如何基于数字化工具和大数据积累，进行作业设计？线上教学中如何开展学业评价？这些都是在基础教育数字化转型背景下，需要加强的研究。

天津市教科院课程教学研究中心自 2020 年开始开展线上教学、线上教研的研究，成立"线上教研中心"，从课程内容、教学模式、教学资源、评价方法、教师专业发展等各个方面，针对教师线上线下融合教学、线上教研等进行专题研究。面向天津市各区教研员开展培训、研讨，依托三级教研体系，将研究拓展至学校、教师。以天津市教育学会"十四五"重点课题"区域网络学习空间支持下在线教研实施策略研究"，天津市委教育工委、天津市教委 2022 年教育工作重点调研课题"网络课程资源在中小学教学中的应用现状调查研究"为引领，开展网络课程资源应用、线上线下融合教学模式创新、信息化背景下教研模式改革等多项研究。多次面向全市教师、教研员、信息化管理人员开展调查，找准痛点问题，研究解决方案。

2022 年 4 月，为总结线上教学成果，推广优秀经验，我们开展了"2022 年天津市中小学网络教学教研案例征集评选活动"，活动面向天津市中小学教研员、教师征集线上教研和线上教学案例近 600 篇。对其中获市级奖项的优秀案例又进行了深入研究分析，并聘请专家层层评审，挖掘出其中 76 篇能够代表天津市中小学教师近三年间开展线上教育的优秀案例进行结集。其中包括教学案例 43 篇、教研案例 33 篇，覆盖 17 个学科。本案例集即为天津市教育学会"十四五"重点课题"区域网络学习空间支持下在线教研实施策略研究"（课题编号：KT-[十四五]-301-ZD-2102）的研究成果之一。

本次获奖线上教学案例聚焦于教师依托各类网络教学平台、网络课程资源、软件工具，在互联网环境下，如何有效开展教与学。43 篇教学案例主要体现了两大类线上教学模式。

一是以线上直播为核心的同步线上教学模式。教师选取腾讯会议、腾讯课堂、钉钉课堂等线上直播工具，以线上班级授课形式开展同步教学。教学过程中教师均有效利用了各种线上教学平台、工具软件等，根据不同教学内容、学情等辅助教学实施。例如，利用"人教智慧教学平台""智学网""体智云"提供的电子教材、课件、虚拟实验、教学资源等辅助学生线上学习；利用在线问卷工具开展课前、课中、课后练习；利用作业管理程序进行作业发放、提交和批改；利用学情分析工具对学生学习效果进行评估；利用学科辅助工具开展虚拟实验、思维导图制作；利用小组合作工具开展线上分组讨论等。

二是异步教学模式。部分区域由于受家中网络设备的影响，不适合开展同步教学，则依托"国家中小学智慧教学平台"、天津市级教育资源平台以及本区、本校自建课程资源开展异步教学。教师根据不同教学内容、不同年级学生的理解和接受程度，课前发放学习任务和学习资源，学生利用教材和老师提供的网络课程资源、课前练习等开展自主学习。之后教师利用微信群、网络学习空间人人通、线上课堂等组织学生开展讨论、练习检测、答疑等。

自开展线上教学以来，各区域学科教研员针对如何指导教师提高线上教学质量进行了大量的研究和实践，各种主题、各种形式的教研活动在云端开展得如火如荼。通过在区域教研中开展讲座、交流学习、优秀案例展示等教学研究活动，以研促教、以研促学，帮助教师合理有效利用网络平台，打破师生间的时空界限，提升线上教学质量。本案例集中 33 篇教研案例均为天津市不同区域不同学科教研员针对如何利用信息化手段开展教研而进行的卓有成效的研究和实践。

衷心希望通过这本案例集，能够分享天津市中小学教研员、教师运用数字化工具支撑教育教学创新、赋能育人模式变革的成果。推动更多一线教育工作者参与到线上教学、线上教研的研究与实践中来，实现更有效的教学创新，推动线上教育高质量发展。

天津市教科院课程教学研究中心

郝　捷

目 录

语 文

利用人教智慧教学平台创建低年级语文高效线上课堂
——以部编本小学语文二年级下册《枫树上的喜鹊》为例 ……………… 03

线上答疑课，落实"先学后教"
——以部编小语五年级下册《人物描写一组》为例 ……………… 14

巧用"互联网＋教育"，
让学生云端语文实践活动插上腾飞的翅膀 ……………… 25

聆听大自然 感悟"求是"精神
——《大自然的语言》（第二课时）线上教学案例 ……………… 33

初中语文线上教学案例
——以部编版八年级上册《阿长与〈山海经〉》一课为例 ……………… 44

探寻悲悯底色 感悟悲剧内核
——《窦娥冤》《雷雨》《哈姆莱特》大单元教学案例 ……………… 56

构建单元教学体系，探寻线上教学方式
——《红楼梦》整本书阅读线上教学活动案例 ……………… 70

数 学

协同互补，构建科学高效的线上教学新模式 ……………… 83

"五"力并举　助力线上教学
——以《认识年、月、日》教学为例 ·· 93

他山石可攻玉：借用平台资源构建高中数学线上教学新模式 ·············· 101

英　语

精挑优质资源　共筑高效英语线上课堂
——以小学五年级英语下册第一单元"School Life"为例 ················ 117

基于"录播预习＋直播讲解＋多渠道反馈"的
初三英语线上翻转写作课 ·· 127

巧用线上平台，打造初中英语听说课堂 ······································· 135

道德与法治

基于智学网和 Classin 教室双平台的线上翻转教学案例
——以部编版《道德与法治》七年级下册《情绪的管理》为例 ·········· 151

基于"一三一"教学模式的初中道德与法治线上教学案例
——以部编版《道德与法治》七年级下册《节奏与旋律》为例 ·········· 161

运用现代信息技术进行线上教学案例
——以"弘扬中国精神　凝聚中国力量"课程为例 ························· 177

历　史

"教学评一体化"闭环管理式线上教学案例
——以《经济体制改革——"家庭联产承包责任制"》为例 ··············· 189

"自主＋探究"教学模式与线上教学的有效融合实践
——以《外交事业的发展》为例 ·· 201

信息技术在高中历史线上教学中的应用
——以《第一次世界大战与战后国际秩序》一课为例 ………………………… 211

地 理

巧用资源构建云端高效课堂
——以《黄土高原》教学为例 ……………………………………………………… 221

"互联网＋教育"背景下初中地理线上教学的探索与实践
——以"等高线地形图"复习课为例 ……………………………………………… 233

网络教学中提高师生交互性的小策略
——以"京津冀协同发展之产业转移"课程教学为例 ………………………… 245

物 理

依托人教智慧教学平台 助力线上探究式实验教学案例
——以"中考专项复习 力学探究实验"课程为例 ……………………………… 259

高中物理情景教学线上教育策略
——《电磁感应及其应用》线上教学为例 ……………………………………… 271

基于人教智慧教学平台进行线上高中物理教学案例
——以《向心力》为例 ……………………………………………………………… 281

化 学

借平台施智教，转方式促慧学
——以人教九年级化学《第六单元 碳和碳的氧化物》复习为例 …………… 297

信息化背景下智慧课堂教学设计创新与实践 ……………………………………… 307

突出"宏微符"结合，促进模型认知的线上教学案例
——以"原电池"为例 ……………………………………………………………… 316

生物学

合理利用信息技术辅助线上教学，提高线上教学的有效性
——以《呼吸道对空气的处理》为例 ………………………………… 329

学以致用 让知识走进生活
——以人教版《生物学》初中七年级《近视预防》为例 ………………… 338

网课开发聚焦学情 精品资源助力课堂
——《孟德尔的豌豆杂交实验（二）》（第2课时）线上教学案例 ……… 346

基于斯金纳程序教学模式的生物线上教学实践探索
——以高三复习课"免疫调节"为例 …………………………………… 355

科 学

应用信息技术提高小学科学线上教学的有效性 ……………………………… 369

线上线下混合式教学在小学科学拓展活动中的应用案例 ………………… 377

信息技术

云端教学融智慧 悦享实践向未来
——小学人工智能初体验线上教学案例 ……………………………… 389

基于"超星学习通"开展信息技术线上教学的探究
——以《组建小型网络》为例 …………………………………………… 401

音 乐

巧用腾讯会议，助力线上音乐课堂
——以线上音乐课《彼得与狼》为例 ………………………………… 413

核心素养与立德树人"双维"导向的民族音乐线上教学案例
——以"无锡景"课程为例 ··· 422

体育与健康

多媒介信息技术助力体育线上教学课堂案例
——以高强度间歇体能训练为例 ································· 437

信息技术激活线上体育课堂教学案例
——以"体能锻炼——身体素质练习"为例 ················· 444

"云端体育"强体魄,"空中课堂"绽芬芳
——居家体能练习 ··· 451

综合实践活动

牙签搭高——综合实践活动线上教学课例 ················· 463

线上创新思维课程为美好生活进行创意设计 ················· 471

语文
01

数学
02

英语
03

道德与法治
04

历史
05

地理
06

物理
07

化学
08

生物学
09

科学
10

信息技术
11

音乐
12

体育与健康
13

综合实践活动
14

1 天津市中小学优秀线上
教学教研案例集 **语文**

利用人教智慧教学平台创建低年级语文高效线上课堂
——以部编本小学语文二年级下册《枫树上的喜鹊》为例

边雅静

一、案例背景

"十四五"时期是信息化创新引领高质量发展的重要机遇期。市教委印发的《天津市教育信息化"十四五"规划》也要求我们深度融合，引领创新。要以教育信息化关键领域为切入点，以教育教学瓶颈点为突破口，转变传统思维，变革传统模式，发挥技术优势，推进新技术与教育教学深度融合。目前线上线下教学随时切换的状态、未来线上线下融合发展的状态，在以后将趋于常态化。教师要随时准备好迎接教学模式的转换与发展。这些都让教师愈发认识到探究良好的线上教学模式和有效方法的重要性。国家级、市级教学平台为每一位教师提供了充足的教学资源保障，使教师深刻明白疫情下的教学变换的是教学资源，是教学手段，不变的是我们对高效高质课堂的追求。那么该如何运用好这些资源，创建高效的线上学习课堂呢？这就需要一线教师积极探索、研究、开发、创造。

二、教学设计

本案例以部编本小学语文二年级下册《枫树上的喜鹊》教学片断为例，谈谈如何利用人教智慧教学平台创建适合低年级学生的高效线上课堂。

（一）教学内容分析

《枫树上的喜鹊》是部编本小学语文二年级下册第四单元的第二篇课文。这是一篇充满丰富想象和童趣的课文。"我"喜欢站在渡口边的枫树底下看喜鹊的窝，看见喜鹊阿姨站在窝边，教喜鹊弟弟学习、游戏，"我"仿佛懂得了它们的语言。表达了"我"对喜鹊一家的喜爱之情和对大自然的由衷热爱。本单元的单元主题是"童心"，语文要素是"运用学到的词语把想象的内容写下来"，旨在培养学生丰富的想象能力和语言运用能力。本单元的四篇课文对此编排了多角度、有梯度的练习。学生在本单元的第一篇课文《彩色的梦》中展开想象，仿照课文的相关段落把自己想画的内容写下来。在《枫树上的喜鹊》中，学生将通过本篇课文学习根据想象写对话，根据提供的情景展开想象，借助课文的句式把自己想到的内容写下来。《沙滩上的童话》要求学生展开想象，运用学过的词语根据开头编故事。《我是一只小虫子》中让学生交流对于小虫子的生活感兴趣的部分，进一步打开想象空间。语文园地"写话"栏目引导学生看图发挥想象，借助词语按时间顺序写话。由此可见，《枫树上的喜鹊》作为本单元的第二篇课文，使学生在学习第一篇课文的基础上进一步丰富想象，想象对话与情节。为之后的学习打下基础，为本单元的"写话"栏目做好准备。

（二）学情分析

对于小学二年级的学生，经过了之前一年半的学习，已经初步具备了一定的想象能力和口语表达能力，但还需要进一步引导其丰富想象，充实表达内容。与此同时，这个阶段的孩子，好奇心很强，注意力集中的时间短，自控能力较差。他们更易于接受具象的事物和情境，喜爱在游戏活动中学习。那么教师也应当根据学生的身心特点，思考在线上教学中如何创设有趣多样的游戏活动，如何与学生进行真实有效地互动，如何安排课堂练习反馈新知。

（三）教学目标

❶ 认识"渡、荫"等9个生字；会写"伞、姨"等8个生字；会写"喜欢、好像"等10个词语。

❷ 默读课文，用自己的话说说"我"喜欢的是什么。

❸ 能根据情境展开想象，把自己想到的内容写下来。

（四）教学重难点

❶ 默读课文，能用自己的话说说"我"喜欢的是什么。

❷ 朗读课文，能根据情景展开想象，仿照课文相关段落把自己想到的内容写下来。

（五）课前准备

基于以上，在本课教学中采用"腾讯会议"软件进行线上教学直播，并采用人教智慧教学平台（天津版）中的授课平台进行授课。在课前应做如下准备：

❶ 良好的线上直播教学环境。背景干净无杂物。环境安静不嘈杂，便于教师授课和学生学习。

❷ 直播设备。在直播教学中最好选用笔记本或台式计算机，操作更准确，功能更多，使用更方便。

❸ 提前下载好"腾讯会议"软件并提前调试画面和音量。教师应在使用之前提前熟悉软件。可以提前自行开设一个"快速会议"进行试播，由于在直播教学中可能会出现多种情况，比如网络卡顿、声音不清、软件切换不及时、教师播放的屏幕学生看不清等。因此教师应提前试播在心中做好预案，以面对直播中可能出现的各种情况。

❹ 提前下载好人教智慧教学平台（天津版）。教师提前进入天津市教育资源公共服务平台，自行下载平台到桌面。并在平台中提前下载部编本小学语文二年级下册教材。熟悉平台授课模式中各种小工具的运用提前打开，便于随时切换。

三、教学过程与实施方法

片断一：

（一）教学实录

> 教师：同学们，今天我们来学习《枫树上的喜鹊》。提到喜鹊同学们并不陌生，它代表着幸运与吉祥。在一年级时我们就学习过有关喜鹊的课文。喜鹊喜欢在大树上搭窝，枫树也是它常常安家的地方，这节课我们就一起走进《枫树上的喜鹊》。通过课前预习，这些字音你能读准吗？
>
> 教师电脑屏幕先后出示带拼音和去拼音的本课词语。请学生自己先来读一读，之后指名连麦朗读。

教师：同学们读得可真不错，那这些生字你会读了吗？

教师用人教智慧授课系统中的聚光灯出示电子教材中课后的会认字，指名学生连麦朗读。（见图1）

dù yīn bì chēng biàn pīn mǔ gāng dǒng àn
渡 荫 蔽 撑 便 拼 母 冈 懂 案

图1 聚光灯出示生字（图片引用于"人教智慧教学平台"）

教师：你能用哪些识字方法记住这些字呢？

学生1：我能用加一加的方法记住这些字比如：渡、荫、蔽、撑、便、拼、懂、案。

学生2：我能用减一减的方法记住这些字，比如：母、冈。

教师利用小工具相机圈画生字，并在屏幕上书写"加一加、减一减"便于学生识记生字。（见图2）

教师：这些生字你都会读了吗？接下来我们来互动一下，老师的鼠标指到哪个生字，请你快速地读出哪个字，看谁读得又快又准。

dù yīn bì chēng biàn pīn mǔ gāng dǒng àn
渡 荫 蔽 撑 便 拼 母 冈 懂 案

图2 小工具圈画生字（图片引用于"人教智慧教学平台"）

【设计意图】

在这一环节中，采用集中识字的方法学习本课生字。通过多种形式地连麦朗读、利用多种识字方法，让生字不断复现，达到学习认识本课生字的目标。

（二）方法和工具运用

❶ 聚光灯识字读词

在这一教学片断中教师采用了人教智慧教学平台授课系统中的小工具"聚光灯"让学生识字读词。通常学生在看屏幕的时候会出现不知道该看什么地方的情况。在线下的时候老师可以给学生指一指，但是线上教学隔着屏幕就不那么方便了，即使教师放大了光标对于孩子们的眼睛来说还是太小了，但是"聚光灯"这个功能可以让学生只看老师想让学生看的生字，不会出现其他干扰。这样的方法在每一课的识字教学中都适用。点击"关灯"再点击"放大"学生就可以清晰地看到和书本上一模一样的识字表出现在屏幕上了。

❷ 圈画生字便于讲解

对于需要讲解的重点生字，教师在开启聚光灯的同时用不同颜色的笔圈画这些生字。便于学生观察和教师讲解。在教学其他课的生字时也可以运用这个小工具，比如圈画生字的结构、偏旁、易读错的拼音。

❸ 进行简单的小游戏互动

线上教学时间宝贵，可以进行简单的游戏互动。比如在本课中和学生连麦，老师圈到哪一个生字学生就读出哪一个生字。可以反馈学生的生字认读的准不准确。学生们非常喜欢这个环节，学习的积极性大大提高。

片断二：

（一）教学实录

教师：请同学们默读5～12自然段，说一说，"我"喜欢的是什么？请你用横线在书上画下来。

教师打开计时器计时，先让学生自己思考圈画，然后打开人教智慧平台电子教材和学生共同圈画。（见图3）

树下看望我的喜鹊弟弟。喜鹊弟弟长得真快，好极了。<u>我看见喜鹊阿姨站在窝边，一会儿教喜鹊弟弟唱歌，一会儿教他们做游戏，一会儿教他们学自己发明的拼音字母</u>……

图3 圈画语句（图片引用于"人教智慧教学平台"）

教师：原来"我"喜欢站在枫树下看他们，喜鹊弟弟正在慢慢长大，喜鹊阿姨正在教他们呢！喜鹊阿姨仅仅教了喜鹊弟弟唱歌、做游戏和学拼音字母吗？

学生：我觉得喜鹊们不仅仅做了这几件事情，因为我发现在句子的末尾有一个省略号。喜鹊阿姨肯定还教小喜鹊们许多其他的本领。比如捉虫子。

（教师利用聚光灯相机圈出）

教师：你可真是位善于发现的同学，不仅观察到了省略号，还自己想象了其他的内容。那其他的同学能从省略号当中想象出什么呢？你能用上一会儿……一会儿……一会儿……来说一说吗？

学生：我看见喜鹊阿姨站在窝边一会儿教喜鹊弟弟跳舞，一会儿教他们捉虫，一会儿教他们飞行。

……

【设计意图】

指导学生读懂句子，抓住省略号展开想象，用上"一会儿……一会儿……一会儿……"的句式说一说想象的内容。培养学生的语言运用和表达能力。

教师：同学们的想象可真丰富，"我"还喜欢什么呢？

学生："我"不仅喜欢看他们，还能听到它们的声音。

教师：是啊，"我"还喜欢听它们的叫声呢！快来听一听吧！

教师播放喜鹊的叫声让学生边听边想象。

指名学生朗读这部分内容。

教师："我"就这样看着喜鹊阿姨教，喜鹊弟弟学，听着他们的叫声想象着他们做的有意思的事情，他们还做了什么有意思的事情呢？

指名学生连麦朗读9～12自然段。

学生观看插图，教师引导学生想象并示范朗读。

指名学生连麦分角色朗读。

教师：同学们，看完了日出，喜鹊们还做了什么有趣的事呢？可以用上课文中的句式来说一说吗？

学生：我看见喜鹊阿姨找了一条虫子回来，站在窝边。喜鹊弟弟一齐叫到"鹊！鹊！鹊鹊鹊！"我懂得，他们的意思是："妈妈，您终于回来了，我们太饿了！"
……

教师：还有谁想来说一说？
教师播放人教智慧平台课后练习题的小动画，引导学生再次想象，并指名一些平时不爱发言的同学回答。（见图4）

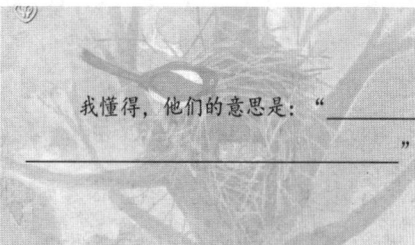

图4 课后练习（图片引用于"人教智慧教学平台"）

学生1：我懂得他们的意思是"妈妈，妈妈！我太饿了快给我吧！"
学生2：我懂得他们的意思是："妈妈，妈妈！我要吃！我要吃！"
……

【设计意图】

让学生根据提供的情景，展开想象，落实本单元的教学重点。

（二）方法和工具运用

❶ 计时器给思考计时

线上教学时间宝贵又短暂，却也不能是老师的一言堂，不能剥夺学生的思考和朗读练习说话的时间。在本课中，学生圈画语句不能占用太多时间，计时器这个小工具就派上了大用场。再比如每次需要学生思考或者自己说一说的时候就可以打开它，定好 30 秒或者一分钟的时间，时间一到我们就要开始交流了，也培养了学生的时间观念。（见图 5）

图 5 计时器（图片引用于"人教智慧教学平台"）

❷ 帮助学生走入情景

在这一课中，当喜鹊阿姨衔回虫子，喜鹊弟弟会说什么呢？一些平时基础较好的同学是可以想象出来的。对于基础不太好的同学来说隔着屏幕就是长长的沉默。学生一定是一脸懵懂的样子。教师们都知道线上教学时间是非常宝贵的，在现实课堂中教师可能有更长的时间来引导这个孩子。但线上教学每一分钟都有老师设定好的教学任务。这时教师就可以播放平台中课后题配套的小动画让学生一边观看一边想象。因此，当教师播放视频他们看到喜鹊弟弟向妈妈张着翅膀，张着小嘴的画面时就会说出："妈妈，妈妈！我好饿！""妈妈，快点快点！我要吃！"

本单元的书后习题都有让学生联系课文内容说话或写话的编排。这些小动画对此学习任务的落实能起到很好的引导作用。这些动画和网上的资源不同，动画中的情景、人物形象都十分美丽可爱，是以教材中的插图为基础的，让学生感觉教材"活了起来"。比如：在《彩色的梦中》视频里彩色的小铅笔活了起来，为灰白色的图画画上了颜色，美丽的风景在孩子们面前展示，孩子们自然可以配上这样的视频用自己的话说一说彩色的梦。学生非常喜欢这样短小的视频，既便于理解课文内容还帮助学生走入情景想象说话。笔者在教学中请学生说的时候也达到了良好的效果。

四、总结与反思

本案例借用《枫树上的喜鹊》这一课的教学片段阐述了如何利用人教智慧教育平台的授课模式创建适用于低年级线上教学的直播课堂。人教智慧教学平台授课系统和电子教材中还有一些能提高备课上课效率的功能,比如笔记、画笔和有趣的课后练习。这些功能可以活跃课堂气氛,激发孩子的学习兴趣,让孩子的注意力更加集中。

但本课的线上教学也存在不足之处:本单元的教学重点是"运用学到的词语把想象的内容写下来"但由于线上课堂的形式和时间限制不便于学生当时写完之后进行现场交流。只能通过连麦的方式来说一说,并且由于思考的时间较短导致学生的想象不够丰富,表达也不够充分。对于这样的问题,教师可以利用其他的线上软件进行补充,比如微信群或者微信小程序。例如可以让学生充分思考之后写下来发送在"班级小管家"这个微信小程序中。学生和老师都可以看到,教师也可以进行文字和语音的点评,也可以进行圈画帮助学生修改语句和错字。这样交流和批改都比较及时,可以弥补课上的不足,更好地落实本课的教学重点。

人教智慧平台授课系统和电子教材中的工具和素材有很多,教师应该根据自己的教学目标和本班的学情进行线上教学的教学设计,合理利用这些功能。需要注意的是不能让这些功能喧宾夺主,而是适时地加入到我们的教学环节当中。这些手段的目的都旨在精准落实教学目标,有效培养学生学习习惯,促进学生专注于课堂,从而保证线上教学质量,提高线上教学效率。

总之,面对教学形态的变化,不变的是教学目标。面对教学工具手段和学情的变化,不变的是对教学效率和教学质量的追求。教师应秉承这样的宗旨,围绕教学目标去思考教学工具和教学手段而不是单纯地利用电子技术炫技。教师应继续探索语文线上教学,开发更多适用于线上课堂教学的平台和工具。用专业传授知识,用爱与真诚传递力量,共同助力孩子们在云端快乐成长。

【作者简介】

边雅静,天津市滨海新区塘沽馨桥园小学语文教师。教学工作中多次获得市区级奖项。2020年执教的课程资源《端午粽(第二课时)》入选天津市基础教育公共资源服务平台中的"天津云课堂"。

-------------------------------- 案例点评 --------------------------------

教师以《枫树上的喜鹊》一课的教学片段为例阐述了如何利用人教智慧教学平台的授课模式创建适用于低年级线上教学的直播课堂。该教学案例准确把握了部编本小学语文二年级下册第四单元的双线结构,并结合二年级学生的身心特点、已有的认知经验和学习能力,精准地制订出本课的教学目标。通览案例,教师以努力打造高效的线上课堂为原点和归宿,借助人教智慧教学平台,适时、适度、适当地使用其中的教学资源和小工具,在有限的时间里引导、帮助学生有效地完成学习任务,突破学习难点。体现出"实用""实效"两个的特点:

❶ 方法的实用让学生专注课堂

低年级小学生有意注意时间短,自律性不强,这是影响线上教学效益的重要阻碍之一。老师根据这一学情,使用人教智慧教学平台授课系统中的小工具"聚光灯"让学生识字读词。对于需要重点讲解的生字,在开启聚光灯的同时还用不同颜色的笔圈画出来。这样不仅吸引学生专注于课堂,而且便于学生观察、学习。另外,计时器的使用不仅保证了学生自主读书思考的时间,而且培养了学生的时间意识,避免了线上教学时间的无谓消耗。

❷ 教学的实效让目标落地生根

现代化信息技术和阅读教学的深度融合,保证了本案例的教学实效性。本课的教学重点突出,即根据提供的情景展开想象,借助课文的句式把自己想到的内容写下来。同时这也是学生在学习上的难点。教师通过抓住文中的"省略号",播放喜鹊的叫声,播放平台中课后题配套的小动画,启发引导学生想象画面,再运用文中的言语样式练习说话。从而有效地帮助学生突破难点,完成学习任务,让教学目标落地生根。

总之,教师用具体的实例较好地诠释了自己的线上教学理念——"面对教学形态的变化,不变的是教学目标;面对教学工具手段和学情的变化,不变的是对教学效率和教学质量的追求。"

【指导教师】

张琪，天津市滨海新区教师发展中心小学语文教研员。多年来努力学习教育教学理念，不断提升业务素养。多篇论文获国家、市级奖项。指导青年教师参加各级各类教学比赛屡获佳绩。曾参与国家课题研究，主持市级课题研究。

线上答疑课，落实"先学后教"
——以部编小语五年级下册《人物描写一组》为例

王涛

一、案例背景

（一）社会时代背景

"十四五"时期，是深入贯彻习近平新时代中国特色社会主义思想，全面落实习近平总书记关于教育的重要论述和全国教育大会精神的新历史阶段。深化实施国家信息化发展战略落实国家和天津"教育现代化2035""教育信息化2.0行动计划"等内容成为推进教育信息化的重要目标任务。本案例正是在此背景下，以天津市教委印发的《天津市教育信息化"十四五"规划》为纲，以新修订的《义务教育语文课程标准（2022年版）》为育人导向，以"先学后教"教学理念为引领，立足线上线下有机融合的教育新需求，聚焦新课标理念落实、线上教学管理、线上线下有机融合等维度，开展线上课堂轻负、优质、高效的探索实践。

（二）教学理念背景

❶ 贯彻"核心素养"育人导向，培养学生终身发展能力

《义务教育语文课程标准（2022年版）》指出："义务教育语文课程培养的核心素养，是学生在积极的语文实践活动中积累、建构并在真实的语言运用情境中表现出来的，是文化自信和语言运用、思维能力、审美创造的综合体现。"在进行《人物描写一组》线上答疑课的教学设计时，笔者确立了以培养"核心素养"为旨归，以"学习任务群"为抓手的育人导向。在学习活动的设计、思维支架的搭建、真实情境的创设上，一是注重对学生语言文字特点和运用规律的梳理和整合，建构属于学生个体的语言经验。二是注重对学生思维能力的训练，在分析比较、逻辑推理、创造性思考等方面培养学生良好的思考习惯。三是注重引导学生学会感受、理解、评价语言文字和作品，丰富审美经验，具备审美意识和审美观念。

❷ 落实"先学后教"教学理念，体现学生的主体地位

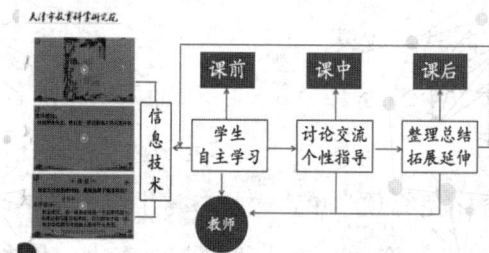

"先学后教"教学理念指的是学生学在前，教师指导在后（见图1）。经过一年多的探索实践，我校已经形成了"先学后教"的新生态。自主学习、小组合作、学习单、思维导图等形式，已经成为学生、教师的常态化思维方式。正是源于如此深厚的基础，笔者希望将"先学后教"理念的优势由线下转移到线上，创造性发挥"先学后教"驱动学生学习力，激发学习兴趣，进行自我学习管理等方面的优势。正是源于这些思考，笔者在进行《人物描写一组》线上学习课的设计时，将其作为毫不动摇的理念进行遵循，通过设计路径的研究，发挥学生学习的主体地位。

图1 "先学后教"教学理念

图2 聚焦"答疑"核心点

❸ 聚焦"答疑"核心点，实现课堂的高效优质

线上答疑课时长为30分钟，如何高效、绿色地使用这三十分钟是每位教师的思考点。笔者认为，既然是线上答疑课，就要突出"答疑"这一核心点（见图2），使之区别于传统课堂的通学、通讲、通练，这一思路应该是突破这一问题的有效路径。以学生"疑难点"为抓手，实现高效课堂，首先从课时容量上极大地减轻了师生的负担，线上学练的内容更为精准、简约，直接对标学生的困惑所在。同时，针对学生的多个疑问，有利于推动教师进行系统化、结构化的课堂内容设计，找出多问题之间的链式结构和互联关系，通过巧妙的优化整合，达成"抓其一点"，即可达到"触类旁通"的效果。

❹ 发挥学生自学、线上共学、作业提升的同向合力

要实现线上答疑课的轻负优质，仅靠线上的30分钟是不够的，要充分发挥学生自学、线上共学、作业提升的同向合力（见图3）。在课前学生自学阶段，学生要完成微课、

教科书的自学，完成预学单中的学习任务，做好预学的总结记录，为线上共学阶段的展开明确学习重点。课中的线上共学阶段，学习小组在教师指导下，进行学习单的展示和评改，解决预学中遇到的困惑。在课后作业提升阶段，继续完善学习单，并开展拓展学习的相关活动。学生在"预学单""学习单""展学单"的加持下，采用个人自学和小组合作的方式，完成学习任务，让线上学习成效得到更好提升。

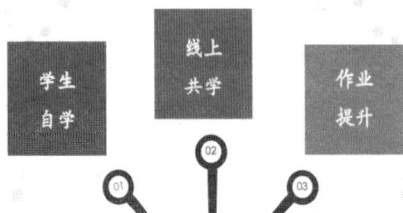

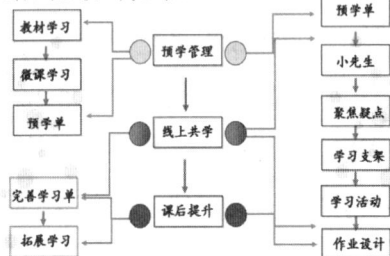

图 3 自学、共学、作业同向合力　　　　图 4 全过程的学生管理

❺ 进行"学习环节"的全过程管理，保障学习效果

线上答疑课的学习环节一般有四步：一是资源准备环节，包括教师为学生准备微课资源，指导学生制订学习计划，设计学习活动任务，确定任务完成形式。二是课前预学环节，包括学生自主学习教材、微课，小组合作完成预学单，教师参与小组预学单研讨，了解小组预学情况，发现预学中的问题，确定线上答疑课的教学重点。三是线上共学阶段，包括"小先生"展示，师生在方法支架下的疑难点突破，小组线上修改学习单，小组展示、师生互评，配套小练习巩固。四是课后提升环节，包括修改完善学习单，进行情境练写作业，作业展评与反馈，整个过程突出学生的学习主体地位，教师参与课前、课中、课后的全过程管理，形成学习闭环。（见图 4）

二、教学设计

（一）教学内容分析

《人物描写一组》所在单元是习作单元，以培养学生习作能力为单元主要目标。本单元语文要素是"学习描写人物的基本方法"，习作要求是"初步运用描写人物的基本方法，具体地表现一个人的特点"。本单元编排了两篇精读课文《人物描写一组》和《刷子李》，两篇习作例文《我的朋友容容》和《小守门员和他的观众们》，单元习作的主

题为"形形色色的人"，其间穿插安排了"交流平台""初试身手"。这些内容紧密联系，协同一致地指向提升学生"具体地表现一个人的特点"的习作能力。《人物描写一组》作为本单元的第一课，由三个片段组成，分别节选自小说《小兵张嘎》《骆驼祥子》《儒林外史》。《小兵张嘎》《儒林外史》片段主要通过动作描写，表现了小嘎子的机灵和严监生的吝啬；《骆驼祥子》片段主要通过外貌描写，表现了祥子的生命力。几个片段从不同的角度引导学生体会具体表现人物特点的基本方法。

（二）学情分析

本单元习作要求是"初步运用描写人物的基本方法，具体地表现一个人的特点"，学生对完成本单元的习作具有一定的基础。四年级教材编排了"写一个人，注意把印象最深的地方写出来""学习从多个方面写出人物的特点"的篇目，五年级上册教材安排了"结合具体事例写出人物的特点"的篇目。从习作安排的前后逻辑来看，本单元的习作要求正是在四五年级写人能力基础上，进一步引导学生学习写人的方法，即选择典型事例，通过对人物语言、动作、外貌、神态、心理等的细致描写，具体地表现人物的特点。

围绕上述语文要素和习作要求，笔者在《人物描写一组》第1课时，带领学生突破了字词障碍，理解了难懂字词，初步了解了通过人物的动作、外貌等角度表现人物特点的方法。学生通过线上微课（和平区"智慧校园"精品微课）学习，初步体会到教材文本对小嘎子、严监生动作，祥子外貌描写能够表现小嘎子机灵、严监生吝啬和祥子生命力的特点。通过课前"预学单"和小组腾讯会议，笔者了解到学生在体会动作描写表现人物特点时，对哪里写得好，为什么好，体会得不具体、不全面、不深刻，并且缺乏方法支架。学生在运用动作描写表现人物特点时，不能将人物特点写具体。基于此，笔者将本节课的教学目标设定如下。

（三）教学目标

❶ 能结合3个片段中描写人物的语句，说出人物的特点。

❷ 提供方法支架，能够通过文本中的动作描写，体会其在表现人物特点时的妙处。

❸ 运用动作描写，选择典型事例，具体写出同学的特点。

（四）教学重难点

❶ 提供方法支架，能够通过文本中的动作描写，体会其在表现人物特点时的妙处。

❷ 运用动作描写，选择典型事例，具体写出同学的特点。

（五）课前准备

在本课教学中，笔者采用"腾讯会议"软件进行线上直播教学，采用天津市和平区"智慧校园"中的精品微课资源，作为学生预学的线上教学资源。在课前做了如下准备：

❶ 线上资源准备。课前，笔者将天津市和平区"智慧校园"中本节精品微课发到班级群中，请学生自主进行微课学习，辅助学生加深对教材文本的理解。

❷ 预学单准备。课前，笔者将学校精心设计的"预学单"发到"智慧校园"班级圈。请学生按照要求完成预学并提交。一是教师通过预学单的查看，及时了解学生的学情，针对性做好线上教学活动的设计与实施；二是学生借助教师的反馈，及时了解自己的预学情况，针对性地做好线上课程的学习准备。

❸ 腾讯会议准备。课前，笔者进行"腾讯会议"的调试，包括背景、环境、资源使用等方面。笔者借助腾讯会议，加入部分小组课前的合作预学中，了解学生对预学任务的完成情况。

三、教学过程与实施方法

（一）课前学习单，精准捕捉疑难点

《人物描写一组》所在单元为习作单元，笔者通过课标研读、单元特殊性研究，结合问卷调查需求分析，从单元整体视角出发，设计了涵盖两个课时《人物描写一组》的学习单（见图5、6），内容包括预学的问题，观察、练笔记录，学习活动，拓展阅读，通过整个单元的学习，为完成单元习作任务做好铺垫。具体到第2课时的学习活动，笔者设计"体会动作、外貌描写在表现小嘎子机灵、祥子挺脱、严监生吝啬特点上的作用"的学习活动大任务（见图5、6），请各小组任选其一，进行小组汇报。学习单的设计：一是激发学生小组预学的主动性，让学习成果形成的过程看得见；二是教师作为聆听者，参与到小组预学活动之中，了解学生自学情况，有利于帮助教师制订线上答疑课的教学重点。

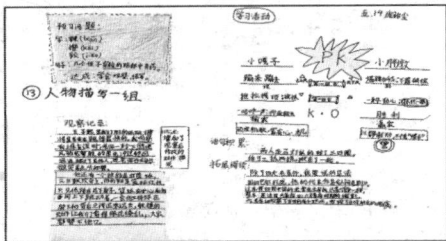

图 5 《人物描写一组》1、2 课时学习单

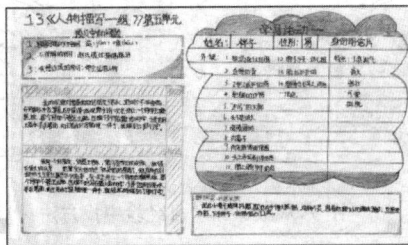

图 6《人物描写一组》1、2 课时学习单

（二）线上共学，突破疑难点

❶ 设计意图

小组汇报，提出问题。课前 3 分钟的"小先生"环节，一直是我校为孩子们搭建的展示平台，在这一环节，笔者请一组同学进行小组自学成果的展示。这一组学生选择的是"体会动作描写表现小嘎子机灵的作用"，整体学习单完成情况还可以，但也有几个明显的问题：一是在分析小嘎子机灵时，能够有意识地抓到一些关键词谈体会，但多是笼统地感受，并未具体分析。二是在分析小嘎子机灵的描写上，遗漏了很多关键词，未能找齐找全。这些问题，不是此小组独有。通过课前的参与研讨和学习单问题的研判。笔者发现，全班同学普遍存在着"体会动作描写表现人物特点时，对哪里写得好，为什么好，体会不具体、不全面"的问题。这成为本节线上答疑课的焦点。

❷ 方法和工具运用

借助支架，解决问题。经过小组汇报和各小组学习单的分析，笔者发现，学生之所以体会不具体、不全面，是因为没有自觉有意识地去运用方法。于是，课上笔者引导学生回顾观看微课的收获，学生很容易地想到微课中提到的"抓关键词"和"对比阅读"的方法（见图 7、8）。在这两个学习支架的帮助下，笔者在直播课中以《摔跤》中的一段话为例，引导学生通过抓关键词，理解其含义，了解动作词的用意，具体体会小嘎子在摔跤策略选择上的聪明与机灵。又借助对比阅读的方法，删改原文中的词语，体会这个词在删改前后表现人物特点的不同表达效果，通过线上互动交流，学生掌握了方法，体会了动词的妙用。

接着，笔者放手让学生运用抓关键词、对比阅读的方法，修改自己组的学习单，进

(二) 线上共学，突破疑难点

从微课和学习经验中找方法

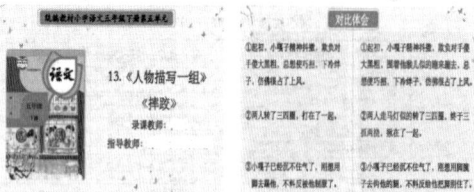

图 7 从微课和学习经验中找方法

(二) 线上共学，突破疑难点

学习支架

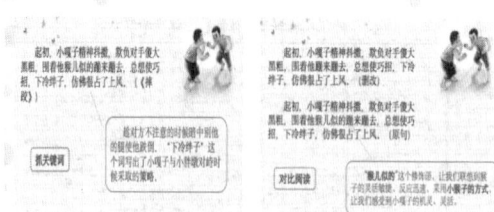

图 8 学习支架：抓关键词、对比阅读

行汇报和师生、生生间的评价，学生在体会动作描写的妙用上有了提高。同学们开始有意识地运用方法体会小嘎子机灵特点了。甚至部分同学将学习方法在《两茎灯草》文本阅读中进行了迁移运用，从效果来看，方法运用得比较流畅。

❸ **教学实录**

教师：请大家运用抓关键词、对比阅读的方法，修改自己组的学习单，进行小组汇报。

学生 1：我找到了两个关键词"围"和"蹦来蹦去"，"围"的意思是远离不靠近，小嘎子使用这一招是为了不让对手抓住自己，发挥自己灵活的特点。"蹦来蹦去"是为了扰乱小胖墩的节奏，消耗对方的体力。通过这些招数，让我们体会到小嘎子的聪明机智。

学生 2："走马灯似的转"，"抓""挠""揪"，能够看到小嘎子的动作策略，让小胖墩的力气大的优势发挥不出来，看出小嘎子思路很清晰，如果把这些动作词删掉，就体现不出小嘎子的机灵来了。

学生 3：通过动作词"摇"可以看出，严监生对大侄子提出的亲人的问题并不赞同，由此可以看出，严监生在临死前，把两茎灯草看的比亲人还要重要。

学生 4：通过"狠狠的摇头""指""睁"这些描写，看出临死的严监生看重得不是两笔银子，而是两茎灯草这样微不足道的小事，这样的小事让他如此气愤，真是太吝啬太抠门了。

教师：谁来点评四位同学的发言？

学生1：他们运用了对比阅读的方法，把文中的一些关键动词替换成自己想用的动词，对比体会不同动词的表达效果，从而体会出文中动词使用的妙处。

学生2：我觉得他们抓关键词不仅抓出了动作词，还抓住了动词前面的形容词，把为什么不能换的原因也说清楚了。

学生3：我觉得他们对严监生的动作、神态描写得十分准确，还运用了体会人物内心的方法，让大家体会到严监生当时的所思所想，让我们真正读懂了作者笔下的严监生是多么吝啬、凉薄、视财如命。

不管是小组的展示，还是师生间的互评，大家意识到抓关键词、对比阅读，甚至是体会内心等方法，可以帮助自己体会人物描写在表现人物特点上的妙用。

（三）课后作业，巩固提升学习力

《人物描写一组》所在单元为习作单元，在进行课后作业的设计时，笔者力求将单元内每一节课的作业能够服务于单元习作大任务的完成和习作素养的提升。

❶ 基础型作业，指向习作任务的完成

学习完《人物描写一组》后，笔者布置了两项作业，一是请学生用修改符号，完善自己的学习单，巩固本节课的学法（见图9）。二是将第1课时留的观察作业进一步提高到练写的阶段：观察一位同学的特点，并运用今天学到的人物描写方法具体写出来，

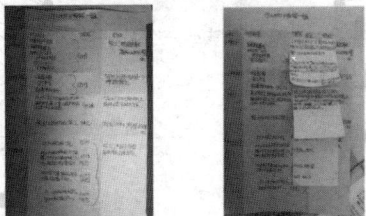

图9 《人物描写一组》学习单完善

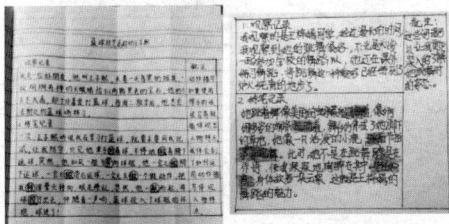

图10 《人物描写一组》情境练习及批注

小练笔完成后，请同学进行评价，将自己的感受批注在旁边，作为阶段学习成果的反思，为单元习作任务的完成一步步奠定基础（见图10）。

❷ 拓展型作业，指向习作素养的提升

语文的学习不以课时结束为重点，需要向生活、实践处纵深发展。在课下，笔者带领学生进行了拓展型作业的完成，以更具实践化、生活化、开放化的视角进行教学内容的拓展延伸和学习方法的综合运用，达到课堂与生活的结合。围绕"习作素养提升"这一深层学习目标，笔者从语言积累、思维训练、实践运用三方面进行学生深层次习作能力的培养。分别是"进行有建构的词语积累"（见图11）"进行有生长的语句摘录"（见图12）"进行有支架的思维训练"（见图13）"进行有主题的项目学习"（见图14）。

图11 《人物描写一组》词语创生单

图12 《人物描写一组》语句摘录单

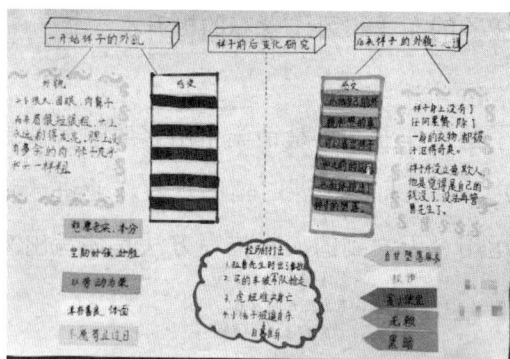

图13 《人物描写一组》写法导图

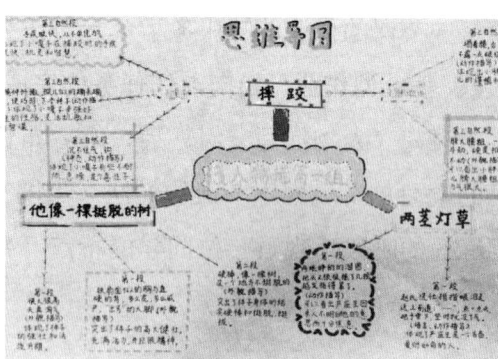

图14 《人物描写一组》项目学习

四、总结与反思

此次线上答疑课以《人物描写一组》为例，笔者以新修订的《义务教育语文课程标准（2022年版）》为旨归，以"先学后教"教学理念为引领，采用全局化、系统化思维方式，立足单元整体视角，从课前、课中、课后三个阶段，进行线上答疑课的设计。从达成效果来看，学生的学习主动性得到激发，学生的语文素养能力得到提高，线上学习管理的效果得到保证。

同时，笔者也注意到此次线上答疑课还需要在以下三个方面进行提升。一是线上教学管理的有效性还需持续用力。本次线上答疑课，学生的出勤、课堂的纪律、软件的使用等方面，已经做到标准统一，但在持续监管学生学习环境、学习状态、作业完成动态等方面还缺乏长效措施。二是线上学习的主动性还需提高。虽然本节线上答疑课，学生的参与率较高，但仍然有30%的学生因为线上学习时间、小组合作学习角色定位等原因，未能进行学习全环节的展示。三是学习评价对线上学习的助推作用还需加强。本节线上答疑课学习评价做到了过程的及时性评价和作业的结果评价，但还需发挥线上学习全过程评价、增值评价的合力，形成立体的评价体系，提升线上学习成效。接下来，笔者将继续探索，不断创新方式方法，将线上答疑课进一步向轻负、优质、高效推进。

【作者简介】

王涛，天津市和平区中心小学语文教师。参与多项市级、区级研究课题，撰写的论文、通讯被《小学语文》《天津教育》《天津教育报》《和平教育》杂志发表、转载，参与录制了教育部"部编教材深度宣传解读"项目。

-------------------------------- 案例点评 --------------------------------

本案例是基于部编小语教材五年级下册第五单元《人物描写一组》的线上教学活动形成的。本次教学活动教师做了深入的课标研读，细致的学情调研和充分的线上教学准备。从预学单的安排、学情调研的分析、课程资源的准备、学习活动的设计、小组合作学习的实施、创新作业的设计、直播课软硬件的操作等方面，做到了全面的准备。其学

习活动设计理念、内容与形式也符合《义务教育语文课程标准（2022年版）》对教育目标、教育内容和教学基本要求的规定，能够切实提升学生核心素养。

本案例注重发挥线上与线下的融合优势。课前的线下阶段，学生在"预学单"的指引下，完成文本的预学，通过"微课"资源的学习，辅助文本学习的深入；课中的线上阶段，借助"小先生"环节，展示各小组的预学成果，教师依据学情实际，设计针对性学习任务，学生在老师的有效指导下，驱动任务实施，突破疑难困惑点，达成学习目标。贯彻了线上课堂"学生学在前，教师教在后"的理念，学生的主体地位得到有效彰显。在课后的作业巩固、提升环节，本案例注重素养型作业设计，通过分层实施，从低到高，依次设计基础型、拓展型作业，满足学生学习差异需求。

执教教师为加强线上课堂的教学管理，以线上、线下相融合，课前、课中、课后为全局，整体构建"学习闭环"，进行全过程管理。课前"预学单"和小组合作学习的隐性管理，课中"腾讯会议"的过程管理，课后"作业"成果的结果管理等，保障学生线上学习全过程的有效性。总体而言，本节线上答疑课，在教学理念遵循，线上课堂管理，学习活动实施等方面，能够一定程度上实现线上教学的轻负、高效，本案例的线上教学设计，具有一定的借鉴价值。

【指导教师】

李际萌，天津市和平区中心小学党总支副书记、校长。天津市未来教育家奠基工程首批学员，多次被聘请为天津市领航工程和乡村教师培养项目专家，入选天津市教委选派参加教育部国培计划和天津市和平区高端人才库。

巧用"互联网＋教育"，
让学生云端语文实践活动插上腾飞的翅膀

郑晶晶

一、案例背景

"互联网＋教育"是互联网科技与教育领域相结合的一种新的教育形式。线上教育即是一种基于互联网络、通过信息技术与互联网技术进行教学内容传播和互动的教学方法。教育部五部门在《教师教育振兴行动计划（2018—2022）》中明确指出"要充分利用云计算、大数据、虚拟现实、人工智能等新技术，推动教师教育信息化教学服务平台建设和应用，推动以自主、合作、探究为主要特征的教学方式变革。"随着信息技术的快速发展，互联网创造了跨时空的生活、学习方式，使知识的获取方式发生了根本的变化，线上线下随时切换的教学状态、线上线下融合发展的学习状态，将是以后的常态化趋势。

为了保证学生线上学习是有效的、有趣的。本案例结合统编版四年级下册的语文教材利用互联网，整合在线教育平台进行线上合作学习、自主探究等，注重拓展学生线上学习的实践活动。这样的线上学习既减轻了学生在电脑云端看不到教师的心理恐慌，又让学生的线上学习学有所趣，学有所获。

二、教学设计

（一）教材分析

小学语文教材四年级下册围绕"人文主题"和"语文要素"双线组织单元，同时注重不同年级、学段之间的纵向联系。教材从易到难、由浅入深，同时教材中还加强了单元内部的横向联系，各个单元之间的内容又互相联系，用此来促进学生的全面发展。教材的每个单元内容都紧密相连，互相配合，形成一个完整的系统。

教材中配套文本的课后练习设计的内容编排，都是在引导学生能学会联系生活实际，在生活情境中运用语文，凸显语文是一门实践型的课程特点。例如，关于词语的练习，旨在注重指导学生关注词语的情感表达，调动学生已有的学习经验，能够养成在具体的生活实践中学习好词语，运用好词语，以此来提高学生对语言文字的把握能力。将阅读中的学习收获迁移运用于生活中的自我表达，使学生的语文学习与生活实践紧密联系起来，让学生能真正做到学语文、用语文、爱语文。

（二）学情分析

刘勰说："操千曲而后晓声，观千剑而后识器。"初次尝试云端的集体性线上学习，对于学生来说有点陌生，学生只有亲历"实战操作"的得与失，才能体会"纸上谈兵"的深与浅。四年级的学生已有一定的线下学习能力，对于文本的自主学习或是对于教师的学习要求，都能较独立地完成。学生可以较好地借助互联网参与线上学习，能够较为主动地进行学习，且对于手机、平板或者电脑有一定的操作能力。但是由于线上学习的空间局限性，学生之间没法面对面地互动与交流，可能会让学生的线上学习变得枯燥，自控能力稍差的学生可能容易注意力不集中，也可能让主动性不强的学生，不能时时地参与到教师的线上教学中，导致学生的学习效果欠佳。

（三）教学目标

❶ 学生具有较强的独立识字能力、梳理概括能力。

❷ 学生能在阅读中了解文章的表达顺序，体会作者的思想感情，初步领悟文章的基本表达方法。学生在口语交际中，敢于提出看法，做出自己的判断。

❸ 阅读诗歌，大体把握诗意，想象诗歌描述的情境，体会作品的情感。受到优秀作品的感染和激励，向往和追求美好的理想。能抓住要点，了解文章的基本说明方法。

❹ 诵读优秀诗文，背诵积累，同时学会梳理或者自己创造小诗歌，汇编成诗歌集。

❺ 拓展学生阅读面，延伸阅读，促进学生多种学习能力的提升。

（四）教学重难点

❶ 学会梳理知识点，在复习、梳理、展示中夯实基础知识。

❷ 阅读诗歌，把握诗歌大意，同时想象诗歌描述的情境，诵读优秀诗歌，创造诗歌集。

❸ 借助互联网，促进学生线上学习能力的提升。

（五）课前准备

学生需准备电脑或者 iPad 等移动终端，并且学生要处于互联网环境中，这样有利于顺利开展线上学习。此外，学生还需准备学习用具等以备上课使用。教师需准备教学过程中使用的滨海教育云平台、微视频等线上教学资源，教师电脑须提前安装腾讯会议、微信、美图、美篇等线上学习与分享工具。

三、教学过程与实施方法

（一）巧用平台，妙用导图，增加语文实践活动趣味

俗话说：兴趣是最好的教师。没有了教师的督促，若是没有了学习的兴趣，学生的线上教学必然就是无效的，而思维导图能把主题关键词与图像、颜色等建立记忆链接，能充分激发学生丰富的想象力，赋予学生的思考以最大的开放性和灵活性，有助于激发学生线上学习兴趣，加强学生之间的互动与交流，增加语文实践活动的趣味性，提高学生在线学习能力与效果。

❶ "思维导图"之识字扶梯

识字是语文学习活动的基础和关键，为了更好地提升学生线上学习质量，结合四年级下册教材的内容，本案例适当拓展、延伸到新学期识字表中多音字的内容，目的是激发学生线上学习兴趣，开启学生的语用之门，增加线上上课的仪式感，最大程度地打破地域和时间等限制，将优秀的教育思想和教育理念传递给云端的学生。

教师研读新教材后发现这册书的"多音字"大多是学生在以前见过的，但是没有认真区分过，所以本案例切入了多音字识字"导图"学习，帮助学生进行新多音字的思维导图梳理，学生借助腾讯会议实时转写进行自主探究、总结。然后，教师利用直播白板展示导图分支（见图1），结合学生已有的查字典知识，陪伴学生自主识字。教师在学生讨论后指导学生识字导图的做法如下：首先汇总新书中 15 个多音字，教师借助腾讯

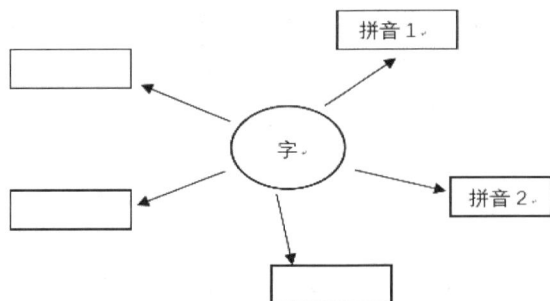

图 1 导图分支示范

会议发布学习任务，视频在线指导学生构建识字思维导图：①查字典，借助工具书，看看这些字都有哪些不同的读音，请分别记录下不同的读音；②再查查不同的字都可以分别组成哪些词语；③通过腾讯会议在线白板示范绘制导图框架；④学生自主探究绘制识字梳理导图；⑤讨论群组展示、共享、交流。上课过程中的实例问题引入、线上分享与展示都能激发学生学习热情，提升课堂参与度与成就感，保证学生的线上学习是有趣的、高效的。

通过在线指导学生梳理识字导图，学生能够通过线上讨论、交流分享等更加自主地识字，在复习旧知识的基础上探究新知识，不用担心学生长时间的线上学习"走神、听讲不认真"的问题。因为学生的思维完全处于群组的探究过程中，此时是高度集中的，提高了线上学习效率。同时将识字导图分享到班级群，班级网络空间的及时点评与反馈既加强了学生的印象，又可以让同学间互相取长补短，帮助学生打开语用的大门。

❷ "思维导图"之阅读扶梯

古人云：读万卷书，行万里路。本案例以学生的线上学习为契机，多给学生提供和书"亲近"的机会。教师结合四年级下册新教材的快乐读书吧，借助滨海新区教育云平台推送《十万个为什么》《森林报》《爷爷的爷爷在哪里》等专题科普小微课，在微课的助力下，学生体会感悟书中有趣的内容，生动的语言，把学生最新了解到的新奇的问题讲给家人听，锻炼学生阅读理解，同时继续巩固所学做好摘抄、练习批注等，养成良好的阅读习惯。以此给学生树立一个终身学习的理念：阅读伴我行，读书不延期。

结合学校的阅读教学改革，借助阅读指导微视频，通过在线指导启发学生有效阅读，借助微视频引导学生厘清每本书阅读的核心点、每本书阅读的方法，指导学生梳理阅读清单，绘制阅读思维导图、制作森林小报等（见图2、3），伴随着孩子的阅读，依据微课引导的阅读清单，完善思维导图、梳理阅读小报。学生读完每一本书后，都绘制自

图 2 森林小报　　　　　　　　　　图 3 森林小报

己的思维导图、读书小报帮助学生畅游书海。重点借助线上直播的白板功能指导学生对书中内容梳理、人物分析、写法感悟、摘抄记录等，通过这样的丰富形式，学生绘制读书思维导图，丰富阅读所得，分享到网络班级群，学生们可以通过线上学习借鉴、分享交流。教师注重学习反馈机制，充分利用网络微视频，远程指导学生线上阅读，有效减少学生线上学习的枯燥，提升学习效果。

❸ "思维导图"之作文扶梯

集体的线上学习，教师引导学生关注特殊时期面对祖国的召唤，白衣天使们不畏惧、不退缩、义无反顾、勇往直前，奋战在防控一线，用自己的方式传递温暖。培养学生致敬英雄，培植爱国情感！恰巧，教师以这个实事为"切入点"，利用作文导图，拓宽学生习作空间。

结合四年级下新教材的习作二："我的奇思妙想"，教师借助班级微信群给孩子们推送分享防疫宣传片、时事新闻等，让学生结合实际生活思考导图框架：你想发明什么，试着画画它的形状，用几个词语说说他的样子、想象一下他有什么功能。通过线上交流锻炼学生自己的想象能力、概括能力，同时更好地借助微视频引导学生感悟责任与担当：国家有难，匹夫有责。作为一名小学生你可以做什么，把更多的思考与想象的空间留给孩子们。有的学生奇思妙想了多功能机器人避免医护人员感染；有的想象了多功能灭毒颗粒，帮助病人解除痛苦……一切想象都是基于孩子们的认知，从实际出发，开动自己的小脑筋。

通过互联网新闻、视频等推送，助力云端的学生建构习作的思维导图框架，既丰富了学生的生活，又引导学生时刻关注实事，从小树立责任意识，用自己的奇思妙想给祖国加油，把自己的奇思妙想化作以后学习、生活的动力。学生借助实践性的奇思妙想，线上导图助力云端学生，丰富学生想象能力，拓宽习作空间，提高学生的实践能力。

（二）借力线上教学，丰盈内涵，搭建语文实践活动的舞台

良好的语文素养，不仅是学习语文的前提和基础，也是学好其他各门学科的基础，更是学生全面发展和终身发展的基础。"线上学习期间，学生有时间进行自主创作，以线上教学为契机，引导学生实践创作，旨在提升学生线上学习能力。依据新教材的诗歌主题单元，结合新教材的综合实践板块，教师再次进行了资源整合，通过直播白板线上分享诗人简介、诗歌背景、诗歌内容、文章插图、绘画、文章书法等网络资源，给学生做示范，促进学生进行诗歌再创作。

首先，教师指导学生如何在线收集查找课外的诗歌（借助百度等搜索引擎，输入关键词查找资料），或者仿照课文写的小诗歌自创诗歌，同时提示学生可以参考课本中的现代诗歌《短诗三首》《绿》等；然后依据直播白板梳理的导图框架，整理收集诗歌有关资料，丰富诗歌内容制作成一本属于自己的小诗歌集；最后指导学生可以参照班级圈的范例，设计诗歌集封面，目录等。通过线上的"导图"指导创作，互联网直播方式进行梳理与展示，引导学生线上实践中轻叩诗歌的大门，培养审美情趣，丰富语言积累，锻炼线上互动、实践能力，助力学生核心素养提升。

学生的线上教学中，教师结合新教材，合理设计新的学习内容，尝试互联网学习与互动，注重识字的基础巩固、坚持阅读的理解运用、夯实习作的拓展延伸，引导运用学生已有的知识积累，充分激发学生线上学习兴趣，既能培养学生的逻辑思维能力、锻炼学生的语文实践能力，又可以有效提升学生的语文素养，真正做到学习、实践并重。巧用互联网资源，丰盈内涵，让学生和实践相伴，有效促进学生线上学习动力，助力自主学习，为学生搭建语文实践活动的舞台，让学生学有所获，学有所得。

（三）善用互联网，借力评价，激发长久的实践兴趣

教师利用美篇的图文编辑功能，借助美篇可以随时编辑且自动更新的特点，每周随时收集学生线上学习的瞬间、丰富的生活、有趣的活动等照片，不断更新学生每周的学习实践内容，展示学习成果，制作班级周日志。周日志反馈学生评价成果将图片、文字、视频集于一体，做成美篇，有教师的及时点评，有学生的互学互动，既能起到榜样激励作用，还能借助平台的实时共享的特点，以此激发学生的自主学习主动性，同时互相取

长补短。教师借助微信群、班级圈等随时分享学生的学习成果，助力学生实践兴趣的激发。借助美篇趣味性强、主题鲜明的优势；借助微信群、班级圈的实时性功能，既能激发学生自主学习的动力，又能够及时帮助学生梳理建构，学习成果共分享，更能激发学生长久的实践兴趣。

四、总结与反思

《关于数字经济稳定并扩大就业的指导意见》中提出大力发展"互联网＋教育"和技能培训，积极采用移动技术、互联网虚拟现实等数字化教学手段，推广微课程、线上线下混合式教学、在线直播等新型教学培训模式。结合信息技术进行多样化的线上教学已经形成一种趋势，作为一名基层的语文教师，本案例以积极的心态迎接新理念新技术新模式新手段，探究思维导图在线上学习的趣味性，借助互联网平台，助力学生评价，不断提升学生与时俱进，为培养学生的自主学习能力和终身学习能力而努力。

"互联网＋教育"的线上学习，通过多途径和家长沟通，反馈学生的线上学习成果来看，学生这一阶段的线上学习效果还是比较好的，学生都能完成线上学习任务，线上导图的学习真正帮助孩子学有兴趣。线上教育平台的时效性，可以时时助力教师评价，促进学生学习兴趣长久的激发。语文素养是一种以语文能力为核心的综合素养，而语文素养的提升更是一个需要坚持的任务。学生线上学习，教师也更要注重学生语文核心素养的提升，通过"互联网＋教育"的线上学习，借助网络平台资源共享，让学生与兴趣为友、和实践相伴，全面助力学生的线上学习。

【作者简介】

郑晶晶，天津市滨海新区大港第三小学语文教师，中共党员。她一直以师德为本，勤勉教学，多次被评为滨海新区优秀班主任、优秀共产党员、师德先进个人；撰写多篇论文获国家、市、区级奖，获教学业绩等荣誉百余项。

------------------------------ 案例点评 ------------------------------

作者基于线上教学实践，抓住语文学科识字、阅读、习作等核心内容，围绕线上教

学的难点问题——线上学习的趣味性、有效性进行案例描述与分析，内容真实，经验可借鉴，对实行线上教学有很好的指导意义，具体表现如下：

❶ **结构完整，抓住核心重点凸显时代感**

本案例从案例描述、教学设计、教学过程与实施方法、反思与总结四个方面具体阐述，抓住"线上学习"这一核心，描述了"互联网＋教育"概念和现实意义，体现了教育教学日趋信息化，体现了多路径、多维度的教学方式时代变革。在教学设计时，作者以小学语文四年级下册为例对教材和学情加以分析，既关注到教材组材特点，又关注到内容间的横向、纵向联系；既考虑到学生的能力基础，又展望了学生的发展。在此基础上明确了学习目标，准确地把握了教学重难点。作者翔实地描述了线上"教学过程与实施方法"，突出了案例的主体，加之简明扼要的反思总结，形成了完整、科学的案例结构。

❷ **过程清晰，突出活动亮点突显学生主体**

在案例过程描述中，作者在"互联网＋教育"背景下，以思维导图为手段，从识字、阅读、习作、实践创作等几个方面阐述，思路清晰，条理清楚。思维导图的设计提高了学生线上学习的参与度，也锻炼了学生梳理概括的能力。学生在线上学习的过程中与学习伙伴充分合作、探究、交流，主体地位得以彰显，学习兴趣得以保障，使线上学习的效率大大提高。

❸ **反思深刻，提升教学经验具有推广意义**

作者基于线上教学实践，简明扼要地对教学方法进行总结提升。线上教学中，作者充分利用网络平台，选取有益于学生健康发展的教学资源，丰富学生线上学习的形式和内容，变平面单一的教学为多维度、立体化的灵动教学。在线上为学生创设展示交流的平台，通过多种形式的展示交流，让学生的思维在云端产生碰撞，及时发现问题、解决问题，取人之长，补己之短，并能通过自评、互评、师评等多元评价方式监管学生线上学习的实效。

【指导教师】

刘锦香，天津市滨海新区教师发展中心语文教研员，高级教师，天津市教育学会小学语文教学专业委员会常务理事。多年从事教学研究工作，多次指导教师参加市级、国家级教学比赛，获得优异成绩，撰写多篇论文获奖。

聆听大自然　感悟"求是"精神
——《大自然的语言》（第二课时）线上教学案例

王郁

一、案例背景

随着线上教学实践的深入，教师迎来了前所未有的挑战和契机。线上教学容易出现教师单向性输出、学生学习持久性不足，教学过程难监管、教学质量难把控等问题。《义务教育语文课程标准（2022年版）》要求："积极关注教学流程、教与学方法、资源支持、学习评估等新变化，探索线上线下相结合的混合式语文学习。"如何遵循在线学习者的认知规律，设计出有创意的在线学习活动，与学生进行高效的线上互动，引导他们科学掌握知识，提升在线听课效率，成为教师亟待解决的问题。

二、教学设计

（一）教学内容分析

《大自然的语言》选自部编本教材八年级下册第二单元，是一篇介绍物候知识的科普说明文，是本单元的第一篇，也是初中阶段事理说明文的第一篇，具有十分重要的地位。

（二）学情分析

学生已经在八年级上学期学习了《中国石拱桥》《苏州园林》等事物说明文，事理说明文是较为复杂的说明文，是在事物说明文基础上的一种提升。作者竺可桢调动了多学科、多方面的知识，文中蕴含的物候知识及个别专业术语较深奥，学习起来会有一定难度。

（三）教学目标

❶ 了解物候学的有关知识，感受物候与人类生活的密切联系。

❷ 理清文章的说明顺序，体会本文条理清晰的特点。

❸ 品析本文生动形象、准确严谨的语言。

❹ 激发热爱科学、探索科学奥秘的兴趣，培养学生注重观察、讲究实证的科学态度。

❺ 实现虚拟环境下的真实性学习，调动线上学习的主动性和参与性。

（四）教学重难点

❶ 理清决定物候现象来临的四个因素的说明顺序。（难点）

❷ 品析本文说明语言的生动性。（重点）

（五）课前准备

线上教学高峰期服务器压力大，容易造成网络问题，所以本课例采用"一主两辅"的直播方案（"钉钉直播课堂"为主，"腾讯会议"+"微信群"为辅），应对一些突发状况，确保直播质量。同时充分利用天津市基础教育资源公共服务平台、"学习强国"丰富的教学资源，实现课前预习、课中直播、课后拓展"三位一体"学习全覆盖，形成"自学、指导、反馈"学习闭环（见图1），以达到线上教学较佳的学习效果。

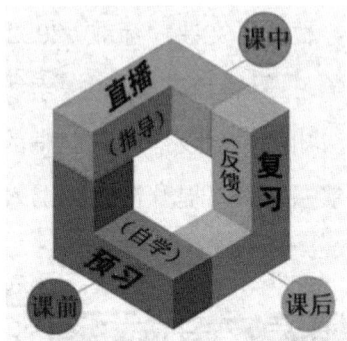

图1 教学组织流程

三、教学过程与实施方法

（一）课前预习：线上自学，完成知识传递

任务单在直播前三天，通过"钉盘"上传。

❶ **看一看**：收看作者生平介绍的视频（《大师》之竺可桢先生、《党史里的科学家竺可桢》《致敬"大先生"竺可桢》），写50字左右观后感，上传到本班级语文学习微信群。

【设计意图】

我国物候学的创始人竺可桢的物候学研究长达半个世纪，他是浙江大学"求是"校训的倡导者、践行者。学生通过视频初步领会作者严谨的科学态度和求真的科学精神。

课前预习环节属于"线上异步"学习，学生可以按自己的时间访问学习内容，按自己的进度进行，实现了陈述性知识的学习提前。课堂直播环节属于"线上同步"学习，学生会有更多时间完成程序性知识的内化，这样就极大提高了教学效率。

❷ **绘一绘**：朗读课文，利用 SimpleMind+ 绘制课文结构思维导图（见图 2），上传到本班级语文学习微信群。

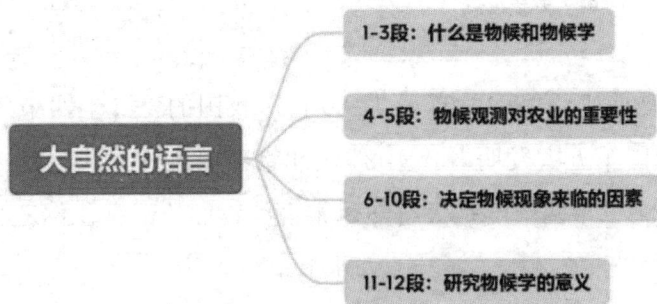

图 2 课文结构思维导图

【设计意图】

《义务教育语文课程标准（2022 年版）》要求"阅读说明性文章，能把握文章的基本观点，获取主要信息"。筛选主要信息是说明文阅读的要求之一，学生通过绘制思维导图，分析课文的说明结构和说明顺序，把知识条理化、图形化，便于学生提高概括能力和逻辑思维能力。教师了解学生预习任务的完成情况，课上直播可以有针对性地讲解落实。

（二）课中直播：直播授课，完成知识内化

本课采用"视频导入—讲授新课—验收巩固—收束总结"教学步骤（见图 3），以激发学生求知欲为切入点，以学生动手动脑为必要手段，鼓励学生在小组群充分讨论、在班级群各抒己见，抽点同学通过视频和音频发表观点，转变传统的"一对多"为"多对多"，实现生生之间、师生之间、小组之间的多重互动交流（见图 4），学生的创新思维与实践能力可以得到有效锻炼。

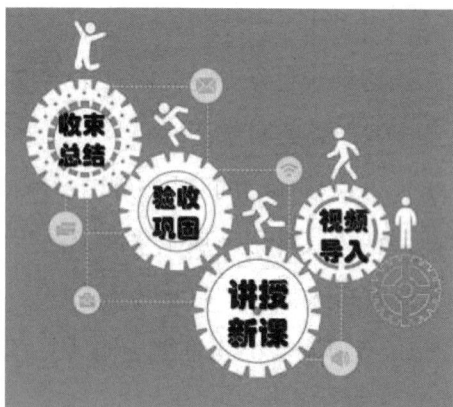

图 3 教学步骤

图 4 教学模式

❶ 导入

同学们，大家知道吗？2016 年 11 月 30 日，我国的"二十四节气"申遗成功，外国人惊呼其为"中国第五大发明"。第 24 届北京冬奥会开幕式，以二十四节气的方式倒计时，惊艳开场！二十四节气是大自然母亲说给我们的语言，你还聆听过哪些大自然的语言？

【设计意图】

课间 10 分钟循环播放与教学内容相关的热点视频，等待学生签到，创设"沉浸式"学习情境，迅速吸引学生参与到课堂中，这是线上教学成功的先决条件。

❷ 讲授新课

任务 1

想一想：为什么在 2 月、7 月不同时间，老师都拍到了油菜花（见图 5）？

图 5 微信朋友圈截图

学生通过研读文章第 7 自然段，找到答案。教师利用随机点名 PPT，指定学生连线回答，适时展示、标注中国地图，帮助学生理解。

教学实录片段 1

学生：文章第七自然段指出决定物候现象来临的因素首先是纬度。记得七年级地理课上老师也讲过，我国南北跨纬度大，自南向北，得到的太阳光热越来越少，气温越来越低。文章第七自然段也指出在我国越往北桃花开得越迟，候鸟也来得越晚。

教师：你联系地理课上所学到的知识，理解分析得非常准确。

学生：我刚才用手机查到了这两个地方的经纬度。云南省曲靖市为北纬 25° 东经 103° 左右，青海省门源县为北纬 38° 东经 102° 左右。（展示中国地图）

学生：门源县纬度比曲靖市高，所以通常情况下门源县油菜花开花时间晚，曲靖市油菜花开花时间早。

任务 2

①辨一辨：阅读图表（见图 6），你觉得济南和烟台苹果开花期至苹果成熟期，哪一个更早一些？为什么？

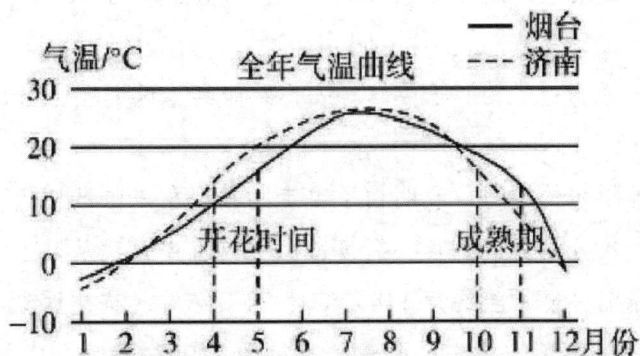

图 6 济南和烟台苹果开花至苹果成熟期图（图片引于 2019—2020
学年四川省泸县第五中学高二下学期期中考试地理试卷）

学生通过研读文章第8自然段"经度的差异是影响物候的第二个因素",找到答案,申请主动连线回答,教师适时展示、标注中国地图,帮助学生理解。

②辨一辨:文章的7～10自然段的顺序可以颠倒吗?为什么?

学生通过小组讨论、全班讨论后明确:这四个因素是按照影响程度,由大到小依次排列的,属于逻辑顺序。纬度和经度是在地球上位置的不同,第三个因素是同一个地点的高下差异,这三者都属于空间因素,最后一个是时间因素。从空间方面到时间方面也是属于逻辑顺序。

【设计意图】

决定物候现象来临的四大因素是本节课的学习难点。应用是最好的学习,教师通过融合创新,锻炼学生从图文等组合材料中找出有价值的信息,激发学生运用所学知识对生活中的物候现象作出科学解释,加深学生对影响物候现象来临因素的理解,让知识真正服务于生活。

任务3

绘一绘:静静的爷爷家住天津,他是一名摄影爱好者,他特别喜欢拍摄桃花。爷爷计划去广东韶关翁源县、北京平谷桃花岛、西藏林芝市索松村、杭州西湖摄影采风,你能帮他绘制一条采风路线图吗?并用文字做简单介绍。有能力的同学也可以帮助他绘制一份旅行手账。

教学实录片段2

学生:我为静静爷爷设计的采风路线是这样的:广东韶关翁源县→杭州西湖→西藏林芝市索松村→北京平谷桃花岛。

教师:你为什么要这样安排?能具体说说理由吗?

学生:通过刚才的学习,我明白了决定物候现象来临的四大因素由主到次分别为:纬度、经度、高下、古今。我从网上查询到广东韶关翁源县经度114°纬度24°左右,杭州西湖经度120°纬度30°左右,西藏林芝市经度95°纬度29°左右,北京平谷桃花岛经度117°纬度40°左右。

我必须首先考虑对物候现象来临影响最大的因素——纬度，处于低纬度的广州韶关的桃花通常情况下开得最早。杭州西湖与西藏林芝市的纬度相近，文章第九自然段说，高下的差异是影响物候来临的第三个因素，一般春夏越往高越迟。林芝市索松村的海拔大约 3000 米，而杭州西湖的海拔只有 10 到 20 米，因此林芝市桃花的开花时间一般会晚于杭州市。北京与林芝，纬度相差只有 10 度左右，但两处海拔相差将近 3000 米，这两个地方到底哪处的桃花先开呢？通过上网查询，参考以往多年数据，林芝市索松村桃花开花时间会略早于北京平谷桃花岛。此外，"顺路"这一点也是要考虑的因素之一，这样可以避免因来回奔波，把时间都花费在路途上。

教师：（展示中国地图）你利用所学知识为静静爷爷合理设计出了一条采风路线，"桃之夭夭，其华灼灼"相信静静爷爷在你的帮助下一定会拍出最美的桃花照片。

学生：我还通过网络查询到了一些桃花照片和最佳赏花时间。2 月底至 3 月上旬到广东韶关翁源县李洞村桃花谷，这里的桃花生长在怪石之间，宛若一幅幅水墨画，被称为"水墨桃花"。3 月下旬到杭州西湖，这时的西湖白堤桃红柳绿。4 月初再到西藏林芝市索松村，站在索拉村面向南迦巴瓦峰，脚下是蜿蜒的雅鲁藏布江，一片片茂密盛开的桃树林，浪漫至极。最后，在 4 月中下旬到达北京平谷桃花岛，驾车穿越百里桃花走廊，仿佛小舟行在花海中。

教师：通过你唯美的文字，在座的同学们已经想象出一幅幅美丽的桃花春景图。班里的同学帮助静静爷爷绘制一份旅行手账，我们一起欣赏一下（见图 7）。

图 7　学生作品图

【设计意图】

熟练运用本节课所学知识、地理学相关知识，借助互联网查询相关信息，完成情境任务，进一步理解、落实"决定物候现象来临的四大因素"这一教学难点。

任务 4

比一比：360 百科关于"物候学"的介绍，与本文有哪些区别？

通过小组讨论、比较，学生们发现：一篇好的说明文要追求"科学与诗意的完美结合"。准确、严谨的说明语言可以讲清一个现象，生动形象的说明语言、多种说明方法、多变的句式可以讲好一个现象。教师通过查看留言板，随时关注每位学生的情况。

【设计意图】

《义务教育语文课程标准（2022 年版）》要求"初步掌握比较、分析、概括、推理等思维方法""感受语言文字的美，感悟作品的思想内涵和艺术价值，能结合自己的经验，理解、欣赏和初步评价语言文字作品"。品析生动形象、准确严谨的语言是本节课的学习目标之一，同时实现了语文学科与地理学科的"跨界"，促进学习方式从"接受式"向"探究式"转变，更好地培养学生逻辑思维的深刻性。

❸ 课堂验收

学生完成问卷星中的五道选择题。

设计意图：当堂练习，可以第一时间检测知识落实情况。问卷星中一般选用单选题的形式，并设置了答题时长且每人只能作答一次，既不过多占用上课时间，又可以充分调动学生的积极性和参与性。教师借助后台提供的正确率等数据，增加教学评价的精准性。

❹ 收束总结

物候有声，自然有情。老师希望同学们多多走出家门，走进大自然，有机会参与到物候观测中，细心观察，用心思考，专心研究，认真记录，完成一份属于你的物候日记，未来的科学家也许就从你们中间诞生。

（三）课后拓展：迁移延伸，完成知识运用

教师将二维码上传到"钉盘"，学生扫描课后作业二维码，按时完成作业。

❶ 创意写作

《大自然在说话》是一部以大自然为"第一人称"的公益短片，该系列片蒋雯丽、姜文、葛优、陈建斌、周迅、濮存昕、汤唯分别为大自然母亲、海洋、雨林、土地、水、红木、花发声，让人类聆听大自然的声音，倡导人类要具有关爱环境的意识。

阳春四月，春意盎然，到处都是生机勃勃的景象。请你寻找身边的春色美景，以大自然中某一"成员"的身份为春天写一段解说词并朗诵，有能力的同学可以配上视频和音乐。

设计意图：课后作业是对课堂教学的拓展和延伸。作业有了新意，让语文学习从单一走向多元，从课本走向生活。教师通过二维码布置作业，并规定时间。学生通过扫码、上传完成作业，系统自动提醒没有按时完成的同学。教师批阅后，展示优秀作业，同学间借鉴学习，提升自身。教师了解学生知识掌握情况，动态调整后续教学方案。

❷　填写问卷

教师回收问卷后发现，75% 的同学认为线上教学课后可以通过下载课件、观看课程回放等方式复习，可以更好落实知识，60% 的同学认为线上学习效果很好，回校后也能跟上老师的讲课。57.5% 的同学希望多与老师进行视频对话，有更多互动。

【设计意图】

学生填写线上教学质量问卷，老师实时了解学生们对本课程的意见与建议，动态调整后续教学方案。

四、总结与反思

（一）利用平台，高效备课

天津市基础教育资源公共服务平台、"学习强国"的教学资源都会及时更新，本节课前教师利用此平台学习了"一师一优课"5节部优视频课、"国家中小学智慧教育平台"北京市 101 中学的石宇老师和"天津市春季同步课程"天津市八里台第一中学的官靖松老师的视频课、"天津市中小学数字图书馆"几十篇核心期刊上的教学设计、课堂实录、鉴赏分析，提高备课的有效性。

（二）使用软件，科学辅助

教师使用钉钉直播中的屏幕分享功能，在课堂上播放课件、语音授课，利用钉钉提供的荧光笔功能实现 PPT 实时标注重点，从而实现跟面授课堂同样的授课效果。教师用电脑和手机同步功能按需切换，利用随机点名 PPT，钉钉连线、留言板、白板等方式积极营造共学氛围，增加学习互动性，增强学习趣味性，杜绝了自己长时间静态独白，帮助学生减少居家学习的孤单感和焦虑感，让每位学生都能够享受到自主、合作学习的乐趣。学生利用 SimpleMind+ 绘制思维导图，用群投票签到，通过截屏、录屏的方式记笔记，通过回放功能落实学习重难点。此外，教师利用切换直播清晰度、直播回放的方式解决卡顿问题，通过后台数据查看学生的出勤和听课时长，用问卷星考试功能、用家校本来收集、批改作业，检查学生落实情况。

（三）创设情境，深度学习

《义务教育语文课程标准（2022 年版）》要求："增强课程实施的情境性和实践性，促进学习方式变革。"教师创建了以情境为载体，以解决问题为驱动，以分析问题为线索，以学生学习为中心的建构性课堂。学生带着真实的任务，在探索中深度参与、思考、反思，实现深层知识的内化、迁移，感受到学习的乐趣，语文学科核心素养得到培养。

（四）落实思政，全面育人

《义务教育语文课程标准（2022 年版）》要求："阅读科技作品，学习为创造人类美好生活做出重要贡献的杰出人物的事迹，激发创造精神。"教师巧妙找准思政教育的切入点，学生为竺可桢求真、严谨的科学精神所感染，自觉培养热爱科学的志趣，进而树立正确的理想信念。

总之，线上教学是一种新尝试、新挑战。线上教学，我们永远在路上。

【作者简介】

王郁，天津市第二中学初中语文教师。天津市中小学市级学科领航教师，天津市学科骨干教师，河北区名师，河北区师德先进个人，昌都市教育局先进工作者，多次参与市级精品课录制工作，多篇论文、案例获得市级奖项。

------------------------------ 案例点评 ------------------------------

本案例求真务实，充分发挥线上教学特质。教师用优质资源精心备课、组织学生预习，以互动平台激活教学，以大数据跟踪学生情况，为教学提供科学保障，促进课前、课中与课后教与学活动的全程设计、实施与评价，既彰显了教师深厚的学科底蕴，又是教师较高信息素养的具体表现，是以线上教学为基础环境下教学改革创新的优秀案例。

本案例通过信息技术与学科融合、线上、线下资源整合、师生信息素养的聚合呈现以下亮点：

一是通过信息技术将重难点"情境化"。《义务教育语文课程标准（2022年版）》指出，要增强语文课程实施的情境性和实践性。课堂上，教师将问题放入具体的、学生感兴趣的情境中，"资源整合——情境任务——合作探究"基于问题情境的实践活动，巧妙搭建起课堂学习和生活事件的桥梁，激发了学生的好奇心、想象力、求知欲。每个人都参与其中，由传统的"一对多"转变为"多对多"，最大限度实现了师生对话、生生对话，在探索中深度思考、交流、共享、反思，实现了深层知识的内化、迁移，学生在享受学习的乐趣中语文学科核心素养得到提升，最终实现全面发展，个性化发展。

二是通过信息技术将课程思政落到实处，这是对"教书育人"教学本质的回归。教师找到教材中与思想政治教育的联系，在不改变语文学科属性的前提下，深挖有价值的思政元素，实现二者的深度融合，促进学生树立正确的理想信念。

本案例以适切的信息化手段盘活线上教学的各个环节，避免出现"知识碎片化"现象，打造优质高效课堂，让"双减"真正落地。每一个细微之处都映射出教师平时线上教学常态化的精心，多元化的用心，融合化的匠心，值得学习和推广。

【指导教师】

刘丽颖，天津市河北区教师发展中心信息技术学科教研员，正高级教师。普通高中信息技术学科教科书核心编者，教师用书主编，天津师范大学研究生导师。多年来一直承担区域教育信息化实践应用研究，指导多名教师获得全国各项大赛一等奖。

【参考文献】

[1] 周群.《大自然在说话》创意读写方案及思考[N].科普时报，2020-3-31（8）

初中语文线上教学案例
——以部编版八年级上册《阿长与＜山海经＞》一课为例

李明娟

一、案例背景

　　为了加快教育现代化和教育强国建设，推进新时代教育信息化发展，国家出台了的"互联网＋"、大数据等一系列任务安排和《天津市教育信息化"十四五"规划》等文件，这标志着教育正逐步走进信息化时代。为了响应国家政策要求，针对线下课堂语文教学中存在的问题，笔者结合教育信息化时代背景与自身的线上教学心得，开展了中学语文线上教学活动，实现了线上教学手段的多样化、学生线上学习互动性的增强、线上教学的提质增效。

二、教学设计

（一）教学内容分析

　　《阿长与＜山海经＞》是初中阶段七年级下学期的一课，作者是鲁迅先生，他的回忆性散文集《朝花夕拾》是七年级阶段的必读名著，在语文知识中地位比较重要，鲁迅先生的文章贯穿初中所有阶段的语文学习。作为我国伟大的文学家、思想家、革命家，鲁迅先生的精神思想值得中学生学习。

（二）学情分析

　　学生在七年级上学期对鲁迅有了初步了解，并学习过《从百草原到三味书屋》初步认识了"阿长"这个人物也了解了鲁迅的童年生活，《阿长与＜山海经＞》一课能够帮助学生更深入地走进鲁迅的童年生活，更准确地把握"阿长"这个人物形象，同时也为学好八年级《藤野先生》《社戏》以及九年级《故乡》《孔乙己》等鲁迅先生的其他文章做好铺垫。

（三）教学目标

❶ 把握文章主要内容，理解阿长的人物形象

❷ 梳理作者的情感变化，理解欲扬先抑的表现手法

❸ 体会作者对于社会底层不幸者的情感。

（四）教学重难点

❶ 梳理作者的情感变化，理解欲扬先抑的表现手法

❷ 体会作者对于社会底层不幸者的情感。

（五）课前准备

❶ 线上教学初期，笔者发现让学生预习课文有些困难。为了减轻学习负担，又能检查孩子是否做了预习，教师让学生把读课文预习的视频发到小组群的小程序里。

❷ 每次上课前，教师会提前十五分钟开启在线课堂，让学生进入课堂，"屏幕共享"当天的教学主题，背景音乐播放当天所学课文的朗读音频，让孩子们静静地聆听几遍。这样，正式上课了，孩子们不仅精力集中，而且对于课文内容是熟悉的，学习节奏保持流畅，学习效果得以保证。

❸ 线上学习也要保持一个良好的精神面貌，这就需要教师关注到学生的细微之处，细到学生的衣着穿戴，细到同学们的课堂坐姿，细到上课时的学习环境。教师应要求学生穿着校服，佩戴好红领巾，开启摄像头，坐姿端正，保持学习环境安静，尽可能为自己营造出一种良好的学习氛围。

三、教学过程与实施方法

（一）鲁"豫"有约，导入新课

❶ 设计意图

由学生所熟识的知识过渡到本课的新内容，让学生有熟悉感并能快速进入文本情境，回顾鲁迅先生生平及其他作品，使得学生对鲁迅先生有更加深入的了解。利用"放大镜"功能放大生字词，帮助学生更清晰地看清笔画较多的汉字，将基础字词的积累落到实处。

❷ 方法和工具运用

运用屏幕共享功能展示课件，利用思维导图等形式组织学生回顾曾经学过的鲁迅先生的文章。以提问方式引导学生回答鲁迅先生的其他作品。在积累生字词时利用"放大镜"功能放大笔画较多的汉字，加深同学们的印象。（如图1所示）

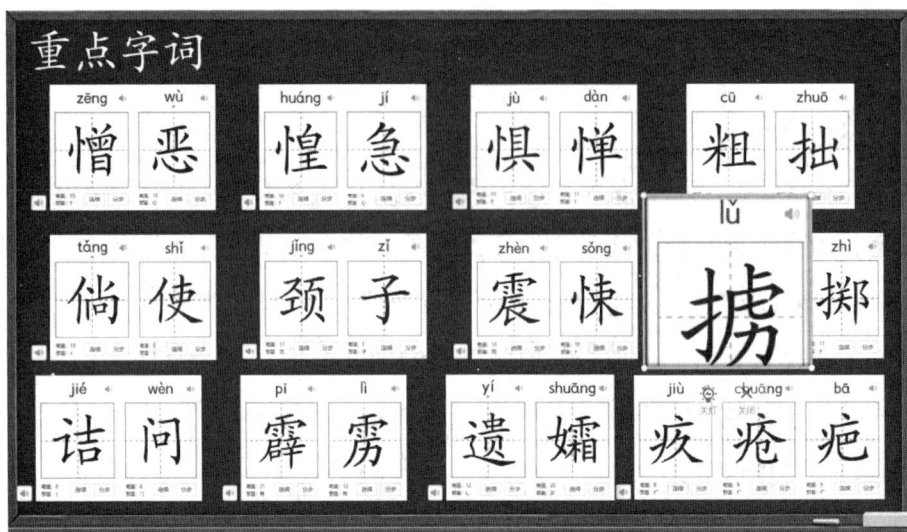

图1 "放大镜"功能的使用

❸ 教学实录

（课件出示鲁迅人物画像）

教师：同学们，来看看屏幕上的图片，这个人物是谁呢，大家认识吗？谁能简单地向我们介绍介绍他呢？可以打开麦克风我们进行抢答。

学生：鲁迅，字豫才，原名周树人，是我国伟大的文学家、思想家、革命家。代表作有回忆性散文集《朝花夕拾》……

教师：太棒了，我们在上学期学到过一篇鲁迅先生的文章，大家还记得是哪篇文章吗？（《从百草园到三味书屋》）

教师：没错，《从百草园到三味书屋》这篇文章回忆了"迅哥"童年时代在百草园的快乐生活以及在私塾里的学习经历，其中百草园的部分提到了美女蛇的故事，是谁给鲁迅讲的这个故事呢？

学生：阿长（长妈妈）

教师：长妈妈虽然是鲁迅家中的一个保姆，但是却对他的童年生活产生过重要的影响。鲁迅在《朝花夕拾》中还专门写了一篇文章来怀念阿长，这就是我们今天要学习的这篇文章——《阿长与＜山海经＞》。

（二）"迅"急如风，快速阅读

❶ 设计意图

寓教于乐，提升学生的学习主动性。在提高学习兴趣的同时快速了解阿长的生活背景及身份地位。

❷ 方法和工具运用

限时阅读文章，利用"计时器"功能（如图 2 所示）限制阅读时间，找到关于"阿

图 2 计时器功能的使用

长"的人物描写部分，利用"屏幕共享"展示电脑上教师提前制作好的学生姓名抽奖系统，学生通过屏幕即可看到选人结果，被选中学生群内完成"阿长档案"小表格。

❸ 教学实录

教师：请同学们快速浏览文章，在文中圈画出描写"阿长"人物形象的语句，包括外貌描写、身份地位、人物关系等内容，限时 5 分钟。

（课件出示"阿长档案"表格）（如表 1 所示）

教师：好了同学们，时间到！现在我们一起来填写这个表格，但并不是所有同学都能有机会答题，老师将会通过抽奖系统取到幸运的同学，请同学们做好准备。

表 1 "阿长档案"表格

她的名字	无	她的职业	长工 / 保姆
母亲如何称呼她	长妈妈	她的外貌	黄胖而矮；颈上有许多疮疤
祖母如何称呼她	阿长	她的亲属关系	有一个过继的儿子
"我"如何称呼她	阿妈 / 阿长	叫"阿长"的原因	先前女工身材高大，她是真阿长，她回去后，接班者沿用此名

（三）情感之声，体会真情

❶ 设计意图

让学生在比拼环节中，产生一定的竞争意识，进而提升学生在线上教学期间的专注力。体会鲁迅对于"长妈妈"的情感变化，从而理解文章的欲扬先抑的表现手法。

❷ 方法和工具运用

语文教学注重对字词句的理解与品析，在常态教学下，朗读是一种常用的有效方式，在大声诵读的过程中感悟文字背后的情感，从而引起师生的情感共鸣。而线上教学由于受到时空的阻隔，使得这一方式很难实施下去，但是可以借助麦克风和音响等工具，一起朗读，做到课堂上的共情。为了使得线上教学的朗读课文不至于变得枯燥乏味，教师可将课文段落按照自然段落打散，组织学生进行抽签。每一个序号后都对应着不同的需要朗读的段落，学生选择一个数字，教师使用橡皮擦功能擦除序号后的文字内容（如图

3所示）按小组进行朗诵，并评选出最有感情的一组。在一组学生朗诵文章期间，组织其余学生找出其中的带有色彩的词句，发送到评论区，每词得一分，教师负责记录。最后带领学生一起绘制情感变化曲线图，帮助学生分析欲扬先抑的表现手法。

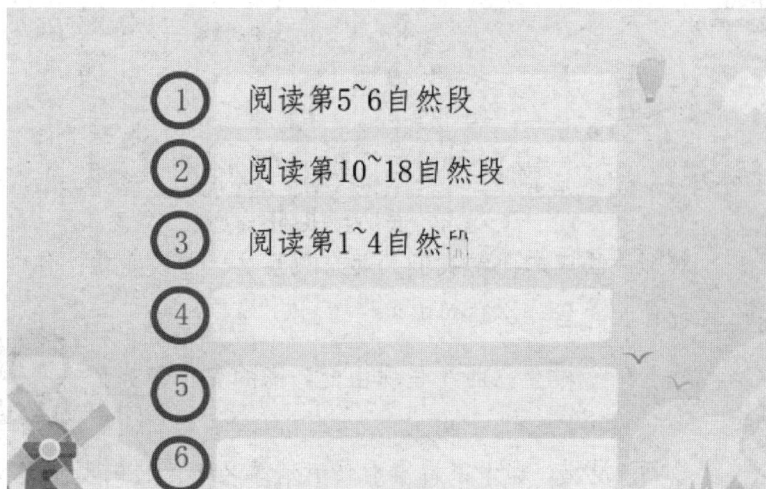

图3　橡皮擦功能运用

❸ 教学实录

教师：刚才大家已经浏览过了文章，现在我们来细致的读一读，请每个小组长抽签来决定本组朗诵的段落，其他组的同学请你们仔细聆听，边听边画出表示情感的词语，一会我们比一比看看哪组同学读的最有感情，哪组同学找的词语最多。

（学生朗诵后交流找到的词语）

学生：我找到的词语有：不大佩服、不耐烦、空前的敬意、敬意完全消失、产生新的敬意、怀念等词语。

教师：大家找到的词语很准确，现在考验同学们绘画能力的时候到了，请大家在笔记本上将这些词语写下来，要求是根据词语的感情色彩画出相对应的变化曲线，老师会在屏幕上为大家进行示范（如图4所示）。有哪位画完的同学愿意将自己的笔记向同学们展示呢？请你私信发给老师，老师向同学们进行投屏展示。

图 4 "我"对阿长的情绪变化

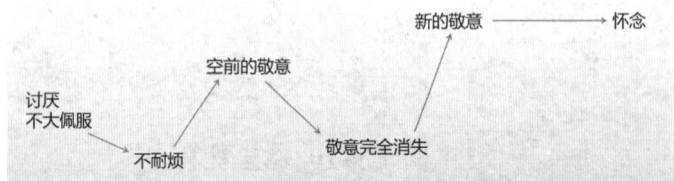

教师：画完的同学我们一起来观察这一曲线变化，你能发现什么它呈什么趋势呢？

学生：曲线呈现由低到高的变化趋势。

教师：没错，那大家再看看作者情感又是怎样的变化趋势呢？

学生：作者一开始讨厌阿长到后来产生敬意，最后怀念长妈妈。

教师：你们观察得真仔细！这就是这篇文章运用到的表现手法，先贬低阿长这个人物，后来逐步改变对她的态度，最后表达对长妈妈的赞美与怀念，这种手法就叫作"欲扬先抑"。请同学们跟老师一起记录到笔记本上。

（四）谁"语"争锋，分析人物

❶ 设计意图

通过辩论环节深入了解作者对于阿长的感情色彩，全面地认识阿长的形象特征。

❷ 方法和工具运用

在个性化互动中，教会学生如何学，化"被动"学习为"主动"学习，循序渐进地提升学生的学习力。组织学生进行辩论赛，使得学生更加深入地认识到阿长的人物形象。在辩论赛结束后，引导学生总结阿长的人物形象和作者对其倾注的感情。为了使辩论赛更加刺激，使学生更直观的看到自己队伍的得分，利用"画笔"功能在答题一方下积一

分，最终看哪方观点更多则为获胜方。（如图5所示）

图5 辩论会

❸ 教学实录

教师：同学们接下来我们就要进入到本节课最有意思的环节啦，现在请大家和老师一起穿越时空，来到鲁迅生活的时代，假如你就是鲁迅，你会请长妈妈做自己的保姆吗？请你从文中找到相应的事例来证明你的观点。正方观点：我会请长妈妈做我的保姆。反方观点：我不会请长妈妈做我的保姆。

学生1：我不会请长妈妈做我的保姆。因为文中写道阿长喜欢背地里说人长短，喜欢切切察察，我不喜欢她这点。

学生2：我不会请长妈妈做我的保姆。因为文中写道她有许多令我不耐烦的规矩，我觉得每天和她生活在一起会很麻烦。

学生3：虽然长妈妈有很多规矩，但是她都是为我着想，这是她善良而美好的愿望，所以我会请她做我的保姆。

学生4：我会请长妈妈做我的保姆。因为文中写道长妈妈在书名都不知道的情况下买来了我渴慕已久的《山海经》，说明她是真的疼爱我。

......

教师：同学们说的都很有道理，那结合大家刚才所说的内容，你们觉得长妈妈是一个怎样的人呢？

学生 1：她是一个封建迷信的人。

学生 2：她是一个善良、纯朴的人。

……

教师：没错，她既是一个身份卑微、愚昧无知的人，又是一个善良、真心疼爱孩子、宽厚仁慈的人。

（五）教师小结，回味真情

教师：本节课我们通过鲁迅先生的文章再一次了解了长妈妈，她是一个性格鲜明、富有特点的人，对于鲁迅的童年生活产生了不小的影响，课后也请同学们读一读鲁迅先生的其他文章，多去认识在鲁迅一生中带给他影响的人物。

（六）课后作业

❶ 完成《阿长与〈山海经〉》课后巩固导学案。

❷ 假如你是鲁迅，请你给长妈妈写一封信，表达自己的情感，请同学们上传到作业收集小程序中。

❸ 请同学们继续阅读鲁迅先生的其他文章，结合当时的社会背景，做一期课前演讲。

四、总结与反思

线上授课过程中教师要改变以往线下的方式，线下授课时孩子们接收到的信息内容更加直观，更加便于理解与运用，但是线上学习由于网络的延迟等原因学生接收信息就变得复杂了原本在线下授课时有趣的讲授方式到线上不能完全施展开来，学生难免觉得课堂枯燥乏味，这时教师就应发挥自己的主观能动性，设置多种形式的互动方式，像导入新课时采用提问的方法对同学们进行提问，通过及时的互动和老师的激情能够改变枯燥的课堂，当然有趣幽默的方式更有助于营造宽松和谐的课堂氛围。在填写"阿长档案"时利用"计时器"功能限时也给课堂带来一种紧张感，让学生觉得更有趣味性。关键知识点需要反复强调，不然单纯的图文讲解学生很容易走神，错过关键知识点。教师可以利用多种授课软件的功能，多种方式吸引学生的兴趣，确保学生真正乐意参与课堂。例如，利用"投屏"功能展示学生笔记，在这一环节中，学生参与度极高，很多学生愿意将自己的笔记展示给其他同学看。反复地对学生提问，能够积极地调动学生的情绪思路，让每一个学生尽可能地参与到互动上来，适当的连麦也是必不可少。在进行"情感之声，体会真情"这一小节教师就通过连麦让孩子们诵读课文，增加对文章的感悟性。同时抽签分组朗读的方式也增加了课堂互动的趣味性。除此之外教师还可以多设置一些游戏环节，例如抢答问题、数字炸弹、随机点名等方式吸引孩子们的注意力，以此来提高学生们的积极性，使得课堂更有趣味，也能使孩子们的参与度更高，也便于老师关注学生的课堂状态。

本案例成功利用"互联网+"实现了教育的信息化，使得线上教学手段丰富多样、学生线上学习互动性增强、线上课堂教学真正提质增效。

学无止境，教无定法。线上学习既是对孩子们的考验也是对老师们的挑战，然而本案例中学生参与度高，以这种新奇的学习方式激发起了语文学习的兴趣，也让那些平日里在课堂上羞于表达的同学卸下了思想包袱，积极地参与课堂活动。在今后的教育教学工作中笔者还要不断探索、总结，不断改进教学方法，认真听取改进意见。保持学而不厌的精神，在集体中同成长、共进步。

【作者简介】

李明娟，天津市翔宇力仁学校语文备课组长，曾在市、区级语文教研活动中进行线上展示，教学设计获得"新时代语文教育学术展评活动"一等奖，获得静海区"理想信念教育，强国复兴有我"主题宣讲活动一等奖。

-------------------------------- 案例点评 --------------------------------

《阿长与〈山海经〉》选自鲁迅的散文集《朝花夕拾》，鲁迅一贯主张"选材要严，

开掘要深"，《阿长与〈山海经〉》正是从群芳中脱颖而出的经典之作。

线上教学开展已有一段时间，隔着屏幕，师生互动无法像面对面时一样，进行直接有温度的交流，客观上空间的分离，课堂的教学成效必定会产生弱化的情况。而师生互动是课堂中非常重要的环节，没有互动的课堂是缺乏生气，缺乏效率的课堂。如何通过多途径的手段来加强互动，集中学生的注意力，加强课堂的兴奋点，弥补由于空间带来的"隔离感"，增强"现场感"，让每一个学生真正地参与到课堂中来。可以说本节课例就是一个很好的示范。

好的情境是给学生创造一个有待解决问题或完成任务的情境，以这一问题或任务为桥梁，连接现实生活与文本的核心内容。在本课的教学中，教师把所有学习活动引入情境链中，让学生在丰富的情境中主动学习知识和技能，在真实的学习活动中体验、合作和交流，以培养他们终身发展所需要的必备品格和关键能力。

本案例中教师运用了多种线上功能展开教学，"放大镜"功能清晰展示易错字词，帮助学生夯实基础；"计时器"功能限定时间快速阅读，营造紧张氛围，培养阅读能力；"橡皮擦"功能使得课件运用及课程推进更为灵活；手机投屏功能充分调动起学生的积极性，体现学生的主体地位。

从教学结构上看，这堂课以"阿长是一个怎样的人"这一问题和作者的情感教学线索贯穿全文，不仅符合文章的内容特点，也使课堂教学会更加自然和更能体现散文的特点。

建议教师可以适当联系写作背景。《阿长与〈山海经〉》是鲁迅"流离中所作，地方是医院的木匠房"（《朝花夕拾·小引》）。1926年，"三一八"惨案发生之后，鲁迅因为声讨反动政府而遭受巨大精神压力，渴望得到精神救援。因此，若能结合该创作背景，适当播放符合当时社会背景的影片给学生观看，再加上教师的引导，学生对鲁迅情感的探索或许会更加深入。

经典总是魅力无穷，于学生来说，经典也并非遥不可及，就看教师如何去解读，如何将经典的中的深意剖析、转化为浅显的知识展现给学生。在这节课中，老师就在利用多种线上功能在课程中不断地还原，还原一个鲜为人知的鲁迅，还原一个不为人知的阿长，让学生在想象、体验、朗读中，领悟文中蕴含着的鲁迅对阿长的无尽的深情，体会着阿长对鲁迅的朴素的、可爱的、浓浓的爱，感受着鲁迅语言艺术的魅力。

【指导教师】

张晓初，天津市翔宇力仁学校副校长，中学语文高级教师。天津市首批学科骨干教师，多次获得全国课例评比一等奖，多篇论文发表在核心刊物。近年来，一直致力于中学语文生命课堂的实践研究。

探寻悲悯底色 感悟悲剧内核
——《窦娥冤》《雷雨》《哈姆莱特》大单元教学案例

尹婕

一、案例背景

中央网络安全和信息化委员会印发的《"十四五"国家信息化规划》指出，要"提升教育信息化基础设施建设水平，构建高质量教育支撑体系"，"加快建设中国教育专用网络和'互联网 + 教育'大平台"。在这一背景下，"互联网 + 教育"理念引发了教育教学工作者的诸多思考，高速发展的网络信息化平台无疑将成为提高课堂教学质量、完善教育管理模式的重要推手。

在新课程、新教材全面实施之际，高中语文教学倡导立足于单元学习任务群开展主题性阅读，引导学生在群文阅读的过程中加深对文本的理解，从而逐步提升学生的语文核心素养。近年来，天津市教科院课程教学研究中心和本区教师发展中心围绕"学习任务群"和"大单元整体教学设计与实践"开展的市区级教研活动给本人的教学带来了极大的启发。在新课改和"互联网 + 教育"的双重契机和引导下，本人聚焦于高中语文必修下册第二单元的三篇戏剧作品，以腾讯会议为主要依托，完成了以"探寻悲悯底色 感悟悲剧内核"为主题的大单元教学设计，并积极进行线上教学实践，最终形成了线上大单元教学的典型案例。笔者希望本案例能够帮助广大教育教学工作者拓宽线上教学的思路，贯通线上、线下教学的转换通道，为推进教育信息化建设略尽绵薄之力。

二、教学设计

（一）教学内容分析

本案例立足于大单元教学视野，结合丰富的线上教学资源，针对统编版普通高中语文必修下册第二单元进行线上教学。本单元属于"文学阅读与写作"任务群。作为高中语文必修教材综合性学习任务群之一，"文学阅读与写作"任务群下设五个单元，分别以"青春激扬""生命的诗意""自然情怀""良知与悲悯""观察与批判"为人文主题，体现出这一任务群从侧重情感体验转向理性思考的过程。本单元围绕"良知与悲悯"展开讨论，在推进整个任务群的教学中具有承上启下的作用，承担着对学生进行理性洗礼的使命。而在《普通高中语文课程标准（2017 年版 2020 年修订）》中，我们看到"文学阅读与写作"任务群的学习目标在切合语文学科核心素养的基础上，尤其凸显了对"审美鉴赏与创造"核心素养的涵养，具有自身的独特性。

在对课标和统编教材进行相关分析的基础上，本人进一步明确了教学方向，设计了三大学习任务。任务一"回顾戏剧情节，提炼人物遭遇"以学生利用线上教学资源进行自主学习为主，在理清三篇文章的情节结构的基础上归纳戏剧体裁的基本特点，完成语言建构与运用。任务二"把握戏剧冲突，探究悲剧内核"充分发挥小组合作探究的优势，引导学生在文本的关联与比较中发现矛盾冲突，并进一步挖掘冲突背后的根本原因，触发学生探究悲剧内核的理性思考。任务三"透过悲剧的毁灭，寻找有价值的东西"是本案例的核心环节，启发学生向作品深处探寻"有价值的东西"及其"毁灭"的方式，体悟"良知与悲悯"的价值，并通过评论和随笔的方式引导学生在审美的同时尝试创造，在阅读之余进行写作，完成从艺术到现实的延伸，实现由感性体悟到理性思辨的跨越，为进一步探索"观察与批判"人文主题奠定基础。

（二）学情分析

这是学生在高中语文学习过程中接触的第一个戏剧单元。一方面，学生对中国传统戏曲、中西方话剧知之甚少。另一方面，学生在阅读中往往更加关注人物命运的走向、故事情节的发展，而在探寻悲剧意蕴、挖掘美学价值、进行深度鉴赏等方面有所欠缺。因此，本案例立足文体特征，从戏剧体裁的鲜明特点出发进行教学设计，深化学生对戏剧文本的理解。此外，高中生普遍对新颖的互联网应用技术充满兴趣。针对学生的这一特点，本案例运用了多种教学辅助软件，旨在为学生提供沉浸式线上学习体验，引导学生深入到文本当中，探寻悲剧作品的悲悯底色，感悟其独特的艺术感染力，从而提升学生鉴赏戏剧作品的能力。

（三）教学目标

❶ 梳理三篇作品的主要情节和人物关系。

❷ 把握三篇作品中的主要矛盾冲突，认识矛盾冲突的类型和戏剧的一般规律。

❸ 体会戏剧冲突带来的戏剧效果，在悲剧毁灭的过程中寻找并探究"有价值的东西"。

❹ 学会尊重悲剧毁灭方式，认识"良知与悲悯"的意义，感悟悲剧作品震撼人心的力量。

（四）教学重难点

❶ 教学重点：梳理故事情节，把握三篇作品中的主人公面对的主要矛盾冲突。

❷ 教学难点：探寻悲剧作品的悲悯底色，在阅读与鉴赏的过程中感悟悲剧的艺术感染力。

（五）课前准备

本案例涉及的文本体量较大，在线下教学过程中，学生基于教师的指导和监督，可在规定时间内完成阅读与梳理的学习任务。但切换至线上教学时，教师无法时刻关注学生的阅读状态。为确保学生的阅读效果，教师将"国家中小学智慧教育平台"中讲解本单元三篇课文主要情节的视频链接推送至班级群，学生观看视频并根据学习任务（如图1）梳理文章的情节结构，完成自主学习的部分。学生通过观看"国家中小学智慧教育平台"上的相关课程，对三篇文章的情节内容了然于胸，为进一步探究作品的悲剧意蕴做好准备。

线上教学在资源共享方面具有显著优势，但黑板的缺失会给教师书写板书带来不便。为解决这一问题，教师在进行线上教学之前，准备平板电脑和手写笔，配合Notability APP进行使用，这样一来，不仅能够在线上教学过程中制作出更为美观、丰富的板书，还能供学生截图保存，便于学生在课下整理、复习。同时，教师以小组为单位建立学习微信群，打破学生线上学习的空间局限性，为学生提供小组讨论的平台，提高学生线上学习的参与度，也便于教师随时在微信群中观察小组讨论的状态，强化深度阅读的效果。

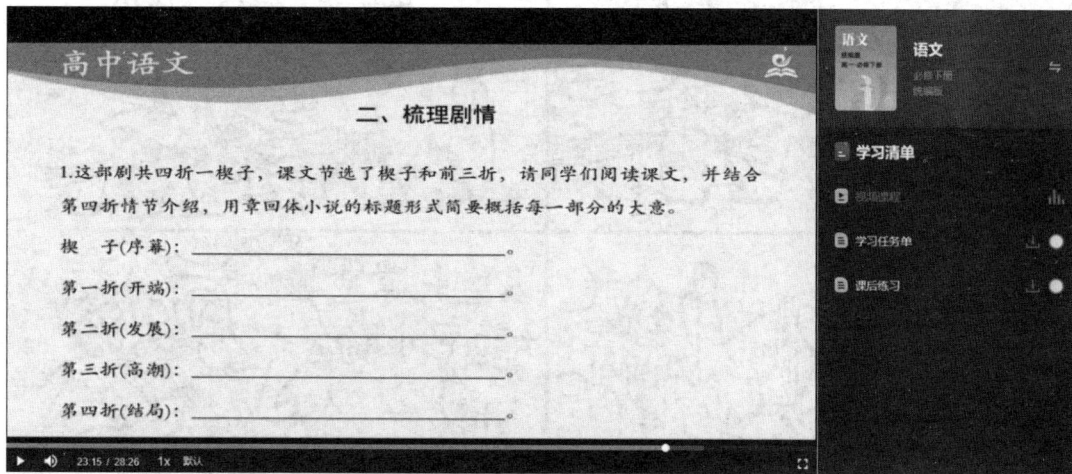

图 1 学习任务示意图（图片引用于"国家中小学智慧教育平台"）

三、教学过程与实施方法

（一）课堂导入

❶ 导入过程

教师在腾讯会议中发起"签到"，在"文档"中上传学案，开启"云录制"，打开教学课件，启动"屏幕共享"，提醒学生完成会议签到。

教师分享学生的美术作品（见图 2），引导学生描述画面，并引用英国著名小说家约翰·勒卡雷的名言"猫坐在垫子上不是一个故事，一只猫坐在另一只猫的垫子上是一个故事"，启发学生理解戏剧冲突与戏剧效果的关系。

❷ 设计意图

在腾讯文档中上传学案，便于学生随时进行下载、阅读。签到功能可帮助教师掌握学生的出勤情况，便于线上课堂管理。教师授课时开启云录制，便于学生回放学习。此外，经过一段时间的线上学习，学生难免对教师分享的课件产生审美疲劳。本案例结合学生的美术作品进行导入，不仅能有效调动学生的学习热情，还能在线上教学期间促进学生间的交流，增强班级的凝聚力。

图 2 学生美术作品展示图

（二）学习任务一：回顾戏剧情节，提炼人物遭遇

❶ 教学过程

教师和学生进行语音互动，由学生口头提炼能够概括三篇文章故事情节的关键词。与此同时，教师用手写笔在 PPT 上进行记录。

❷ 设计意图

教师通过互动检验学生自主学习的效果，为后续的学习任务做铺垫。

（三）学习任务二：把握戏剧冲突，探究悲剧内核

❶ 教学过程

教师示范概括《窦娥冤》中的主要矛盾冲突，引导学生思考：导致窦娥"冤"的直接原因和根本原因分别是什么？帮助学生理解"人与环境之间的矛盾"这一冲突类型。

教师引导学生梳理《雷雨（节选）》部分的人物关系，并在 Notability APP 中创

建文档，绘制人物关系图（见图3）。学生观察人物关系图，尝试概括选文的矛盾冲突，探寻矛盾背后的根本原因，教师随后进行点拨，明确第二种冲突类型——人与人之间的矛盾。

教师播放舞台剧《哈姆莱特》中"哈姆莱特独白"片段，提示学生观察剧中演员的

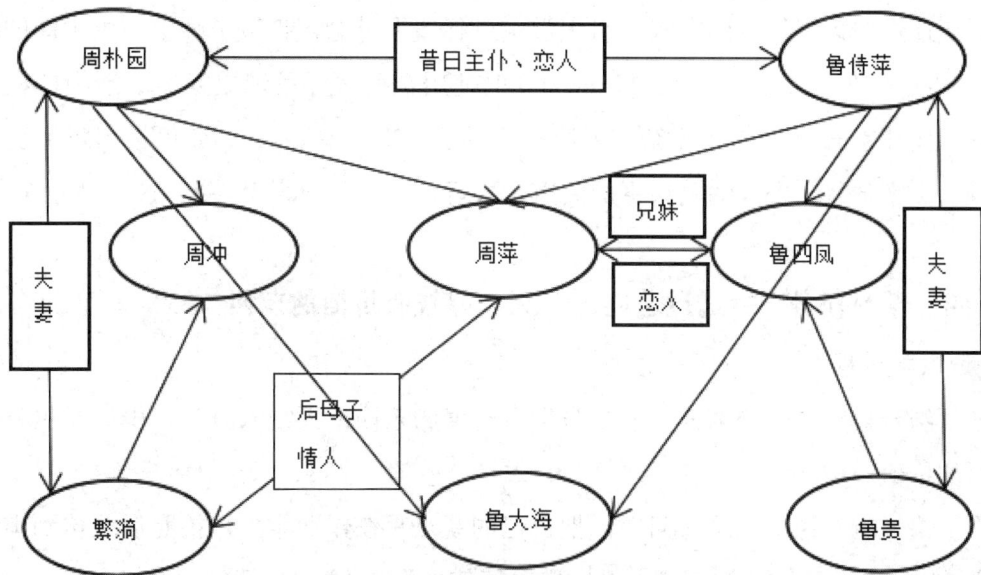

图3 《雷雨》人物关系图

表情、语气、动作等细节。学生观看结束后，教师组织各小组利用微信群"语音"功能，朗读课文中哈姆莱特独白部分，并结合观影感受，思考与讨论：哈姆莱特是一个怎样的人，面对的主要矛盾是什么？讨论结束后进行汇报。与此同时，教师依次加入各小组的群语音，关注学生讨论的情况，适时为学生答疑解惑，帮助学生理解戏剧冲突的第三种类型——人自身的矛盾。

教师引导学生回顾学习内容，共同总结戏剧冲突的类型。教师在 Notability APP 中手写板书（见图4），供学生记录。

图4 学习任务二板书展示图

② 设计意图

本环节以引导学生把握文本的戏剧冲突为目的，设计了探究主要矛盾、分析产生矛盾的原因、概括冲突的类型三个层次的问题供学生讨论。根据文本的特点，教师在引导学生探究的过程中各有侧重，类型鲜明，能更好地帮助学生理解戏剧冲突的意义。

教师通过组内群语音的方式，组织学生进行线上讨论，打破了师生、生生间的空间限制。与线下教学相比，Notability APP 的使用帮助教师呈现更为美观清晰的板书。就梳理《雷雨》一文中错综复杂的人物关系而言，Notability APP 可根据需要更换笔触颜色、图案形状，令人物关系更加突出、醒目。

（四）学习任务三：透过悲剧的毁灭，寻找有价值的东西

① 教学过程

教师结合鲁迅先生的名言"悲剧是把有价值的东西毁灭给人看"，引导学生寻找作品背后的价值。

学生快速浏览课文，思考问题，把自己的观点写在作业本上，拍照后上传到小组微信群中。组内成员通过互读互评，选出优质稿件。入选的同学将稿件上传到会议文档中，进行展示交流。

② 设计意图

引导学生寻找悲剧作品背后的价值，是加深学生对悲剧内核理解的关键环节。学生通过书写的形式外化自己的思考，在写作过程中再次回顾作品中的人物命运、情节走向、矛盾冲突，体悟悲剧作品中体现的良知，形成对悲剧的正确认识。

会议文档的使用便于展示、批注学生作品，学生可在下载课程回放的同时下载文档，用于课后继续学习、交流、讨论。

③ 教学实录

> 教师：鲁迅先生说："悲剧是将人生有价值的东西毁灭给人看"。那么，什么是有价值的东西？应当是作者独特的创造，是隐藏在悲剧外壳之下的真善美。除此之外，也可以是让你印象深刻的片段，让你感同身受的情节，或者是给你带来的某些启迪，只要有所收获，便都可视作"有价

值的东西"。现在，请同学们快速地浏览课文，把你的观点写在作业本上，拍照后上传到小组学习微信群中。小组成员可以在组内互读互评，选出最优质的稿件，然后上传到会议文档中，和同学们共同分享。

（学生完成学习任务，将习作上传到会议文档中）（见图5）。

《窦娥冤》

当一个人处在顺境中时，关心别人是比较容易的，可是当一个人处在困难的境地，特别是在孤立无援的情况下，顾自己都恐怕来不及去关心别人，这就很难可贵了。窦娥是个将死之人，她能想到的却是不让婆婆看到她无罪被斩而伤心。从这一点，就可以看出她的善良敦厚，我觉得这是窦娥最有价值的东西。

《雷雨》

在周鲁两家人之间复杂的人物关系和尖锐的矛盾冲突中，我看到了旧家族的悲剧和罪恶，也看到了作者被压抑的愤懑和对受侮辱、受迫害的善良的人民的深切同情。我认为这种同情是最有价值的。

《哈姆莱特》是西方文学作品中杰出的文学典型，捍卫国家及个人的尊严，他与封建权力进行了痛苦而艰难的斗争。《哈姆莱特》作为一个文学典型，并不是以一个复仇行动者而获得青睐的典型形象。哈姆雷特的孤独是他所有思想与行为中最明石雨的表现，正是这种孤独代表了人类本质性的精神永恒存在。

图5 学生稿件展示图

教师：老师看到各小组都完成了上传，我们请小组代表们分享一下自己的作品。

学生一：我分享的是《窦娥冤》。在现实生活中窦娥没有力量保卫自己，也没有复仇的手段。她的抗争之所以有力，之所以震撼人心，在于她的精神和价值取向。从这个角度看，窦娥是强大的，官府可以杀死她，却不能打倒她，不能使她屈服。她用自身的毁灭张扬了人对正义的坚持，这是"有价值的东西"。

教师：从这位同学的发言中，我们能感受到他是一个非常具有正义感的人，他看到了窦娥的坚定，并对此表达了自己的敬意，非常好，感谢这位同学的分享。

……（此处省略部分学生发言）

学生二：哈姆莱特能超越时代的局限性，这一点是很强大的，他因为相信人是善良的而造成了悲剧。我们从不缺少善良的人，但是勇于揭露出时代的腐败、敢于斗争的精神就格外珍贵，虽然他的善良造成了悲剧，可是这种精神是值得我们学习的。

教师：听了这位同学的回答，大家有什么感想？哪位同学想说一说？

学生三：我觉得这位同学提醒了我们斗争精神的可贵之处，我们应该保有民族的气节，但我也希望大家能在今后的生活中始终保持善良的初心。

……（此处省略部分学生发言）

教师：接下来，我们看看同学们在《雷雨》中找到的价值。

学生四：就如题目一样，这个故事中有很多像"雷雨"一样的人，鲁大海敢于反抗资产阶级，鲁侍萍备受欺辱和压迫，但又始终保持了自己的刚毅与顽强，他们都如同雷雨一般轰轰烈烈。他们与周朴园这种伪君子形成了鲜明的对比，更能突出雷雨般性格的可贵，让我很受震撼。

教师：这位同学找到了人物性格的可贵之处，还为我们从另一个角度解读了"雷雨"的含义，写的非常好，让我们为这位同学点赞。

……（此处省略部分学生发言）

教师：欢迎同学们课下继续进行交流，希望大家能有更加深刻的感受和更加丰富的收获。

（五）课堂小结

❶ 教学过程

教师在 WPS Office 软件中创建"在线文档"（见图 6），发布至班级群，学生以小组为单位完成填写。

篇名	主要人物	情节关键词	主要矛盾	根本原因	矛盾类型	"价值"	"毁灭"方式

图 6 课堂小结表格展示图

教师进行如下小结：《窦娥冤》《雷雨》《哈姆莱特》都是享誉盛名的悲剧作品。现实生活中，当我们在影视作品中看到悲剧的结局，常常心生唏嘘，甚至有人调侃道"想要给剧组寄刀片"，这都是再正常不过的现象。但是，经过这节课的学习，我们要学会尊重悲剧毁灭的方式。悲剧之所以要如此用力地去撕扯剧中人物的灵魂，就是希望能够以此激起读者的悲悯之心，就像刚才同学们写下的这些文字，充满了良知的光芒。希望我们都能在这些被撕破的碎片中寻找到"有价值的东西"，并借此照亮自己的生活。

❷ 设计意图

在 WPS Office 软件中创建的"在线表格"可提供多人同步在线编辑，学生可实现补充笔记、回顾课堂内容、完成学习总结、交流分享的目的。同时，便于教师收集、整理学生的反馈，有效掌握学生的学习情况。

（六）布置作业

❶ 作业布置

教师在本区"创新作业"库中选择适当作业，修改后发布以下两个作业，学生可根据自己的兴趣进行选择：

作业一：你认为本单元的三篇文章在情节安排上是否存在不合逻辑的地方？例如：赴法场时，窦娥不愿婆婆看见披枷带锁的自己，便央求刽子手往后街里走，足见她的单纯和善良。这样的窦娥，为什么会发下"抗旱三年"的誓愿，让百姓承受无妄之灾呢？作者为什么要这样安排？展开你的想象，找出课文中不合逻辑的地方，写出你的思考。

教师通过"班级小管家"小程序编辑并发布作业一。

作业二：朗读选文中的精彩片段，选择自己喜欢的平台发布短视频，可适当添加创意元素。

❷ 作业评价

教师针对两项作业采取不同的评价方式。针对作业一，教师在微信小程序"班级小管家"中对学生作业进行批改。针对作业二，教师在微信小程序"群投票"中创建投票并发布至班级群，由学生投出"最佳作品"，并在班级群中进行展示。

❸ 设计意图

作业设计体现"双减"及"创新"意识，作业一可有效加深学生对文本的理解，锻炼逻辑思维和写作能力；作业二在锻炼学生诵读能力的同时，为学生提供展示自己的舞台，丰富班级文化。针对两项作业的差异性，本案例设置了多样化的作业提交及评价方式。"班级小管家"的使用，不仅可以为教师提供在线批改、发送语音点评、设置优秀作业对成员可见等功能，还可以给教师评定的优秀作业赠送积分并生成学生作业积分榜。当线上教学切换为线下教学时，学生可凭借小程序中获得的积分兑换非物质奖励，而当线下教学切换为线上教学时，学生又有机会获得新的积分。由此，提高学生参与线上学习的积极性，激发学生提高作业质量的动力，帮助学生适应线上、线下教学融合发展态势下的学习模式。

（七）板书设计

板书内容（见图7）：

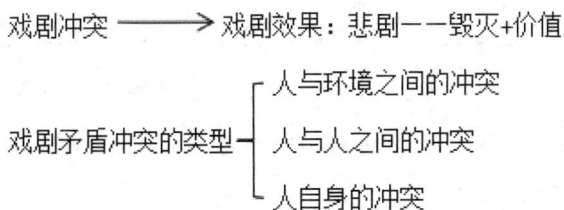

图 7 板书设计参考图

四、总结与反思

与传统的线下教学相比，线上教学资源丰富、形式灵活。但同时也带来了极大的不确定性，在本案例的实施过程中，主要存在以下问题：

（1）受网络设备等因素的影响，无法实现学生齐读课文环节，但朗读对语文学科而言又尤为重要。

（2）语文课堂注重情境的设置，在线下教学中，教师可以通过肢体语言表情达意，营造适合文本的美学氛围，但线上教学过程中视频摄录范围有限，限制了教师活动。

（3）学生反馈在线上学习过程中，教师普遍运用到多个平台，平台的频繁切换会使学生产生学习倦怠。

针对以上问题，本人进行了如下思考：

（1）尽管要在线上教学环境中实现学生齐读文本较为困难，但线上教学的优势在于教师可以控制学生的视频、音频，可将齐读改为接力朗读，随机开启一位同学的视频和音频，被抽选的同学完成指定部分的朗读任务，既能实现课堂朗读，又能确保学生的课堂上专注度。

（2）由于视频摄录范围有限，教师应尽可能通过表情和语气呈现文本，表现人物情感。同时，教师可在教学过程中综合运用网络资源，如视频、音乐、课堂小游戏等，营造课堂情境。

（3）目前尚未发现某一平台能同时实现线上教学所有需求，这便要求教师在授课前积极探索教学辅助软件的使用，尽量通过软件间的联动减少平台的切换。例如，本案例使用了腾讯会议、"班级小管家"小程序、WPS Office 等多个平台进行教学，但学生仅依靠"腾讯会议"和微信就能完成学习、讨论、反馈、提交作业、投票等环节。

在本案例中，线上课程资源的使用缓解了大单元教学的阅读压力，释放了课堂教学的时间。但过度使用具有交叉性的网络资源，会使学生产生审美疲劳。这启发我们在选择网络资源、教学辅助软件时，要针对课程需要、学生状态、课堂氛围进行取舍，我们关注的重点不应是网络技术的堆砌，而应是对教学辅助软件的功能进行最大限度地开发和使用，使网络技术能真正为提升线上教学的效果服务。

【作者简介】

尹婕，天津市军粮城中学高中语文教师，2020 年毕业于天津师范大学文艺学专业，获文学硕士学位，崇尚有"温度"的教育，注重在教学中培养学生对生活的感知力。课例《喜看稻菽千重浪——记首届国家最高科技奖获奖者袁隆平》获东丽区中小学第二届学科德育精品课二等奖。

-------------------------------- 案例点评 --------------------------------

2017 年，"专题研讨"正式写入新课标；2019 年，在全国推广使用新教材中，"群文组课"的比例又占达 50% 左右，这都意味着"专题教学"已不可回避地摆在了每一位高中语文教师的面前。在本案例中，教师精心开发阅读专题，引导学生对三部戏剧经典之作进行联读，较好地实现了大单元视野下的深度学习。总体来看，本案例有以下几个突出的特点：

❶ 专题内容聚焦，学习重点突出

本单元是戏剧单元，教学点很多，一旦陷入芜杂琐碎，则专题学习很难聚焦。因此，作为多文本的联读，贯通点的选择显得尤为重要。本案例立足本班学情，在深研课标与教材的基础上，以被毁灭的"人生的有价值的东西"作为三部悲剧的贯通点，将专题学习聚焦于对"悲剧意蕴"的深入探讨与挖掘上，可以说教学内容聚焦，教学重点突出。

❷ 指向深度学习，强化任务驱动

专题开发的目的指向基于核心素养的深度学习，深度学习的达成又离不开学习任务的驱动。本案例围绕三篇文本的贯通点设计了前后相连的三个学习任务，即"回顾戏剧情节，提炼人物遭遇""把握戏剧冲突，探究悲剧内核"以及"透过悲剧的毁灭，寻找有价值的东西"。这三个学习任务由浅入深，循序渐进，环环相扣，实现了专题学习的整体性和结构化。

❸ 坚持以生为本，注重课堂生成

教师立足语言素养，带领学生积极开展语言实践活动，譬如提取情节关键词、梳理人物关系图、微写作等等，由浅入深地引导学生深入文本，深度体验。在教学实施的过程中，教师以平等的姿态面对学生，巧设支架，步步引导，充分调动学生的思维，注重语言的建构与运用，强调师生互动、生生互动，重视课堂生成。

❹ 借力信息平台，巧用课程资源

作为一节线上教学案例，教师一方面能够熟练运用各种网络信息化平台来辅助教学，譬如利用"签到"管理学生的出勤，利用"云录制"应对有补课需求的学生，上传学习资源缓解课堂学习压力等等；另一方面又能依据教学需求巧用"国家中小学课程资源网"的优质资源助力学生的定向自学，达到借力优质资源辅助学生高效学习的目的。本案例对如何充分利用网上资源、如何利用网络平台来开展有效乃至高效的线上教学这一问题进行的思考，对于线上线下教学融合发展而言，具有一定的借鉴价值。

最后，崇高的悲剧美不仅是为了表现美的失败、终结与毁灭，更重要的是表现悲剧主人公对人生价值、生存意义、现实处境与未来命运的深沉思索之后选择苦难甚至迈向死亡的一种自觉意识。这是悲剧的深层意蕴之所在，也是悲剧的审美价值之所在。那么如何在教学中让学生脱离肤浅的标签化概念，从理解悲剧的浅层意蕴走向更深层意蕴，值得教师进行更加深入的思考。

【指导教师】

张敬，天津市东丽区教师发展中心语文教研员，天津市学科骨干教师。主持并参与多项国家级、市级课题，出版专著《过程写作法在高中语文写作教学中的探索与实践》。

构建单元教学体系，探寻线上教学方式
——《红楼梦》整本书阅读线上教学活动案例

段云霏

针对新时代的时代特点，《"十四五"国家信息化规划》指出："推进信息技术、智能技术与教育教学融合的教育教学变革。"《天津市教育信息化"十四五"规划》强调："加强中小学精品课程资源建设，实现线上线下相融合的教学模式创新。"《普通高中语文课程标准（2017年版2020年修订）》（以下简称《课标》）也指出："把握信息时代新特点，积极利用新技术、新手段，建设开放、多样、有序的语文课程体系，使学生语文素养的发展与提升能适应社会进步新形势的需要。"信息技术与教育教学相融合、线上线下相融合是大势所趋。

《课标》将"整本书阅读与研讨"任务群列为18个任务群之首，充分体现了整本书阅读的地位与重要性。如何在信息技术与教育教学相融合、线上线下相融合的背景下，充分利用精品线上教学资源合理地开展整本书阅读线上教学活动，成为笔者探索实践的方向。

二、教学设计

（一）教学内容分析

普通高中语文教科书必修下册第七单元为《红楼梦》整本书阅读单元。《红楼梦》思想内容博大精深，文化内蕴极其丰富，规模宏大，用语朴素，是一座卓然矗立的小说艺术高峰。《红楼梦》的整本书阅读可以促进学生积累阅读长篇章回体小说的方法和经验，提高阅读鉴赏文学作品的能力，促进学生深入思考中华民族优秀传统文化。本单元属于"整本书阅读与研讨"任务群。《课标》在该任务群的学习目标与内容中指出："在指定范围内选择阅读一部长篇小说。通读全书，整体把握其思想内容和艺术特点。从最使自己感动的故事、人物、场景、语言等方面入手，反复阅读品味，深入探究，欣赏语言表达的精彩之处，梳理小说的感人场景乃至整体的艺术架构，理清人物关系，感受、欣赏人物形象，探究人物的精神世界，体会小说的主旨，研究小说的艺术价值。"教材在单元导语中指出："通读《红楼梦》全书，梳理小说主要情节，理清人物关系，理解和欣赏人物形象，探究人物的精神世界，整体把握小说的思想内容和艺术特点，建构阅读长篇小说的方法和经验。可以从最使自己感动的故事、人物、场景、语言等方面入手，反复阅读品味，获得审美感悟，丰富自己的精神世界。"教材与课标一脉相承，因此《红楼梦》整本书阅读的教学内容，可以概括为：通读全书，整体把握思想内容和艺术特点；梳理小说主要情节、理解和欣赏人物形象；建构阅读长篇小说的方法和经验；体会小说主旨，研究小说的艺术价值四个方面。

（二）学情分析

高一学生对古代长篇章回体小说的阅读并不陌生，初中阶段学习过"名著阅读"《水浒传》等，初步学习了古典小说的阅读方法，但整本书阅读的广度和深度还不够，阅读经验不足，阅读方法欠缺。学生对阅读《红楼梦》有畏难心理，因为全书篇幅长、意蕴深，易导致学生阅读耐力不足。学生阅读长篇小说的一般规律为首先迅速地通读全书，满足好奇心，然后细看感兴趣的部分，品味思考，最后重读感悟。线上教学背景下，学生可自由支配的时间较多，有利于静下心来，集中时间认真阅读文本。学生习惯于通过在线、推送等方式获取信息、解决问题。

（三）教学目标

❶ 通读全书，整体把握小说主要内容和艺术特点。

❷ 梳理小说主要情节、理解和欣赏人物形象。

❸ 建构阅读长篇小说的方法和经验。

❹ 体会小说主旨，研究小说的艺术价值。

❺ 探究小说的文化内涵，理解和传承中华优秀传统文化。

（四）教学重难点

教学重点：梳理小说情节，理清和欣赏人物形象，建构阅读长篇小说的方法和经验。

教学难点：研究小说的艺术价值，探究小说的主旨和文化内涵。

（五）课前准备

❶ 已有的线上精品资源

天津市基础教育资源公共服务平台的天津市春季学期中小学精品课程资源上，有两节《红楼梦》整本书阅读指导课。第一节课是《红楼一梦千古香——例谈〈红楼梦〉整本书阅读策略》。这节课主要介绍《红楼梦》其书、其作者以及阅读价值和阅读策略，是优秀的《红楼梦》导读课。第二节课是《聚叶泼成千点墨——〈红楼梦〉人物导赏》，是一节欣赏人物形象的指导课，高屋建瓴，给出欣赏人物的方法。

国家中小学智慧教育平台上，有《红楼梦》8课时的内容。北京市第五中学葛琳老师讲《红楼梦》前五回导读（两课时），北京市五中集团的马莲香老师讲金陵十二钗的人物形象（两课时），北京市第八十中学姜伟老师讲人物关系，人物性格与塑造人物的手法（两课时），北京市第八十中学庞秀卿老师讲《红楼梦》中的诗词（两课时）。

天津市春季学期中小学精品课程资源的两节《红楼梦》整本书阅读指导课更注重对学生阅读方法的指导，对具体文本的阅读与分析不足，对学生学习主动性要求较高，如果学生线上教学期间不能落实教师的指导，那么《红楼梦》整本书阅读就不能顺利地推进。国家中小学智慧教育平台上的课程没有形成一个完整的《红楼梦》整本书阅读的指导体系，呈多点散发的状态，有阅读方法指导课，有专题研究课，有欣赏形象课……有难有易，缺少一个整体的思路将这些课程进行系统化的整合，缺少根据学生的阅读实际、阅读进展而进行的具体的同步指导。

❷ 课前准备

使用"班小二"小程序收取学习成果和发布游戏题目，使用逗号卡片发布游戏题目。教师提前录制《金陵十二钗》人物系列微课，录制《〈红楼梦〉整本书阅读之与人物有关的那些事》网络校本课程。利用"天津市基础教育资源公共服务平台"创建"《红楼梦》整本书阅读精读指导课"，新建班级，批量导入学生，上传课件教案等资料。

三、教学过程与实施方法

教材设置《红楼梦》整本书阅读单元也就意味着《红楼梦》整本书阅读的教学要进行大单元设计。本案例的《红楼梦》整本书阅读线上教学，根据学生阅读的一般规律，建构《红楼梦》整本书阅读单元教学体系为略读、精读、研读、重读四阶段，分别安排活动。

《课标》建议"整本书阅读与研讨任务群"安排18课时，平分给《红楼梦》就是9课时。

（一）略读阶段

该阶段以学生阅读活动为主，教师负责设计活动、提供阅读支架和检查阅读成果。学生活动为：①观看天津市春季学期中小学精品课程资源《红楼一梦千古香》一课，激发阅读《红楼梦》的兴趣。②迅速浏览全书，运用跳读、浏览的方法通读全书，不求甚解，获得整体印象。③填写阅读记录，绘制主要人物关系图，每五回写一个内容概述。④参与游戏答题。

教师活动：①提供阅读计划表，教师利用"班小二"小程序定期收取查阅学生的阅读记录。②鼓励学生对人物关系图进行创意创作。③利用"班小二"小程序进行内容概述的收取与反馈。④利用"班小二"小程序的"题库"功能、"逗号卡片"的"消消乐"功能发布答题游戏。这个阶段不占线上教学日课课时。

【设计意图】

略读阶段是学生整本书阅读的起始，学生们运用跳读、浏览等方法迅速通读全书。为了培养学生的阅读毅力，使学生能坚持阅读，本案例采用了填写阅读记录表、写内容概述、画人物关系图、做答题游戏等方法。游戏的题目为基础性的常识题，以利于学生接受，帮助学生克服阅读名著的畏难心理从而顺利地通读全书。略读阶段，寓教于乐的线上答题游戏更易推动学生阅读。

（二）精读阶段

❶ 欣赏人物形象

精读阶段，本案例安排欣赏人物形象。因为对于传统小说而言，人物是小说的灵魂。

课标也建议："从最使自己感动的故事、人物、场景、语言等方面入手，反复阅读品味，深入探究……理清人物关系，感受、欣赏人物形象，探究人物的精神世界，体会小说的主旨，研究小说的艺术价值。" 天津市春季学期中小学精品课程资源《聚叶泼成千点墨》一课中，将人物分成红楼男子篇、女性篇，女性篇又分成红楼女儿篇和夫人篇，女儿篇又分成金陵十二钗、副册及又副册，这种分法很有指导意义。

❷ 微课与日课相结合

《红楼梦》整本书阅读利用9课时完成，这一直是困扰一线教师的难题。线上教学期间，线上录制好的精品课程资源为笔者提供了思路：将欣赏人物形象中，结合具体文本，找到人物的各种描写，分析人物性格特点的内容，利用微课细细讲解，推送给学生，学生利用课下时间观看学习，教师课上进行人物形象综述和学生微课展示与评价。这样微课与日课搭配使用，课时不足的问题就迎刃而解了。

本案例中，教师录制了《金陵十二钗》系列微课程，结合具体文本，引导学生将人物读细读透，同时在微课中，将阅读长篇小说欣赏人物形象的方法演示给学生：前后采集，归类整合。前后采集，就是按照小说的章回顺序，选取人物典型的动作、语言、肖像、心理等描写片段，梳理赏析。归类整合，就是将前后一类的言行加以整合梳理。前后采集适合情节较集中的人物，例如迎春、惜春、妙玉等，因为情节集中，所以前后采集起来很方便。归类整合适合人物性格复杂的人物，例如薛宝钗、王熙凤等。梳理王熙凤的人物形象时，引用红学大家王昆仑先生的话"恨凤姐、骂凤姐，不见凤姐想凤姐"就可清晰的将王熙凤的人物形象归为两类，一类是让人又恨又骂的特点，例如严酷无情、贪财害命、心狠手辣；一类是让人想念的特点，例如管理才干突出，口才过人，幽默诙谐。在梳理林黛玉的人物形象时，笔者将这两种方法相结合，将描写林黛玉的众多情节归类整理成三条线——身世线、才华线、爱情线，再按照这三条线去前后采集，便可对林黛玉形成清晰又全面的认识。

❸ 学生活动

本阶段学生活动：①观看天津市春季学期中小学精品课程《聚叶泼成千点墨》，学习人物形象分析的方法。②观看系列微课程《金陵十二钗》。每名同学都有账号可以登陆天津市基础教育资源公共服务平台，在"我的课程"中观看，还可以登录"学习通"APP，在手机端进行观看学习。课程可以随时记笔记，完成老师的讨论、作业等任务。③录制微课。学生在看过《聚叶泼成千点墨》人物导赏课、《金陵十二钗》微课后，动手录制一个喜欢的人物的微课，将习得的分析人物形象的方法运用到微课中。录制好的微课在课上通过"腾讯会议"APP的"共享屏幕"功能进行展示。

❹ **教师活动**

本阶段的教师活动：①录制欣赏人物形象的系列微课程。②准备日课4课时的教学内容。有了微课的帮助，教师在日课就可大胆地舍弃细枝末节，进行人物形象的综述。可像国家中小学智慧教育平台马莲香老师那样，概述多个人物，也可挑选学生在人物形象欣赏上感兴趣或存有疑问的人物，例如可专题欣赏薛宝钗，因为学生对"金蝉脱壳"计有不同看法，拥薛还是贬薛争论不休，因此可专门安排一节课分析薛宝钗的人物形象。③关注并督促学生学习。因为微课承担着很重的教学内容，所以如何督促学生观看这些微课成了大问题。本案例利用天津市基础教育资源公共服务平台，新建课程"《红楼梦》整本书阅读精读指导课"，创建班级，将学生导入，便可在"统计"中的"学生管理"里，看到每一名学生登录学习的情况，教师便可根据此情况去鼓励、督促学生观看。教师作为课程的开发者，可以设置视频防拖拽等功能，保证学生将视频看完。同时为了推动观看，教师可利用该平台发布学习消息、新建话题讨论、组织投票等各种活动。

【设计意图】

精读阶段是学生深入文本、反复阅读、品味思考的开始，学生在此阶段学习长篇小说欣赏人物形象的方法。为了节约日课课时，教师提前录制微课。为了激发学生观看兴趣，教师在录制微课过程中利用"希沃白板"的"课堂活动"功能，制作小游戏，增强微课的趣味性。为了督促学生观看，教师利用天津市基础教育资源公共服务平台对学生观看情况进行追踪。为了检验学习成果，课上对学生的微课进行展示与评价。

（三）研读阶段

研读阶段，学生们进入难度更大、专业性更强的专题研讨，利用日课5课时完成。

专题一：大家来找茬。这个专题研讨的是《红楼梦》人物刻画艺术。学生活动：①课下观看市精品课程《聚叶泼成千点墨》和国家中小学智慧教育平台北京八十中学姜伟老师的课，学习有关人物刻画手法的内容。②课上研讨，对比林黛玉和薛宝钗的不同，袭人与平儿的不同，王夫人人前和人后的不同，小说里的某个人物与我印象中的不同。通过研讨，促进学生深入阅读，体会作者运用"对比""正侧面描写"等手法刻画人物形象的艺术。

专题二：探秘诗词。这个专题研讨的是诗词对人物形象塑造的作用。《红楼梦》中的诗词经常是学生在阅读中跳读省略的部分，但是诗词又是《红楼梦》不可或缺的内容。对于高中生来讲，欣赏红楼诗词，不是为了做诗歌鉴赏，而是为了更好地欣赏人物。因此学生活动：①课下观看国家中小学智慧教育平台北京八十中学庞秀卿老师的两节课，学习通过诗词分析人物的方法。②课上研讨，探秘诗词，找到诗词中能够展现人物性格的地方。通过研讨，推动学生阅读诗词，思考诗词对人物形象塑造的辅助作用。例如同为咏菊诗，探春、宝钗、黛玉、湘云的性格各不相同。例如薛宝钗的《咏白海棠》体现出她的高洁稳重，《忆菊》体现出她的惆怅寂寥，《螃蟹咏》则体现出她的冷漠心机，不同的诗词展现出人物多面的性格。

专题三：情节论坛。这个专题研讨的是前五回的纲领作用和小说中一些被称为"大过节大关键"的重要情节的作用，例如可卿出殡、元妃省亲、宝玉挨打、抄检大观园等情节。前五回结构性的意义显著。《红楼梦》中的"大情节"可前后关联近20回的内容，例如宝玉挨打包含雨村来访、道士赠物、元妃赠物、晴雯撕扇、龄官划蔷、金钏之死、湘云拾麒麟、宝玉诉肺腑、贾环进谗言、贾政动怒、宝钗送药、黛玉题诗、袭人晋级等内容，使得小说前后勾连、高潮迭起。作者运用"草蛇灰线"、层层铺垫等手法为这些重要情节造势，在情节高潮处用对比手法增强故事的张力。为了让学生体会这些妙处，反复阅读这些内容，安排学生活动：①课下观看国家中小学智慧教育平台北京市第五中学葛琳老师讲《红楼梦》前五回导读。②课上开展情节论坛：选择一个情节进行宣讲，宣讲情节的主要内容，在小说中有什么重要作用，我们为什么要去重读这部分内容。宣讲结束后，同学们在线投票选出最佳宣讲员和选出最想重读的情节。

专题四：主题研读峰会。这个专题研讨《红楼梦》的主题。学生活动：①课下观看央视纪录片《曹雪芹与〈红楼梦〉》，知人论世，了解作者的人生经历与《红楼梦》的创作背景。②查找关于《红楼梦》主题的相关论述，总结整理。③课上举办"红楼主题研读峰会"，各小组进行主题宣讲，同学们在线投票选择最认同的红楼主题，并说明理由。

专题五：红楼代言人。这个专题研讨《红楼梦》中展现出来的传统文化。学生活动：①从音乐绘画、酒令笑话、书画楹联、服饰摆设、医药养生、建筑园林中选择一个角度，反复阅读小说，梳理相关内容，查找资料，确定自己的代言内容。②课上进行代言展示，例如我是红楼美食代言人。今天我要向同学们介绍一道红楼特色菜，小荷叶小莲蓬汤。然后说明选择推荐这道菜的理由。宣讲结束，同学们在线投票选出最佳代言人。

【设计意图】

这五个专题的选择力图从不同的角度让学生更深入的理解《红楼梦》这部中国古代小说艺术高峰的魅力，这五个专题也几乎覆盖了教材给出的 6 个教学任务，同时通过专题教学的形式、采用活泼真实的情境化的方式、线上展示的方法，让学生进行阅读研讨，激发学生的阅读兴趣，推动学生反复、深入地阅读。

（四）重读阶段

在重读阶段，同学们可以自由的重读感悟，也可以观看我们团队录制的网络精品校本课程《〈红楼梦〉整本书阅读之与人物有关的那些事》自行学习，还可以在高二时选择我校《红楼梦》的校本课程继续深入学习。

四、总结与反思

本次《红楼梦》整本书阅读线上教学活动，有如下可行的推进方式：①循序渐进，依照学生阅读的一般规律，分阶段安排不同的活动。教师在每个阶段都跟踪支持、给予实时的指导。②每个阶段学生的活动方式灵活多样。学生活动方式灵活多样，有利于调动学生的学习积极性，例如有观看线上精品资源，有线上游戏竞赛，有录制微课，有课上分组展示学习成果等。③借助天津市基础教育资源公共服务平台。借助该平台，可以关注到学生学习情况，例如观看微课的进度、参与讨论的热度等。④教师提前准备微课等教学资源。教师设计好每个阶段的活动之后，需要提供相应的学习资源，教师需要提前录制和准备。

本案例构建了《红楼梦》整本书阅读教学体系，弥补了已有线上精品资源的不足，利用线上资源逐步推进，从内容、艺术、文化等方面细致地学习《红楼梦》，实现了教学目标，提高了学生的语文核心素养。同时也有可提升改进的地方。例如精读和研读阶段可以做整合，安排大任务，放手让学生去做。例如举办红楼人物展。每个小组展出一个展板，展板上展示人物的形象、主要的情节、性格特征、所作诗词、喜爱的食物等内容，每一部分由一名同学进行解说，全班投票选出最喜欢的展板。为了将展板做好，各小组需深入地研究某一个人物，同时又整合了诗词与服饰、饮食等文化内容。

【作者简介】

段云霏，天津市河东区第四十五中学高中语文教师。河东区中小学校级骨干教师，校级学科带头人。论文9篇获市区级奖项，区"双优课"一等奖，区级观摩课5节，微课视频国家级一等奖，主持"十四五"市级青年课题。

-------------------------------- 案例点评 --------------------------------

《红楼梦》整本书阅读的单元教学是有难度的。《红楼梦》规模大、人物多、情节复杂，对学生阅读来说是个挑战；时代关系和语言特征，使得《红楼梦》与学生们的距离远，丰厚的文化内蕴让学生理解有难度。本案例构建起《红楼梦》整本书阅读单元教学体系，有效地把课程目标、学生经验、课程资源的几个方面整合起来。通过线上教学活动，帮助学生建构阅读经验，形成阅读方法，提高语言运用，发展思维，理解文化，促进审美的提升。

❶ 整合学情

本案例根据学生阅读的一般规律，将《红楼梦》整本书阅读分成略读、精读、研读、重读四部分。阶段划分清晰。每一个阶段又依据学生阅读文本的困境、经验和将要面对的问题，设计各种不同的活动来推进。

❷ 整合教学内容

《红楼梦》整本书阅读教学内容的选择必须有侧重、有取舍。案例可见各阶段的学习侧重点不同，以具体的学习活动来带动学生的学习，活动的设计可见前后的关联和整合。略读阶段主要了解小说内容，以制订阅读计划、写内容概述、画人物关系图、游戏竞赛等方式推动学生通读小说。精读阶段选择精读人物形象。这是对初读内容概述和画人物关系图的深入，也是与学生阅读小说经验的整合。学生对于小说人物描写方法很熟悉，在文本中定位信息、找到信息、提取相关信息，也是熟悉的阅读方法。通过精读，学生们在略读之上，在已有的经验之上，又构建了新的赏析人物形象的阅读经验。研读阶段对作者刻画人物方法、诗词的作用、重要情节的作用、主旨的研讨，又是对精读人物、提取概括信息的深入，既与学生以往经验整合，又进一步研究作者为什么这么写，作者通过情节的设置，刻画这样的人物力图传达什么。通过展示活动让学生对文本作品所传递的信息做出自己的解释，对特定时代背景下的文化意义进行理解。整个教学环节有顺序性，同时又有循环和整合性。

❸ 整合课程资源

案例中可见教师对各种学习资源的整合，已有的线上精品资源、教师自录的微课资源、纪录片资源等都被教师整合起来，以精选的方式，在适当的时候交给学生去使用和思考，整合使用应用软件、小程序和天津市基础教育资源公共服务平台，有效地解决了课时不足、精品课不够细致、不成体系等问题。

面对教学内容容量大、内容离学生经验远、教学学时长等难题时，本案例给了我们一定启示。整合学生与文本、教法与学法、资源与内容，让学生有章可循、有法可学，助力教师破解整本书难教的困境。

【指导教师】

杨宇，男，高级教师，河东区教师发展中心语文学科教研员，负责高中学段教科研工作，具有丰富的教育教学实践经验，关注并重视新课改，有较高的教育教学理论素养，主持或参与多项市级教育规划课题。

语文
01

**数 学
02**

英 语
03

道德与法治
04

历 史
05

地 理
06

物 理
07

化 学
08

生物学
09

科 学
10

信息技术
11

音 乐
12

体育与健康
13

综合实践活动
14

2 天津市中小学优秀线上
教学教研案例集 **数 学**

协同互补，构建科学高效的线上教学新模式

阎花杰

一、案例背景

自 2020 年以来，天津市教委为做好常态化疫情防控期间的教育教学工作，妥善处理突发事件与常规教育教学之间的关系，开展线上线下随疫情变化随时切换的模式。和两年前第一次当线上主播不同，现大多数老师都已具备直播经验，老师们以学生为中心，技术为导引，关注线上教学的互动性、有效性，关注学生同伴互助、信息共享，关注作业设计及作业反馈，注重线上教学与信息技术的融合。市精品课搭建的教学平台，更为师生学习提供了便利，但线上教学特别是数学课的线上教学也存在一些局限性的问题：如师生不能面对面实时互动、学生动手操作活动受限、学生之间缺乏独立思考讨论交流的时机……

一线教师在探究某些数学问题本质过程中，必须转变教与学的方式，合理选用恰当的软件对线上教学内容进行调整与优化，提供可操作的探究平台，通过操作软件和观看视频资源的协同互补，延伸学生探究欲望，发展学生核心素养；通过操作软件和教师引导的协同互补，动态、全面、精准监测学习过程，构建更加科学、高效的线上教学模式。

二、教学设计

目前，小学数学线上教学以直播的形式或结合市级平台资源进行学习，相比传统教学模式，线上教学更加新颖创新，学生在家就可以借助电脑或手机完成学习任务，

当遇到上课不懂的地方或因故缺席本次课程时，学生还可以通过观看回放视频的方式再次学习，将知识内化，达到提高学生学习效率的目的。但由于小学生在课堂上有效关注的时间较短，很容易被外界因素干扰而分散注意力，出现分心或开小差的现象，缺少老师面对面的督促和提醒，一旦出现注意力不集中的情况，就很容易将相关知识点漏掉，无法取得在线课堂学习的效果。笔者在多次实践摸索过程中发现，基于小学数学学科的逻辑性和科学性选择合适的教学软件为学生搭建学习的平台，鼓励学生运用信息技术体验和探究知识的生成过程，通过软件与视频资源以及教师课堂讲授的协同互补，不仅能提升线上教学学生学习的专注力，还能帮助学生从更深层次认识和理解数学的本质。

基于以上认识，笔者提出将可真实操作的软件引入线上数学课堂，通过学生操作软件与教师课堂讲授的协同互补，让学生的动手操作不再受限，让他们的独立思考更有支撑，让师生、生生的思维碰撞真实发生，构建科学高效的线上教学新模式。本文通过四个不同领域的案例，分析如何将可操作性的软件与四大领域的学习内容协同互补引入线上课堂，学生在需要时扫码操作，在此过程中使核心素养获得发展，形成科学高效的线上教学新模式。

三、教学案例描述

案例1：实现图形自由切割、拼组，让几何更直观，发展空间观念。

提升学生的核心素养，就必须为学生提供一种认识与探究现实世界的观察方式。以《平行四边形的面积》和《长方体和正方体的表面积》为例，在调研的过程中发现，线上教学由于时间短，缺乏认知冲突与思维的碰撞，缺乏真实的体验与主动探究，学生无法充分感悟数学内在的价值。于是，在实践过程中笔者整合资源，借助软件为学生搭建延时性探究的桥梁。

直播课程中，教师可以根据学生的汇报随意将"不整格"的方格进行拼组，以数格子的方法引导学生尝试让平行四边形转化为可以数的整方格，进而数出面积的大小，并引导学生给出面积公式的猜想（见图1）。

验证猜想环节，教师可以利用切割工具，让学生直观看到通过切割、平移，即使

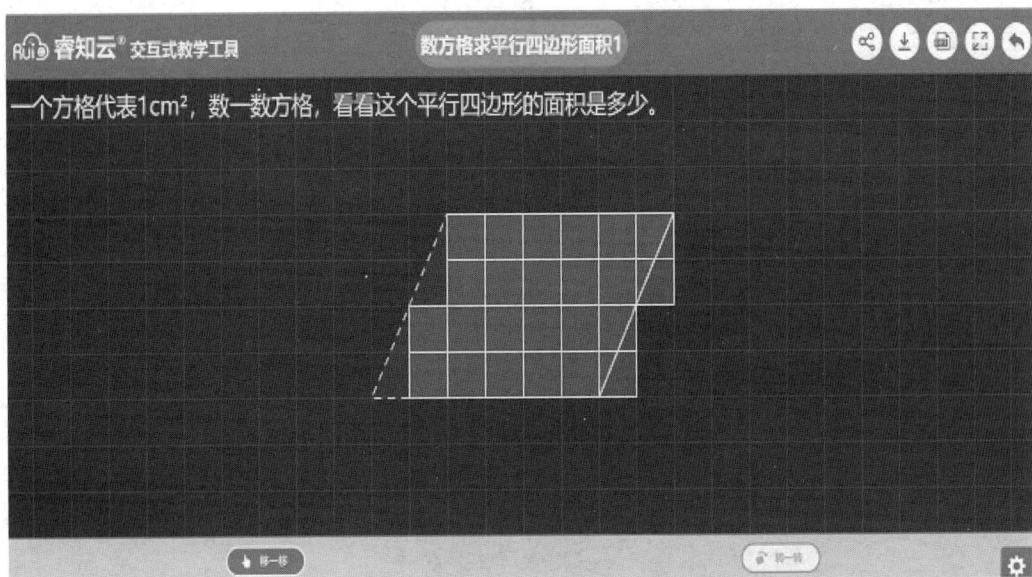

图1　数方格求平行四边形的面积

没有方格，仍然可以将平行四边形转化为长方形，从而推导出面积公式（见图2）。

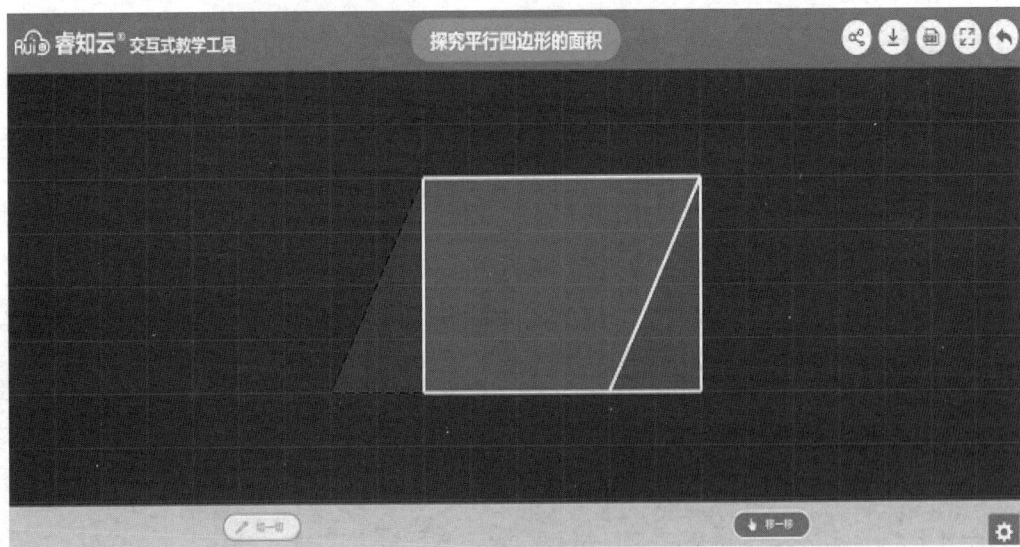

图2 探究平行四边形的面积

对比常规课堂使用实际纸质探究资料的操作更加简单，避免了误差和动态展示方面的各种问题，同时留痕功能也能帮助学生观察并对比转化前后图形之间的联系。将抽象的几何图形，以及它们的形变过程等以动态形式展示出来，直观感受图形的割补、运动、转化过程。

以《长方体和正方体的表面积》为例，正方体的展开图有多种形式，如何在有限的时间给学生展示多种方法，发展学生的空间观念对于线上教学目标达成提出了更高的挑战。于是，课上笔者借助软件展开立方体工具，自由剪开虚拟的立方体，并根据所剪的棱动态将立方体展开，观察其展开图，通过对比分析，将展开图进行归类整理。（见图3）课下作业笔者让学生通过扫码，利用设计立方体展开图工具反向让学生设

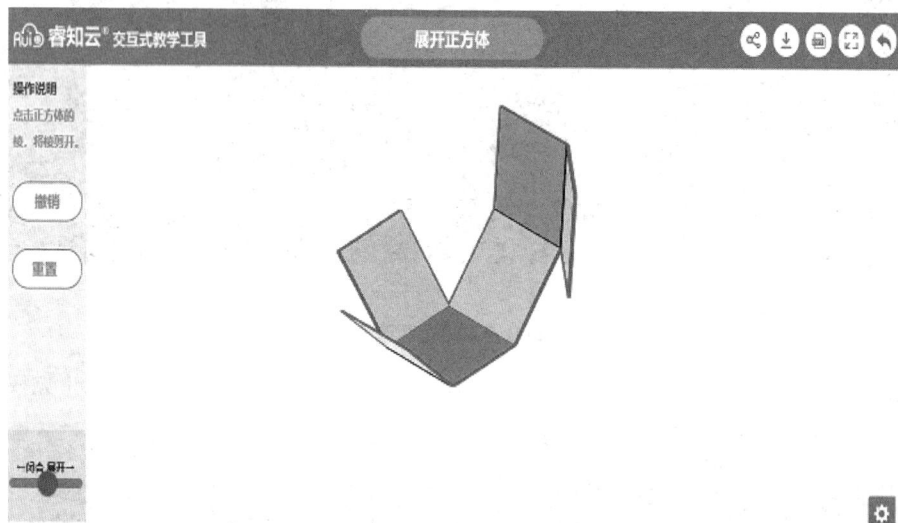

图 3 展开正方体

计展开图，并观察展开图是否可以组合成立方体；或者由教师设计一组展开图，让学生推测是否可以组合成立方体，如果不能组合，哪些面会重叠。（见图4）借助软件搭建活动平台，让活动便于操作，助力学生构建自主学习平台。

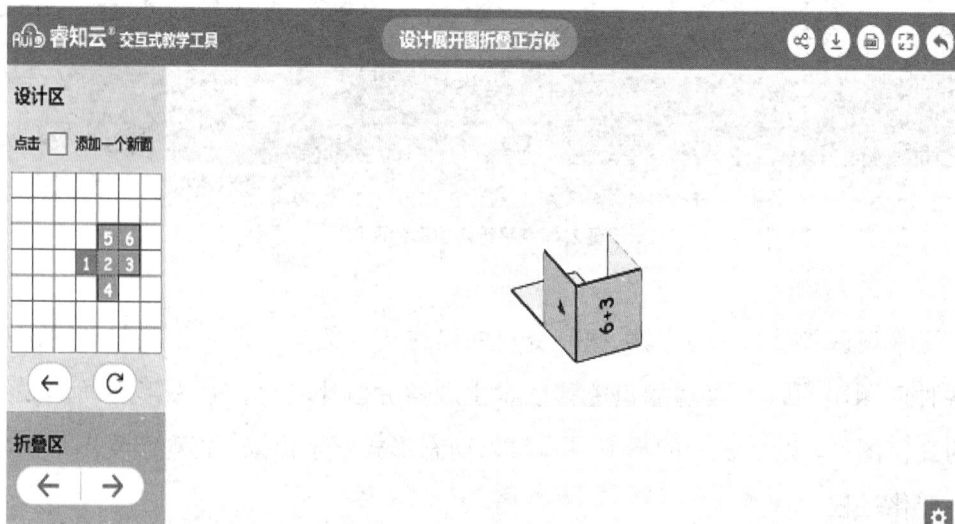

图 4 设计展开图折叠正方体

案例2：补充大数据实验，体验时间的随机性，发展统计观念。

数据意识主要是指对数据的意义和随机性的感悟。知道在现实生活中，有许多问题应当先做调查研究，收集数据，感悟数据蕴含的信息；知道同样的事情每次收集到的数据可能不同，而只要有足够的数据就可能从中发现规律，进而逐步养成用数据说话的习惯。

在学习统计中经常要研究随机现象统计规律，这就必须进行大量的重复试验，让学生获取一定数量的数据，这是在有限的课堂教学时间内难以实现的。但在线上教学过程中，我们充分发挥互动软件优势，实现将概率的验证在课堂上轻松操作并动态呈现。以彩色转盘工具为例，教师可以让学生通过观察大屏来发现转盘指向各颜色次数与各颜色的块数之间的关联，重要的是，它让诸如"转100次"这样的实验在课堂上成为可能。（见图5）整个过程，只需要教师和学生在设置模式下为转盘涂色，并点击按钮旋转转盘，所有计数和展示全部由软件自动完成，非常直观地将结果向所有人呈现。

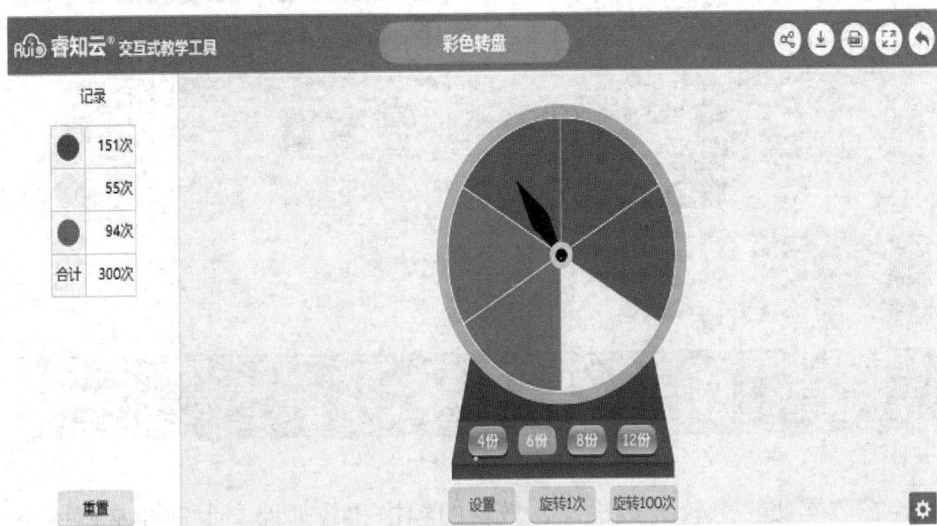

图5 彩色转盘

史宁中教授曾谈道："义务教育阶段统计教学关键是发展他们的数据分析观念，使他们想到用数据，愿意用数据，能从数据中提取一些信息。"可见，教师在教学过程中应借助信息技术，用真实的呈现促进学生形成"数据分析观念"，用客观的数据验证感官的判断。

案例 3：过程与结果随机转化，理解算理，发展抽象思维能力。

运算能力主要是指根据法则和运算律进行正确运算的能力。能够明晰运算的对象和意义，理解算法与算理之间的关系，通过运算能促进数学推理能力的发展，有助于形成规范化思考问题的品质，养成一丝不苟、严谨求实科学态度。

以一年级《20 以内进位加法》为例，在线上教学过程中，教师可以利用"实物酸奶"的贴图向学生展示加法和进位的过程，拖动一箱整 10 盒酸奶让学生认知整"10"可以作为一个整体。同时，一键切换实物和符号功能则可以帮助那些建立抽象思维困难的学生看到酸奶向符号变化的过程，建立实物到符号乃至数字的抽象关系。工具无论在设置加数，还是展示进位、实物符号切换，都可以通过简单点击完成，实物向符号的切换，对应实物和符号的位置完全相同，甚至可以双方反复互相切换加深学生的理解。（见图 6）

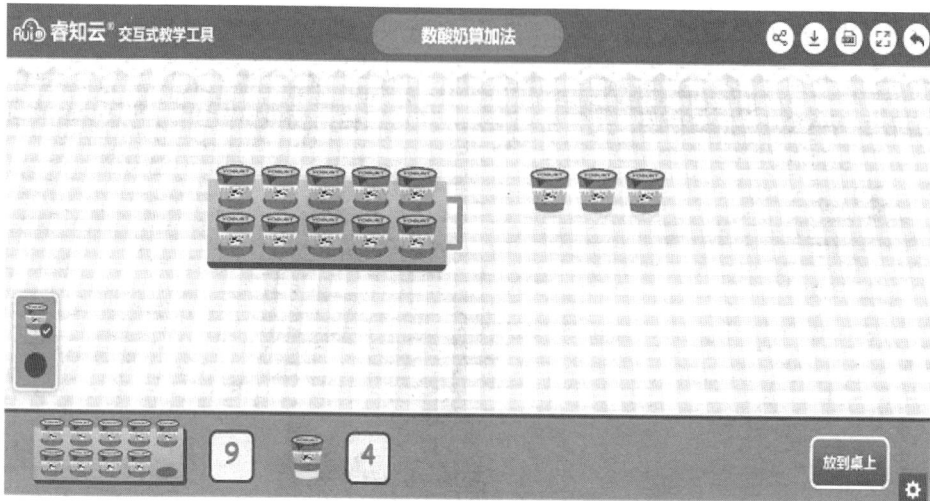

图 6　数酸奶算加法

再如，在二年级接触较大数进位，教材的编排和教师课堂上都经常使用小方块来帮助学生建立数位与进位的概念。传统教学中使用 PPT 制作动画，工作量大且自由度低，而使用实物进行操作展示，则操作复杂耗时，而且小方块数量巨大很容易出错或丢失。使用大数进位模型工具，教师可以自由设置所需的各种方块的数量，并动态展示小方块组合成 10 个一组的方格条，100 个一组的面，1000 个一组的大方块，实现用实物模拟进位过程的直观展示。（见图 7）整个展示过程教师只需要拖拽方块到显示区，或直接点击快捷按钮一次性大量加入方块，即可实现方块的预设，而进位的组合过程则完全由软件自动计算生成，无论从视觉效果还是操作便捷性都相比实物展示有所改善，大幅提升了线上教学的时效性。

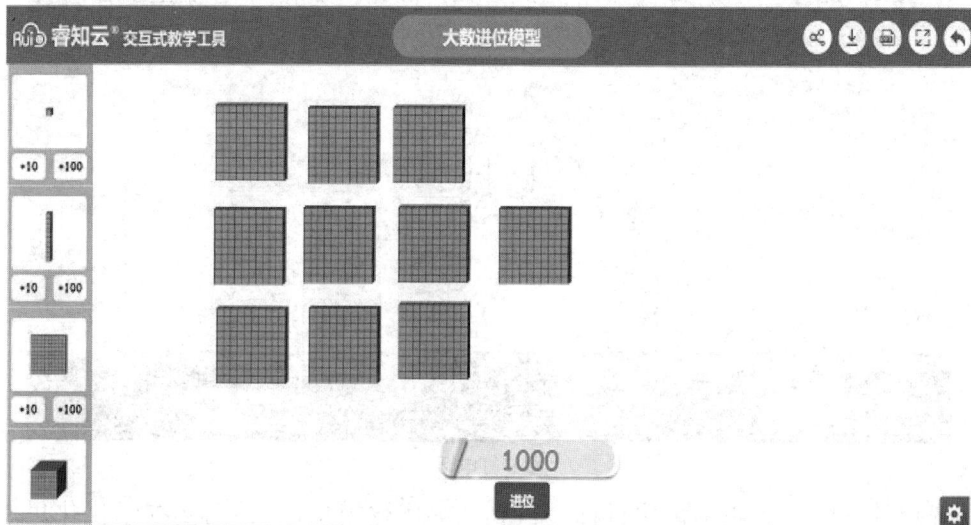

图 7 大数进位模型

数学家康托尔说："数学的本质在于思考的充分自由。"没有数学思考就没有真正意义的数学学习。让学生从现实生活的具体情境中抽象出数学问题（即现实问题数学化），由现实问题经过简化抽象后建立数学模型。在数形结合中培养学生具有数学"简化"的潜意识，这恰恰是数学建模的第一步。

案例4：模拟真实情境，探究知识的发生与发展，促进四基发展。

用数学解决问题，特别是解决实际问题，需要经历数据收集和处理、试验解题方案、验证猜想、调试数学模型、考察特例、推广到更一般情形等过程。

如人教版教材五年级上册的《打电话》，通过创设一个活动通知场景，引导学生设计出最优方案后，感受等比数列"呈几何级数增加"的速度。这一教学活动学生可以自行设计通知策略，并通过动画形式来展示每分钟通知的人数，感受数量成倍增长的效果。在学生没有第一时间设计出最优方案时，还可以将次优方案展示给学生，引导学生发现次优方案前慢后快的原因，通过对比找出最优方案。操作过程也在几十秒左右，但展示效果要优于基于纸面上的静态符号来进行说明（见图8）。

日本一位数学教育家提到："学生对作为知识的数学离开学校不到两年可能忘了，唯有深深铭记在头脑中的数学的精神、数学的思想、研究方法等，这些随时随地发挥作用，使他们终身受益"。在"打电话"一课的线上学习过程中，学生经历了从初步

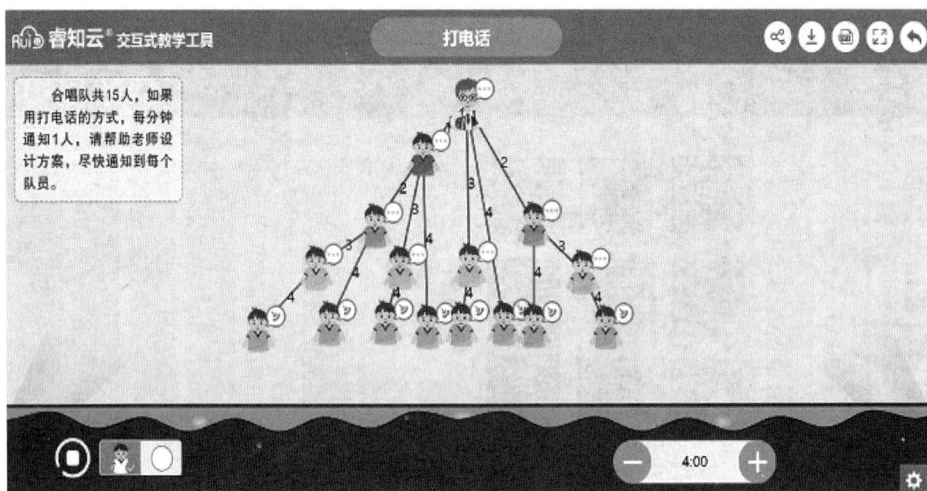

图 8 打电话

感受到优化的策略，到明确优化目标，再到凸显优化模型， 最后到揭示优化思想的全过程，知识的学习过程就是"优化思想"获得的过程，引导学生感受到"优化思想"不仅仅是数学的一种重要的思想，同时能够帮助我们从优化的角度思考并解决生活中的实际问题。

四、总结与反思

在本文涉及的几个案例中，一线教师在天津市基础教育平台资源的基础上，借助软件功能为学生搭建自主学习补充平台，以有效性为基本特征，以模拟真实情境为学习背景，抓住新奇点，围绕重难点，重探究数学本质、重师生操作实验的便捷性、重实验模拟的真实性，激发学生探究热情，更好地突破了时空限制，构建线上教学新模式。深度融合信息技术促进学生数学学科核心素养的发展是时代赋予教育发展的新要求，作为一线教育工作者，我们要以此为契机，做到以下几点：第一要转变观念，科学授课。树立正确观念，掌握线上教学模式相应的方法与技巧，具备创新意识和实践探索能力，通过科学、合理、高效的方式带领学生主动学习，增强学生课堂学习的参与感。第二要教研引领，把脉问诊。通过开展线上教研活动，课前深入研究市级精品课程内容精准施教，充分预设学生在学习过程中遇到的问题提前做好规划，将教师自制内容与市级"精品课程"内容的有机融合，针对具体问题提出具体调整改进的方案。第三要技术赋能、提质增效。充分挖掘各种软件功能，提供丰富的学习资源，设计生动的教学活动，促进数学教学方式方法的变革，最终达到培养学生数学核心素养的目的。

线上教学中，我们依然要充分突出学生的主体地位，牢牢树立"学科为主"的观念，把握"适时"与"适度"的原则，恰当选择和使用教学软件，积极促进各种技术手段之间的协同互补，不断地进行实践和深入研究，以求达到最佳途径，真正做到信息技术为人所用。只有将信息技术教学的长处和传统教学的优点结合，才能更好促进学生理解和掌握数学的基础知识和基本技能，体会和运用数学的思想与方法，获得数学的基本活动经验，进而逐步形成核心素养。

【作者简介】

阎花杰，天津市滨海新区塘沽福州道小学教学主任，天津市首届市级骨干教师，天津市第二届数学中心组成员，区级优秀班主任，区级骨干教师，滨海新区教坛新秀。天津市第十届双优课市级一等奖、天津市第八届青年教师论坛二等奖。

-------------------------------- 案例点评 --------------------------------

本文作者通过小学数学"四大领域"的典型案例，恰当选择和使用教学软件，积极促进各种技术手段之间的协同互补，不断地进行实践和深入研究，实现了信息技术辅助教学，提升教学质量的目标。基于以上思考，教师的案例呈现如下特点。

❶ **技术赋能于学生思维联接处**

线上教学与线下教学不同，线上教师往往不易察觉学生的思维障碍，如在运算教学中，学生课前虽掌握了计算方法，但不能阐述算理，充分理解算法与算理之间的关系，对于学生来说显得尤为重要。这时，教师利用软件实现思维的有效联接，为学生提供实物酸奶贴图，便于生生之间展示加法进位的思维过程，拖动一箱（整10盒）让学生认知整"10"作为一个整体；同时，一键切换实物和符号功能建立实物到符号乃至数的抽象关系。这样的过程有助于形成规范化思考问题的品质，养成严谨求实的科学态度。

❷ **技术赋能于学生思维深入处**

线上教学过程中，有效的探究材料往往能激发学生的探究兴趣，促使学生深入思考。"统计与概率"最为核心的"从数据中提取信息并进行简单的推断"。《可能性》一课的教学中，要研究随机现象的统计规律，必须进行大量的重复试验，同样的事情每次收集到的数据可能不同，而只要有足够的数据就能从中发现规律，让学生获取一定数量的数据，这是在线上有限的课堂教学时间内难以实现的。教师充分发挥互动软件优势，让学生通过观察大屏来发现转盘指向各颜色次数与各颜色的块数之间的关联，让诸如"转 100 次"这样的实验在课堂上成为可能，当探究活动需要跨越经验让思维再进一步时，软件提供了思维的支撑点。实现将概率的验证在课堂上轻松操作并动态呈现，在教学材料的助推下学生的思维层层深入。

❸ 技术赋能于学生思维创新处

要培养学生的创新意识，在线上教学过程中，教师有意识地借助教学资源给学生提供创新资源，激发学生的创新潜能。在探究《平行四边形的面积》时教师适时抛出："长方形、平行四边形可以互相转化吗？使学生找到解决问题的新的突破口，将抽象的几何图形以及它们的形变过程等以动态形式展示出来，直观感受图形的割补、运动、转化过程。学生的思维不再局限于原有探究水平，而是创造性地将平行四边形转化成旧知的长方形面积的计算，同时也为探究三角形、梯形面积打下基础。

线上教学对于教师而言是一种全新的挑战，教师利用软件在学生思维联接处、深入处、创新处精准运用，冲击学生思维的兴奋点，激发学生的兴趣，培养他们创新和探索精神，最终让学生的核心素养落地生根。

【指导教师】

程宏邦，天津市滨海新区教师发展中心小学数学教研员，拥有三十余年教学经验及十余年教研经验。曾指导数名教师荣获国家、市级论文与课程奖项，承担、参与多个市级课题研究，相关成果正在推广中。

"五"力并举 助力线上教学
——以《认识年、月、日》教学为例

李荣广

一、案例背景

经历了多次的线上教学，教师们积累了丰富的线上教学经验。为了更好地应对线上线下融合发展的教学环境，利用已有经验助力线上教学，教师们需要打造更高效、更丰富、更精彩的线上课堂。

线上教学，授课形式发生转变的同时，面临的教学问题也随之而来。比如教师不能与学生进行面对面沟通，不能及时了解学生的学习状态；面对屏幕，学生的专注力下降，学习兴趣不高的问题如何解决；在缺乏小组合作交流学习的情况下，如何充分利用自主探究学习达到教学目标；线上教学与线下教学如何有效衔接，降低学生适应难度；如何合理地布置作业，激发学生的学习热情等等。这些问题都是一线教师需要及时解决的。探寻一种符合自己教学特色的线上教学模式，可以提高自己课堂教学效率的同时，也可以为同学科同学段的教师提供一种教学模式参考，为解决线上教学期间遇到的问题，提供更多的解决方法。

二、教学设计

（一）教学内容分析

人教版三年级下册《认识年、月、日》这节课的教学内容是引导学生经历观察、分析、简单归纳等过程，掌握 1 年有 12 个月，会区别大月和小月等相关知识内容。线下教学，教师往往会采用小组合作、共同探究的方式，引导学生在交流讨论中发现 2 月份天数的不同，产生认知冲突——每 1 年都有 365 天吗？但是线上教学，无法进行正常的合作交流学习，那么认知冲突如何引入、怎样利用自主探究学习突破教学难点呢？针对这些现实问题，笔者选择了绘本阅读引出矛盾、学具与多媒体技术相结合、远程控制与互动批注信息技术的应用、白板板书教学重点等多种教学方式共同发力，提高线上教学效果。

（二）学情分析

对于时间单位，学生已经有了时、分、秒从形象思维逐步转向抽象思维的学习经验，而年、月、日的认识仍停留在实际生活中的感性认知阶段。对于一些较为抽象的细节问题，学生理解难度较大，需要学生亲身经历观察、发现、探究、归纳几个阶段才能将已有的零散、模糊的认知，逐步具体化，进而形成较完备的知识结构体系。

（三）教学目标

❶ 联系生活，激发学生已有经验，使学生了解时间单位年、月、日，明确它们之间的关系；知道大月、小月、二月及其相关知识。

❷ 关注学生的生活经验和情感体验，有意识地创设自主建构知识的活动和思考空间，引导学生主动地观察、探究、发现，形成对时间单位的全面认知。

❸ 建立时间观念的同时，养成遵守和爱惜时间的意识和习惯。培养学生的观察能力和思维能力，渗透科学思想方法。

（四）教学重难点

教学重点：认识时间单位年、月、日，掌握大月和小月各有多少天。

教学难点：明确 2 月份的特殊性，掌握计算一年有多少天的方法。

（五）课前准备

❶ **数字资源**

微课资源：本节课选用了《认识年、月、日》微课中的绘本阅读片段，作为导入新知环节的素材，增添线上教学的趣味性。这节微课是笔者以阅读数学绘本《多多拉尼尼的日子》的形式作为导入内容制作的，经首届精品微课程视频评审委员会审定，被认为天津市中小学精品微课程视频资源。

视频资源：利用视频剪辑软件，截取了北京冬奥会开幕式中的"二十四节气倒计时"视频片段，作为课前倒计时环节的教学内容，充分利用视频中的 24 节气素材引出年、月、日，实现了吸引学生注意力，使学生以饱满的精神状态投入课堂学习中。

❷ **教学课件**

随机点名软件：利用 PPT 设计了一个随机点名软件，在课堂教学提问环节，可以利用点名软件进行随机点名。随机点名软件可以使学生时刻保持积极主动听课的状态，提高线上教学的效果。

线上互动游戏：利用课件出示 2022 年的年历，每次 3 个月。然后利用腾讯会议的互动批注功能，实现师生互动、生生活动的课堂练习效果；利用希沃白板的课堂活动模块，设计了一个对抗游戏，巩固提高训练的同时，增添线上教学的趣味性。

❸ **教师用具**

线上教学课前教师需要准备白板和所要板书的重要内容词条，利用实物呈现一节课的重要知识点，帮助同学归纳总结。

❹ **学生用具**

根据本节课的教学内容，需要学生提前准备 2022 年的年历一份，在新知探究环节，学生可以充分利用学具进行观察、计算，总结规律。

三、教学过程与实施方法

线上教学"五"环节，是笔者解决线上教学所遇问题过程中总结出的方法与实践成果。《认识年、月、日》这一节线上直播课堂的教学，将信息技术与绘本教学理念有机融合，"五"力并举，为线上教学助力。具体教学环节介绍如下：

（一）课前准备 添"活"力

线上教学最大的难度就是教师不能与学生进行面对面的沟通交流，无法准确地掌握学生课前的状态。常规的线下教学，在每节课的课前都会提前 5 分钟响起预备铃，提示学生做好课前准备。而线上教学，如何响起激发学生活力的预备铃呢？"课前一首歌""课前小游戏""课前练一题"都是不错的选择。例如"课前一首歌"会选择冬奥会期间比较受孩子们欢迎的《龙啸吟》、航天员王亚平在太空中演唱流行儿童歌曲《听我说谢谢你》的视频等，借此激发学生的民族自豪感；"课前小游戏"则选择比较经典的"大家来找茬"的游戏，通过游戏可以充分调动学生的热情。"课前练一题"就是让学生当起小老师，录制一道题的讲解视频，课前随机选出一名或两名同学进行播放；或者针对难题教师录制小视频，进行讲解。这样不仅可以强化已学知识，也能鼓励学生争当模范。

《认识年、月、日》这一节课，笔者采用了"课前倒计时"的方式，让学生们一起观看冬奥会开幕式——"24 节气倒计时"视频，拟实现凝心聚力的课前准备效果。24 节气不仅与本节课的教学内容息息相关，也体现了上古的农耕文明和中国人民的智慧与浪漫。通过观看视频向学生们传达了"更快、更高、更强、更团结"的体育精神，巧妙地对学生进行了思政教育。

（二）导入新知 见"趣"力

新知导入环节，常用创设情境的方式，实现问题聚焦，引出矛盾。因此教学情境的创设尤为重要。线上教学，如何创设问题情境呢？不能一味的选择复习旧知，提供图片情境，提取数学信息。这样很难调动学生们的学习兴趣。教师需要收集、浏览大量的线上教学资源，选择适合学情的视频、动画、故事等教学资源，作为导入新知环节的素材，增添线上教学的趣味性。

在《认识年、月、日》这节课的导入新知环节，笔者选择了以阅读数学绘本的方式，为学生呈现如何利用数学日记记录生活。通过阅读数学绘本，让学生简单地了解5 月有 31 天、1 年有 12 个月等知识内容。然后充分利用数学绘本信息，提出问题，引出矛盾冲突：1 年是 365 天吗？每一年都是 365 天吗？接下来，引导学生充分利用手中的学具——2022 年年历，结合课件提供的 2019 年年历、2020 年年历，独立自主探究，寻找不同的解决问题方法，验证结论。

（三）自主探究 显"控"力

线上教学中，教师面临的最大挑战就是信息技术的使用和对课堂活动的有效掌控。

常规教学，教师可以通过巡堂发现学生探究活动有哪些不足，遇到了什么问题。教师也可以有的放矢地采取不同的教学策略解决课堂中出现的各种情况。而线上教学组织小组活动的难度较大，只能设计针对性的自主探究教学活动，但是如何呈现学生探究的结果，并且时刻吸引学生的注意力，成为课堂活动有待解决的问题。为了更好地解决这两个问题，笔者采用了两种方法，详细介绍如下：

❶ 使用随机点名软件

利用 PPT 设计了一个随机点名软件。具体使用方法：点击 F5 键，全屏放映 PPT；然后点击 S 键，屏幕滚动；最后再点 S 键，屏幕停止，出现被点到学生的名字。学生会口述自己探究的结果或者提供自己解决问题的方法，这时候教师再利用腾讯会议的批注功能，书写算式。当出现不同方法时，可以最后通过批注信息，进行对比、总结。

在本节课的方法总结上，学生就提供了两种方法：（1）直接将每月的天数相加，求出一年有多少天，例如 2022 年 31+28+31+30+31+30+31+31+30+31+30+31-365（天）。（2）先数出有 31 天的月份有 7 个，然后列出算式 $31 \times 7-217$（天）；30 天的月份有 4 个，$30 \times 4-120$（天）；2 月在 2020 年有 29 天，2019 年和 2022 年均有 28 天，最后分别算出 2019 年、2022 年的全年均有 365 天，2020 年则有 366 天。

❷ 使用白板强调重点

无论是线上教学还是线下教学，板书都是不可缺少的。利用板书，呈现一节课的重要知识点，不仅可以帮助同学们理解所学内容，也可以为同学们呈现一个记忆点，帮助同学梳理知识结构。在备课期间提前将课题《认识年、月、日》以及重要知识点如 1 年有 12 个月，有 31 天的月份，有 30 天的月份等，用不同颜色的纸打印，线上教学时就可以快速呈现，节约线上教学时间。通过视频，学生可以看到老师板书的重要内容，帮助学生理解所学知识。白板的有效使用真正做到了线上与线下有效衔接，创造高效的线上课堂。

（四）巩固提高 增"效"力

经过一段时间的线上教学发现，教学时间特别紧张。由于在新授课阶段，呈现自主探究结果的方式一般以口述为主，比较浪费时间，导致巩固提高教学环节时间较少。如何利用有限的时间，提高练习效率，是线上教学急需解决的问题。

在《认识年、月、日》这节课，我设计了两道巩固提高的练习题。

第一题是"互动批注,圈出生日"。利用课件出示 2022 年的年历,每次 3 个月。让学生们利用腾讯会议的互动批注功能,自己圈出自己的生日。然后选择其中一名或两名同学说出生日所在月份一共有多少天。

第二题是"游戏对抗,巩固练习"。利用希沃白板的课堂活动模块,设计了一个对抗游戏:以下说法正确的是哪个?其中正确的包括:1 年有 12 个月,5 月份有 31 天,6 月份有 30 天,1 年有 7 个大月;错误的包括:4 月份有 31 天,8 月份有 30 天,1 年有 365 天,1 年有 5 个大月。然后利用活动的答案展示,进行本节课的课堂小结;并对下节课要探讨的哪些年份的 2 月有 28 天?哪些年份的 2 月有 29 天?设下悬念,布置学生课前预习的任务。

(五)作业布置 有"创"力

基于"双减"政策的大背景,线上教学的作业设计也必须做到控量减负、创新增效。作业设计的形式多样,例如合理分层作业、联系生活实际的实践性作业、凸显探究的动手操作的作业、融入阅读的分享作业等等,都能有效地实现"双减"。《认识年、月、日》这一节课的作业设计,笔者借鉴了刘善娜老师编著的《小学数学探究型作业设计与实施》一书中为我们提供的探究型作业案例。

作业内容:什么是年、月、日、季度、上半年、下半年、大月、小月、闰年、平年?你还能用自己的话来描述一下它们有多长吗?如一年就是"这一年的除夕夜一直到下一年

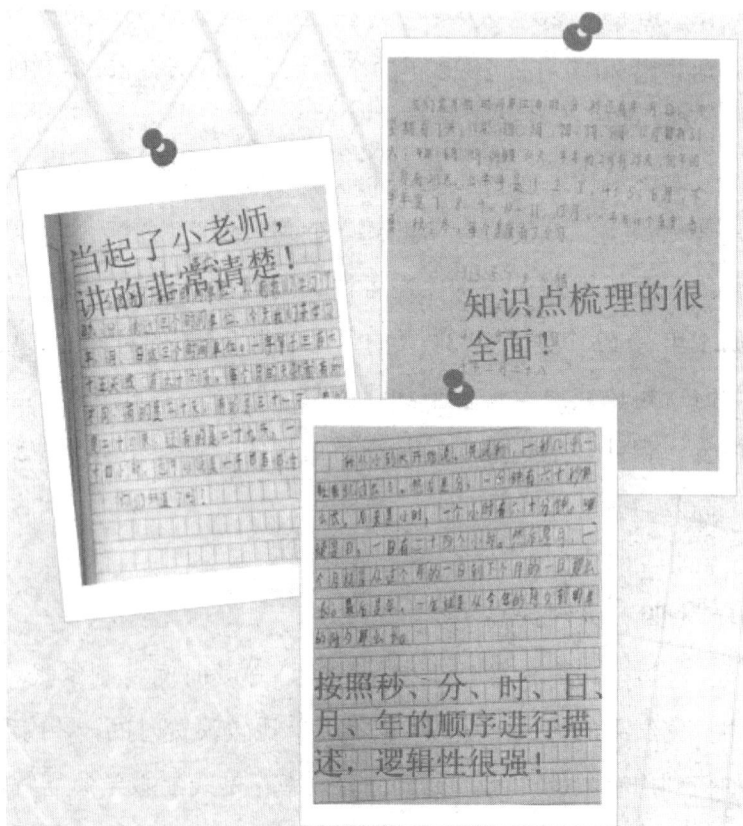

图 1 作品案例分享

的除夕夜那么长"等。

学生提交的作品案例分享（见图1）。

四、总结与反思

结合《认识年、月、日》这节课的具体教学实施过程，总结归纳了线上教学的"五环节"：课前准备、导入新知、自主探究、巩固提高、作业布置。并结合自身教学经验，提出了教师在落实线上教学每个环节应该注意的问题，从学生的兴趣出发，激发学生的活力，提高课堂掌控力，提高练习效率，作业要有创新力。经过反思发现，相对于线下教学，线上教学需要教师具有更扎实的课堂控制能力。线上教学中每个教学环节的过渡、学生的自主探究生成性结果展示、信息技术使用过程中突发问题等等都需要教师沉着冷静地应对。在教学评价方面，线上教学也仅仅体现语言评价，如何利用信息技术探寻更有效、更多样的评价方式，也将是今后线上教学有待提高的方面。

"道虽远，行则将至；事虽难，做则必成。"只要不断努力探寻各种高效的线上教学方法和技巧，才能争取让线上教学实现线下教学同标准的课堂效果。

【作者简介】

李荣广，天津市宝坻区周良街周良小学数学教师。在中国教育技术学会举办的"信息技术创新与实践活动"中提交的教学课例曾获得深度融合探索成果奖；执教的多节公开课获得市级、区级奖项。

-------------------------------- 案例点评 --------------------------------

线上、线下教学的不定时切换，向一线教师发起了挑战。教师依据线上教学经验，总结归纳了线上教学"五环节"：课前准备、导入新知、自主探究、巩固提高、作业布置。本案例结合《认识年、月、日》这节课，详细介绍了每个教学环节的具体实施过程。教师通过认真钻研教材，准确把握重难点，改进了课堂教学设计，为学生架设起"跨越屏幕"的桥梁，利用图文并茂的方式为读者展示了一堂丰富多彩的高效线上课堂。

本课伊始教师联系实际，结合社会热点，选择冬奥会开幕式的"24节气"倒计时视频作为课前准备环节的素材，不仅与本节课的教学内容联系紧密，更吸引了学生注意力，使学生以饱满的精神状态投入课堂学习，还巧妙地对学生进行了思政教育。

课堂导入环节，教师利用微课展示阅读绘本故事的新颖形式，在轻松愉悦的阅读过程中引出矛盾冲突"每一年都是 365 天吗？"增添了线上教学的趣味性，同时激发学生探究新知的欲望。

虽然是线上教学，但是教师依旧选用多种方法引导学生通过观察、交流、发现等探究新知。高而可攀的问题情境是引发学生好奇心和求知欲的源泉。教学中，教师借助上面的矛盾冲突及时组织大家观察自己手中的 2022 年年历，并对比课件中的 2020 年、2019 年年历，了解大月小月的知识点，这一环节老师给学生创造了足够的思维空间，允许学生用自己喜欢的方法学数学。

教学过程中，教师还通过随机点名软件和腾讯会议的批注功能，增强教师在自主探究环节过程中的掌控力。白板的使用做到了线上与线下的有效衔接，教具与学具的有效结合，真正做到了自主学习、生生互动、师生互动突破重、难点。巩固提高环节和作业布置环节，关注学生的练习效率和创新能力。

本案例中介绍的微课制作技术、希沃白板对抗游戏活动设计、腾讯会议的互动批注功能使用以及随机点名软件的制作都反映出了信息技术在线上课堂中发挥了重要作用。熟练的使用信息技术，不仅可以提高练习的效率，更能增强互动性、激发学生自主学习兴趣。本案例为线上教学信息技术的合理使用起到了示范作用。

线上教学，使面对面的师生学习，变成了屏对屏、键对键，但是教师的精心设计，让我们迎来了精彩的课堂；教师对学生深刻的"读懂"，让我们发现了学生眼中的数学与数学知识的无缝对接；教师信息技术的有效运用，让学生畅游在丰富的线上学习中……相信在教师们的不断探索中，线上教学会更加精彩纷呈！

【指导教师】

白少荣，天津市宝坻区教师发展中心，小学数学教研员。天津市中小学市级学科骨干教师；指导九位教师的微课程视频被认定为天津市精品微课程资源；指导多名教师在信息技术与教学融合创新交流活动中获市级二、三等奖。

他山石可攻玉：借用平台资源构建
高中数学线上教学新模式

周颖

一、案例背景

数字时代，线上教学成为线下教学的重要补充。线上线下随时切换、线上线下融合发展成为未来教学的发展趋势。线上教学的优势在于，教师可以做到"他山之石，可以攻玉"。具体而言，教师能够充分发挥网络资源的共享功能，生动、多样地为学生展示相关教学内容，通过实时评测及时、高效地获取学生的学习效果，并加以指正，高质量实现教学目标。

尽管如此，线上教学仍然存在不足。首先，线上教学存在时空分离的问题，导致传统的线下教学模式无法完全复制在线上教学过程中。例如，学生单独面对视频进行学习，容易出现注意力不集中等问题；师生之间缺乏足够的互动，无法帮助教师有效提高教学效果。其次，丰富的网络资源也给教师带来了挑战。即如何有机地结合各种资源在有限时间内完成线上教学，保证学生在充满趣味的前提下有效吸收教学知识，是成功实现线上教学的重要基础。在此背景下，构建内容精炼、样式丰富的线上教学模式成为当前高中数学教学面临的重要问题。

本案例认为研讨式教学模式更加符合线上教学。研讨式教学模式旨在让学生参与到教师的授课过程之中。具体而言，教师首先需要开门见山，通过梳理旧知将教学内容、教学目标和拟采用方案告知学生，帮助学生明确学习任务。其次，教师引导学生分组讨论并汇报，采用问题链引导学生思考，总结规律。最后，教师通过趣味抢答和课后练习查漏补缺，巩固新知。整体来看，研讨式教学模式能够提高学生线上学习的参与性和主动性，强化教师与学生之间的互动性，弱化时空分离带来的负面影响，有效实现教学目标。在此过程中，教师需要严格控制节奏，保证教学按时完成。

具体而言，本案例以《椭圆及其标准方程》为教学内容，通过网络资源的观摩与学习设计相应教学任务，并截取优质课视频作为课堂微课，介绍利用多种资源高效开展线上教学的模式，力争缓解线上教学中师生时空分离等问题。期望本案例分析能够为当前线上教学模式探索提供参考依据。

二、教学设计

（一）梳理旧知，介绍新知

教师在线下教学时能够做到声情并茂，通过生动的授课方式引导学生集中注意力进行学习。但是，线上教学存在时空分离问题，学生长时间面对视频可能会出现注意力不集中等情况。因此，教师在上课之初便要做到开门见山，明确本节课授课思路，在学生头脑中留下初步印象，降低学生学习难度。本部分实施内容如下：

首先，在本节课之前，学生已经学习完直线和圆的方程，对曲线方程的概念、利用坐标法研究几何问题具有初步了解。因此，教师需要通过展示课件带领学生回顾圆的定义及圆的方程的推导过程。

其次，向学生介绍本节课教学内容。本节课选自选择性必修一第三章第一节，教导学生用坐标法研究椭圆曲线。在学习过程中，告知学生椭圆是圆的延伸，学生可以通过类比圆的定义以及标准方程来研究椭圆。

最后，结合圆这一部分的旧知强调数学学习的逻辑性和递进性，通过对本节课的探究为后面研究双曲线、抛物线提供基础模式。因此，希望学生能够从整体性角度出发理解数学知识，而非碎片化的学习。此举不仅可以教给学生知识，还可以引导学生更好进行自主学习。

（二）提出目标，确定方案

线上教学需要提高学生的参与性。因此，教师需要与学生分享自己的备课内容，让学生了解本节课教学目标，在学习过程中会遇到哪些重难点问题。同时，教师会采用哪些资源、利用哪些软件开展教学以顺利实现本节课教学目标。通过上述分享，可以帮助学生提高参与性和学习兴趣。本部分实施内容如下：

本节课教学目标包括三方面。首先，了解圆锥曲线的发现过程，以圆的定义和方程作为参照基准，通过作图探究并抽象出椭圆的定义，了解椭圆标准方程的推导及化简过程。其次，掌握椭圆的定义及其标准方程。再次，通过学生自己发现、探索、解决问题，培养学生自主学习能力。

椭圆的定义和标准方程的理解与应用是本节课的重难点。为帮助学生准确理解椭圆相关知识，顺利实现教学目标，本节课拟采用研讨和互动的方式开展线上教学。

为顺利开展线上教学，本节课使用的网络资源包括三方面：①利用"天津市基础教育资源公共服务平台"下载电子版教材作为学习资料；②利用"一师一优课"网站下载多媒体课件；③利用"国家中小学智慧教育平台"下载优质课视频。此外，教师使用的教学软件包括腾讯会议免费版、希沃白板 5 云课堂。前者用于教学活动开展，后者用于设置抢答题。

（三）创设情境，引入问题

针对线上教学过程中师生互动较少的问题，教师可以采用以学生为主、教师为辅的理念开展教学。在教学过程中，通过让学生收集材料并轮流汇报成果，实现人人参与、人人思考的教学模式。本部分实施内容如下：

向第一组学生发布任务：收集现实中与椭圆有关的实例并做成演示文档在教学中进行展示。该部分任务起到"创设情境、引入问题"的作用。具体为："1609 年，德国天文学家开普勒发现行星的运行轨道是椭圆。椭圆是圆锥曲线中的一种。请大家再列举出一些生活中的圆锥曲线的例子，简单介绍圆锥曲线的发展进程以及科学家们对圆锥曲线进行的探索。"

教师：下面我们有请第一组的同学介绍在生活中出现的圆锥曲线。

学生：本小组集思广益，在生活中寻找到一些有关圆锥曲线的实例（见图 1）。比如，早餐中的鸡蛋，生活中的镜子，水果中的小西红柿，这些实例都跟椭圆形状近似；生活中

的沙漏，建筑师设计的某些立交桥都是参照双曲线的形状建造的；雨后的彩虹，春节燃放的烟花以及拱形立交桥都与抛物线有关。

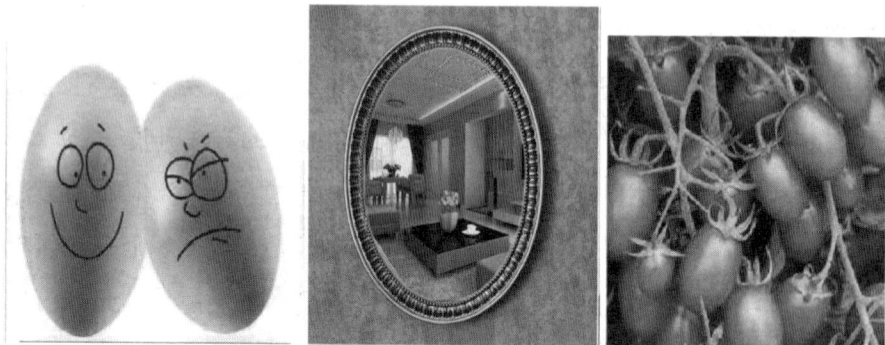

图 1 第一组成果展示

【设计意图】

此举可以提高学生的信息素养，帮助学生积累活动经验，让学生知道数学来源于生活又服务于生活，让学生感受到数学的美无处不在。

（四）通过实践，拓展认知

他山之石，可以攻玉。线上教学相比线下教学的优势在于，教师可以充分使用网络资源为学生展示相关教学内容，高效地实现教学目标。因此，教师需要指导学生学习利用网络资源了解圆锥曲线的由来。本部分实施内容如下：

向第二组同学发布任务，具体为："运用互联网资源收集圆锥曲线的发现过程，通过切割三维双圆锥面得到不同类型圆锥曲线，将三维图形转化为二维图形，并回答为什么椭圆、双曲线、抛物线统称为圆锥曲线。"

参考答案：用垂直于锥轴的平面去截圆锥，可以得到的曲线是圆；把平面渐渐倾斜，得到椭圆；当平面倾斜到"当且仅当"与圆锥母线平行时，得到抛物线；当平面平行于圆锥的轴时，得到双曲线的一支（把圆锥面换成双圆锥面时，则可得双曲线）。由此，学生可以很自然地了解到椭圆、双曲线和抛物线统称为圆锥曲线的原因。

接下来是第二组工作汇报内容。

教师：下面有请第二组同学汇报"为什么椭圆、双曲线、抛物线统称为圆锥曲线？"

学生：用一个平面去截圆锥，当平面与轴垂直时得到的是圆；当平面开始倾斜时，截面图形由圆变成椭圆（见图2）。

圆锥与平面的截面图演示

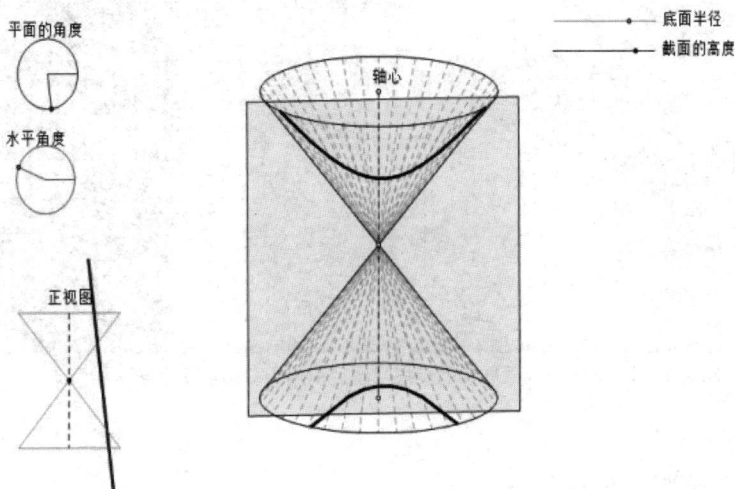

图2 第二组成果展示

教师：那如何截取双曲线和抛物线？当平面与轴平行时，会出现什么曲线？当平面过轴时，又会出现什么曲线？

【设计意图】

通过老师一步一步的引导，让学生自己动手截取出不同的圆锥曲线，知道圆锥曲线的形成过程，并明白椭圆、双曲线、抛物线统称为圆锥曲线的原因。同时，对该问题的探讨可以培养学生的动手能力，运用信息技术获取知识的本领。而且，小组同学互帮互助，各尽所能，培养了团队精神和小组合作意识。

此外，教师需要在学生课堂汇报成果时给出点拨，与学生一起完成新知探讨部分，这是教学的关键。具体而言，教师充分发挥网络资源的"他山石"作用，结合现有网络平台，尤其是国家中小学智慧教育平台中的优质课视频对新知进行讲解（见图3）。通过视频讲解，让学生对圆锥曲线有了一个从三维到二维的认识，快速掌握新知。

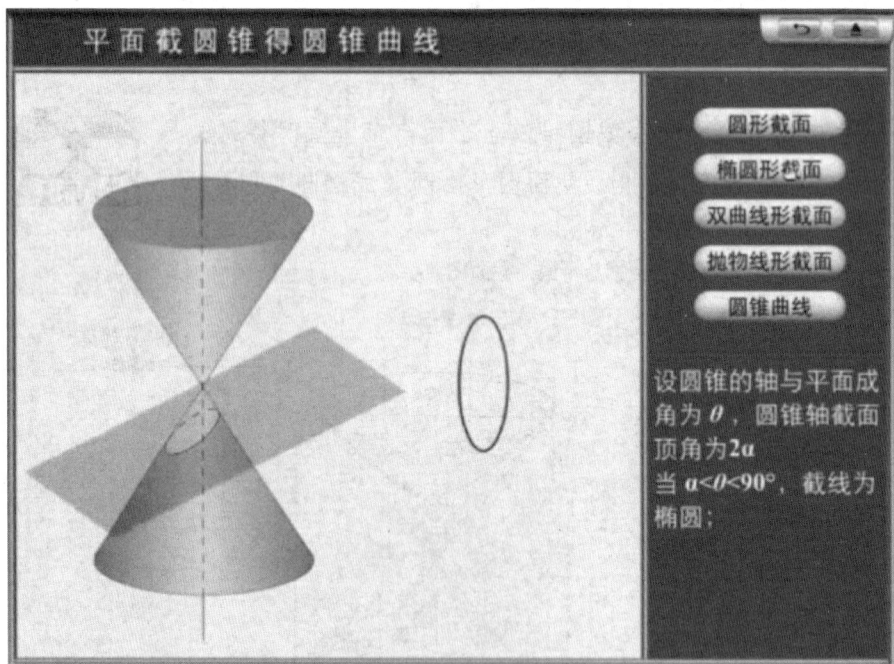

图3 教师对前两组成果展示的点拨（图片引用于"国家中小学课程资源"）

（五）动手操作，形成定义

在学生对圆锥曲线有所了解的基础上，教师在本部分借鉴圆的定义，让学生动手完成圆与椭圆的画图，同时，采用问题链的方式逐步递进提出四个思考题，帮助学生形成椭圆的定义。在线上教学过程中，通过让学生自己动手和不断思考，可以提高学生的参与性以及主动探究能力。本部分实施内容如下：

向第三组发布任务：用一支笔和一根细绳画出圆和椭圆，根据前期知识学习可知，当F_1和F_2合为一点时画出来的图形是圆。如果F_1和F_2两点分开，会得到哪种图形？同时，完成思考题1、2、3、4。

具体为："比一比，赛一赛，我们合作最愉快：取一条定长的细绳，把它的两端固定在纸板F_1和F_2上，用笔尖勾直绳子，使笔尖在纸板上慢慢移动，看看画出的图形。"

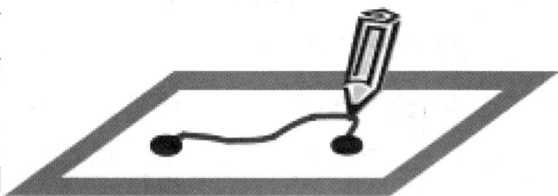

接下来，由第三组进行成果展示，用一支笔和一根细绳画出圆和椭圆，并结合画图软件改变两定点间距得到不同形状的椭圆（如图 4 所示）。

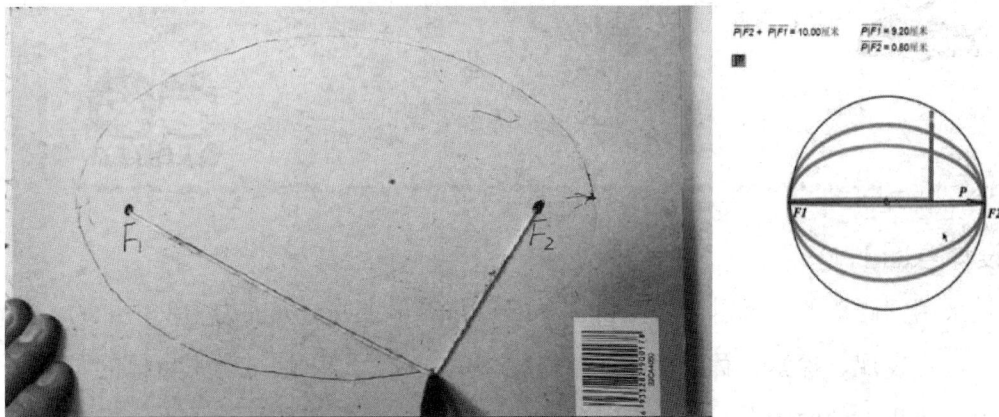

图 4 学生动手以及用画图软件描绘不同形状的椭圆

思考交流题的具体内容如下：

"问题 1：在椭圆的形成过程中，细绳两端的位置是固定的还是运动的？绳子长度有没有发生改变？哪些点位置发生变化？哪些距离发生改变？"

"问题 2：在画椭圆的过程中，如果改变细绳两端点的距离 $|F_1F_2|$，画出的椭圆有何变化？绳子长度与两定点距离大小有什么关系？"

"问题 3：当常数 (2a) 等于 $|F_1F_2|$ (2c) 时，点 M 的轨迹是什么？"

"问题 4：当常数 (2a) 小于 $|F_1F_2|$ (2c) 时，点 M 的轨迹是什么？"

教师：现在讨论椭圆定义的形成。借助第三组同学的课堂展示，同学们对椭圆有了进一步的直观认识。请问，同学们能用精确的数学语言刻画椭圆吗？

学生：椭圆的定义应该是，平面内与两个定点 F_1、F_2 的 ＿＿＿＿＿＿＿＿＿＿＿＿＿＿＿＿＿ 的点的轨迹叫做椭圆。这两个定点 F_1、F_2 叫作椭圆的 ＿＿＿＿＿，两焦点的距离 $|F_1F_2|$ 叫作椭圆的 ＿＿＿＿＿。

教师：现在对椭圆定义进行思考。在椭圆的定义中，需要注意哪几个关键词？

学生：两个定点，一个定长。

【设计意图】

通过采用问题链的方式引导学生自主学习，培养学生的探究能力和动手能力，用运动变化的观点发现、探索、解决问题，培养学生的创新意识。通过学生自己的发现、分析、探究、反思，使学生真正成为学习的主人，不断完善自己的知识体系，提高获取知识的能力，尝试合作学习的快乐，体验成功的喜悦。最终，让学生成为不仅能"学会"知识，而且能"会学"知识的人才。

（六）类比旧知，推导方程

本部分内容是由椭圆的定义生成椭圆的方程，该部分难度较大，需要由教师和学生在教学中共同探讨完成。本部分实施内容如下：

类比求圆的轨迹方程的方法，下面尝试着求椭圆的方程。第一步：建系。图5展示了四种建系方式，在哪一种坐标系下求椭圆的标准方程比较好？

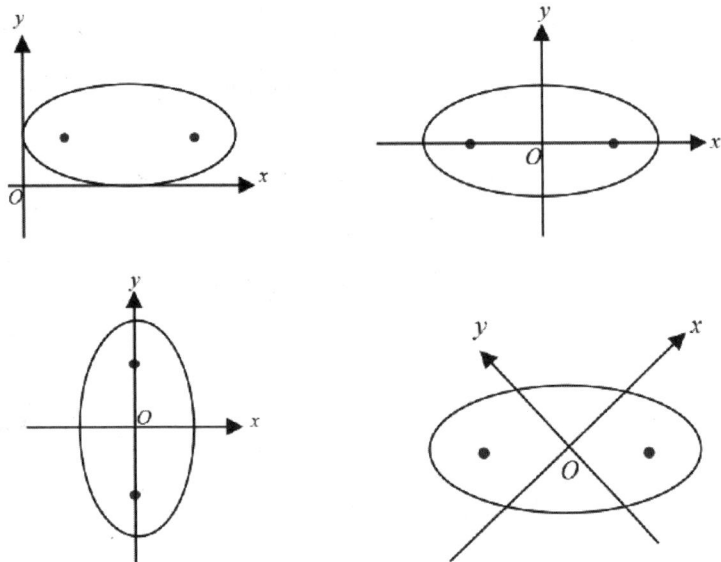

图 5 不同建系方式展示

第二步：设动点坐标，设 $M(x, y)$ 为椭圆上的任意一点。

第三步：列出动点满足的限制条件，点 M 满足的几何条件是：_____。

第四步：代入坐标（实现几何条件代数化）_____。

第五步：将代数式进行化简整理。

注意：同学们在遇到化简含有根号的式子时，应该怎么处理？圆的方程涉及一个根号，所以采用直接平方去掉根号即可。现在该式含有两个根号，可以采用直接平方进行化简吗？试一下！

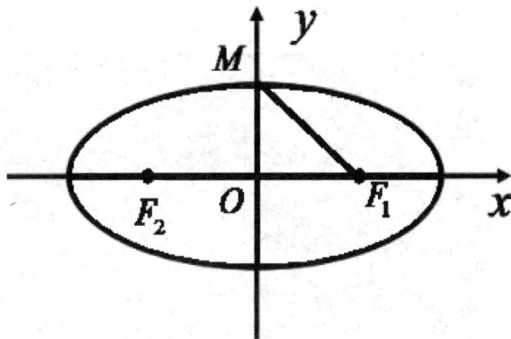

焦点在 x 轴上的椭圆的标准方程：

_____（   ）

此时，焦点坐标分别是 F_1(,   )，F_2(,   )

能在下面的图中找出表示 a，b，c 的线段吗？

$a=$_____ $b=$_____ $c=$_____

如果椭圆的焦点在 y 轴上，那椭圆的方程为：_____（   ）

问题5、椭圆的标准方程中三个参数 a，b，c 的关系是怎样的？

问题6、如何从椭圆的标准方程判断椭圆焦点的位置？

（七）提炼总结，形成框架

鉴于课堂学习时间有限，教师需要严格把控教学过程，实现教学目标。在所有任务小组汇报结束后，教师进行提炼总结，形成知识框架（如图6所示）。

	定义	平面内到两个定点 F_1，F_2 的距离的和等于常数（大于 F_1F_2）的点的轨迹	
不同点	图形		
	标准方程	$\dfrac{x^2}{a^2}+\dfrac{y^2}{b^2}=1(a>b>0)$	$\dfrac{x^2}{b^2}+\dfrac{y^2}{a^2}=1(a>b>0)$
	焦点坐标	$F_1(-c,0)$，$F_2(c,0)$	$F_1(0,-c)$，$F_2(0,c)$
相同点	a、b、c 的关系	$a^2-c^2=b^2$	
	焦点位置的判断	分母哪个大，焦点就在哪个轴上	

图6 知识框架总结

（八）趣味抢答，反馈新知

在新知反馈阶段，教师通过希沃白板 5 云课堂设置趣味抢答题（如图 7 所示），各小组通过抢答进行积分竞赛。通过设置上述问题可以帮助学生深入了解相关曲线的定义以及其背后的特征，强化学生对相关知识点的掌握程度。

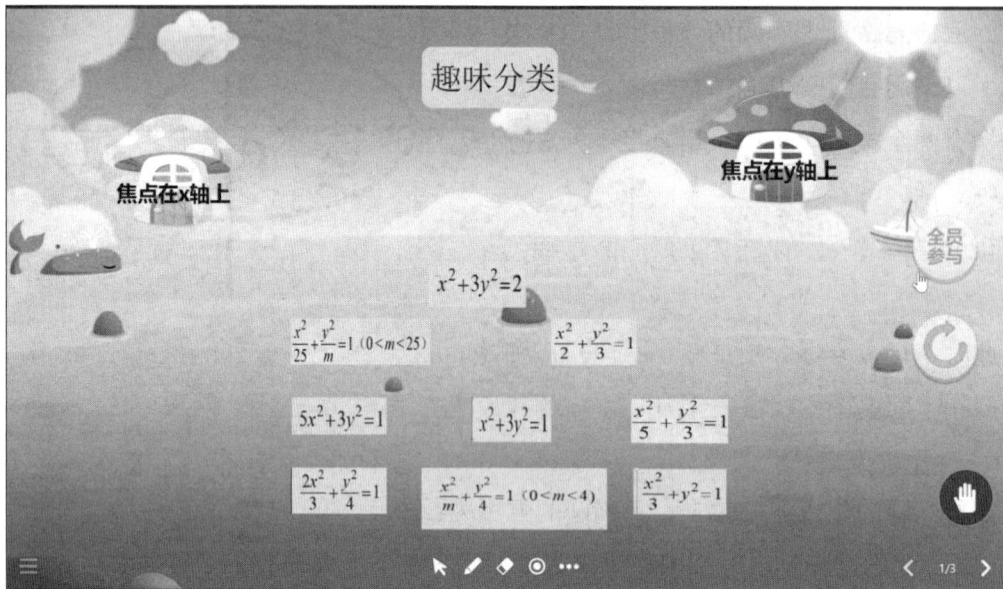

图 7 抢答题模块

三、课后练习

在课后练习过程中，教师可以针对教学内容采用由直接到间接、由迁移到递进的方式设计习题，并利用信息辅助手段搭建在线课后练习平台。例如，通过实时评价软件设计课后习题让学生回答问题，完成教师所设计的课后练习模块（如图 8 所示）。

在课后练习环节，教师通过针对性地设计练习题让学生回答，培养学生自主解决问题的能力。而且，教师通过实时评价系统可以清楚地看到学生回答问题的正确率，了解学生对哪些知识点的掌握程度较差。在此基础上，教师可以强化对相关知识点的讲授，让学生能够更好地吸收、消化知识。

椭圆及其标准方程课后习题

*您的姓名：

[A]

*1. 若手铺在某坐标系内心，心如xAC由图b与一不同的方向，且各方端限为$\frac{x^2}{a^2}+\cdots$，则$\frac{A^2+B^2}{ab}$ ......

○ A 5/4

○ B 5/2

○ C 5

○ D 无法确定

*2. 已知椭圆$C: \frac{x^2}{5}+\frac{y^2}{m}=$ 的一个焦点坐标为$(2, 0)$, 则$m=$（　）

○ A 1

○ B 2

○ C 5

○ D 9

*3. "$0<t<1$是曲线$\frac{x^2}{t}+\frac{y^2}{1-t}=1$表示椭圆的（　）

○ A 充分而不必要条件

○ B 必要而不充分条件

○ C 充要条件

○ D 既不充分也不必要条件

您的姓名： [填空题]
填空题数据请通过下载详细数据获取

[单选题]

选项	小计	比例
A 5/4（答案）	21	95.45%
B 5/2	1	4.55%
C 5	0	0%
D 无法确定	0	0%

正确率：95.45%

[单选题]

选项	小计	比例
A 1（答案）	19	86.36%
B 2	1	4.55%
C 5	0	0%
D 9	2	9.09%

正确率：86.36%

[单选题]

选项	小计	比例
A 充分而不必要条件	2	9.09%
B 必要而不充分条件（答案）	15	68.18%
C 充要条件	4	18.18%
D 既不充分也不必要条件	1	4.55%

正确率：68.18%

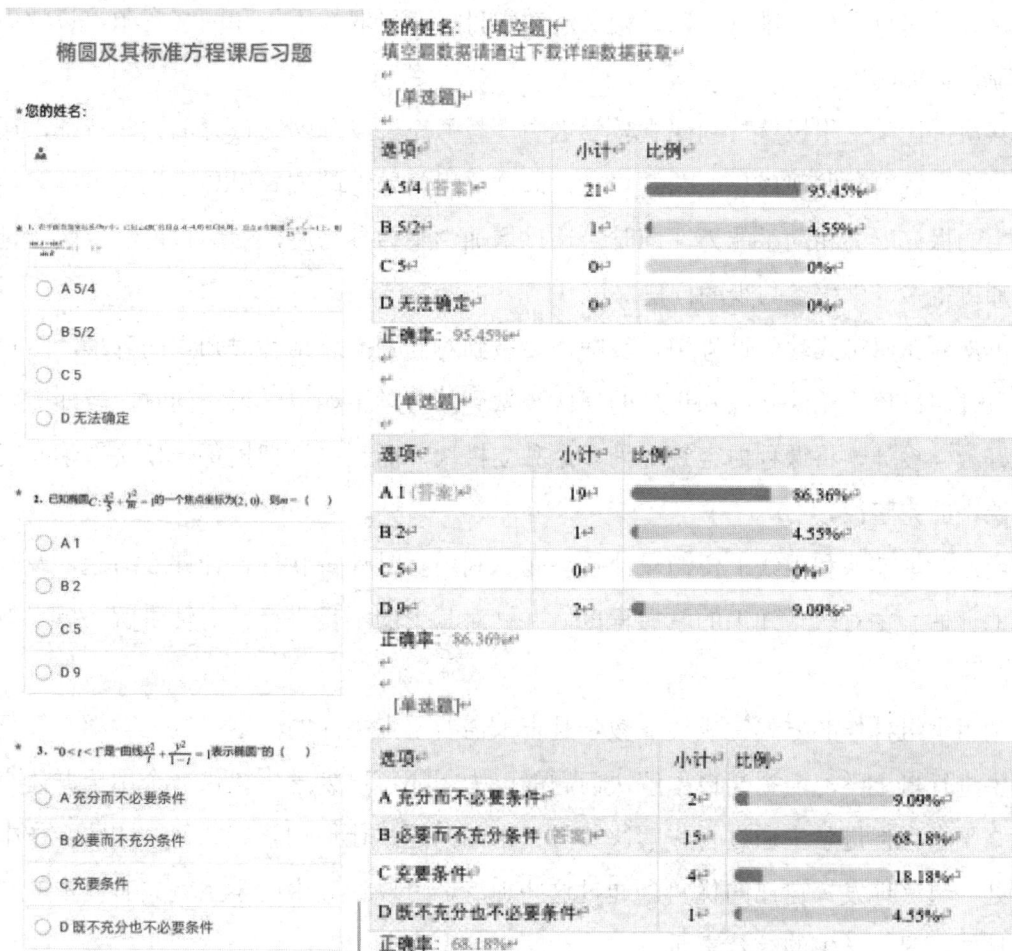

图 8 实时评价题目和正确率分析

四、总结与反思

　　线上教学具有优势，也具有劣势。其劣势在于：存在时空分离特征，教师无法准确掌握学生状态、师生互动较少、线上观看视频枯燥等问题，导致线下教学模式无法在线上教学中收获理想成果。基于此，本文以圆锥曲线的线上教学为例进行探讨，为高中数学的线上教学提供可供参考的模式。

　　本案例采用研讨式教学模式开展教学。研讨式教学模式能够提高学生的参与性，加强线上教学过程中的师生互动、提高学生的注意力，有效弱化时空分离带来的负面影响。

　　首先，本节课做到开门见山。教师通过回顾旧知、介绍新知，向学生介绍本节课教学思路、学习目标和重难点，以及为实现教学目标而采取的手段和网络资源，让学生思路清晰，目标明确。

其次，让学生积极参与到课堂教学之中。教师充分发挥网络资源的共享特征，通过让学生查阅资料，发现现象、总结规律，通过采用问题链的方式引导学生自主学习，培养学生的探究能力和动手能力。同时，通过增加学生的参与度，缓解目前线上教学过程中教师讲得多、学生参与少的问题。

再次，在研讨式教学过程中，教师需要做到对问题的总结和对知识的升华，防止落入"只开展讨论，无法获取知识"的误区，做到教会学生如何学习。同时，教师需要准确做好教学设计，将课程内容划分为多个独立模块，而且严格把控每一模块教学时间，保证课程的完整性。

最后，本节课利用线上资源设计抢答题、利用实时评价软件设计课后习题，及时、高效地评估学生对教学知识的掌握程度，并针对其中的不足进行针对性讲解，提高教学效率。

利用小组合作的方式完成线上教学是未来需要重点关注的内容。线上教学不仅可以让学生进行自主学习，提高自主解决问题的能力，还可以为学生提供一个用于群体交流的网络平台，促进学生通过合作解决教师提出的问题，让他们学会如何在团队合作中良好相处，更好地发挥自己的优势。通过这些训练，可以让高中的学生就具有基本的社会生存技能，提高学生的综合素质。

在积极探索线上教学发展的同时，我们需要清楚地认识到线上教学并不能取代线下教学模式。两种教学模式各有优劣，各有所长。鉴于线上教学模式同样保持了课程教学的完整性，因此，线上线下随时切换、线上线下融合发展成为未来教学的发展趋势。也即，教师需要同时提高线上、线下教学经验，做到两者相辅相成，提高教学效果，实现教学目标。

【作者简介】

周颖，天津市武清区杨村第一中学，中学数学教师，梁栋国家级工作室成员，多节录像课被评为区级优秀课程，主持并参与三个市级重点课题和多个区级课题，撰写十数篇市级或区级获奖论文。

-------------------------------- 案例点评 --------------------------------

本案例采用多种手段设计了一个比较完整而且学生参与效果较好的教学过程，有效发挥线上教学优势并弥补其不足，是一篇优秀的教学案例。在教学过程中，教师设计了较为生动的情景针对重难点问题进行讲授。例如，基于已经学习到的圆的知识和学生自己的动手实践，让学生自行发现探索椭圆的相关特征，并在课堂上进行展示。多种教学方法和教学场景的综合使用为学生创造了一个生动活泼的学习氛围，能够有效激发师生互动、提高教学效果。

教学的目标是让学生学会知识，该案例也不例外。尽管教师采用多种方式鼓励学生自主探索，但是在由现象分析深入到知识讲授的过程之中，教师通过引导学生回答相关问题、对椭圆规律进行全面总结、设置趣味抢答题帮助学生进一步理解椭圆知识体系，将现实生活经验升华为一般性的椭圆规律，能够较好地体现出教师的教育教学理念。

教师在设计案例时的亮点在于充分安排时间和合理利用网络资源。一方面，增加学生的参与度。通过让学生与老师一起参与课程准备，有助于提高学生对知识发展过程的理解程度、培养学生推理探究等数学思维能力。另一方面，充分发挥网络资源的"他山石"作用。结合现有优质的国家中小学智慧教育平台对新知进行讲解，能够充分提高教学效果。以上两种改进措施有效缓解了线上教学面临的问题：学生单独面对视频进行学习，容易出现注意力不集中等问题；师生之间缺乏足够的互动，无法帮助教师有效提高教学效果。该教学案例设计的可行性较高，具有一定的可复制推广优势，对高质量开展线上教学具有较高的启示价值。

该教学案例的核心之一便是线上教学资源的使用。因此，鼓励一线教师积极学习、提升自身教学能力、自主设计高质量课程微视频便成为当前以及未来网络教育的重要推动力。例如，一线教师可以在希沃白板5云课堂中的知识胶囊模块上传自己在多年教学过程中提炼总结的高质量教学片段，为线上教学的持续高质量发展提供充足的教学素材。

【指导教师】

聂亚芝，高级教师，杨村一中数学学科教研组长，天津市骨干教师，天津市学科领航教师，杨村一中首届首席教师。负责和参与多项市区级课题，曾获评区级骨干教师等多项区级荣誉，所带班级曾被评为天津市三好班集体。

张永成，天津市武清区教师发展中心数学教研员。

语文
01

数学
02

英语
03

道德与法治
04

历史
05

地理
06

物理
07

化学
08

生物学
09

科学
10

信息技术
11

音乐
12

体育与健康
13

综合实践活动
14

3 天津市中小学优秀线上
教学教研案例集 英语

精挑优质资源 共筑高效英语线上课堂
——以小学五年级英语下册第一单元 "School Life" 为例

姜仪萱

一、案例背景

为积极贯彻落实《"十四五"国家信息化规划》《天津市教育信息化"十四五"规划》等相关文件内容，我校教师充分利用线上课程资源，结合实际情况，依托在线教学平台和直播平台，积极开展线上教学组织和实施，结合小学英语课程内容与课程标准要求，学生围绕某一具体的主题语境，基于不同类型的语篇，在解决问题的过程中，运用语言技能获取、梳理、整合语言知识和文化知识深化对语言的理解，重视对语篇的赏析，比较和探索文化内涵，汲取文化精华；同时，尝试运用所学语言创造性地表达个人意图、观点和态度，并通过运用各种学习策略，提高理解和表达的效果。

二、教学设计

（一）教学内容分析

第一单元是五年级下册书的起始单元，本单元的标题为 "Welcome to our school"，这一内容是在四年级下册第一单元 "Welcome to my new home" 的基础之上进行了延伸，结合单元的主题语境，将本单元的话题确立为 "School Life"，通过原定武汉某小学代表团以线上 "云参观" 的方式参观我校，学校招募学生讲解员，这一主题情境让学生合理规划 "云参观" 路线，以本单元学习的相关学校地点和基础设施的词汇和句型为依托，文明待客、礼貌待人，以最佳的精神面貌代表学校，用英语熟练地介绍学校生活。

（二）学情分析

从学生的学情来看，他们已经拥有一定的英语知识储备，并在四年级和五年级第一单元的学习中，学习了一些地点名称、相关课程的英语表达方式，他们能独立思考和完成老师所布置的任务，拥有一定的自主学习能力，但随着年级的增高，以前所拥有的强烈好奇心在慢慢地减退，表现欲下降，他们更喜欢贴近生活的主题情境，因此将第一单元内容重新整合、改编，重新确立本单元的话题为"School Life"，以此来激发学生兴趣，提升学生的综合语言运用的能力。

（三）教学目标

通过本课时学习，学生能够

❶ 在看、听、说的活动中，获取、梳理学校相关地点名称和一周课时情况。

❷ 在教师的帮助下，分角色表演对话（程度较好的学生可以用英语向参观者介绍学校，成为学校的代言人）。

❸ 增强文明意识，注意接待宾客时的礼仪和礼貌用语的使用。

完成目标，所需的核心语言如下：

核心词汇：

welcome，meet，our，library …

核心句型：This is our ….

We often … in the … .

How many …lessons do you have in a week？ We have ….

（四）教学重难点

重点：了解校园内相关地点名称和一周课时情况，并使用所学句子加以运用。

难点：以"云参观"活动为依托，培养学生在合理规划路线的同时，主动获取知识的能力，及使用所学知识解决实际问题的能力。

（五）课前准备

与线下教学不同，依托网络，线上教学不受时间和地点的限制，学生可通过手中的移动设备，如手机，pad，电脑等进行学习与互动。学生通过教师选定的授课平台，利用互联网开启汲取知识的大门。

❶ 授课平台的选用

网上教学开始前，英语组的成员们着手比较各类在线学习平台，如 QQ、微信、腾讯会议、钉钉等，提前与学生建立联系，以调查问卷的形式，收集孩子们的想法，并进行效果测试。另外，在前期调查中发现有些学生在部分网络平台使用及设备配备方面存在困难。因此，本着方便学生网络学习和教学管理的原则，多重比较后，老师们最终选取 "腾讯会议" + "晓黑板" 的综合教学方式。这一选择基于以下几方面的考虑：一是相比各类平台，"腾讯会议" 运行更为稳定，学生们既可以用手机也可以用电脑登录，不会因设备问题无法上课，可以做到网上教学一个学生都不能少；二是对于五年级的学生而言，对 "晓黑板" 软件的使用最为熟悉。

❷ 课程资源的选择与准备

优质的课程资源和多样化合理的授课平台是保障课程顺利开展，保证学生学习效果的重要前提，多方位开展 "互联网" 教学的实践与探索，全面利用市、区级精品网络平台的 "视、听、说" 教学资源，如 "广电云课堂" "津云"、天津市基础教育资源公共服务平台、天津市基础教育网络教研平台等，进行线上授课与讨论互动，运用课上网络直播平台搭配课后 App、小程序等进行疑难解答的教学方案。

本课程是人教（精通）英语五年级下册的相关内容，以英语组为总引领，以五年级组的英语教师团队为分支，通过腾讯会议等方式，召开线上组内教研，进行了相关的教研活动，整体部署与分工，根据本年级的特点，选取一定数量的网上资源，通过各组老师认真学习，进行二次备课，再结合本校学生实情，制订并细化线上教育计划，针对第一单元的内容，围绕 "确定单元学习主题、单元学习目标、知识点梳理、教学建议" 这几个环节进行了全面分析。

三、教学过程与实施方法

（1）出示学校招募校园讲解员的巨型海报作为上课伊始的环节，再通过腾讯会议中的互动环节，要求学生开麦、开视频，带动学生参与活动的积极性。随后学生们快速回忆，检验其对校园环境是否熟悉与了解，通过师生问答、同学提问等多种方式，让学生们快速了解学校相关地点的名称。

【设计意图】

以海报形式宣传，招募校园讲解员，通过设定"线上云参观"的主题情境进行本课内容的学习。依托腾讯会议平台，全员开麦、举手提问等功能的使用，将线上教学的优势发挥出来，这样的方式是学生较为喜欢的互动环节，既可激发学生学习的兴趣、提高参与度，也可复习巩固本单元出现的重点单词，为后面的学习做铺垫。

教学实录：

片段一：

教师：Good morning, boys and girls.

学生：Good morning, teacher.

教师：We know that Wuhan Primary School will visit our school online. Here's a poster——"We Want You". We need some volunteers to show them around our school. Who want to have a try?

学生：Me, me, me ….

教师：Wow! You're so good. Here are some questions for you. Are you ready?

学生：Go.

教师：Where is it? What do you often do in it?

学生：Library. We often borrow books from it. …

学生1：What do you often do in the language lab?

学生2： We often have English lessons.

……

（2）在初步回顾本单元出现的地点、活动外，加大筛选的难度，将本班的课表出示在屏幕上，通过教师圈出课表中的某一课程，学生快速思考，以三句话或以上的数量，对地点进行描述。

例如：教师圈出 music，学生阐述：

This is our music club.

We have three music lessons in a week.

We sing and dance.

……

【设计意图】

将课程表与实际活动相结合，学生通过多句式描述，进一步加深了表达难度。此环节的设置，培养了学生仔细阅读、分析，获得关键信息，以头脑风暴造句的形式，让学生在复习的基础上将所学内容整合、达到语言输出的目的。

教学实录：

片段二：

教 师：Here's our timetable. Watch carefully and make some sentences.

学生：OK!

教师：For example:

I'll circle "music", and you can make unless three sentences, such as,

This is our music club.

We have three music lessons in a week.

We sing and dance.

......

（3）教师通过播放课前制作的微课，以教师和武汉小学的小朋友微信视频通话的方式，将本单元出现的教学内容重新整合、改编。

【设计意图】

利用微课，既可以营造情境，又可以激发、提高学生学习的兴趣。线上教学中网速慢或设备卡顿的现象时而发生，微课环节的设置，可以避免学生因突发状况造成没听到或听了部分内容的现象，从而耽误课程学习，教师可将微课内容发送至班级中，便于学生随时查看和学习。

教学实录：

片段三：

教师：Let's watch a video. When you watch the micro class, you can press pause and practise. I got a we-chat massage from Lily. Let's read it together. Before we watching it, I have two questions for you.

①How many places can you see?

②What are they?

【微课片段】

Teacher: Hello! I know something about Wu Han. How are you now?

Li Yan: Don't worry. I'm fine. I don't go to school

now and I study on the Internet every day.

Teacher: I hope everything will be OK.

Li Yan: I'll visit your school online.

Teacher: Great. Welcome to our school! I'll show you around our school. This way, please. This is our classroom on the first floor. There are 40 students in it.

Li Yan: Wow! It's big and clean.

Teacher: Let's go upstairs to the second floor. This way, please. This is our music club. We have three music lessons in a week.

Li Yan: What do you often do here?

Teacher: We sing and dance here.

......

教师: How many places can you see?

学生: Five places. Library, art club, music club, meeting room and playground.

（4）学生通过播放的微课，已经了解到怎样合理规划"云参观"路线，代表学校，文明接待宾客、礼貌待人，结合校园中出现的相关地点以及一些课程安排情况用英语熟练地介绍学校的一天生活。课前已经布置了用简图绘制学校相关地点的任务，通过屏幕上出现的学校的平面图、课表安排，让学生们以作文的形式，书写相关信息，将本单元出现的教学内容再次巩固。

【设计意图】

通过看图，将相关信息转化成文字的形式，强化学生对单词、句型的复习，提高书写能力，进而提升学生的听说读写等综合语言运用的能力。

教学实录：

片段四：

教师：Here's a map of our school and the timetable. Let's write.

学生：Cool!

教师：Let's write.

Hello, everyone. I'm_____ . Welcome to our school.

Let me tell you something about my school.

I go to school _____days a week. This is the first floor. This way, please.

This is our_____ . We often _____in it.

I have _____lesson(s) in a week.

Let's go upstairs to the second floor.

······

I love my school very much.

（5）Homework

①课后继续完成书写内容，写在英语本上。☆

②学生可以结合本校的实际情况，与实际课程相结合，对校园环境进行描述，有能力的同学录制视频形式发送至教师邮箱中。☆☆

【设计意图】

分层作业，学生可以根据不同的情况自主地选择。关注学生的个体差异，满足学生的不同需要，体现学生学习的自主性。

四、总结与反思

稳定的网络教学平台、较为充分的准备网络教学方案、网络课堂的有效组织，得到了学生们的积极反馈。通过过去一段时间的学习，孩子们的语言能力正在逐步发展，在树立正确价值观的同时，孩子们更有条理地表达出个人的观点，思维品质得到了进一步提升，教师们精挑优质资源，以学生的实际情况为出发点，精心设计每堂课，孩子们学习的兴趣大大提高，课上注意倾听、主动参与、合作互助；课后学会反思，不断调整学习方式，学习能力有所提升，并逐渐将所学知识应用于日常。如孩子们根据所学内容，规划参观校园路线；也有学生变身讲解员，带领来宾参观校园，中英双语讲解，彰显儒雅大气；还有学生以本课程的相关内容作为演讲比赛的内容。本门课程对学生核心素养的培养已初见成效，线上教学效果不低于线下。

网络教学已经实施了一段时间，教师利用课件和网络直播平台，将理论知识通过图片、文字、视频结合等方式，推送给同学们，于是各式各样的网络教学平台和课例汇成了一道道"靓丽风景线"。作为教师，应该与时俱进地运用新颖的观念和方法进行教学，让学生在压力、动力、活力的转接中接受新知识，形成活跃的思维，积极参与课堂学习。教师也应从英语学科的特殊性出发，学生在达到能力目标要求外，将动态表达与静态学习穿插，在理论方面立足文本，提升学生写作能力；在专业上提高语言表达能力，形成精准的意识形态。"看得见"的文字，"听得见"的知识，"说得清"的交流，这样才能从"视、听、说"三方面全方位把控好教学的整体性，在较高效率下有效完成教学任务，也让学生学有所获，学以致用。特殊时期，老师们用自己的方式，形成了独具特色的线上教学方式、技巧和习惯，积极地开展线上教学，促进线上线下教学的有机融合，提供了应对未来各种挑战的素质和能力。

【作者简介】

姜仪萱，天津市北辰区普育学校英语教师，曾获第十六届全国小学信息技术与融合优质课大赛二等奖，报送课例曾被评为天津市"一师一优课、一课一名师"活动"优课"，多次在区级英语教研活动中做展示课交流等。

-------------------------------- 案例点评 --------------------------------

教师依托"云平台"，通过优化可利用资源、创编学习材料、设计创意作业等措施，积极引导学生开展有效的学习方式。基于单元整体教学，充分挖掘特定主题所承载的文化信息，通过以意义为中心的文本再构的方式，重组、调整、开发教材内容，在生活情境下使用语言，进而将本单元的话题确立为"School Life"。巧妙地创设外校以线上"云参观"的方式参观校园，学校招募学生讲解员的情境。通过让学生合理规划"云参观"路线，将本课的教学环节紧密相连，从学习理解过渡到应用实践，再进行迁移创新。通过创设与主题意义密切相关的语境，将特定主题与学生的生活建立密切关联，帮助学生对主题有了更加深入的理解，语言学习的深度和广度进一步增强，让学生们自始至终都在以本单元学习的相关学校地点和基础设施的词汇和句型为依托，在语境中学习，文明待客、礼貌待人，以最佳的精神面貌代表学校，用英语熟练地介绍学校生活。教师利用以导图为框架分析文本或借助思维导图进行复述，发展逻辑思维能力。整体建构和综合运用语言知识和语言技能体系，将语言学习与生活实际相结合，学生们在学习过程中积极发展各种思考策略和学习策略，在思考中交流，在交流中总结，学生们在潜移默化中形成了属于自己的特有的自主学习能力，学习语言的过程也变得更有意义。

【指导教师】

路俊巧，天津市北辰区教师发展中心教研员，市级骨干教师，区名师。曾多次在市级教研活动中做专题发言，曾主持、参与市级课题研究，多篇论文获得市级论文评比一二等奖，并编著了《小学英语高效课堂实用技巧》一书。

基于"录播预习＋直播讲解＋多渠道反馈"的
初三英语线上翻转写作课

王亚朴

一、案例背景

《天津市教育信息化"十四五"规划》要求"以教育教学瓶颈点为突破口，转变传统思维，变革传统模式，发挥技术优势，推进新技术与教育教学深度融合"。新修订的《义务教育英语课程标准（2022 年版）》指出"充分发挥现代信息技术对英语课程教与学的支持与服务功能，鼓励教师合理利用、创新使用数字技术和在线教学平台"。由此可见，教育信息化已经成为时代发展的必然要求。为响应形势要求，笔者基于线上英语写作课存在的问题，结合自身在教育信息化上的心得，将天津市市级网络教学资源和教研教学平台应用到初三英语翻转写作课之中，实现了教学资源的共享、学生学习互动性的增强和课堂效率的提高。

二、教学设计

（一）教学内容分析

英语写作能力是英语听、说、读、写四种基本技能之一。只有具备扎实的语言基础知识，灵活运用语言的交际性、逻辑性，才能组织出优秀的作文。由此可见，写作能力最能体现初中生的英语综合素养。但大部分初三英语教师反映线下写作课是他们日常教学中最薄弱的一个环节。首先，线下写作课教学空间固定，很难为学生们创造出积极的写作环境。再者，初三线下写作课教学课时极其有限，教师难以对学生进行充分的写作理论指导和技能训练。在本案例中，教师基于学生线上投票的结果选出本节课的英语话题作文——以共建文明城市为主题的倡议书。此类话题作文不仅语言实用性强而且与重点知识关联性高，有助于对初三学生进行写作技能的专项指导和重点知识的查漏补缺。

（二）学情分析

初三学生已经积累了写作的基本语言知识，但由于缺乏系统科学的指导和语言展现的机会，绝大部分学生英语写作兴趣不高，写作意愿不强，甚至有些同学出现了惧怕写作的心理。再者，部分初三教师在线下写作教学中单一地讲解作文的知识点要素，忽视了中西方文化的差异和学生逻辑思维能力的培养。这些情况都严重影响了学生英语写作能力的持续提升。

（三）教学目标

教师通过一篇话题作文的讲解使学生学会如何谋篇布局；掌握丰富句式、巧用连词等英语写作中所需的必备技巧；规避一些常见语法错误；发挥学生主动思维能力；培养学生积极乐观的写作态度。

（四）教学重难点

如何使学生了解并掌握英语书面表达的必备写作技巧并锻炼其语言组织能力和逻辑思维能力。

（五）课前准备

❶ 硬件和辅助软件准备

笔记本电脑、天津市基础教育网络教研平台、天津市中小学网络学习空间人人通、天津市中小学生个性化学习服务系统、天津市中小学数字图书馆、网上新标准、腾讯课堂和微信班级群等。各平台具体运用方式如图 1 所示：

在线上教学开展初期，笔者对"天津市中小学网络学习空间人人通""个性化学习服务平台""网上新标准"等各种教学平台和软件进行了探索。经过研究发现，一

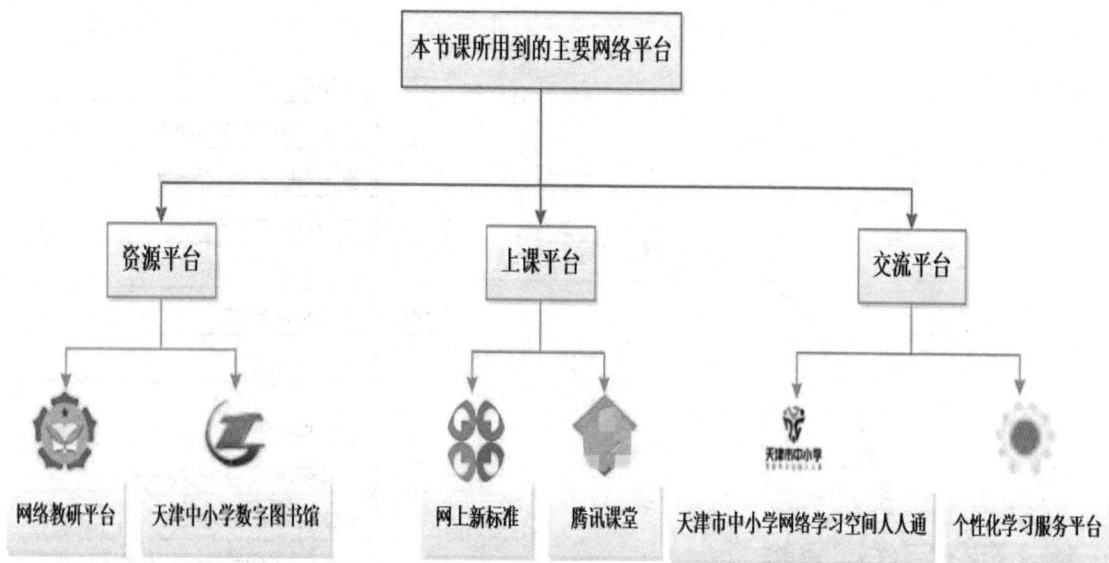

图 1　本节课各平台应用分类

方面，各个平台或 APP 都不是尽善尽美，很难通过一个软件或平台完成教师和学生所有教学需求。另一方面，学生们的家庭网络条件参差不齐，长时间的视频会议常常出现卡顿、掉线、画面不清晰等问题，经过多次尝试，最终决定把"天津市中小学数字图书馆"和"网络教研平台"作为资源平台，把"腾讯课堂"和"网上新标准"作为上课平台，把"天津市中小学网络学习空间人人通"和"个性化学习服务平台"作为交流平台。最后，教师把"班级 QQ 群""班级微信群"等作为其他的辅助教学工具。教师也在"腾讯课堂"建立了"初三英语线上翻转写作课堂"，以方便学生在第一时间准时准点进入课堂学习。

❷ 翻转教学思路准备

传统英语写作课由于空间和时间的局限性，往往耗费师生大量的精力去进行作文批改和矫正。然而，结果却收效甚微。长此以往，教师们疲惫不堪，学生们兴趣索然。很显然，对于学习进度紧凑的初三毕业生来说，具有针对性、高效性、趣味性的线上翻转写作课显得意义非凡。基于此，笔者利用天津市各种教学教研平台对英语写作课的教学思路进行了全新设计：由教师主导写作翻转为教师引导写作；由学生分散低效性写作翻转为集中高效性学习；由教师单一评价翻转为学生互鉴互评。笔者所设计的线上翻转写作课思路如图 2 所示：

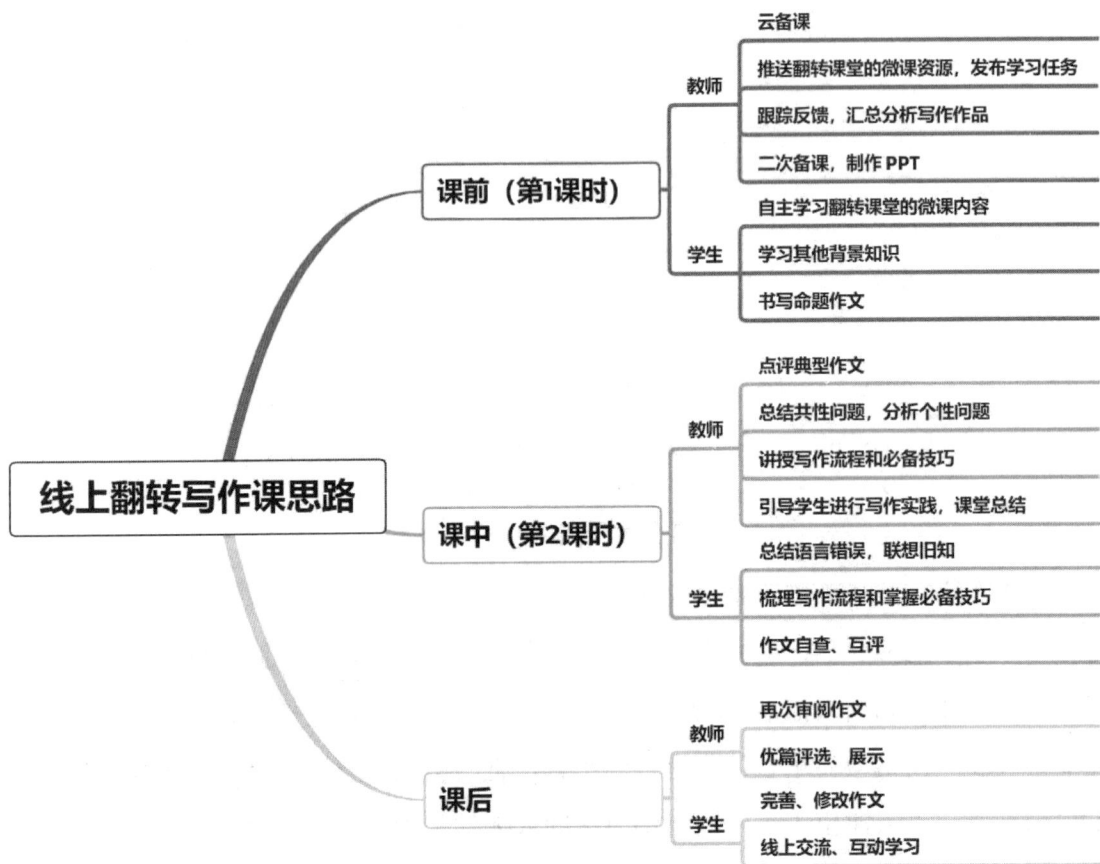

图 2　本节线上翻转写作课教学思路

三、教学过程与实施方法

　　笔者依托天津市市级网络教学资源和教研教学平台对本节课采取了"录播预习＋直播讲解＋多渠道反馈"的线上教学模式，取得优异的教学效果。教学策略如下：

（一）基础教育网络教研平台和天津市中小学数字图书馆深挖写作资源

　　初三学生的写作水平是多方面因素综合长期作用的结果。为了在有限的教学时间内着实提升每一位学生的写作水平，教师对写作资源的研究和选取显得极其重要。天津市基础教育网络教研平台的"资源"栏目和天津市中小学数字图书馆里都蕴含着有关初中英语写作技巧、教学设计、高分策略等一系列的微课、课件、论文、教学案例等类别的资源。本节课教师对上述资源进行了深度的探究，选取了有关写作技巧指导的微课和一篇经典例文作为学生的预习任务。这样一来，对写作资源高质量的深挖确保了后续教学任务的顺利展开和教学效果的有效达成。

（二）网络学习空间人人通推送录课和写作任务

在线下英语写作课教学过程中，由于教学资源和教学策略的局限性，教师往往把注意力直接投放在单词、词组等基本语言知识点的单个讲解和应用上，从而忽视了语篇中所蕴含的文化背景知识的介绍和语言组织技能的专项指导。在本案例中教师提前 2 ~ 3 天在"网络学习空间人人通"平台上分享英语写作技能专项指导的微课和天津市"共建文明城市"的活动宣传视频。然后，教师提前将学习内容分类保存，并设置完成时间。通过作业中心以"扫描作业"或"文本作业"的形式分享给学生。学生必须在规定时间内打卡学习。例如，本节课的预习作业为：①预习英语写作指导微课并整理笔记。②观看天津市"共建文明城市"的宣传视频。③完成话题作文并上传。通过上述的教学策略，教师将本次教学活动第 1 课时中基础性和专项性的技能提前进行了传授。第二课时中更深层次性和关键性的知识将拥有更多的教学时间。这样一来，教师既实现了教学内容和教学时间更加科学合理的配置，又实现了对学生的文化教育。

（三）网上新标准复现知识点、腾讯课堂直播写作细节

在上写作课的前一天，教师会将所有学生在网络学习空间人人通上的写作作品进行批阅，并整理出学生写作的"共性问题"和"个性问题"。依据这些问题，教师进行汇总、剖析、并给出解决预案和复习指导，制作出 PPT，放置电脑桌面。在第二天"课堂"上运用"腾讯课堂"中的"视频播放"功能进行展示，详细解析。可见，通过上述途径，线下教学的"词句翻译"翻转成了线上教学的"技能指导"；线下教学中细节问题的"一带而过"翻转成了线上教学中的"突出呈现"；线下教学的"教师主导"翻转成了线上教学的"教师引导"。

在直播教学过程中，教师根据每堂课"腾讯课堂"平台自动生成的考勤表，详细检

查每个学生的学习时长和打卡情况。对于初三学生的作文指导，教师仍然要秉承"教材为本、整体复习"的原则。对于话题作文中出现的单词拼写、词组搭配等关键性错误，教师可利用网上新标准这一应用，及时翻阅外研版初中英语数字教材，用"标注""圈画"等方法做到关键知识点在数字教材中的及时复现，并以此方法通过连续性的写作指导以提高影响写作质量关键知识点的复现率，科学地加深学生的记忆，提高外语教学质量。

（四）个性化学习服务平台写作成果展示和点评

课后，教师依据学生写作水平对全班学生进行科学分组，鼓励每组学生在进行组内作品修正后推选出"优秀作品"发布到"网络学习空间人人通"班级空间上，让学生们进行互鉴互评。最后，教师在"网络学习空间人人通""班级作业"中对每个学生矫正后的作文进行再次审阅。这样一来，学生通过对比学习到了其他学生在句式、连接词以及写作细节问题处理时的独到之处，既增强了作品纠错过程中的趣味性又培养了学生们互帮互助的优良品质。基于缓解学生们在疫情期间的紧张情绪和强化写作意愿的目的，教师在天津市个性化学习服务平台上发起了以 Let's Fight Against the Corona Virus Together 为主题的英文海报制作活动，在平台上学生们可以互相欣赏作品并进行自评、互评，从而实现写作水平的共同提升。

（五）网络学习空间人人通、班级 QQ 群、微信好友等多渠道答疑解惑

由于在录播预习和直播讲解的教学过程中，学生只能被动与老师"对话"，为了避免学生被动学习，教师通过人人通班级空间、班级 QQ 群等各种途径鼓励学生主动和教师随时进行写作心得交流，对于某些比较内向的学生，教师通过添加微信好友单独对其进行写作指导。通过多渠道的沟通方式，教师可以更进一步掌握学生的写作水平，将写作中的细节问题进行单独强调；通过学生的心声，知晓学生的写作指导需求，及时调整教师写作教学中的不足之处；争取做到每个学生都关注到，每个学生的写作水平都得到有效提升。

四、总结与反思

这一节线上翻转写作指导课收到了比较理想的教学效果。第一，通过对基础教育网络教研平台和天津市中小学数字图书馆里写作资源的深挖，教师精确地掌握了初三英语写作课的有效教学策略和事半功倍的典型例文，有助于教师在后续的写作指导过程中有的放矢。第二，借助直播平台和录播视频使线上英语写作课顺序成功翻转成更符合学生科学认知规律的课堂流程：写作话题选取→写作任务布置→写作作品剖析→写作技巧讲解→写作成果赏析。第三，教师通过一篇话题作文的讲解帮助学生了解并掌握了英语书面表达的基本写作流程和必备技能，使各个层次的学生都能顺利的完成写作任务。最后，通过班级内部写作作品之间的互评和赏析也培养了学生互帮互助的品质和逻辑思辨能力。总而言之，这种线上翻转写作指导课打破了时间和空间的局限，有利于各个层次的学生弹性自主地学习，有很高的借鉴和推广价值。

教师面对着新时代、新形势，本就应有新态度。虽然疫情只是把线上教学强制性地推到了教师们面前，但是教师们应该以高度的担当鼓舞学生在特殊时期学习的热忱，以教师的责任完成新的授课形式的转变。线上教学在特殊时期发挥了重要的作用。笔者相信，即使这个特殊时期过去，本节英语线上翻转写作课中的一些探索和优势，包括网络录播课、开放式讨论和思考、在线作业功能等也会作为常态教学的有力辅助和工具，推进教学的现代化、信息化和普及化。

【作者简介】

王亚朴，天津市滨海新区大港港狮学校中学英语教师，英语专业硕士。所报送课例在 2014 年"一师一优课，一课一名师"活动中被评为教育部部级优课。承担并参与多项天津市教育科学学会规划课题。

-------------------------------- 案例点评 --------------------------------

本案例的翻转课堂教学模式将有局限性的英语写作教学从课堂外延到课前和课后，通过课前布置写作任务，提供微课视频，学生自主学习并完成写作任务，课中通过师生互动集中解决各种共性和个性问题，课后个性化精准性教学，提高了初中英语写作的教

学效率。在技术应用层面充分利用了微课视频、学习平台和学习终端技术。

这种教学模式有助于学生自适应学习，体现了"以学生为本"的生本思想，将学生还原到人的本质，关注学生个体差异性，使学生能够思考，有效使用工具，学会沟通与交流。

同时，这种教学模式充分发挥了人机协作的效能，优势互补，各种智慧教学平台完成逻辑性、单调性、重复性的工作，教师完成具有情感性、创造性、社会性的工作，通过这种人机分工合作，使学生可以获得更加优质的学习服务。

再者，这种学习模式通过混合学习的方式，优化了学习策略，将课前学习（线上学习）、课堂学习（线下学习）与课后学习（线上学习）无缝连接，突破了时空局限，使得学习资源得以反复使用和精准使用；在线下面对面教学过程中，充分挖掘了师生交流内容的深度和思维含量以及情感交流的多向性和互动性，彻底改变了传统课堂英语写作教学中单一灌输的教学状态，实现了优势互补，整体优化。

而且，这种教学模式充分发挥各个智慧教育平台和移动学习终端技术的优势，注重人机协同，发挥集体智慧的优势。多渠道的反馈评价模式和多渠道的答疑解惑方式促进学生相互协作、相互学习，同时也推动了学生自适应学习和个性化教学以及精准化教学，极大提高了英语写作的学习效率。

【指导教师】

张瑞生，天津市滨海新区教师发展中心英语教研员，天津市首批中小学市级学科骨干教师。在《天津教育》《天津教育报》等刊物上发表论文数篇。主持中央电教馆、天津市教育科学规划办、天津市教育科学学会课题多项。

巧用线上平台，打造初中英语听说课堂

李涛涛

一、案例背景

当前，在教育信息化的大背景下，依托网络平台进行互联网直播式的线上教学逐渐成了线下教学的必要延伸和有力补充。对广大教师来讲，如何在线上结合教学实际，尽可能地减少外部环境带来的挑战和影响，突出学生的主体地位，打造高效课堂，变得尤为重要。作为一名青年教师，笔者积极响应天津市教委"全力做好线上线下教学"的工作要求，尝试对初中英语线上教学进行探索与研究。

二、教学设计

（一）教学内容分析

以外研版新标准八年级下册Module 6, Unit 1, Do you collect anything? 为例。本模块话题是爱好，内容积极向上，贴近生活，学生比较感兴趣。本课的课型为听说课，分为听力和对话两部分。听力部分主要通过运用收藏的有关词汇来简单描述爱好；对话部分则主要讲述了贝蒂和托尼到玲玲家做客，看到玲玲收藏的扇子后，三人展开了关于爱好的讨论。要求在学习活动中，同学们学会描述和询问爱好的同时，也能明白健康爱好的重要意义。此外，本单元学习中形成的关于描述爱好的语言框架，可以为第二单元学习大卫的爱好奠定良好的基础。

（二）学情分析

结合线上教学的特征，笔者重新进行了学情分析。无论线上线下，学生始终是课堂的主体。八年级的学生已经具备了一定的英语基础和表达能力，对教师的教学方式比较熟悉，对新知识的接受能力也比较强。但与此同时，线上授课过程中教师无法实时监督到所有同学，于是以什么样的方式去呈现新知识，呈现什么样的新知识、新内容，在呈现的过程中如何去吸引学生的注意力，就成了一个大问题。尤其是线上语法的教学，八年级下册的英语教材中涉及三个重点语法：现在完成时，简单句的基本句型和宾语从句，如何讲授才能使学生乐在其中？

在反复斟酌和实践后，笔者认为，与线下相比，学生在线上缺乏监督，注意力更弱，因此教师要尽可能在课件上呈现关键信息。以语法讲授为例，课上不能满堂灌，长篇幅记笔记也不是好办法，而要课前或课后以文档或图片的形式把笔记发给学生，这样上课时学生就能做到全身心听课，也能做到有效复习。同时，在课堂上要充分利用学生的社群性特征，使用良性激励机制，营造学生之间你追我赶，互相激励监督的学习气氛。

（三）教学目标

基于学生实际和线上教学的现状，笔者认为，学生在学完本课后，应能熟练掌握并运用收藏的相关词汇和词组，如 collect, stamp, fan, tidy up 等，能听懂表达爱好的语言材料，并能在材料中分辨出关键信息。能询问他人的爱好，用简单句来编写关于自己或他人爱好的对话或文章。能在学习过程中了解爱好的多样性，在尊重他人爱好的同时，发展自身健康的爱好。

（四）教学重难点

❶ **教学重点**

听懂和阅读关于介绍爱好的语言材料，并获取对话细节信息。通过相关词汇，运用简单句的基本句型来描述自己和他人的爱好（what, when, why, how often……）。

❷ **教学难点**

简单句的运用。

（五）课前准备

❶ 反复实践，精心选择教学软件

线上教学各大软件层出不穷，哪种软件能更有利于实现高效课堂呢？笔者发现，腾讯课堂可在教学过程中实现一对一及一对多点名，学生也可以自己积极举手，且不用担心杂音干扰，课堂还原性强。腾讯会议学生可随时自由发言，同时能实现师生互动批注等功能。

根据不同的课堂类型和教学目标，笔者分别通过这两个软件进行了实践教学，并在课后询问了学生的上课体验，收到不同反馈后，笔者最终决定软件不固化，根据当天的教学目标择优选择，并通过广电云课堂精品微课、QQ、小鹅云课和希沃白板进行辅助，以期达到更好的课堂效果。这样一来，即便由于网络问题某个平台中断，笔者也能迅速切换到其他平台，做到课堂时间最大化利用。

❷ 前期调研，切实保证课堂纪律

良好的课堂纪律是上好课的前提。在上课初，笔者发现学生有在讨论区随意发言的现象。于是，在正式上课前，笔者首先和学生就线上发言和回答问题的方式强调了课堂规则。学生出现好的行为时，马上进行正向的表扬激励，让学生明确什么样的行为是正确的、可以得到赞赏的，从而约束他们自身的行为。此外，为了确保学生集中注意力，时刻融入课堂，笔者还会随机在课前、课中及下课前点名，提升学生的参与率。同时，通过在家长群进行学生线上教学期间学习状态的问卷调查，笔者了解到有的学生会在课堂上分屏打游戏或聊天等，为了有效防止出现此类问题，笔者随机请同学们开语音或视频检测听课效果，以便更好地帮助学生形成良好的学习习惯。

❸ 挖掘途径，真正实现良性互动

无论是线下教学还是线上教学，学生都是课堂的主体。面对没有可视化教室的难题，应如何利用信息化与学生良性互动？经过多次实践教学，笔者发现隔几分钟进行提问是互动的有效途径。而且提问时还要注意问题的方式，简单的"是不是"或"对不对"并不能起到很好的作用，而要设置选项"ABCD"或者增加错误选项，结合抢答，举手，打字等功能，充分利用语音区和讨论区两种途径，实现大面积的互动，对反应速度快的同学及时予以表扬，将同学们的注意力都吸引过来，引起良性竞争，从而发挥学生的主体作用。

三、教学过程与实施方法

（一）导入

❶ 设计意图

通过 "hobby" 一词的艺术字体导入本单元话题。激发学生兴趣的同时，强化他们对 "爱好" 一词含义的认识。接着通过询问同学们的爱好，指出爱好的多样性。

❷ 方法

讲授法

❸ 工具运用

腾讯会议、希沃白板

❹ 教学实录

教师：Oh, what's this?

学生：Hobby.

教师：Right! That is, the things people enjoy doing when they are free. Do you have any hobbies?

学生：Yes.

教师：Maybe different people have different hobbies…

（二）听前活动

设置情境，让同学们猜一猜教师的收藏品都有哪些：将本单元与收藏相关的词汇用 "collect" 和 "collection" 两个单词串联为字谜，请一名学生主导，其他学生一起根据图片提示猜出收藏品名称。全部猜出来后，学生通过教师描述进一步猜测教师最喜爱的收藏品，从而引入用简单句描述个人爱好。

❶ 设计意图

线上教学学生注意力易分散。利用猜字谜和图片呈现的形式，刺激学生视觉、吸引学生注意力、激发学生兴趣的同时，也有利于检测学生单词预习情况，在他们头脑中形成系统的单词知识体系，为后续的听力活动扫清障碍。

❷ 方法

演示法、谈话法

❸ 工具运用

腾讯会议、希沃白板

❹ 教学实录

教师：Do you collect anything?

学生：No/Yes⋯

教师：Anyway, I love collecting and I've got lots of collections. Let's have a look to see what I've got. Don't worry, it's just a word puzzle, and I'll show you some pictures to help you.

学生依次说出收藏品。

教师：I collect all these things, that is, they are all my collections. Can you guess, among all these collections, which one is my favorite? We need to buy them when we get on buses or trains.

学生：Tickets.

教师：Excellent! So my hobby is collecting tickets.

（三）听中活动

结合教学实际，听中活动循序渐进。先泛听对话要素，对话人物及交谈话题，再精听对话中玲玲、贝蒂和托尼分别对应的爱好，初步了解对话的构建和内容。

❶ 设计意图

在线上听力过程中，学生面对冷冰冰的手机或电脑，很容易丧失兴趣。通过泛听—精听，听力材料由视频变为音频，由易到难。借助线上抢答功能，激发学生积极性。让学生在抢答中完成学习任务，获得成就感的同时，也能提高听力能力，分辨材料中的关键信息。

❷ 方法

练习法

❸ 工具运用

腾讯会议、小鹅云课、希沃白板

❹ 教学实录

> 教师：Actually, not only I, but also Lingling and her friends have different hobbies. Let's watch the flash and here are two questions…
>
> 教师：Have you got your answers?
>
> 教师发起抢答，抢答成功的学生作答。
>
> 学生：They are talking about their hobbies.
>
> 教师：Yes, very good! But what are their hobbies? Let's listen to the radio carefully and try to match the person with the hobbies.

（四）听后活动

本活动共由三部分构成，分别为自主学习—结对学习—合作探究。要求学生首先自己认真读对话，在对话中提取信息来完成关于玲玲、贝蒂和托尼爱好描述的表格。接着在表格的基础上，按照提示就对话内容进行提问和回答。教师再引导一名同学作为代表，在描述和询问爱好的对话框架下进行语言知识归纳与示范，最后在小组在刮刮乐选取各自任务后，就文本对话和描述爱好、询问爱好进行分层练习。

❶ 设计意图

提问是线上凝聚学生注意力的有效方式。通过带着问题寻找答案，学生对对话的理解进一步加深，寻找信息的能力进一步加强。线上两人对话，不但充满新鲜感，还能引导学生在框架下实践性的运用语言，完成对话信息的深度理解。由一名学生代表整理思维框架，能充分发挥学生主动性，对所积累的语言进行及时梳理、分类储存和记忆，为后续其他学生对具有相似文本结构的情景对话进行分层活动搭建脚手架。小组活动展示选择形式丰富，满足不同学习能力和学习风格的学习需求。借助QQ群开展小组语音活动，实现线上多人对话，课堂体验感更强。此外，线上对话时不仅可以了解其他同学的不同爱好，还能在语言输出过程中，突破本课的重难点。

❷ 方法

讲授法、谈话法、情境教学法、合作学习法

❸ 工具运用

腾讯会议、小鹅云课、希沃白板

❹ 教学实录

教师：During your listening, you may have noticed there is some other information about their hobbies. For example, we have known Lingling's hobby is collecting fans, but where does she get them? Why does she collect them? We still have no idea. So please read the dialogue for two minutes and try to find out the answers.

学生迅速在文中找到答案。

教师：Now some of the key words and phrases in the chart disappeared, can you make a conversation to talk about their hobbies by using "wh-" questions?

……

学生针对隐藏信息结对子进行问答。

教师：Now we know if we want to know something about someone's hobbies, we can ask them from several aspects. XX, can you have a try?

学　生：What's your hobby? Why do you enjoy your hobby? How often do you do it? …

教师：Great job! These sentences can also be used in our group work. As we can see, there are three tasks in the group work. The first one, read and translate the dialogue, and you will do a role play. The second one, underline the important phrases and sentences, and we will invite a little teacher to tell us about the key points. The third one, interview your group members' hobbies from these five aspects. All of you need to do these three tasks, but when you show your outcome, you can choose one of them. Now, let's choose the task.

学生小组组长选择任务后，在自己的小组群里语音对话完成合作探究。

教师：Who'd like to be the little teacher?

一名学生代表讲解知识点。

教师：Let's do the task one, role play.
各组同学依次就组内所选任务进行展示。

（五）总结与练习

教师引导学生共同对本节课进行总结，并通过题目进行练习。

❶ 设计意图

通过总结，引出这节课的情感目标，促进学生的全面发展。通过当堂练习和小鹅云课的答题卡功能，直观检测学生本节课知识的掌握情况，有利于查漏补缺，树立学生学习的信心。

❷ 方法

讲授法、练习法

❸ 工具运用

腾讯会议、小鹅云课、希沃白板

❹ 教学实录

教师：What can good hobbies bring us?

学生：…

教师：So let's develop more good hobbies to enrich our life…

（六）作业

布置调查性作业，请同学们调查自己父母或家人的爱好并完成报道。

❶ 设计意图

线上可通过录音或视频的方式提交作业，形式丰富。利用这一优势可以在真实情景中发挥作业的互动性和交际性功能，避免机械性、无意义操练的同时，巩固、运用课内所学的重难点，做到学以致用。

❷ 方法

讲授法

❸ 工具运用

腾讯会议、希沃白板

❹ 教学实录

> 教师：This is our homework, make a survey about your parents' hobbies and then make a report. A recording of the report should be handed in online tonight. Clear?
>
> 学生：Yes.

四、总结与反思

（一）课前准备：宝剑锋从磨砺出

课堂的趣味性是吸引学生的关键。因此，除了认真分析教材、精心进行软件选择外，为了使课堂生动不无聊，笔者精心设计课件，以求在线上也能做到最快引导学生进入课堂。其次，笔者发现线上教学过程中，教师的情绪很重要。积极的情绪能更好地引导和带动学生，于是笔者在授课前也格外注意调动自身情绪，从而调动学生情绪。

（二）课中教学：路漫漫其修远兮

课堂教学是线上教学的重中之重。在听说环节，通过展示对话的动画视频，笔者在刺激同学们视觉和听觉的基础上，将同学们带入到情境中理解对话，融入对话。提取文本主要信息后，引导同学们在线上针对对话内容进行结对子问答，检验同学们对课文理解情况的同时，进一步提升大家的对话水平和口语水平。通过提炼对话中针对爱好这一话题的交流内容，教师引导同学们总结出，日常在谈论爱好时，可以像对话中一样，从what, when, how often, why等方面进行交谈。整体过程由易到难，循序渐进。通过实时给同学们发送小星星的课堂奖励，大大提升了他们参与线上教学的积极性。

学生的口语活动如何能像线下一样，做到准确分组，积极发言，是线上教学面临的重大挑战。经过思考，笔者决定采取 QQ 进行辅助，在 QQ 里建好学生的小群，他们就可以分别就话题进行语音对话了。于是，为了提升课堂的趣味性和学生的积极性，笔者首先采用了小组刮刮乐选任务的方式助力角色扮演的分层作业，然后同学们通过在小群里进行对话练习，不仅在线上充分练习了口语，还进一步深化了在情境中如何谈论爱好，做到了有输入，有输出，达到了本节课的教学目标。

为了更好的突出线上教学中学生的主体地位，笔者利用腾讯会议的互动批注功能，使学生成为小老师，在体验线下课堂真实性的同时，更好地发挥学生的主体性。

此外，笔者还充分运用了小鹅云课的答题卡等功能进行辅助，在本课结束时通过发布答题卡的方式，限时答题，不仅能提升学生的参与感，而且能快速且直观地检验同学们课堂上的收获和成果。

（三）课后反馈：绝知此事要躬行

作业是课堂的巩固，能有效检验学生的落实情况。为了提高作业质量，笔者利用线上教学的特点在作业形式上进行了创新，通过书面作业、语音作业和对话作业等各种形式增加学生对作业的兴趣。为了避免机械作业，笔者鼓励学生通过自己的方式进行单词和课文诵读、思维导图制作、手抄报制作、录制微课小视频讲解知识点等，利用点评优秀作业，在家长群和线上教学群进行表扬等方式，使学生在完成作业和落实所学知识的过程中充满期待感，从而提高完成作业的效率。本次线上教学笔者根据教学目标及教学重难点布置了调查性作业，在次日展示活动中，结合同学们的完成情况做了进一步改进，取得了较好的效果。

但与此同时，本次线上教学也存在一些不足。学生在线上的接受程度相较于线下较慢，这时教师要更善于倾听。但本次教学中，笔者留给学生的发言时间不充足，一定程度上打消了大家的积极性，以后要不断改进。

总之，本次线上教学对笔者来讲是一个不断实践和学习的过程。作为新时代的人民教师，教师不仅要在三尺讲台上引领孩子们快乐的学习，更应该将信息化的手段运用到课堂中，切实将利用线上平台的有利条件，更好地促进高效课堂。

【作者简介】

李涛涛，天津市津南区天津市小站实验中学英语教师。研究生学历，中共党员，从教以来积极参加教学研究活动和论文撰写，并多次获奖。热爱教学，尊重学生，不断探索高效的教学方法，充分发挥学生的主体作用。

-------------------------------- 案例点评 --------------------------------

本案例是基于外研版八年级下册 Module 6，Unit 1 的线上教学活动形成的。

本次教学活动教师做了充分的教学准备，从单元主题引入，到活动任务的精心设计和安排，合理地采用了合作学习和任务型教学法，做到了《新课标》所倡导的主题引领，活动驱动，从输入到输出形成闭环，学生学习效果很好，圆满实现了既定教学目标。

线上教学过程中学生注意力易分散，各种干扰比线下教学多，为引导学生快速投入到新知识的学习中去，本案例以单词字谜入手，激发学生兴趣、导入话题的同时，自然过渡到了听说环节。听前、听中和听后活动安排合理，由易到难，全面考虑到各层次学生的认知差异，充分发挥了学生的主体地位。本案例在输出环节中创设合理情境，围绕主题，展示交流的内容都在突破重难点，践行了"学思结合、用创为本"的英语学习活动观，在主题语境下完成了教学任务。

案例各项活动围绕语言能力、文化意识、思维品质和学习能力开展教学活动，保障了发挥核心素养的统领作用，将《新课标》理念落到了实处。

本案例在反复实践教学软件后，采用了腾讯会议的自由发言、积极举手、互动批注和讨论功能，结合线上教学的特点，嵌入了小鹅云课进行辅助，实现了线下教学的抢答和奖励功能，极大激发了学生兴趣，提升了学生注意力。实现了"教—学—评"一体化设计，同时也使信息技术与英语教学深度融合，提高了课堂效率。

在突破重难点时，本案例以小组为单位进行分层活动展示，在学中用，用中学，不仅强调了语言的交际功能，促进了英语语言实际运用能力的提高，还让每位同学在实现任务的同时，体验了成功的快乐，树立了信心，为第二单元的学习奠定了基础。

案例反思部分很深刻，对需要改进、完善的环节有详细的描述，非常难得。自知者明，清醒反思和认真分析各个教学环节是改进教学的动力。

今后需要在以下几个方面引起注意。在小组具体的讨论过程中，如何在线上更加有效促进同学们彼此间的合作和帮助，缩小两极分化，需要教师进一步思考。另外，在进行德育渗透时，在引导同学们培养健康爱好之余，案例是否也可以就收藏的物质价值和精神价值引发学生思考，如：让学生思考个人收藏和博物馆的收藏之间的差别，收藏品所具备的文化内涵是什么？借收藏以增强文化底蕴。在发展学生语言能力的同时，提出有深度的问题，有意识地培养学生的思维品质。

　　总之，本案例融合新课标理念，整体设计合理，寓教于乐，知识落实有效，是助力学生提升核心素养的有效途径。

【指导教师】

　　高志勇，天津市津南区教师发展中心初中英语教研员。中共党员，中学高级教师。指导本区教师多次获得国家、市级奖项。2015 年获全国中小学外语名师称号；2016 至 2018 年担任部级"一师一优课，一课一名师"活动评审专家。

语 文
01

数 学
02

英 语
03

道德与法治
04

历 史
05

地 理
06

物 理
07

化 学
08

生物学
09

科 学
10

信息技术
11

音 乐
12

体育与健康
13

综合实践活动
14

4 天津市中小学优秀线上
教 学 教 研 案 例 集 *道德与法治*

基于智学网和 Classin 教室双平台的线上翻转教学案例
——以部编版《道德与法治》七年级下册《情绪的管理》为例

李晓珊

一、案例背景

为全面深入推进新时代教育信息化发展，天津市教育信息化"十四五"规划于2022 年 1 月正式发布。《规划》中指出，深化基于"互联网 +"的育人方式和教研模式改革，推进基于"人工智能 + 大数据"的教学分析与评价，探索满足差异化教学与个性化学习的新路径。为适应以上要求，教师亟待利用信息化手段实现线上课堂的提质增效。利用人工智能和大数据的优势，在线翻转教学模式可以根据教学内容在线上教学的不同阶段，给学生下达不同的任务，然后让学生按照任务要求或独立或分组通过网络平台提交完成。大数据精准化分析可以帮助教师了解学生在家的学习状况而且可以监测学生的学习效果，同时还能很大程度激发学生的学习热情。

二、教学设计

（一）教学内容分析

本课内容选自人教部编版《道德与法治》七年级下册第四课第二框。共两目的内容：第一目"情绪表达"，引导学生了解情绪，知道人与人之间的情绪会相互感染，维护良好的人际关系需要我们了解自己的情绪并以恰当的方式表达出来。第二目"情绪调节"，引导学生正确对待自己的各种情绪感受，掌握调节情绪的一些方法，并能运用这些方法去帮助他人改善情绪。

（二）学情分析

线上学习打破了传统的班级课堂模式，学习和生活空间的变化对初中学生在学习、情绪、行为、人际交往和躯体方面产生了一定的影响。其主要表现为学习积极性不高、学习信息反馈不及时、自觉主动性低、生活作息不规律、情绪困扰等。因此，利用道德与法治线上课实现"隔空不隔教"，及时帮助学生调整情绪，以积极健康的心态迎接新挑战，是十分重要且紧迫的。

（三）教学目标

❶ 政治认同素养：

通过本节课的学习，让学生正确地认识中华民族传统美德，增强文化自信，更好的爱护同学，亲近老师，孝顺父母等。

❷ 道德修养素养：

学生通过观看视频和案例讨论意识到自己的情绪失控可能会带来的问题，形成良好的道德修养，提高自己控制自己情绪的能力。

❸ 法治观念素养：

通过在线的师生交流和讨论，意识到自己在面对生活中的事情时，一时的情绪失控会带来严重的后果，有的甚至会出触碰法律的底线，帮助学生树立正确的法治观念。

❹ 健全人格素养：

通过教师的讲述和学生自己的总结与反思，让学生意识到自己存在的不足，健全品德与修养。

❺ 责任意识素养：

学生通过本节课能认识到情绪的感染性。在日常生活中学会控制情绪，并承担帮助亲友调控情绪的责任。

（四）教学重难点

❶ 教学重点： 学会管理和调节情绪，保持积极、乐观、向上的情绪状态；尊重他人、关注他人的感受，学会恰当地表达情绪并能安慰他人。

❷ 教学难点： 掌握调节情绪的方法，帮助自己和他人调节情绪。

（五）课前准备

❶ 师生软件准备

（1）智学网：这是一款提供给师生的在线的针对性教与学服务的智能化分析平台。智学网通过学生学习大数据分析，实现个性化、基于知识图谱的学习诊断，也可以帮助教师和学生分析错误根源，还可根据错题筛选练习为学生针对性学习。通过这个软件进行课前和课后科学统计，教师可以快速掌握学情，学生也可实现自我激励与改进。

（2）classin在线教室：这是一款提供直播功能的在线系统。它拥有的分组、答题器、抢答器、小黑板、轮播上台、桌面共享、作业、学习报告、举手、骰子、计时器、随机选人等等功能都可在直播教学中进行应用。通过这个网络教学系统教师可以大大提高与学生的互动效率，解决线上学习师生互动少、互动低效等问题。

❷ 教师利用天津市基础教育资源公共服务平台中的微课资源推送微课

本节课微课资源主要目的是引导学生自学，初步了解基础知识，发展学科辨识记忆能力。

【设计意图】

直播授课前的微课是"在线翻转"得以开展的前提，学生可以自主控制视频的进度，完成第一阶段知识的传播。但是，本节课的最重要的情感态度价值观目标还无法通过微课达成。

❸ 教师利用智学网畅言智慧课堂功能发布感知任务

"搜集或拍摄一些居家学习期间自己或家人情绪反应的小视频"，根据智慧课堂反馈完成率为41.0%。（见图1）

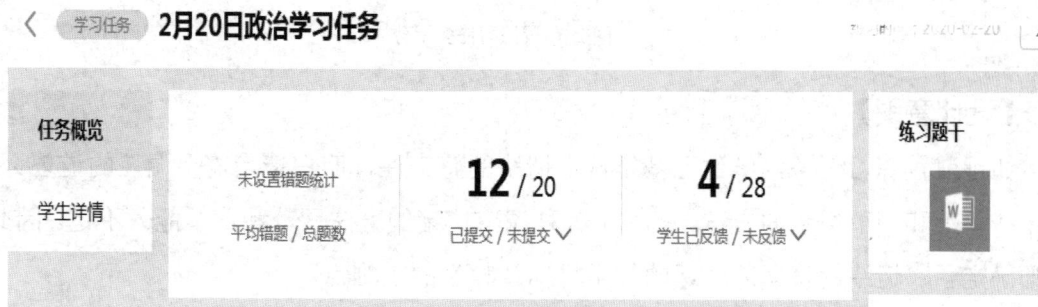

图 1 发布课前感知任务

【设计意图】

"搜集或拍摄一些居家学习期间自己或家人情绪反应的小视频"目的是让学生在宽松氛围中调动生活经验，同时也可以帮助教师掌握学情。

❹ **学生登录智学网课堂练习中心完成前置练习任务**

练习任务可以客观探查本课教学目标的一些的难点和突破点。结果显示：本课知识目标中认识情绪的感染性，明白情绪需要调控的道理相关单选得分率为83.9%；本课知识目标中掌握情绪调节的方法相关单选题得分率为62.5%。本课能力目标中尊重他人、关注他人的感受，学会恰当地表达情绪并能安慰他人的相关单选得分率为56.9%。（见图2）

题号	题型	分值	难度	区分度	年级 均分	年级 得分率	七年级1班 均分	七年级1班 得分率	七年级2班 均分	七年级2班 得分率	七年级3班 均分	七年级3班 得分率
1|客	单选题	2	0.95	0.13	1.89	94.72%	1.9	95.24%	1.86	93.02%	1.77	88.37%
2|客	单选题	2	0.95	0.15	1.89	94.72%	1.86	92.86%	1.95	97.67%	1.91	95.35%
3|客	单选题	2	0.26	0.09	0.52	26.1%	0.62	30.95%	0.42	20.93%	0.42	20.93%
4|客	单选题	2	0.88	0.15	1.77	88.27%	1.67	83.33%	1.72	86.05%	1.72	86.05%
5|客	单选题	2	0.98	0.06	1.96	98.24%	1.86	92.86%	1.95	97.67%	2	100%
6|客	单选题	2	0.53	0.35	1.06	53.08%	1.48	73.81%	0.7	34.88%	1.21	60.47%

图 2 前置练习任务得分

【设计意图】

通过前置练习任务，学生已基本认识情绪的感染性，明白情绪需要调控的道理，知道一些管理和调节情绪的方法。但对于各种调节情绪的方法区分和辨析能力不足。因此，教师确定了《情绪的管理》一课的教学目标及教学的重难点。

三、教学过程与实施方法

在线翻转课堂教学模式区别于传统课堂上教师教、学生记、课后回家学生做作业的教学模式。在线翻转课堂要求学生在课前通过线上观看微课、网上查阅资料、完成在线检测等方式，自学课程内容；课中在线直播课堂中，教师不会再事无巨细地从头讲解课程内容，而是主要解答学生问题、澄清相关概念、启发难点讨论以及开展小组活动；课后通过线上应用实践或者检测来进一步强调、巩固、加深或延伸相关知识。

（一）回顾微课、巩固知识

教师利用 Classin 在线教室同步直播，引导学生回顾微课内容，教师提出问题：

❶ 微课中讲到了踢猫效应，这反映了情绪有什么特点呢？

生：情绪会相互传染。

❷ 为什么要调节情绪？

生：保持积极情绪可以让生活更美好，积极调控负面情绪也可以帮助我们适应突发事件。

❸ 情绪的表达与什么有关系？

生：情绪的表达不仅与自己的身心健康有关，而且关乎人际交往。

❹ 四种调节情绪的方法，分别是什么？

生：注意转移、合理宣泄、改变认知评价、放松训练等。

❺ 合理宣泄的底线是什么？

生：不要违法。

❻ 居家学习期间你是如何运用各种调控情绪的方法解决自己和家人的情绪问题的？

生：听音乐、看电影、一起做饭、居家锻炼……

【设计意图】

六个驱动性问题，引导学生回顾知识点，讨论辨析易错点。利用 classin 在线教室举手功能和随机选人功能，学生可以上台发言。提问时教师还可以利用主动授权、轮播上台等功能，激发一些课堂参与度弱的同学的积极性。

（二）合作体验、课中突破

❶ 调控情绪，你我大家谈

（1）展示两位同学对居家期间自己情绪状况认识的对比图片。学生得出启示：我们需要了解自己的情绪。

（2）展示某女子晋某因公司损失惨重，心情很差，辱骂民警和保安文字及图片。学生得出启示：宣泄情绪要在道德和法律允许的范围内进行。

（3）展示在地铁上嚎啕大哭的少年图片。学生得出启示：要在合适的场合、用合理的方式表达自己的情绪，要照顾周围人的感受。

学生在不同情境下感知不同情绪表达方式产生的影响，经过情境比较，学生真切感受到情绪表达的重要性从而更深入了解自己的情绪并以恰当的方式表达。

❷ 调控情绪，同唱一首歌

通过 classin 云盘功能导入音频《青春快乐》，师生一起跟随音乐在线合唱。"没有尝试过这种合唱方式，好开心。""老师我在线唱歌总是笑场。""青春快乐！在这个特殊的时间唱出来，好像又有了别样的意义，这是一场前所未有的战"疫"，我们每一个人待在家中不聚集，就是对抗击疫情最大的贡献。"在线合唱活动帮助学生舒缓心情，营造积极课堂氛围。引导学生真切地感受调控情绪的方法，保持积极乐观的心境。

❸ 调控情绪，小组来展示

利用 classin 分组功能学生小组分享了抗击疫情手抄报、居家锻炼视频、厨艺照片、不一样的亲子时光秀等等自己和家人调控情绪的具体方法，并分析这些方法的科学分类。利用此环节突破了教学难点。

❹ 课堂反馈

classin 在线教室软件随即生成学习报告，该报告由学生在教室中的全部学习行为组成，包括课程信息、教师评语、课堂成就、活跃度、考勤统计、课程视频、精彩瞬间七个部分。教师根据本节课的学习报告展开具体的表扬与督促，提高了线上调控能力。

【设计意图】

师生打开摄像头共同参与课堂直播活动，同步的声音和影像拉近了心理距离，学生参与课堂程度大幅提高。

（三）拓展资源、总结提升

❶ **情感提升**：展示我校学生志愿者"抗疫"图片，请同学们感受学子们不畏挫折，做情绪的主人及顽强拼搏的精神。

学生总结：新冠疫情虽然对我们的学习和生活产生很多不利影响，在党的坚强领导下，经过政府和广大人民群众艰苦努力，天津的疫情防控取得重大成果，我们中学生也为疫情防控做出了应有的贡献。

❷ **教师总结**：我们在抗击疫情中获得很多收获，如：珍爱生命、守护生命，养成健康的生活方式；尊重自然，保护动植物；学会独立思考，增强自控力，增强社会责任感，弘扬中华民族精神等。希望大家能保持积极乐观的情绪应对居家的学习，并帮助身边的人调节好情绪，一起守望春天的到来。

【设计意图】

考虑到线上知识讲解乏味且单一，课堂总结中注意了与图片、音乐和视频等动态课件的结合，做到了教学方法的优化。结合天津本地的新闻和本校本班的事例分析使学生感悟到爱国、友善、和谐、文明等社会主义核心价值观，落实了政治认同、社会参与等核心素养目标。

❸ 课后拓展：直播课结束后，学生完成智学网的同步课时练和拓展学习资源，进一步巩固本课内容。智学网会在同步课时练后进行数据分析，包括数据总览，小题分析，大题分析，共性错题分析，学生成绩分析，及需关注学生跟踪等。

【设计意图】

教师应用系统积累的数据做诊断分析，可精确把握学生在知识掌握、能力发展和自主管控等方面的情况，使其清晰认识学业状态，提高课堂教学的针对性和有效性。同时利用微信等工具进行表彰或开展线上实时个别辅导和异步群体辅导。

（四）评价提质、精准跟进

❶ **生成评价数据，联动精准化解析**

教师可以充分发挥智学网大数据的诊断作用，驱动教师自我评析课堂教学行为，设计精准化学习预案。

❷ **运用评价数据，驱动精准化教学**

借助 classin 作业功能，教师可以通过分层作业功能布置不同的作业。本课的作业一是拍摄一段"调控情绪相关故事"小视频；本课的作业二是制作一张本课思维导图。

【设计意图】

通过诊断分析发现在作业中学生们对"情绪的相通性和感染性"情境更为重视，在后续"合理表达情绪"的教学中就会更加关注学生们的道德实践和具体情境中的困惑，让教学从"教知识"向"习素养"转变。

四、总结与反思

（一）线上翻转课堂师生心态极为重要

教师直播讲解时要耐心，遇到学生网络卡顿时，多等待、多重复；遇到情绪较差的学生，尽量以幽默温和的口吻进行开解；听学生分享时要细心，认真对待学生的每一次发言，看到或听到有亮点的地方在评语中要给予及时的肯定和推荐；解决问题时要有平常心，遇到上课迟到或任务不能及时提交的学生，尽量私信沟通，并根据实际情况来处理。

（二）在线翻转课堂实现了技术对学习过程的有效支撑

立足思政课立德树人的根本目标，借助智学网和classin在线教室双平台优势，课前通过微课和预习测试掌握了学情，课中通过直播互动以问题为线索，进行师生互动讨论，突破了重点和难点。课后通过智学网的精准大数据分析帮助教师和学生查漏补缺，实现了教学目标。这一课堂模式帮助加快转变教师当前在线直播课的教学范式，提升了道德与法治学科育人效果。

（三）信息时代的道德与法治课要与时俱进

一学期来，线上翻转教学模式贯穿了《道德与法治》课整个学习过程，受到了学生的广泛好评。除此之外，道德与法治课线上教学目前广泛采用的雨课堂、腾讯会议、classin在线教室、钉钉、智学网、智慧学伴等线上平台工具，大大提高了学生的课堂参与度，信息技术通过课前、课中、课后与课堂的深度融合也提高了线上课堂教学效率。

【作者简介】

李晓珊，天津市西青区杨柳青第三中学道德与法治教师，承担教育教学工作十余年。多年来一直担任学科组长和班主任工作。曾获市教育工会劳动竞赛集体负责人、西青区十佳青年教师、西青区教育系统学科带头人等荣誉称号。

-------------------------------- 案例点评 --------------------------------

疫情之下，如何优质高效地进行线上教学是当前面临的新问题。该案例中，教师探索并实践了基于智学网和 Classin 教室双平台的一种线上翻转课堂教学模式，该案例的教学模式着重解决了三个问题：线上双平台发挥协同作用、教师发挥主导作用和激励学生发挥主体作用。

首先，线上教学需要多平台的协同作用。教师探索并实践了基于智学网和 Classin 教室双平台协同模式，双平台形式丰富，较好地真实还原课堂环境，形式感和交互感强，更有利于学生坚持学习。

其次，线上教学教师发挥了主导作用。本案例中，教师主导作用主要体现在：一是课前通过明确学习任务，为翻转课堂奠定基础。二是通过直播方式，及时清理学习中的障碍。例如：课中"调控情绪，你我大家谈"环节，这也是本课最重要的环节，教师引导学生围绕三个生活化的情境案例，开展师生互动，直击学生的困惑点，实现重点难点的突破，保证学生能够持续有兴趣学习。学生直播带来课堂的临场感，使分散的学生凝聚为学习共同体。三是通过后台跟踪，开展在线监控与指导。学生在完成相关任务点后，教师通过平台提供学习情况统计数据，把学生反映的共性问题记录下来，及时做出判断和反馈。这也是线上教学一大优势所在。

第三，激励学生发挥主体作用。线上教学同样要强调学生是学习活动的主体，主动探索，发挥自主性、能动性和创造性。本案例中，教师注重对学生主体性作用的激发。表现一是榜样激励。鼓励学生分享抗击疫情手抄报、居家锻炼视频、厨艺照片、不一样的亲子时光秀等等，这些作品展示起到很好的榜样和激励作用，是鼓励学生坚持主动学习的重要途径。表现二是任务驱动。例如，在直播中，教师的六个驱动性问题，引导学生回顾知识点，讨论辨析易错点。表现三是营造氛围。本案例中，"同唱一首歌"环节可谓是本节课的一个亮点。教学效果不但取决于教师如何教、学生如何学，还需要形成一定的教学氛围。虽然线上教学的对象处在不同环境中，但教学氛围同样存在。正如师生所说："没有尝试过这种合唱方式，好开心。""在这个特殊的时间唱出来，好像又有了别样的意义"……

【指导教师】

沈艳，天津市西青区教师发展中心道德与法治学科教研员，从事教研工作 15 年。2020 年天津市中小学学科骨干教师、2021 年西青区"杰出"教师、天津市中小学"学科领航教师培养工程"学员、多次指导教师获得国家、市、区级奖。

【参考文献】

[1] 药丽霞，王金萍，李艳 . 深度融合传承创新　信息技术助力线上教学——以《古代汉语》课程为例 [J]. 沧州师范学院学报 , 2021, 37 (03).

[2] 刘宁，王琦，徐刘杰等 . 教育大数据促进精准教学与实践研究——以"智慧学伴"为例 [J]. 现代教育技术 , 2020, 30 (04)：12-17.

[3] 郑赣鸿，戴振翔，李刚 . 腾讯课堂＋慕课平台混合式教学——以电动力学线上教学为例 [J]. 现代职业教育 , 2021 (36)：58-59.

基于"一三一"教学模式的初中道德与法治线上教学案例
——以部编版《道德与法治》七年级下册《节奏与旋律》为例

李佩蓉　马立江

一、案例背景

（一）社会背景

信息化背景下网络教育蓬勃发展。依据《天津市教育信息化"十四五"规划》中"支撑基础教育优质均衡和个性化发展"目标，本案例着力加强中小学精品课程资源建设，实现线上线下相融合的教学模式创新。

此外，天津市中考政策的调整对作为新中考科目的道德与法治学科其教学方式和方法提出了新挑战和新要求。作为思政教师，如何调整教学理念和思路、充分利用信息化技术手段实现高效线上教学、探索线上教学新模式，是现阶段急需解决的问题。

（二）时政背景

2022年4月8日，北京冬残奥会总结表彰大会在北京举行。作为新冠肺炎疫情发生以来首次如期举办的全球综合性体育盛会，北京冬奥会、冬残奥会将为我们长久地留下什么？北京冬奥精神即胸怀大局、自信开放、迎难而上、追求卓越、共创未来。

受此启发，本人以冬奥精神中的"胸怀大局""共创未来"核心内涵为育人主线，以冬奥会受表彰人物事迹创设教学情境，通过"一三一"教学模式的尝试，引导学生关注时事政治，突出初中道德与法治课程的时政性与时效性，激发学生的集体主义精神和国家荣誉感。

（三）教学模式背景

为规范教学管理形成特色教育品牌，我校按照学科和课型的不同特点在课堂中全力推进"一三一"教学模式建设。"一三一"教学模式即一个中心（以"问题"为中心）、三个环节（导、学、测的结构）、一个板书（板书设计以思维导图的形式呈现）。（见图1）

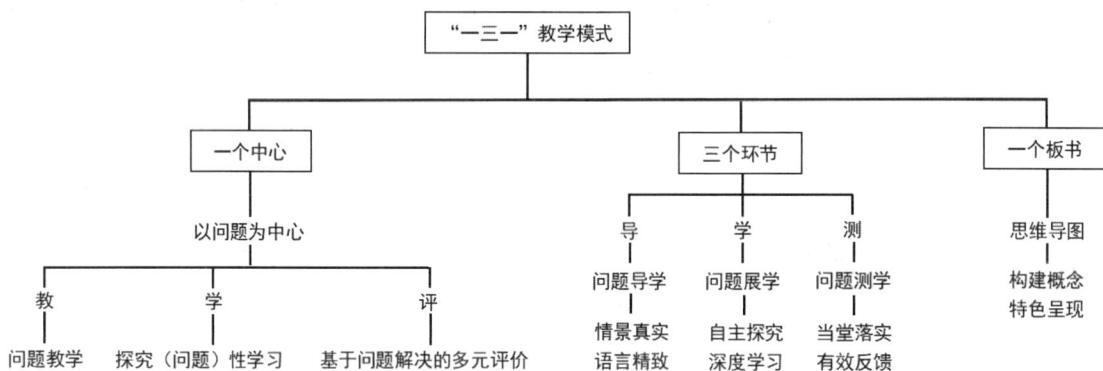

图1 "一三一"教学模式理论图示

线上教学方式与"一三一"教学模式相结合，利用网络平台推送相关资源将"导""学""测"落实到位，能够保障线上课堂学习效率，突出以下教学亮点：

❶ 突出问题导向

"一三一"教学模式坚持"一个问题"，秉承将"思政小课堂与社会大课堂相结合"的原则，利于教师巧用时政热点切入主题、以时政背景创设情境。教师用好中国故事，讲述中国精神，激发学生民族自豪感和国家荣誉感，渗透社会主义核心价值观，达到立德树人润物无声的目的。

❷ 突出学生主体

"一三一"教学模式通过课前设置问题让学生自行收集相关材料进行"预学"，提高学生的自主学习能力；在课堂中教师引导学生进行"研学"梳理知识点，有针对性地进行练习和解题的方法指导，提高课堂效率；课后对学生进行"验学"，推送同步练习实现扩容增效。

❸ 突出思维导图

不同于线下教学模式板书的知识罗列，"一三一"教学模式的板书设计要求以思维导图形式呈现。思维导图最大的优势即将复杂知识简单化、核心化，帮助学生建立知识结构便于理解记忆。

二、教学设计

（一）教学内容分析

"节奏与旋律"是部编版七年级下册《道德与法治》第七课第二框内容。在学生学习了第一框"单音与和声"了解遵守集体规则及处理集体中矛盾的方法基础上，本框题进一步分析学生在集体生活中可能会出现的各种问题，通过"不同集体不同责任——个人节奏与集体旋律——正确处理矛盾冲突"这一逻辑线索帮助学生找到更好适应集体生活的具体方法和途径。

（二）学情分析

线上教学与线下教学有着本质区别，高效线上教学的前提要求教师必然把握相应的学情，为此本人在开展教学设计之初利用问卷星进行了学生学情调查，为针对性开展线上教学奠定基础。

❶ 学生认可的线上教学形式

与线下教学相比，线上教学电子设备的使用能够帮助学生更快接受新事物、更快了解社会新闻事件、更大程度激发学生分析社会问题的兴趣。

同时，学生对线上教学各类形式均有选择，直播教学、线上师生互动这两种普遍形式选择率相对集中。教师要正视线上教学的优势，以积极乐观的心态直面线上教学。（见图2）

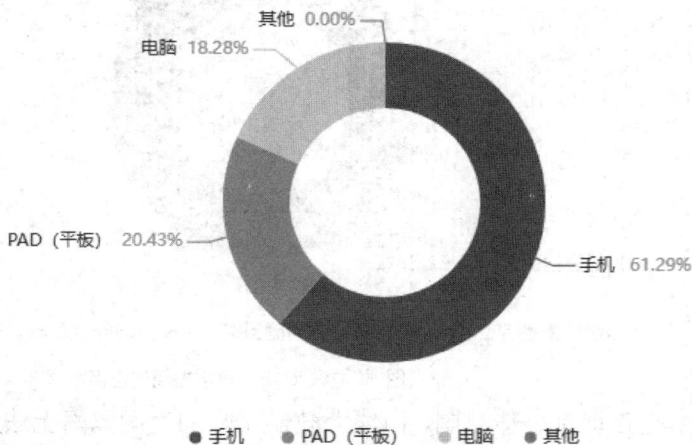

图2　学生常用线上学习工具

网络资源及呈现方式的多样性很大程度上会影响学生对线上教学呈现形式的喜好，对教师采取何种线上授课方式提供基本遵循。（见图3）

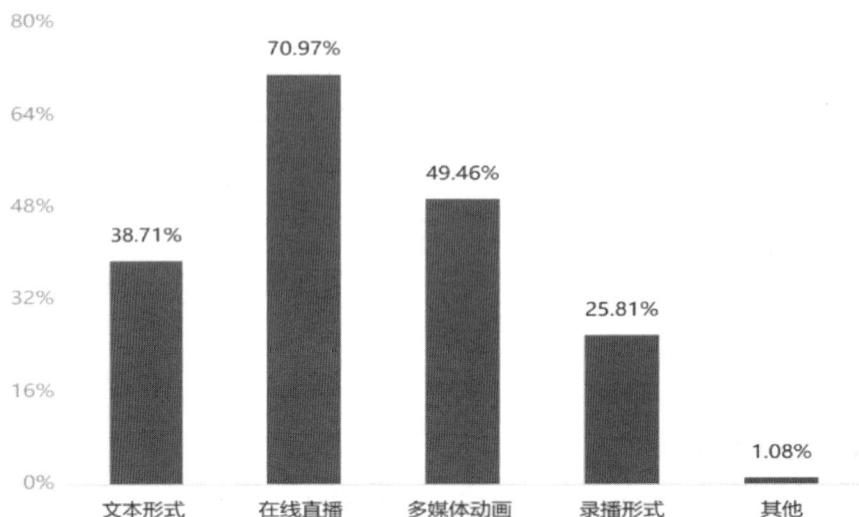

图3　学生认可的知识呈现形式（多选）

伴随线上授课方式的选择学生对于知识的呈现形式选择较为集中，在直播过程中教师需要预留足够多的时间等待学生端梳理教材重难点，对照教学参考用书推荐的教学课时，线上教学实际课时安排应有所放缓，对教师教学进度的把握提供了参照量。

❷ 学生面临的线上学习困难

初中道德与法治课程尤其是七年级内容侧重运用学生实际经验，以往在线下教学中教师精心设计的肢体语言、丰富的面部表情、及时的眼神交流有利于师生间的沟通反馈，便于提

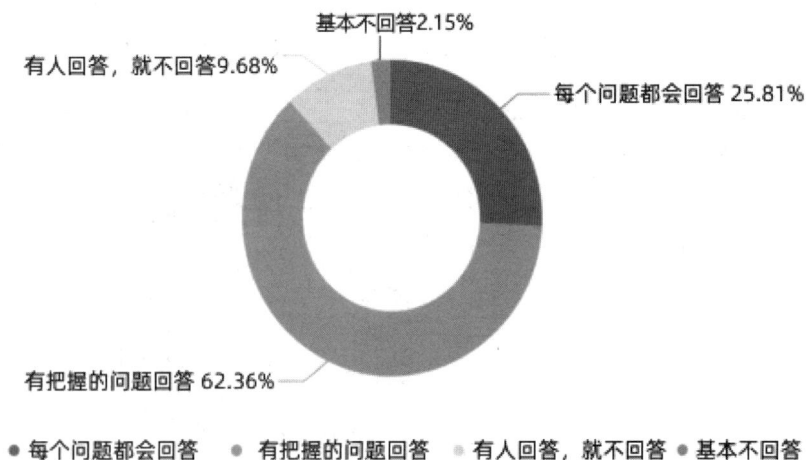

图4　学生对线上教学提问的态度

点学生集中注意力、把控课堂整体氛围，但线上教学明显的空间隔阂无法进行有效互动。（见图4）

不同学生对待线上提问的态度不同，大部分学生只对有把握的问题进行回答，这就可能会出现线上提问互动"冷场"的现象，意味着教师需要对问题设计进行反复斟酌，带动全体学生特别是帮助学习困难的同学参与互动、集中注意力。

学生对于线上教学面临的问题选择呈分散状，除硬件设备客观因素外，与"现场感"相对应的线上教学氛围将直接影响学生注意力的集中进而影响学习效率，对教师采取何互动方法、帮助学生获取直接经验、提高线上教学的趣味性提供了整体思路。（见图5）

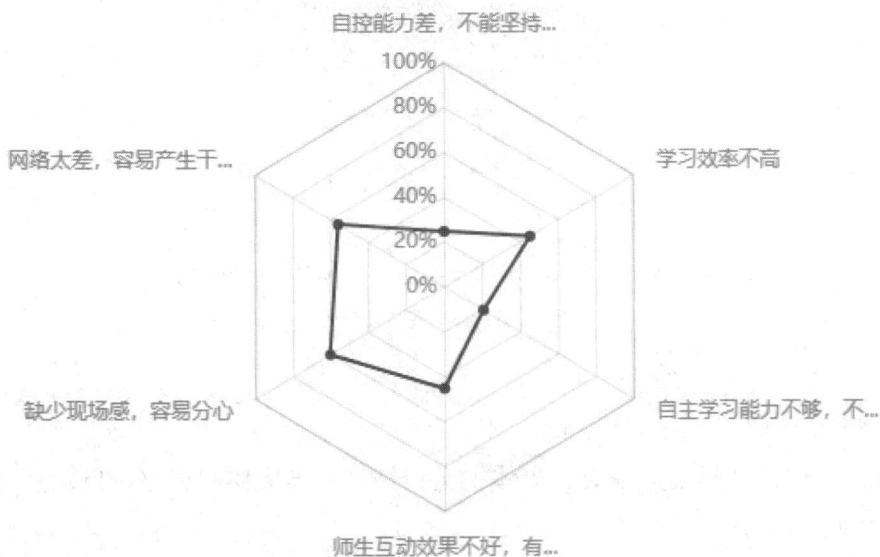

图5　学生面临的线上学习困难（多选）

❸ 学生选择的学习效果反馈

线上教学教师无法批改学生书面作业，缺乏对学生学习情况的掌控，学生对课后作业完成度情况的自我预估，为教师布置课后同步练习提供了信心。（见图6）

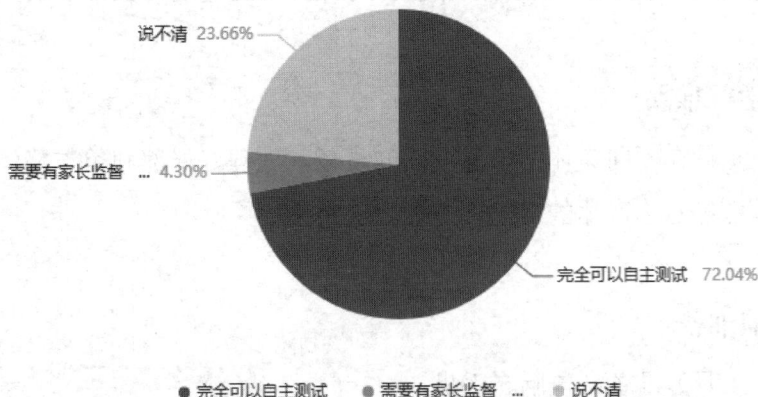

图6　课后练习完成效率预估

对于课后同步练习完成质量的自我评估,绝大部分学生认为"线上线下做的差不多",难以彰显线上教学的特色。教师在布置课后同步练习时考虑练习题量和难易程度,特别是对学习困难的学生针对辅导,为教师设计课后同步练习提供了方向性指引。(见图7)

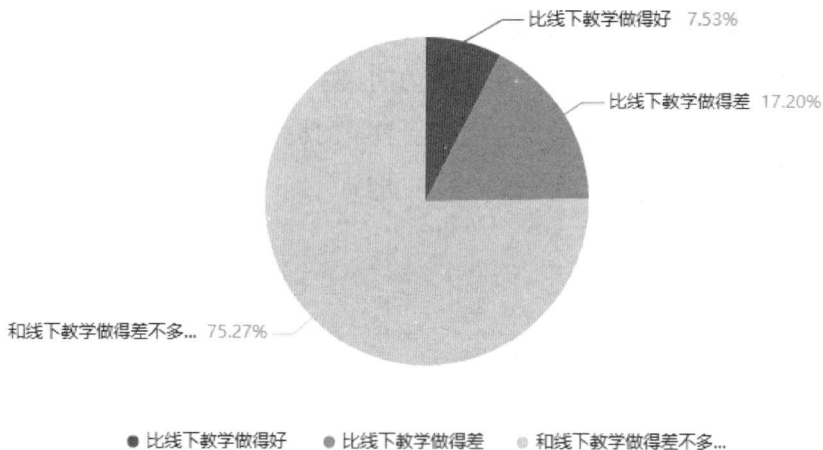

比线下教学做得好 7.53%

比线下教学做得差 17.20%

和线下教学做得差不多... 75.27%

● 比线下教学做得好   ● 比线下教学做得差   ● 和线下教学做得差不多...

图 7　课后练习完成质量

(三)教学目标

❶ 政治认同:弘扬爱国主义、集体主义精神,培养集体归属感,自觉践行社会主义核心价值观。

❷ 道德修养:学会团结同学,宽容友爱,做一名合格的集体成员。

❸ 法治观念:树立规则意识,正确参与集体生活,正确处理个人利益与集体利益、局部利益和整体利益的关系。

❹ 健全人格:树立团队意识,体会融入集体,在集体中健康成长的快乐。

❺ 责任意识:关心班集体,主动承担集体责任,面对角色冲突时学会主动承担责任。

(四)教学重难点

❶ 教学重点:在不同集体中承担不同的责任,处理好局部利益与整体利益的关系。

❷ 教学难点:对小群体的辩证认识。

(五)课前准备

❶ 硬件(工具)准备:电脑、手机

❷ 软件准备：腾讯会议 APP、问卷星、班级小管家、希沃白板

教师通过学习强国APP、央视新闻订阅号推送时政新闻，学生可以提前了解时政背景。

问卷星、班级小管家的使用便于课前开展学情调查，进行学前任务、课后同步练习布置。

希沃白板中的"课堂活动""思维导图"等栏目对教师互动、帮助学生获取直接经验、提高线上教学趣味性提供了技术支持。

三、教学过程与实施方法

（一）问题预学

预学的基本设置：教师创设任务清单—学生预学完成任务清单—学生反馈预学结果

【实施过程与方法】

❶ 推送资料

根据时政背景，利用班级群向学生推送央视新闻订阅号"时政新闻眼"栏目、任务清单等。

❷ 自主学习

学生浏览时政新闻获取直接经验，激发学习热情。根据任务清单的内容，学生有针对性地对课本进行预习，提前熟悉教材中的重难点内容，为线上学习奠定基础。

【设计意图】

结合线上教学便于资源的传播特点，学生根据任务清单收集冬奥表彰人物武大靖承担的工作与征战冬奥历程感知冬奥精神。

在自主学习和收集资料的过程中难免会遇到问题，学生将遇到的问题，反馈到班级群中，在班级小组中先进行讨论、解决再由小组长反馈给教师，教师根据学生反馈的问题可以了解学情，提高线上教学针对性。

（二）问题研学

研学的基本设置：问题导学—问题展学—问题测学

❶ 问题导学，激发探究热情

【实施过程与方法】

通过播放新闻视频创设问题情景，激发学生的学习兴趣和探究热情。

【课堂实录】

> 师：如果将北京冬奥比作拥有优美旋律的乐曲，那么它离不开有组织、节奏的艺术构思，今天让我回到两个月前的激情时刻，从集体主题角度出发看看北京冬奥会到底能留给我们什么？

【设计意图】

导入环节的新闻视频让学生了解本节课依托的时政背景，又通过比喻的修辞表述将框题"节奏"与"旋律"关键词引入并阐述说明二者关系，做到时政与知识的顺利过渡衔接，提高学生的学习热情，防止一成不变的课堂，让学生觉得枯燥乏味，产生厌学情绪。

❷ 问题展学，提高学习效率

（1）明确目标，精准定位知识

【实施过程与方法】

出示本节课学生学习目标，请学生代表在线朗读。

【设计意图】

位于起始的学习目标展示能够让学生关注教学重难点。同时，在最新中考政策的指导下，记录每一框题的学习目标对于开卷考试翻阅教材具有定位检索作用，提高学生学习、复习的效率。

（2）材料分析，促成探究学习

【实施过程与方法】

呈现案例，请学生分析案例，师生共同总结得出结论。

【课堂实录 1】

案例：武大靖的个人资料

> 师：通过前期同学们的资料收集，让我们来看一看获得"突出贡献个人"的武大靖他的身份都有哪些？（请学生阅读案例并引导学生尝试回答）

生：中国奥委会委员、中国国家队短道速滑队队员、全国道德模范……

师生总结得出结论：在不同集体中，扮演不同的角色，承担不同的责任。

【设计意图1】

在预学阶段，任务清单中布置的资料收集是教学中案例材料的重要来源，本课例呈现的案例均来自前期学生收集、整理、反馈，在教学中让学生感受到"熟悉"，让学生感受到这是"我的课堂"，发挥学生主体作用、渗透本单元第八课主人翁意识，潜移默化做到前后知识衔接。通过随机请学生阅读案例起到教师监督作用，以点带面帮助学生集中注意力。

【课堂实录2】

案例：武大靖表彰采访（见图8）

一、我在多个集体中

武大靖的短道速滑赛程：
男子个人单项　未获奖牌
短道速滑男女2000米混合接力
无愧于"突出贡献个人"荣誉

在调整个人节奏中学习
在解决角色冲突中学习
更好融入集体

排解冲突 { 集体利益、责任
　　　　　 兴趣、爱好

思考：
1. 武大靖在采访中多次感谢谁为其提供的平台？
2. 对于个人得失武大靖秉承什么样的态度？
3. 对于未来武大靖是如何规划的？

图8　案例课件截图

师：通过观看武大靖的获奖采访，我们可以看到他的短道速滑战绩是怎样的？

生：短道速滑男子个人单项并未获奖，但带领团队赢得短道速滑混合接力赛冠军。

师：取得骄人成绩的背后，武大靖是如何做的？

生：将更多的时间和精力分配给团体项目，自己备战单人项目的时间反而少了。

总结：在发生角色冲突时，我们要在调整个人节奏中学习，在解决角色冲突中学习，才能更好地融入集体。

师：他在采访中多次感谢谁为其提供的平台，为什么这么做？

生：感谢国家队，因为是国家培养了他，他要回报国家对他的栽培，为国争光。

师：我们可以看出对于个人得失武大靖秉承什么样的态度？

生：不计较个人得失，以集体利益为先。

总结：在发生角色冲突时，我们应考虑自己更关注哪个集体，或在其中的角色和责任的重要性，从整体利益出发，自觉地让局部利益服从整体利益，个人利益服从集体利益。

师：对于未来武大靖是如何规划的？

生：继续宣传冰雪运动，为国家体育事业做贡献。

师：在解决角色冲突时，我们要考虑自己的兴趣、爱好以及任务的紧迫程度等。

回归教材梳理要点笔记：排解角色冲突的方法

①考虑自己更关注哪个集体，或其中的角色和责任的重要性

②考虑自己的兴趣、爱好以及任务的紧迫程度等

③我们应从整体利益出发，自觉地让局部利益服从整体利益，个人利益服从集体利益（基本原则）

【设计意图2】

在探究学习过程中，则是通过教师预设的问题引导学生分析材料、得出结论、及时回归教材总结的方式。在探究问题时提醒所有学生开启麦克风畅所欲言，教师给予实时评价，不仅能激发学生学习的热情、提高课堂参与度，而且培养学生的探究思维、观察和分析问题等能力，在思维碰撞中升华情感，实现教学目标。

【课堂实录3】

案例：张兰的班级

师：请同学代表阅读材料，找出重点词句，分析小群体的作用？

生：他们总是积极踊跃地报名，为学校和班级赢得了很多荣誉，成了赛队的顶梁柱。

生：他们出现了不请假集体旷课训练的情况。最近一段时间他们常常在课上讨论训练内容，扰乱课堂秩序影响老师上课，同学说他们，他们还联合起来欺负那些同学。

教师总结，学生回归教材梳理要点笔记：小群体的作用。（见图9）

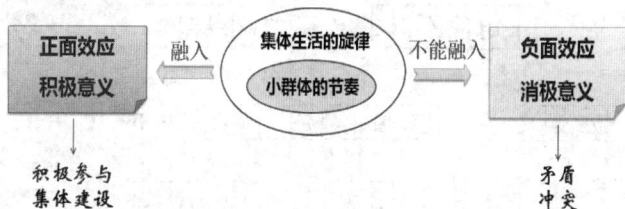

图 9 教师讲解课件截图

①正面、积极：当小群体的节奏融入集体生活的旋律时，小群体成员就能感受到集体生活的美好，更愿意积极参与集体的建设。

②负面、消极：当小群体不能很好地融入集体生活时，其成员就会产生与小群体之外的其他同学的矛盾和冲突，甚至与集体的共同要求产生矛盾和冲突。

【设计意图3】

结合冬奥主题，改编"小群体"教材案例，引导学生认识到群体成员具有狭隘的排他性，干扰抵触集体的学习与生活，进而可能存在极端的破坏性，突破难点。

（3）问题测学，掌控问题核心

【实施过程与方法】

在每个知识点总结后，配套设置一或三个同步练习，利用腾讯会议"投票"功能开展线上作答。

【设计意图】

打破线上和线下难以实现的即时分析学生练习情况，将学生的作答情况以"投票结果"进行统计并斟酌公布，使习题讲解更有针对性，锻炼学生的理解运用能力。

（三）问题验学

❶ 思维导图

【实施过程与方法】

师生共同梳理本节课知识体系，课件分步骤出示思维导图。（见图10）

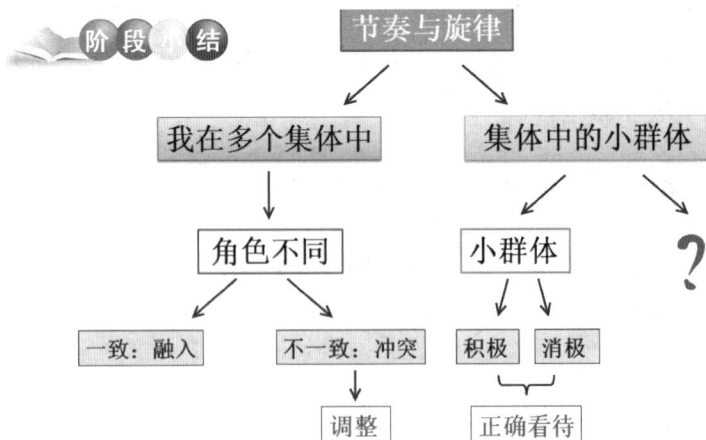

图10　思维导图课件呈现截图

【设计意图】

思维导图能够简单有效地建立知识联系，便于学生记忆、复习。适时以思维导图的形式帮助学生梳理知识、构建知识体系，达到线上课堂高效学习的效果。考虑到线上教学在线互动、学生端做笔记、学生状态等因素，本节课线上授课进度截止到"小群体"产生的原因及作用，对于"小团体"内容没有展开，教师在线上教学时应考虑课堂实效，对教学内容进行取舍。

❷ 课后反馈

【实施过程与方法】

在课程结束后，利用"班级小管家"小程序向学生推送对应的课后任务。任务主要分为两部分：同步练习题、本节课教材笔记。

【设计意图】

同步练习依托"问卷星"小程序，学生作答提交完毕瞬时生成检测报告，能够向学生提供及时反馈，以便他们进行查漏补缺。同时，教师也能从检测结果中了解学生的学习情况，进行针对性习题讲解。课后学生根据本节课的内容将整理的笔记利用"班级小管家"小程序拍照上传，教师后台审阅并批注，帮助学生将知识再次沉淀、回顾，遇到有问题的学生，及时与他进行沟通和指导。

四、总结与反思

（一）教学总结

线上教学在有效性层面肯定会存在一些遗憾，如教学进度、实践学习、合作学习、及时反馈和针对性教学等方面。本课例基于"一三一"教学模式，结合信息化手段，设置"预学"环节推送时政新闻将知识生活化解决实践学习的问题；通过布置任务清单学生分享学习成果达成合作学习；利用学生收集素材进行案例加工设计问题脚本做到问题探究；利用问卷星、"班级小管家"功能，应用于课堂练习、课后反馈中掌握学生练习情况做到针对性教学。

（二）教学反思

❶ 发挥学科优势，营造良好氛围

思政课的性质决定知识源于实践积累，素材源于社会生活、语言严谨而又"接地气儿"。教师可以适当运用幽默的语言以个人魅力带动学生良好的学习心态、引用充满正能量的视频素材弘扬社会正能量，通过创造相对自由的课堂环境抚慰屏幕对面孤独的心灵。

❷ 教学进度讲时效，教学内容有取舍

即使有《教师指导用书》课时安排指导，但教师一定要从学情出发，线上教学不应片面追求教学进度，不应对教材内容"面面俱到"，要关注材料阅读和解读能力的培养，关注审题能力和解题技巧的训练、关注构建知识结构和培养学生综合能力。面对道德与法治学科介入中考学科的巨大压力，教师要着力回归教材，研磨真题、精讲精练、当堂反馈。

❸ 互动方式要多样，监督方式要合理

教师要在思想上引导学生不敢放松、不能放松、不愿放松，给学生提供充分的表达机会，通过聊天界面、语音功能、投票小程序等进行多种互动。在交流过程中教师一定要认真倾听、及时记录、客观评价，对表达偏颇的内容要及时纠正。

教师可以通过多种方式进行点名监督工作，如抽查学号、男女分别提问等，提前设计提问名单，针对不同学生的情况对应适合的问题，即使是学有所困的学生也应提供表达和展示的机会，提升学生的自信心和积极性，以点带面保障每节课学生的参与度和教学的针对性。

基于"一三一"教学模式的线上教学力求能够更好地发挥其学习作用，为今后线上教学提供一定的指导，让学生的学习不再局限于校园，提升学生的学习能力，适应时代的发展。

【作者简介】

李佩蓉，天津市滨海新区天津师范大学滨海附属学校初中道德与法治教师。天津市优秀共青团干部，由天津市教委选派参加教育部国培计划。多篇课例荣获市级、区级奖项，多次参与区级教学展示与经验交流。

马立江，天津市滨海新区教师发展中心初中道德与法治学科教研员，市级优秀教师。

常年从事一线学科教研组织和指导工作，先后指导多名教师获得部级和市级优课，多次承担市级教研任务和专题讲座，多篇论文获得国家级、市级奖项、两篇论文在国家核心期刊发表，自主承担和参与多项市级课题。

-------------------------------- 案例点评 --------------------------------

本教学案例《节奏与旋律》选自部编版《道德与法治》七年级下册第七课的第二框题。这是教师在线上教学实践中，为学生呈现的一节精彩线上教学展示课。亮点如下：

第一，着眼立德树人，把握成长的旋律，做线上教学的有心人。本课以学生关注的"北京冬奥"为题材背景，从很多人心中的英雄——武大靖和他的队友决战奥运赛场来作为教学切入，着眼现实、贴近生活，不仅题材新颖易于吸引学生的注意力，更能够引发学生心理共鸣。这不仅是在落实教学内容，更是在进行爱国主义教育。水乳融合，于无声之处润品格、树情怀，切实做到了从真实的社会情境角度进行道德教育，强化了学生的道德体验，助力学生的健康成长。

第二，用心落实"一三一"教学模式，在线上教学中做课改的细心人。"一三一"教学模式是我校推广的教学改革课题，本节课通过预学、研学、展学、验学等环节有效体现了坚持问题导向、引领学生思维发展和实现情感培养的教学目的。教学节奏舒张有度，目标定位准确，重难点落实有效，是落实"一三一"教学模式的成功范例。

第三，精心进行教学设计，关注线上沟通的实效性。线上教学使线下教学中师生零距离变成了隔着时空相见，所以教师从学生的实际需求出发，不回避问题和矛盾，为保证教学的实效性做了大量的工作。课前调查做到教学设计心中有数，挑选"北京冬奥"为背景，节选不同角度情境，有机融入了教学内容体现了思政课的时代性和思想性。辅助工具的选择具有现实的可参考性，无论是课件设计，还是选用的"问卷星""微信小程序——班级小管家"、腾讯会议等都切实考虑了线上教学中学生学习的便利性，增加了线上教学师生间的互动，也起到了及时强化认知的效果，尽管线上教学结束了，但师生互动依旧在延续。

第四，限于线上教学的各种不利因素，教师放缓了教学进度，未完成本框题的全部教学内容，从教学的整体性角度而言具有一定的欠缺。同时，思维导图的呈现也因此而不完整，这或许是不完美的。但是，线上教学毕竟是一个新事物，需要教师在实践中探索，在探索中完善。从缓解学生线上学习的焦躁心理出发，适度放缓教学进度也是必要的。所以，本教学案例的不完美恰恰也启示每位教师——因时制宜、因材施教，教学探索具有更大的人文价值。

【指导教师】

付宏丽，天津市滨海新区天津师范大学滨海附属学校初中道德与法治教师，中学高级教师，长期从事初高中思想政治课教学工作，具有丰富的一线教学工作经验。

运用现代信息技术进行线上教学案例
——以"弘扬中国精神 凝聚中国力量"课程为例

王会云

一、案例背景

为深化实施国家信息化发展战略，落实《天津市教育信息化"十四五"规划》要求，适应疫情的现实需要，"互联网＋教育"成为一种新的教学模式应运而生。如何全面推进新时代教育信息化发展，建设数字化课堂，扎实稳步开展线上教学工作，充分发挥在线教育的优势，已成为广大教师共同关注的问题。

作为一名思政课教师，笔者以 101 教育 PPT、"小鹅云课"腾讯应用扩展、QQ 群作业布置与处理等技术为载体，坚持立德树人与弘扬社会主义核心价值观为导向，结合当前线上教学的实际，设计了本教学案例。旨在以课本为依托，以抗疫素材为切入点，以在线教学的形式，为孩子们打造一席爱国主义教育盛宴，增强他们的责任感和使命感，激发他们的爱国热情，引导他们与时代楷模为伍，为实现伟大的中国梦而努力奋斗。

二、教学设计

（一）教学内容分析

本案例是一篇复习课，依据道德与法治九年级上册第五课第二框"凝聚价值追求"和第八课第二框"共圆中国梦"，结合抗疫社会热点展开教学。旨在结合所学知识和社会热点问题，引导学生进行活动探究，让学生认识到中华民族精神的重大意义，从而引导学生以实际行动弘扬民族精神，践行社会主义核心价值观，为实现中华民族伟大复兴而奋斗。

（二）学情分析

教师进行线上教学，对学生的学习状态无法完全掌控，学生长时间的利用电子产品网上学习很容易疲劳倦怠，因此如何利用现代化的教学手段激趣导学显得尤为重要。学生现有的通讯工具和技术水平有限，应以容易操作为主，不宜追求形式而忽略时效。材料选择、事例的选取应贴近学生生活的热点问题，重在借助实事引导学生树立家国情怀、责任担当，真正实现思政课的育人目的。

（三）核心素养目标

通过观看"中国共产党的百年光辉历程"视频和思考探究活动，引导学生感受到伟大的中国共产党领导中国人民艰苦卓绝的奋斗历程，感受到伟大的中国精神和中国力量，指导学生在学习和生活中弘扬中国精神、凝聚中国力量。

通过观看"抗疫有我"视频和问题探究活动，使学生感受到抗疫英雄们高尚情怀，感受中国精神的伟大，感受到各民族大团结的恢宏伟力，培养学生的家国情怀和责任意识，引导他们以时代楷模为伍，自觉奉献社会。

通过观看"共圆中国梦"视频和问题探究，培养学生树立"四个自信"，努力践行社会主义核心价值观，弘扬民族精神、凝聚中国力量，为现代化建设贡献力量。

（四）教学重难点

重点：明确中国精神和中国力量的内涵，认识到新时代弘扬民族精神践行社会主义核心价值观的重要意义，懂得自己的责任与担当。

难点：引导学生以实际行动高扬民族精神，践行社会主义核心价值观，学以致用、导之以行。

（五）课前准备

教师准备：在101教育PPT的资源库中，下载与教学内容有关的课件，在此基础上进一步完善；在腾讯会议添加"小鹅云课"应用扩展，将应用链接分享给学生，指导学生将"小鹅云课"添加到腾讯会议里，用新颖的技术手段激发学生的学习兴趣；设计随堂练习试题，以便在授课时上传使用。

学生准备：在教师的指导下安装相关链接和软件，熟悉课件中软件的使用方法；预习教材内容，熟悉相关知识要点；搜集在抗疫中涌现的感人事例，以备课上与同学交流分享等。

三、教学过程与实施方法

（一）创设情境　激情导入

新型冠状病毒席卷中国大地以来，我国政府投入了大量的人力物力，全国人民众志成城、并肩作战，以顽强的斗志投入到这场没有硝烟的战争之中，让人们见证了中国政府超强的执政能力、中国人民高度的上下团结和"最美逆行者"们崇高的奉献精神，感受到中国精神和中国力量的伟大磅礴，令每一位中华儿女为之骄傲和振奋。在亲身经历的抗疫过程中，你感受到怎样的中国精神和中国力量，在新时代如何弘扬中国精神、凝聚中国力量呢？今天我们就一起分享吧！通过激趣导学，从他们熟知的事例说起，引导学生很快融入到课堂中来。

（二）教学过程

【活动一】回顾中国共产党的百年光辉历程，感受中国精神。

❶ 教师播放视频 党的百年光辉历程

教师提问：利用 101 教育 PPT 中的"互动工具"功能，以随机抽签的形式点名回答问题，使提问的过程富有悬念，学生更感兴趣。然后，对积极互动、勇于发言的同学给予奖励，使学生获得成就感。

视频中你看到了中国发生了怎样的变化？

你感受到怎样的中国精神？

❷ 学生思考回答

在中国共产党的领导下，中国不断发展富强、人民生活水平不断提高，中华民族迎来了由站起来、富起来到强起来的伟大飞跃。中国精神表现为以爱国主义为核心的民族精神，以改革创新为核心的时代精神。通过此活动，让学生更加热爱中国共产党，为生活在伟大的祖国、伟大的时代而无比自豪。

❸ 设计意图

通过观看视频，使学生直观地感受到伟大的中国共产党领导中国人民艰苦卓绝的奋斗历程，感受到伟大的中国精神和中国力量，引导学生在学习和生活中弘扬中国精神，凝聚中国力量。另外，以比较新颖的抽签提问的方式代替陈旧的点名，更能体现公平性，让每一个学生都全身心地投入到探究思考之中。

4. 效果与亮点分析

以视频的方式和学生比较熟悉的历史资料引出问题，能够集中学生的注意力，降低问题难度，引导学生积极主动地参与课堂互动。以抽签点名的方式提问，使每一个人回答问题的机会均等，既能吸引所有学生积极参与问题讨论，又激发了他们的学习兴趣，收效显著。

【活动二】在抗疫斗争中锤炼中国精神

❶ 教师播放视频：抗疫有我

教师提问：利用 101 教育 PPT 中的"互动工具"功能，采取接龙的形式，随机点名提问，并对表现优秀的同学给予奖励。提问形式新颖，视频激动人心，有效营造了网课生动活泼的气氛。

视频中，你感受到中国人民身上具有怎样的伟大精神？你还能举例说明吗？

❷ 学生回答

通过接龙的方式，学生积极踊跃发言，概括出中国人民具有伟大创造精神、伟大奋斗精神、伟大团结精神、伟大梦想精神。所列举的事例从无私奉献、不畏生死的白衣天使，到昼夜奋战在火神山和雷神山的建筑工人；从不辞辛苦坚守岗位的人民警察，到保家卫国的解放军战士；从默默无闻的清洁工人，到小区里忙碌的物业工作者……所举事例鲜活感人。列举学生所熟知的事例，有效调动了学生的学习积极性，使网课教学一样富有生机。

❸ 教师举例

教师结合图片中的人物和事例，进一步解释说明，引导学生升华爱国情感，决心以英雄为伍，争做时代好少年。在展示火神山、雷神山时，重点突出中国速度；在介绍钟南山院士的事例时，重点突出他的敬业精神；在介绍外卖小哥汪勇的事例时，利用 101 教育 PPT 工具栏中的"画笔"，对文字进行重点勾画；在介绍各地医疗队不顾安危支援疫情时，利用工具栏中的"聚光灯"，放大字体和图片，使其更加清楚地展现在同学面前。新颖的形式除了给学生带来视觉享受以外，还吸引了学生的注意力，克服了网课学生容易精神涣散的弊端。

❹ 设计意图

通过观看视频，使学生直观地感受到抗疫英雄们高尚情怀，感受中国精神的伟大，感受到各民族大团结的恢宏伟力，引导学生树立家国情怀、明确责任担当，决心实现中华民族的伟大复兴而奋斗。另外，再次变换提问方式，以随机抽取接龙回答的形式，增强课堂的实效性与趣味性。

❺ 效果与亮点分析

以视频的方式引导学生对中国人民伟大精神的赞美，真实而又生动；以随接龙的方式回答问题，紧张又不乏趣味、激烈又不失有序，让学生在玩中学，寓教于乐；画笔勾画、聚光灯的使用，又使材料重点突出、清晰可见，学生耳目一新，效果很好。

【活动三】弘扬中国精神，凝心聚力共圆中国梦。

❶ 教师播放视频：共圆中国梦

教师提问：利用 101 教育 PPT 中的"互动工具"功能，采用分组设置的方式，将全班同学分成五个小组，采用小组竞答的方式提问。这样培养了他们的团队意识，激发了学生的参与热情，活跃了课堂气氛。之后对优秀小组给予表扬，对组中的成员进行点评，指出存在的问题，鼓励改进。

通过观看视频，结合当前疫情，你认为我们应该如何实现伟大的中国梦？为此你应当怎样做？

❷ 学生回答

实现中国梦，必须在党的领导下走中国道路，弘扬中国精神，凝聚中国力量。疫情当前，我们青少年必须坚持党的领导，树立"四个自信"，发扬艰苦奋斗、实干和创新精神，为实现中华民族伟大复兴的中国梦而奋斗。

❸ 设计意图

通过观看视频，尤其是习主席振奋人心的讲话，让学生坚定信念，树立"四个自信"。结合当前严峻的疫情形势，引导学生积极加入全民抗疫的洪流中来，以实际行动践行社会主义核心价值观，为国家的现代化建设贡献力量。

❹ 效果与亮点分析

视频播放原声讲话，鼓舞学生振奋精神、树立自信；采取小组竞赛的形式引导学生畅所欲言、各抒己见，极大地调动了学生的探究热情，提高了课堂的实效性。教师的评价除了奖励性评价，还指出某些学生存在的不足和改进措施，有利于帮助学生进步。

【活动四】随堂训练

❶ 教师分享课堂练习

利用"抢答"功能组织练习。教师点击 101 教育 PPT 工具栏中的"返回桌面"按钮，回到腾讯会议界面，屏幕共享练习题。进入"小鹅云课"拓展应用，点击"抢答"按钮，设置题目选项、答题时间和正确答案。发布后可实时看到学生的答题情况，对表现优秀的学生给予表扬。

❷ 学生抢答

积极参与抢答，点击提交答案，关注教师总结评价。抢答环节，吸引了更多的学生参与其中，极大地调动了他们的学习热情，收到了网课意想不到的效果。

❸ 设计意图

通过抢答，引导学生用所学知识解决实际问题，既巩固知识、提升能力，又调动了学生的学习积极性。通过分享的时事热点培养学生的爱国情怀、责任担当，很好地实现了思政课的育人功能。

❹ 效果与亮点分析

使用"抢答"功能，进行个性化激励，提高学生的互动积极性，激发学生的探究参与热情。既有利于知识的掌握、情感的升华，又激趣导学，收效显著。

（三）布置作业

❶ 教师布置作业

老师在班级 QQ 群里布置开放性作业，要求学生以图片的方式上传。教师逐一批阅，指出缺点和不足，或写出激励性评语。对于不能及时上交作业的同学，可通过"提醒他们"一键发送，督促他们抓紧提交。结合"双减"政策要求，针对不同的同学布置差异性作业，必答与选做相结合，笔答与实践相结合，培养他们的创新精神和实践能力。

写作练习　请以新冠疫情为背景写一篇以爱国主义为主题的心得体会，不少于 400字（必答题）。

力行作业　上好网课，为抗疫做一些力所能及的贡献，并与同学分享你的收获（选做题）。

❷ **学生完成作业**

学生通过学习本课，结合现实生活体验，写一篇心得体会，以图片的形式上传。根据自己的精力和能力，选择完成力行作业，以实际行动为抗疫做贡献。

❸ **设计意图**

通过完成写作和实践作业，引导学生领会中国精神和中国力量的内涵，提高他们的道德修养和精神境界，引导他们为国分忧、勇担重任，肩负起实现中华民族伟大复兴的历史重任。

❹ **效果与亮点分析**

从学生熟知的新冠疫情入手，将社会热点问题与所学知识有机结合，在潜移默化中升华学生的爱国情感，明确价值取向和责任担当。作业设有必做和选做，在实现减负增效的同时，促进学生全面发展，切实发挥思政课德育主阵地的作用。

四、总结与反思

（一）案例总结

通过采用先进的媒体技术、丰富多样的活动形式，学生的参与热情很高，极大地发挥了他们的主观能动性，激发了他们的探究兴趣。引用疫情中的典型案例，引导学生向模范人物学习，爱党、爱国、爱社会主义，明确责任与担当，实现了立德树人的根本目的。活动中引导学生根据自己的生活认知组织答案，真正发挥了他们的主体地位，形成了民主、和谐、宽松的学习氛围。作业设计符合"双减"政策的要求，引导学生提升道德水平、明确历史责任、践行社会主义核心价值观，培养他们的创新精神和实践能力。

但有的学生没能很好地掌握软件技术，不能有效融入教学，这一点需要教师课下对他们进行一对一辅导，才能做到面向全体，一个都不能少。

（二）教学反思

本课教学以新技术手段为载体，将要闻热点与学生实际有机结合，既丰富了教学资源，活跃了课堂气氛，又实现了思政课的育人功能，收到很好地教学效果。从中笔者深刻认识到，作为思政课教师，不仅要落实立德树人根本任务，还要与时俱进、开拓创新，紧跟时代步伐，积极学习现代化的媒体技术，以现代化的思想武装自己，才能适应新时代的发展。

反思教学，不足之处主要在于教师运用媒体技术还不够熟练，功能的运用基本上停留在较肤浅的层面上，在这方面还需要进一步深入研究。

【作者介绍】

王会云，天津市宝坻区第十一中学，道德与法治教师，从事本学科教学工作 26 年，善于学习、勇于创新，认真钻研现代化的教学技术，与时俱进、紧跟时代步伐，业务精湛，教学业绩显著。

-------------------------------- 案例点评 --------------------------------

抗击新冠肺炎疫情背景下的九年级道德与法治教学，与往年相比，既面临新中考改革，又与本届学生连续两年的疫情干扰相伴，显得时间紧任务重。如何在线上教学中提高中考复习教学效率是摆在每一位教师面前的首要课题。老师的线上教学案例，以新课程标准为指导，以学科核心素养培育为目标，遵从学科教学理念，从学情到教法，从设计到实施，从技术应用到效果追求，都做了比较好的探索与实践。特别是能很好地体现学科理论与实践相结合、坚持与时俱进的要求，将学科高扬民族精神、弘扬民族精神的核心素养内容与疫情下的真实生活紧密结合，在教学上引导学生理解、感受、体验中国精神，很好地落实了情感态度价值观目标。

就线上教学效果而言，农村中小学教师受硬件设施、技术水平的制约，使线上教学效果、教学质量存在不尽满意的情况和问题，其中不能实现有效互动是大家共同面临的焦点问题。面对线上教学的互动难题，老师在技术层面努力学习和探索，应用了"101教育PPT""腾讯会议小鹅云课"等软件的互动功能，极大地调动了学生参与线上教学的积极性主动性，使线上教学很好地实现了"面对面""点对点""面向全体"等优势，收到了很好的教学效果。

信息化背景下，"互联网+教育"已经成为教育改革发展的重要内容。线上教学，秉持科学的教育教学理念，应用现代信息技术手段，不仅是作为疫情下完成教育教学任务的重要形式，也成为教育发展的一种新常态。老师的线上教学案例，是一次有益的探索，值得进一步推广和学习。

宝坻区教师发展中心 杨春国

【指导教师】

杨春国，天津市宝坻区教师发展中心道法教研员，从事教研工作几十年如一日，德高望重，深得全区道法老师们的钦佩与爱戴。在工作上他始终是兢兢业业、刻苦钻研，为我区的道法教学工作做出了重大贡献。

语文
01

数学
02

英语
03

道德与法治
04

历史
05

地理
06

物理
07

化学
08

生物学
09

科学
10

信息技术
11

音乐
12

体育与健康
13

综合实践活动
14

5 天津市中小学优秀线上
教学教研案例集 历史

"教学评一体化"闭环管理式线上教学案例
——以《经济体制改革——"家庭联产承包责任制"》为例

常萍

一、案例背景

国务院印发的《"十四五"国家信息化规划》指出，"十四五"时期，信息化进入加快数字化发展、建设数字中国的新阶段。《义务教育历史课程标准（2022年版）》提出"随着现代信息技术与历史教学的深度融合，教师要积极探索线上教学的模式，并将线上教学与线下教学有机结合。"在知识传播应用多元化和智能化的时代背景下，如何应用新技术、新模式，提高线上教学效率，发挥线上教学优势，将"教学评有机结合"，达成教育教学全周期、全流程的升级和优化，是当前亟须解决的课题。本案例结合对线上教学特点的分析，以人教版中国历史八年级下册《经济体制改革——家庭联产承包责任制》为例，阐述"教学评一体化"闭环管理的线上教学模式的具体实践。

二、教学设计

（一）教学内容分析

《经济体制改革》一课是《中国历史》八年级下册《第三单元 中国特色社会主义道路》的第8课，上承《第7课 伟大的历史转折》，下启《第9课 对外开放》，本课是社会主义现代化建设新时期关键的一课，是对《第7课 伟大的历史转折》"改革开放"的历史性决策中推进"改革"的具体阐述，本课与《第9课 对外开放》一起，勾勒出"推进改革开放和中国特色社会主义事业"的宏阔画面，成为近代以来实现中华民族伟大复兴的里程碑之一。

（二）学情分析

八年级学生经过前一部分的学习，对新中国成立后经济建设有了一定的理解，并开始学会正确评价历史事件。本课涉及诸多专有名词，如，"经济体制""人民公社体制""家庭联产承包"等专有名词比较抽象，对于八年级的学生而言理解起来比较困难。因此在本节课的线上教学中要借助腾讯会议互动平台、小程序投票等技术支持突破重难点，既要用通俗易通的语言解释和总结专有名词，还要通过史料列举实例，引起学生兴趣，加深学生对问题的理解，调动学生学习积极性。

（三）教学目标

❶ 线上展示《平凡的世界》节选，作者讲话等文字史料，学生能够概括农村改革的原因，提取有效历史信息，培养史料实证的核心素养。

❷ 观看"家庭联产承包责任制"视频节选，结合教材第一子目，学生能准确说出改革的地区和措施，理解"人民公社体制、家庭联产承包责任制"的含义，认识生产关系一定要适应生产力的发展，渗透唯物史观。

❸ 结合课后活动2（改革开放后农村居民收入变化），阅读《平凡的世界》节选，概括改革带来的影响，能够认识改革对中国发展的重大意义，逐步确立为祖国社会主义现代化建设做贡献的人生理想，涵养家国情怀。

（四）教学重难点

重点：家庭联产承包责任制的原因、措施和意义。

难点：家庭联产承包责任制的含义，理解生产关系一定要适应生产力发展的基本原则。

（五）课前准备

针对"经济体制改革——家庭联产承包责任制"这个主题，本案例精心设计和构思线上教学内容，将教师的语言讲解内容转化为丰富的文字、图片、音像等媒体内容，使学生在不知不觉中置身于可视化的情景，被丰富多彩的史料内容所吸引，通过观看史料内容和思考历史问题，获得知识、发展思维、提升素养。

【文献史料】

邓小平讲话、凤阳花鼓词。

【相关作品】

《平凡的世界》节选

【影音资料】

《改革开放 40 年：中国经济"逆袭史"》视频节选，"家庭联产承包责任制"讲解视频。

【工具准备】

❶ 硬件：采用网络教学的方式，确保笔记本电量充足，课堂网络畅通。

❷ 软件：选择腾讯会议进行直播教学，课堂实施过程中，利用腾讯会议的聊天、分组讨论、开麦抢答等功能，充分发挥学生的自主探究能力。在过程性评价中，利用腾讯会议投票功能，及时了解学生学习情况，调整教学。结果性评价中，利用 Python 语言开发教学数据收集和评价系统，调用 Seaborn 图形库对学生的教学质量调研成果数字化、图形化，形成小提琴形状的学业成果分布图，为下一步的教研和教学提供依据。

❸ 网站：央视网、"国家中小学智慧教育平台""中学历史教学园地"等。

三、教学过程与实施方法

"教学评一体化"是指教师在充分分析学情、教学内容和教学环境的前提下，在设计层面以目标引领过程，以过程主导教学，以评价驱动反馈目标，在教学运作过程中实现教师、学生、评价三大课程要素的内在统一，并及时根据反馈情况改进目标和教学，实现教学过程的动态优化。本案例将

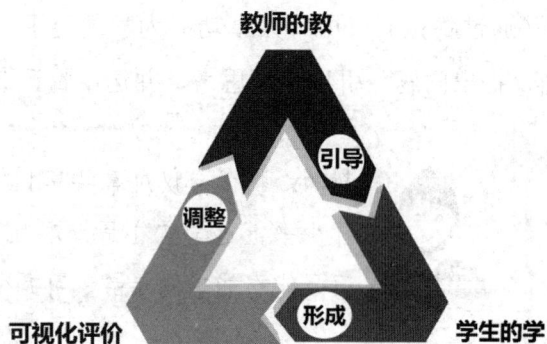

图1 "教学评一体化"的闭环教学流程图

利用线上教学平台资源和智能化软件，尝试以《经济体制改革——家庭联产承包责任制》为例，摸索 "教学评一体化"的线上闭环管理教学模式。（见图1）

（一）导入新课

教师：1978年，十一届三中全会召开，中国共产党做出了改革开放的伟大历史性决策。我国在改革开放以来的40余年间，发生了翻天覆地的变化，让我们通过一段视频节选直观感受。

腾讯会议屏幕共享：《改革开放40年：中国经济"逆袭史"》视频。

学生：通过腾讯会议聊天功能谈感受

学生1：改革像一把钥匙，打开了中国发展的大门。

学生2：中国人民在中国共产党带领下取得了举世瞩目的成就。

教师引导：那么40年前到底发生了什么？使中国由一个经济落后的国家飞速发展？今天我们一起来探究第8课《经济体制改革——家庭联产承包责任制》

【设计意图】

利用丰富的网络资源，调动学生学习兴趣。改革开放40的变化引起学生思考，为什么会有这种变化？为课堂教学的展开做出铺垫。

（二）探究一：改革为什么首先在农村开展？

（通过腾讯会议屏幕共享功能为学生展示《平凡的世界》节选、邓小平讲话等文字材料，提出问题，引导学生思考，并运用腾讯会议聊天功能抢答，强化要点掌握。）

教师：腾讯会议屏幕共享PPT《平凡的世界》节选

孙少平上这学实在是太艰难了。像他这样十七八岁的后生，正是能吃能喝的年龄。可是他每顿饭只能啃两个高粱面馍。

——《平凡的世界》第7页

教师提问：大家知道20世纪70年代我国农村的经济体制是什么吗？

学生：腾讯会议聊天功能线上回答

学生1：应该是1958年开始的人民公社

学生2：《平凡的世界》我读过，在人民公社 "大锅饭" 的体制下，许多像孙玉厚一家这样的辛勤工作的农民，只能与其他懒惰不工作的人拿到同样微薄的公分，连家庭温饱问题不能解决。

教师引导：人民公社体制下，平均主义的分配方式严重挫伤了农民的生产积极性，百姓们过着穷苦的日子。

继续屏幕共享PPT材料："中国有80%的人口住在农村，中国稳定不稳定首先要看这80%稳定不稳定。城市搞得再漂亮，没有农村这一稳定的基础是不行的。"

-- 邓小平

教师提问：通过以上的《平凡的世界》片段和邓小平的讲话，你能否概括改革从农村开始的原因？打开腾讯会议开麦抢答功能，鼓励学生抢答。

学生1：旧的经济体制严重挫伤了农民的生产积极性。

学生2：农村人口多，问题严重，农村问题的解决关系党的统治基础。

教师总结：中国共产党在社会主义探索时期，由于缺乏建设社会主义的经验，进行了人民公社化运动，当时，农民已经不能通过自己的努力吃饱穿暖了，旧的经济体制已经不能适应生产力的发展，改革迫在眉睫。

【设计意图】

学生通过对熟悉的文学作品的解读和材料的研读，明白我国的经济体制改革首先从农村开始的必要性，教师的进一步引导也使学生逐渐认识到生产关系要适应生产力的发展。

（三）探究二：探究安徽凤阳小岗村的改革

（运用腾讯会议共享视频节选"安徽凤阳小岗村签订生死协议"的故事，学生讨论并概述安徽凤阳小岗村改革的前因后果。在教师的引导下理解"家庭联产承包责任制"的含义。运用腾讯会议小程序投票功能，检验学生学习效果）

教师：屏幕共享 PPT 材料，学生通过腾讯会议聊天功能分析凤阳的情况。

凤阳地多不打粮，碰子一住就逃荒。只见凤阳女出嫁，不见新娘进凤阳。

——凤阳花鼓词

学生1：安徽太穷了

学生2：人民公社下农村缺乏生产积极性

教师：屏幕共享"国家中小学智慧教育平台"第八课的讲授视频节选"安徽凤阳小岗村签订生死协议"的故事。教师提问：结合视频，阅读教材，找出安徽凤阳小岗村农业的改革方式是什么？

学生3：包产到户

教师：结合"中学历史教学园地"平台下载并修改的课件，明确"家庭联产承包责任制"的背景、含义，课后将相关资源在班级群进行推送，帮助学生课下巩固提高。

评价过程： 进行完"安徽凤阳小岗村改革"这一问题探究后，利用腾讯会议的投票功能，出示问题：对于"包产到户"的理解，本题正确答案是选项3，有32位同学答对，说明大部分对课上教师的重点讲解理解到位，但还有15个同学选择了选项1这个易混点。（见表1）针对这一数字，教师在下节课的教学中会再次重点强调此知识点，并进行针对性的辅导。

【设计意图】

线上教学的最大优势就是教师可以选取多种媒体资源，文字、课件、视频等。多种线上教学手段的应用可以帮助学生更直观、迅速地掌握知识，提高课堂效率。生动形象的历史资料帮助学生理解生产关系一定要适应生产力发展需要的基本原则，学会分析历史问题。

课堂上的测试和问答，因为大家在一个班级，同学们的答案是相互干扰或影响的，这是"耦合性"。而线上"一对一"的天然的并行机制可以同时使教师对所有人进行解耦的考察，更精准地了解学生，调整教学，由此形成"教—学—评"的闭环。

表 1 小程序投票辅助调整教学计划

安徽凤阳小岗村的"包产到户"		
选项	票数	比例
1. 改变了土地所有制现状	15 票	30%
2. 增强了企业经营活力	1 票	2%
3. 调动了农民生产积极性	32 票	64%
4. 削弱了农业生产能力	2 票	4%

（四）探究三：探究家庭联产承包责任制实行的作用

（运用腾讯会议共享屏幕 PPT 滚动小岗村变化文字材料，出示两则材料，学生分组讨论家庭联产承包责任制的作用。布置实践拓展类作业，检验学生学习效果，形成教学闭环。）

PPT 滚动文字：1979 年小岗村迎来大丰收，一举结束 20 多年吃国家救济粮的历史，并首次归还国家贷款 800 元。此后，小岗村的创举犹如星星之火迅速燎原，成为全国农村改革的先锋。在中央的支持和倡导下，家庭联产承包责任制逐步在全国推开，到1983 年，已基本在全国农村普遍实行。那么，家庭联产承包责任制取得了怎样的效果呢？请同学们结合材料和课本内容分析。

出示两则材料

材料一：课后活动 2 表格（见表 2）

表 2 我国农村居民收入变化

年份	农业总产值（亿元）	农村居民人均可支配收入（元）
1978 年	1397	133.6
1990 年	7662.1	686.3
2000 年	24915.8	2253.4
2017 年	109331.7	13432.4

材料二：孙少安走马上任，当了乡砖瓦厂厂长……在河南师傅的帮助下，他大刀阔斧改变了这个濒临倒闭的企业，生产很快走上了正轨。即使最保守的估计，这个砖瓦厂不出一个季度就要开始盈利。 ——《平凡的世界》

教师利用腾讯会议的分组讨论功能，给六个学习小组的同学留出 1 分钟的讨论时间，并汇总讨论成果。

成果 1：激发了农民的劳动热情，解放了农村生产力，促进了农业生产和农民收入的提高。

成果 2：人民公社体制下的黑面馍馍和家庭联产承包责任制使农民走上致富道路形成了鲜明对比。

教师小结：坚持土地集体所有权不变，稳定和扩大土地承包权，完善和放活土地经营权。由此，农业经营者能够心无旁骛地从事生产，农业经营的生产效率就会越来越高，与农业农村现代化的距离也就越来越近。这不仅解决了中国粮食短缺问题、温饱问题，而且为此后的更深层的改革和开放开辟了新的可能。

评价过程：教师为本探究问题的评价设置了实践拓展性作业。"搜集家乡家庭联产承包责任制改革前后变化的小故事、口述史或老照片"，利用居家学习的便利条件，祖辈生活在农村的同学采取了采访祖辈的方式，形成了口述史记录；没有农村生活经历的同学通过上网查找改革故事、观看改革视频或继续阅读《平凡的世界》等文学作品了解这段历史，并在下节课为同学们进行线上展示。

【设计意图】

学习的本质是生活，家庭联产承包责任制距离学生年代久远，很难切身体会。实践拓展性作业的设计让学生在真实情境中运用所学知识分析实际问题，发挥主体作用，在实践中内化"历史解释"，认识到"穷则思变"，改革开放是使我国社会主义事业繁荣昌盛的强国之路，涵养家国情怀。

通过作业的完成和展示过程，教师了解了教学计划的达成程度和学生在教学中的表现，构成对阶段性教学过程的评价，为下一步教学提供依据。

（五）结果性评价

利用 Python 语言构建实时数据收集和分析平台，自动抓取学生的回答结果和回答时间并进行分析。依托在线环境，教师可以获取线下教学无法获得的时间维度信息，这给教师评价学生综合能力提供了更多的依据。

例如需要学生发挥思辨精神学习的"家庭联产承包责任制"的作用，教师鼓励学生思考、深入理解后作答，而非死记硬背答案，理想回答时间应接近正态分布。对呈正偏态分布的班级，应考虑优化引导学生的学习方式，加强培养思辨能力。

同时，利用基于开源算法的自研数据可视化工具，可以对学生的教学质量调研成果数字化、图形化，形成类似小提琴形状的学业成果分布图，提高学生综合能力的可量化性和教学过程的可参比性。

在以下的小提琴图中（见图 2），虚线代表学习完成《经济体制改革——家庭联产承包责任制》这一知识点的调研成果，教师发现各个班级在 A 段的学生偏少，证明学业基础较好的学生并没有在调研中体现优势，经备课组反思，本课的教学存在片面追求教师讲授，课上淡化了与学生的互动，学生对知识的理解较为困难，从而导致学生掌握情况不够理想。在之后的历史教学中，历史备课组加强教研，为基础较好、学习能力较强的学生"加料"，每节课提供一两个史料，着重锻炼他们的史料分析能力，提升历史理解能力，培养核心素养，这一努力在第二次调研当中看到了成效。

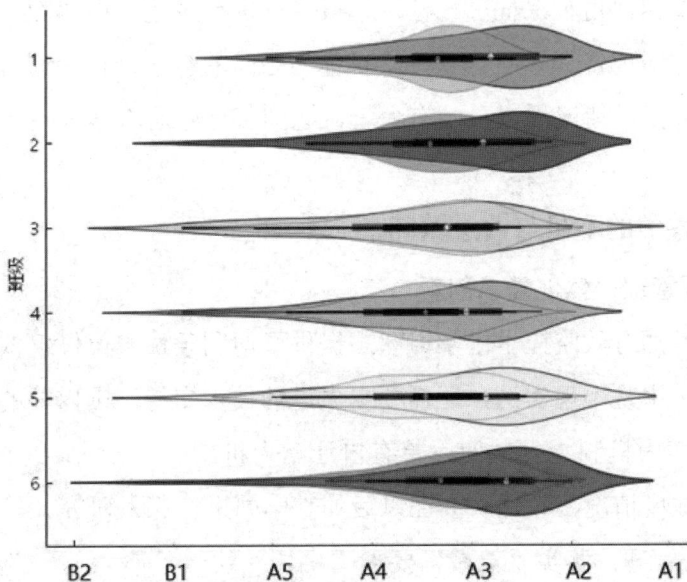

图 2 基于开源算法的自研数据可视化工具

【设计意图】
教学过程综合评价模型与可视化系统为教学质量的调研提供依据，它能通过小提琴图反映教学过程中教师对教学计划的达成程度和学生在教学中的表现，例如学生的学习积极性和学习效果，构成对整个教学过程的总体评价，为接下来的教研提供依据。

四、线上教学的反思

（一）线上教学的成效

❶ 实现闭环管理，提高教学效率

经过一学期的实践探索，教师在以上线上教学的三个环节中，教学计划的制订有据可依，教学过程的构建多元互动，教学评价的展开科学有效。在一轮教学计划完成后，教师可以根据评价反馈结果，调整新一轮的教学计划，以此形成了"教学评一体化"的闭环教学体系，使整个教学体系体现了效能性和智能化。

❷ 落实核心素养，体现学科特色

2022年新版历史课程标准标力求使课程目标结合本课程的性质、理念及课程的基本内容，从核心素养视角对课程总目标及学段目标进行表述。而"教学评一体化"的闭环管理模式，同样体现目标导向。以教学目标为导向的教学过程和评价过程紧紧围绕历史学科核心素养展开，让课程"目中有人"，达到了良好的教学效果。

（二）线上教学的不足与改进策略

❶ 加强过程管理，体现技术创新

网络教学为教师有效监控学生学习状态提供了便利条件，但仅仅依靠人力的监控在线上教学实施过程中是不现实的，还需要更先进的技术支持。国内外的研究开始关注线上教学的学生注意力机制，尝试使用带有自注意力机制的 DenseNet 深度神经网络来检测学生的学习专注度情况，教师将会在以后的教学中进行深入研究。

❷ 创新作业管理，落实"双减"要求

本学期的"教学评一体化"线上教学管理模式的探索在作业的布置还存在作业形式单一、管理平台死板等问题。在接下来的探索中，本案例将会探索多种形式的作业布置方式，创新课前预习作业、课堂互动作业和课后复习作业，丰富作业形式，创新作业管理，切实做到减负增效。

以上是本案例的全部设计环节，在今后线上线下教学随时切换的常态化形势下，"教—学—评"一体化的教学模式，多媒体教学和评价手段的应用，将成为优化课堂教学，落实"双减"要求，提升学生核心素养的重要抓手。教师将以此为契机，进行更为深入的探索，力求在形势多变的教学情境中提升课堂效率，优化教学效果。

【作者简介】

常萍，天津市河东区太阳城学校初中历史教师，历史学科组长，河东区历史学科骨干教师，多篇论文获得教育学会市区级奖项。

-------------------------------- 案例点评 --------------------------------

本案例的突出特点是"教师心中有学生、教学评价有方法"。

❶ 教师心中有学生

本案例在线上教学授课现场没有学生，教师隔着屏幕与学生对话。没有学生的教学现场更能考验教师心中是否有学生。可贵的是，本案例教师善于开发和使用线上教学功能，让学生在课堂中从沉默走向活跃。教师灵活运用腾讯会议功能于教学的各个环节，引导学生参与到教学的全过程。如，视频直播《改革开放 40 年：中国经济"逆袭史"》，利用网络资源，激发学生学习历史的兴趣，启发学生对改革开放 40 的变化进行历史的思考；通过腾讯会议聊天功能让学生谈改革开放的感受；教师精心选取与教学主题紧密相关的史料，包括视频、文学作品等多种教学资源，支持学科教学，如，呈现的"安徽凤阳小岗村签订生死协议"的视频资料，既是教学内容的延伸，更是教学内涵的增强，拉近了历史知识与学生之间的距离，加深学生的历史理解，丰富学生的情感体验。教师通过创设问题情境，引导学生自主探索学习，运用腾讯会议聊天、分组讨论、开麦抢答等功能，激发学生学习的热情，还使学生产生线下学习的体验，做到全面互动。教师坚持"学生中心"的教学立场，通过线上教学活动的设计与信息技术相结合，使线上教学发挥出学生的主体性。

❷ 教学评价有方法

本案例教师鼓励学生利用网络平台进行学习交流，利用腾讯会议开麦抢答、小程序投票等功能，及时检验并反馈学生的学习效果。如在"安徽凤阳小岗村改革"环节，利用腾讯会议的投票功能进行课堂测试，检测学生对"包产到户"的理解，使教师在短时间内精准了解学生的学习情况，并针对结果反馈数据，对学生进行有针对性的引导。教师通过网络，对学生的学习过程和学习结果进行动态的、实时的监控与评价，及时对学生进行指导。如，学生分组讨论家庭联产承包责任制的作用。教师让学生"搜集家乡家庭联产承包责任制改革前后变化的小故事、口述史或老照片"；利用 Python 语言构建实时数据收集和分析平台，自动抓取学生的回答结果和回答时间并进行分析。利用基于 Python 的 Seaborn 图形库，对学生的教学质量调研成果数字化、图形化，形成类似小提琴形状的学业成果分布图，提高学生综合能力的可量化性和教学过程的可参比性。本案例教师将教学评有机结合，运用现代信息技术进行教学评价，突破了传统评价模式，评价数据精准、评价反馈及时，从而使评价更具即时性、互动性、针对性、指导性。

总体而言，本案例为历史课的线上教学与评价提供了有价值可参考的范例样本。

【指导教师】

胡红梅，天津市河东区教师发展中心历史教研员。

"自主＋探究"教学模式与线上教学的有效融合实践
——以《外交事业的发展》为例

袁冬雪

一、案例背景

（一）基于国家教育发展的需要

随着新课程改革的不断深入，"互联网＋教育"的不断推进，新的形势下给历史教师带来了新的任务。2019年6月23日中共中央、国务院印发《关于深化教育教学改革全面提高义务教育质量的意见》。文件指出，"促进信息技术与教育教学融合应用。推进教育＋互联网发展，按照服务教师教学、服务学生学习、服务学校管理的要求，建立覆盖义务教育各年级各学科的数字教育资源体系。加快数字校园建设，积极探索基于互联网的教学。"因此，线上教学的开发成为师生完成课程任务的新途径。

（二）结合教学实践探索的经验

"自主＋探究"的教学模式，其理论基础来源于皮亚杰和布鲁纳的建构主义理论。在自主探究理念下问题驱动课堂教学中，无论是课前、课中还是课后，都围绕学生学习情况展开，教师的任务则是帮助学生建构并不断完善自己的知识结构，整堂课是以学生问题开始，以"问题驱动"学习，并以学生在解决问题中不断产生的新问题来推动课堂发展。课堂案例实践表明，线上教学中运用"自主＋探究"理念能有效发挥学生在线上课堂的主体地位，激发线上课堂活力，使学生真正成为学习的主人。

二、教学设计

（一）教学内容分析

本课属于八年级下册第五单元国防建设与外交成就中的第三课，本单元涉及的两大主题——即"国防建设"以及"外交成就"。这两大主题是并列关系，即：伴随着新中国成立以来，我国内外各方面都取得了重大突破。本课位置属于本单元的结尾课，讲述了新中国自六七十年代以来到今天的外交事业发展的典型代表事件。本课通过三个子目较为完整的勾勒了我国外交发展和未来走向，从中领略了著名外交家的风采，深刻感悟中国反对霸权主义，为世界和平与发展做出的贡献。

（二）学情分析

线上教学与线下教学有着本质区别，高效线上教学的前提是要求教师提前把握学情。因此，在进行本次线上新授课之前，教师利用"问卷星"软件从知识基础、认知水平和学习兴趣三个方面进行了学情调查，具体如下：

知识基础：学生对中国近代史的学习已有半个学期积累，有一定知识基础；

认知水平：初中二年级学生的辩证性思维和批判性思维均有所发展，能够阅读一定难度的材料；

学习兴趣：本课是中国外交事业，学生虽不甚熟悉，但相关史实在新闻和生活中常常提到，能够联系学生生活实际，激发学生的学习兴趣，引起学生共鸣。

（三）教学目标

❶ 利用网络平台，运用思维导图，自主构建本课基础知识体系，掌握基本史实；

❷ 通过《时代周刊》封面图片探究，创设历史情境，理解中国外交情况，增强学生对历史的感知与理解，拓宽历史视角，提升历史解释能力；

❸ 通过微课视频，实现道法与历史学科联结，拓宽历史视角，坚定文化自信；

❹ 通过时间轴梳理历史大事记，落实时空观念，认识历史现象的发生是符合其特定历史时空背景和趋势的，养成正确历史观；

❺ 深入挖掘核心问题，理解中国外交发展，深刻感悟国家利益神圣不可侵犯的爱

国情怀。

（四）教学重难点

教学重点：了解中美建交的史实。

教学难点：理解我国独立自主的和平外交理念。

（五）课前准备

❶ 教法学法

教师通过讲述法、直观演示法、情景教学法等方式，积极引导学生参与课堂、适时点播学生的课堂生成；学生通过自主学习、探究讨论、材料研读等方式完成课程学习。充分体现教师的主导作用和学生的主体地位。

❷ 线上平台和软件选择

线上平台：当前线上教学平台有很多，如微信群、腾讯会议、QQ群、钉钉软件等等。我选择了钉钉软件，一方面，因为它能够实现教学资源的永久保留，学生能随时查收教师发布的历史消息和文档；另一方面，较于其他软件，教师线上直播能对每个学生的连麦和评论区发言进行管控，不会出现学生在直播间发言和纪律难以维持的现象。

软件：本次授课运用较多的软件是"问卷星"。通过问卷星的问卷功能，教师能较为明朗的掌握学生学情以及课后评价情况，为针对性开展线上教学提供帮助。

❸ 课前资源

为了实现线上学生能够有效开展"自主＋探究"学习，教师在课前要把预习的电子材料提前推送给学生。学生认真做好预习，并将自己预习成果通过"钉钉软件"上传给教师，教师通过线上钉钉系统的"作业"功能依次查看学生们的思维导图。（如图1）

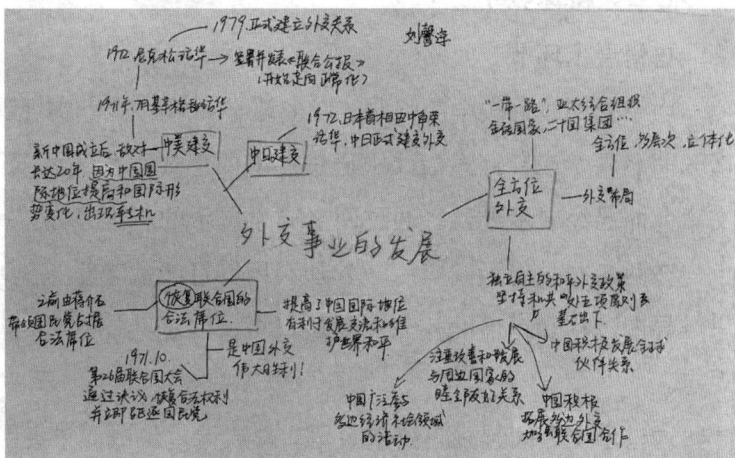

图1：学生思维导图展示

线上教学过程中，教师无法与学生面对面检查学生预习成果。利用钉钉线上平台，通过采用课前预习并绘制思维导图的方式，有效弥补了线上教学的不足，激发学生学习兴趣同时，更能够帮助学生在线下充分预习，夯实知识基础，实现自主构建知识结构的初衷。

根据教学目标和学生在课前反映出的问题，教师确定了本课教学的核心问题——"从韬光养晦到双奥之城，中国身影是如何在世界舞台扶摇直上的？"。

三、教学过程与实施方法

（一）导入新课

教师向同学们介绍，随着新能源的发展，中国汽车工业发展不断提升，中国企业比亚迪引得得外媒关注。这说明，中国企业在国际行业中发挥着日益重要的作用，中国在世界舞台上扮演越来越重要的角色。

结合我国近现代以来的历史发展，请同学们带着问题——"从韬光养晦到双奥之城，中国身影是如何在世界舞台扶摇直上的？"进入今天的新课学习。

【设计意图】

通过联系学生实际，起到凝神、点题、激趣的作用。

（二）新课教学

自悟展示环节

由于受到线上教学的限制，许多教学环节都难以实现课上小组为单位的展示。因此，请一两名同学在钉钉直播课中通过连麦的形式，在线展示课前预习的思维导图成果（在文章前面已经展示过）。通过两名同学展示的思维导图，完成对知识体系的初步构建。

在两名同学展示完毕后，教师利用钉钉线上教学签到功能，点名其他同学对刚才的思维导图进行知识性的补充。随后，再次展示其他同学对思维导图中的知识提出质疑及观点。

通过生生之间置疑答疑的过程，形成课堂生成，并实现知识体系的再次构建与完善。

【设计意图】

教师利用钉钉平台，一方面，了解和浏览学生思维导图成果，帮助教师掌握学生知识基础，有效构建深度历史知识；另一方面，通过学生在线展示思维导图并提出置疑，活跃线上课堂气氛，提高课堂参与度，提升历史解释能力，并为深入学习外交知识做铺垫。

探究二：新时期以来，我国外交成就。

PPT 展示北京冬奥雪花舞台。（如图 2）

图 2：北京冬奥会开幕式
图片来自新华社和中国日报

教师讲述，冬奥会开幕上的雪花舞台，传递了人类共同的情感，体现了"世界大同、天下一家"的世界意识，更是中国"和而不同，美美与共"的外交理念的印证。请举例，我国新时期以来，外交成就有哪些？

学生根据教材和新闻热点举出例子，举办"一带一路"国际合作高峰论坛、亚太经合组织领导人非正式会议、二十国集团领导人峰会（2016 年杭州 G20 峰会）和 2017 年金砖国家领导人厦门会晤等。

【设计思路】

旨在列举成就，夯实基础知识，并且感悟中国和平外交思想根自中国传统文化的渊源。

探究三：学科联结：中国文化自信，课堂升华

PPT 展示冬奥会的中国元素（如图 3 和图 4）

教师利用钉钉线上课堂，播放道法教师课前录制的小微课，引导学生思考"应如何坚定文化自信，发展中国特色社会主义文化"这一问题。通过小微课，学生不仅认识到

增强文化自信需要优秀传统文化根基和与时俱进，更理解到坚持文化自信，文化软实力提升是中国在世界舞台大放异彩的原因。

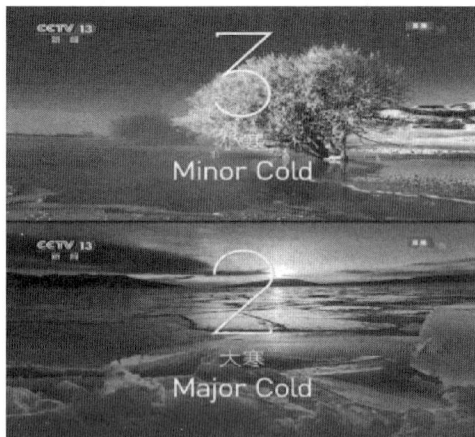

图 3：北京冬奥会开幕式倒计时设计
图片来自央视新闻图

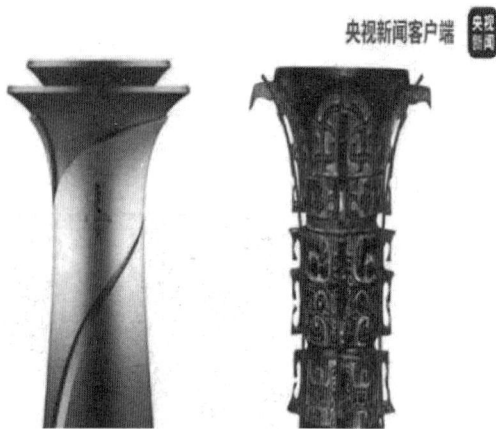

图 4：北京冬奥会火种台设计
图片来自央视新闻图

【设计思路】

通过道德与法治与历史学科的联结，拓宽历史思维，感悟文化自信。

探究四：解决核心问题

教师引导学生，北京成为世界上首座"双奥之城"。请同学们依据教材知识，梳理和北京有关的重要外交事件并绘制成时间轴。

利用钉钉举手功能和连线功能，选择一名学生进行发言，其他同学补充，共同参与学习，体现自主探究。学生依照教材知识梳理时间轴。（学生线上会整理相对仓促，课下引导同学们继续完善。）

在梳理的过程中，学生会联接改革开放、邓小平理论等指导思想。从而理解经济实力提升和中国共产党的正确领导是中国在世界舞台大放光芒的原因。

【设计思路】

通过线上学生绘制时间轴的环节，一方面，全面提升学生线上历史教学中的参与度和体验感；另一方面，拓宽学生知识横纵面，提升归纳总结能力，养成历史解释能力。

接着，教师利用 PPT 出示核心问题："从韬光养晦到双奥之城，中国身影是如何在世界舞台扶摇直上的？"请同学思考，学生利用钉钉举手和连线功能积极发言并补充，得出认识：

第一，依据《时代周刊》探究环节，学生指出，外交上，中国长期坚持独立自主和平外交，外交理念得到世界国家认可。

第二，依据绘制时间轴环节，学生指出，经济上，中国实行改革开放，经济实力提高；政治上，坚持党的领导，坚定特色社会主义道路，不断完善社会制度。

第三，依据连麦道德与法治老师环节，学生指出，坚持文化自信，文化软实力提升。

第四，综上体现，中国综合国力提高，国际地位提高。

【设计思路】

利用核心问题，提升主题，深化理解中国外交情况及知识体系，提升自助探究能力和历史思辨能力。

（三）课堂小结

教师进行总结，面对世界时局风云变幻，中国一直是维护世界和平发展的中坚力量，接着，教师展示课前部分同学提出的问题——"好的外交如何推动人类命运共同体的构建？"。教师将这个问题作为课后延伸内容，请同学们课下写出感想，留做下节课讨论。

设计思路：通过相关讲话，提升主题，帮助学生感悟当代青年应该怎样成为未来的担当者，成为命运共同体的参与者和建构者。

（四）课后线上反馈

为了更好掌握学生线上教学情况，发挥网络教学的最大功效。在完成本课教学之后，教师会利用"问卷星"软件，发给学生一份关于该堂课程学习评价表的问卷调查。

【设计思路】

利用问卷星的问卷调查功能，基于学生学习评价表，学生可以对自己的学习情况进行全面的认识和评估，找出仍存在的知识漏洞或有待提高的历史素养能力，明确应提高的方向。

四、总结与反思

本课通过网络教学的课前准备、课堂探究、课堂小结及课后评价表等环节，基于现代信息技术与网络软件结合，立足"以学定学、以需定学"，引导学生探究学习，从而真正实现了以学生活动为中心的课堂。

在线上教学的课前准备环节，利用问卷星软件调查学情，并通过钉钉作业功能查看学生思维导图成果，帮助学生自主进行自悟。通过绘制思维导图，完成对本课知识体系的初步构建。基于思维导图并结合教学目标，教师确定了本课核心问题——"从韬光养晦到双奥之城，中国身影是如何在世界舞台扶摇直上的"，带着问题进入课堂，能在教学目标和学生关注问题之间架起一座桥梁，利于提高学生学习主动性。

在线上教学的课堂教学环节，形式上，主要利用钉钉直播软件和PPT演示功能进行操作。具体过程上，则通过问题探究驱动课堂，利用问题探究的设置，环环相扣，层层深入引导学生思考，把"要我学"变成"我要学"，有效的推动教学走向深入。同时，教师适时补充材料，有针对性地进行点播，并联结道德与法治学科，对学生进行家国情怀的渗透。这样，师生共同分享新的收获和学习的乐趣，既激发了学生学习的主动性，拓宽了历史视角，发散了学生思维，也很好地解决了本课的重难点。

在线上教学的课堂小结环节，我从学生的提问中受到了启发，向学生提出了一个问题——好的外交如何推动人类命运共同体的构建，留做任务思考。学生带着问题进入课堂，再带着思考离开课堂，这是问题驱动下自主学习的良好循环。

在线上教学的课后反馈环节，利用问卷星软件进行学生课堂学习评价反馈，认识和评估本堂课所学，找出仍存在的知识漏洞或有待提高的历史素养能力，增强学习动力。

但是通过此次课程，也发现一定问题。比如没能让部分的同学将自己的思维导图和时间轴展示出来，下一阶段仍需再细化教学设计流程，给更多同学创造展示机会。

总之，尽管线上教学难以准确直面和定位每一位学生课堂学习情况，但是教师通过"自主＋探究"的教学理念能充分发挥学生的主体地位，培养学生自主学习意识和探究精神，激发线上课堂活力，使学生真正成为学习的主人。

【作者简介】

袁冬雪，天津市武清区南湖初级中学历史教师。曾获2019年武清区教育创新论文三等奖；2019年武清区青年教师基本功大赛三等奖；2020和2021连续两年获得武清区青年教师基本功大赛一等奖；曾参与多项课题并成功立项。

-------------------------------- 案例点评 --------------------------------

一节成功的历史课，要有历史课的特点。无论是线上教学还是线下教学，教师不仅要教给学生历史知识，更要教给学生学习历史的能力。纵观本课，教师将学生核心素养的培育潜移默化地蕴含在线上教学过程中，使学生在对我国外交事业发展认识的不断深入过程中，逐渐形成正确的历史价值观、时空观念、史料实证等核心素养。

具体来说，本课教学设计呈现如下三个特点：第一，坚持自主探究，问题驱动教学。学生通过思维导图的绘制，自主建构外交事业的知识体系，又通过师生和生生间的置疑答疑，不断完善自己的知识体系。能有效凸显学生主体地位，帮助学生实现个性化学习。此外，教师基于学生的思维导图，确定了课堂核心问题，师生带着核心问题进入课堂，在教学目标和学生关注问题之间架起一座桥梁。整堂课以学生问题开始，并在学生解决问题中不断产生的新问题来推动课堂发展。教师通过自主探究、合作学习、展示等教学环节，引导学生不断发现问题、提出问题、分析问题、解决问题。培养学生自主学习意识和探究精神，激发线上课堂活力，使学生真正成为学习的主人。第二，立足教材，又超越教材。统编教材是教师教学的最新、最直接、最可靠的教学资源，教师应该秉持"用教材教，而不是教教材"的教学理念。教师必须结合自身特点和教学实际，敢于补充教材上没有的，但却有助于学生理解教学内容的知识。本课教学做到了既尊重教材，又不拘泥于教材，通过教师自己独立的教学思维，不断激发和塑造学生的历史思维能力。第三，培育学生拓展迁移能力。这节课充分体现了"学科知识之间的迁移"在课堂中的应用。教师适时联结道德与法治学科，对学生进行家国情怀的渗透。既激发了学生学习的主动性，拓宽了历史视角，发散了学生思维，也解决了本课的重难点，减轻了学生学习压力。

当然，完美的课是不存在的，有遗憾才能促使我们不断的提高。比如，没能让大部分同学将自己的思维导图和时间轴展示出来，没有做到为更多同学创造展示机会。"恒者行远，思者常新"，教师应不断激发和塑造学生的历史思维能力，才能实现学科育人价值。

【指导教师】

任洪来，中学高级，武清区教师发展中心初中历史教研员，天津师范大学教育硕士专业研究生导师，天津师范大学历史文化学院课程类兼职教授。天津市学科骨干教师，天津市武清区"任洪来名师工作室"领衔专家。

信息技术在高中历史线上教学中的应用
——以《第一次世界大战与战后国际秩序》一课为例

张丽荣

一、案例背景

信息技术的快速发展，改变了人们的认知方式、生活方式以及学习方式。同时，信息技术为教育带来了新的发展机遇。《"十四五"国家信息化规划》及《天津市教育信息化"十四五"规划》等文件明确提出，要"推进信息技术、智能技术与教育教学融合的教育教学变革"，这势必需要利用技术赋能，全面推进教学模式创新和评价方式改革。这就为落实高中历史新课程、新课标提供了新的机遇和路径，一线教师一方面要积极参与信息技术2.0工程，提高自己的多媒体信息技术水平，同时还要以本学科为根基，探索信息技术和学科教学有效融合的途径。与传统课堂相比，云端课堂网络教学的教学方式更加的新颖多样，教学场所也发生了变化，但学生始终是教学不变的主体，鼓励、调动学生积极参与到课堂中来，推动学生核心素养的培养是教育工作者不懈的追求，信息技术的发展、线上教育的进步，为学生参与课堂提供了多种多样的途径。下面笔者就以《中外历史纲要·下》第14课《第一次世界大战与战后国际秩序》为例，谈一谈如何充分利用信息技术手段，提高线上教学的效率，推动核心素养落地。

二、教学设计

（一）教学内容分析

《中外历史纲要·下》以时间为线索，梳理了世界历史的发展脉络，本册书从第七单元开始进入了世界现代史的学习内容，14课作为这一单元的开篇之课，起着承上启下的作用。通过前一阶段的学习，学生们已经了解到全球航路开辟之后，欧洲国家通过殖民掠夺，推动了资本的原始积累，为工业革命的开展创造了条件。伴随着两次工业革命的进行，欧美国家加快了对外侵略扩张的步伐，并且在 19 世纪末 20 世纪初掀起了瓜分世界的狂潮，在这个过程中，资本主义世界殖民体系最终形成。伴随着这一体系的形成，在资本主义世界出现了政治经济发展不平衡的现象。后起的德、美等国经济实力迅速提升，所占的殖民地的面积却比走下坡路的老牌英、法等国少，这种经济实力强弱和殖民地面积多少倒挂的现象，使走上帝国主义道路的各国之间矛盾重重，为第一次世界大战埋下了祸根，所以本课在本学期的学习中具有承上的作用。这场非正义的帝国主义战争给人类社会造成了深重的灾难，客观上也推动了被压迫的殖民地半殖民地人民掀起了民族解放运动的高潮。同时，战后召开的巴黎和会所建立的不公正的国际秩序，不仅引发了战败国的强烈不满，同时也让战胜国之间心存芥蒂，这些不稳定性使更大规模的战争的爆发成为可能。因此，充分的理解掌握本课的内容，可以为下一阶段的学习打好基础，它在本单元起着启下的作用。《高中历史课程标准》要求："理解第一次世界大战引起的 20 世纪上半期国际秩序的重要变化"。故此，在进行本课的教学设计时，笔者将教学重难点放到了"一战"后由英、法等战胜国所主导建立的国际关系新秩序——凡尔赛—华盛顿体系，以及为维系这一体系建立的人类历史上第一上第一个世界性的国际政治组织——国际联盟这一部分内容上，在上课的时候需要说明该体系的历史进步性和历史局限性以及与第二次世界大战的关系。

（二）学情分析

本课授课对象是高一年级学生，和初中生相比，已经具备了一定的抽象逻辑思维能力，能够进行一定的独立思考。大部分同学对历史感兴趣，有强烈的历史学习探索动机。虽然高一学生在初中有一定的历史知识基础，对"一战"的基础知识有一定的认识，但仍难适应高中历史课程知识量增大，理论性、系统性增强，综合探究能力需求上升的趋势。所以，在本课教学中，需要教师充分利用信息技术手段引导学生通过自主、合作、探究学习等方式，在对本课内容进行深入研究的同时，掌握高中历史学习的基本方法。

（三）教学目标和教学重难点

❶ 唯物史观：知道协约国和同盟国两大军事集团形成的过程、萨拉热窝事件，多

角度分析第一次世界大战爆发的根本原因是帝国主义各国政治经济发展不平衡的结果，培养学生辩证地分析历史事件的能力。

❷ 时空观念：了解第一次世界大战进程的相关史实，运用地图和表格培养学生时空观念，认识"一战"与战后国际秩序所处的特定时空环境，抓住其特定时空背景和阶段特征。

❸ 史料实证：通过引导学生多方面的分析"一战"背景的相关史料，培养学生史料实证的能力。

❹ 历史解释：通过引导学生分析巴黎和会和华盛顿会议的内容，借助地图和文献史料分析凡尔赛——华盛顿体系的建立对战后国际秩序的影响，培养学生历史解释的能力。

❺ 家国情怀：将"一战"后果与现实联系，理解战争的残酷性及其给人类文明带来的灾难，增强学生珍爱和平及世界意识，通过理解中国在战争中的作用及战争对中国国际地位和发展进程的影响，提升学生的家国情怀。

（四）教学重难点分析

重点：了解"一战"爆发的原因和凡尔赛—华盛顿体系的内容。

难点：如何认识和评价凡尔赛—华盛顿体系。

（五）课前准备

依据本课教材内容，需要选择使用教学交互软件"问卷星"；利用爱莫脑图，制作思维导图，梳理本课的知识线索；采用"微课宝" 软件剪辑制作第四子目"一战"后的国际秩序微课视频，达到凝练时间落实教学难点的作用；利用 "智学网"软件设计课后作业，通过数据分析检验学生学习效果。

三、教学过程与实施方法

（一）利用数据交互类型软件，进行课前小条测

数据交互类型的教学交互软件"问卷星"可为历史教师提供学生数据监测的途径，

以了解学生课前知识点掌握现状。开始正式讲授新课之前，进行一个小条测，让学生迅速进入课堂状态。教师分享的二维码，学生通过"问卷星"软件进行扫描，进入课堂预习导学案。一方面，教师根据答题情况，进行学生历史学习基础水平分析。另一方面，教师也能够根据得分情况，发现学生知识薄弱点，进行着重教学。

（二）课堂上挖掘多种形式的线上互动

我校线上教学使用腾讯会议功能，进行线上的直播课程，在教学过程中要不断探索实现线下课堂互动任务的多种在线化改造的方式，同时挖掘新形式的线上互动，实时反馈，监控学生学习效果。

❶ 腾讯会议的"互动批注"和"屏幕分享"功能的应用

腾讯会议的"互动批注"和"屏幕分享"实现小组汇报展示。腾讯会议屏幕分享功能最受语言类课程青睐，可以很有效的解决教师"一言堂"的问题，给学生机会表达、分享，增加师生互动，生生互动，学生参与感更强。本课第一次世界大战的过程这部分内容，初中历史已经进行过介绍，学生也有一定的基础，因此，在处理这一部分内容时，可以通过小组合作探究的方式进行。首先要求学生们自主阅读教材"第一次世界大战"这一子目，阅读完成后，各小组结合"一战"战场形势图和课本的相关只是，从时间、战线、交战双方、战争阶段、重要战役或事件、结果等方面梳理"一战"的进程找学生代表展示探究成果，并且利用腾讯会议互动批注，在地图上批注讲解。通过教材和课件提供的历史地图信息，梳理第一次世界大战主要战线和战争阶段使学生认识到战争的长期性、阶段性和战局的复杂性，同时培养学生左图右史的历史学习习惯和时空观念，提升自主学习能力。

理解战争的残酷性及其给人类文明带来的灾难，增强学生珍爱和平及世界意识，提升学生的家国情怀是本课教学需要达成的重要的教学目标。充分利用线上教学的优越性，让学生利用互联网，查找关于"一战"残酷性的相关资料，在课堂上通过共享屏幕进行学习成果的分享。在这个过程中，不仅能够调动学生积极参与到课堂中来，同时通过自主探究和相互之间进行知识分享，可以让学生了解到伴随着科技的进步，飞机和坦克等杀伤力很强的新式武器的使用，增加了战争的残酷性，战争进程与大国决策者的意志相反，他们抱着短期取胜的侥幸心理，却陷入了长期战争的僵局这样的历史现象，加深学生对战争残酷性的认识。

❷ 利用音像交互类型的教学交互软件，落实重难点

对于一节历史课来讲，教师要在 40 分钟的教学中突出重点难点，将其落实在教学环节中，才能把握住本节课的教学目标。音像交互类型的教学交互软件"微课宝"，其视频以简洁凝练的界面展现，令学生在观看微课的同时，头脑中也进行着学习新概念的思维活动。微课视频可以有条理地总结历史知识、联系教材前后的历史事件。将微课巧妙地与 PPT 课件相结合，能够通过生动形象的信息化教学手段，激发学生历史学习兴趣。

"一战"后建立的国际秩序是本课的重难点，在处理这一部分的内容时，需要引导学生分析史料，解决凡尔赛—华盛顿体系体现了帝国主义强权政治的特征并且挖掘出该体系存在的矛盾这一学习难点，培养学生的历史思维能力，提高历史解释的核心素养。通过利用录制微课的方式，分析凡尔赛—华盛顿体系的相关内容，让学生理解该体系将战争的责推给德国及其盟国，对战败国尤其是过度惩处和掠夺，无视弱小民族的利益以及各战胜国间分赃不均的特征。由此可以认识到，该体系是帝国主义国家战后重新瓜分世界，维护战胜国利益的国际关系体系，帝国主义强权政治的特征浓厚，故此该体系下隐藏了很多矛盾。包括战胜国与战败国矛盾，帝国主义与殖民地、半殖民地国家，战胜国之间的矛盾，据此得出认识，该体系很难维持长久的世界和平。在实际的高中历史教学中采取微课视频作为教学手段的前提是，需要历史教师把握好本课的教学目标和教学重难点，利用"微课宝"软件制作和剪裁出整节微课中可利用的部分，使微课播放与课堂讲授前后衔接流畅。

❸ 利用思维导图，形成知识体系

学生在上课过程中，容易出现知识点过多思绪混乱、知识点错乱、时间断节等问题，使用 X-mind 或爱莫脑图等软件，绘制思维导图（见图 1），相当于电子板书，帮助学

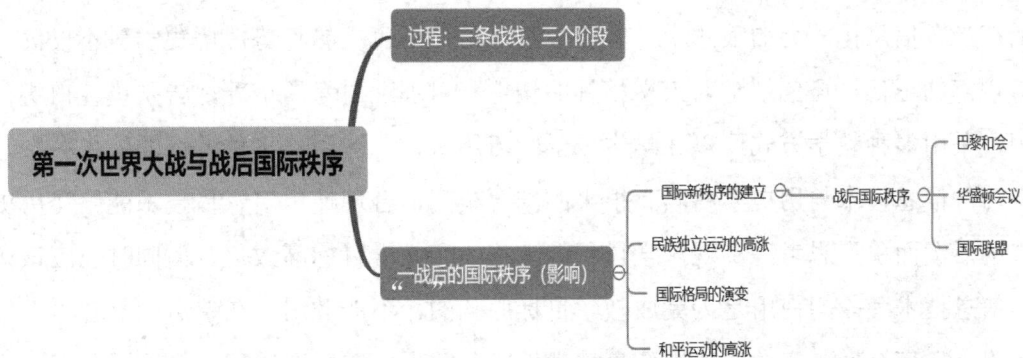

图 1　思维导图

生学习新知识，强化对知识的理解，避免知识碎片化，形成知识体系。按照教材逻辑顺序，从"一战"的历史背景，战争的经过和战争的影响三个方面绘制思维导图。

（三）作业设计

教师对学生每堂课历史知识的掌握情况，无法准确了解。利用教学软件的教学评价，要结合教学软件的信息化优势，把评价环节落实到每一单元、每一课的学习数据交互上。大数据个性化教学系统"智学网"作为历史教学有效评价的辅助工具，利用其发布的在线测试题，能够起到"一课一测、一课一结"的作用。改善了以往由于评价数据丢失，导致教师评价不完善的问题。"智学网"软件可实现测试结果的数据交互，在搜集数据过程中，可随时监测统计，具有方便快捷的特点。

利用智学网发布历史小论文：谈谈你对第一次世界大战的反思，思考学习"一战"对我们现今世界有何意义？将其写成一篇 200 字左右的小论文。要求同学们课后进入"智学网"系统答题，完成本堂课的作业。利用"智学网"实施课堂评价环节，可以改善纸质作业难以收齐和批改的弊端。帮助教师利用教学交互软件的数据实时监测，统计学生答题测试正确率，检验学生学习成效。注重对学生进行多样化教学评价，通过学生对"语言流畅度""史论结合度""观点鲜明度""论据详实度""表述的科学度"这四个维度的达成情况，进行合理评价。因此，对于历史教师而言，利用大数据个性化教学系统进行有效的评价，既是教师对学生学习成果的检验，也是教师进行自我教学完善的工具。

四、总结与反思

在当今信息化社会的浪潮中，教育信息化是势不可挡的趋势，历史学科不仅仅是传统知识点的记忆，还包括了对人文精神的塑造和对理性思考的培养，告别单纯口头传授知识，采用多种教学方式可以让学生乐于学习历史、思考历史事件背后的因果关系，高效学习。信息技术与历史学科具有很大的结合空间，合理使用多媒体技术能够让历史课堂生动活泼而引人思考，实现教学过程的趣味化和教学目标高效化。但同时也应该认识到，信息技术手段的使用是为完成教学目标服务的，不能滥用。在课后，笔者也不禁开始反思，如何合理、高效的使用信息技术手段。首先，在授课过程中，采用了多样化的技术手段，课堂的形式十分丰富，有的手段不免流于形式，不能真正为达成课堂教学目标、落实核心素养服务。其次，在一节 40 分钟的课堂中，软件切换得过于频繁，让学生们眼花缭乱，不利于学生集中注意力进行深度思考。最后，本课的重难点是"一战"的背景和影响，在授课的过程中由于过度重视形式，时间的安排不够合理，出现了头重脚轻的问题，把大量的时间放到了分析"一战"的背景方面，对"一战"的影响分析不够透彻，而且没有引导学生思考的过程，不利于学生理解。因此，在使用信息技术手段的时候，一定要充分地备课，做到注意形式和内容的统一。

【作者简介】

张丽荣，天津市和平区第二南开学校历史教师，中学一级教师。

【指导教师】

崔虹，天津市和平区第二南开学校历史教师，中学高级教师。

-------------------------------- 案例点评 --------------------------------

这节线上课，使用了腾讯会议、爱莫脑图等多种多样的信息技术手段，落实了《"十四五"国家信息化规划》及《天津市教育信息化"十四五"规划》等文件提出的，要"推进信息技术、智能技术与教育教学融合的教育教学变革"等相关要求，是信息技术手段与历史教学内容的很好的尝试。在备课及授课的过程中，授课教师能够依照课标、把握学生兴趣，对教材和教学活动进行了重新的加工组合，引导学生进行探究，发挥了学生主体的作用。同时应该注意以下问题：

①设计的问题也要贴合学生实际并且预想学生回答，预设引导的过程，根据重难点设置有效问题，让学生根据这些问题有所收获。

②要注重大单元意识和课程之间的联系。《第一次世界大战与战后国际秩序》是本单元中的第 1 课，它与本单元中的《亚非拉的民族民主运动》这一课其实联系颇深，所以在本课需要点明"一战"对于殖民地的影响，方便学生更好地理解之后的课程，也展现历史的连贯性。

③课堂要有亮点和特色、给学生提供多重面向。作为教师如果只给学生一个侧面，

那么学生也只能得到一个片面的认知，所以我们要尽量从多个角度，精简深入地呈现课堂。这也要求我们要不断地学习充实自己，提升知识储备。

④要做减法，充分利用课本的材料，不给学生增添额外的负担。

语文
01

数学
02

英语
03

道德与法治
04

历史
05

地理
06

物理
07

化学
08

生物学
09

科学
10

信息技术
11

音乐
12

体育与健康
13

综合实践活动
14

6 天津市中小学优秀线上
教学教研案例集 **地理**

巧用资源构建云端高效课堂
——以《黄土高原》教学为例

刘丹

一、案例背景

"十四五"时期，信息化进入加快数字化发展、建设数字化中国的新阶段。信息化为中华民族带来了千载难逢的机遇，随着我国迈入创新型国家行列，对新型人才的需求量也日益增加。不断完善国家数字教育资源公共服务体系，扩大优质资源覆盖面，推进信息技术、智能技术与教育教学融合的教育教学变革便成为了教师教育教学工作开展的重要内容之一。加快信息化建设、建设数字课堂，充分发挥在线教育的优势，是顺应新时代教育教学形式变化，不断拓展优化教育教学资源以满足新时代学生学习需求的重要途径。本文立足于信息技术与教育教学的深度融合，聚焦学生的核心素养发展，优化优质教育教学资源的使用，以期在线上教学与线下教学随时切换的状态下，使线上教学与线下教学能融合发展，实现培养新时代学生适应未来发展的正确价值观、必备品格和关键能力的目标。

二、教学设计

（一）教学内容分析

《世界最大的黄土堆积区——黄土高原》选自人教版教材（2013年10月版）初中地理八年级下册第六章第三节，本节课是该节内容的第二课时。

从《义务教育地理课程标准（2022年版）》的基本结构来说，第六章《北方地区》

是学生在学习了中国地理基本概况后，初步认识区域的开端。本章既是前一章中国的地理差异的延伸，又为接下来学习其他三大地区做铺垫，具有承前启后的作用。

本节内容有别于第二节《"白山黑水"——东北三省》以行政区域为基础划分的综合地理区域，黄土高原是一个以黄土景观为特色的特殊地形区，而黄土高原在四大高原中的人地关系问题最为尖锐，也是教材中唯一重点分析的地形区。因此本节内容着重突出了其有别于其他区域的特殊性和差异性，让学生能够比较全面、系统地认识区域地理特征，掌握学习区域地理的一般方法，并为后续学习其他区域做铺垫。本节在第一课时的基础上，探索水土流失的原因、危害、治理措施及其对社会经济发展的影响，深刻剖析人类活动与地理环境之间的关系，帮助学生树立正确的人地协调观。

（二）学情分析

八年级学生具备一定的认识世界区域的方法，并且了解中国地理基本概况，求知欲、好奇心强，能够通过读图分析出部分地理事实。但是在日常生活中没有接触过水土流失的相关知识，在模拟实验、多因素组合分析、多角度归纳整理方面的能力还有待提高，尤其是学生的抽象思维能力略显薄弱，理解本节课知识有一定的困难，因此这节课的设计侧重于通过分析大量的图文资料、观察模拟实验引发学生思考，总结归纳出黄土高原水土流失严重的原因和危害，再让学生根据自身已有经验找出适宜的治理方式。

（三）教学目标

❶ 通过模拟实验使学生认识到造成黄土高原水土流失的自然原因，提升学生的地理实践力。

❷ 通过图文资料进一步分析得出黄土高原水土流失的人为原因，在这一过程中进一步增强学生分析问题时的综合思维能力。

❸ 通过图文资料分析黄土高原水土流失给黄河中下游地区带来的严重危害，认识到区域内自然地理要素的相互作用和相互影响，培养学生的读图技能，进而提升学生的区域认知能力。

❹ 通过图文、视频资料让学生直观感受到黄土高原水土保持和生态环境综合治理的措施、对策及成功经验，树立正确的人地协调观。

（四）教学重难点

❶ 教学重点：分析造成黄土高原水土流失的原因，认识水土流失的危害。

❷ 教学难点：黄土高原水土保持的有效措施。

（五）课前准备

❶ 硬件

在硬件准备上，教师仅需准备一台接入互联网络电脑即可满足线上教学的需要。学生听课可根据家庭实际情况选用接入互联网的电脑、笔记本电脑、平板电脑、智能手机等，为保护学生视力，也可将学习内容投影到电视机上。

❷ 软件

在软件的选择上主要使用到的是人教智慧教学平台和钉钉。

人教智慧教学平台拥有高清电子课本，配套的教学资源，便利的备课、授课模式，课件与教材也可以方便的在平台内一键切换，根据不同的授课模式，教材内容也可以在备课时直接嵌入到 PPT 中翻页展示。同时该平台还拥有多种资源库、数据库、工具库、活动库，网络资源不需要下载可以直接嵌入到课件内，为教师备课提供了有利的支撑。人教智慧教学平台简洁的页面，清晰明了的功能按键，易上手、易操作，为教师快速开展线上教学提供了强有力的支持。人教智慧教学平台是师生开展线上教学活动最高效、优质、便利的选择。

为使课堂教学达到更佳效果，弥补人教智慧教学平台在线上教学中存在的不足，本节课选用钉钉软件的在线课堂模式进行线上课堂教学。在线课堂模式具有黑板、橡皮擦、举手提问、手写笔等特有的教学功能，同时在网络条件允许的情况下可以看到每位学生的听课状态，学生还可以自主打开麦克风时时与老师互动，更贴近真实的课堂教学情景。

除使用在线课堂的教学模式外，笔者还会在课前让学生提前两分钟在群中完成课程签到，对正式上课前未签到的同学还可以进行一键提醒，及时通知学生及家长，最大程度上保障学生的出勤率。学生还可以利用钉钉的群聊模式，展开线上小组讨论、创作作品。此外在钉钉"师生群"中开展在线课堂的线上教学直播，可以一目了然的了解学生的出勤情况和进出直播间的次数，通过课后的直播数据统计和分析也可以知道当堂的学生学习时长，从而可以在一定程度上约束学生，保障了学生的线上学习质量。

在本节课的教学过程中，还运用到了问卷星、央视影音等软件。

❸ **教学资源**

为满足学生的学习需求，录制了水土流失模拟实验系列视频。除此之外在众多的教学资源中，精选出人教智慧教学平台的高清电子课本、配套的教学资源及互联网络上的一些优质视频资源。

三、教学过程与实施方法

（一）情境导入

❶ **设计意图**

通过让学生观看视频资料，从中抓住景观特点，提取有效信息，做出准确判断，在此过程中提升学生的信息提取和处理能力，有效激发学生的学习兴趣，提升学生的综合思维和区域认知能力。

❷ **教学方法与工具运用**

在人教智慧教学平台备课时，可提前将《我和我的家乡》视频片段上传至课件，授课时通过钉钉在线课堂模式共享教师端人教智慧教学平台界面，平台内课件与教材的切换便利，避免学生出现与教师不同步的情况，让学生通过欣赏这段奇特的地貌景观视频，猜测它所处的地理位置，激发学生的学习兴趣。

❸ **教学实录**

教师：同学们，今天我们来一起欣赏一段奇特的地貌景观视频，请你猜一猜它所处的地理位置。

教师放映《我和我的家乡》视频片段。

教师：这样千沟万壑、支离破碎的地貌景观是位于我国哪个地区呢？

学生：黄土高原。

教师：没错！今天我们接着学习《世界最大的黄土堆积区——黄土高原》。

教师：说到黄土高原呈现在我们眼前的就是这样千沟万壑、支离破碎的地貌景观，今天我们一同来寻找出其背后的原因。

（二）黄土高原水土流失严重的自然原因探究

❶ 设计意图

让学生通过阅读教材内容，从而引发思考，再通过模拟实验直观感受到影响水土流失的自然原因，使学生意识到自然环境的各个要素之间是相互作用、相互影响的，从而提升学生的地理实践力。

❷ 教学方法与工具运用

授课时通过钉钉在线课堂模式播放提前嵌入到平台内的模拟实验视频，可以更高效的进行对比模拟实验，让学生根据视频中的实验情景加以观察、分析、总结出引发黄土高原水土流失的自然原因，完成实验报告。板书可提前在人教智慧教学平台教材中做笔记，需要学生记录时点开即可。

❸ 教学实录

教师：请大家结合自己生活中的所见所闻，并结合教材内容思考：造成黄土高原水土流失的原因有哪些？

学生：思考发言。

教师：同学们说的原因很多，通过一系列对比实验我们来看看造成黄土高原水土流失严重的自然原因都有哪些。

实验分为多组对比进行，教师依据学生提出的可能造成水土流失严重的自然原因播放对比视频。同学们认真观察实验过程，一起讨论解决问题，进而突出重点、突破难点。

实验中需要解决的问题是：在其他自然因素相同状况下，土壤干湿程度不同／土质不同／植被覆盖不同／地形坡度不同／降水类型不同，水土流失状况有何不同？

学生：实验报告填写，并拍照片展示。

引起黄土高原水土流失严重的自然原因有：

①降水集中于＿＿＿＿＿季，且多＿＿＿＿＿＿；

②黄土土质＿＿＿＿＿＿，易溶于＿＿＿＿＿＿；

③地表＿＿＿＿＿＿，缺乏＿＿＿＿＿＿保护；

④地表千沟万壑、支离破碎，多＿＿＿＿＿（陡坡或缓坡）。

实验过后，学生通过仔细观察并拍照再上传班级群内交流，师生共同总结出造成黄土高原水土流失的自然原因：①降水集中在七八月，且多暴雨；②黄土土质疏松，易溶于水；③地表裸露，缺乏植被的保护；④地表千沟万壑、支离破碎，多陡坡。

教师板书：水土流失的自然原因

（三）黄土高原水土流失的人为原因

❶ 设计意图

通过观看图文资料了解造成黄土高原水土流失的人为原因，在这一过程中进一步增强了学生读图分析的能力。

❷ 教学方法与工具运用

授课时通过钉钉在线课堂共享教师端界面，让学生通过人教智慧教学平台教材内嵌资源了解造成黄土高原水土流失的人为原因，深刻认识不合理的人类活动对自然的影响。

❸ 教学实录

教师：除了同学们刚刚总结的自然原因外，还有哪些原因加剧了黄土高原的水土流失？

学生：思考，并回答。

教师：接下来我们通过一组图片来看一下。

教师通过人教智慧教学平台展示图片：过度开荒种地、过度放牧、露天开矿，补充修路、盖房等。

学生：学生读图自述，师生共同总结造成水土流失的人为原因。

教师：展示板书。

学生：记笔记。

教师小结：综上所述我们知道在脆弱的自然环境和尖锐的人地矛盾的共同作用下，黄土高原成为了世界上水土流失最严重的地区之一。

（四）水土流失的危害

❶ 设计意图

通过视频资料分析黄土高原水土流失给黄河中下游地区带来的严重危害，使学生认识到区域内自然地理要素间的相互作用和相互影响，培养学生的读图技能，进而提升学生的区域认知能力。

❷ 教学方法与工具运用

使用央视影音播放《公益广告——水土流失篇黄土高原版》视频，授课时通过钉钉在线课堂共享教师端界面让学生通过视频了解当地居民的真实感受，深刻认识水土流失给人类生产生活带来的影响。

❸ 教学实录

教师：水土流失是黄土高原最大的生态问题，它不仅影响着生活在这片土地上的人民，也对我国北方地区的发展有着深远的影响。请同学们通过视频分析水土流失带来的危害。

教师：播放视频《公益广告——水土流失篇黄土高原版》。

（板书：水土流失的危害）

学生：观看视频，并总结水土流失有哪些危害。

（五）水土保持

❶ 设计意图

通过图文、视频资料让学生直观感受到黄土高原水土保持和生态环境综合治理的措施与对策及成功经验，了解打坝淤地这种工程措施的施工方式，通过对比农民在坝地内外的粮食收成，体会到水土保持给当地居民带来的福祉，认识到人地关系和谐的重要性，能够从科学的角度探索正确的生产、生活方式，逐步树立正确的人地协调观。

❷ **教学方法与工具运用**

黄土高原的水土保持，教材中给出了打坝淤地的方法，但是仅仅使用教材的介绍，学生很难直观的认识和理解，因此在教学过程中，除使用人教智慧教学平台内资源外，还补充了网络视频资源。

❸ **教学实录**

> 教师：既然我们已经了解到水土流失有这么多的危害，那么我们该如何做呢？
>
> 学生：阅读课本，并通过钉钉进行小组讨论，找出治理措施，选出小组代表发言，其他同学补充。
>
> 可行的措施有：植树造林、修建梯田、打坝淤地（补充播放视频，见图 6），修建水库；合理安排生产（如：退耕还林还草、控制放牧数量、合理开矿修路、合理发展林业……）；控制人口数量，有些地区可实行生态移民……
>
> 教师：同学们提出的方法中有很多已经使用了，并且取得了不错的效果，我们通过视频一起来感受一下治理前后的对比。
> 教师播放视频《黄土高原——黄天厚土大河长，沟壑纵横风雨狂》《黄土高原，颠覆了想象，如今已经长满了大片森林》。

（六）课堂小结

❶ **设计意图**

回顾总结本课内容，梳理知识点。

❷ **教学方法与工具运用**

通过钉钉在线课堂与学生连线，学生总结，其他同学补充。

❸ **教学实录**

教师：钉钉连线学生。

学生：总结。

（七）当堂达标

❶ 设计意图

检测当堂课程学习效果。

❷ 教学方法与工具运用

使用问卷星在课前准备好检测内容及答案，课上通过钉钉分享链接给学生，点击打开始答题，做错的题目可通过答案解析或者询问老师解答疑惑。通过后台数据信息统计分析可直观看到学生的答题情况。亦可配合人教智慧教学平台内置计时器，网络条件允许时也可以通过人教智慧教学平台发布游戏，让学生参与 PK 赛。

❸ 教学实录

教师：发布问卷星链接或游戏。

学生：计时完成。

（七）当堂达标

❶ 设计意图

将不断探索和遵循科学、文明的生产方式和生活方式，因地制宜的意识及可持续发展的观念渗透给每位学生，使其能够正确看待地理环境与人类活动的相互影响，并能够转化为具体的行动，提升学生的地理实践力。

❷ 教学方法与工具运用

教师在钉钉软件内的家校本进行任务设置，学生在钉钉软件内将作品提交至家校本。

❸ 教学实录

教师：只要我们爱护自然环境，遵循自然规律，大自然定会给我们更深厚的回报。请同学们以小组为单位把自己最喜欢的城市，通过绘画或者手抄报的形式，展现其自然环境和人文环境特色，并思考它们之间的关系，在钉钉家校本内提交作品。相信我们一起努力生活环境会变得更加美好！

四、总结与反思

（一）本节课的优点

通过丰富的教学方法和资源实现了在线上高效课堂的构建。在线上教学与线下教学随时切换的状态下，使线上教学与线下教学能融合发展，无缝衔接。课堂重点、难点也能在线上教学资源的合理利用下得以巧妙突破。地理核心素养的培养也在课堂中通过环环相扣的教学环节得以落实。学生能够积极参与到教学过程中，通过课堂内容的学习，尝试解决课堂以外、日常生活之中存在的地理问题，将所学知识通过拓展作业应用到日常，培养学生以地理的眼光去发现问题、看待问题、解决问题，进而真正实现培养学生适应未来发展的正确价值观，引导学生明确人生发展方向。

（二）教学资源的融合使用效果分析

通过课例可以看出人教智慧教学平台作为一款独具特色的教学平台，在线上教学过程中为教师开展教学工作提供了强有力的保障，但是只有人教智慧教学平台是不能够完全满足学生学习需求的。在线上教学过程中配合钉钉及其他软件，初步实现了线上高效课堂的构建，顺利地完成了教学目标，达到了育人效果。学生也可以便捷地完成课程内容的学习，获取到更为优质的学习资源，对于练习中遇到的问题也可以得到及时解决，实现高效的学习。

目前对于人教智慧教学平台与其他软件融合使用研究尚处在初级阶段，今后将继续深入探寻人教智慧教学平台资源的使用，充分发掘平台功能，为同学们提供更加丰富、愉悦的学习体验。

【作者简介】

刘丹，天津市滨海新区大港同盛学校，初中地理教师。

-------------------------------- 案例点评 --------------------------------

教师以《黄土高原》一节的教学为例，论述"巧用资源构建云端高效课堂"一文，充分论述了在建设数字化中国、建设数字课堂、疫情防控常态化的背景下，充分利用不同平台的优势和相关资源，根据相应的教材内容和相应的授课需要，将教学各环节所需的各种教学资源巧妙地运用与结合，发挥在线教育的优势，聚焦学生的核心素养培养与发展，以期达到实现培养新时代学生适应未来发展的正确价值观、必备品格和关键能力的目标。

从软件的利用方面，教师在主要的教学环节中充分利用人教智慧教学平台的高清电子课本、配套教学资源，便利的备课和授课模式，课件与教材可以方便地在平台内一键切换，根据不同的授课模式，教材内容也可以在备课时直接嵌入到PPT中翻页展示。为使课堂教学达到更佳效果，老师还将钉钉软件运用在课堂教学的不同环节中，如课先让学生提前两分钟在群中完成课程签到，对正式上课前未签到的同学还可以进行一键提醒，及时通知学生及家长，最大限度上保障学生的出勤率；老师还选用了钉钉软件的在线课堂模式，在线课堂模式具有黑板、橡皮擦、举手提问、手写笔等特有的教学功能，同时在网络条件允许的情况下可以看到每位学生的听课状态，学生也可以自主打开麦克风与老师时时互动，更贴近真实的课堂教学情景。另外老师还利用钉钉的群聊模式，展开线上小组讨论，在钉钉"师生群"中开展在线课堂的线上教学直播，可以一目了然的了解学生的出勤情况和进出直播间的次数，通过课后的直播数据统计和分析也可以知道当堂内容学生的学习时长，从而可以在一定程度上督促学生，保障了学生的线上学习质量。为了更加完善本节课的教学过程，老师还运用了问卷星、央视影音等软件。

在教学资源的运用方面，除精选出人教智慧教学平台的高清电子课本、配套的教学资源外，还选取了互联网上的一些优质视频资源；为更好满足学生的学习需求，教师自己录制了水土流失模拟实验系列视频。

本文作者通过多平台和优质教育教学资源的优化使用，巧妙恰当地将信息技术与教育教学深度融合，顺应了新时代教育教学形式的变化，拓展优化了教育教学资源的运用，满足了新时代学生学习的需求。本文是一节操作性和借鉴性极好的教学设计，是一篇具有现实意义的、务实的好文章。

【指导教师】

查小弟，中学高级教师，滨海新区教师发展中心地理教研员，天津市地理学会理事。

"互联网＋教育"背景下初中地理线上教学的探索与实践
——以"等高线地形图"复习课为例

袁文容

一、案例背景

《"十四五"国家信息化规划》指出，"十四五"期间，国家将推进信息技术、智能技术与教育教学融合的教育教学变革。发挥在线教育优势，加快建设"互联网＋教育"大平台，构建泛在的网络学习空间，支撑各类创新型教学的常态化应用，推动优质教育资源开放共享。《天津市教育信息化"十四五"规划》指出，天津市将加强中小学精品课程资源建设，实现线上线下相融合的教学模式创新，实现优质教育资源与网络教育服务新模式的应用融合。

在互联网高速发展的今天，手机、平板电脑、笔记本电脑等的普及，为线上教学提供了硬件设施的保障；各种小程序和软件为线上教学提供了软件基础；市区和国家级的精品课程资源开发为线上教学提供了丰富的教学资源。本案例以"等高线地形图"复习课为例，探索和实践基于"互联网＋教育"背景下初中地理线上教学模式。

二、教学设计

（一）教学内容分析

《义务教育地理课程标准（2011 年版）》中对等高线地形图的教学要求是："在等高线地形图上，识别山峰、山脊、山谷，判读坡度的陡缓，估算海拔和相对高度。"估算海拔和相对高度，识别山峰、鞍部和陡崖比较容易，但山脊和山谷的识别较有难度，需要采取适当的方法，帮助学生理解并区分。判读坡度的陡缓，需要帮助学生理解坡度陡缓与等高线疏密之间的关系。由于是八年级学业水平考查的复习课，与新课学习间隔了将近两年时间，学生对基础知识有些遗忘，故课前通过推送电子教材和微课、学习任务单引导学生梳理基础知识，以便教师对学生的知识掌握情况进行摸底，有的放矢设计学习活动。

（二）学情分析

初中生的空间想象能力、抽象思维能力较弱，而等高线地形图的判读空间属性明显，因而对抽象的等高线地形图进行复习对学生而言有一定的思维难度。

（三）教学目标

本课教学以"图新地球"为地理工具，结合义务教育地理课程标准内容，基于"互联网＋教育"将学生带入真实的学习情境，使抽象的等高线地形图可视化。因此，设定以下教学目标：

❶ 通过多媒体演示，理解等高线的生成原理。

❷ 区分海拔和相对高度的概念，能在等高线地形图上读出某地海拔或计算相对高度。

❸ 理解山体部位与等高线形态之间的关系，进而能够在等高线地形图上判读山峰、山谷、山脊、鞍部和陡崖，并说明判读依据，培养学生的空间思维和地理实践力。

❹ 理解坡度的陡缓与等高线疏密的关系。

❺ 通过等高线地形图判读，理解因地制宜开发山区的重要性，培养学生的人地协调观。

（四）教学重难点

教学重点：理解等高线的生成原理，能在等高线地形图上识别山峰、山脊、山谷、鞍部和陡崖，判读坡度的陡缓。

教学难点：在等高线地形图上识别山脊和山谷，判读坡度的陡缓；因地制宜开发山区的重要性。

（五）课前准备

❶ 人教智慧教学平台

相较于纸质教材，"人教智慧教学平台"不仅包含教材内容，还链接了很多视频、动画等素材。教师电脑安装好"人教智慧教学平台"并下载教材资源即可进行备授课。

❷ 国家中小学智慧教育平台

丰富的课程资源涵盖了小学到高中各学科的教学资源，包括视频课程、对应的学习任务单和课后练习，学生无须下载客户端，教师可以直接将课程资源链接推送到学生的微信群或者钉钉群观看，也可以下载重新整合资源并使用。

❸ 钉钉

钉钉"家校本"可以上传学习任务单，学生梳理知识点可以用思维导图、知识框图、知识点条目汇总等多种形式，拍照上传，待教师批改完毕即可了解学生对学习任务的完成情况。

钉钉"在线课堂"能添加任教班级的学生，学生打开摄像头教师可以随时关注学生的听课状态，学生可通过"互动消息"进行课堂讨论，也能连麦进行课堂展示，实时无障碍的交流能有效提高课堂效率。

❹ 图新地球（LocaSpace Viewer）

"图新地球"是一款免费的三维数字地球产品，相比 ArcGIS 等专业软件，图新地球更轻量且易上手使用，生成某一区域的等高线地形图非常便捷，还能轻松实现二维等高线地形图和三维地图的切换，简直是为"等高线地形图"教学量身定制的软件。

三、教学过程与实施方法

（一）前置作业

由于是复习课，知识梳理通过前置作业的形式完成，利用"人教智慧教学平台"和"国家中小学智慧教育平台"分别向学生推送《地形图的判读》的电子教材和微课《地图专题》等课程资料，学生梳理知识点后利用钉钉"家校本"推送练习，通过练习反馈了解学生的知识复习梳理情况，使课堂复习更加精准和有效。

分层自选作业包括查阅水库选址条件、盘山旅游攻略等资料（文字、图片、视频均可）上传到钉钉家校本，为课堂讨论做好准备工作。

（二）课堂教学过程

❶ 课堂导入

钉钉在线课堂中，教师利用希沃白板展示四月初同一时间校园桃花谢了的图片与盘山桃花盛开的图片。

> 教师：白居易的《大林寺桃花》中有两句非常著名，"人间四月芳菲尽，山寺桃花始盛开"，结合这两句诗我们来看这两张照片反应了怎样的地理信息呢？
>
> 学生：盘山海拔更高，气温更低，花期晚。
>
> 教师：盘山海拔多高呢？比我们这里气温低多少度呢？我们今天一起来探索等高线地形图的奥秘。

【设计意图】

用学生身边的地理事物激发学生学习的兴趣，进入本节课学习的情境。

❷ 基础梳理

教师打开"人教智慧教学平台"七年级上册第一章第四节《地形图的判读》，和学生一起梳理 P24 海拔、相对高度的概念，P27 地形类型的判读方法，利用"书签"链接第三章第二节《气温的变化与分布》中气温随海拔变化的知识点。

教师打开"图新地球"软件，添加"天地图行政区划、天地图影像、天地图地形"图层，搜索栏中分别搜索"天津市 XX 中学"和"天津盘山"，分别标记，并调出两个地点的空间信息，引导学生思考以下问题：

> 教师：请同学们结合课前的知识梳理认真观察，思考以下 5 个问题：
>
> ①我校在盘山什么方向？
>
> ②我校所在地区属于什么地形类型？盘山属于什么地形类型？
>
> ③盘山和我校的海拔分别是多少呢（保留整数）？

④盘山山峰的海拔比我校高多少呢？这个海拔之差被称为什么呢？

⑤根据我区今日最高气温计算一下盘山山顶气温大约多少摄氏度？

学生：从经纬度看，我校大致位于盘山以南。

学生：我校位于平原地区，盘山属于山地地形。

学生：盘山海拔约为864.4米，我校海拔约为36米，盘山比我校高828.4米，即两地相对高度为828.4米。

学生：根据"海拔每升高100米，气温下降0.6℃"，为了计算方便，我们按相对高度800米计算，盘山山顶气温大约比我们这里低4.8℃，天气预报显示今日我校所在地区最高气温28℃，盘山最高气温约为23.2℃。

❸ **"淹没模拟"演示等高线生成过程和地形部位**

根据"前置作业"的反馈，学生对山脊和山谷的判读不够准确。为了帮助学生理解等高线的生成过程和准确判读地形部位，利用图新地球的"淹没模拟"演示功能，将"俯视"的视角调整为"侧视"，引导学生观察水面上涨过程中山脊和山谷处水面与山体的交界线（即等高线）的弯曲形态，继续点击"淹没模拟"引导学生观察山峰和鞍部的淹没状态。淹没模拟过程中可右键点击"绕中心飞行"，以盘山为中心360°旋转观察水位上升过程中水面与山体的交界线的形态变化。

【设计意图】

"淹没模拟"演示使学生清晰地观察到水位上涨过程中各地形部位的等高线形态变化，通过反复观察能有效帮助学生建立空间思维。

❹ **课堂讨论等高线地形图中地形部位的判读**

通过"淹没模拟"演示，学生对等高线生成过程有了初步了解。利用"人教智慧教学平台（天津版）"P25 图3.17 链接的资源帮助梳理识别不同山体部位的基础知识。

教师利用图新地球的"等高线分析"功能，设定等高距为50米，生成等高线地形图，不断调整视角使学生能清晰地观察到山峰、鞍部、山脊、山谷和陡崖。

教师：同学们请根据自己的观察，在钉钉在线课堂"互动消息"中回复你观察到山体各个地形部位的等高线特征，从而归纳出地形部位的判读方法，比一比谁的方法更好！

学生：等高线闭合处，海拔内高外低即为山峰。

学生：两个山峰之间的低地即为鞍部。

学生：等高线重合，即为陡崖。

学生：等高线弯曲方向凸向海拔高处，即为山谷。

学生：等高线弯曲方向凸向海拔低处。

【设计意图】

"图新地球"中实现了二维等高线地形图和三维的立体地形的相互转换，能帮助学生建立空间思维，观察等高线形态的不同，总结出地形部位的判读方法，同时帮助学生形成抽象思维，提高学生总结归纳的能力。既降低了学习难度，又很好的突破了本课的教学难点。

❺ 线路选择理解等高线疏密与坡度陡缓的关系

教师利用"人教智慧教学平台"复习等高线疏密与坡度陡缓的相关基础知识，然后引导学生进行研学路线的选择。

教师：同学们，我们准备组织一次盘山游学活动，请同学们结合等高线疏密与坡度陡缓关系的知识，从线路1和线路2（见图1）中选择徒步登山线路和观光车线路，并说明理由。同学们在钉钉在线课堂"互动消息"中进行讨论。

学生讨论后进行课堂展示，教师帮助学生在"图新地球"中切换观察视角。

教师：为什么山区公路要修成"之"字形盘山公路呢？

学生："之"字形盘山公路虽然路程更长，但能减缓坡度的影响。

6 坝址选择助力地理实践力培养

教师将"图新地球"中的 "天地图影像"和"天地图道路标注"图层取消勾选，并勾选教师备课绘制的河流"甲、乙、丙、丁"及水库大坝的备选点位"A、B、C"（见图2）。

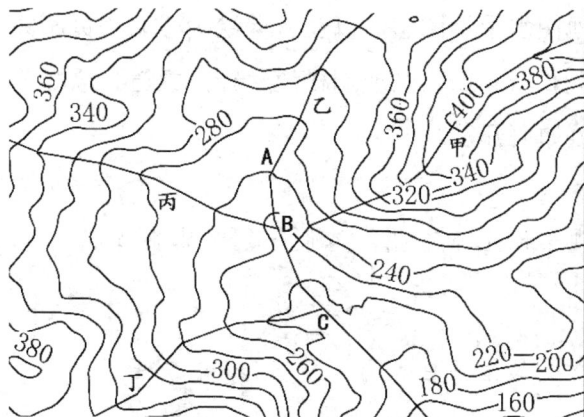

图2 河流及大坝备选点位图

图3 盘山水库位置影像截图

教师：线路2沿线能看到一个小型水库，请同学们根据所学知识做出判断并说明理由：

①甲、乙、丙、丁中，哪些可能发育成河流？为什么？

②水库坝址应选在A、B、C中的哪一地点？为什么？

学生在钉钉在线课堂"互动消息"中讨论，然后课堂交流。

学生：河流乙、丙、丁可能存在，因为这三地为山谷地带，可能汇水形成河流；而甲处位于山脊，不会汇水形成河流。

学生：大坝可以修在C地，河谷地带，多条支流汇水量大。

学生：大坝可以修在A地，支流长，山谷比较窄，修大坝工程量小。

学生：大坝应该修在B处，B位于河流中游，B地的上游有两条支流汇水，水量比A处大，且处在一个小型的山间盆地出口处，有蓄水的空间，大坝工程量也比C处小。

学生的讨论交流后，教师勾选"天地图影像"图层，验证学生的判断，盘山水库的坝址位于B处（见图3）。

【设计意图】

利用"图新地球"实现图层的叠加，可以帮助学生将理论知识用于解决实际问题，培养了学生的地理实践力和综合思维。

❼ 因地制宜开发山区助力乡村振兴

教师在"图新地球"软件中添加"天地图水系"图层，以及备课绘制好的"黄崖关长城"、"漱峡"地标，并添加图片（黄崖关长城、蓟州区玻璃栈道、挂月索道、漱峡瀑布、盘山采摘等），引导学生分析山区应该如何开发。

教师：同学们请认真观察以上景观图，他们分别分布在什么地形部位？

学生：河流形成于山谷地带，山区的聚落往往也沿河分布在山谷地带。

学生：长城、烽火台等古代军事设施往往分布在山脊部位。

学生：陡崖处可以开发玻璃栈道、观景平台等旅游设施，如果陡崖位于山谷地带，还可能会出现瀑布景观。

学生：陡坡地带可以开发索道旅游项目。

学生：为了保持水土，山坡上可以发展林果业，开发采摘等旅游项目。

教师：我们常说"一方水土养一方人"，由此可以看出，人类活动应遵循什么样的原则呢？

学生：因地制宜。

总结：同学们分析得很有道理，大数据调查发现3月份刚刚结束的"两会"热点中，乡村振兴位列全国两会关注度第二名，在我国960万平方千米的大地上，约有2/3的土地为山区，只有因地制宜，才能实现可持续发展，守护好绿水青山就是守望金山银山，实现乡村振兴共同富裕的梦想！

【设计意图】

通过形象的图片与等高线地形图结合，引导学生认识因地制宜山区开发的必要性，培养学生的人地协调观和可持续发展意识。

四、总结与反思

（一）线上教学的优势

❶ 三维数字地球突破了地域限制，助力学生空间思维培养

相较于线下教学，线上教学能更大限度地突破地域限制，基于"图新地球"可以设计国内任何一处山地的"云旅行"活动，将抽象的知识以直观的三维数字模型展现在学生面前，立体与平面的思维转换，使死板的知识变得鲜活、具体，结合真实的情境设计，学生与场景化的等高线地形图进行实时互动，培养了学生的空间思维能力。

❷ "穿越"了空间距离，丰富了学生的学习方式

开展线上教学，学生的学习活动不再局限于教室和教师，自媒体时代，学生有了更大的自主学习空间。"君子生非异也，善假于物也"，借助于发达的互联网能广泛获取学习资源，查阅自身感兴趣的各种学习资料。本案例利用人教智慧教学平台和国家中小学智慧教育平台帮助学生自主学习，课前查阅资料的分层作业，可以帮助学生更好地理解需要"走出去"才能获得的生活经验和常识性知识。

虽然线上教学容易出现学生精力不集中而教师监管不到的情况，有时也会发生网络卡顿等问题，但钉钉在线课堂能自动生成回放，为学生提供了课后复习巩固的学习资源，这也是线下教学所无法实现的。

❸ 基于真实情境的探究活动，助推学生地理实践力的培养

地理课堂教学是培养学生地理实践力和创新意识的主阵地。本案例以盘山研学为情境设计一系列探究问题，层层递进，引导学生利用"人教智慧教学平台"和国家中小学智慧教育平台梳理基础，结合图新地球的可视化功能，识别不同山体部位，在钉钉在线课堂中讨论研学线路的设计和山区的合理开发利用。基于真实情景的探究活动，在实践中观察、设计、感悟，激发了学生的学习兴趣和探究意识，丰富多样的线上教学资源和平台为培养学生地理实践力提供了有力保障。

❹ 教师的"再学习"，促进了信息素养的提升

"问渠那得清如许，为有源头活水来。"自媒体时代每一个人都有成为老师的潜力，学生也不再仅仅依赖教师获取知识。为了更好地适应线上教学，教师更需要加强学习，提升自身的信息素养，获取优质的教育资源，丰富教学方式，牢牢地吸引学生的注意力。

（二）线上教学存在的问题与解决策略

❶ 缺乏对学生的有效监管

线上教学师生隔着屏幕，对于缺乏自控力的学生，听课注意力不集中，甚至玩游戏、中途离开课堂等现象，教师很难监管到位。而钉钉线上课堂可以要求学生打开摄像头和麦克风上课，教学中利用丰富的教学资源吸引学生，组织课堂小讨论、个人展示、教师点名提问等活动，可以更有效地将学生的注意力吸引在线上课堂中。

❷ 作业质量不能得到有效保证

线上作业往往采用提交照片的形式，容易出现部分学生使用其他人的图片冒充自己的作业的情况。针对这个问题，教师可以设计更加多元的作业形式和内容，比如要求学生原创的视频、绘制的思维导图、设计和操作的地理实验、地理观测等作业，学生更加感兴趣，完成作业会更加用心，也尽可能避免了复制他人作业的情况。

本案例将信息技术应用于地理教学，"互联网＋教育"的线上教学模式，充分发挥各种软件的优势，扬长避短，使教学更有效率。同时也还存在诸多问题，线上教学如何才能激发学生对地理持久的学习兴趣，如何将学生的好奇心转化为不竭的学习动力等都是值得继续深思的问题，有待于我们不断探索和实践。

【作者简介】

袁文容，天津市东堤头中学地理教师。怀着对地理教育一腔热血，从教的 14 年里，从未停下探索的脚步。曾获天津市第九届双优课创新课程二等奖，论文在天津市双成果、教育创新论文评选中获奖，多次参与和主持市区级课题研究。

-------------------------------- 案例点评 --------------------------------

本节课为八年级学业水平考查复习课，教学目标全面清晰，符合课程标准和教材的

要求，结合学情分析，教学要求符合学生的认知水平。教师对本节教材内容的知识结构、知识之间的关系能融会贯通，教材梳理自然顺畅、系统条理。教学中重点、难点把握准确，难易知识处理得当，重点问题拓展到位，教学容量适度、思维密度适宜。教学方法灵活多样，坚持启发式和探究式教学，重视学法指导。真实情境一以贯之串联整节课，启发式的问题设计引导学生主动地参与学习活动，相互合作、共同探究，乐于交流，课堂时效性强，不同程度的学生均得到应有的发展。教学准备充分却不繁琐，实用性和针对性强。

教师非常善于挖掘课程资源，从学校与盘山花期不同导入新课，新颖别致，充分激发学生的学习探索兴趣；利用"人教智慧教学平台"和"国家中小学智慧教育平台"向学生推送可供学生选择使用的学习资料，教学中利用"钉钉在线课堂"进行讨论和课堂交流，既能面向全体学生，还能关注学生之间的差异，充分体现了教师为主导，学生为主体的教育理念。

现代化教学手段和教具使用娴熟、自然、恰到好处。为了突破重难点，教师利用"图新地球"这款免费的三维数字地球模型辅助教学，有效地弥补了初中生空间思维和抽象思维较弱的不足。通过"淹没模拟"演示，课堂演示生成盘山的等高线地形图，三维和二维视角的切换，引导学生观察山体的不同部位的特点，并归纳概括识别方法，有效帮助学生建立空间思维。

根据学生的认知水平和生活经历，通过研学线路设计这个实例，深入浅出地说明了等高线疏密与坡度陡缓的关系，及"之"字形"盘山"公路的修建原因。联系学生已有的知识进行分析和推理，利用生活实例把学生难于理解的知识变得比较容易接受，使学生感受到地理课堂并不是枯燥乏味的，体现了"学习生活中的地理"的课程基本理念。

"水库坝址的选择"是将等高线的知识应用于解决实际问题的一个典型案例，教师在此处大胆进行了拓展。"君子生非异也，善假于物也"，教师在这部分的教学中智慧地利用了"图新地球"的图层叠加功能，引导学生进行了假设－推论－验证。既培养了学生大胆假设、质疑、求证的科学精神，也关注了学生地理实践力的培养。

"因地制宜开发山区助力乡村振兴"部分是教师对本节内容的延伸，结合我国"山区面积广大"的地形国情，以学生耳熟能详的蓟州山区因地制宜发展经济为出发点，以点带面，引导学生认识因地制宜开发山区的必要性，培养学生的人地协调观和可持续发展意识。

【指导教师】

杨树宏，天津市北辰区教师发展中心初中地理学科教研员，中学高级教师。长期从事初中地理教学研究工作。多次参加市级课题研究，多篇论文在教研成果、教研年会评选中获奖，多次获得各级优秀课及天津市双优课指导教师奖。

网络教学中提高师生交互性的小策略
——以"京津冀协同发展之产业转移"课程教学为例

刘艳 冉祥红

一、案例背景

《天津市教育信息化"十四五"规划》提出："推进大数据、人工智能等新技术融入教学全过程，构建满足个性化需求的教育教学方式、学习交流情境和信息感知环境。"《普通高中地理课程标准（2017年版2020年修订）》中提出：信息技术的发展和应用是地理教学改革的助推器，对改变学生学习方式和教师教学方式具有重要作用。可见，数字化技术的发展为教育数字化转型提供了无限广阔的前景，教育数字化强调教育是人和人的互动，只有人和机器融为一体，实现师生有效交互，教育数字化的功能才能真正发挥出来，才可能实现有温度的数字化教育。本节案例以京津冀协同发展之产业转移为例，紧紧围绕学生耳熟但又不详的案例为研究对象，充分利用线上教学的优势，师生良好交互为辅助，能够实现良好的教学效果。

二、教学设计

（一）教学内容分析

本节内容是《中图版高中地理（选必二）》第三单元《珠江三角洲地区产业转移及其影响》的巩固和复习，产业转移是必修二《工业区位因素》的延伸，是实现《区域协调发展》（选必二）的途径之一，无论从培养学生核心素养落地的角度还是高考评价体系评价的角度都是非常重要的内容。中图版教材选取的是南方地区的产业转移，本节课选取了北方学生熟悉的区域和国家重大发展战略合二为一的理想之地——京津冀地区为例，区域背景贯穿在课前、课上和课下各个环节，让北方学生沉浸式感受京津冀协同发展取得重大成就，深入理解产业转移的同时，理解京津冀产业一体化的地理背景，能够辨析产业转移的相关概念，全面理解区域间实施产业转移是最终实现区域优势互补，互利共赢，实现共同发展的重要途径之一。

（二）学情分析

高二年级是高中承上启下的重要阶段，也是学生巩固地理基础知识，提升学科关键能力和核心素养落地的关键时期。经过高二一学期的地理学习，学生跨过了一道又一道的坎，学生基础知识逐渐扎实但不稳固，地理综合能力有所提升但个体差异非常明显。面对地理学习难度的提高，又加之线上线下教学切换的影响，很容易让学生在地理学习的道路上产生畏难情绪，甚至有放弃地理学习的想法。由于我校优质生源较多，学生线上居家学习，使学生的自律性和自我控制能力分化程度加大，自主学习能力强的学生如鱼得水，自律性和自主学习能力差的学生课上"开小差"，作业应付写，使得线上教学效率大大降低。面对如此纷繁复杂的学情，教师要适当的调整教学策略，提高师生交互的有效性，充分利用网上教学的优势来因势利导的进行地理教育教学。

（三）教学目标

区域认知：通过作业、课上网络检索和课上巩固提升各环节，均以京津冀产业一体化 为背景，让学生沉浸式感受到京津冀一体化取得的重大成就，增强家国情怀。

综合思维：师生通过《腾讯会议》，能够根据图文材料分析京津冀地区产业发展的特点及其对京津冀地区的影响，培养学生综合思维。

地理实践力：通过学生网络检索京津冀协同发展的成就并展示交流，发挥学生"网络达人"的优势。通过 "互动批注"功能，对图文材料的分析，归纳京津冀产业协同的条件。通过天津高考真题的练习，同学们互评答案，培养学生地理实践力。

人地协调：能辩证的分析产业转移对不同地区带来利弊双向影响，并能够利用人地协调观的理念为区域的发展提出合理化建议。

（四）教学重难点

❶ 京津冀产业一体化的背景条件分析。

❷ 产业转移相关概念区分以及产业转移带来的影响。

（五）课前准备

❶ **软件准备**

（1）师生在智能手机或电脑下载并安装《腾讯会议》《班级小管家APP》《问卷星APP》。

（2）教师在《班级小管家APP》中设置班级相关信息：学生姓名和学号等信息，学生申请加入该班级，学生以图片或视频等多种形式提交课上和课下作业，教师在此批阅提交内容。

（3）教师在《问卷星APP》中设置练习的题目内容，学生可在程序中作答。

❷ **资源准备**

（1）教师准备：在《班级小管家APP》中批阅前一天的作业，同时将典型性作业选出，粘贴在课件中，同时要了解学生未交作业的原因。

（2）学生准备：课前打印练习题材料。（详见探究材料一、二、三）

三、教学过程与实施方法

片段一：作业点评环节，用时10分钟。

工具运用： 打开《腾讯会议》中的"共享屏幕"中"应用"里的"互动批注"功能，"云录制"功能，师生共同开启视频，相互可见。

教学方法： 教师在提前制作好的PPT中展示学生代表性的作业，学生通过"互动批注"功能对展示的作业在屏幕上进行点评，或补充或修正，通过学生讨论，师生共同完善答案，并提升与之相关的关键内容。

教学实录

> 教师：提醒同学们拿出作业（图1），展示典型性作业（图1）。请同学们分析材料，然后评价作业。

读图文材料,回答下列问题。

"京津冀协同发展"是我国发展战略之一。京津冀交通一体化、生态环境保护、产业升级转移被确定为京津冀协同发展要率先取得突破的重点领域。

北京的非首都功能向周边地区转移,天津市、河北省成为制造业的主要承接地。

(1)说明天津武清区承接北京先进制造业的优势条件。

① 距北京近 ② 多条铁路连接 ③ 工业基础雄厚
④ 政策支持 ⑤ 地价相对较低 ⑥ 劳动力较廉价

图 1 学生代表性作业

学生:材料分析(略)

学生:没有写信息条件,答案不完整。

学生:画关键词了,并且优势条件较多较准确,答案分条列项给出思路比较清晰……

师生归纳总结:距北京近,地理位置优越;有多条高速公路和铁路通过,交通便利;地价低,劳动力成本低,生产成本低;有多个科技产业园,工业基础雄厚;京津冀协同发展,政策支持……注意答题细节,培养好习惯。

学生:完善答案。

【设计意图】

通过该练习,培养学生获取和解读地理信息、探讨地理问题的能力。练习以京津冀为背景,提高区域认知等地理核心素养的同时,既是上节课产业转移影响因素知识点的落实又作为今日京津冀协同发展的知识铺垫,一举两得。

【优劣分析】

优点:①开启摄像头,虽是线上教学,但可以起到相互监督的作用,又能减少距离感,上课仪式感比较强。②"互动批注"功能开启,在屏幕上实现了学生在黑板讲题的效果。同时通过学生分析其他同学答案的同时也是在自我检阅,容易激发学生的积极性,增强师生的活动,提高了课堂效率。③"云录制"功能使整节课录制下来,学生可以随时重播学习,不受时间和空间的限制。同时所占内存空间小,微信即可传送转发给学生,快捷方便。④"共享屏幕"功能，学生可以自己任意缩放所共享的屏幕内容，使其清晰可见，提高课堂效率。

缺点：①学生上传的图片作业画面不清楚。②网上批阅作业纸质留存困难，纸质作业无法留痕，缺少视觉刺激。③增加了教师批阅作业的难度。

片段二：学生网络检索京津冀协同发展相关内容，并展示。用时 10 分钟。

教学方法：5 分钟时间，学生利用网络检索有关京津冀协同发展的背景和取得的成就。

工具运用：学生利用网络进行内容搜集与整理。

呈现方式：展示的同学"共享屏幕"，与大家共享搜索成果。师生共同归纳总结提升

【设计意图】

通过检索查询，增强对京津冀协同发展的全方位了解，将京津冀协同发展的地理背景和伟大成就沉浸式呈现给学生，提升学生自我成就感的同时，又增强了家国情怀的教育。

【优劣分析】

优点：①利用学生自家网络，方便快捷的检索出相关内容，解决了线下教学网络卡顿，无法课上查阅资料的难题。②师生所获得的内容互补。③视频或文字中对京津冀协同发展的介绍有很多雷同性，学生在展示介绍时要求限时 1 分 30 秒之内展示完毕，之前介绍过的需快进。这就使学生必须非常了解自己所检索的内容，同时非常认真的倾听其他同学的介绍才能达到要求，这在一定程度上提高了学生倾听和表达的能力。④线上教学活动使师生信息技术素养有了一定的提高，推动了信息化教学的发展。

缺点：①个别学生会因为网络大数据的推送，自律性减弱，看其他与课上无关的内容。②网络语言良莠不齐，注意学生正能量正向思维的引导。

片段三：京津冀产业一体化的地理背景分析，用时 18 分钟。

探究材料一

据下列材料，描述京津冀产业结构的特点，并分析该特点对京津冀协同发展的影响。

京津冀三省市人均地区生产总值及三次产业比重（2016 年）

省市	人均地区生产总值/元	地区生产总值/亿元	第一产业		第二产业		第三产业	
			总量/亿元	比重/%	总量/亿元	比重/%	总量/亿元	比重/%
北京市	118 198	25669.13	129.79	0.51	4944.44	19.26	20594.9	80.23
天津市	115 053	17885.39	220.22	1.23	7571.35	42.33	10093.82	56.44
河北省	43 062	32070.45	3492.81	10.89	15256.93	47.57	13320.71	41.54

图 2 探究材料一（图表来自中图版必修二教材 P87）

工具运用：《班级小管家 APP》

教学实录

教师：请同学们完成探究材料一（图 2）的内容，并上传至《班级小管家》对应位置。（教师根据学生提交的答案，迅速找出具有代表性的答案，进行"屏幕共享""互动批注"展示点评。）

学生：学生把答案简要写在纸上，并将把答案上传至《班级小管家 APP》对应位置。对展示答案进行点评（见图 3）。

特点：①河北省以第一、二产业为主，京津以第二、三产业为主 ②第二产业河北省比重最高，第三产业占比北京最高 ③河北省以金属冶炼工业为主，技术指向型工业少，京津以知识密集业为主。

影响：①京津地区产业结构调整升级 ②促进京津地区产业转型，发展高新技术产业。③促进地区经济发展。④促进三地交流、沟通、合作。

图 3 练习一学生作业展示

学生：特点描述比较全面。

学生：特征可以补充一条工业基础雄厚。

学生：有利的影响可以补充集聚效应增强，利于扩大某些产业的产业规模和集聚效应。

学生：只写了有利影响，我认为也有弊端。

教师：有什么不利影响呢？

学生：重工业较多可以带来环境污染问题。

教师：同学们评价的比较全面。同种产业比重大享受好处的同时，会使产业同质化竞争严重。根据产业结构的差异，我们进一步推断京津冀三地京津经济发展水平和城市化水平差异明显，京津明显水平较高。同学们思考一下，京津冀如何进行产业一体化调整呢？

学生：进行产业转移，京津将劳动力密集型和资源密集型产业转移到河北省。

学生：北京大力发展高新技术产业和第三产业，河北发展制造业。

教师：大家给出的建议与现实的京津冀产业一体化有多大相似度呢？请同学们完成探究材料二（图4）的内容，并将答案上传至《班级管家APP》。教师迅速找出学生代表性答案（图5），请评价一下这两份答案。

探究材料二

《京津冀协同发展规划纲要》明确了京、津、冀在协同发展中的战略定位，北京的产业发展定位为科技创新中心；天津的产业发展定位是全国先进制造研发基地，河北的产业发展定位为产业转型升级试验区，请分别列举三地实现各自产业发展定位最具优势的一项区位条件。

学生：上传练习答案，并评价分析代表性答案（图4）。

北京：经济发达；技术.资金雄厚；收入水平高

天津：技术.资金水平高；制造业经验丰富.

河北：资源丰富；土地价格低廉；劳动力丰富.

图4　练习二学生代表性作业

学生：每个地区要求写一条，但该答案写了三四条，没按要求作答。

学生：审题不清，天津与北京优势有雷同，与北京相比天津的技术和资金不是天津最具优势的一项。天津突出先进制造业，条件可以写现代制造业基础雄厚。

学生：没有写出材料中的信息条件……注意天津定位的长长的定语。

学生：河北和北京的信息写的比较全面。。

师生归纳：京：科技力量雄厚（科技人才集中）；冀：传统工业基础好（与京、津两市相邻；劳动力丰富；土地资源丰富）。重视材料的信息的提取。

【设计意图】

通过对图文材料的判读，锻炼学生获取和解读地理信息、探讨地理问题等地理关键能力的培养。同时以京津冀地区为背景，提高学生区域认知，地理实践力和综合思维等地理核心素养的培养，探究出京津冀产业协同的地理背景。

【优劣分析】

优点：①每位学生都在纸上写出答案，能够反馈出每个人听课的效果。②利用《班级小管家APP》教师能一目了然的知晓作答和提交情况，发现学生答题出现的问题。

缺点：①在《班级小管家APP》上传"答案"的速度参差不齐，不能兼顾到每位同学。②线下教学互动讨论环节能摩擦出很多灵感，得出意料之外的答案。但线上教学很难实现互动讨论，缺少了讨论的温度。

片段四：概念辨析，用时 7 分钟。

探究材料三

工具运用：《问卷星 APP》

为实现京津冀区域协同发展，河北省作为我国钢铁产量最多的省份，规划将部分钢铁企业向沿海临港地区转移，并实施企业合并和技术改造。请结合图文信息，完成下列三个问题的答案。

A. 促进产业结构调整　　B. 利于产业结构优化升级

C. 增加就业岗位　　　　D. 优化钢铁工业布局

E. 促进产业分工与合作　　F. 促进工业化发展

G. 促进城市化发展　　　　H. 促进钢铁工业产品的升级换代

J. 促进钢铁产业升级

K. 可能加重环境污染，增加环境压力

M. 增加经济收入　　　　N. 促进第三产业的发展

P. 就业岗位减少　　　　Q. 减轻环境污染

问题1：结合图文材料分析，这种调整对河北省钢铁工业发展的有利影响？

问题2：结合图文材料分析，这种调整对河北省产业发展的有利影响？

问题3：结合图文材料分析，这种调整对钢铁企业转入的临港地区有哪些影响？

图5 探究三材料

课堂实录

教师：教师在《问卷星APP》中输入探究材料三（图5）的试题，程序中学生可见。

学生：学生打开《问卷星APP》程序，在程序里将三道选择题提交完成。

教师：教师一目了然每道题目的正确率，每个选项的勾选情况也清晰可见。从学生作答结果分析学生对产业相关概念的具体掌握情况。

学生：对错选的答案进行解释（略）。

学生：讨论辨析概念（略）

教师：对产业相关概念进行进一步的对比区分（略）。

【设计意图】

通过对相同背景材料不同问题的设计，扎实对概念的理解辨析，让学生感受概念的重要性。

【优劣分析】

优点：①《问卷星 APP》应用在选择题中方便快捷，宏观上对学生课上内容的掌握情况比较明晰。②《问卷星 APP》结果统计速度快、功能全，非常利于课上使用。

缺点：①《问卷星 APP》只能文字输入，地理中的大量图表信息无法呈现。②微观上对学生个体的分析不足。

四、教学反思

面对线上教学的新生事物，师生线上交互有机遇也有挑战。

（一）有利于提高师生线上交互表现在：

❶ 拓展小程序中的多个"应用"功能，能起到事半功倍的效果。例如：《腾讯会议》"互动批注""小组讨论""投票功能"等，为师生的线上有效交互提供保障。

❷ 数字化教学，使资料投递及时和评价反馈精准，教师可以兼顾到每一位学生，为分层教学提供了便利的条件。同时数字化的教学手段，可帮助教师精准掌握学生在课中产生的问题，并有针对性地进行讲练。对于师生交互的针对性提供了重要依据。

❸ 线上教学在监督机制下，可以充分利用网络强大功能，给学生布置查询内容，限时查阅资料，提高了学生自主学习的能力，能充分展示学生的研究成就，提高学生课堂参与度，为师生交互提供动力。

（二）线上教学师生交互的阻力表现在：

线上教学无法实现学生间摩擦讨论生成的过程；线上教学使得师生的距离感增强，对自主学习能力弱的学生不利；教师对学生的监管难度加大。长期人机间交流，缺少人与人面对面的交流，师生很容易产生焦虑情绪。

【作者简介】

刘艳，天津市滨海新区塘沽第一中学地理教师；天津市滨海新区教师发展中心高中地理兼职教研员；冉祥红，天津市滨海新区教师发展中心高中地理教研员。

-------------------------------- 案例点评 --------------------------------

这节网络教学案例通过摄像头的实时监控，师生间隔着屏幕的真实的、有情感的、有思维碰撞的随时的交流、互动，课堂气氛活跃。

整节课结构严谨，环环相扣，过渡自然，时间分配合理，腾讯会议中的各项功能使用熟练，切换自然，微信、班级小管家、问卷星 APP 根据教学需要选择不同的线上平台支持，完成教学任务。教师将教学目标转化成同学们的"自我需求"，既有学生的主动参与、亲身实践又有学生独立思考、合作探究，通过作业点评、课上网络检索及成果展示、同素材不同设问概念辨析等环节培养学生的地理核心素养，尤其利用网络检索这个环节不仅仅是培养学生的地理实践力，同时还有助于学生地理信息甄别筛选能力的提高。本节课运用网络呈现给学生大量的图文材料，通过对图文材料的分析，培养了学生获取和解读地理信息关键能力，利用问卷星 APP 进行的练习反馈，快速准确的发现学生的问题，精准有效的实施课堂教学，体现了教师很高的个人地理素养以及教学智慧，大大提高了课堂教学效率。通过师生良好的互动交流，既有教学资源的生成，又有教学过程状态的生成。

本节课的最大亮点应该是教学过程中，教师对教材大胆的整合，以必修二第四章第一节《京津冀协同发展的地理背景》为本节情境素材，将选必二第三章第一节《珠江三角洲地区产业转移》以及必修二第三章第二节《工业区位因素》涉及的知识点巧妙地串联成一条线，整个教学始终以这条线为主，以京津冀地区为背景素材，通过三个环节完成三个相关知识点的复习与讲解：环节一是产业转移的相关知识的复习，课上实施环节利用腾讯会议的共享屏幕、互动批注和云录制等功能，进行作业的点评，实现了隔着屏幕的师生、生生间的互动，有助于培养学生综合思维和人地协调关系；环节二是通过网络检索增强学生的家国情怀；环节三通过前面的两个环节的课堂教学，自然过渡到对京津冀产业一体化地理背景的分析，水到渠成地完成了本节的教学目标。

【指导教师】

李长爱，天津市滨海新区塘沽第一中学地理教师。

语文
01

数学
02

英语
03

道德与法治
04

历史
05

地理
06

物理
07

化学
08

生物学
09

科学
10

信息技术
11

音乐
12

体育与健康
13

综合实践活动
14

7 天津市中小学优秀线上
教学教研案例集 物理

依托人教智慧教学平台 助力线上探究式实验教学案例
——以"中考专项复习 力学探究实验"课程为例

刘新宇 王东梅

一、案例背景

为深入贯彻党的十九大和十九届历次全会精神，全国教育大会精神，认真落实《教育部加强中小学线上教育教学资源建设与应用的意见》《天津市教育信息化"十四五"规划》等文件精神，促进信息技术与教育教学融合应用，积极"探索互联网＋教育"的新模式开发，在本区物理线上教研的研究文件指导精神下，结合《义务教育物理课程标准（2022 年版）》要求，本案例依托人教智慧教学平台开展授课，以"中考专项复习 力学探究实验"一节为课例背景，对依托人教智慧教学平台的教学交互、教学服务等功能进行充分运用，并结合深度学习的探究思想将本节案例进行全面解析。

最新颁布的《义务教育物理课程标准（2022 年版）》明确指出义务教育物理课程目标的核心素养主要包括：物理观念、科学思维、科学探究、科学态度与责任。探究类实验教学在开展的过程中如何使学生自然形成物理观念；逐步提升和培养学生的科学探究习惯；让科学探究过程深入学生思维，成为学生逻辑的一部分，这些核心素养的培养是探究类实验在设计和开展时必须考虑的关键问题。而要在信息技术融合之下开展探究类实验就需要我们整合和有效运用平台资源，既能满足学生的基础知识学习需求，又能体现个性化智慧化的教育教学方式。天津市基础教育资源公共服务平台提供的人教智慧教学平台让线上探究式教学开展的更加方便和直观。在线上，人教智慧教学平台为教师和学生提供了优质资源服务，它实现了师生资源共享，以更加直观形象的思维认知特点捕获学生学习的兴趣点，扫清了物理学科线上实验教学的困难和障碍，解决了教师们因为居家线上教学而实验器材匮乏的难题，而且平台的虚拟物理实验室模拟实验探究非常逼真，平台优化了教师线上"教"，丰富了学生居家"学"。尤其是当前，线上线下教学来回切换的方式，人教智慧教学平台的优势就更加突出，在线下，本平台的资源还可以给学生起到预习和复习的作用，平台自带的实验教学视频和虚拟物理实验室可以让孩子反复观看学习，为课前预习或者课后巩固做好充分的学习服务，扩大了孩子学习的空间，延长了孩子学习的时间，更好的满足学习自主学习的需求。人教智慧教学平台的利用让线下和线上物理课堂充满了无限的科学魅力，不管是线上还是线下的利用都能更好的服务"双减"发展需求，实现了线上线下的有效融合，促进了教学质量提升。

二、教学设计

（一）教材内容分析

本节课内容主要分为四个探究实验：探究滑动摩擦力影响因素、探究杠杆的平衡条件、探究动能和重力势能的影响因素和探究压力作用效果的影响因素。这四个探究实验来自于人教版物理八年级下册，前两个实验是新课程标准要求学生必做的力学实验。

近几年，天津中考常涉及到的力学探究实验专题还有"探究动能和重力势能的影响因素"以及"探究压力作用效果的影响因素"。因此，本案例将这四个力学探究实验整合在一起，依托人教智慧教学平台，结合学生课前的居家小实验及中考高频考点，利用腾讯会议平台完成了本节《中考专项复习——力学探究实验》线上课例。

（二）学情分析

本节课为中考二轮复习课，面向九年级下学期的学生。在经历了系统的一轮复习之后，学生对整个初中阶段的物理知识已经有了较为扎实的理解，也基本掌握探究实验的程序，能够运用控制变量法、转换法来进行实验设计，本节课将彻底发挥学生的主动性和创造性，让学生利用生活常见物品来完成物理探究实验。

（三）教学目标

❶ 物理观念

学生通过观看探究实验视频，进一步掌握滑动摩擦力的影响因素；通过制作居家探究实验，回顾动能和重力势能大小的影响因素；通过虚拟物理实验室的探究实验，回顾杠杆的平衡条件。

❷ **科学思维**

学生通过进行居家探究小实验的制作，培养探究思维和创新思维；通过虚拟物理实验室的探究过程，培养科学推理的意识和思想；

❸ **科学探究**

学生进行实验探究，掌握控制变量法和等效替代法等研究问题的方法，能从实验数据中发现规律；

❹ **科学态度与责任**

（1）通过居家小实验的制作，养成实事求是的科学态度和持之以恒的科学品质；

（2）学生通过进行影响动能的影响因素的研究，知道交通安全的重要性；

（3）学生结合生活实际进行实验探究，感受从生活走向物理，从物理走向社会，激发学生学习物理的兴趣。

（四）教学重难点

教学重点：探究滑动摩擦力的影响因素、探究杠杆的平衡条件。

教学难点：

❶ 实验探究滑动摩擦力和接触面粗糙程度、接触面压力大小的关系；

❷ 根据杠杆平衡数据总结平衡条件；

❸ 认识控制变量的意义。

（五）课前准备

❶ 提前给学生布置线上作业

请学生运用生活中的常见材料进行居家小实验，在"探究滑动摩擦力的影响因素"、"探究动能和重力势能的影响因素"、"探究压力作用效果的影响因素"三个实验中任选一个，实验过程中要注意符合科学探究过程，运用控制变量法和转换法等科学方法。将实验过程及结论以视频或图文的方式上交。

❷ 线上教育资源及工具

人教智慧教学平台电子课本、人教智慧教学平台杠杆实验虚拟实验室、学生录制的居家小实验视频、腾讯会议、写字板、摄像头。（探究杠杆的平衡条件实验在线上课堂中用虚拟实验室进行，为巩固学生对力臂定义的理解，需要用连接电脑的手绘写字板在屏幕上画出杠杆的动力臂）

三、教学过程与实施方法

本节课将这四个力学探究实验整合在一起，依托人教智慧教学平台，结合学生课前的居家小实验及中考高频考点，利用腾讯会议完成了本节《中考专项复习——力学探究实验》线上课例。

（一）巧用人教智慧教学平台的实验微视频资源和市精品课程资源进行探究式实验的深度学习

片段一：探究摩擦力的影响因素实验

工具运用：播放人教智慧教学平台的实验微视频，融合天津市精品课程资源，学生观看视频并回答问题。并且利用腾讯会议的互动批注功能在屏幕上进行表格的绘制。

【教学实录】

教师：我们带着两个问题来观看人教智慧教学平台的探究实验视频，问题1：滑动摩擦力与什么因素有关？问题2：这个探究实验用到了什么物理方法？

学生：滑动摩擦力与压力和接触面的粗糙程度有关，用了控制变量法。

教师：探究滑动摩擦力与压力大小的关系时，如何设计实验表格？

学生：利用互动批注功能绘制实验表格。

教师：在设计表格时，我们要注意表格栏目包括实验次数、控制的物理量，变化的物理量，得出的结论物理量及物理量的单位等。下图是老师设计的表格，请大家差缺补漏。

学生：进行表格的更改。

教师：实验中是怎样进行木块拉动的？

学生：利用弹簧测力计匀速拉动木块。

教师：匀速拉动木块的目的是什么？

学生：利用二力平衡的思想来间接的测出摩擦力的大小，摩擦力大小等于弹簧测力计的拉力示数。

教师：在实际操作的过程中匀速直线拉动木块好操作吗？

学生：不好操作。

教师：应如何改进实验？有没有别的办法既能克服匀速拉动不好操作的缺点，又能测出滑动摩擦力的大小？

学生：可以拉动长木板，保持上方木块静止，这样木块静止也是平衡态，它受到的摩擦力和拉力相等。摩擦力是相互的。

教师：下面观看《摩擦力》一节的实验改进片段，这样改进有什么优点？

学生：这样可以减小误差，克服必须匀速拉动的缺点。

教师：请分别画出木块和长木板的受力分析图？

学生：用互动批注功能绘制图（见图1）。

教师：通过画图我们分析出：保证木块和弹簧测力计静止，木块和木板发生相对滑动，木块受到木板的摩擦力大小等于弹簧测力计的拉力。

【设计意图】

通过人教智慧教学平台资源的利用,将探究滑动摩擦力的影响因素实验进行深度学习,既让学生掌握探究方法,又让学生对实验表格的设计、实验方法的改进进行深度剖析,提升科学思维。

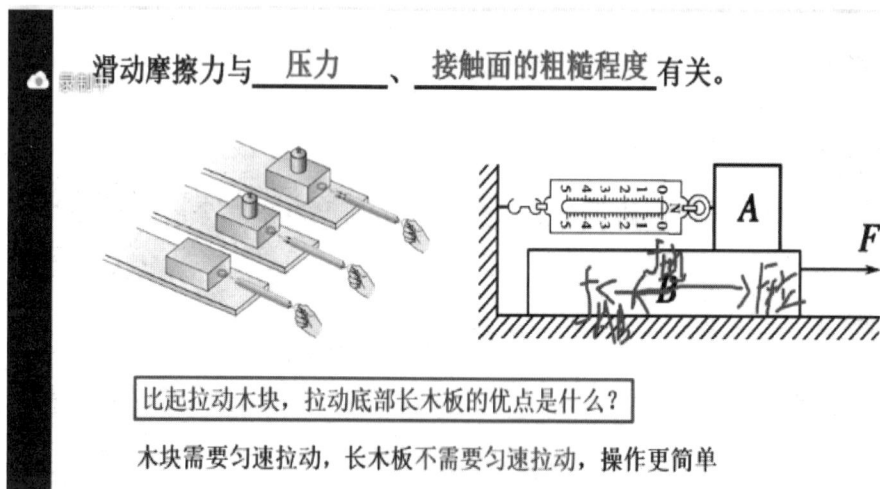

图1 学生利用互动批注画图进行受力分析（图片引用于"人教智慧平台"）

（二）巧用人教智慧教学平台的电子课本结合学生居家小实验进行中考试题的链接和改编

片段二：探究压力作用效果的影响因素

工具运用：人教智慧教学平台的电子课本、虚拟物理实验室,用学生居家实验视频进行中考题改编。

【教学实录】

教师：探究压力的作用效果与什么因素有关实验是八年级下册《压强》一节的内容,本节探究实验采用的实验器材是：小方桌、海绵、砝码。请大家观看虚拟物理实验室,分别观看沙子的凹陷程度,来探究压力的作用效果因素。同学们在居家学习的过程中还可以利用家庭的一些器材进行实验的改进与验证,下面请看赵同学录制的居家小实验。他利用家里的棉花、矿泉水瓶和刻度尺完成了对压力作用

效果的影响因素的探究。观看后，请同学们回答下面三个问题（见图2）：

问题1：实验中通过观察_____来反映压力的作用效果；

问题2：比较图_____和图_____，可以验证压力的作用效果与压力的大小有关；

问题3：分析比较图1和图2，可以得出结论：_____。

学生1：实验通过观察棉花的凹陷程度来反映压力的作用效果。

学生2：通过比较图1和图3来验证压力的作用效果与压力的大小有关。

学生3：分析图1和图2可以得出的结论是：在压力一定时，受力面积越小，压力的作用效果越明显。

【设计意图】

本环节通过人教智慧教学平台的电子课本、虚拟实验室，和学生一起回归教材，回顾实验过程。学生自主设计改进实验器材，居家录制实验视频。学生在分析数据的过程中归纳科学规律，认识到分析、论证在科学探究中是必不可少的。居家小实验调动了学生学习的积极性，培养学生尊重客观事实、实事求是的科学态度，使学生乐于参与物理活动。

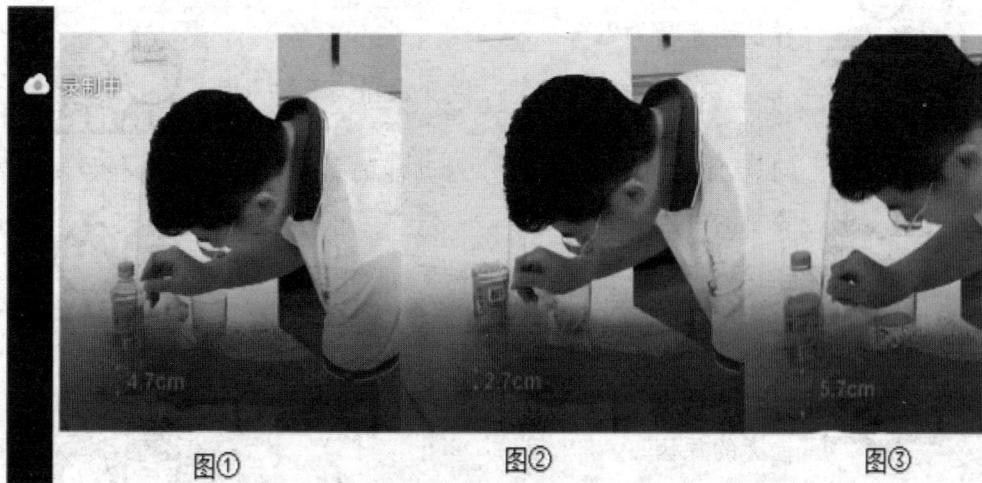

图① 图② 图③

图1 学生利用互动批注画图进行受力分析（图片引用于"人教智慧平台"）

片段三：探究动能的影响因素实验

工具运用：居家录制小视频，结合人教电子课本对中考考点进行复习

【教学实录】

教师：探究动能影响因素实验是中考的高频考点，教材中采用小球、木块、斜面进行的实验探究，一起观看虚拟实验室来探究动能的影响因素，在线上课堂的环境下，同学们发挥聪明才智居家探究。下面我们一起观看刘同学是怎样进行的动能探究实验？刘同学的探究步骤都有哪些？

学生：刘同学用矿泉水瓶、魔方、斜面、彩色胶带进行实验。过程有猜想、设计实验、进行实验并收集数据记录表格、得出实验结论。

教师：请同学们回答以下几个问题：

问题1：刘同学在研究动能因素时，把＿＿＿＿转化成了＿＿＿＿＿＿。

学生1：水杯的动能转化成撞击魔方移动的距离。

问题2：物块被撞击的移动距离越远，说明水杯到达水平面的动能越＿＿＿＿。

学生2：越大。

问题3：在探究速度的大小对动能的影响时，刘同学是怎样控制变量的？

学生3：控制水杯的质量相同，改变水杯滚下的高度。

问题4：在探究质量大小对动能的影响时，又是怎样控制变量的？

学生4：控制水杯滚下的高度相同，改变水的质量。

问题5：如果把水杯想象成汽车，用图中空水杯标记，可以解释汽车＿＿＿＿＿＿（选填"超载"或"超速"）行驶危险性大的原因。

学生5：超速。

【设计意图】

利用学生居家录制的视频，作为题目设计的情境背景，问题出自于生活情境和实验情境可以启发学生的思维，这样的复习教学非常有实效，也符合中考试题的背景和难易要求。

（三）巧用人教智慧教学平台的虚拟物理实验室进行网络实验教学的有效引领和锻炼

片段四：探究杠杆的平衡条件

工具运用：利用人教智慧教学平台的虚拟物理实验室师生一起进行探究杠杆的平衡条件实验，利用写字板进行绘制力臂。

【教学实录】

教师：请同学们进入物理虚拟实验室，杠杆的初始状态是不是平衡态呢？

学生：不是。

教师：什么状态叫作平衡态呢？

学生：静止或者匀速直线运动状态。

教师：此时没有水平平衡的杠杆是不是静止状态？

学生：是。

教师：所以不是水平的杠杆也是平衡状态，为什么我们要把杠杆调到水平平衡状态呢？

学生：为了便于测量力臂。

教师：如果杠杆右边偏高，要想调节到水平状态，应如何调节？

学生：向右调节平衡螺母。

教师：调节好之后，我们利用虚拟物理实验室的钩码进行三次测量实验，并记录数据。

教师：通过观察分析数据可以得出杠杆平衡的条件是什么？

学生：动力 × 动力臂 = 阻力 × 阻力臂。

教师：如果将其中一端的钩码改为弹簧测力计斜拉杠杆尺，使杠杆平衡，你能做出这个拉力的力臂吗？

学生：画力臂。

【设计意图】

师生一起在虚拟实验室中进行探究，并对实验数据进行总结和分析。这样做增加了学生间的合作机会，学生也可以明确自己的职责，提高学习效率，锻炼学生的表达能力和总结能力，让学生真正成为探究的主体，同时形成生生互动、师生互动的信息交互网，提高课堂效率。在学生分析数据得出杠杆平衡条件之后，结合 2021 年天津中考 23 题最后一问，让学生用腾讯会议的互动批注功能在屏幕上画出拉力的力臂，考察学生对力臂定义的理解，也提高了学生对线上课堂的参与度。虚拟实验室可以模拟真实的实验场景，将抽象的物理过程通过电脑模拟变成生动、直观、形象的展示过程，让学生仿佛身临其境地进入了物理实验室，对重点知识进行实验探究，加深印象，同时也提高学生的学习兴趣，活跃课堂气氛。

四、总结与反思

本次课堂的亮点充分整合了线上的各类资源，比如：天津市基础教育资源公共服务平台的精品课程资源和人教智慧教学平台资源，并将其较好地融合进课堂中；虚拟物理实验室中，学生既可以在虚拟实验台上动手操作，又可自主设计实验，有利于培养学生的动手能力，打破线上教学和线下教学的界限；课前让学生利用家里的材料设计并完成居家小实验的视频录制，提高学生的动手能力，发挥了学生的主观能动性，让学生自主完成探究过程，体验成功的喜悦，大大提高学生的学习兴趣；运用线上资源和学生录制的居家小实验视频创设情境设计题目，将中考题进行改编，使学生更容易理解题目中的情境，达到沉浸式教学的目的。线上教学虽然处于摸索和研究阶段，但天津市基础教育资源公共服务平台的资源，和人教智慧教学平台，市精品课程资源，腾讯会议平台等的融合使用将线上教学打造的丰富多彩，打破了时空的限制，将教师和学生紧密联系在一起。

【作者简介】

刘新宇，天津市滨海新区大港第二中学，物理教师。
王东梅，天津市滨海新区大港滨湖学校，物理教师。

-------------------------------- 案例点评 --------------------------------

本节课利用天津市基础教育资源公共服务平台及人教智慧教学平台结合学生的居家小实验和中考高频考点将力学的四个探究性实验进行了系统深度的线上讲解，给老师们在中考专题复习方面特别是线上实验专题教学方面做出了很好的示范。本节课的亮点在于，整合了天津市基础教育资源公共服务平台的教学资源，将人教智慧教学平台应用的恰当好处。人教智慧教学平台中的实验视频资源及虚拟物理实验室资源的利用对线上复习探究实验提供了很好的教学辅助作用。虚拟物理实验室的运用恰恰适合网上教学的实验探究，师生可以一起在虚拟物理实验室中进行深度探究。同时，人教智慧平台中的电子课本给学生关键课题关键图片的展示，在展示中进行复习巩固，让学生回归教材，依据教材基础进行探究式实验教学的进一步变式和改进。这些都是人教智慧教学平台给线上教学带来的优势，很好的体现了"互联网＋教育"的新形态，新思想，将信息技术与课堂教学深度融合。

本节课的另一个的优点是本节课是九年级的中考专题复习，老师将学生的居家实验和网上整合的资源作为复习习题的背景，在这种情境背景下进行问题的设计和中考试题的改编，情境教学的选择和运用非常恰到好处，问题出自于生活情境和实验情境，问题的设计有难易层次度，问题的引领可以启发学生的思维，这样的复习教学非常有实效，也非常符合中考试题的背景和难易要求，这种结合生活情境和实验情境的问题设计复习方式值得我们每一位教师借鉴。

【指导教师】

李莉，天津市滨海新区教师第二发展中心物理教研员，指导多名青年物理教师获全国青年物理教师大赛一等奖。带领区域物理教师进行多个课题研究，其中两个课题获天津市教育学会教育科研市级重点课题，撰写多篇获奖论文。

高中物理情景教学线上教育策略
——《电磁感应及其应用》线上教学为例

刘成君　肖慧娟

一、案例背景

根据 《"十四五"国家信息化规划》《天津市教育信息化"十四五"规划》要求，着力以信息技术健全基本公共服务体系，改善人民生活品质，让人民群众共享信息化发展成果。建立线上课程资源储备和维护机制，提升数字教育资源标准化程度。优化"天津中小学云课堂"的教学设计、教学交互、教学管理和教学服务功能。持续推进基础教育精品课程资源体系化，保障常态化的线上教学支撑。

为了提高线上教学的质量，天津市教委、天津市教科院课程教学研究中心鼓励教师们开展对线上教学的深入探索。通过一段时间的线上授课，笔者对线上授课的现状进行调查，并结合核心素养对物理学科的要求、新课程标准的要求，明确线上教学目标。

（一）线上教学现状的调查

为了提高线上教学效果，笔者采用问卷星，使用了关于线上教学中教学现状的调查（家长版）和关于线上教学中教学现状的调查（教师版）两套调查问卷，分别对天津市部分学校的家长和教师做了调查。在对家长的调查中发现，绝大部分学生每天线上学习时间在 5 小时左右，课后自主学习时间在 1～2 小时。在调查学生对什么样的线上课程感兴趣中发现，绝大部分的学生倾向自己的教师或本校认识的教师授课，一部分同学倾向于国家、市、区等资源平台的课程，也有一部分学生喜欢动画式的浅显易懂的线上课程。在调查哪些因素会影响学生在线上课堂的积极性中发现，影响因素主要集中在课堂互动性、教学方式是否单一、教师是否幽默、学生的参与度是否实现这几方面。

在对教师的调查中发现，绝大部分教师使用直播或者录制视频进行线上教学，教师普遍认为线上教学可以提供回放功能，利于学生自行补习，但一些学生自律能力差，很难实现。在提高线上教学效果的建议调查中发现，大多数的教师认为活跃课堂气氛、丰富教学资源对促进线上教学有积极作用。

（二）物理学科的总体教学目标

物理是一门以实验为基础的学科，基于核心素养对物理学科的要求，教学中要注重学生物理科学观念的建立，科学思维的形成，科学探究能力的培养，以及科学态度与责任的树立，为成就学生的终身发展奠定基础。物理学科的教学应该注重学生解决问题的能力、实践能力、综合能力的培养，在物理教学实践中，要重视实验对学生的引导和启发作用；新课标要求，要使教学内容情境化，因此要注重情景教学，注意创设合适的情境；要注重课程资源的利用，以丰富学生的认知。

二、教学设计

（一）教学内容分析

此次案例设计，笔者选择了《电磁感应及其应用》这一课题，这是高中物理必修第三册第13章的第三节。在这一节的学习中，要求学生了解电磁感应现象，知道电磁感应的应用及其对现代社会的影响。

（二）学情分析

线上教学受到时间和空间的限制，相对于线下教学，缺乏和学生直接的互动，不能时时看到学生的反应，时间久了，尤其是惰性大的学生，难以保证听课效果。笔者认为与其要求学生学习，不如变成让学生自己想学习。因此一方面要丰富课程资源，采取多样化的教学方式，另一方面物理学科作为实验学科，与生活实践有很大联系，正好利用学生在家的机会，多动手，多参与，为物理知识构建提供物质基础。

（三）教学目标

❶ 能计算磁通量，知道产生感应电流的条件。

❷ 经历感应电流产生条件的探究活动，提高分析论证能力。

❸ 通过模仿法拉第的实验，归纳得出产生感应电流的条件。

❹ 了解电磁感应线现象的发展过程，学习法拉第坚持理想信念、不畏艰辛、勇于探索的科学精神。了解电磁感应对人类文明产生的重大历史意义和在现代社会的广泛应用。

（四）教学重难点

重点：电磁感应现象发现的历史概述、探究产生感应电流的条件、电磁感应的应用。

难点：磁通量的概念、产生感应电流的条件。

（五）课前准备

❶ 应用软件、课程资源的准备

课前做好以下几点准备工作：一是利用微信群指导学生下载钉钉 APP，邀请学生进群，安排学生改成真实姓名，方便实现互动，安排课代表为群管理员；二是围绕电磁感应的内容在国家中小学智慧教育平台和天津市基础教育资源公共服务平台搜索相关素材，结合个人平日素材的积累，整合资源，做合理分配；三是制订教学方案，完成教学设计和教学课件；四是制订课后辅导方案，根据学生在教学中的知识掌握情况制订答疑计划。

❷ 布置预习作业

在线上教学之前，教师要为学生布置一定的学习任务：

（1）让学生了解电磁感应模块的课标要求；

（2）把国家中小学智慧教育平台的链接发给学生，请学生自行安排时间观看视频做好预习；

（3）布置几个问题，需要学生在预习后自行研究，并在线上授课过程中有所体现。

问题1：通过摇绳发电、开关门发电，可以得到什么启示？

问题2：磁通量的物理意义是什么？

问题3：产生感应电流的条件是什么？必须有部分导体切割磁感线吗？

❸ 做好设备调试

本次线上教学主要以钉钉中在线课堂（在班级群对话框上方的快捷键中找到在线课

堂）为主，打开在线课堂，选择小班模式，添加所有学生（全选即可），设置全员静音，选择右上角的设置—方向—后置摄像头，再点击右上角自己的摄像，选择切换视频到大窗口，将摄像头对准电脑的屏幕，调整好高度角度后，就可以让学生轻松的看到教师的电脑屏幕。这样操作的好处是，学生不仅可以看到课件内容，还能看到教师的手势。由于还有一个实验需要演示，所以笔者选择用第二部手机以学生身份进群，方便进行镜头切换。设备都调试好了以后，就可以开始上课了。

三、教学过程与实施方法

（一）教学实施阶段

❶ 引入环节

根据新课标的要求，要注重课程的时代性，关注科技进步和社会发展需求。新课导入以三峡工程为例，放出三峡电站的照片，介绍三峡电站全年累计发电 998 亿千瓦时，相当于减少 4900 多万吨原煤消耗，全年发出的清洁电能，相当于为国家带动创造了近一万亿元的财富，而它发电的原理就是我们今天要学习的电磁感应现象。本节课选择三峡工程作为新课导引，旨在激发学生的爱国热情和求知欲。

❷ 授新环节

（1）学生自主探究过程

播放闭合电路的一部分导体在磁场中切割磁感线的视频 a（选自天津基础教育资源公共服务平台上课程资源的片段），学生会看到电流表有示数。

教师：这个现象说明了什么？

连线举手学生 A，学生：说明了闭合电路的一部分导体切割磁感线可以产生电流。

连线举手学生 B，学生：老师，预习课里的摇绳发电和开关门发电也是因为切割磁感线了，所以产生了电流，所以说，切割磁感线就是产生电流的条件。

（2）教师通过对电磁学发展史的介绍和巩固磁通量的概念，引导学生发现问题

教师：这个实验和预习课的两个实验都说明闭合回路中，部分导体切割磁感线可以产生感应电流，但这是产生电流的充要条件吗？我们先来看看电磁学的发展史。

播放幻灯片，讲授作为教师的奥斯特在上课的时候发现电流产生磁场的故事，并在线上课堂为大家再现当年奥斯特和他的学生看到的现象。由于演示奥斯特实验需要变换学生的视角，为了节约时间，使用了之前提到的以学生身份入群的账号，起名"张三"，打开"张三"的后置摄像头，从教师身份的账号将"张三"切换到大窗口，让同学们清楚的看到奥斯特实验。

之前人类一直将电和磁孤立地研究，奥斯特实验首次将电与磁建立了联系。人们不得不思考，既然电流能产生磁场，那么磁场可不可以产生电流呢？英国科学家法拉第经过 10 年的研究，终于发现了"磁"生"电"的对称规律。

分析视频 a 中的实验，上一节课我们学习了磁通量的概念，在这个实验中我们可以发现除了有切割的现象外，还有没有别的物理量发生变化？

连线举手学生 C，学生：回路中的磁通量也发生变化。

教师：是的，这个现象中切割磁感线的同时，磁通量也发生了变化。

（3）设计实验，带领学生利用控制变量法得到科学概念

教师：那怎么判断哪个才是产生感应电流的原因呢？

连线举手学生 D，学生：老师，之前的情况，线框的面积只要一变化，就会切割磁感线，应该保持线框不动，把磁铁靠近或者远离线圈，就可以看看没有切割的情况下，是不是磁通量变化引起的感应电流了。

教师：非常好，我们来看看下一个视频。

播放视频 b（选自天津基础教育资源公共服务平台上课程资源的片段），螺线管连接灵敏电流计，形成闭合回路，将条形磁铁靠近或者远离螺线管，电流表有示数。

教师：这个现象说明什么？

连线举手学生 E，学生：说明不切割磁感线，只要磁通量变化了，就会有感应电流。

连线举手学生 F，学生：老师，我认为这个情况虽然线圈没动，但是磁场动了，还是存在切割磁感线的情况，不能排除切割导致的可能性。

连线举手学生 G，学生：如果能直接控制磁场强弱就好了，不改变相对位置的那种。

教师：是的，同学们，我们来看下一个实验，我们可以把电流产生的磁场加在线圈上，通过改变电流的大小，来实现改变磁场的强弱，在不切割的情况下，实现磁通量的变化。

笔者采用动画的形式（见图 1），将电路结构清晰化，讲明白原理后，再播放视频 c（选自天津基础教育资源公共服务平台上课程资源的片段），展示真实的实验过程。

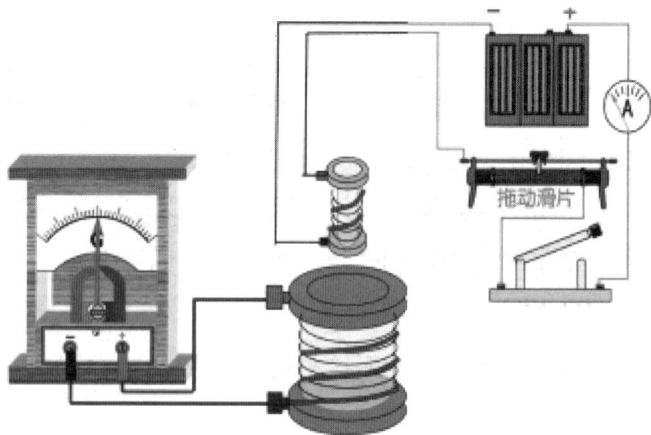

图 1　电路的动画展示

教师：通过视频中的现象，能够得到什么结论？

连线举手学生 H, 学生：在没有切割磁感线的情况下，仅磁通量变化就产生了感应电流，所以说磁通量变化才是产生感应电流的原因，前面说过的切割实际上也是因为改变了磁通量。

连线举手学生 I, 学生：老师，还应该加一条闭合回路才行，断路怎么会有电流呢？

教师：大家分析的很透彻，在闭合回路中，磁通量的变化会引起感应电流的产生，这就是产生感应电流的条件，切割磁感线只是实现磁通量变化的手段之一。

（4）鼓励学生积极思考，体会电磁感应在生活中的广泛应用

教师：那么你能举出生活中磁生电的例子吗？

连线举手学生 J, 学生：老师，我的自行车前面有盏灯，只要一骑起来，它就亮。我也没装过电池，现在看来很可能是车轮转的时候，切割了磁感线产生了感应电流。而且我发现骑的越快，灯就越亮，也就是说切割速度越快，电流就越大。但不知道这个用磁通量怎么解释。

教师：你观察的非常仔细，后面的学习会解除你这方面的困扰，让我们拭目以待。

连线举手学生 K, 学生：老师，我妈妈的手机是无线充电的，我一直在怀疑电能是怎么进到手机里面的，通过今天的学习，我觉得那个充电盘应该对外输出变化的磁场，才会有充电的效果。

教师：你说的没错，无线充电就是利用磁生电的过程实现的，不过它的能量是从电能转化为磁场能，再转化为电能。

播放幻灯片，展示一张小电风扇内部的照片，由教师介绍电风扇的内部结构及工作

原理。转动扇叶，会引起中轴的磁铁快速切割磁感线，那么小风扇就会像电源一样对外供电。鼓励家里有小风扇的学生，在家长的监督下，可以尝试自己感受一下电的存在，也可以把自己的发现，共享在微信群里。

最后由教师总结一节课的学习内容。

❸ 布置作业

布置质量检测 A 组几道简单的练习；观察身边的电磁感应现象，鼓励共享；留一个思考题，如果家里没电了，你可以通过什么方式获得电源？

有些学生利用课后的闲暇时间，在空旷的路上，利用家里的工具演示摇绳发电的视频，作为共享资源，发到班级群，笔者给予修改剪辑使它更具科学性。

（二）课后验收阶段

利用钉钉群具备的家校本、微信中的班级小管家来布置作业，让学生将作业拍照上传，通过线上阅读批阅（需要个别讲解的可以使用语音评价，进行个性化答疑）之后，展示较为优秀的作业范本。对学生存在的错题进行统计，一方面有效的提升了学生交作业的积极性，另一方面能够帮助教师对学生存在的问题进一步的掌握和了解。另外在课后评价辅导阶段，也要与家长做好沟通和交流，形成家校合力，充分发挥线上教学的价值和作用，为学生学习能力的提升奠定坚实的基础。

四、总结与反思

通过学生的课堂表现以及课下参与度，这节线上课程基本完成了教学任务，学生积极参与，乐于实践，展现了线上课程的优势。笔者认为线上教学应体现以下几点：

第一，线上教学中要改变线下课堂的语言方式。增加在线课堂的趣味性，调动学生的积极性。

第二，线上教学中要注重课程资源的多样化。本案例除了常规的讲解知识，增加了教师入镜、动画演示、真实实验演示、还应用了优质平台上的课程资源，生动形象的情景激发了学生兴趣，多种教学方式丰富了学生的视听学习，优化了学生的听课感受。

第三，注重学生实践能力的培养。引导学生利用物理知识解决生活中的实际问题，提高科学认识，丰富知识结构。

案例反思：首先，本节课只提问了 11 名同学，与学生互动量太少，应改变提问方式，让多名同学同时参与问答；其次，应该在课前组织学生主动说说预习后的感受和困惑，让线上授课更具有针对性。

线上教学对教师来说既是挑战，又是机遇。教师要通过线上教学的实践与反思不断提高线上教学能力，在时代中进步，在挑战中胜出。为了更好地为学生提供学习资源，未来的教学模式发展，将是线上教学与线下教学融合发展，共同提质的过程。教师应关注教学过程中的细节，洞悉学生的感受，拓展自己的能力，丰富线上教学的经验，努力做到知己知彼，百战不殆，在线上教学中育先机、开新局。

【作者简介】

刘成君，天津市静海区第六中学教务处主任兼物理教师，天津市物理学科领航教师，天津市首届骨干教师。

肖慧娟，天津市静海区第六中学物理教师，物理学科教研组长。

-------------------------------- 案例点评 --------------------------------

《电磁感应现象及其应用》的这一节课的很多结论，都需要建立在实验现象的基础上，才能给学生建立科学的观念，内化为学生的知识结构，逐步转化为学科核心素养。

本教学案例首先成功的利用了他山之石——国家中小学智慧教育平台和天津市基础教育资源公共服务平台的资源，为学生提供了具有权威性的实验视频，为电磁感应现象提供了实验基础。其次在演示奥斯特实验时，教师除利用幻灯片说明了当年奥斯特的实验场景以外，还采用简单而有效的实验仪器，直观地向学生再现了"电生磁"的场景，给学生留下了深刻的印象。加之循序渐进的提问引导，帮助学生建立了电与磁的联系。通过教师的引导，学生将磁通量的变化纳入产生感应电流的条件，并通过辩证思考，通过不同的实验验证，得到最后的结论。整个教学过程，教师注重学生独立思考，大胆设想，不仅使学生将抽象的电磁感应现象牢记于心，更积极地将电磁感应现象应用生活实践中去，落实了物理核心素养对学生的要求，实现了理论与实践的统一。最后，无论在教学过程中，还是课后作业，由于无法和学生面对面交流，教师注重课堂的互动性，与时俱进，语言诙谐幽默、课堂演示真实客观。动画演示实验，课后作业的全面批改，都在最大程度上，拉近了教师和学生的距离，避免了学生出现线上听课的不适。

本案例的不足之处在于，整节课只有单独提问，学生互动量少。应该采取群内回复等方式，让学生积极回答问题，也可以用扣 1 扣 2 等方式用选择题的方式向学生提问，让学生快速参与到教师的提问中来。

【指导教师】

张华亮，天津市静海区教师发展中心教研科物理教研员。

基于人教智慧教学平台进行线上高中物理教学案例
——以《向心力》为例

朱行建　张铁林

一、案例背景

2021 年 12 月 27 日，中央网络安全和信息化委员会印发了《"十四五"国家信息化规划》，对我国"十四五"时期信息化发展作出了部署安排，在十项重大任务的第八项"构建普惠便捷的数字民生保障体系"中，首次明确提出"完善国家数字教育资源公共服务体系，扩大优质资源覆盖面。推进信息技术、智能技术与教育教学融合的教育教学变革。发挥在线教育、虚拟仿真实训等优势，深化教育领域大数据分析应用，不断拓展优化各级各类教育和终身学习服务。探索扩大学分银行试点及成果积累、认证和转化，建设终身学习经历公共服务体系。"为"十四五"教育信息化发展指明了方向。

人教智慧教学平台应时而生，为线上授课提供了前沿技术、优质资源、先进理念的保障，使教师视野开阔、观念更新，备课简洁高效，本文以《向心力》为例探讨人教智慧教学平台在高中物理教学中的实践和应用。

二、教学设计

（一）教学内容分析

新课程标准明确指出："通过实验，探究并了解匀速圆周运动向心力大小与半径、角速度、质量的关系。能用牛顿第二定律分析匀速圆周运动的向心力。"可以看出，新课标强调了实验探究的重要性以及用动力学的研究方法处理圆周运动的核心思想。

向心力是高中物理新教材必修二第六章圆周运动的第二节，在上一章中，教材介绍了曲线运动的分析方法——运动的合成与分解，并着重分析了恒力作用下曲线运动的分解方法，重点分析抛体运动。本章内容是变力作用下的圆周运动，在第一节中，教材给出了描述圆周运动的物理量，和以前描述运动的物理量相比，增加了描述转动快慢的物理量——角速度 ω，从本节开始，将从动力学的角度分析和研究圆周运动，重点分析向心力特点、来源、大小，动力学思想，以及实际应用问题，这为第七章《万有引力与宇宙航行》、选择性必修第二册《带电粒子在匀强磁场中的运动》的学习奠定基础。本节内容可分为两课时，第一课时探究做匀速圆周运动物体的受力方向、大小等问题，第二课时重点讲解用动力学思想分析匀速圆周的实例及变速率圆周运动的分析方法，本节课为第一课时。

（二）学情分析

从知识内容上，学生基本掌握了恒力作用下曲线运动的分析方法，理解了物体做曲线运动的物体受力特点、曲线运动加减速条件，曲线轨迹的成因及规律；学习了描述圆周运动的物理量，理解了力和运动的基本关系，这奠定了探究的知识基础。从年龄特点上，高一的学生对生活中的物理现象充满着好奇、思维活跃、乐于合作、愿意交流，这是采取小组合作模式的必要条件；从认知能力上，学生具备了收集、处理信息的能力，具备了从感性到理性、从直观到抽象的思维能力，掌握了研究多变量复杂问题的研究方法——控制变量法，这是展开实验探究的保障。

（三）教学目标

❶ 物理观念

（1）学生通过分组实验并观察分析，逐步建立向心力的概念。

（2）学生通过分组探究，体验向心力的大小。

❷ 科学思维

（1）学生通过对常见圆周运动的观察分析，逐步构建匀速圆周模型。

（2）学生能够在对匀速圆周现象的观察中，归纳出合力特点。

❸ 科学探究

（1）学生通过对向心力大小的探究，掌握用控制变量的方法研究问题。

（2）学生通过对实验数据的观察分析，能够从实验数据中发现规律。

❹ 科学态度与责任

（1）学生观看嫦娥五号取得的成就，体验民族自豪感。

（2）学生通过小组间的互动交流，学会合作与交流。

（四）教学重难点

重点：从直观实验中构建出抽象的匀速圆周运动模型，归纳匀速圆周运动的受力特点、合力效果，并进行理论证明。

难点：探究向心力大小时控制变量法的应用。

（五）课前准备

❶ 平台介绍

"人教智慧教学平台"是以多版本数字教材为核心，在教学课程组织工具、教学课件工具、资源库、题库、学科工具库、课堂活动库、授课工具库等基础模块的支撑下，为中小学教师提供备课、授课以及教学管理等功能，支持课堂教学场景应用的数字化教学平台，帮助教师提升备授课效率，优化教学过程。

打开该程序，在"平台"—"教材中心"中下载电子课本，在"个人"—"授课"中打开电子课本，翻到要讲解的章节，打开下面菜单中的第一个按钮"开关"，选择"资源开关"，会发现在电子课本的各个环节都有视频资源的链接，使用起来非常方便（见图1）。另外，该平台还可以导入课件，课件和电子课本可随时切换（见图2），该平台界面友好、功能强大，使用方便。

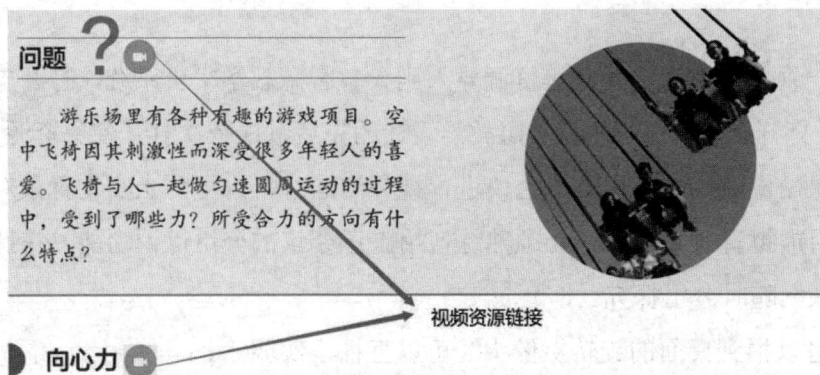

图 1 视频资源链接

图 2 切换到课件按钮

腾讯会议中有分组讨论功能，特别适用于小组讨论，进入会议后，在下面右侧找到分组讨论按钮并点击，然后设置讨论组的个数，最后设置讨论组成员的组成，讨论小组就设置好了。在教师公布讨论题目后，小组内成员可以打开话筒，自由讨论，各个小组间互不干扰，老师也可以随时进入各组，参与讨论，这为各个小组在网络情境下的探究提供了保障。

在教学设计环节中，参考国家中小学智慧教育平台中的同步课程视频和人教智慧教学平台资源中心提供的各种资源，考虑到线上授课实际，进一步进行整合，并根据自己学生的实际情况进行深入加工，增加自制学具实验；创设情境、设置核心问题，引发深层次探究，直至物理本质。

❷ 学生准备

（1）课前应准备好的自制学具：

质量不等的带线钥匙链和带线笔帽、一块橡皮（约为4g）和装有部分水矿泉水瓶（约为50g）用细线相连，中间套有一个细管（可用牛奶吸管制作）（见图3）。

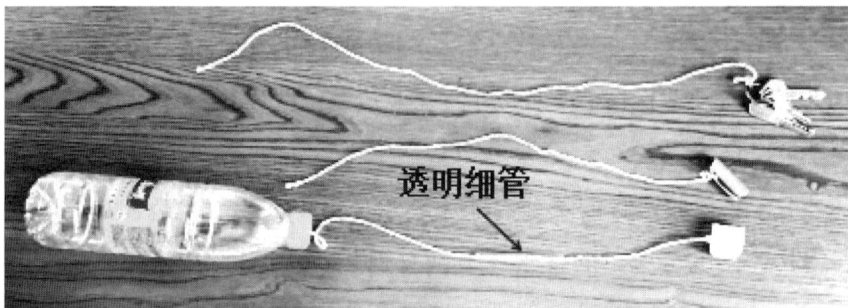

图 3 学生自制学具

（2）网络设备：摄像头、麦克风。

❸ 教师准备

（1）课前将课件、视频、图片、音频等资源导入到人教智慧教学平台系统，打开电子课本翻到相应章节，打开资源开关。然后按照教学设计的先后顺序依次打开各类资源，进行上课前预演，确保操作熟练。使用腾讯会议进行视频沟通时，为了防止实物背景对课堂的干扰，建议使用虚拟背景，另外还必须熟练使用腾讯会议的分组讨论功能，在课前把小组分好，便于课上随时分组探究。

（2）网络设备：可以拍到桌面的旋转摄像头（可以直播小实验）。

❹ 线上授课注意事项

考虑到线上授课实际，教师应当减少讲授时间，增加学生实验、互动、反馈、交流时间，在网速允许的情况下，要求学生打开摄像头，活动期间打开麦克风，确保随时看到学生的状态、随时听到学生的声音，有问题做到及时反馈。

本节课在网络环境下，采用问题驱动进行小组探究，重视学生体验，并制作动画加以辅助；采用游戏引入，增加趣味性；增加橡皮拉动矿泉水瓶、旋转小木马等小实验，加强物理和实际生活的联系，倡导学以致用。

三、教学过程与实施方法

（一）设疑导入

教师：这是一个矿泉水瓶，里面装有大约为 50g 的水，我把它和一个质量约为 4g 的橡皮相连，中间套有一个塑料管，同学们，我们能不能想一个办法，让橡皮把矿泉水拉上去（见图 4）？

图 4 橡皮拉动矿泉水实验

【设计意图】

激发学生兴趣、引入课题，使学生逐步树立起做匀速圆周运动的物体对外界有作用力的物理观念。

（二）实验探究 1：维持小球做匀速圆周运动的力是哪一个

播放视频：人教智慧教学平台"向心力"视频资源（见图 5）。

图 5 做圆周运动的小球

演示实验：使小球在塑料圆盘中做匀速圆周运动。

设置问题链 1：

（1）观察小球的运动，并思考如果忽略一切摩擦力和阻力，小球将做什么样运动？

（2）做匀速圆周运动的小球受到哪些力的作用？合力大小及方向？

（3）猜想：是什么力使小球做匀速圆周运动？撤去这个力，小球还能继续做匀速圆周运动吗？

教师在腾讯会议中打开分组讨论功能，按照课前分好的小组组织大家进行分组讨论。

学生活动：在腾讯会议中进行小组内讨论、然后各小组选出代表进行交流分享（后面讨论环节和此环节相同，不赘述）。

【设计意图】

充分利用人教智慧教学平台提供的优质视频资源，使学生由直观到抽象，构建出"匀速圆周运动"的理想化模型，并分析出做匀速圆周运动的物体所受到的合力，并猜想到这个力可能就是维持物体做匀速圆周作用的力。

演示实验：用剪刀把塑料圆盘的一部分边缘剪掉，使小球在圆盘边缘做圆周运动，当小球通过缺口位置时，猜想小球是否还能继续做圆周运动（见图 6）。

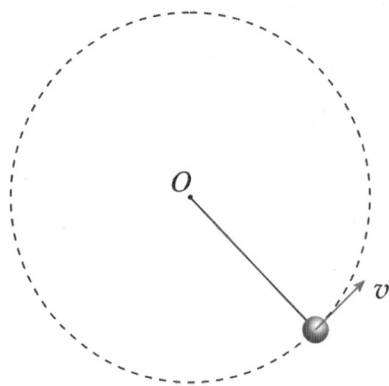

图 6 小球匀速通过缺口

教师：通过缺口后小球做什么运动？

学生：匀速直线运动。

教师：为什么做匀速直线运动？

学生：小球受到的合力为0。

教师：可见，在合力为0的情况下，小球不能做匀速圆周运动，要想使小球做匀速圆周运动，需要有一个力来维持这种运动。那么维持小球做匀速圆周运动的力有怎样的特点呢？

（三）实验探究2：做匀速圆周运动的小球所受合力方向

课件展示：用flash动画展示忽略摩擦作用下，带线小球在桌面上的运动，不带细线小球在圆盘中运动两个实验的俯视图，并逐步展示小球所受各个力的方向，合力方向、速度方向。

设置问题链2：

（1）做匀速圆周运动的物体受到的合力在方向上有什么特点？作用效果怎样？

（2）是不是所有的匀速圆周运动所受合力均指向圆心呢？

课件展示：flash动画——展示嫦娥五号探测器在月球表面进行绕月飞行；视频展示嫦娥五号探测器取得的历史性突破（见图7）。

图7 嫦娥五号探测器

（3）在环月绕行阶段，嫦娥五号探测器在月球表面近似做匀速圆周运动，在这个过程中，嫦娥五号探测器受到月球对它力的方向是怎样的呢？

【设计意图】

增加匀速圆周运动受力的例证，介绍我国在航空航天事业上取得的成就，激发爱国情感。

课件展示：flash 动画展示——带细线的小球在桌面上做匀速圆周运动，小球在圆盘中做匀速圆周运动，嫦娥五号探测器绕月球做匀速圆周运动（见图 8）。

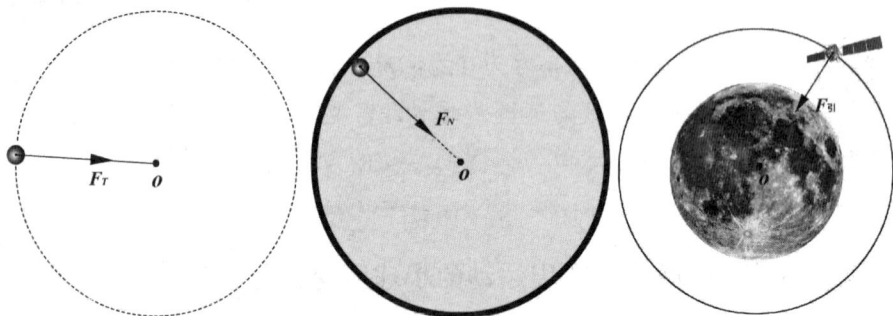

图 8 三种形式匀速圆周运动的比较

教师：仔细观察这三个图，关于做匀速圆周运动的物体在受力方面，你能总结出什么规律呢？我们各小组讨论一下。

学生活动：进行实验探究、分组讨论、交流分享。

学生 1：做匀速圆周运动的物体受到的合力总是指向圆心的。

学生 2：合力的作用效果是改变速度的方向。

学生 3：……

教师：有没有一种特殊的匀速圆周运动，物体受到的合力方向并不指向圆心？

学生：可能没有……

教师：能不能从理论的角度来证明为什么做匀速圆周运动的物体受到的合力总是指向圆心呢？做匀速圆周的物体受到的合力方向如果不指向圆心，合力方向和速度方向就不垂直，这样合力方向和速度方向就会成钝角或者成锐角，这样可以吗（见图 9）？为什么？

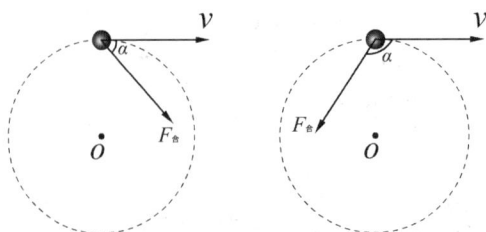

图 9 合力方向不指向圆心的情况

学生：不可以，如果这样，物体速度的大小就会发生变化，物体的运动就不是匀速圆周运动了。

师生总结：做匀速圆周运动的物体受到的合力必然指向圆心，它的作用效果只是改变线速度的方向，并不改变线速度的大小。

【设计意图】

通过三个具体的事例，让学生猜想做匀速圆周运动的物体所受合力方向可能指向圆心，并通过用数学上的"反证法"进行理论证明，这个合力一定指向圆心，它的作用效果只是改变线速度的方向，并不改变线速度的大小，从而引出向心力的定义，在此过程中培养学生科学论证、质疑创新的意识。

师生小结：用人教智慧课堂黑板板书：向心力的定义、来源、方向、效果。

（四）实验探究3：定性研究影响向心力大小的因素

自制学具实验：在细绳的一端分别系住质量较大的钥匙链和质量较小的橡皮，将手举过头顶，捏住细线，分别使它们在水平面内做匀速圆周运动，感受细绳的拉力。

教师：细绳对钥匙链（或橡皮）的拉力是合外力吗？是向心力吗？

学生：……

教师：细绳的拉力并不是向心力，只有细绳处在接近水平面的位置上，细绳拉力才近似等于向心力，因此做实验时，应当使细线尽量处在接近于水平面的位置上。现在我们用自制学具进行实验，猜想向心力的大小可能和哪些因素有关。

学生活动：进行实验探究、分组讨论、交流分享。

（五）实验探究4：定量研究影响向心力大小的因素。

播放视频：观看人教智慧教学平台 "探究向心力大小的表达式"实验视频资源（见

图 10）。

图 10 用向心力演示器探究向心力的大小

教师：很多情况下，会有多个因素决定一个物理量的变化，我们研究这个物理量和这几个因素关系时，通常采用什么方法？

学生：控制变量法。

教师：通过观看视频，我们能不能明确物体做圆周运动所需要的向心力和质量、角速度、半径之间存在怎样的定量关系？

学生：……

师生总结：向心力大小表达式。

【设计意图】

通过自制学具实验，让学生经历科学探究的过程，体现科学探究的要素：问题、证据、解释、交流。通过观看视频，体会用控制变量方法研究问题的过程，验证自己的猜想。

（六）向心力的应用——旋转飞椅

视频播放：播放人教智慧教学平台本节课视频资源-旋转飞椅（见图 11）。

教师操控小玩具：旋转小木马（见图 12），手柄转速逐渐增大，小马的位置逐渐变高。

设置问题链 3：

（1）旋转飞椅受到哪些力的作用？所受合力方向如何？什么力提供向心力？

图 11 旋转飞椅

图 12 旋转小木

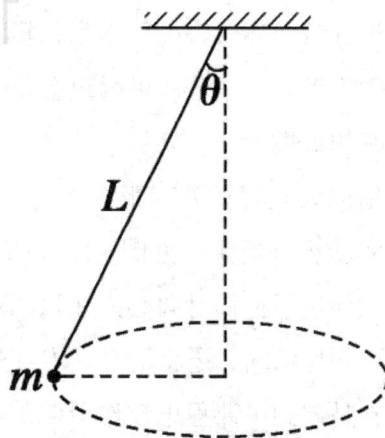

图 13 圆锥摆

（2）把旋转木马简化成圆锥摆模型，请利用图中的物理量写出角速度 ω 和细线竖直方向所成角度 θ 的关系，并说明为什么角速度 ω 越大，θ 角越大（见图 13）？

自制学具实验：你能不能用橡皮拉动矿泉水瓶（见图 4），说一下你的操作方法。

【设计意图】

设置情境，激发兴趣，引发思考，首尾呼应，用刚学到的知识解决实际问题，巩固新知，学以致用。

（七）作业——转盘游戏

在某科技馆里，有一个很大的转盘，启动开关后，转盘会由静止缓慢加速转动，在转盘转动前，将两个完全相同的木块 A 和 B 放在距轴心不同距离的两个位置，在转盘缓慢加速转动过程中，A、B 两个木块哪个先滑动（见图 14）？

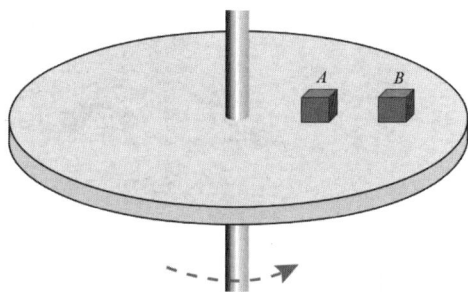

图 14 转盘游戏

四、总结与反思

线上授课的成败在于能否对学生进行有效的、持久的把控。为此，教师在线上授课时要精心设计教学环节、引导学生积极互动、合理整合教学资源、熟练使用教学平台，时刻监控学生动态。本节课以腾讯会议形式，应用人教智慧教育平台、整合平台资源，取得了很好的效果。

通过播放人教智慧教育平台"向心力"视频资源（见图 5）、"探究向心力大小的表达式"实验视频资源（见图 10）和旋转飞椅（见图 11）视频资源等激发了学生学习的兴趣，也促进了他们对向心力知识的理解；解决了教学中的难点与重点问题。平台视频资源具有图像清晰、逻辑清楚、专业性强等特点，达到了本节课程的教学目标，具体表现在，一是起到了课程思政作用，落实了立德树人的根本任务；二是提高了学生参与课堂活动的兴趣；三是增强了学生对做圆周运动的物体受力的感性认识，直观体验；四是培养了学生掌握物理实验的方法和科学探究的能力，提升了学生科学素养。

在实际教学中也有很多实际问题，首先是网速问题，如果每个学生都开摄像头，出现视频音频不畅情况，关闭摄像头就会造成监控不到位的情况；另外，没有一个平台能满足教师所有的要求，因此教师要整合各个平台的优点，快速切换、灵活运用；对于学生而言，不能长时间盯着电脑屏幕，否则就会损害身心健康，如何缩短看屏幕时间、熟练把控各环节教学、高效完成教学任务，是值得每一位教师认真思考的。

【作者简介】

朱行建，天津经济技术开发区教育促进中心物理教研员，特级教师。

张铁林，天津经济技术开发区第一中学高中物理教师，高级教师。

------------------------------- 案例点评 -------------------------------

向心力是高中物理的一个重点内容，同时也是一个难点内容。本节课以信息技术为手段，将线上课程资源与课程内容有机融合，高质量的完成了教学目标，达到了较好的教学效果，主要体现在以下四个方面：

在学生学习维度，注重了自主、合作和探究学习。教师充分利用人教智慧教育平台提供的向心力课程的优质视频资源，如，让小球在圆盘中做匀速圆周运动演示实验等，运用网络开展学生分组讨论活动，让学生交流分享活动的任务，激发了他们学习的兴趣，体现了以学生为中心的教育理念。

在教师教学维度，注重了教师适时有效的学习指导。教师充分发挥线上课程资源的优势，既有视频，也有动画，更有实验等，如，观看人教智慧教学平台"探究向心力大小的表达式"实验视频资源，促进了学生对向心力重点内容的掌握。通过设计的四个探究环节，引导学生经历探究活动的过程，突破了向心力教学难点，提高了学生的科学探究能力。

在课程性质维度，注重了物理学科的本质，教师通过教材的处理，特别是向心力问题链的设计，如，播放人教智慧教学平台本节课视频资源-旋转飞椅，以此设计问题链，凸显了物理学知识的内在逻辑与学生学习心理逻辑的关系，促进了学生知识的内化与生成，实现了深度学习，提升了学生的物理学科核心素养。

在课堂文化维度，注重了课堂民主与创新，教师给学生提供了丰富的活动，通过向心力中不同的问题进行层层设问，以问题驱动教学，满足不同学生的任务，让学生进行独立思考，体现了课堂民主。同时，教学设计注重教学与育人有机融合，如，情境创设与资源利用方面，通过嫦娥五号探测器在月球表面进行绕月飞行的情境创设，让学生在学习物理知识过程中，感受中国的科技成就，增强爱国热情及民族自豪感等，体现了课程育人的价值。

【指导教师简介】

高杰，天津市教育科学研究院课程教学研究中心物理教研员，正高级教师。

8 天津市中小学优秀线上
教学教研案例集 化学

借平台施智教，转方式促慧学
——以人教九年级化学《第六单元 碳和碳的氧化物》复习为例

刘莹

一、案例背景

当前，互联网及信息技术已经深度融入教育教学，在日常教学、教研、管理等诸多方面经历着由起步应用到融合创新的跨越。加快推进信息化发展既是事关教育全局的战略选择，也是破解教育热点难点问题的紧迫任务。《"十四五"国家信息化规划》指出：提升教育信息化基础设施建设水平，构建高质量教育支撑体系，推进信息技术、智能技术与教育教学融合的教育教学变革。

与此同时，随着国家信息化建设，深入推进新时代教育信息化发展，我市教育各级部门重视中小学网络教育教学资源建设，优化教育资源配置，促进优质资源共享，为教师和学生的学习提供了非常便捷优质的资源。除了硬件的完善，通过《教育信息化2.0》的学习，教师的多媒体技术应用也更加娴熟，同时学校也多次组织活动，培训教师学习钉钉、腾讯会议、希沃白板等软件的使用，这也为线下教学能够顺利进行打下一定基础。

化学作为义务阶段最后开设的课程，在仅有的一年的教学中，既要进行新授课的讲解，又要完成复习课的提升。如何利用信息化资源，在网络教学中提高课堂教学质量，优化作业布置，让学生既掌握化学知识，同时能从化学视角认识物质世界，培养化学课程核心素养，促进学生全面发展，是教师需要思考解决的。本案例以《第六单元 碳和碳的氧化物》复习为例，浅谈线上教学的实施过程。

二、教学设计

（一）教学内容分析

第六单元《碳和碳的氧化物》是比较系统的对碳单质、碳的氧化物进行性质和用途的介绍，并讲解了实验室制取气体的一般思路和步骤，对培养化学思维具有指导性。这些内容不仅与学生的日常生活密切相关，更是初中化学元素化合物知识中非常重要的一部分，初中化学许多反应都与碳和碳的氧化物有关。深入细致地研究碳和碳的氧化物、气体的制取、梳理本单元的模块和网络十分重要。

（二）学情分析

本节课为复习课，学生对所授内容具有一定基础，但由于距离学习本单元时间较长，也有一定遗忘性。学生普遍对化学学习有较高热情，能积极参与课堂活动，但是隔着屏幕，精神也会不集中，需要教师在教学过程中多加注意。

（三）教学目标

（1）通过图片、模型等直观手段，引导学生感受物质多样性，使学生认识物质性质与用途的关系，促进学生"性质决定用途"观念的形成。

（2）借助虚拟实验室，完成气体制取的有关实验操作，提升解决问题能力。

（3）通过总结碳及其化合物之间的转化，培养"物质转化"的学科思想，发展核心素养。

（4）通过对二氧化碳循环的讲解，认识物质在自然界可以相互转化及其对维持人类生活与生态平衡的意义，同时培养学生关注社会和环境的责任感。

（四）教学重难点

❶ 教学重点：碳和碳的氧化物的性质；实验室制取二氧化碳的装置

❷ 教学难点：实验室制取气体的一般思路和方法；碳→一氧化碳→二氧化碳→碳酸→碳酸钙之间的相互联系；碳的还原性、一氧化碳的还原性、还原反应

（五）课前准备

备课阶段利用"天津市基础教育资源公共服务平台"中的授课视频和其他资源，寻找教学思路，优化教学设计；在"人教智慧教学平台"中下载人教版九年级化学上册教材，将课程内容与信息技术融合，改变了传统纸质教材课程内容单一的呈现方式，为教学过程提供新资源和新方式，同时辅以"钉钉在线课堂"，实现屏幕共享、手写重难点。对比线下教学，"钉钉在线课堂"具有课堂实录功能，方便学生利用课后时间再次学习。

根据复习课的特点，学生具有一定基础知识，布置本课的课前任务：以小组为单位完成思维导图（每个小组选择一个内容合作完成）：碳单质的结构、性质、用途；二氧化碳的制取；一氧化碳和二氧化碳结构、性质、用途。

三、教学过程与实施方法

（一）开门见山，明确任务

钉钉在线课堂中，利用"人教智慧教学平台"，在单元目录中添加"笔记"，利用"笔记"展示本单元在近三年中考中的分值和本课的知识目标。

【设计意图】

明确本课学习目标，使学生直观感受本节课的重要性及复习重难点。

（二）小组合作，知识梳理

基于复习课特点，以小组为单位布置了相应课前作业，所以该环节主要为学生展示思维导图作业，并简单讲解相关内容，其他同学认真聆听，教师再利用"人教智慧教学平台"进行知识补充和拓展。整个环节生生互动、师生合作，体现以学生为主体。

【设计意图】

该活动具有复习知识点和构建知识网络作用，同时又培养了学生的合作精神，加强学生思维的交流和碰撞，而且每个小组只对一个知识点进行归纳，既减轻学生课业负担，又能激发学生对其他两个知识点的求知欲，提高学生课堂听讲效率。

❶ 碳单质的结构、性质、用途

小组代表汇报小组作业，以思维导图形式介绍碳单质的相关内容，其他同学补充。学生讲解后，教师对部分重点、难点、易错点进行梳理：

（1）"碳单质物理性质不同的原因是由于碳原子排列方式不同"是本课重点，教师利用"人教智慧教学平台"中"金刚石的结构"和"石墨的结构"讲解两种物质的不同结构。

【设计意图】

对金刚石和石墨结构的认识，只靠书上图片学生不容易理解，而通过"人教智慧教学平台"中三维动画的展示，学生印象深刻，非常直观地解决了这一重点，同时培养学生宏观辨识与微观探析的化学素养。

（2）活性炭吸附性知识点较简单，所以实验6-1经常被教师忽略，但个别同学对"烘烤过的木炭"有误解，误以为是发生化学变化，不能准确说出该实验现象和分析。所以在复习时，通过视频的播放，让学生们清楚实验现象及原因，解除学生思维误区。随后布置教材"练习与应用"，巩固知识。

（3）教师在碳的还原性的教学设计中，利用聚光灯展示碳还原氧化铜的图片，起到突出重点的作用。让学生依据图片提出问题，随后观看实验视频，边观看边思考问题的答案，突破难点。

教师：同学们，我们一起来看用木炭还原氧化铜的实验图，根据实验图，同学们猜想老师会提出哪些问题？

学生1：试管中有什么现象？

教师：这个问题不够严谨，图片中有两个试管，怎样提问比较严谨呢？

学生1：铁架台上试管中的现象是什么？

教师：很好，还有呢？

学生2：放澄清石灰水的试管中有什么现象？

教师：很好，其他同学呢？

学生3：酒精灯网罩有什么作用？

教师：这位同学观察的比较细致，非常好。

学生4：两个试管分别发生的化学反应方程式是什么？

教师：同学们说的都非常好，现在我们一起来看"木炭还原氧化铜"的视频，边看视频，边思考刚才"小老师们"提出的问题。

【设计意图】

课程进行到此，部分同学可能会有些精神不集中，本环节设计，让学生转化身份为老师，根据图片提出问题，教师辅助使提出的问题更严谨。学生通过角色转换，激发学习热情，培养严谨求实的科学态度。

❷ 二氧化碳的制取

小组代表汇报小组作业，利用思维导图介绍二氧化碳制取的药品、装置、检验和验满等内容，其他同学补充。这部分内容为中考必考内容，学生普遍掌握比较好，教师对以下重难点进行了补充：

（1）教师利用"人教智慧教学平台"124页单元小结"氧气和二氧化碳实验室制法的比较"，展示模拟实验，学生依据实验原理选择适当的药品和仪器进行实验。

【设计意图】

本节课的重点是二氧化碳制取的相关内容，通过模拟实验进行药品的选择、仪器的组装，加深对不同气体制取的步骤，培养学生的动手能力和比较归纳能力。

（2）教师播放"人教智慧教学平台"113页探究中的视频，通过对已经学过的氧气和二氧化碳的制取方法，推导总结出其他气体制取的一般思路。视频将气体制取的一般思路讲解清楚，思路清晰，结构完整，对教学有很大辅助作用。

（3）"多功能瓶"的使用是气体制取的一个难点，"人教智慧教学平台"中没有相关内容，需要教师额外补充讲解。教师利用word归纳出"多功能瓶"的使用方法，利用"人教智慧教学平台"的兼容性，在资源中添加，拓展学生的化学思维，突破难点。

❸ 一氧化碳和二氧化碳结构、性质、用途活动

小组代表汇报小组作业，以思维导图形式介绍碳的氧化物结构、性质、用途等内容，其他同学补充。在学生讲解后，教师对部分重点、难点、易错点进行梳理：

（1）教师利用"人教智慧教学平台"118页实验6-5进行提问，讲解"二氧化碳与水反应"这一知识点，再利用教材画出重点内容，解开学生误区。

教师：同学们，四朵小花的现象分别是什么？

学生：第一朵小花变红，第二朵小花不变色，第三朵小花不变色，第四朵小花变红。

教师：谁能解释一下实验现象的原因呢？

学生：因为四朵紫色小花是用石蕊溶液浸染的，石蕊遇酸变红。醋酸显酸性，能使石蕊变红，所以第一朵小花变色了；水不显酸性，不能使石蕊变红，所以第二朵小花不变色；二氧化碳不显酸性，不能使石蕊变红，所以第三朵小花不变色；第四朵小花变色了，说明水和二氧化碳反应生成了酸性物质碳酸，碳酸能使石蕊小花变红。

教师：不做实验（Ⅱ）（Ⅲ），在做实验（Ⅳ）能证明水能和二氧化碳反应吗？

学生：不能，只有通过实验（Ⅱ）（Ⅲ）依次能明水和二氧化碳都不能使石蕊变红，才能说明使第四朵小花变红的是水和二氧化碳反应生成的碳酸。

教师：很好，那将第四朵小花烘干后有什么现象呢？

学生：又变回紫色。

教师：为什么呢？

学生1：因为烘干后，水蒸发了，所以又变回紫色。

教师：其他同学，有不同意见吗？

学生2：我认为是因为碳酸分解了，所以颜色又变回紫色。

教师：哪位同学分析的对？

学生们：第二个同学。

教师：很好，第一位同学的分析是很多学生会犯的错误，把烘干简单的理解成水蒸发，发生物理变化，这是不对的。应该是碳酸不稳定分解，发生化学变化。

教师：我们一起来看教材118页，将重点内容用红笔标记。

【设计意图】

首先该实验体现化学实验一般思路，通过对照设计实验得出实验结论。其次通过对"第四朵红色消失"这一实验现象的分析，解决学生误区，使学生敢于提出问题。最后回归教材，标记知识点，加深印象。

（2）教师利用"人教智慧教学平台"讲解温室效应和温室气体，利用图片讲解"二氧化碳的循环"，随后讲解温室效应的危害，引出"低碳"理念，树立人与自然和谐共生的科学自然观和绿色发展观。

【设计意图】

二氧化碳是温室气体，是学生们都能掌握的知识点，但能产生温室效应的其他气体学生们有遗忘，通过教材讲解，画出知识点，加深印象，使学生初步形成节能低碳、保护环境的理念，同时将化学与生物结合，增强学生的跨学科意识，促进核心素养的融合发展。

（三）课堂练习，知识总结

在完成单元知识梳理后，教师利用"人教智慧教学平台"中"单元小结"，布置课堂作业：完成碳及其化合物之间反应的化学方程式，同时利用"计时器"，限时 3 分钟。

最后，教师提问，通过本节课的学习，有什么收获？学生踊跃回答，教师利用"黑板"工具，将本课内容进行总结。

【设计意图】

学生通过化学方程式的书写，感知知识之间的内化过程，突破难点。"计时器"的设置有利于提高学生思维能力，使学生在做题过程中精神集中有紧迫感。最后学生分享"收获"，对学习内容归纳反思，既完成知识输出过程，又培养了学生的表达能力，同时也使教师获得教学反馈信息，便于改进教学方法。

（四）课后作业布置

知识型作业：第六单元知识型分层作业。

实践型作业（选做）：①低碳生活的调查报告：收集炭黑；②铅笔芯导电实验；生活中干冰的妙用。

四、总结与反思

技术的发展带动教学的进步，相比传统教学工具，"人教智慧教学平台"更注重资源的多样性，利用多媒体工具使学生注意力集中；多种小工具的使用，增强了课堂的互动性；利用"笔记"将问题或知识点、重难点进行补充；利用"资源新建"补充教材中没有涉及到的内容，这些都体现了该系统的灵活性和实用性，为教师的线上教学提供了平台。同时线下教学也可继续使用该平台，学生对平台的熟悉感，可使学生尽快适应线上线下教学的转换。

教学中还应关注学生在学习过程中的情感体验。有研究表明，获得愉快的情感体验是学生学习的终极目标。我们的教学不仅要关注学生对知识的掌握及对学习方法的理解和运用，更重要的是要让学生快乐的学习、健康的成长，这也是育人为本思想的体现所在。所以在"小组合作，知识梳理"环节中，以学生为主体，学生的讲解有别于教师的讲解，讲解的学生通过认真完成课前作业，有了充分准备，能非常自信、从容地讲解知识，听讲的学生也更认真，随时准备完善补充，整个课堂有较好的学习氛围，既锻炼了学生的语言表达能力，又使学生在学习上更加自信。而且线上教学学生课堂回答问题的方式也比较多样，既可以和教师连麦语音回答，又可以在对话框内输入自己的想法。相比线下教学，更多的同学表达了自己的观点，教师也能及时点评，关注学生的学习情况。

作业是课堂教学环节必不可少的一部分，无论是课前的预习作业，课上的随堂练习，还是课后的巩固作业，都需要从教学目标的角度出发来进行设计和考量。本课作业内容丰富、形式多样，既有传统知识型作业，也有创新型作业，还有实践型作业，学生通过动手实验，体会化学与生活的联系，感知学习的乐趣。作业的设计体现学科特点，设计分层作业，让学生都能愉快地接受并积极主动地完成。同时作业的评价方式也呈现多元化，对知识型作业能及时查看作答情况并及时反馈，对创新型和实践型作业，教师可进行视频编辑，利用网络展示，激发学生成就感，真正培养学生的创新精神和实践能力，并在作业的完成过程中培养学生的科学精神和学科素养。

随着信息技术的不断发展，对教师的教学提出新的要求。转变传统教学方式，需要教师不断优化教学策略，让信息技术服务教学，提高线上、线下课堂教学有效性。

【作者简介】

刘莹，天津市北辰区东堤头中学化学教师，多年从事九年级化学教学工作，撰写论文多次获市、区级奖，参与市、区级多个课题并主持完成区级微型课题。

-------------------------------- 案例点评 --------------------------------

本节课为线上单元复习课，在以下几个方面表现比较突出：

（1）通过准确的教学内容和学情分析，恰当的设置学习目标和学习重难点。在教学实施过程中，各环节设计意图紧密围绕教学目标，突破重难点。本节课开门见山，由近三年中考分析开始，学生直观感受到本节课复习内容的重要性。思维导图展示，既可以检查学生课前复习的完成情况，同时通过小组内、小组间的自查与互查，完成相对应的知识内容梳理。利用"人教智慧教学平台"，采取不同教学方法，对重点、难点、易错点进行分析、引导和讲解，最后通过限时完成"碳及其化合物之间的转化"的课堂作业，培养"物质转化"的学科思想，形成知识框架，达成了预期的复习目标。

（2）从备课、上课到课后作业，通过"钉钉在线课堂""人教智慧教学平台""天津市基础教育资源公共服务平台""问卷星"等网络资源的综合利用，改变了以往线下复习的单一模式，突出线上课堂的针对性、差异性、反复性，提高课堂效率。尤其是"人教智慧教学平台"内视频、音频、图像、模拟实验等资源的使用丰富了课堂教学手段；聚光灯、计时器、学科工具等辅助工具的使用，让原本枯燥的复习课变得生动且富有实效。

（3）本节课的作业设计也具有创新性，既有课前作业，又有课堂作业和课后作业；既有"动笔"作业，又有"动手"作业；既有面向全班同学的作业，又有给学有余力学生的分层作业。通过多样性作业的布置，让每一个学生都能参与，调动学生完成作业的积极性。

本节课大胆的探索了线上开展复习的新路径，并取得了较为显著的效果。课堂中教学平台的使用、教学软件的操作具有较强的可操作性和复制性，具有较高的推广价值。

【指导教师】

付金泉，北辰区教师发展中心教研部副主任，初中化学教研员。多年从事初中化学教学研究工作，主持或参与市区级课题，指导青年教师在市区级比赛中获奖。

信息化背景下智慧课堂教学设计创新与实践

焦娇　孙睿辰

一、案例背景

教育信息化的发展让高中化学课堂教学与信息技术的融合越来越紧密，也为大规模的线上教学提供了重要条件。传统线上课堂，主要包括两种形式：第一种是教师利用直播软件讲授知识，这种方式主要是以教师讲授为主，学生的参与度不高，学习热情和积极性会受到影响，化学实验学习和探究性活动也无法顺利完成；另外一种形式则是利用网络资源，以录播课的形式，让学生自主学习名师课程或微课，自主学习虽然形式多样，时间灵活，但对于自主性差的学生来说，则无法达成教学目标。可见，以上两种线上教学方式，对于化学学科教学来说，学生的学习效果均不理想。

鉴于此，本案例以"人教智慧教学平台"为依托，打造了以信息技术融合教学资源与个性化教学设计相结合的智慧课堂，设计并实施了"碳酸钠和碳酸氢钠的性质与应用"的教学。

二、教学设计

（一）教学内容分析

本节课是人教版高中化学必修第一册第二章第一节——钠及其化合物的内容。《普通高中化学课程标准（2017年版2020年修订）》对本节内容的基本要求是："能通过实验研究碳酸钠的性质，能通过实验对比研究碳酸钠、碳酸氢钠的性质，并知道其在生产生活中的应用"[1]。通过本节课的学习，学生能够掌握碳酸钠和碳酸氢钠的性质，明确二者的鉴别方法和主要用途，掌握对比研究的科学方法，为后续学习其他金属化合物打下基础。

（二）学情分析

从知识层面上，学生已经学习过碳酸钠和碳酸氢钠的一些用途，了解了它们的一些性质，如碳酸钠和碳酸氢钠都能与盐酸反应，但对于其反应本质和二者的其他理化性质还缺乏深入的了解。

从能力层面上，学生在研究性学习中曾对查阅资料、访谈等有一定的基础，但一般是在教师提示和指导下完成的，学生缺乏自主进行实验操作和评价的经验，对于物质的性质推断常常缺乏预见性，其逻辑思维、判断推理以及知识迁移的能力还需要进一步提高。

（三）教学目标

（1）通过学生在互联网中查阅资料，运用对比分析方法设计实验方案，预设实验现象，理解碳酸钠和碳酸氢钠的性质差异，培养科学探究与创新意识的学科素养。

（2）通过学生进行碳酸钠与碳酸氢钠在水溶液中与酸反应的实验探究，理解二者发生离子反应，发展学生宏观辨识和微观探析的化学学科核心素养。

（3）通过课堂仿真实验活动，学生懂得如何控制相关实验变量得出科学的实验结果，发展证据推理与模型认知的化学学科核心素养。

（4）利用生活中的真实情境，学生充分认识碳酸钠和碳酸氢钠在生活中的应用，培养其学以致用的良好习惯、合作意识以及严谨的科学态度，并体会从化学思维视角上透过现象认识本质，培养科学精神与社会责任的化学学科核心素养。

（四）教学重难点

重点：碳酸钠和碳酸氢钠的理化性质及应用。

难点：分析判断碳酸钠和碳酸氢钠的性质。

（五）课前准备

❶ 发布课前实操清单

学生的"云任务"包括："用家中纯碱洗碗""制作馒头"。

【设计意图】

通过熟悉的家庭劳动导学促学。课前利用智慧教学平台班级组群功能，将本节课的任务清单推送给学生，学生完成课前准备，将其已有化学学科知识、生活常识与本节课内容联系起来，初步认识碳酸钠和碳酸氢钠在生活中的用途，同时劳动教育。

❷ 预习前测

发布预习检测清单：帮助学生确定本节课的学习目标。

【设计意图】

教师将预习检测清单通过平台发送至班级组群，同时借助平台"AI 评价"反馈功能，查看学生完成情况，确定课堂的重点问题，重点讲解。

❸ 其他项目

明确本节课学习所需应用的其他项目，包括以下内容：

硬件：手机或平板电脑或台式机（带摄像头）。

软件：人教智慧教学平台客户端、中央电化教育馆虚拟实验（"探究碳酸钠、碳酸氢钠热稳定性实验"单元）。

环境：互联网。

资源：实验视频《碳酸钠和碳酸氢钠的比较》、教师自制微课视频《碳酸钠和碳酸氢钠的比较》、网络视频《幸福的膨胀》、学生共享图片《馒头的制作过程》、教师共享图片《泡打粉的成分和用途》。

实验用品：家用纯碱、家用小苏打、家用食醋、饮用水、温度计、两个相同的容器（杯子、碗等）、量杯、电子秤。

【设计意图】

教师将本节课所需项目通过人教智慧教学平台发送至班级组群，让学生提前安装所须软件，准备实验用品，并利用班级组群提前查看学生准备情况，避免由于准备不充分影响课堂学习。

三、教学过程与实施方法

（一）问题引入

教师：引导学生分享纯碱洗碗和制作馒头的经验。

学生：通过描述利用纯碱洗碗的经历，发现用碳酸钠配合热水洗碗去油污效果更佳，因而推测去油污的原因是碳酸钠的碱性。

学生：描述制作馒头的经历，通过平台学生互动社区共享图片，展示馒头的制作过程，并意识到了发面时用到了"泡打粉"（又称"发泡粉""发酵粉"），其成分含"碳酸氢钠、柠檬酸"。

教师：引导学生再次观察家中的碳酸钠和碳酸氢钠，总结并填写任务清单中碳酸钠和碳酸氢钠的俗名、物理性质，提交共享作业。

【设计意图】

本堂课的设计通过"苏打用于清洗油污，小苏打用于面粉发酵""面粉发酵成的馒头疏松多孔"等问题提出，引导学生从情境知识教学到将知识解剖出来，从具体的知识传授到自主的科学实验探究，并习得相关的知识和技能，掌握科学探究的方法。

（二）活动探究

探究一：碳酸钠和碳酸氢钠的碱性和溶解性对比

教师：引导学生思考，为什么用纯碱（Na_2CO_3）洗碗，而不用小苏打（Na_2CO_3）呢？哪个物质碱性强？洗碗用热水洗油污效果好，推测碳酸钠和碳酸氢钠固体在溶解过程中哪个物质放热？

学生：初步推测纯碱的碱性强，溶解放热。

教师：让学生拿出家庭中的碳酸钠和碳酸氢钠固体，配成溶液，体会碳酸钠和碳酸氢钠的溶解性，使用家中的温度计测量二者在溶解过程中的热量变化。

学生：利用家用物品完成实验操作，观察实验现象，描述实验结论。

教师：将平台视频资源《碳酸钠和碳酸氢钠的比较》实验，通过平台客户端同步推送给学生。

学生：观察实验现象，并将实验结论上传至作业空间。

【设计意图】

在传统课堂上，教师一般会统一播放实验视频，但往往由于课时所限，无法兼顾到每一名学生。而学生在智慧教学平台"云课堂"中自主观察实验，可以对于需要关注的地方暂停实验视频或重复播放，自主性更强。教师在课前将预设好的实验评价清单上传至平台的作业空间中，学生就可以在课上借助作业空间中的自动评价实时反馈功能，快速发现自己的错误之处，针对性更强，同时节省了对于实验评价和总结的时间。

探究二：碳酸钠和碳酸氢钠与酸的反应

教师：通过制作馒头的过程用到的泡打粉，引导学生思考"为什么泡打粉能使得面团胀大？"

学生：结合泡打粉的成分"碳酸氢钠、柠檬酸"，思考这个问题，猜测是碳酸氢钠与酸发生了反应。

学生：设计对比实验，向碳酸钠溶液和碳酸氢钠溶液中分别倒入食醋，观察实验现象。

教师：利用平台的组群功能，组织学生远程分组讨论。

学生：上传视频或图片共享实验现象。各组学生代表描述的实验现象均包含"碳酸钠和碳酸氢钠都能与酸反应生成气体"，但在判断"酸与碳酸钠、碳酸氢钠反应速率快慢"的结果上差异较大。

学生：通过小组讨论，能够自主进行实验评价。主要是由于碳酸钠和碳酸氢钠溶液的浓度配制过于粗略，造成结果有误差。通过进一步讨论提出实验改进的方案：利用家中常用的度量器皿（如量杯、电子秤），提高溶液配制的精准度。

教师：在平台的资源共享中播放自制的微课视频，同步讲解说明实验操作要点，引导学生观察实验现象，并得出正确的结论。

学生：通过对比观察碳酸钠、碳酸氢钠与酸反应的现象，明确二者的水溶液与酸的离子反应实质，并得出该实验方法可用于碳酸钠和碳酸氢钠鉴别的结论。

【设计意图】

创设真实的生活情境，有效地拉近学生与化学的距离，让学生以最佳状态进入课堂教学和互动中。结合简单的家庭实验设计、自创微课，让学生在线上教学"云"端，也能开展实验探究，明确碳酸钠、碳酸氢钠与酸发生的离子反应，并体会实验探究的科学方法和一般过程，整个探究过程始终立足于培养学生的核心素养，有效促进学生科学探究基本框架的建立，培养学生科学探究与创新意识及宏观辨识和微观探析等核心素养。

探究三：碳酸钠与碳酸氢钠的热稳定性

教师：播放视频资源《幸福的膨胀》，学生观看蒸馒头的过程，体会馒头在蒸的过程中仍然在发酵。借此机会让学生思考，加热的时候碳酸氢钠是如何发酵的？碳酸钠加热时有没有这样的效果？

学生：利用虚拟实验软件，进行加热碳酸钠与碳酸氢钠固体的仿真实验操作，同时通过实验对比探究碳酸钠和碳酸氢钠热稳定性。

学生：将实验操作录屏视频和实验结论上传至作业空间。

教师：对学生完成情况给予有针对性地反馈和评价。

【设计意图】

进一步剖析蒸馒头的真实情境，为"碳酸钠和碳酸氢钠的热稳定性"知识点的过渡提供了切入契机，并用课堂仿真实验巧妙地强化了学生的创新意识和科学精神。学生利用家庭设备，提前下载手机 APP 或者电脑软件，就可以自己进行虚拟仿真实验，实验操作错误会有提示，从而使学生对实验现象的感知更为直观，对实验操作步骤和注意事项更加明确，在一定程度上避免了在学校课堂上由于硬件不足使得学生缺乏动手实践的弊端。

借助平台作业评价功能，教师可以对于每一名学生的仿真实验操作情况进行评价，将评价要点设计为文字模板，上传至平台教师个人空间，可以提高作业的批阅效率，评价一般包括：装置的搭建（顺序、试管口的朝向）、药品的取用（同温、同量）、实验操作顺序等，进一步巩固变量控制和对比实验的意识。

（三）应用提升

（1）利用平台的课堂活动"知识配对"功能，讨论碳酸钠和碳酸氢钠固体和液体的区别办法是什么？碳酸钠与碳酸氢钠的相互转化方法有哪些？

（2）总结碳酸钠和碳酸氢钠的主要用途，并提交一份应用报告。

（四）学习效果评价设计

对学生及本节课的教学效果通过以下几点进行评价：

（1）学生课堂反应、发言情况、小组合作情况、实验操作情况。

（2）填写及课后的练习反馈情况。

（3）问卷调查学生自评、互评及对本节课的感受。

四、总结与反思

"碳酸钠和碳酸氢钠的性质与应用"教学设计中，着力强调信息技术融合教学资源与个性化教学设计的结合，既能很好地突破传统课堂教学的条件限制，又能促进学生学习的自主性和积极性，提升学生的能力素养。教学设计具有以下优势：

（一）智慧课堂教学增强了课堂的效率

智慧课堂教学改变了常规课堂教学以讲授为主的模式，以智慧教学平台为依托，与网络课堂直播教学、微课教学相结合，提高了学生的学习效率；将自主学习、小组探究、教师讲解结合起来，教师不再以讲授为主，更多是抛出问题，让学生观察质疑、思考交流，拥有更多的发言权，逐渐改变学习方式，形成自主学习能力。引导学生思考、实践，体现实验的探究性和学生的自主性，将家庭实践、课堂探究、课后评价相结合，有助于学生深入理解知识。同时，整个教学过程全部依托于智慧教学平台系统，避免了由于软件切换造成的课堂教学不流畅的现象，显著提高了课堂效率和教学效果。

（二）智慧课堂教学增强了课堂的生成性

化学教学离不开实验探究，智慧课堂教学能够较好地将家庭化学实验、化学仿真实验、化学实验视频结合在一起，利用智慧教学平台和常规手机或电脑设备，学生就能够完整地参与实验探究过程，避免了由于实验仪器或药品限制、学校硬件短缺，导致的学生实践不足的情况，从而提高了学生的实验操作能力，实验探究更加系统、高效，也使得学生的对于整个探究过程更加完整清晰，提升了学生的科学探究与创新意识核心素养。

（三）智慧课堂教学增强了课堂评价的实效性

在常规的课堂中，课堂评价通常是由教师主导进行的，教师往往是一边引导教学，一边完成观察学生完成评价，由于教师精力所限，这种课堂评价势必存在一定的误差和片面性。课后评价通常以文本作业形式为主，教师虽然评价了个别题目的正误，但时效性和针对性均无法保证。智慧课堂教学则实现了多种评价方式相互融合。在课堂评价中，充分将实验仿真软件评价、教学平台课堂活动评价、"AI"评价、小组评价、教师评价结合在一起，评价体系更加完整，学生的获得感更高。在课后评价中，教师不仅可以布置常规作业，手动反馈批改结果，同时也可以利用作业中心作答统计，量化学生每一题的完成情况，提高学生学习和教师指导的精准度。此外，教师还可以在平台中发布与课程内容相关的实践类作业，比如说本教学设计中的"洗碗""制作馒头"等，让学生在平台的个人空间发布实践作业视频或图片，作业的完成情况由学生和老师共评，真正落实教、学、评一致性的要求，同时也响应了新课标的要求，体现了化学的学科特点，推进了核心素养、立德树人的落实。

（四）智慧课堂增强了课堂的开放性和师生的互动性

化学与生活高度融合，借助智慧课堂中师生的个人空间，学生可结合学习的内容与自己的实际生活联系起来，将家庭实验视频、化学物质的应用、学习感受上传至个人空间，不仅能够提高师生和学生之间的互动，学习方式和范围更为开放，更能激发学生的学习兴趣。学生对化学物质的性质及应用理解得更透彻，更加深刻感受化学的实用性。在课前预习中，学生能够在家庭劳动中体会化学物质在生活中的应用。在课堂实践课中，学生能够灵活应用家庭的常见物质、容器完成基本的实验操作，开放性的课堂教学氛围有效培养学生的观察思考能力和发散性思维，使学生从"学会"到"会用"再到"活用"，切实提升化学学科核心素养，让学生在学习的过程中，体会化学与生活的联系，学会用所学知识解释生活现象，促进科学态度与社会责任的形成。

【作者简介】

焦娇，天津市第四十五中学高中化学教师。
孙睿辰，天津市第四十五中学高中化学教师。

-------------------------------- 案例点评 --------------------------------

课例"碳酸钠和碳酸氢钠的性质与应用"，以"人教智慧教学平台"为载体，探索了信息化背景下智慧课堂教学设计创新与实践。教学设计紧紧围绕课程标准，注重对学

生化学学科核心素养的培养。

课例以真实的生活情境"馒头的制作过程"为依托，设计了具体而有探究意义的实际问题，学生利用所掌握的化学知识和原理，进行资料查阅、实验探究、小组互助、交流研讨等活动，并以问题的解决为驱动构建课堂教学主线，最终达成教学目标。所设计的学生活动贴合真实情境的探究实验活动，而并非局限于教材中的实验。开放性的课堂教学氛围有效培养学生的观察思考能力和发散性思维。学生在综合分析情境现象、化学原理、条件控制的过程中，形成对于实际问题的解决和知识能力的自主建构。

教学设计在生活情境问题、化学学科知识、学生的理解之间搭设联系，采用主题式教学探究形式，设计层层递进的三个教学环节，且在每个环节中都设计了有针对性的探究任务和创新性实验设计，将自主学习、小组探究、教师讲解结合起来，学生拥有更多的发言权，逐渐改变学习方式，形成自主学习能力。有效地提升了学生的思维能力，引导学生深度参与学习过程，进而获得深刻的学习体验。

教学设计着力强调信息技术融合教学资源与个性化教学设计的结合，利用智慧教学平台将网络课堂直播教学、微课教学相结合，较好地将家庭化学实验、化学仿真实验、化学实验视频结合在一起，提高了学生的学习效率，从而克服了传统课堂教学的条件限制，整个教学过程流畅、高效，学生获得感很强。

【指导教师】

陈洁，天津市河东区教师发展中心化学教研员，从事教育教学研究，成果论文多次获奖。

【参考文献】

[1] 中华人民共和国教育部. 普通高中化学课程标准 (2017 年版 2020 年修订)[M]. 北京：人民教育出版社,2018：34.

突出"宏微符"结合，促进模型认知的线上教学案例
——以"原电池"为例

姜丽

一、案例背景

随着信息技术与教育教学不断融合发展，传统的教育教学结构和形态正在发生变革与转型，以学生的学习与发展为中心，打造丰富的教育资源和智能化的学习环境，为师生提供优质高效的服务，加速传统教育教学的结构性变革，促进学生全面发展与个性化成长。线上教学模式依托信息技术的应用，逐渐成为教育教学发展的重要趋势。为了满足线上教学的要求，教师不断整合优质的教学资源、摸索有效的线上教育技术[1]。

人教智慧教学平台作为一个以"教与学"为主题的专业、开放、互动的教学平台，为一线教师提供了展示和交流的平台。同步的数字教材和与课程匹配的优质资源，有效地支撑了教学全过程。平台上庞大的资源中心涵盖优课、教学设计、名家课例、课堂实录等数十种资源形式可供教师筛选使用。在使用和分享优质资源的过程中，不仅能够激发教师的授课灵感、拓宽授课思路，更能够使教师获得"在备课中学习，在学习中备课"的丰厚教学经验。线上教学以教学软件和人教智慧教学平台为依托，打破传统的课堂教学模式，教师之间在平台上分享资源，共建教学生态圈；师生之间通过平台在线辅导，共创教学新形态。

二、教学设计

（一）教学内容分析

"原电池"对应的教学内容是化学反应与能量变化。原电池概念是氧化还原反应概

念的延伸，同时也是学习选择性必修模块中化学电源的基础，具有承上启下的重要作用。课程标准要求学生学习本节课后，能认识到原电池可以将化学能转化为电能，初步掌握原电池的工作原理，体会研制新型电池的重要性[2]。"宏微结合"是通过宏观与微观之间的交互作用来认识结构模型的认知视角和观念，是化学学科特有的认识结构模型的视角和观念。符号表征则从微观层次上科学、简明地表达了宏观现象和变化规律，成为连接宏观与微观的中介[3]。突出"宏微符"结合是帮助学生认识原电池模型的必要方法。

本节内容先让学生对原电池装置获得宏观层面的认识，之后引导学生从微观层面探析原电池的工作原理，并让学生依据原电池原理设计制作一个简单的水果电池，最后简单地介绍了生活中的几种常用电池。由于线上课堂受网络环境、学生互动、反馈效果等多方面的影响，本节内容相应调整为重点掌握原电池的工作原理，简单了解生活中的几种常用电池，将简单水果电池的制作作为线上课堂的课外活动延伸。

（二）学情分析

知识基础：学生对氧化还原反应的相关知识掌握较好，能够区分氧化反应与还原反应、氧化剂与还原剂等重要概念，为本节课的学习奠定基础。

能力基础：学生具备观察和描述实验现象的科学能力，但在进行微观、抽象的解释时相对困难，学生难以理解涉及到微观层面的化学过程，不能将宏观现象与微观实质进行联系。

学习环境：学生的学习能力存在个体差异，学习能力差的学生可以观看课堂回放。线上课堂要求学生较高的自制力，学生之间不能良好地互动，学习氛围相对较差。

（三）教学目标

依据课程标准的要求和对教材内容的分析，结合学生实际情况制订的本节课的教学目标为：

❶ 认识原电池的装置构成，理解原电池的工作原理。

❷ 对电极反应形成准确的模型认知，能够正确书写电极反应式。

❸ 通过线上课堂的理解能够从装置和原理2个角度分析陌生原电池。

（四）教学重难点

❶ 教学重点

（1）原电池的装置构成与工作原理。

（2）电极反应的模型认知和电极反应式的书写。

❷ 教学难点

（1）电极反应的模型认知和电极反应式的书写。

（2）从装置和原理两个角度分析陌生原电池。

（3）线上课堂激发学生学习兴趣，营造浓烈的课堂学习氛围。

（五）课前准备

❶ 教学资源准备

线上课堂教师不能和学生面对面，对每位学生的学习效果不能及时掌握，这就对教师的备课提出了更高的要求。课前教师从人教智慧教学平台、国家智慧中小学教育平台、学科网、组卷网、哔哩哔哩等多个资源平台搜集优质的课程资源，制作课件、导学案、课堂课后任务清单、获取实验视频，并精选课堂练习题和课后练习题。课前将本节课的课件、实验视频、导学案、任务清单发送至班级群，供学生提供预习使用。

❷ 教学设备和软件准备

本案例在人教智慧教学平台备课、授课，学生通过钉钉在线课堂的共享窗口参与课堂的形式进行教学设计并开展教学实践。教师和学生准备电脑、手机、平板、手写板等电子设备，下载并熟悉钉钉、微信软件平台的使用。将学生提前分为 5 个小组，每个小组创建微信群。作业布置通过组卷网进行，创建班级群，学生扫描二维码进入。

❸ 实验用品准备

本节重点要求理解原电池的工作原理，与生活实际密切联系，学生可以通过动手实践加深对原理的理解。学生准备新鲜的水果、小型用电器、导线等基本实验器材。

三、教学过程与实施方法

（一）结合情境，引入课题

打开钉钉在线课堂共享窗口，在人教智慧教学平台授课，提出"如果没电了，当前你最担心的是什么"的问题。

【设计意图】

学生从自己的实际开始思考，引起学生的兴趣，让学生逐步走进本节课中化学能转化为电能的装置——原电池。

❶ 火力发电在我国电力结构中居首位，但总效率低。介绍火力发电的基本原理（见图1）。

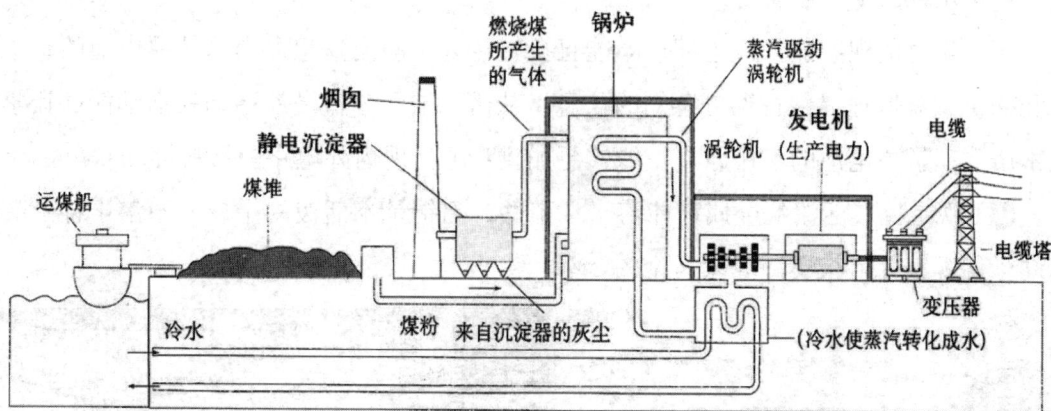

图1 火力发电过程

教师：请同学们分析该装置中能量变化情况。

学生1：加热过程中燃料的化学能转化为水蒸气的内能，涡轮机中水蒸气的内能转化为动能，在发电机中动能又转化为电能。

❷ 火力发电中因存在多次能量转化而有大量的能源损耗，是否可以将化学能直接转化为电能？电流的产生是由于电子的定向移动，在我们所学的化学反应中，什么类型的化学反应有电子的转移？

学生2：氧化还原反应

教师：通常氧化还原反应中没有电子的定向移动，所以我们还需要某种装置把电子导出反应体系，使其定向移动形成电流。

（二）关联宏微，初建概念

实验视频演示原电池的宏观现象和微观实质，从直观现象学习抽象理论。学生观察铜锌原电池实验，从宏观层面理解原电池装置的构成；然后观看动画，从微观层面理解铜锌原电池的工作原理。

【设计意图】

培养学生的观察能力，验证化学能直接转化为电能的猜想，为总结原电池的基本构成和探析微观原理提供直观可感知的信息；从微观层面分析微粒移动的活动能够让学生从本质上理解原电池的工作原理，能够更加直观地呈现内外电路的微粒移动状况。

❶ 铁是比较活泼的金属，能溶于稀硫酸，而铜是不活泼的金属，不溶于稀硫酸，请同学们观察并汇报实验现象（见图2）。

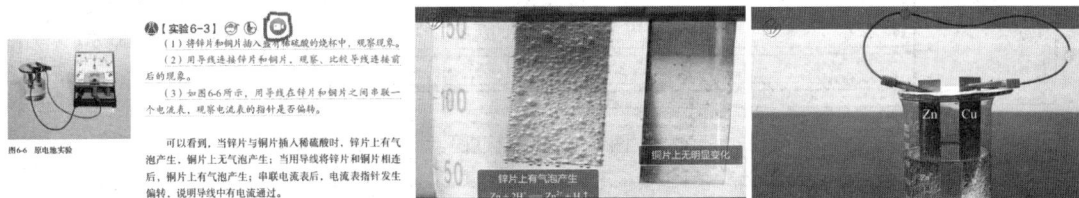

图2 人教智慧教学平台数字教材实验演示

学生3：我观察到铜片上产生气泡，电流表指针发生偏转，但不清楚为什么会发生这样的现象。

教师：出乎意料的现象！那你认为电流表偏转说明了什么？

学生4：有电流通过，这个装置实现了将化学能直接转化为电能。

教师：我们把实验这样的装置称为原电池。

❷ 从工作原理和装置构成 2 个角度对原电池进行分析。以实验中用到的 Cu-Zn(H_2SO_4)原电池为例，分析该装置的工作原理。

问题：铜片表面产生的气体是什么？该气体是发生了什么变化而产生的？导线和电解质溶液的作用是什么？原电池是怎样工作的？

教师：请大家带着这些问题观看原电池的微观动画，并请同学们说明从动画中看到了哪些信息。铜锌原电池内外电路微观动画（见图 3、图 4）。

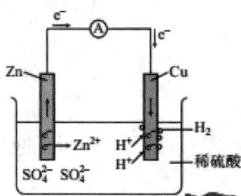

图6-7 原电池原理示意图

如图6-7所示，上述实验中，当插入稀硫酸的锌片和铜片用导线连接时，由于锌比铜活泼，与稀硫酸作用容易失去电子，被氧化成锌离子而进入溶液：

锌片：$Zn - 2e^- = Zn^{2+}$（氧化反应）

电子由锌片通过导线流向铜片，溶液中的氢离子从铜片获得电子，被还原成氢原子，氢原子结合成氢分子从铜片上放出：

铜片：$2H^+ + 2e^- = H_2\uparrow$（还原反应）

图 3 人教智慧教学平台数字教材片段

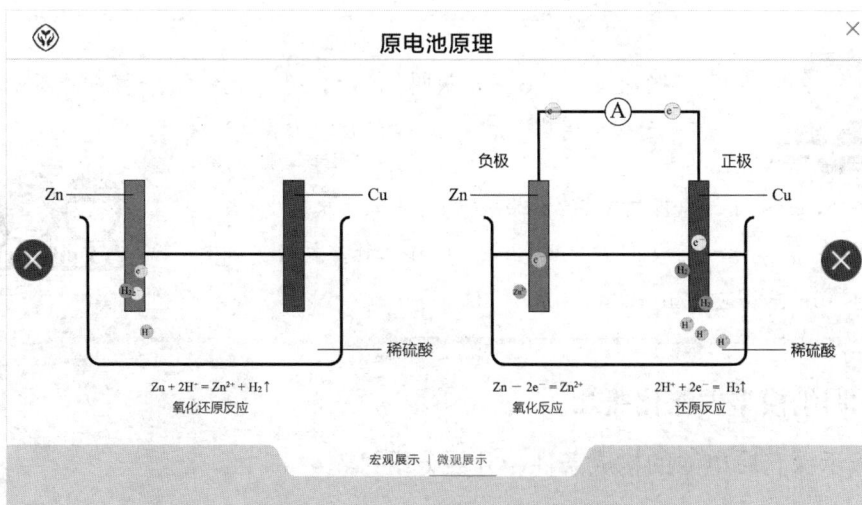

原电池原理

$Zn + 2H^- = Zn^{2+} + H_2\uparrow$
氧化还原反应

$Zn - 2e^- = Zn^{2+}$
氧化反应

$2H^+ + 2e^- = H_2\uparrow$
还原反应

宏观展示 | 微观展示

图 4 人教智慧教学平台数字教材原电池微观原理演示

学生5：最开始将锌片和铜片平行插入稀硫酸中，锌直接将电子转移给电解质溶液中的 H^+，H^+ 得电子产生氢气，电流表并没有偏转，铜片上无明显现象。

学生6：导线连接锌片和铜片，相当于闭合电路开关，形成闭合回路。锌失电子被氧化生成 Zn^{2+} 进入溶液，电子经导线传出，经过电流表流向铜片。此时电流表偏转，产生了电流，溶液中的 H^+ 在铜电极上得到电子被还原生成氢气。

学生7：铜片表面的气体是氢气，是由溶液中的氢离子得到铜片上的电子发生还原反应生成的；导线中有电子的定向移动，电解质溶液中有阴、阳离子的定向移动。

教师：在这个原电池装置中，只允许电子通过的导线称为电子导体，该部分为外电路；只允许离子通过的硫酸溶液称为离子导体，该部分为内电路。

（三）符号表征，理解概念

在课堂交互白板中引导学生书写电极方程式，帮助学生理解相关的概念关系。

【设计意图】

学生从符号层面理解正负极反应、得失电子、氧化反应与还原反应这些关系，让学生更多地参与线上课堂，营造浓烈的课堂学习氛围。

教师：我们把电子流出的一极叫作负极，把电子流入的一极叫作正极。这一变化过程可用化学语言——电极反应方程式来表示。

学生8：失电子→负极反应：$Zn - 2e^- = Zn^{2+}$（氧化反应）

学生9：得电子→正极反应：$2H^+ + 2e^- = H_2 \uparrow$（还原反应）

学生10：总反应：$Zn + 2H^+ = Zn^{2+} + H_2 \uparrow$

（四）归纳模型，深化概念

视频演示探究原电池的构成条件，开展分组讨论。

【设计意图】

能够让学生由原电池的宏观组成和微观原理，归纳总结构成原电池的条件，培养学生思维的有序性及实验方案的设计能力和口头表达能力。

教师：锌片、铜片和稀硫酸等可以形成原电池。但是并不是有锌片、铜片和稀硫酸的所有装置都能产生电流，这说明原电池的形成是需要一定条件的。请大家分析原电池的装置，归纳原电池的构成条件。

学生11：锌片和铜片是2个电极，硫酸是电解质溶液，还有导线，氧化还原反应是原电池的重要构成条件。

教师：对2个电极有什么要求？为什么要有电解质溶液？没有导线为什么不可以？为什么要求有自发的氧化还原反应？观看视频后进行描述。

学生12：电极要求活泼性不同的2种导体，传递电子；电解质溶液充当离子导体，非电解质溶液不能电离出阴阳离子；电极材料、离子导体和作为电子导体的导线构成闭合回路；2个电极反应分别是氧化反应和还原反应，总反应为氧化还原反应。

教师：构成原电池的4个条件：

①2个活泼性不同的电极 ②电解质溶液

③形成闭合回路 ④自发的氧化还原反应

教师：请同学们分析 $Cu-Fe(H_2SO_4)$ 原电池的构成，并写出正、负极的电极反应式和总反应式。（见图5）

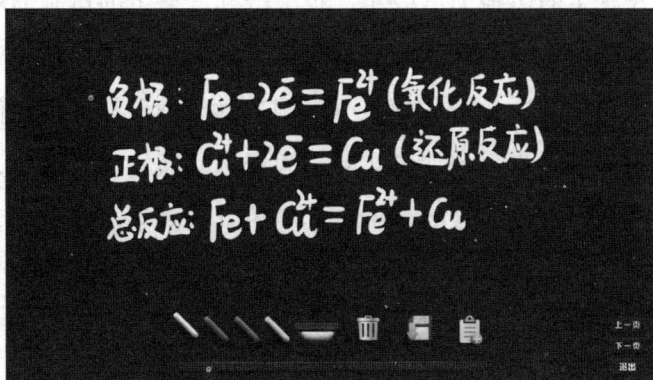

图5 学生书写电极反应式和总反应式

（五）回扣主题，拓展应用

鼓励学生根据自己对原电池的理解讲述常见几种电池的工作原理，通过查阅资料解释燃料电池的原理。

【设计意图】

能够强化原电池的宏观组成、微观反应原理和电极反应式符号表征相结合的学习策略，深化原电池工作原理的模型认知。

> 教师：根据原电池原理，人们研制出很多结构和性能各异的化学电池，以满足不同的用电需要。尽管这些电池看上去相对复杂，但是依据本节课所学的装置和原理进行分析，这些复杂的问题就可以迎刃而解。
>
> 学生13：将所学知识应用于锌锰干电池、铅酸蓄电池、锂电池，从宏观构成、微观原理和符号表征体会原电池的原理和模型。
>
> 教师：本节课获得了原电池的构成和原理，课下请同学们根据准备提示完成家庭实验，设计组装水果电池。

四、总结与反思

（一）线上教学学生自制力弱，学习氛围差，教师进行多种方式的引导

线上课堂教师对学生的监控力度变小，很大一部分学生的自制力不强。笔者采取课前导学、课上监督、课后延伸的方法。课前教师下发多种形式的学习资源，例如课件、导学案、视频、任务清单等，并指导学生分组创建微信群，鼓励学生做到有效的预习。课上教师密切联系生活，从学生的切身实际引入课题，激发学生的学习兴趣，适时进行互动，并开展课堂的在线讨论，既能够考察学生的学习效果，同时又营造了浓烈的学习氛围。课后安排家庭实验活动延伸，通过水果电池的制作进一步深化学生对原电池知识模型的理解。

（二）整合优质的课程资源，合理使用信息技术

综合人教智慧教学平台、国家中小学智慧教育平台、学科网、组卷网、哔哩哔哩等多个资源平台搜集优质的课程资源，使用录屏软件录制实验视频，课堂上采取多种形式的互动，例如语言对话、文字消息、答题卡、递粉笔，以及课下利用组卷网的作业反馈等线上平台功能的运用为原电池理论的学习带来了很大的便利，同时也为线上教学模式

提供了一般思路。

（三）有效发挥线上教学模式灵活性强的特点

线上教学模式可以针对学生课堂和作业反馈以及错误率，对每一个学生的学习情况进行分析，有针对性地去辅导学生。学习能力不强的学生可以通过课堂回放反复学习。

不足之处在于线上教学不能与所有学生面对面交流，不能很好的把控全体学生的学习效果，积极参与互动的学生学习效果更好。本案例中在引导学生获得原电池的构成条件过程中，教师通过视频展示探究过程，学生只能看，不能参与，无法亲自体验实验探索的快乐。

【作者简介】

姜丽，天津市朱唐庄中学高中化学教师。参加了中国化学会化学教育委员会"十四五"规划课题和天津市教育科学学会"十四五"规划课题。

-------------------------------- 案例点评 --------------------------------

（一）教材把握准确，教学重点突出

教学情境的创设体现了教师素养为本的教学理念，教师重视联系实际，从学生认知水平出发，构建学生认知结构：生活离不开电，激发学生学习兴趣，调动学生学习积极性。教师备课时具有大单元的教学思想，从学科内容的整体出发，合理确定教学难点。教师充分了解，学生学习本节知识时已经具备必要的金属的性质、物理电学知识、电解质溶液及氧化还原反应等有关知识，加上实验探究的学习方法，整体了解原电池的形成条件并不太困难，但要分别从氧化反应和还原反应两方面去理解电极反应，进而理解原电池反应原理，就会有一定的难度。同时，现阶段用电极反应式对电极反应进行符号表征也有难度，所以把电极反应的模型认知和电极反应式的书写设立为本节课的教学重点和难点。

（二）教学内容的处理符合学生学习特点

教学难点的处理科学严谨，符合线上学习的特点，充分结合信息技术，利用人教智

慧平台数字实验演示，发展学生获取、分析信息的能力，引导学生从推理—证据—模型角度主动探究原电池的工作原理，从宏微结合的视角理解实验现象与本质，构建学生的认知结构。在教学过程中充分运用认知心理学的同化和顺应原理，既利用原有的氧化知识理解、同化电极反应，又改变了原有氧化还原反应的认知结构，通过拆分来顺应新知识的学习。此外，还充分发挥了实验的支持功能，让学生从电极产物、电流计的变化直观理解氧化还原反应可以分别进行，二者之间确有电子转移。

（三）教学目标的达成与评价一体化

线上教学的主要问题是教师无法面对面得到学生的反馈，因此教师在教学中设计了多种形式的互动，而且及时给予明确的评价。教师熟练使用授课工具栏的黑板展示学生的学习成果，展示评价与交流，将学科素养显性化，将教师的教授行为、学生的学习目标和素养发展评价形成有机整体。

【指导教师】

朱文芳，毕业于天津师范大学，现任专职化学教研员，深入研究新课程课标，在2020年天津市启动的新课程新课标推广中，担任市级双新课题的负责人。三届市级双优课评委；一师一优课活动中被聘为市级专家组评委；天津市课程资源的建设活动中，任市级指导组专家成员。

【参考文献】

[1] 宋永娇，刘瑞，彭林芸. 新冠疫情与科学教育——国外与新冠疫情相关的科学教育研究述评[J]. 化学教育（中英文），2022,43(7):100-108.

[2] 张瑞林，刘晓华，姜言霞. 整合多重表征 促进概念深度理解——以"原电池"为例[J]. 化学教育（中英文），2022,43（3）:23-31.

[3] 郑慧. 人教版高中化学"原电池"教学的相关分析[J]. 赢未来,2017,（第13期）.

语文
01

数学
02

英语
03

道德与法治
04

历史
05

地理
06

物理
07

化学
08

生物学
09

科学
10

信息技术
11

音乐
12

体育与健康
13

综合实践活动
14

9 天津市中小学优秀线上
教学教研案例集 生物学

合理利用信息技术辅助线上教学，提高线上教学的有效性
——以《呼吸道对空气的处理》为例

杨海虹

一、案例背景

随着信息技术的不断发展，基础教育要求适应信息化发展带来的知识获取方式和传授方式的变化，并且利用信息技术更新教育理念，变革教育模式，发挥其对推进基础教育现代化的重要作用。如何合理的将信息技术与教育教学融合应用，探索信息化背景下新的育人方式，满足新时代的教育需求，给我们教师的教学研究提供了新的课题和方向。

线上教学作为与信息技术融合的应用，逐渐成为一种重要的教学模式。教师用网络搭建起课堂，打破了空间和时间的限制，同时教师可以将线上与线下相融合，随时切换，有效衔接。线上教学的形式相比于线下教学，有优势也有一些不足，例如在教学监控、教学互动以及反馈等环节衍生出很多问题。如何合理利用信息技术辅助线上教学，提高线上学习的有效性，我们进行了探索和研究。本文以生物学七年级下册《呼吸道对空气的处理》一节为例，谈一谈线上教学的思路和具体做法。

二、教学设计

（一）教学内容分析

本节是学生学习本章内容的基础，特别是"呼吸系统的组成"这部分内容是贯穿本章的主体。本节的学习为后续"发生在肺内的气体交换"的学习打下基础，做好知识铺垫。根据课标要求本节为 1 课时，针对线上教学反应有延迟的问题，调整为 1.5 课时，给学生充分的互动、反馈、交流时间。

（二）学情分析

优势：本课例的教学对象是七年级的学生，对生物学充满了好奇心，探究欲望强，渴望与老师互动分享，并且学习内容与自身息息相关，学生非常关心和感兴趣，加之有了一定的知识基础和思维基础，他们具备一定的自主学习能力，而且根据生活经验对呼吸道的组成已经有初步的认识，对于学习新知具备一定的知识背景和能力基础。

不足：

（1）这个年龄段的学生缺乏深入探究的耐心以及对知识的处理能力较弱，心理上的发育还不成熟，思维模式仍以形象思维为主，对于枯燥和深奥的描述更是缺乏由感性认识到理性思维过渡的经验。

（2）线上学习需要学生有一定的自律和自觉性，加上受学习环境、学习设备、网络等影响，学生注意力容易被分散，产生厌倦抵触的心理。

（三）教学目标

❶ 描述人体呼吸系统的组成。

❷ 说出呼吸道的功能，以及与其相适应的结构，初步形成结构与功能相适应的生命观念。

❸ 认同呼吸道对空气的处理是有限的，自觉地维护环境中空气的清新、清洁，增强学生的态度责任意识。

❹ 关注常见呼吸系统疾病对人体和社会产生的危害，养成良好的生活态度和行为习惯。

❺ 从学生生活经验出发，通过线上教学，激发学生主动学习的兴趣和热情，提高学习效率。

（四）教学重难点

重点：呼吸道的作用。

难点：

（1）呼吸道的结构与功能相适应的特点。通过资料分析理解呼吸道的作用，理解呼吸道对空气处理的能力是有限的。

（2）师生在线上有效互动及反馈。

（五）课前准备

❶ 资源准备

教师：线上教学不直接面对学生，但这种教学方式对教师提出了较高的要求。在资源准备上，教师要根据课程标准、教学内容，精心备课并制作课件，筹划好每一个步骤，才能使线上教学更高效。在实施过程中，教师利用市区级多种学习平台的资源库，包括人教智慧教学平台（天津版）、国家中小学智慧教育平台，在线学习多位名师的教学视频，根据学情选取最适合学生的资源进行整合，制作课件。为了应对线上教学的突发状况和学生可能出现的一些特殊情况，教师精心准备电子版资源推送给学生。

学生：学习资源包括纸质版教材、质量检测。

以上资源线上线下相结合，获取方式简单，教师亦可同时建立和完善资料库、学案库，做到线上线下的有效衔接，提高教学效率。

❷ 软件准备

教师和学生使用微信收发学习资源，授课方式是使用立知课堂和腾讯会议进行线上直播，需要师生提前下载调试好软件，并熟练使用。

三、教学过程与实施方法

（一）课前

❶ 教师上传课件到课堂直播软件，设置课堂名称、开课时间、导入课件、编辑简介、完成创建。

❷ 在课前将课程二维码分享给学生，引导学生关注，发布课程简介："这节课我们要学习《呼吸道对空气的处理》，包括呼吸系统的组成和呼吸道的作用。大家知道为什么我们会打喷嚏、流鼻涕吗？从这节课中我们就能找到答案。杨老师的线上生物课同样精彩，同学们加油哦！"

❸ 通过微信分享给学生学习资源包，包括电子版课本、电子版质量检测、自主学习任务单。

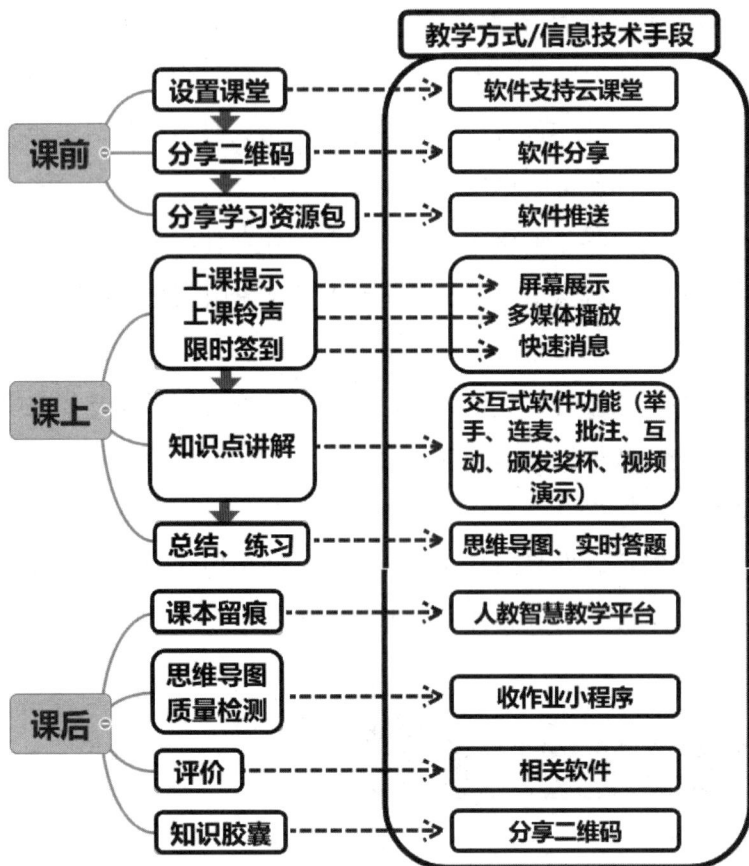

图 1 教学实施流程图

【设计意图】

在课程简介中发布本次的课堂内容，明确学什么、怎么学，并提出一个与本节课相关的问题，同时附上一句激励的话语，激发学生的学习兴趣。

【设计意图】

这些课前准备有利于激发学生的学习兴趣，引导学生提前预习。学生提前扫码报名，利用资源包进行预习。

（二）课上

❶ 提示

教师在屏幕上展示"上课温馨提示语"并播放熟悉的上课铃声。

学生在 1 分钟内完成签到。

设计意图：让学生感到如同在教室上课的仪式感，尽快进入学习状态。

❷ 导入

教师播放视频"婴儿为什么啼哭着来到人世间？"

设计意图：从生活现象出发，以问题方式导入，创设情境，引发学生思考，并以小视频的方式说明呼吸系统的重要性，激发学生的学习兴趣。

❸ 任务体验

通过实时视频的方式，教师和学生共同进行 3 个任务体验。同时恰当地呈现图片、小视频帮助学生理解、构建重要概念。

设计意图：通过亲身体验，感悟呼吸道的作用，突破本节课重难点，帮助学生形成结构与功能相适应的生命观念，增强态度责任意识，养成良好的生活习惯和行为习惯。

❹ 互动

学生通过举手功能与教师连麦互动，并与评论区留言实时交流相结合；在学习呼吸系统的组成时，教师通过软件推送填图的课堂活动，全员作答，教师及时掌握学生学习情况；通过授权操作功能，学生进行"肺"字书写展示和课件操作；师生多次有效互动，运用"小奖杯"及时给予肯定鼓励，营造了积极向上的课堂氛围。

❺ 总结和反馈

运用思维导图的方式进行总结，帮助学生建构呼吸系统的组成、呼吸道的结构和功能这些重要概念。反馈环节，设置了选择题和主观题，选择题采取实时答题的方法，教师可以掌握每名学生的答题情况，有针对性地进行点拨。主观题采用答题板功能，学生将答案拍照上传，教师同步看到学生的回答情况，及时发现问题，选取有代表性的答案进行讲评。

（三）课后

❶ 反馈

教师利用人教智慧教学平台（天津版）（或电子版教材）带领学生一起重读课本，

圈画重点内容和关键词，做到课本留痕，也有利于线上线下教学衔接。

学生完成思维导图和质量检测，通过"收作业"小程序拍照上传。

❷ 评价

在本节课结束后统计每个学生的签到、学习时长、奖杯数量、答题情况，完成个人积分的累积，并在微信群公布，激励学生积极参加课堂互动。

❸ 分享知识胶囊

在本节课结束后，教师会生成知识胶囊，学生通过扫描教师分享的二维码即可观看本节课的回放，并可以自己操作课件，完成课堂活动、课堂练习，让学生主动参与学习过程。对于较难理解的知识点，可以多次学习，理解能力差的学生可以重复学习，也可利用碎片化时间进行复习巩固。

四、实施效果

本案例授课方式新颖，互动性强。通过任务体验、师生多次有效互动，共23名学生举手178次，教师与学生连麦交流31次，授权学生操作课件2次，收发消息90条。运用肯定奖励功能，给28名学生发出95个奖杯，引导学生适度竞争，营造积极向上的课堂氛围。通过反馈环节，学生的学习效果良好，较好地达成了学习目标。

五、总结与反思

（一）营造仪式感，多方法进行教学监控

教师采用课前激励、课中抽查、课后总结的方法。例如要求学生上课时要端坐在书桌前，学习的桌面要干净整洁，要穿正式的服装，教师通过播放提示和铃声等方法让学生找到线下上课的仪式感。在上课过程中，随机找同学朗读教学目标和资料分析，间接了解学生听课情况。课后通过课堂报告了解每名学生的听课时长、答题情况、与老师互动情况，并进行总结。

（二）恰当使用信息技术，提高师生信息互动

在师生互动方面，适时使用云直播的功能，服务教学，使信息技术手段与教学深度融合，增强师生互动性，教学信息输入和输出方便。根据教学内容设计一些学生可参与的体验活动，通过网络视频、交互式软件中的举手、连麦、授权、批注、小活动等功能精心设计环节，师生有效互动，营造积极向上课的课堂氛围。使用知识胶囊的回放功能，这样翻转课堂的互动，使课堂得到延伸，学生可多次学习，实现教育公平。

（三）反馈形式多样化，落实"双减"要求

本案例的反馈方式包括利用答题板功能实时答题、教师布置个性化的作业（如绘制思维导图、制作呼吸系统相关知识的手抄报等），符合"双减"的精神。

（四）联系生活实际，渗透学科思政教育

生物学与现实生产生活实际密切相关，教师在每个教学环节中，注重联系学生生活实际，如学习呼吸道功能时，渗透结构功能观、生物与环境相适应的生命观念；讨论"感冒鼻塞流鼻涕""打喷嚏""随地吐痰""跑步如何正确呼吸""吃饭时不要大声说笑"和"保护声带"等实际问题中，适时渗透健康教育，关爱自己、关爱家人的情怀，倡导养成良好的健康卫生习惯和社会文明行为，提升学生的态度责任意识，体现了生物学学科的育人价值。

（五）立足教材整合资源，延伸课堂学习

教师充分利用教材中的图示、资料分析，对想一想、议一议以及旁栏小资料等资源进行整合，在教学过程中注重对资源的积累和总结，利用好线上教学的机会，逐步建立知识胶囊库和学案库，便于学生课下进行自主学习，及时查漏补缺，打破时间和空间的限制，提高学习效益，巩固学习成果。

总之，无论采用哪种信息手段，只有合理组合运用，与学科教学融合，优化教学过程，才能达到辅助教学，提高教学有效性的目的。如何能够备好、上好线上教学的课，如何能够"隔空"唤起到学生的热度，我们一直在学习，一直在探索。

【作者简介】

杨海虹，天津市滨海新区塘沽北塘学校生物学教师。课例曾被评为教育部"一师一优课，一课一名师"活动优课、天津市信息技术与教学融合创新交流展示活动典型作品，担任市级课题负责人，多次在区级教研活动中做展示交流。

-------------------------------- 案例点评 --------------------------------

本节内容的知识点不多，但知识间的内在逻辑性强，且与生活实际密切相关。"呼吸道的作用"内容是教学难点，学生较难理解，教师巧妙地利用各种教学资源，与教材内容进行整合，针对常见生活现象创设情境，设计体验活动和问题，有效突出重点、突破难点。

一、整合信息技术和资源，优化教学过程，培养核心素养

（一）利用信息手段适时互动评价、建构重要概念

学习呼吸系统的组成时，教师设置线上填图活动，授权操作，学生线上书写"肺"字，学生积极性和互动频率高。借助媒体优势，学生通过举手功能与教师连麦互动，并在评论区留言实时交流，运用"小奖杯"及时给予肯定鼓励，师生间多次有效互动，充分调动学生的主动参与性，布置落实"双减"的个性化小作业，发挥评价的反馈诊断、激励和促进作用，帮助学生认识自我、建立自信，促进其核心素养的养成。

（二）多活动策略突破难点，形成基本的生命观念

学习呼吸道的功能时，教师根据教学内容和学情，结合生活中常见现象，整合多平台教学资源，设置体验活动、实例和资料分析、图片观察、动态演示等活动，增加了教学过程的趣味性和实践性，帮助学生建构呼吸道结构和功能的重要概念，初步形成生物学的结构与功能观、生态观的生命观念，指导学生辩证地看待呼吸道的作用，关注环境与人体健康的关系。动画演示吞咽和呼吸的关系，让学生体会人体结构的神奇、功能分工的精巧，进一步体会结构功能观这一生命观念。

（三）线上和线下教学有机衔接，助力后续学习

教师选用适当的直播软件搭建起云课堂，打破了时空限制，同时教师利用分享知识胶囊，将线上与线下学习相融合，有效衔接，为学生的后续学习服务。

二、联系实际，创设真实情境，发挥学科育人价值

生物学是研究生命现象和生命活动规律的科学，与生活实际密切相关。教师以生活现象为切入口，创设多个情境，播放"新生儿啼哭"小视频，简洁明了，直奔学习主题。应用生命观念分析生活中的生物学相关问题，讨论"打喷嚏""随地吐痰""跑步时呼吸""吃饭时不要大声说笑"和"保护声带"实际问题，渗透健康教育，关爱自己、关爱家人的情怀，倡导养成良好的健康卫生习惯和社会文明行为，提升学生的态度责任意识，体现学科核心素养的要求和学科的育人价值。

三、建议

信息手段和资源是为教学服务，选择使用要基于学生实际。如公屏输入答题，对于七年级部分学生可能存在打字困难，可利用语音作答等途径实现。

【指导教师】

金明明，天津市滨海新区教师发展中心生物学教研员，曾主持多个课题研究，成果得到认可并推广，指导多节课获奖，撰写多篇文章刊登或获奖。

学以致用 让知识走进生活
——以人教版《生物学》初中七年级《近视预防》为例

井娜

一、案例背景

本节课内容比较贴近学生生活，依据国家体育总局 2010 年《国民体质监测公报》的数据报告，初中生的近视率为 58.07%，2020 年增加到 71.1%。为了抑制中小学生近视率的增加，2021 年国务院提出了"五项管理"和"双减政策"，这两项规定中明确提出了控制学生使用电子产品，减少不必要的课业负担，这些问题都是儿童青少年近视防控最基础性的问题，也是最难的一个问题。通过本节课的学习，学生可以了解到近视的成因，归纳总结出日常生活中容易导致近视的一些不良用眼习惯，反思自身生活中是否存在这些不良习惯，借以提升保护视力的意识，并获得预防近视形成的方法。

本节课主要采取的是网络授课模式，依据《"十四五"国家信息化规划》和《天津市教育信息化"十四五"规划》的相关内容要求，加入了大量信息技术辅助教学手段，包括数据收集整理，微课制作，天津市基础教育资源平台的使用，人教数字化教材的使用，人教数字化备课系统的使用等等。多种媒体资源的使用可以很好地帮助学生进行网课学习，更加立体形象化的理解课本内容，丰富多彩且贴近生活的教学内容也能更好地激发学生的学习兴趣，提升学生网课学习的学习效率。

二、教学设计

（一）教学内容分析

本节课来自于七年级生物下册第六章《人体生命活动的调节》第一节《人体对外界

环境的感知》第二课时内容。主要讲解的是有关近视形成的原因以及预防措施。

（二）学情分析

学生已经掌握了眼球的结构和功能以及视觉的形成过程等相关知识，尤其在掌握眼球结构中晶状体的功能等相关知识后，可以更好地理解近视的形成原因以及预防措施。

（三）教学目标

❶ 说出近视的成因及预防的方法。

❷ 认同视觉卫生。

❸ 关爱和帮助有视觉障碍的人群。

（四）教学重难点

说出近视的成因及预防的方法。

（五）课前准备

❶ 利用网络制作有关近视的调查问卷。然后通过学校的家校沟通平台把问卷二维码发送给学生，让学生在规定时间内填写完毕。老师在课前整理学生提交的数据，并大致了解一些学生对于本节课基础知识的掌握情况。然后根据本节课的教学重难点有针对性地开展教学。

❷ 登录人教智慧平台，提前下载备课系统当中有关本节课的课件，然后根据教学实际进行修改。再在授课系统中打开数字化教材，对教材中提到的重点内容提前进行标注，讲课过程中两个系统同时切换使用，细致形象的讲解抽象内容，便于学生理解。

❸ 提前组织学生录制有关近视预防的微课，将书上"三要与四不看"内容以学生表演的形式呈现，这种贴近生活的情景化表演更能快速的让学生掌握预防方法，并且在将来的教学中也可以反复播放。

❹ 用白板制作软件制作答题环节课件和积分榜，并提前准备好点名器。课堂练习时，通过点名器随机点名，被叫到的学生随机抽取某一道题目进行回答，并在积分榜上进行相应的加分。

⑤ 收集天津市基础教育资源公共服务平台上有关于这节课的精品课视频，将视频链接通过家校沟通平台发布给学生，学生们可以在课下反复观看，查漏补缺。

⑥ 利用网络的组卷功能提前收集整理重要练习题，以作业的形式发给学生完成。

三、教学过程与实施方法

（一）课前导入

调查问卷的内容主要设计如下几个方面，是否已经近视、得近视时间、近视程度、日常生活中是否注意保护眼睛、如何保护眼睛、分析容易引起近视的不良习惯、使用电子产品时长和使用方向等内容。通过数据分析得出，近一半的学生已经出现近视情况，绝大多数学生比较了解日常容易引发近视的不良习惯。7% 的学生每日睡眠时间不到 6 个小时；76% 的学生有日常使用电子产品的习惯，42% 的学生每日使用电子产品超过 4 个小时，其中 13% 的学生甚至超过 6 个小时。其他数据也表明 82% 的家长日常限制管理学生使用手机的时间，86% 的学生也认为过多地使用电子产品会影响学和生活质量。

教师依据数据提出问题：为什么大量使用电子产品和长期睡眠不足会导致近视？

【设计意图】

课前让学生填写调查问卷可以引发学生思考，课上展示调查数据，让学生通过数据结合日常生活，初步了解到哪些不良习惯会引发近视，为后面学习近视的成因与预防做好铺垫。

（二）讲授新课

① 知识回顾

利用人教智慧平台中的课件带领同学们梳理第一课时中讲过的眼球的结构和功能，着重让大家回顾一下晶状体的位置和功能，然后引导出一个重要的知识点，睫状肌可以调节晶状体的曲度，看远处物体时晶状体凸度变小，看近处物体时晶状体凸度变大。

② 小组讨论交流

晶状体的调节作用与诱发近视有什么联系？晶状体会因为什么样的原因出现问题而导致近视？近视后如何矫正？

❸ 小组反馈表达

近视的成因是因为晶状体曲度过大或者眼球前后径过长使物像落在了视网膜的前方。晶状体曲度过大是由于长期看近处物体导致，使睫状肌调节晶状体的功能减弱，再看远处物体时晶状体的调节曲度出现问题导致看不清远处物体。

❹ 教师总结归纳

利用人教智慧平台课件进一步的讲解近视的成因，再用人教智慧平台的数字化教材上自带的交互功能，拖拽课件中的成像物体，让学生观察物体离的近时晶状体的变化，离的远时晶状体的变化。随后再把电子书进行进一步的标注和讲解，并让同学们在书上对应的位置圈画重点内容。

❺ 近视的预防大讨论

教师进一步展示人教智慧平台上的资源进行讲解，带领同学们分析了书上的预防近视要做到的"三要四不看"。下面请同学结合之前的调查数据和所学的知识，小组进行讨论，总结出除了课本中提到的内容以外，生活当中还有哪些容易诱发近视的不良习惯和保护近视的好习惯。总结后进行展示交流。

【设计意图】

视觉的形成和近视的成因包含很多有关眼球结构和光是如何透过眼球结构在视网膜上形成影像的抽象知识点，单纯用课本讲解很难让学生理解，利用人教智慧平台丰富的教学资源，可以很好地帮助教师完成线上教学，方便学生理解。

（三）课堂练习

课堂练习主要采用两种方案。首先是课堂小活动环节，下载人教智慧平台中的课件，然后进行编辑，添加了有关预防近视的错误行为和正确行为的快速区分小游戏，请两位同学进行快速选择，挑选出容易导致近视的错误行为，最后进行分数统计，表扬答题快正确率高的同学。

其次在备课时，从人教备课系统中挑选题目，并添加进课件，然后上课时进行提问与析。用点名器随机点名，被点到名字的同学随机后抽取题目进行答题。

【设计意图】

利用人教智慧平台自带题库可以非常方便快捷的将相关练习题插入课件中，减轻了教师找题目和编辑题目的负担。此外随机点名和随机抽取题目，可以大大增加课堂练习的趣味性，也可以很好地督促学生认真上好线上课程，随时做好回答问题的准备，提升了线上教学的学习效率。

（四）课堂小结和评价

利用人教智慧平台的思维导图功能，将本节课的重点知识点进行整理和总结，方便学生理解。对表现优异，积分多的小组进行表扬。

【设计意图】

思维导图可以很好地对知识点进行总结、归纳和展示。此外线上教学不能用黑板随时展示小组答题积分结果，利用白板制作软件记录小组积分结果更加方便快捷。

（五）拓展延伸

❶ 课下组织学生，成立微课拍摄小组，分配演员、摄像、场记、导演、脚本编写、后期制作等工作，以校园电视台的成员为主力，教师为主导，拍摄近视的成因与预防宣传片，上传学校公共媒体平台进行展示交流。真正将所学知识运用到生活中来。

❷ 利用班级群推送天津市基础教育资源公共服务平台的精品课程，便于学生随时观看。

【设计意图】

本节课包含很多与生活相关的内容，除了学会课本知识以外，学生更应将所学知识应用到生活中，录制微课可以很好的帮助学生梳理知识，将知识应用于表演，此外录制好的微课还可以通过家校互动平台推送给学生反复观看，加深印象。更可以做到资源共享，在将来的教学中反复使用。

（六）作业

利用网络的组卷功能，查找本章节中重点练习题，组卷后发给学生。学生完成以后，再发放对应的解析内容，帮助学生查漏补缺，理解错题。

【设计意图】

利用网络组卷题目丰富，方便快捷，且带有解析，帮助学生理解题目，解决了线上教学中不方便与老师沟通交流的问题。

四、总结和反思

本节课总体包含 3 个模块。首先是课前调查，然后调查数据整理汇总。将本节课重难点内容近视的成因与预防编写成 12 道调查题目，让学生结合生活实际去填写，引发学生的共鸣和思考。让学生在课前通过填写问卷梳理出哪些生活习惯对视力是有害的。并思考为什么这些习惯会诱发近视，为后面的学习找准目标和方向。其次，利用人教备授课平台备课和授课，配合数字化教材展开讲解，可以将课本知识多元化呈现。具体流程如下：

（一）制作课件

人教智慧平台下载《人体对外界环境感知》课件，添加进个人课件库，根据需要进行编辑修改。添加内容包括课堂活动（预防近视知识挑战赛）、随堂练习题（人教备课平台题库）、思维导图（课堂小结）。相比于之前从网络上下载课件或者动手做课件来说，人教备授课平台要简单实用的多。

（二）课堂讲解

采用人教智慧平台课件和数字化教材同时辅助讲解，课件优势在于里面有大量的媒体资源和拓展资源，能够辅助学生理解课本中比较单一的文字讲解。数字化教材的优势则在于与课本紧密相关，学习的本身是绝对不能脱离书上的内容，学好一门课关键还是在于阅读课本。所以我上课时会让学生阅读课本的同时用不同颜色的笔圈画关键点，但之前传统模式下，教师告诉学生圈画的位置，有时因为学生的不理解或者听讲不认真而没有及时标注。而数字化教材可以很好地解决这一问题，教师可以在上课时边讲课边在教材上进行圈画，学生一目了然。圈画痕迹也会保留，方便学生回顾与复习。除此之外，数字化教材交互功能和视频资源也是相当丰富的，都可以辅助学生去理解抽象的生物知识，也减轻了老师用语言去描述和讲解所面临的负担，可以达到事半功倍的效果。授课系统和备课系统的切换也比较方便，网络环境也很好，不会出现卡顿现象。

（三）课后拓展和延伸环节

依据生物新课标始终要求的以提升学生学科素养为依托，本节课始终遵循让学生通过生活经验感悟总结所学知识，并能把所学知识最后再回归生活用于生活。拍摄预防近视宣传片可以很好对学生起到一个跨学科的教学，可以让学生将各种学科知识综合性的应用到拍摄过程当中，并且在撰写脚本和拍摄的时候进一步加深对预防近视知识的理解。还加强了小组协调合作能力，在整个拍摄过程中，孩子们非常兴奋，表演起来也比较认真，相信整个过程会给他们留下很深的印象。而没有参与拍摄的同学，从校园公共平台中也可以看到最终的宣传片，熟知同学的表演，也会让孩子们喜闻乐见，观看后加深理解，在日常生活中养成爱护视力的好习惯，最终达到本节课目的。

（四）结束语

生物学八年级有一个知识点，提到动物的学习行为是为了适应复杂环境的变化。学习的本身就是为了能让同学们快速的适应生活，适应即将步入的社会生活，如果每个学习过程只是会做题，在生活上一无所知，那么这样的学习是无效的，这样的教学也是失败的。所以本节课的重要理念就是依托生活实际去学习，感受生活，通过学习后将知识真正用于生活。生物教学本应就是如此。

【作者简介】

井娜，天津市北辰区璟悦中学生物教师，学校网管电教员。长期致力于研究信息技术与课程的融合方法。多次获得全国比赛一等奖，曾经 30 多次外出给老师们进行信息技术应用于教学的培训，被评为天津市教育技术先进个人。

-------------------------------- 案例点评 --------------------------------

本节课采用了大量的信息技术手段主要辅助教学主要表现在如下几个方面：

（1）教学内容贴合生活实际，用课前学生填写的调查问卷导入，用生活中真正存在的数据引发学生的思考，一切从生活实际出发去感悟哪些不良生活习惯会导致近视。然后根据课堂总结出的近视成因再反向思考总结如何预防。

（2）充分利用了天津市基础教育平台上的优质教育资源辅助教学，利用授课系统的电子教材和备课系统的课件与学生实现交互，用形象动态的图形去展示眼球内部的变化是如何导致近视的。

（3）课堂练习环节用到了点名器和电子白板的游戏功能，让答题变得有趣。除此以外电子白板的计分功能也方便统计和展示小组的学习成果。

（4）在拓展延伸环节主要是针对近视的预防进行讲解，本节课主要采用了录制微课的方法，通过同学生动形象的表演，将课本中的知识呈现出来，更利用同学们的记忆和理解，并且还能做到反复使用和资源共享。

（5）课下推送资源管理平台上的精品视频资源可以帮助学生通过观看利用课下时间进行查漏补缺。

（6）利用智学网的组卷功能，从大量的题库中挑选重要练习题，减轻了教师日常出题的工作量，简单实用。总体来说，本节课用信息技术手段使生物课堂变得更加丰富多彩，相比于传统课堂，更容易让学生去理解教材中特别抽象难懂的生物知识。除此以外，课例中提到的多种网络教学资源也为其他老师开阔眼界，在不需要做大量课件的情况下也能完成信息技术与生物课程的融合，大大减轻了教师日常工作的负担。

【指导教师】

付洪芳，现任天津市北辰教师发展中心初中生物教研员，中共党员。负责的多项课题已结题；所著论文多篇获奖。承担了多次市教研活动。指导的青年教师在本市双优课评比活动中获一等奖；在"一师一优课，一课一名师"活动评选中多名教师获省部级奖等。

网课开发聚焦学情 精品资源助力课堂
——《孟德尔的豌豆杂交实验（二）》（第2课时）线上教学案例

于倩

一、案例背景

　　线上教学已成为一种教育新常态。然而，线上教学存在缺乏互动、缺乏管理及缺乏动手实践的弊端。如何能在线上教学中，尽量降低这些弊端对学生的影响是一个新课题。它需要我们教育工作者及时关注学情，开发适合新学情的课堂形式和内容。线上课程的开发离不开各种优秀的网络资源，这些资源的有效利用，不仅能够为学生提供强有力的学习抓手，还可以激发兴趣、拓宽视野。精品网络资源助力课堂，让学生兴致勃勃，课堂活力满满！

二、教学设计

（一）教学内容分析

　　《孟德尔的豌豆杂交实验（二）》（第2课时）是高一年级下学期高中生物学《必修2 遗传与进化》模块第1章第2节的内容。人类对遗传现象的科学解释，最早是在孟德尔从豌豆杂交实验总结出来的。他对遗传因子的发现和对遗传规律的总结，使自然科学中诞生了一门新的学科——遗传学。本章内容教材引导学生沿着人类对遗传物质的认识过程来探索遗传的奥秘。在第1节的教学中，学生在教师的带领下初步厘清了模拟实验与孟德尔杂交实验的关系，并通过小组数据与班级数据的统计对比，使学生认同统计样本数量对实验结果的影响，从而明确实验数据与理论数据的关系。学生在本节杂交实验（二）中，进一步学习了孟德尔的自由组合定律。在此基础上，本节课着重引导学生用模拟实验的方法突破重难点，去探索和理解孟德尔遗传定律的内在实质。

（二）学情分析

❶ 学生已学习了本节内容的第一课时，初步领悟了自由组合定律的内容及假说演绎法的研究过程，同时高一学生具有一定的分析能力和思维能力。

❷ 线上教学缺少师生间、生生间的互动，本节课中学生面临的问题：较难理解自由组合定律的实质，缺乏解释遗传现象时的想象力，推理思维能力还有欠缺。

（三）教学目标

❶ 能够设计"遗传因子自由组合产生的配子的类型及比例"模拟实验，体验构建实验模型的方法思路。

❷ 通过孟德尔发现遗传定律的原因，体会假说—演绎法在遗传学研究上的应用，认同科学家勇于质疑、勇于创新、探索求真的精神。

❸ 通过情境案例分析，运用所学知识和科学思维解决生活生产问题。

（四）教学重难点

结合学生的学情和线上教学的特点，确定本节课的重点：自由组合定律的实质及其应用；孟德尔遗传实验获得成功的原因。难点：尝试对两对相对性状遗传现象进行解释，阐明自由组合定律的实质。

（五）课前准备

结合线上教学新学情，筛选精品网络资源，做好课前准备显得尤为重要。课前准备主要包括教师准备和学生准备两部分。

❶ **教师准备**

（1）制作 PPT 课件。教师在备课制作 PPT 课件时可充分利用以下优秀网络精品教学资源：国家中小学智慧教育平台、天津市基础教育网络教研平台、天津市春季同步精品课程、南开区云动课程资源平台等。

（2）安装"钉钉"APP。此 APP 是线上教学中非常实用的一款软件，可实现教师屏幕共享，教学文件导入使用，学生和教师的实时互动，连麦通话，作业布置、提醒、回判等全方位的功能。需要教师和学生提前下载、注册、登录，并加入到相应班级中。

（3）准备学生选学资料，为学生的拓展性学习提供参考

拓展资料的推荐一方面可以提高全体学生的学习乐趣，另一方面也可为有兴趣进一步学习的学生打开一扇窗，增强学生深入探索的欲望和途径，全面提高学生的核心素养。

笔者为学生提供的部分选学资源如下：

①学习强国——科普天地——全国青少年科学影像节获奖视频——青少中心25：孟德尔鲜花演示器探究之旅

②学习强国——理工农医——生物学概念与途径——北京大学课程：孟德尔遗传规律

③百度百科——格雷戈尔·孟德尔

④学习强国——我心中的英雄——"杂交水稻之父"袁隆平：一个人 一件事 一辈子

⑤学习强国——为未来育种！端牢中国饭碗

（4）教具准备：小球和烧杯等模拟实验装置

虽然线上学习中学生不能直接使用教具，但是在屏幕中亲眼看到教师利用教具进行演示实验，依然可以使学生身临其境，体会模拟实验的含义，并且启迪学生思考，来理解知识的内涵。拓展学生思维，开发更多可行的实验方案，助力学生对知识的深入把握。

❷ 学生准备

（1）钉钉APP平台准备。

加入钉钉班级中，进行课前平台调试准备。

（2）课前思维探究，提交自己的思维探究成果。

仿照教材中第1节"性状分离比模拟试验"的实施方法，进行思维探究——设计"遗传因子自由组合产生的配子的类型及比例"模拟实验，进行初步设计思路书写，在钉钉中提交自己的成果。

三、教学过程与实施方法

（一）复习旧知，导入新课

❶ 教师活动：播放视频资源"我国了不起的农业科技"并通过视频资源——《生物学教学参考》自由组合定律来启发学生思考，导入新课。

学生活动：观看视频，回忆旧知，进入新知识学习的情境。

❷ 工具运用：视频资源

❸ 设计意图：利用视频资源"我国了不起的农业科技"激发了学生的民族自豪感和自信心，并且引发学习兴趣。利用视频复习导入来吸引学生更快地进入线上学习中。巩固旧知，为新问题的转换和迁移做铺垫。

（二）模拟实验，理解新知

❶ 教师及学生活动：

（1）教师活动：请同学们结合课前大家已经设计"遗传因子自由组合产生的配子的类型及比例"模拟实验的三个典型答案，进入钉钉小组讨论室，小组讨论并解释以下问题：a. 应配置几个桶？ b. 每桶内的小球数量？ c. 应如何完成抓取实验？ d. 请预期实验结果并解释原因。通过分析哪一个典型答案设计的更加科学合理，其他设计有什么问题，创设组内讨论、组间讨论的条件，启迪学生思考。

学生活动：以小组为单位进行了热烈的讨论，在讨论中进行自评和互评，不断对设计方案修正和完善，在这个过程中又启发了新的思考。设计新的、更为简便的模拟实验方法。

（2）教师用自制道具展示模拟实验过程，学生结合讨论结果体验模拟实验揭示的自由组合定律的实质

（3）教师通过提供网络视频（学习强国——科普天地——全国青少年科学影像节获奖视频——青少中心25：孟德尔鲜花演示器探究之旅）启发学生，学生进一步思考进行深入探究。

❷ 工具运用：自制教具、钉钉小组讨论室、学生选学资料

❸ 设计意图：线上教学中往往缺少互动，学生之间的合作探究缺乏，导致对知识

的掌握不够深刻准确。而学生通过线上钉钉会议室，加入小组讨论，进行思维探究，增强了学生的自主性。模拟实验的思维探究，可以加深学生对知识的理解，培养学生创造性思维的能力、科学探究的能力、交流合作的能力，并体验用数学方法分析实验结果的方法。

（三）归纳孟德尔实验方法的启示

❶ 教师活动：回顾孟德尔的研究实验，组织学生阅读教材"思考·讨论"部分，并为学生提供孟德尔的论文、孟德尔的研究历程介绍、山柳菊介绍等补充资料，引导学生总结孟德尔成功的原因

学生活动：学生阅读教材，结合补充资料，小组讨论和交流。总结孟德尔成功的原因及科学研究工作必备的品格和能力有哪些。

❷ 工具运用：教材"思考·讨论"、补充资料

❸ 设计意图：线上学习环境中学生更容易获得大量资料，通过提供恰当的资料，引导学生形成正确的价值观。认同科学研究需要注重科学思维和方法的重要性，认同孟德尔敢于质疑、敢于创新、探索求真的精神。

（四）联系实际，问题解决

❶ 教师活动：播放我国科学家近年来的育种工作及成就的相关视频。讲述基因自由组合定律在动植物育种工作和医学实践中具有重要意义。在育种上，由于每种生物都有不少性状，这些性状有的是优良性状，有的是不良性状，如果能想办法去掉不良性状，让优良性状集于一身，该有多好。如果控制这些性状的基因分别位于不同的同源染色体上，基因的自由组合定律就能帮助我们实现这一美好愿望。

真实情境一：优质水稻的培育

在水稻中，有芒（A）对无芒（a）是显性，抗病（R）对不抗病（r）是显性。那么，AArr×aaRR 能否培养出优良品种无芒抗病水稻呢？怎么培育？请用你的设想用遗传图解表示出来。引导学生思考，育种的目的是将优良性状集合到同一株植物中，获得相应的纯合子（aaRR）。本质上是对基因自由组合定律的应用。展示学生的图解，规范书写过程。分析获得纯合的目标植物至少需要的年限，大批量获得纯合子，一般需要的年限问题。

引导学生进一步思考：杂交育种的具体方法有哪些？杂交育种的优点和缺点是什么？

真实情境二：遗传咨询案例分析

在一个家庭中，父亲是多指患者（由显性致病基因P控制），母亲表现正常，他们婚后却生了一个手指正常但患先天聋哑的孩子（由隐性致病基因d控制）。

如果你是一名医生，是否可以提出关于此夫妇生育孩子的合理建议？引导学生考虑以下问题：a. 父母的基因型分别是什么？　b. 这对夫妇若再生一个孩子，又是怎样的情况呢？出现患病孩子的可能性多大？

引导学生推演得出：此家庭中父亲的基因型为PpDd，母亲为ppDd。所生孩子中只患多指、只患先天聋哑、既患多指又患先天聋哑、表现型完全正常的可能性分别为$3/8$、$1/8$、$1/8$、$3/8$。从而为遗传咨询提出合理化建议。

学生活动：学生绘制遗传图解，分析真实情境中的问题，归纳用自由组合定律为遗传病的预测和诊断的理论依据。

❷ 工具运用：视频资源、情境案例、钉钉举手、连麦等互动功能

❸ 设计意图：创设真实的生活情境，有效的拉近学生与生物学的距离。让学生以最佳的状态进入到课堂教学和互动中。通过巩固新知识，培养学生的责任感和理论联系实际的能力。通过解决问题，激发学生对育种工作进一步了解的兴趣。激发学生关爱健康、关爱生命的品格和爱党爱国的家国情怀。

（五）课堂小结、拓展提升

❶ 教师活动：启发学生构建本节课的知识网络。布置习题对学生学习效果进行检测和适时评价，提升学生对知识的理解和运用能力。

利用线上学习中学生可支配时间充足，获取网络资源便捷的特点。设计课后拓展练习：a 请在家中花盆中尝试种植不同种豌豆。如果豌豆可以成活，进行人工授粉，观察实验现象。b 用不同的装置体验模拟实验。c 请查阅资料解释牵牛花颜色多样的原因。（提供网络资源供学习：学习强国——理工农医——生物学概念与途径——北京大学课程：孟德尔遗传规律）

学生活动：亲手种植豌豆，体验实验过程。一方面提高劳动实践能力，一方面提高学习兴趣，激发进一步探索的欲望。查阅资料，解释现象，有助于培养科学精神和科学

思维能力。

本节线上课程结束后，学生针对课堂讨论时提出的不同种模拟实验的方法开始了新的实践。一位同学利用软件 Visual Studio 2022 进行编程，来模拟"遗传因子自由组合产生的配子的类型及比例"的实验设计，取得了良好的学习效果。

❷ 工具运用：拓展性资料、钉钉作业等功能、电脑编程

❸ 设计意图：构建本节课的知识网络，提升学生对知识的理解和运用能力。同时，通过拓展提升，加强学习的延展性。

三、案例总结与反思

（一）本节课针对线上教学的特殊情况，相较于线下教学适当减少了课堂教学内容，将教学进度适当放缓。增加了学生互动和互评的机会，取得了良好的教学效果。

（二）开发了线上思维探究——"遗传因子自由组合产生的配子的类型及比例"模拟实验，提高了学生参与的热情，也启发了学生的创造性思维，加深了对难点知识的理解。

（三）较好的利用了精品网络资源。在课堂教学前、中、后为学生推送了网络中优秀的课堂设计片段；利用丰富的图片、视频、图书等资源提高了学生的学习效果。

（四）应用了钉钉平台教学中的小组讨论功能、连麦功能、举手功能、对话框交流功能等。尽可能的使更多的学生参与到课堂讨论和学习中。

（五）还存在一些遗憾，需要进一步改进：模拟实验仅做了思维探究，学生实际动手操作少；课堂教学中网络延迟，导致在交流环节不够紧凑；用鼠标书写，板书不够美观。

【作者简介】

于倩，天津市天津中学，高中生物教师，天津市南开区骨干教师。曾参与多项课题研究，在市区级优质课大赛中获奖，在市级教研中进行课例展示，指导学生科学研究并参与天津市科技创新大赛并获得多项荣誉。

------------------------------ 案例点评 ------------------------------

本案例来自于 2022 年春季学期疫情线上教学背景下的真实教学活动，是线上高中

生物学教学中较突出的教学成果。作者本人在课前备课环节已关注并着力梳理线上教学过程中教师教学和学生学习的痛点，有意识的做出符合学生学习行为的预判，进行有针对性的教学设计，通过科学探究培养科学思维，有助于潜移默化中形成学科素养；充分利用网络教学平台及相关软件工具服务于线上课堂教学，并延伸于课堂外学生的自主学习中，促进信息化学习方式的普惠；合理采选资源，引导学生质疑中开展思维活动，进而提出并解决问题，将学生的学习过程和学习成果转化为课程资源，充分体现了课程化的理念。

❶ 深研线上教学痛点，进行整体教学设计。

随着线上教学的进行，师生都逐渐适应了这种新常态；但适应并不能说明得到了线上教学方案的最优解。目前的线上课堂仍存在"忍痛"而痛点降低的情况，其实真正的痛点依然存在，如本案例中提出的互动、课堂管理、动手实践等问题。如何做到真互动、真实践以及有序课堂等是本案例作者提出并努力探索的问题。本案例首先通过单元整体规划进行教学设计，对教材分析、学情分析、教学目标、教学重难点、课前师生准备、学习活动、作业、评价等都做了充分的安排，照顾到了前后课时教学的衔接，体现了单元教学的意味。

❷ 科学探究支撑理性思维，逐渐形成学科素养。

生物学作为实验学科离不开动手实践，"教学过程重实践"也是生物学课程的基本理念之一；创设情境的教学，让学生在真实情境中学习更是新课标的要求。本案例设计的模拟实验活动，在网络课堂动手实践受限的前提下，利用自制教具、录制视频展示、提供参考材料、亲手种植豌豆等多种方式和手段，适时插入到学生探究活动的环节中；为学生创设情境，随时给学习活动以支持，激活学生的思维活动；让学生能重现出假说—演绎等科学思维的过程，体验科学思维在头脑中流转的美妙。

❸ 信息化教学工具提高学习能力。

信息化教学从线上教学开始就自然带上了网络的属性，优秀网络教学平台和工具的活用至关重要。从本案例的课堂教学效果及课后学生提交的作业来看，师生表现出的信息化素养水平是很高的，由此产生的学习能力的提高也是可以预见的。

❹ 以课程化理念发挥课程资源优势，促进成果转化。

课程化是新课改的一个重要方向，在各方如火如荼地开展课程建设及评比中可见一斑。本案例既从课程角度对已有资源进行重新整合，做到适用于本单元、本课时的需要；

又能及时将学习过程和学习成果转化并生成新的课程资源，成为课程的一部分。以吸纳或转化来丰富课程，以课程迭代来发展课程建设，将课程建设成"活的"、动态的课程，应该更能适应新常态下学习的需求。

【指导教师】

赵程，南开区教师发展中心，生物学教研员。

基于斯金纳程序教学模式的生物线上教学实践探索
——以高三复习课"免疫调节"为例

张君伟

一、案例背景

随着教育信息化发展，线上教学依托信息技术，作为一种全新的课堂教学模式应运而生。但是目前线上教学存在很多不确定的问题，例如不确定学生是否在线，不确定学生是否独立完成作业，不确定学生是否对于知识感兴趣等。为了让学生在线上环境下可以更为有效地学习，为高考做好准备，不仅需要掌握知识，更要调动学生线上学习的积极性。笔者曾尝试多种教学模式，其中以斯金纳的程序教学模式最为实用。

斯金纳的程序教学模式：B-F-斯金纳是美国著名的教育心理学家，他通过实验小鼠与食物箱建立了操作行为主义的学习理论，并据此提出了程序教学模式。[1]

无论是哪种程序性教学，基本包括2个步骤：①拆分：将教学内容分解为许多小的学习单元，按照学生的认知能力、内容的特点排序，呈现出阶梯式的步子，让学生逐步完成教学目标。[1] ②强化：每学完一个小单元，教师采用问答形式巩固知识，教师给出正确答案或者提出表扬，使学生明确学习结果准确性，把握后续学习方向。

二、教学设计

（一）教学内容分析

本案例使用的是人教版生物学选择性必修一《稳态与调节》，包括人体的内环境与稳态、人和动物生命活动的调节，以及植物的激素调节等内容。本文选取的内容是"人和动物生命活动的调节"中的免疫调节。免疫调节作为神经——体液——免疫调节网络机制中的一部分，能为学生充分理解人体如何维持稳态有重要帮助。

（二）学情分析

乡镇高中的高三学生知识点全部学完，但是学生的基础相对薄弱，所以复习时，还是主抓基础，帮助学生巩固基础知识。生命活动的调节涉及每个学生，学生对于此部分内容相对感兴趣，学习配合度相对较大。现在的学生电子设备使用流畅，在学习视频查找，或者有利于学习的编程软件的使用上发挥优势，教学中适当发挥学生的自主学习能力，促进学生学习，提高学习效果。

（三）教学目标

❶ 概述免疫系统的基本组成及其作用

❷ 阐述体液免疫和细胞免疫的过程，绘制流程图。

❸ 举例说出免疫失调的疾病，了解其中的致病机理。

❹ 阐明疫苗发挥作用的原理。

（四）教学重难点

❶ 教学重点

（1）免疫系统的组成。

（2）体液免疫和细胞免疫的流程绘制。

（3）过敏反应的发生机理。

❷ 教学难点

（1）体液免疫和细胞免疫的流程绘制。

（2）HIV 感染人体的原理。

（3）疫苗发挥作用的原理。

（五）课前准备

❶ 软件准备

比课堂教学线上教学涉及到的辅助工具更多，要求也更高。笔者利用了 WPS、哔哩哔哩、微信、EV 录屏、腾讯会议、钉钉等软件。

利用笔记本电脑屏幕大的优势，清晰展示教学内容，学生不易产生视觉疲劳。为防止突发状况，笔者和同组老师利用 EV 录屏录制部分重点内容，上传到哔哩哔哩，学生可随时查看，多次学习。从上课情况来看，笔者更倾向于直播课，便于随时和学生互动，掌握学生学习状态。腾讯会议和钉钉都可以进行直播，采用屏幕共享，学生即可看到教师展示的内容，教师和学生都可以操作，在重点或者不明白的地方做标注。

❷ 教学准备

如何将斯金纳程序教学模式与线上教学相结合？

（1）拆分教学内容。将"免疫调节"拆分为"免疫系统组成""免疫功能""特异性免疫""免疫失调""免疫应用"。由于"特异性免疫"内容较多，过程复杂，又将"特异性免疫"拆分为"体液免疫"和"细胞免疫"。

（2）制作学习视频。将拆解好的知识内容制作成教学视频或者直接利用网络获取资源，如通过国家中小学智慧教育平台整合教学资源、下载电子课本等。技术上，笔者采用 PPT+EV 录屏的形式来完成教学视频的录制。录制过程中，重难点的强调可以用软件上的批注功能，通过不同颜色、不同形状鲜明的显示，增强对学生的视觉冲击，以增大"无意注意"和"有意注意"。录制结束后还可以进行剪辑，以达到精炼的目的。以 Mp4 的格式保存视频，并将视频上传 bilibili 视频网站进行长期保存，既方便学生多次观看，也防止丢失。

当然，如遇到互联网上有优质的视频，在作者同意的前提下，也可以将其进行加工，给学生播放。

（3）排序播放

将录制好的学习视频以知识点的名称来命名，在教学时适时使用。为了清晰地呈现这些小步子之间的关系，笔者用思维导图（见图1）的形式，将小步子内容的关系呈现给学生，帮助学生对本单元内容形成整体性的认识。

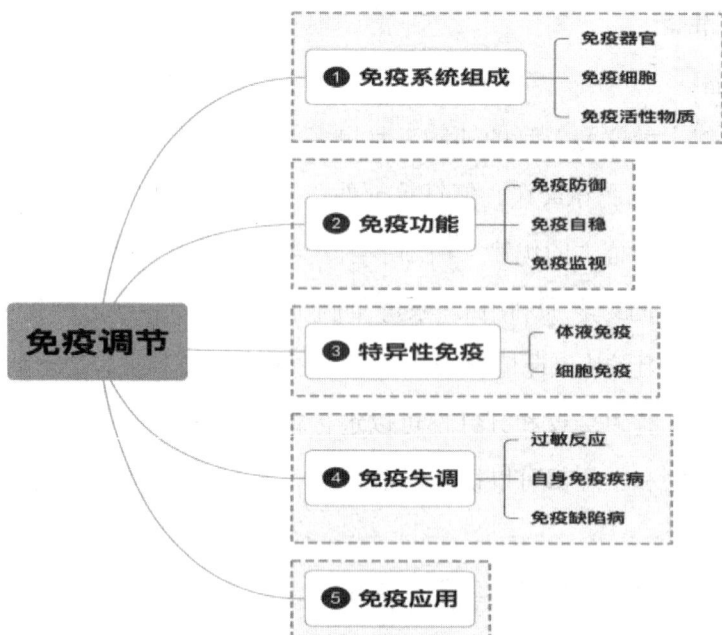

图1 免疫调节的思维导图

三、教学过程

片段一

免疫系统的组成与功能对高三学生相对简单，此部分内容利用腾讯会议进行直播，通过在线提问方式，引导学生回忆。在PPT上给出免疫调节思维导图的部分内容，提出问题。（目的：利用多种感官学习法，调动学生的积极性，促进记忆。）

（1）依据给出的思维导图，将思维导图补充完整。[免疫器官：扁桃体、淋巴结、胸腺、脾、骨髓；免疫细胞：树突状细胞、巨噬细胞、淋巴细胞（T细胞、B细胞）；免疫活性物质：抗体、细胞因子、溶菌酶等。]此部分内容，绝大多数同学抢答完成任务，极个别同学记不住五大器官。有同学提供一种谐音记忆法：古（骨髓）淋（淋巴结）脾（脾）气大，凶（胸腺）扁桃体。对给出方法的同学提出表扬，鼓励大家积极思考，相互学习，加强学习氛围。

（2）给出免疫细胞图片，在1分钟之内总结出涉及到该细胞的相关内容，请同学抢答，一名同学回答完毕后，其他同学可做补充。（目的：短时间内，快速提取脑海中的

知识，锻炼总结能力）

（B淋巴细胞只参与体液免疫，T淋巴细胞既参与体液免疫又参与细胞免疫，是免疫的主力军；树突状细胞与巨噬细胞分布不同，但有相同的吞噬呈递抗原功能，统称为吞噬细胞；抗原呈递细胞APC包括B淋巴细胞、树突状细胞与巨噬细胞……）

部分同学可能会提到抗原，抗体等词语，笔者对此给予赞同，借此进入下一个问题。

（3）抗原抗体的本质，二者结合的特点。（大多数抗原的本质是蛋白质，而抗体的本质只是蛋白质，二者特异性结合，即一种抗体只能与一种抗原结合。）

明确告知学生细胞因子是一种统称，其内包括多种因子，如干扰素、肿瘤坏死因子……所以做题中如遇到具体因子，可直接理解为细胞因子的作用即可。

（4）是不是所有的免疫活性物质都是免疫细胞分泌的？（唾液腺细胞）从而得出免疫活性物质是指由免疫细胞或其他细胞产生并发挥免疫作用的物质。

（5）免疫系统各组分共同决定了其免疫功能：免疫防御、免疫自稳、免疫监视。结合图片（见图2）解释各功能的含义及功能障碍的可能结果，以便理解。三大免疫功能由三道防线共同完成。（第一道防线：皮肤和黏膜。第二道防线：杀菌物质和吞噬细胞，二者与生俱来，称为非特异性免疫。第三道防线是机体在发育过程中与病原体接触后获得的，起特定作用，具有特异性，因此称为特异性免疫。）

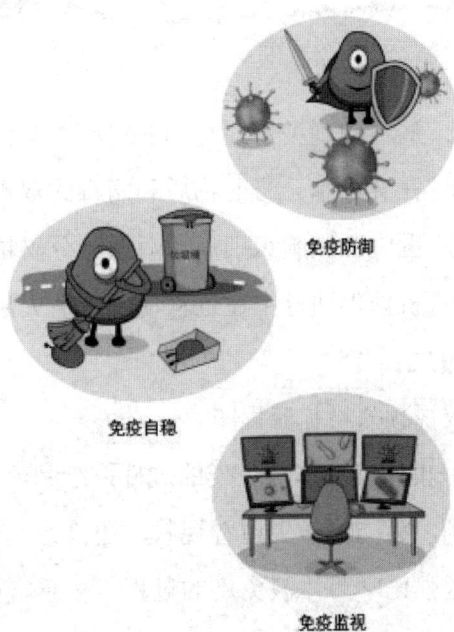

图2 免疫系统功能图（照片来源于人教版生物学教科书选择性必修一《稳态与调节》）

高三时间很珍贵，学生习题的讲解无法面面俱到，课前准备几个典型题作为备用，但以学生在线提问的问题为主，因为学生更清楚自己哪里薄弱。

（6）习题讲解：

①溶菌酶是一种能水解细菌细胞壁主要成分的酶。溶菌酶还可以与带负电的病毒蛋白质直接结合，使病毒失活。下列相关叙述正确的是（   ）

A. 溶菌酶可参与构成人体的第二道防线

B. 人体内的溶菌酶、细胞因子、抗原、抗体都是免疫活性物质

C. 溶菌酶均由免疫细胞产生

D. 溶菌酶与病毒蛋白的结合体现了细胞膜信息交流的功能

②新型冠状病毒可以通过表面的刺突蛋白与人呼吸道黏膜上皮细胞膜上的ACE2受体结合，侵入人体，引起肺炎。下图为病毒侵入人体后，人体内发生的部分免疫反应示意图。下列分析正确的是（　　　　）

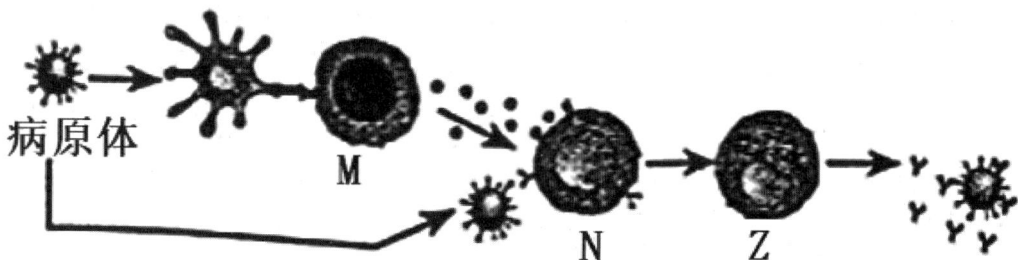

A. 病毒的刺突蛋白与ACE2受体结合体现了细胞膜实现细胞间信息交流的功能

B. 在M细胞分泌的物质和病毒的双重作用下，N细胞才能增殖分化为Z

C. 图中Z细胞识别病毒后通过分泌抗体完成体液免疫

D. 机体仅通过上述过程便可以消灭病毒

片段二：

播放视频，绘制流程图。

（1）集体回忆体液免疫的过程，绘制流程图；播放体液免疫过程课件2遍，第一遍只看视频，第二遍学生边看视频，边修改体液免疫流程图；（目的：通过忆、绘、看、修等过程强化学习体液免疫的过程，多感官同时运用，调动学生积极完善流程图，进一步加深记忆）通过微信群展示学生绘图，同时笔者通过钉钉会议的共享功能，将学生上传的图片随机抽取几份，由师生共同点评，优点在哪，不足在哪，相互"找茬"，最后笔者给出一个相对完善的流程图（见图3）。

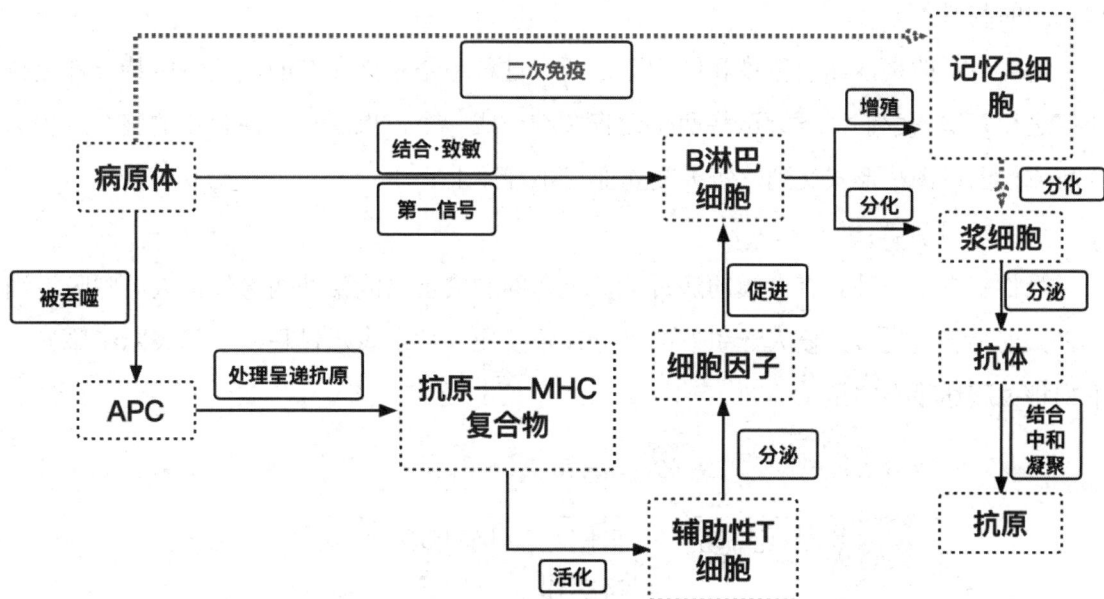

图3 体液免疫

（2）按照流程图，请同学代表说明该过程中值得注意或需要强调的点。（B细胞的活化是由2个信号共同决定的；浆细胞可以由B细胞分化也可以由记忆B细胞分化，由此强调二次免疫过程；体液免疫中病原体没有进入细胞内部，但是进入到机体中了；浆细胞不直接和抗原接触；抗体只能由浆细胞产生。）

（3）播放细胞免疫过程课件2遍，教学过程同体液免疫过程。学生绘画流程图（见图4）。

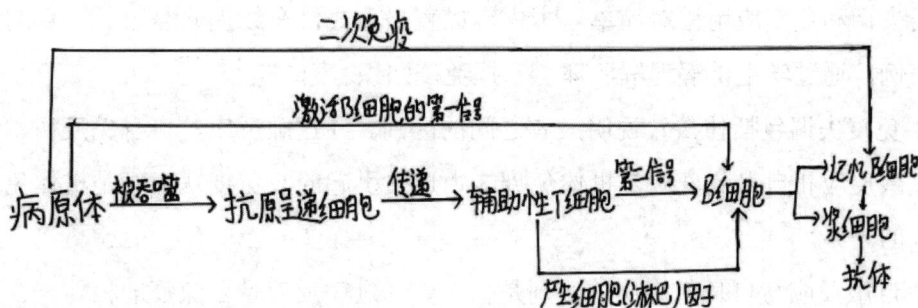

图4 学生绘画的流程图

（4）按照流程图，请同学代表说明该过程中值得注意或需要强调的点。（T细胞分化出2类，辅助性T细胞和细胞毒性T细胞；辅助性T细胞不仅促进B细胞的活化，还促进细胞毒性T细胞的活化；细胞免疫也存在二次免疫；细胞毒性T细胞的活化还需要靶细胞的刺激。)

需要注意的是，体液免疫和细胞免疫两个过程不是独立存在的，机体中特异性免疫如何进行？请同学们课下尝试将两个流程图结合成一个，巩固特异性免疫的整个过程。合成流程图以图片形式交到"每天交作业"小程序上。

(5) 习题讲解：

冠状病毒是一种具有囊膜的病毒，其表面的刺突蛋白能帮助病毒侵染人的呼吸道细胞。如图为新冠病毒入侵人体引发的部分免疫反应（数字表示过程，字母表示细胞），下列相关叙述错误的是（　　　　）

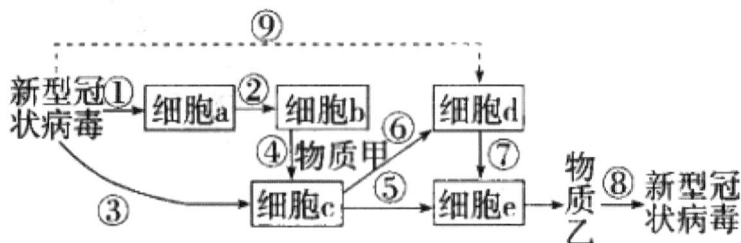

A. ①为摄取、处理并暴露抗原，②为呈递抗原

B. 细胞 c 完成⑤⑥时需要物质甲和过程③④刺激

C. 物质甲和物质乙都属于信号分子，发挥作用后即被灭活

D. ⑦过程中细胞分化的实质是基因的选择性表达

片段三：

免疫失调和免疫应用相对简单，本内容以直播形式，在线提问复习。（目的：利用熟悉的病例，通过学生讲解理解病理，掌握免疫知识。）

(1) 免疫失调包括什么？说明三者之间的区别。（过敏反应、自身免疫病、免疫缺陷病。过敏反应和自身免疫病是机体免疫能力过强引起的，免疫缺陷病是机体免疫能力太弱造成的。）

(2) 过敏反应与自身免疫病的区别是什么？（过敏反应是已免疫的机体，在再次接触相同的抗原时，有时会发生组织损伤或者功能紊乱的免疫反应。强调是再次接触过敏原，相当于体液免疫的二次免疫。过敏反应存在个体差异，有明显的遗传倾向，发病速度有快慢之分。自身免疫病是机体免疫系统"敌我不分"，错误攻击和"非己"相似或相同成分的"自己"的组织或器官，造成损伤，如系统性红斑狼疮。）

需要强调的是，在此处笔者顺势强调对于过敏反应，应当做好预防，由学生自己提出预防方法，提高自我保护意识。

（3）以艾滋病为例，由学生讲解免疫缺陷病。

免疫缺陷病是指由机体免疫功能不足或缺乏而引起的疾病，分为先天性免疫缺陷病和获得性免疫病。HIV 主要侵染辅助性 T 细胞，病毒在其内潜伏、复制，从而使 T 细胞的数量持续下降，由于辅助性 T 细胞既参与体液免疫也参与细胞免疫，所以造成免疫功能减退，使患者死于严重感染或肿瘤。

（4）人类如何利用免疫知识预防或治疗机体出现的免疫问题？请举例回答，并说明原理。

生 1：疫苗。将某种特定的病原体灭活或者减毒，制成生物制剂，注射到人体内。利用体液免疫的原理，疫苗在体内形成特定的抗体和记忆 B 细胞。如果机体遇到相同病原体，抗体和记忆 B 细胞快速发挥作用，从而减轻患病程度甚至不患病。

师：没错，是这样的。需要注意的是疫苗不必是完整的病原体，只需要含有特定的抗原即可。同时，一种疫苗中可能含有多种抗原，可一次预防多种疾病，如：百白破三联疫苗。除了疫苗的应用，还有其他的应用吗？

生 2：器官移植时也可以用到免疫功能知识。异体移植会遭到机体排他反应，对"非己"成分进行攻击，为了避免移植失败，供受体的 HLA 要保证在一半以上的相同率。

生 3：同时还要服用免疫抑制剂，抑制免疫功能。免疫抑制剂还可以用于自身免疫病的治疗。

师：两位同学说的很好。但是生物学是一门严谨的学科，我们要注意语言的专业严谨性。HLA 是人类组织相容性抗原，和之前我们说的动物 MHC 是相同的。供体和受体的主要 HLA 有一半以上相同时，进行器官移植时可以大大提高成活率，但并不能避免移植失败。当然，术后还需要服用免疫抑制剂，减少免疫排斥的程度。

（5）知识的整合。

师生一同对免疫调节的全部内容大致复习了一遍，前面已经进行了部分知识的概括，现在整合前面的概念，形成本单元的思维导图。学生展示自己的思维导图，其他同学帮助完善，最后师生共同得出结果。

四、课后互动、答题、反馈

线上时间是很短暂的，师生可借助微信进行互动、答题和反馈。如何了解学生课后掌握程度？笔者用"每日交作业"小程序，检查每天的作业情况。

微信中，教师提出问题，群成员可迅速作答，师生共同探讨，教师根据学生作答的情况进行即时反馈、讲解，以达到及时强化学习效果的目的。小程序中教师可以用不同的方式评价学生，也可以统计学生的得分情况，及时将结果反馈给学生。小程序中还有很多其他功能，教师可以根据需要使用。

五、教学反思

本案例中，笔者利用程序教学法，把较多、较零散、学生不易记住的知识点设置成几个大问题，利用互联网软件促进学生复习并记忆免疫调节相关知识，逐步自主构建知识网络。程序教学让课堂教学更有系统性和逻辑性；学生将复杂问题拆分成小问题，最后整合在一起，其解决问题的思维能力有所提高。在实践过程中，线上教学和线下教学都可以利用程序教学模式。虽然有各软件、各、教学平台提供的技术辅助教学，但依然无法确保学生的思维导图及其他内容是真正随堂完成，这是尚未解决的问题。本案例由于是为了强化学生基础，更多的是将课本基础内容分成小步子，并没有过多联系相关内容，如：病毒、基因复制、PCR、基因工程等。为满足部分学生的需求，课下引导学生将相关内容尝试联系在一起，初见效果。后期会进一步完善相关思维导图，锻炼学生的发散思维和聚合思维。

【作者简介】

张君伟，天津市静海区独流中学生物学教师。所著《核心素养在高中生物课堂中体现的社会责任》获天津市基础教育 2021 年"教育创新"论文评选市级三等奖。

-------------------------------- 案例点评 --------------------------------

近几年的新冠疫情让大家对于健康问题更看重，学生对于核酸检测、自身免疫、新冠疫苗的原理也更想要了解，"知其然"更想"知其所以然"。本教学案例并不是一节的内容，而是将整章内容，分"小步子"进行，从整体上给高三学生提供一个连贯的思路。通过"听""观""画"、多感官调动大脑学习，不仅掌握免疫调节在身体中的作用，还培养了学生的思维能力，动手能力，加强了传统人文教育。

❶ 知识学习和人文培养相结合

虽然世界上第一支疫苗是英国医生发明的，但是我国在宋朝时期，就已经开始用接种人痘的方法来预防天花，是世界上最早用免疫的方法预防传染病的国家。从古至今，聪明的中国人一直用自己的智慧造福着人类。建议教师从接种人痘到糖丸爷爷，再到现在钟南山、陈薇等医学工作者一心为人民寻找治愈疾病的方法，为我国免疫学的发展做出重大贡献的实例出发，引导学生了解免疫学发展历史，这有助于提高学生知识的应用能力，培养社会责任感，有利于形成民族自豪感。

❷ 引入生活实例，引发对免疫与生活的思考

本案例中，师生共同讲述很多免疫病例，身边的、社会常见的、亲身经历的，既利于学生的理解又能引导学生思考：为什么免疫学中要考虑病毒种类？为什么不同的人患有某种病症的程度不同？免疫学和健康的关系是什么？为什么器官移植会发生排斥现象？为什么有些疫苗会多次注射？除了疫苗还会有更直接的简便的的方法对抗免疫病吗？引导学生关注与人类健康息息相关的医学发展，积极参与社会问题讨论，宣传科普知识，深入理解生命的本质。

❸ 在回顾知识中，培养科学思维

该案例虽然标题是程序教学，但在其过程中也体现了建构主义的教学模式。通过将免疫学的知识分模块，形成小步子，化大为小，有利于理解记忆；在每个小步子中通过图片视频资料的介绍，绘制特异性免疫调节的思维导图，培养学生的建模思维。通过对生活中常见病例的思考，对已有知识的回顾，让学生在认识、思考与探索中逐步构建新的知识体系；引导学生透过病例分析出免疫原理，构建"健康生活，热爱生命"的意识。

总体上，该案例比较贴合高三复习，学生回忆知识，回归课本，夯实基础知识利于高三学生思考生命的意义，个人对社会的责任，生物科学核心素养在教学中自然渗透。

【指导教师】

李加重，天津市静海区教师发展中心生物学教研员。

【参考文献】

[1] 斯金纳的程序教学模式在高中生物线上教学中的应用 [J]. 张真 . 中学生物学 . 2020, 36 (10)

语文 01

数学 02

英语 03

道德与法治 04

历史 05

地理 06

物理 07

化学 08

生物学 09

科学 10

信息技术 11

音乐 12

体育与健康 13

综合实践活动 14

10

天津市中小学优秀线上
教学教研案例集 科学

应用信息技术提高小学科学线上教学的有效性

陈广莹　王瑞

一、案例背景

《"十四五"国家信息化规划》指出，"十四五"时期信息化进入加快数字化发展，建设数字中国的新阶段，截至 2020 年固定宽带家庭普及率由 52.6% 提升到 96%，移动宽带用户普及率由 57.4% 提升到 108%[1]。

根据以上数据可知，我国家庭宽带和移动宽带普及率都已经达到人人可上网的水平，互联网接入服务的普及为教学形式的多样化、数字化、网络化提供了必要的基础，使通过网络提供远程教学服务具备了充分的可行性，下文将这种教学方式以"线上教学"一词表述。

探索线上教学有多种意义。首先，互联网作为一种高效的信息交换方式，能够降低发布信息和获取信息的成本，这在小学教学中体现为学生更便捷、更公平地获取优质教学资源，教师更及时、更快速地与学生沟通，获得教学效果反馈。其次，当发生一些难以避免的突发紧急情况，如极端天气、交通中断、公共卫生事件、公共安全事件，致使学生和教师不能及时去往学校进行线下课堂教学时，线上教学就能保证教学活动的正常进行。同时，线上教学作为线下教学形式的补充，使教师可以充分利用各种信息化手段和工具服务于教学内容，能够实现线下教学形式很难实现的教学效果和效率。

科学是一门在实验操作中学习科学知识、掌握实践探究能力的课程。将科学课程中有关实践的内容从线下转移到线上，从实体转向虚拟的过程对教师的课程设计能力提出了新要求。《义务教育科学课程标准（2022 年版）》中强调，教师要"充分利用网络资源，促进信息技术与科学学习深度融合，为教学服务[2]"。根据《课标》精神，在科学探究实验中必须要抓住各种技术的本质特征，将其特点与教学深度融合，从而发挥信息技术在提高线上教学有效性方面的价值。天津市基础教育网络教研平台和天津市基础教育资源公共服务平台为老师们提供了丰富的科学学科的教学资源。在线上教学过程中，如何充分利用好这些资源，使其服务于课程内容，让其发挥最大价值，需要教师在实践中继续探索。

在此背景下，笔者展开了多次线上教学尝试，分别通过《迎接蚕宝宝的到来》《蚕变了新模样》《茎和叶》《船的历史》等课程的线上授课，探索、反思、改进线上教学过程，从课程形式设计、数字教学内容资源利用、多媒体工具使用、教学效果评价等维度进行了实践、复盘、改进和再实践。在此过程中遇到了一些较为典型的困难，发现了一些线上教学过程中有价值的问题，并且通过反复实践，逐渐形成了一套切实可行的解决方案。

二、案例描述与分析

（一）借助"群问卷"小程序，充分了解学生前概念

在线下课堂中，往往采用提问的方式了解学生的已有认知，为了做到全面准确，需要花费很多时间与学生沟通。线上教学一节课只有短短的30分钟，如果沿用线下方式，会大大挤压其他课程内容的时间。提问的学生过少，或提问的节奏过快，大多数学生没有发表见解的机会，或没有足够时间形成观点，不利于激发学生的探究动机和使学生产生主动学习的心向。因此笔者利用"群问卷"小程序，解决这一难题。

《迎接蚕宝宝的到来》一课是单元起始课，在本课了解学生对蚕的已有认知和好奇的问题，可以为本单元接下来学习蚕生长过程的相关知识找到教学起点。课前教师使用"群问卷"小程序向授课班级发放了问卷，以此了解学生对于以下两个问题的认知：关于蚕，你已经知道了什么？你还想了解蚕哪些方面的情况？第一个问题，大部分学生知道蚕"吃桑叶""会吐丝、结茧"，少部分学生知道"蚕会变成蚕蛾"，这些属于正确概念；有的学生认为"蚕会破茧成蝶""蚕会变成飞蛾"，它们则是错误概念。线上课堂选取典型的正确和错误的前概与念全班分享。第二个问题，有的学生想知道"蚕卵长什么样？""蚕是什么样子的？""蚕是怎么吐丝的？""蚕的一生有多长时间？"……这些问题也是一种前概念，学生好奇的问题将引领着他们投入到耐心养蚕、认真观察蚕

的探究活动中。学生交流完这两个问题的前概念，教师适时引导：我们的认识正确吗？我们想知道的蚕的情况又是什么？让我们在接下来的养蚕活动中寻找答案吧！对于学生的错误前概念，教师会在后面的学习中将其作为促进概念转变的启发性问题。比如在《茧中钻出了蚕蛾》一课中，笔者充分利用学生的错误前概念，激发学生的认知冲突。导入环节，问学生：有的同学认为茧中会钻出蝴蝶，是这样吗？学生结合养蚕过程中的发现会否定这一观点。观察蚕蛾的过程中，问学生：蚕蛾有翅膀，它会飞吗？学生在观察与辨析中习得了"茧中会钻出蚕蛾"这一科学概念。探究完蚕蛾的相关问题，教师没有浅尝辄止，而是继续追问：那到底是什么会变成蝴蝶呢？然后为学生播放毛毛虫变成蛹而后破茧成蝶的过程，加深了学生对于变态发育昆虫的认识，基于学生的前概念促进了其向科学概念的自然转变。

以上案例，利用小程序充分、全面了解学生的已有认知，既能激发学生的探究热情，也有利于以学定教，精准施教，实现学生的前概念向科学概念的有效转化。

（二）运用电脑触控笔，适时记录课堂板书

板书作为线下教学的一大优势，是一节课的关键性内容，能起到突出重难点、记录学生思维痕迹、展示研究成果等诸多作用。采用 ppt 或者微课教学的方式，若要实现像线下授课一样实时记录板书的效果，可借助鼠标书写，但其存在耗时长且书写效果差的弊端。另外，随着教学内容的推进，课件翻页后板书笔记不能留存到下一页，不便于贯穿整节课持续使用。

随着信息技术的迅猛发展，智能终端设备中的触控笔已成为主流触控方式之一。该方式相比于用鼠标书写，有着书写流畅、速度快、效果好的优势，能让使用者获得与纸上书写类似的体验。希沃白板作为"互联网＋教育"时代背景下的热门产品，其板中板功能，可以使书写内容随着 ppt 翻页仍然保留在屏幕上，不需要时可以将其隐藏，需要可适时调出，还可根据课件内容调节其占据屏幕的大小。笔者在线上授课中将微软 surface PRO 4 电脑、电脑配备的触控笔与希沃白板有机结合，记录学生的观点，收到了较好的效果。

片段 1：

在《蚕变了新模样》一课教学中，"对比研究蚕蛹与幼虫的相同与不同"是本课重点内容。课前制作课件时，左边展示蚕蛹和幼虫的图片，右边空白为板书预留位置，调

整板中板到适宜大小。课上根据学生的发现在维恩图中相机板书（见图1）。和提前制作好完整的维恩图相比，制作过程省时省力，使用过程更方便灵活。另外，用学生说出的词汇板书，有助于增加学生的自我效能感，也使得线上教学更加生动、自然。

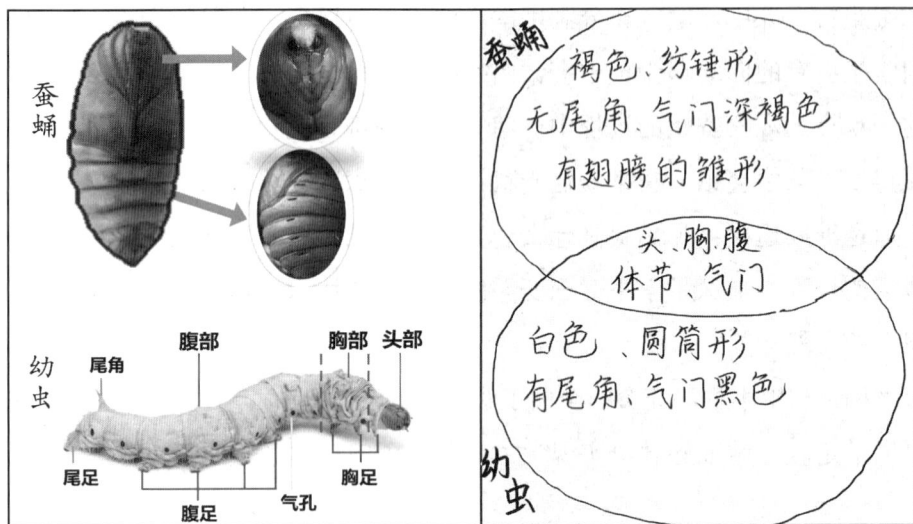

图1 "比较蚕蛹与幼虫的相同与不同"课件（图片引用自"希沃白板平台"）

片段2：

《茎和叶》课，"研究茎和叶的作用"是本课重难点内容。探究叶的作用时，教师先让学生自主推测，学生回答的同时，教师利用触控笔在板中板页面中及时记录学生的想法，接着逐步进行验证。这个过程中，学生的猜测始终在课件顶部的位置，如果推测错误，将错误的推测擦掉，正确的补充到里面。板书起到引导学生思考、探究后对比反思的作用。接着探究茎的作用，可以在板中板页面中另起新的一页，同样按照上述过程开展教学。本节课教学结束后，调出这两页内容，带领学生回顾梳理。

由以上两例可以发现：对于课上灵活性较大的内容采用板书的方式具有制作省时、使用方便等优点，将学生的多个推测或观点落到板书，有助于引领学生展开探究和思维活动，也利于总结和复习。

（三）挖掘鸿蒙系统功能，高效展现学生成果

科学学科具有实践性特点，学生在实验操作中搜集证据，在分享交流中展开集体论证，利用证据最终建构形成解释。学生的研究成果如课前的问卷调查、实验过程或者记

录单是集体论证的前提，对证据的展示有助于增强交流与分析论证的效果。在线上教学中，对于课前问卷的结果共享，一些教师采用将调查结果页面进行截屏的方式，将截屏图片插入到课件中，制作过程耗费教师太多时间和精力。对于实验现象或记录单的共享，有的教师让学生用手机为作品拍照，上传到微信群或者腾讯会议中，教师通过腾讯会议的共享屏幕功能分享给全体学生。此方法受到学生所用电子设备功能与性能、线上授课软件使用熟练度等诸多因素的限制，导致学生实验结果共享普遍存在着效率低、效果差等问题。

作为国产智能设备的中坚力量，华为研发出了鸿蒙操作系统。只需要非常便捷的操作，它就可以将多个终端设备连在一起，比如智能手机与电脑，智能手机与平板，此为多屏协同功能。笔者在教学中将华为手机与华为电脑进行多屏协同，在腾讯会议直播课中展示学生的交流内容，为学生的论证提供支撑。

片段1：

在教学《迎接蚕宝宝的到来》时，课前将手机与电脑互联。课上手机端呈现学生的问卷结果，利用电脑端腾讯会议共享屏幕功能将问卷内容分享给全班同学。教师授课前截屏问卷并将截屏图片插入课件的方式，只能展示准备好的几位同学的想法。而同屏的方式可以展示任意同学的问卷，可根据课堂实际情况适宜调整分享的问卷，具有高度的灵活性。

片段2：

《船的历史》一课，学生对比摇橹木船与轮船的不同特点，在科学活动手册上完成记录。为了展示学生的记录成果，教师用手机和电脑分别登录同一腾讯会议直播课，手机端截取学生记录单，电脑端共享屏幕。操作方法如下：教师让完成记录的同学，将手机或平板调整成后置摄像头，使其正对着记录单，待图像稳定后，教师双击手机屏幕进行截屏获取，而后告知该同学已截屏完成。用同样的方法再截取几名学生的探究成果，手机端退出腾讯会议，进入图片文件夹，使电脑端显示手机上的记录单图片，选取典型例子请学生进行汇报交流。此方法中，学生只需调整摄像头获取清晰的图像，记录单图片的获取由教师操作，大大提高了展示记录单的效率。

鸿蒙系统的多屏协同功能，可以实现跨屏互联，轻松解决了学生成果共享效率低的问题。

（四）利用互动工具，增强线上教学互动性

通过对几位老师的访谈与听课，笔者发现，在腾讯会议授课中，教师多数采用"一问一答"的模式：提出问题，愿意回答问题的学生在屏幕上打出数字 1 或者点击举手选项，或者直接在摄像头前举手示意教师，而后教师点名与学生连麦互动。学生和老师一"屏"之隔，这样单一的互动方式难以调动起学生的学习兴趣，而是易于削弱学习效果。

和线上教学相比，线下教学中，由于教师、学生与授课移动终端均在同一空间下，互动起来更为便捷。但是线上教学中，教师、教师的授课终端和学生、学生的接收终端不在同一空间，导致学生不能在教师的授课终端完成如勾、圈、画等操作。信息技术手段可以助力解决这一难题。

片段 1：

腾讯会议软件有个"互动批注"功能，通过教师设置选择"允许其他成员添加互动批注"选项，来实现学生在另一移动终端也能够对授课课件内容圈画的操作。教学《蚕长大了》一课时，学生需交流分享蚕有哪些身体结构，为了使其他学生看清楚该学生说的是哪一部分，让学生用圈画的方式表示出来，一目了然。

片段 2：

腾讯会议的远程控制功能为课堂教学提供了深层次的互动方式。在《凤仙花的一生》一课中，为了帮助学生梳理凤仙花一生中生长变化的过程，笔者选取了若干张不同时期的凤仙花的图片，让学生按照生长变化的顺序排列起来。教师利用远程控制功能，将电脑控制权交给一名学生，学生拖拽图片进行排序。如果其他同学有不同意见，用同样方法操作，改变图片位置，同时在教师的关键性问题引导下，结合生生互动找到学生的思维误区，最后形成正确的凤仙花生长变化的排列顺序。

片段 3：

信息技术使处于不同空间的学生和教师拓展交互的空间，而腾讯会议的分组讨论功能则为生生间的小组交流互动提供可能，弥补了线上教学课中小组讨论环节不易落实的不足。《种子的传播》一课，笔者给出蒲公英的果实、莲子、樱桃、苍耳、槭树的种子等，布置学习任务：它们的传播方式是什么？接着用分组讨论功能进行设置，将全班分成若干组，各小组间可以独立讨论，互不影响，在探讨中形成初步的小组观点。在此基础上进行全班集体论证，形成全班统一观点。

腾讯会议的这三种功能丰富了课堂直播教学的互动方式，使学生像线下教学课一样，

主动参与课堂交流，使"以生为本"的理念在线上"云"课堂中得到有效落实。

三、案例总结与反思

通过以上案例描述和分析，能够发现：科学线上教学中，针对不能全面了解所有学生前概念的问题，可以利用问卷类小程序充分、全面了解学生的已有认知，为学生顺利建构科学概念奠定基础；线上授课板书的呈现和保留存在困难，能用电脑触控笔在屏幕上实时记录的方法，引领学生展开探究和思维活动；记录单不易共享的问题，利用鸿蒙系统的多屏协同功能切实解决，并提高课堂效率；线上教学互动方式单一，则可借助腾讯会议的交互性功能，为师生间、生生间的互动提供便捷。也就是发挥鸿蒙系统优势、利用腾讯会议的交互性功能以及问卷类软件、小程序和触控笔硬件设备，多方协同，充实小学科学线上教学课堂，使教学效果更具实效性，利于学生建构科学概念，使学生的比较分析等科学思维能力、交流互动能力、合作能力得到提高。

【作者简介】

陈广莹，天津市滨海新区塘沽新港第二小学科学教师，曾获天津市小学科学双优课一等奖，全国小学信息技术与教学融合优质课二等奖，著有全国教育技术论文活动展示论文。

王瑞，天津市滨海新区塘沽洞庭学校科学教师。

-------------------------------- 案例点评 --------------------------------

在当前的特殊社会背景下，线上教学已经陆续在全国各地的大、中、小学展开，但由于其与线下教学有诸多不同，教师遇到了很多实际问题。本文作者所做的研究是十分具有时效性的，在探索线上课堂的开展形式、提升教学效率、完善教学流程等方面做了大胆尝试，收到了实实在在的效果，为线上教学遇到困难的教师提供了解决方案。

本案例向我们传达的价值是多方面的。

其一，案例真实而全面地列举了从线下课堂转换到线上课堂，教师所面临的直观问题：课时缩短导致的师生沟通时间紧迫；板书媒介从黑板、粉笔变成电脑屏幕后导致的书写困难；学生实验记录媒介从纸张变成聊天消息、照片导致的收集、展示困难；沟通方式从面对面变成面对摄像头导致的分组讨论困难。这些实际困难无一不是教师们开展线上教学的痛点。在案例中，教师不仅对以上问题的形成原因做了深入分析，更重要的是针对每个具体问题都应用了信息技术手段加以解决，呈现出了富有创造性的线上课堂实施模式。通过案例将问题解决的过程和效果还原出来，为遇到同样问题的广大教师提供了可执行、可落地的解决方案，凸显出了作者工作的实用价值。

其二，除了方案本身的应用价值外，作者通过这几个案例传达给我们更重要的是遇到问题想办法解决的"攻坚克难"精神。教学形式由熟悉的线下教室，转换成陌生的线上视频，相信很多老师都会感到不适应，教学效率低，教学环节的设计难以落地。但很多时候我们会将遇到的问题归因于线上教学模式固有特点，认为这些问题是一定会发生的、难以解决的，本案例通过对线上课堂开展模式的改进，也为我们示范了勇于面对困难，解决困难的精神，值得教师们学习借鉴。

【指导教师】

董芸芸，天津市滨海新区塘沽新港第二小学科学教师，高级职称，天津市骨干教师，市学科中心组成员。近年来先后7节课获得国家级奖项，18节课获得市级奖项，18篇论文分获国家和市级奖项，参与多项市区级科研课题研究。

【参考文献】

[1] 中共中央网络安全和信息化委员会办公室. "十四五"国家信息化规划 [EB/OL]. http://www.cac.gov.cn/2021-12/27/c_1642205314518676.htm.

[2] 中华人民共和国教育部义务教育科学课程标准 [M]. 北京师范大学出版社，2022.

[3] 郁波. 义务教育教科书科学四年级下册 [M]. 教育科学出版社，2020:10-19.

线上线下混合式教学在小学科学拓展活动中的应用案例

马丽　于文俊　竺锦　庄晋艳

一、案例背景

2022 年版《义务教育科学课程标准》中指出，科学课程要培养的学生核心素养，主要是指学生在学习科学课程的过程中，逐步形成的适应个人终身发展和社会发展所需要的正确价值观、必备品格和关键能力[1]。小学科学拓展活动以学生为主体，将课内外科学知识有效融合，有助于提高学生运用知识解决问题的能力，适应学生的个人发展；注重培养学生的思维能力、创新精神和实践能力，提高学生对科学技术的兴趣，培育社会发展所需要的人，以期在日益变化的国际环境中储备科技人才，响应国家科技强国战略。著名儿童心理学家皮亚杰说过："儿童是天生的科学家。"每个孩子天生就具有强烈的好奇心和求知欲。很多就地取材、简单易行的科学小实验、小制作非常适合学生在线上教学、居家学习过程中完成，让学生对"科学就在我们身边"有了更深层次的感知。混合式教学将在线教学和线下教学的优势结合起来，"线上 + 线下"的教学模式非常适应当前时代背景。案例中学生们踊跃尝试，深刻感受到科学技术的魅力所在。

二、案例描述

（一）教学内容分析

本案例为"小小科学家"系列拓展课程，契合 2022 年版《义务教育科学课程标准》要求，有利于学生核心素养的形成。案例中，学生通过自主（低年级学生在家长的协助下）

探究实践来完成学习任务，解决实际问题，强化学以致用，促进科学思维的培养。同时，课程具有育人导向，注重对学生的爱国主义教育和社会责任感的培养。笔者设计了连载的"小小科学家"系列三期微课：第一期为科学家如何做，通过牛顿发现万有引力的例子启蒙学生认识到科学家是如何开展科学探究的。第二期为藏在身边的小实验、小制作，设计了两个小实验——自制牛奶抽象画和漂浮的针，并讲解其中科学原理，引导学生选用身边材料完成小实验或制作小发明、讲述实验过程、讲解其中蕴含的实验原理，让学生意识到科学就在我们身边。第三期为大自然的探索——生命科学，选取了变色的白菜、提取叶绿素和冒泡的菠菜叶三个小实验，让学生关注身边的生命世界，发现生命世界的秘密，启迪学生珍爱大自然。

（二）学情分析

小学生整体对新鲜事物充满好奇，每个年级的学生对科学课的学习热情都很高，每个班级中都有相当一部分学生会自主阅读课外科普读物，并十分愿意与大家分享课外知识和见闻。不同阶段的学生有着不同的思维特点，小学低年级学生处于具体形象思维阶段，中年级学生开始向抽象思维过渡，高年级学生具备抽象逻辑思维。尽管思维方式不同，其共性是很多学生会在生活中留心观察，愿意在课余时间探索身边的科学知识，并经常向老师请教其中的科学原理。可见，只借助课本进行课堂教学不能满足学生的学习需求，利用混合式教学开展科学拓展活动，给予学有余力的学生一个展示的平台，能够更好地鼓励勤于思考的同学，同时带动不善于观察的同学，从而增进学生整体对科学技术的兴趣。

（三）教学目标

❶ **科学观念**

（1）了解科学家如何开展科学探究。

（2）知道牛奶抽象画、针浮于水面、白菜变色、提取叶绿素和菠菜冒泡的科学原理。

❷ **科学思维**

（1）通过实验材料的支持，有条理地概括出实验操作过程。

（2）通过实验现象，尝试分析出实验原理。

❸ 探究实践

（1）通过微课的启发或自行查阅资料，自主设计出实验或制作过程。

（2）将自己设计的小实验或小制作过程付诸实践，在实践中不断反思、改进、完善。

（3）能够将实验过程和原理表达出来，并与同学们交流自己的观点。

❹ 态度责任

（1）认识到科学就在我们身边，对身边的科学知识和动手实践产生兴趣。

（2）通过微课中科学家的事迹，认识到科学家的伟大，树立爱国主义情怀。

（3）通过微课中教育警示片"大自然在说话"，认识到保护环境的重要性。

（四）教学重难点

❶ 教学重点

认识到科学就在我们身边，对身边的科学知识和动手实践产生兴趣。

❷ 教学难点

将自己设计的小实验或小制作过程付诸实践，在实践中不断反思、改进、完善。

（五）课前准备

硬件：电脑、摄像机

软件：WPS、EV 录屏、剪映专业版

环境：智慧校园

资源：各大视频网站资源，学生录制的实验视频资源

工具：色素、牛奶、洗洁精、棉签、针、水、盘子、白菜叶、器皿、酒精、树叶、菠菜叶等身边常见的实验材料

通过网站搜索科学家事迹、大自然在说话等育人视频资源，录制学生实验视频，提前用 WPS 做好 PPT 文件，使用 EV 录屏录制讲解视频，使用剪辑软件将视频资源和讲解视频剪辑合成，制作成 8~10 分钟微课，用于线上教学。按时在智慧校园推送微课给学生，并使用智慧校园中教师助手功能发送通知提示学生观看。

三、教学过程与实施方法

（一）活动准备

在录制微课前，首先应构思好课程的主要内容。这部分的微课更注重的不是知识的传授，而是激发学生动手做一做的欲望，因此更应该精心挑选微课素材，设计微课内容。首先应列出微课提纲框架，构思要实现本课提纲所需的多媒体资源。连载的"小小科学家"系列三期微课中，第一期为科学家如何做，通过牛顿发现万有引力的例子启蒙学生认识到科学家是如何开展科学探究的，需要准备牛顿例子的视频资源。第二期和第三期包括自制牛奶抽象画、漂浮的针、变色的白菜、提取叶绿素和冒泡的菠菜叶小实验，需要准备相关实验视频。三期的微课中还需准备激发爱国主义情怀和保护环境的视频资源。然后从大量的网络资源中搜集资料。因为线上教学无法观察到学生的反应，所以微课更应注重"以学生为中心"的原则，确保课程建立在学生的认知基础上并有逻辑地推进，合理地将视频资源和教师讲解视频融合，使学生在8~10分钟的微课上注意力全程集中。

（二）线上教学

通过学校的智慧校园精品云课端把微课推送给学生，并组织好观看。每一期微课推送之后，使用智慧校园的教师助手功能向学生发布任务。实施中发现，有些学生想尝试，但是又对内容没有想法，于是笔者找到一些有关科技发明的权威网站和公众号推荐给学生。另外有些孩子对短视频平台感兴趣，笔者希望能够给予这部分学生启发，使他们在平时休闲娱乐的同时关注到这些平台更大的作用，但同时也强调了甄别网络信息的真伪问题，如实在难以区分可询问老师或家长。

（三）线上反馈评价、答疑

布置任务后，学生的积极性很高，由于疫情期间的特殊性，学生居家学习时间较长，若是等到切换线下教学再给予评价反馈，难免打消学生参与活动的积极性。有的同学很快就在微信上把实验视频发过来，并提出不懂的地方。笔者及时解决了学生疑问，并提出表扬，鼓励学生在班级展示自己。

很多同学使用了智慧校园将所做的小实验、小制作传到网上，笔者使用评论批阅的方式在一两天内对学生的作品进行评价反馈。有的学生看到反馈后会对自己的作品进行修改,并重新上传视频,实现了"以学生为中心"的个性化指导。

为了能够让更多的同学参与到拓展活动中来,笔者采取的措施是积极鼓励上交作品的同学,点赞他们的作品并挂在智慧校园的作业展示墙上,让更多的同学看到。通过阅读量可以发现,有的学生作品在上墙之初就有 20 多人阅读,有的还包括学生之间的互相点赞,实现了小范围的生生互动。考虑到有的家长可能工作较忙无暇顾及学生的科学学习,笔者会把上交作品的周期设置得长一些,方便家长做好规划。

由于微课是连载的,及时反馈评价的方式除了以上的评论批阅和作业墙,还可以把优秀学生作品剪辑到下一期的微课中,这样在下次全校推广的微课中就能够看到这些学生的作品,肯定学生付出的努力,评价他们使用的科学方法,达到了鼓励参与活动的同学的目的,同时树立全班学生的学习榜样,激发科学探究的动力。

(四)班级线下教学及展示

线下教学即学生来到学校后,部分作品涉及的知识对于学生而言较难理解,部分作品存在一些科学性错误,这些在线上难以确定学生是否掌握的问题,均采用线下教学的方式予以解答。收集到学生的作品之后,首先是在班级的展台上展示。学生主要从制作材料、制作过程和其中蕴含的科学原理三部分来向大家讲解,如学生演示自制扬声器的制作和操作方法。这一过程能够锻炼学生的表达能力,更能够增强学生的自信心,同时还带动班级更多的学生参与其中。在评价反馈方面,首先是鼓励制作作品的学生,在班里提出表扬,为学生的大胆尝试及科学精神点赞,然后,纠正其中表述不准确的科学原理,启发学生如何把自己的作品介绍得更清晰。

(五)校级线上展示

由于全校学生人数较多,加之疫情期间的特殊性,聚集起来难度大,本次活动成品展示采用的是录制视频并在全校统一播放的形式,以实现在不聚集的情况下跨年级分享作品。展示学生作品是十分重要的,能够引起所有学生的好奇心,即便是对科学兴趣不高的同学也会争先恐后地去参观,从而鼓励更多的同学日后参与其中,提升活动的有效性,也为更多的同学埋下了热爱科学的种子。经过班级展示时的指导,此时,教师做的只是查看镜头里学生的仪容仪表是否规范,而语言表达则完全放手让学生自己组织,让学生去思考怎样把自己的作品介绍给大家。有的学生甚至专门制作了 PPT 来讲解，如学生借助 PPT 讲解杠杆原理和介绍自制气垫船，充分发挥了学生的自主性。面对镜头，学生们侃侃而谈，把自己的作品介绍给大家，把科学精神传递给大家，充满了自信。

（六）总结性评价

活动结束后，笔者对此次活动进行了总结。小学生还处于科学学习的启蒙期，要呵护学生的科学家潜质，对于学习兴趣的培养是至关重要的。因此，本着鼓励学生开拓进取的原则，教师向所有参与活动的同学颁发了奖状，激励孩子们对科学保持热爱，保有一颗自主探索未知世界的心。同时，鼓励了在班级展示后没有选入校级的学生，请他们下次继续努力。我校为获奖学生颁发了证书和小礼品，肯定了孩子们的科学精神、创新能力和探索勇气。

（七）活动后线上宣传

活动过程中，笔者发现很多家长十分重视对学生探究实践能力的培养，为孩子完成作品提供了很多支持，例如有的家长为孩子购买了热熔胶、准备了实验材料，有的家长协助学生制作了展示 PPT 文稿、录制了很多实验视频，但是也有部分学生因为缺少材料支持而不得不放弃创作。活动后，笔者选择了一些优秀学生作品制作成了 H5 进行线上宣传，如学生自制吸尘器，H5 网页中上面的视频为学生讲解吸尘器制作原理，下面的视频为学生在家使用自制吸尘器清理纸屑和橡皮碎屑，希望能够有更多的家长认识到孩子的能力，从而更重视孩子的科学教育，让学生的每一个金点子都能够在自己的努力下开花结果。

四、总结与反思

（一）总结

❶ 线上线下相结合，各取所长，提升了探究实践的灵活性和开放性

本案例将网络资源与课堂教学合理地交融，摆脱了物理空间与时间的限制，在虚拟的网络空间，教师和学生不再受距离远近的限制，可以随时随地通过智慧校园互动开展教学活动。线上教学具有的优势有：微课可重复观看，在举办大型活动时无需聚集，学生可以使用丰富的网络资源等。线下教学具有的优势有：面对面的交流更易于看到学生的反应，讲解知识能够彼此实时交流，更能带动学生参与活动等。本案例根据需要选择了两种教学方式的优点，规避了不足，使得活动得以顺利开展。

常规的探究实践活动是课本中涉及的内容，程序步骤几乎已经被设定好了，学生只要按部就班去做就可以了，较少有发挥的余地。本案例属于拓展活动——学生可以选择自己喜欢的实验，也可以通过上网搜索可以进行的实验，然后自己或者在家长的陪同下完成——是一种教师指导下的自主学习，更具灵活性和开放性。

❷ 活动具有育人导向，培养了学生的自主学习能力、解决问题能力和实践创新能力

活动中的微课制作精心选取了科学家的事迹，希望能够让学生认识到我国科学家的伟大贡献，树立爱国主义情怀。通过微课中教育警示片"大自然在说话"，使学生认识到保护环境的重要性，注重了对学生态度责任的培养。"科学就在我们身边"不只是一句标语，而且能让学生通过居家完成小实验、小制作自己切身感受到。哪怕是一些非常简单的小实验，只要是学生愿意去探索，都应该及时给予评价。通过教师积极正面的反馈，鼓励学生不断去尝试，从而热爱上科学。

本案例包括科学小实验、小制作和发现生命世界等不同方面，不拘泥于课堂教学中已设定好的知识范畴，更多地在于学生自己动手去探索、去实践、去创新，满足了对科学感兴趣的学生的学习需求。在实践过程中会产生很多需要解决的问题，学生需要通过自主学习，不断解决在实验或制作中出现的难题，磨炼了学生的意志力，使他们收获满满的成就感。

❸ 线上成果更易推广，提升家长对科学教育的重视度，促进家校共育

科学精神和实践创新作为学生核心素养的重要内涵，无疑是非常重要的。而实际上，部分学生家长相对而言更重视考试科目，没有认识到其重要性。本案例需要使用智慧校园，这就需要家长亲自参与到学生的科学学习中来，如通过智慧校园教师助手布置观察植物的生长变化的任务时，家长就可以与孩子一起种植喜欢的植物，共同见证一个生命的成长。再如，学生在家长的协助下完成小实验，在解决问题中不断增进亲子关系，从而有效促进家校共育。最后，将学生的成果利用网站做 H5 宣传推广，通过 H5 的转发，让更多家长能够看到学生的优秀作品，增强对孩子科学学习的信心，从而更加重视对学生科学核心素养的培养。

（二）反思

将混合式教学应用于小学科学拓展活动中，可以引导学生进行自主学习与探究，锻炼学生的动手操作、探究实践等能力，在活动中形成热爱与尊重科学的美好品格，最终提升科学核心素养。本活动组织得较为成功，充分发挥了线上教学的优势，能够适应疫情的不确定性，减少聚集，同时在解释科学性原理时发挥线下面对面交流的优势，学生的参与积极性高。但由于首次举办，其中也存在一些值得反思改进的问题，例如有些学生的作品选材来自于现成的组装材料，大大降低了对学生动手能力和创新思维的锻炼，应更加强调材料的限定。日后，笔者将继续探索，促进学生科学思维的培养和探究实践能力的提升，为核心素养的形成添砖加瓦，贡献力量。

【作者简介】

马丽，天津市第二南开学校一级科学教师，校级骨干教师。于文俊，天津市第二南开学校小学部执行校长，高级教师。竺锦，天津市第二南开学校一级通用技术教师。庄晋艳，天津市第二南开学校一级物理教师。

-------------------------------- 案例点评 --------------------------------

在当前形势下，线上、线下混合式学习方式已成为常态。几位教师撰写的《线上线下混合式教学在小学科学拓展活动中的应用案例》中，相比传统教学，更加凸显出这种教学方式的优势，也充分显示出以教师为主导、学生为主体，将课内外科学知识有效融合，有助于提高学生运用知识解决问题的能力以及学以致用的特点。

科学课的教学不仅仅在于课堂 40 分钟，其课下的拓展活动也是培养学生良好的科学素养必不可少的内容。老师们做了精心的安排，既考虑了教学目标和学生的预期成果又能够充分利用网络和线下课堂为既定的教学目标服务，极大地提高了教学效率。

本教学案例充分体现了以下几个特点：1. 活动准备时微课素材的挑选，微课内容的设计——从学生的原认知水平出发，不仅仅注重知识的传授，更是激发学生制作的欲望。2. 线上组织学生观看、评价、答疑、展示——利用多个强大的网络平台推送和互动，极具有实操性；充分利用线上教学平台和资源，实时掌握学生完成率和完成情况，有助于形成性评价的开展。3. 充分利用线下面对面互动性强的优势，教师跟进、学生展示，培养学生的表达交流能力，增强其自信心，达到共性问题集中讲解，个性问题有针对性地指导，提高活动效率。

这一拓展活动充分体现了以教师为主导，学生为主体，将课内外科学知识有效融合的特点。使学生通过网络平台收获课程相关知识，并在实践中学以致用，有助于提高学生运用知识解决问题的能力，适应学生的个人发展；注重培养学生的创新精神、思维能力和实践能力，提高学生对科学技术的兴趣，培育社会发展所需要的人。

【指导教师】

汪驭敏，天津市和平区教师发展中心科学教研员，高级教师，多年来潜心研究科学教育，指导的青年教师多次获得市区级奖项。

【参考文献】

[1] 中华人民共和国教育部 . 义务教育科学课程标准（2022 年版）[M]. 北京师范大学出版社，2022.

语文
01

数学
02

英语
03

道德与法治
04

历史
05

地理
06

物理
07

化学
08

生物学
09

科学
10

信息技术
11

音乐
12

体育与健康
13

综合实践活动
14

11

天津市中小学优秀线上
教学教研案例集 信息技术

云端教学融智慧 悦享实践向未来
——小学人工智能初体验线上教学案例

袁晓蜜

一、案例背景

随着线上教学新阶段的全面开启，小学信息科技课也迎来了线上课堂。为保障线上教学效果，提升线上教学质量，结合学生线上学习大多使用手机等移动设备的情况，笔者确定了人工智能教学内容——一方面可以借助手机 APP 体验人工智能的应用，培养学生对人工智能的兴趣，另一方面也很好地彰显了线上学习的优势，弥补了线下教学设备不足的状况，形成线上与线下课堂的互相补充、共同发展。

生活即课本。人工智能看似是"高大上"的学习内容，但其实我们的身边充满了各式各样的人工智能应用。此部分内容的教学要以真实的问题为驱动，让学生在体验与实践中，学习新知，感受不一样的学习方式和创作乐趣。因此，本案例中学习任务的选取，更多考虑学生当下的生活和学习实际，以"口罩佩戴检测系统"为主要研究项目，开展《人工智能初体验之人脸识别》的线上教学实践，引导学生运用人工智能的思维解决问题，提升数字素养与技能。同时，本案例的设计与实施，能帮助我们更深入地思考线上教学如何有效开展，才能发挥在线学习的开放优势，让线上教学逐步向线上教育进化发展，这也是教育走向未来的一个契机。

二、教学设计

（一）教学内容分析

本节课是《人工智能初体验》线上单元教学中的《人脸识别》一课，是基于"天津中小学人工智能编程教学平台"开发的教学内容。人脸识别是当下数字化生活中常见的一种人工智能应用场景，它给人们的生活带来了极大的便捷。调查中我们发现学生虽然熟悉其应用，但对该技术实现的过程并不知晓，甚至抱有"高深莫测"的"崇拜思想"。因此本节课教师由"是否佩戴口罩"的真实问题情境入手，引领学生进行人脸识别"口罩佩戴检测系统"的项目实践、探秘人脸识别、了解人脸识别的基本原理，以学生的感受和体验为主，弱化对知识的讲解，培养学生的计算思维，提升用信息科技解决问题的能力，以使学生将来能更自如、更自信地生活和服务于数字化社会。

（二）学情分析

本节课的教学对象是五年级学生，他们思维活跃，已经掌握了图形化编程的基本方法和算法的三种基本结构，能根据自己的想法创作简单的编程作品；对人工智能技术充满好奇，有较强的探索欲望；从学习能力上看，经过一段时期的线上教学，他们也具备一定的微课自学和借助学习单等"脚手架"解决问题的能力。

（三）教学目标

❶ 了解人脸识别技术在日常生活和学习中的应用。（信息意识）

❷ 了解人脸识别的基本原理，体验用人脸识别技术解决生活中的问题。（计算思维）

❸ 借助生活中的实例开展"口罩佩戴检测系统"的项目探究，体验身边的算法。（计算思维，数字化学习与创新）

❹ 能够负责任、安全地使用人工智能，提升信息安全意识。（信息意识，信息社会责任）

（四）教学重难点

教学重点：能够使用人脸识别技术检测口罩佩戴的情况，体验用人脸识别技术解决生活中的问题。

教学难点：了解人脸识别的一般流程及原理。

（五）课前准备

❶ 根据学科特点，选择线上教学平台

结合小学信息科技学科的特点，在线上课堂直播前我们需要了解每一位学生使用设备的情况，以及确定适合学生在线学习使用的教学平台和资源。这里，笔者和本区域共同开展人工智能实验校的研究团队教师们群策群力，随着研究线上教学工作的有效推进，确定了借助"天津中小学人工智能编程教学平台"开展线上教学的形式，带领学生在平台上进行在线创作、发布作品、相互交流，感受、体验人工智能课程。

❷ 发挥团队优势，精心设计教学内容

线上教学是个"新兴"的教学样态，很多老师对它都很陌生。在开展线上教学前，我们充分发挥集体备课优势，研究并整合平台课程资源，共同商讨可能出现的问题，精心备好内容和资源。例如，为了更好地开展教学，结合教学准备、教学方式、教学平台运用等方面存在的问题，笔者与研究团队进行了关于线上教学的深入研讨，大家畅所欲言，汇总对在线教学的想法，确定了高效开展在线教学的方法，并结合学生认知水平对天津市中小学人工智能平台的已有案例和素材资源进行二次开发与迭代。每位教师围绕单元整体设计精备一节课，初步形成了一整套"人工智能初体验"单元线上教学内容，并在教学实践过程中不断更新完善。其中《人工智能初体验之人脸识别》一课由笔者负责设计与实施。

❸ 登录教学平台，开展在线教学实践

本课采用线上教学方式开展，课前需要组织学生提前登录在线教学平台，并在图形化编程界面添加好"人工智能服务"。经调查学生使用的设备（分别有电脑、手机、平板）不同，其中用移动终端进行线上学习的学生占比较大，另外，考虑到同一软件在不同设备的运行界面和操作方式也会稍有区别，因此我们结合学情研讨确定课上进行课件演示时使用电脑端，创作实践演示时以手机端为主，方便学生后续的作品创作。

三、教学过程与实施方法

（一）结合生活，感知体验人工智能技术

❶ 生活中的人工智能应用

教师：同学们已经对人工智能有了初步的了解，那么生活中还有很多神奇的 AI 技术，比如人脸识别，你最近在生活中使用过吗？

学生：用过，手机刷脸……

教师：讨论一下，你知道人脸识别技术还应用在哪些场景中吗？

学生：刷脸支付、刷脸门禁、刷脸进站……

❷ **体验人脸解锁**

教师：手机是如何实现人脸识别解锁的呢？那我们来体验一下。

试一试：由使用过人脸识别解锁手机的学生演示过程。

（1）演示人脸识别解锁手机的过程。

（2）如何在手机设置中录入面部数据的过程。

学生：打开手机设置，找到"生物识别和密码"，选择"人脸识别"，点击"开始录入"，将人脸移入提示的识别框中，就可以开始录入了。（学生结合手机录入时的提示信息讲解）

教师：提示一下，在手机设置中录入面部数据时，首先确保摄像头清洁、面部无遮挡，录入环境光线充足、无阳光直射，然后正对屏幕，将面部完全移入识别区，开始采集面部数据，否则读取的信息很可能会失败。

❸ **了解人脸识别的过程**

教师：原来机器也会学习你的长相，它可以通过脸部特征信息进行身份识别。

小结：人脸识别就是一种基于人的脸部特征信息进行身份识别的生物识别技术。它通过手机前置摄像头捕捉人脸面部数据（图像采集），进而快速完成面部特征比对（特征提取后，与人脸数据库匹配识别）进行身份认证，可以用于解锁屏幕（输出结果）、访问应用锁等场景（如图1）。

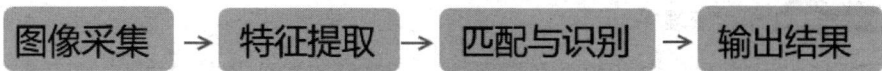

图像采集 → 特征提取 → 匹配与识别 → 输出结果

图1 人脸识别过程

【设计意图】

本环节以现实生活中的真实体验为出发点，引发学生思考。学生能够实时使用自己的平板、手机进行体验，这也发挥了线上教学的优势，弥补了线下教学因设备不足而无法满足学生体验需求的缺陷。通过体验手机实现人脸识别解锁屏幕的过程，初步了解其背后的识别原理，感受人脸识别技术在生活中的实际应用。

（二）确定主题，引入"口罩佩戴检测系统"项目探究

❶ 播放视频："口罩识别 AI 护航"

视频一《冬奥会的人脸识别系统》：当下，戴口罩对于疫情防控十分必要，虽然人们带上口罩后可供识别的面部特征减少，但在人脸特征较少的情况下依然能进行人脸识别。就在不久前结束的冬奥会上，一位外国运动员被我国开发的戴口罩也能识别进场的人脸识别技术所惊到，我们一起来看看。

视频二《机器人笨小宝》：这款冬奥会上的服务机器人名"笨小宝"，主要负责冬奥会的移动测温和防疫监督，它能主动寻找人员并测量体温，对于未戴口罩的人员也会进行防疫提示。

视频三《检测一体化系统》：这款能够实现"口罩识别 +AI 测温 + 人行通道管控一体化"的系统，实现了无接触的识别检测。

❷ 引出探究项目：基于人脸识别的"口罩佩戴检测系统"

教师：有意识地戴口罩不仅仅是每个公民应遵守的公共道德还是自我修养的表现，若不佩戴口罩我们出入会受阻吗？

学生：若不佩戴口罩就严禁进入小区、学校等共场所，严禁乘坐公交、地铁等交通工具。

> 教师：在常态化管理下人们的防范意识越来越薄弱，口罩随意佩戴或者不佩戴的情况屡见不鲜，能否借助信息科技来辅助防疫监督，形成有效管理呢？

【设计意图】

本环节结合人脸识别技术的应用，引领学生解决人们是否佩戴口罩以及体温是否正常等现实问题，开展人脸识别"口罩佩戴检测系统"的探究。此过程中借助视频《冬奥会上的人脸识别系统》《防疫监督的"笨小宝"机器人》引导学生发现口罩佩戴检测系统所具备的功能，结合身边的实际状况，引出项目探究任务。

（三）设计算法，编程验证解决问题

❶ 布置项目任务，设计算法方案

项目任务：利用人脸识别技术，设计智能检测系统。

功能要求：智能系统具有检测是否佩戴口罩的功能。

> 学生："随机点名小程序"点到的学生，用自然语言描述其过程。
>
> 教师：根据学生的回答，借助希沃白板课件的动态效果，用流程图清楚直观地进行梳理（如图2）。

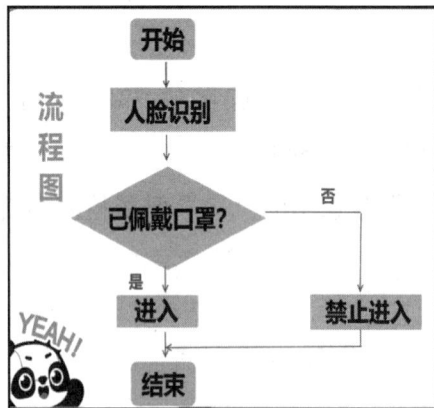

图 2 流程图梳理

❷ **编程实现，动手解决问题**

教师演示：采用多屏协同互动的方式，结合流程图编写程序，有效地将流程图和程序代码同时清楚直观地呈现给学生，辅助学生分析、设计算法程序。

师生互动：在天津市中小学人工智能平台或移动端上编写程序，体验采集并读取人脸特征"是否佩戴口罩"信息的过程（如图3）。

图 3 编程验证

❸ **平台展示作品，及时反馈交流**

学生：共享屏幕演示作品、同伴互问完善作品，并将修改完善的项目作品同步保存到"天津中小学人工智能编程教学平台"。

教师：观察教学平台中的作品任务管理，检查学生的作品完成情况，找出学生的优秀作品和问题作品并在课堂中与学生一起分析，及时辅助进行修改完善，有针对性地让学生演示讲解创作的过程，帮助学生解决遇到的问题。

【设计意图】

本环节进入项目实践阶段，从学生用自然语言描述人脸识别的过程，过渡到借助流程图直观地帮助学生梳理编程算法的过程，然后在"天津中小学人工智能编程教学平台"上进行程序实现，最后通过"天津中小学人工智能编程教学平台"的作品汇总以及屏幕共享功能让学生展示、交流、互动，逐步提升学生解决问题的能力，培养学生的计算思维，感受算法在生活中的实际应用以及解决真实问题的全过程。

（四）多途径分享作品，拓展体验更多应用

课堂评价：教师在学生完成任务的过程中，观察教学平台中的作品任务管理，及时对学生的作品实施智能评价。同时，学生也能及时看到教学平台老师对学生作品的评价。通过"智慧地评"引导学生"智慧地学"。

班级群分享：课下学生还可以使用手机、平板的拍照、录像、录屏等多种方式通过钉钉家校本上传学习成果并展示分享，真正做到学有所获、学有所享。

【设计意图】

在本环节突出了线上教学最大的优势，就是打破了时间和空间的限制，使学生能随时观察到教师在课堂和课后对自己作品的评价，这不仅能激发学生的创作欲望，还能提高学生学习的积极性和主动性。

（五）课堂总结，提升信息安全意识

教师：信息时代，人工智能技术虽然方便了生活，改善了社会服务品质，但也存在安全隐患，增加了未来社会的风险系数。我们在享受人工智能服务的同时，应具有哪些防范意识呢？

学生：防止"被刷脸"，一定要保护好自己的隐私信息，同时也要做一名遵纪守法的好公民！

【设计意图】

本环节及时引导学生要具备信息社会责任和网络安全意识，具有自我保护的意识和能力，并培养学生形成适合未来发展的正确价值观。

四、总结与反思

（一）思维导图，梳理知识的线索

本案例以"口罩佩戴检测系统"为主要研究项目，开展《人工智能初体验之人脸识别》的线上教学实践，通过思维导图的梳理，明确线上教学内容。以生活中的真实人工智能应用体验为出发点，引发学生思考——手机是如何实现人脸识别解锁的呢？在师生交流和探讨的过程中初步了解其背后的识别原理，通过体验手机是如何实现人脸识别解锁屏幕的，感受人脸识别技术在生活中的实际应用。利用人脸识别技术，引领学生解决人们是否佩戴口罩以及体温是否正常等现实问题，开展人脸识别"口罩佩戴检测系统"的探究。教学中注意引导学生要具备信息社会责任和网络安全意识，具有自我保护的意识和能力，并培养学生适合未来发展的正确价值观。

（二）课堂互动，在线教学的关键

课堂互动有助于及时掌握学生的学习状态，相比于线下，线上教学互动环节的设计就显得更加重要了。为了提高学生课堂注意力，激发学生对所学课程的兴趣，使学生能更积极主动地学习，教师应认真研究在线课堂互动的有效措施，可以通过学生共享屏幕演示、同伴互问、在线抢答、小程序随机点名等连麦的方式，鼓励学生积极参与，提高在线学习的现场感，让他们真正融入课堂。

（三）多屏协同，开启智慧新体验

流程图能够快速梳理算法思维的知识框架结构，是帮助学生分析、设计算法程序的纽带，是培育学生学科思维能力的关键，聚合思维发展进程，如果紧密联系流程图进行程序设计将会事半功倍，而这也是培养学生计算思维的关键。线上教学时由于白板和软件界面的切换会影响学生们在编写代码时参考流程图的效果，不能如线下日常的信息科技课堂中，将流程图以白板或板书等形式与学生共同绘制。为解决该问题，我们研究确定了两种方式，一是采取在白板授课的同时进行手机投屏演示，二是借助多屏协同互动的方式，有效地将流程图和程序代码同时清楚直观的呈现给学生，辅助学生分析、设计算法程序。

（四）以评促学，激发学习的兴趣

有效的作品评价能在信息科技教学中起到较好的激励、诊断和促进作用，能激发学生的学习兴趣，帮助学生反思诊断学习中存在的问题，提高学生间、师生间交流的能力，提高教学质量。因此，开展有效的作品评价既是信息科技学科教学的重要环节，也是培养学生交流和反思能力的有效途径。

在线上学习过程中，教师采用如钉钉群里家校本的方式发布作业，学生将作业以拍照、录屏的方式提交分享，再由教师评价学生作品。在学生们分享的作品中，尤其录屏的视频可以看到学生们创作和演示讲解的全过程，弥补了线上展示时间的不足。线上教学同时也使教学时间、空间不局限于课堂上，网络的隐匿性优势提升了学习主动性。平时比较内向的同学因为网络的隐匿性优势，变得敢于向老师敞开心扉，主动和老师交流。课后学生可以通过各种平台与老师开展在线讨论，学习时间和空间得以拓展。对于老师来说虽然教学及课程辅导工作量有所增加，但学生的学习热情让老师更有工作动力，最终呈现的作业效果也能达到预期的教学目标。

评价学生作品时，教师不仅要从多维度进行评分并给予激励性的评语，还要针对不同起点的学生在原有基础上的进步，给予及时、恰当的评价，这样不仅起到了促进作用，也让学生体会到老师时刻关注他的表现和进步，从而在一定程度上激发其学习的积极性。点评学生的作品时，教师要尽可能地从有利于学生发展作品评价能力的角度出发，欣赏他们在作品评价中的每一个亮点，树立他们参与的信心，培养参与的意识。教师也要对学生的评价技巧作相应的辅导，以帮助他们进一步提高作品评价的能力。

每节线上课结束后笔者都会将学生课堂表现和完成课堂作业的情况做精准记录，并通过在线文档方式共享给学生。这样不仅便于老师直观了解每一个学生的学习情况，后续还可以有针对性地关注和指导；而且每位学生也可以第一时间了解自己的学习状态，发现学习问题，进而激发后续学习动力。

（五）循环迭代，优化教学提升素养

线上教学是一种新的教育模式，要边探索，边实践，边反思，边改进，才不会落下每一位学生，才能确保教育教学质量。笔者将以此次在线教学为契机，更加精心地设计课程内容、积累理论与实践经验，不断地在学习中成长。随着在线教学的新需求和新问题不断涌现，笔者也在不断获取更多的资源，寻求新教学方式和最优的解决方案，构建了"设计——实践——反思——改进"的持续循环教学研究结构，开展教学实践，反思教学，在循环迭代中不断优化信息科技教学，提升学生核心素养。

本案例利用人工智能技术解决生活中的实际问题，引领学生主动地投入到问题解决之中，同时选取的"天津中小学人工智能编程教学平台"以及使用的线上教学手段，让信息科技课在线上课堂也能精彩纷呈。虽然在课堂实施过程中，学生互动、作业展示等方面还留有遗憾，但是敢于站在学生角度进行自我反思，做教学成长路上的有心人，这也是笔者一直坚持的信念和今后努力的方向。

道阻且长，行则将至，行而不辍，未来可期。希望本案例能够开启云端智慧教学的新乐章，发挥现代"互联网＋教育"线上线下混合教学的优势，在不断的探索与实践中一起奔向未来的教育！

【作者简介】

袁晓蜜，天津市滨海新区塘沽上海道小学信息科技教师，区级学科骨干教师，在全国义务教育信息技术优质课展评中获一等奖，在天津市第七届中小学双优课评比中获一等奖。

-------------------------------- 案例点评 --------------------------------

本案例确定的主题与时俱进，教师引领学生利用人工智能技术解决本真问题，是一件有价值有意义的事情，这部分内容也符合《义务教育信息科技课程标准（2022年版）》中的内容要求。案例中教师关注学生的实际生活经验，带领学生主动投入到问题解决之中，运用线上教学平台，引领学生应用人工智能解决实际问题，提升数字素养与技能，同时也让学生感受到人工智能给人们生活带来的便捷。其中，教师还借助在线平台的辅助，及时关注课堂的动态生成，通过对在线作品的有效评价既激发了学生的持续学习热情，又指导了学生具体的操作实践，同时也生成大量反映学生学习经历的数据，为教师改进教学反馈大量信息，教师可以方便地获取学生的学习状况并适时调整教学过程。

面对全新的线上教育模式，线上教学实践的目标要由"上成课"转向为"上好课"，如何高质量地开展在线教学是一个需长期探索的命题，教师要不断积累实践经验，形成线上教学的科研成果，进一步优化线上课堂教学，全面提高教学质量。

【指导教师】

程建娜，天津市滨海新区教师发展中心中小学信息技术教研员，正高级教师。天津市未来教育家奠基工程学员，市级学科骨干教师，参与人教中图版高中信息技术《数据与计算》教科书与教参编写等工作。

基于"超星学习通"开展信息技术线上教学的探究——以《组建小型网络》为例

李建明

一、案例背景

为全面落实习近平总书记关于教育的重要论述和全国教育大会精神,深化实施国家信息化发展战略,落实国家和天津"教育现代化2035""教育信息化2.0行动计划"等重要目标任务,全面深入推进新时代教育信息化发展,加强中小学精品课程资源建设,实现线上线下相融合的教学模式创新,笔者依托天津市基础教育资源公共服务平台,借助"超星学习通"线上教学平台,对高中信息技术线上教学模式开展了积极的探究。

二、教学设计

(一)教学内容分析

本节课为高中信息技术必修2《信息系统与社会》第三章第二节第1课时《组建小型网络》,指导学生搭建小型无线局域网。学生通过搭建小型网络学会无线路由器的安全设置,提高网络安全意识。通过合作学习与实验探究,落实教学重点,完成小型网络的搭建,为后面的教学打下基础。

(二)学情分析

随着网络和智能移动终端逐步普及,家庭用户通过无线路由器方式上网,管理智能移动终端,对于高一学生来说,简单的家庭局域网应用已经不是大问题,但他们对如何组建装,以及安全策略设置了解的并不多。因此,无线路由器的安全策略设置成为学生学习的兴趣点，是增加信息安全意识的新途径。

（三）教学目标

❶ 认识无线路由器等常见设备。

❷ 学会组建无线局域网的一般方法，培养学生对信息技术学习活动的兴趣和动机。

❸ 通过组建小型无线局域网，学会设置路由器安全策略，增加信息安全意识。

（四）教学重难点

教学重点：组建小型无线网络的方法，设置网络安全策略。

教学难点：通过实际设置无线路由器，排除网络的简单故障。

（五）课前准备

工欲善其事必先利其器。在开展信息技术在线教学时，笔者从以下几个方面着手。

❶ **线上教学前期准备工作**

新课程改革要求培养学生信息技术学科核心素养，线上学习过程中要体现培养信息意识、计算思维、数字化学习与创新以及信息社会责任四个核心要素，使学生具备适应终身发展和社会发展需要的必备品格和关键能力。"教学千万法，设计第一条"，教师既要考虑学生的线上教学环境和方式、教学中随时出现的特殊状况，选择合理有效的学习资源，还要选择教学工具、教学平台，所涉及的学习软件和工具，要与教学标准、内容有效结合，体现线上教学的特色。为此，笔者对以下的平台和应用进行了调研。

（1）微信群平台。线上教学期间以微信群作为信息交流平台，为师生和生生之间搭建沟通的桥梁，大家随时沟通，不受到时空的限制。教师通过微信群接收学生学习或生活方面的信息，方便为学生答疑解惑。对共性问题在微信群交流，对于不便公开的问题，单独与学生私聊，尊重学生的隐私，沟通更加方便和高效，打造新型和谐的师生关系。

（2）腾讯会议直播平台。腾讯会议是满足线上教学的一个重要的途径，教师通过线上直播会议、课堂录制、出勤管理，直播实时字幕，为学生提供共享计算机和手机屏幕，使演示更具直观性。该系统稳定运行具备可靠性。

（3）"超星学习通"教学平台。超星学习通是一款集知识传播和管理于一体的平台，依托"天津市基础教育资源公共服务平台"提供海量的市、区精品网络教学资源，支持合理开展多学科的线上教学活动，具备灵活多样登录方式。教师利用移动客户端或计算机端进行线上教学，学生借助手机客户端实时专注线上教学。无论是进行线上或线下教学，它都是强有力的教学平台。

笔者最终确定微信群、腾讯会议、"超星学习通"三平台融合的信息技术线上教学模式。教学活动环节包括授课前、授课中及授课后三个主要环节。通过平台间的优势互补，使信息技术线上教学诸环节得以正常运转，确保线上教学的质量和实效。教师通过"超星学习通"系统组织学生自主、合作学习，主题讨论等活动，调动学生的主观能动性，让学生在参与在线教学活动时，拥有存在感和成就感，体现学生在学习中的主体地位。

❷ 在线教学课程和要求

根据上级和学校的工作布置要求，我校全面开展线上教学，结合具体教学进度，设计了《信息技术系统的基础设施》单元教学，学生在家使用手机或计算机开展学习，完成教学内容。线上教学前，教师向学生公布线上教学任务安排、学习任务、考勤考查办法、平时成绩评定规则等，学生安装微信、腾讯会议和"超星学习通"应用软件，利用教师下发的用户名密码登录系统，熟悉软件的使用，以适应线上教学的基本要求，保障教学中进行正常的学习和交流。

单元所有课程资源均设置为闯关模式。教师鼓励学有余力的学生，进行自主式探究学习，将课堂所获理论应用于实践，实现理论和实践结合、个性化知识拓展、社交学习等。"超星学习通"互动系统为了提高课堂教学的活跃度，提供丰富的课堂教学活动和交互。

❸ 利用"超星学习通"开发单元课程

"超星学习通"系统提供了灵活的登录方式，包括网页版、客户端版、微信公众号和手机APP版。教师根据《组建小型网络》的教学要求，在课程开发单元录入资料、课件、教案、作业等教学信息，然后在"超星学习通"客户端实现发放课程通知，实时组织教学活动。学生进入相应的教学班后，师生能在超星学习通平台完成本案例的教学诸环节。

"超星学习通"实现丰富的课堂活动。笔者在本案例导入环节，布置签到活动时，要求学生加拍学生照片，同时实现验证是否学生本人在上课。使用选人和抢答环节是为了活跃课堂气氛，主题讨论增强课堂的交互性，随堂练习随时掌握学生对知识的理解。

"天津基础教育平台"提供丰富的教学资源，本科、高职、中职、高中及义务教育段的所有课程资源，每一课时包括教学过程、微课、检测等内容，同时还提供相关的多媒体资料、教学设计、同步练习等，均可以下载，实现完全的资源共享。通过学习通平台，教师将资源进行编排重组，设计适合本班学生的教学内容和方法。教师不能只做"搬运工"，学习通"个性化编辑课程"功能，恰恰为教师的想象提供广阔的舞台。笔者认为此功能为"超星学习通"的核心功能，教师一定要建成自己的教学资源包，逐渐积累形成具有特色的教学成果，应用到线上或线下教学。

投屏互动，反馈功能的开发。笔者使用手机版 APP 操作，在"超星学习通"——"我教的课"页面，选择"投屏"，在需要投屏的计算机浏览器地址栏输入网址 x.chaoxing.com，输入系统随机显示的投屏码即可。增加课程的学习活动、课程内容和更多资料的投屏操作，"超星学习通"展示 PPT 内容与计算机投屏的展示页面同步，手机能进行翻页操作。结合腾讯会议，输出到直播窗口，可供学生实时观看。如果要同时进行签到、选人、抢答、图片、笔记等教学活动内容，可同屏展示，实现全屏、分屏模式间自由切换。

三、教学过程与实施方法

❶ 课前考勤

教师提前十分钟发布腾讯会议通知和签到任务，学生要在正式线上教学前完成此项工作。

【设计意图】

通过课前考勤环节，监控学生参与线上教学的实际情况。

工具运用：笔者在线上教学中，首先强调考勤的重要性。通过"超星学习通"消息功能，布置本节课的各种教学活动，以定时的方式发送腾讯会议号和签到任务。学生完成签到后，教师马上公示出勤情况。"超星学习通"为师生提供了普通、手势、位置、二维码和签到码五种签到模式，笔者使用普通签方式，并要求学生参与拍照，这样直观地检测到是否学生本人签到。在线上教学时笔者还随机让学生打开腾讯会议摄像头，抽查学生出勤情况。

存在不足：线上教学时，全体学生不能按时进入直播软件，准时参加授课，签到时间长，有时不能按教师的要求，进行拍照验证，而拍与头像无关的照片，起不到验证的作用。解决方法是把学生分成小组，由组长负责签到的监督与记录，快速及时完成签到。

❷ 课程导入

学生完成"超星学习通"布置的关于网络连接知识的课前测验。

【设计意图】

学生通过完成教师布置的知识测验，对所学内容有大致的了解。

工具运用：笔者根据实际需要选择本节课程资源试题库中自带的题目，或者自主将检测题目录入系统，检测题设置为上节所学内容或课前预习诊断内容，检测题型以选择题、判断题为主，"超星学习通"系统对学生的回答及时批阅，给出正确答案，提示试题解析，为开展教学作铺垫，较好地完成新课引入。通过投屏的方式，将作业情况反馈，也可以采取学生查看答案解析的方式。

❸ 微课教学

教师播放微课视频《小型网络拓扑结构的选择》。

【设计意图】

微课给学生提供自主学习和个性化学习的环境，可以查缺补漏，也可以强化巩固知识。线下教学往往是将视频从头播放到尾，学生是被动地接受。恰当利用"超星学习通"系统的视频互动模式，在视频播放过程中，鼓励学生对不清楚的地方发弹幕。教师根据课程的需要时间点，弹出图片、知识点、试题检测等。线上教学真正体现实时交互式，学生思考和实践相结合，学生在发布的课程资源中反复观看视频，与同学、老师讨论交流，有利于学生对知识的理解和巩固。

工具运用：教师在编辑课程章节内容时，对授课环节的视频，进行交互设置，实现是否允许弹幕、防拖拽、防窗口切换等功能。在视频播放过程中"插入对象"，可以是图片、互动检测、PPT、知识扩展等，答题设置可以是答对才可继续观看，答错不允许继续观看。

❹ 学生实践

学生观看教师直播或播放查看 IP 地址（手机或计算机）的微课视频，完成实践活动，在主题讨论中，填写自己设备的 IP 地址。

【设计意图】

通过教师演示法或学生自主探究法，使学生学会查看手机或计算机 IP 地址的方法，为下一教学环节"设置路由器"做准备。

在教学过程中，对不同水平的学生完成任务的要求不同：普通学生通过查看微课后，完成实践活动；动手能力强的学生将操作过程录制成实践视频，加上讲解，反馈到班级空间，为其他同学答疑，与同学交流分享。

❺ **主题讨论**

学生参与关于无线网络安全的主题讨论：请同学们分析为什么要避免使用身份不明的无线网，这类无线网的潜在危害有哪些？

【设计意图】

学生通过主题讨论，了解个人使用信息系统过程中存在的问题，归纳总结信息安全的正当行为及规范，树立信息安全意识，潜移默化中提升信息社会责任意识，做一名合格的信息社会公民。

工具运用：主题讨论的话题是提前在"超星学习通"系统设计好的，笔者在课程活动中实时推送到教学班，有类似于微信软件的互动界面，教师和学生在班级空间里使用文字、图片、视频等方式进行实时交流，消息推送实时提醒学生，聊天窗口成为教师查看学生是否阅读和参与的依据。

线上讨论特点：学生通过开放式的线上讨论方式，敢于表达自己的观点，不易受到周围同学影响，愿意参与讨论。教师发布讨论主题后，学生基本上能积极主动地完成，由于形式新颖有趣味性，便于克服畏难情绪。线下教学时学生发表个人见解，讨论反馈及时，但受众面小，其他学生不能表述个人观点。

❻ **作业检测**

【设计意图】

教师布置作业或检测内容，能够及时了解学生对课程内容的掌握程度。

工具运用：在学生完成在线教学任务以后，及时发布问卷调查或作业，能快速了解学生掌握教学任务的情况，结合学生的反馈信息，调整下一步的教学进度。学生需要在平台上提交答案，系统会自动进行分析和总结，教师掌握学生的具体情况，根据学生个体出现的问题，及时做到解答，使学生获得更及时、准确的课后指导。

❼ **统计分析**

【设计意图】

可视化的教学反馈，是提高教学效率的一种有效途径，形象而生动，简单且及时，线下教学无法比拟。

工具运用：教师通过统计功能，将信息课堂上的学习内容记录和成绩以数据形成保存起来，导出数据报告。教师分析学生在教学过程中的数据记录，对学生的各种活动情况有详细了解，及时发现学生存在的问题，便于师生对教学活动进行客观的评价和反思。

四、总结与反思

（一）线上教研集群力，共同发展谋创新

教师专业发展最有效的方法就是同伴互助。集体的力量是无穷的，集思广益，头脑风暴，思维能碰撞出智慧的火花。信息的共享性在此期间得到充分的利用，实现依托市、区精品网络教学资源合理开展线上教学活动，最大限度地实现信息技术课程的资源共享，同时在区教师发展中心信息技术教研员的领导下，通过微信群共同教研，集体备课，实现区域内共享备课资源，提高了信息技术教师的协同创新能力。

（二）努力创新求发展，教学相长效果现

教师要不断通过日常的教育教学体验，总结和创新新教学理念，发展自己的专业思想；教学要以学生为中心，激发学生的学习兴趣，提高学生独立思考的能力，使学生形成信息技术学科核心素养。

微信群的应用优势在于实时联系学生，方便师生交流，起到桥梁的作用。腾讯会议充当线上教学的直播平台，教师线上教学的舞台。学习通则是教师实践线上教学的有效手段，其中的课程资源丰富实用，容易扩展，给教师提供再次学习的机会，体现教学内容和资源的共享性。在线上授课过程中，教师不能总是一个人对着直播设备"讲"，学生在另一端"听"，教师不是学生学习的包办者和决定者。在线上教学过程中，有时出现会议掉线现象，教师浑然不知，还在演独角戏。这就要求师生之间必须形成良好的互动关系，学生要及时反馈，并始终开启摄像头和话筒，使线上教学具备线下教学的仪式感，保证以高度的注意力参与教学。

以往笔者教学班的学生，初中阶段线上教学都是采用腾讯会议直播加演示文稿模式。本次学生通过体验以"超星学习通"为平台的线上教学，体会到多种新颖的活动参与到信息技术课，感到耳目一新。课堂瞬间变得高大上，学生发出由衷的感慨：原来线上教学还可以这样上啊！在给本次信息技术线上教学评分时，许多同学给的都是满分，有的

同学评分 99 分，说是给满分怕老师骄傲。我们教师应该努力思考如何成为学生学习的指导者、陪伴者和协作者。

（三）严格监管莫放任，鞭长莫及不放弃

线上教学中，教师不能真正掌控现场教学，无法约束学生听课，学生听课的时候往往注意力不够集中，出现"挂机"现象，表面在听课，实则玩游戏、听音乐、看小说、刷视频，聊微信。笔者在教学过程就发生过，让学生回答问题时，出现与课堂无关的游戏、视频等声音。学生在教学过程中途离开课堂，教师也根本无法及时制止，教学效果无法保证。笔者在线上教学期间，经常提问学生一些小问题，是在变相提醒其他学生要提高注意力，调动学生的学习积极性和主动性。针对基础薄弱和自控能力差的学生，课下通过微信私聊与学生沟通，给他们尽可能多的关注，用心去接纳和对待他们，让每一个学生都有进步。

（四）成长反思终不改，教育智慧自然来

教学反思这一环节是教师专业发展的必经之路。教师只有在教育教学中不断地反思，不断地修正自我，才能提高、教育教学水平。在进行线上教学过程中，学生的认知和操作能力存在差异，也是教学效果打折扣的重要原因。笔者在线上进行新的教学活动前，事先录制操作小视频，并发到班级空间，帮助学生了解操作步骤。通过这样的一番操作，学生信息技术素养得到逐渐提升。

本节课存在时间掌控不准，教学环节在衔接时不流畅，课堂容量不足等问题。组建小型网络还停留在理论上，与线下教学相比，学生没有动手实践的机会，教学效果难以得到保障。

教学有法，教无定法，贵在得法。每位参与线上教学的教师要突破传统的桎梏，提倡培养学生学科素质的同时，更要练好自身的基本功，以适应当今信息时代条件下的课堂教学的变革，真正提升实践性知识，自主持续地促进教师自身专业发展，产生源源不断的教育智慧。所有教育工作者都要怀着"一颗初心，不忘使命"的高度责任感，以教育教学现状和学生的特点为出发点，时刻体现立德树人思想，以学生为中心，树立服务学生的意识，做学生形成信息技术学科核心素养的帮助者，不断创新、积极探索，勇做新课程改革的践行者和促进者。

【作者简介】

李建明，天津市宝坻区大白庄高级中学信息技术教师，教研组长，教育硕士，天津市教育技术先进个人，区级学科骨干教师，课例《网海寻珠》获"一师一优课，一课一名师"部级优课，主持、参与多项市级课题。

------------------------------ 案例点评 ------------------------------

高中信息技术课程标准突出信息技术是一门旨在全面提升学生信息素养的基础课程，强调兼重理论学习和实践应用，将知识建构、技能培养与思维发展融入到运用数字化工具解决问题和完成任务的过程中。因此，我们在实施线上教学的过程中，要注重创设与学生生活实际密切相关的情景，使学生"能从日常生活中发现或归纳需要利用信息技术解决的问题"，在自己熟悉的生活情景中解决实际问题。

教师《组建小型网络》（高中信息技术必修 2《信息系统与社会》第三章第二节，第 1 课时）一课的教学案例在这一方面有很好的表现。教师巧妙结合线上教学期间大部分学生家庭安装了无线网络设备这一便利条件，界定了清晰、可行的教学目标，课堂上，做到了使大部分学生人手一套无线网络设备，学生利用家里无线网络从组网到设置安全策略展开一系列研究、实践、探索，这种从"身边事入手、向深远处引导"的课程实施理念很好地诠释了培养学生学科核心素养方面的课程价值。

本案例的另一亮点是对线上授课平台的选择和使用上，教师选用的"超星学习通"依托"天津市基础教育资源公共平台"提供的海量市、区精品网络教学资源，实现基于互联网实时交互的线上教学。并通过微信群、腾讯会议、"超星学习通"三平台间的优势互补，确保线上教学的质量和实效。在以超星学习通平台为主，微信群、腾讯会议为辅的三平台使用过程中，培养了学生的兴趣和相关核心素养，提升了教师的专业素养，促进了教师的专业成长。本节课是在线上教学情景下实施的常态教学，所采用的设备、资源、教师的教学行为以及学生的学习行为平凡而实用，但又有效地落实了课程标准的要求，培养了学生的兴趣和相关素养，因此，对于其他学校而言，具有很强的可复制性和借鉴价值。

这一课设计的不足表现在教师缺乏对学生的有效监管。

【指导教师】

刘娜欣，天津市宝坻区教师发展中心信息技术（信息科技）教研员，中共党员，教育硕士，高级教师，曾荣获天津市中小学"双优课"二等奖，有多篇论文发表或获得省市级以上奖项，曾承担或参与过多个省市级课题。

语文
01

数 学
02

英 语
03

道德与法治
04

历 史
05

地 理
06

物 理
07

化 学
08

生物学
09

科 学
10

信息技术
11

音 乐
12

体育与健康
13

综合实践活动
14

12

天津市中小学优秀线上
教学教研案例集　音乐

巧用腾讯会议，助力线上音乐课堂
——以线上音乐课《彼得与狼》为例

付亚曦

一、案例背景

《天津市教育信息化"十四五"规划》中提出：要全面落实习近平总书记关于教育的重要论述和全国教育大会精神，深化实施国家信息化发展战略，落实《教育现代化2035》《教育信息化2.0行动计划》等重要目标任务，全面深入推进新时代教育信息化发展。

利用信息化手段进行线上教学已然成为当今教学工作的新常态，教育部开通国家网络云课堂，国家中小学智慧教育平台，基础教育精品课，一师一优课、一课一名师等多种线上教学资源渠道，为教师线上授课、学生线上学习提供了充足的教学、学习资源。面对由信息技术支撑的线上教学，全国教育工作者们一直在不断的摸索中前进。从最初的微信群、QQ群，到后来的企业微信、钉钉直播、腾讯会议等，一线教师面对多种可选择的网络平台，使用起来也越来越得心应手。

本文将结合自身使用"腾讯会议"网络平台进行线上音乐教学活动的实践经验，以人音版小学四年级下册第4课里的欣赏作品——《彼得与狼》为例，阐述教学设计，以"巧用共享屏幕，激发学习兴趣""巧用聊天功能，提升教学互动""巧用互动批注，趣味巩固新知"三个方面展开，剖析教学过程，进行案例分析。

二、教学设计

（一）教学内容分析

《彼得与狼》是（2013年教育部审定）人民音乐出版社义务教育教科书四年级下

册第四课《童年的音乐》里的一节音乐欣赏课，它是由前苏联作曲家普罗科菲耶夫于1936 年春天创作的一部交响童话作品，故事中的每个角色，都是由管弦乐队中的固定乐器来表现的。乐曲利用交响乐队中的各种乐器音色和表现力的不同，来展现故事中各种角色的不同形象和性格特征：弦乐四重奏明亮的旋律表现勇敢坚定的彼得，长笛表现灵巧的小鸟，双簧管表现笨拙的鸭子，单簧管在低音区的断奏表现狡猾的猫，大管表现絮叨的老爷爷，三支圆号奏出的不和谐音响表现凶恶的狼，猎人们的枪声则由定音鼓和大鼓来表现。作品以其巨大的感染力以及高度的专业技巧体现了儿童对和平的向往，告诉儿童：任何貌似强大的敌人并不可怕，只要团结起来，勇敢而机智地进行斗争，就一定能够取得胜利。

（二）学情分析

四年级的学生已经养成了较好的学习习惯，但孩子活泼的天性仍很明显。他们热爱音乐，喜欢上音乐课。《彼得与狼》这部交响童话作品可以很快吸引学生的注意力，激发学生的学习兴趣。通过前几年的音乐学习，四年级的学生对部分西洋乐器有了一定的认识，如认识了：西洋键盘乐器、弓弦乐器（主要是小提琴、大提琴）、铜管乐器小号、木管乐器双簧管等等，本节课让学生能更好地学习和认识弓弦乐器组、长笛、双簧管、单簧管和圆号、大管、定音鼓这些西洋乐器，感受它们的音色特点，体会它们在音乐中的表现作用。

（三）教学目标

❶ 通过听赏交响童话《彼得与狼》，激发学生对交响音乐的兴趣，使他们从倾听到主动参与合作、探索，感受和体验音乐的美好和魅力。

❷ 听音乐、看视频、讲故事及分段聆听各角色的主题音乐；主题旋律模唱；跟随音乐律动、表现；学生自主探讨并连线等方式方法，感受作品通过不同的乐器塑造的丰富的音乐形象，体会其在音乐中的表现作用。

❸ 能在乐曲中听辨出小提琴、长笛、单簧管、大管、圆号和定音鼓等乐器的音色，并能说出它们所代表的角色，能准确模唱"彼得""猫"出场时的主题旋律。

（四）教学重难点

教学重点：在聆听、模唱、体验、表演的基础上，感受作品通过不同的乐器塑造的丰富的音乐形象，体会其在音乐中的表现作用。

教学难点：能够分辨弓弦乐器、长笛、单簧管、双簧管、大管、圆号、定音鼓等西洋乐器，能说出各乐器在作品中所塑造的音乐形象。

（五）课前准备

教师：电脑、摄像头、话筒、教学课件、钢琴、腾讯会议 APP。

学生：电脑（或手机）、腾讯会议 APP、音乐书、一张白纸、笔。

学生提前备好具有视频和音频功能的电子设备（如电脑或手机），下载安装好腾讯会议 app，为腾讯会议线上直播课做准备。准备一张白纸和笔，在故事导入环节，记录故事中出现的角色名称；在聆听音乐作品时，随时记录听到的演奏乐器名称；在聆听"猫"的主题旋律时，跟老师一起随音乐画出猫的简笔画。

三、教学过程与实施方法

（一）巧用共享屏幕，激发学习兴趣

案例片段一：组织教学

课前五分钟，教师提前在共享屏幕出示直播课堂小要求，背景音乐播放舒缓的轻音乐。学生提前 2 分钟进入线上音乐直播间，按要求打开摄像头、关闭麦克风、修改群昵称、整理好上课所需的学具，在优美的背景音乐声中，积极调整状态，等待上课。

【设计意图】

利用腾讯会议的"共享屏幕"功能，用直观、清晰、简单、明了的画面和文字来提示学生直播课的要求，让学生集中注意力，稳定情绪。轻松、愉悦的背景音乐，很好的创设了音乐情境，给学生充足的时间调整学习状态，提前融入音乐课堂氛围中。

案例片段二：故事导入

共享屏幕播放迪士尼音乐动画短片《彼得与狼》的视频节选，老师配合视频中故事情节的发展，生动地讲故事。学生一边认真观看视频动画，一边聆听教师讲故事，并随

时用笔记录故事中出现的角色名称。

【设计意图】

音乐是听觉的艺术，但是在线上音乐教学中，如果只让学生用耳朵听，难免会感到枯燥、乏味，想要让学生认真将音乐"听进去"，就绝不能单从听觉上给予。通过腾讯会议的"共享屏幕"，利用信息化网络平台声像一体、图文并茂等特点，将声、画、字等有效呈现，能够很好地为学生提供一个声情同步、形声并茂、时空统一的音乐世界，为学生了解音乐背后所蕴含的丰富文化底蕴提供了一个最直接、最快捷的方法。

《彼得与狼》是作曲家为少年儿童创作的一部交响童话作品，为了让儿童易于理解，作曲家还专门为这部作品写了解说词，本节课中，将这段解说词作为导入部分的故事内容。为了让学生初步感受作品旋律，并能更有兴趣的听故事，教师特意选取了动画片《彼得与狼》的片段，配上音频，制作成视频短片，利用腾讯会议的"共享屏幕"功能，共享视频画面，学生一边观看生动有趣的动画画面，一边聆听跌宕起伏的交响音乐，同时结合老师绘声绘色的故事解说，恰到好处地创设了音乐故事情境，以"声"激情，以"视"促趣，孩子们兴趣盎然地边听、边看、边随时用笔记录下听到的故事中出现的角色名称，这一教学环节的设计与腾讯会议"共享屏幕"功能的完美融合，不仅激发了学生的学习兴趣，还为后续学生更好地理解音乐作品奠定了良好的基础。

案例片段三：认识乐器

依次聆听作品中各角色的主题音乐时，教师详细介绍乐器的外形及音色特点，共享屏幕出示长笛、双簧管、单簧管、大管、圆号、弦乐、定音鼓等各乐器的图片及文字介绍。

【设计意图】

管弦乐《彼得与狼》是一部交响童话作品，童话故事中的不同角色，是由交响乐队中的不同乐器来表现的，作品利用交响乐队中的各种乐器音色和表现力的不同，来展现故事中各种角色的不同形象和性格特征。

各种乐器的外形、构造及其音色特点的介绍是本节课的重点。通过腾讯会议"共享屏幕"功能，以图片形式向学生展示每一件乐器的外形及构造、以文字形式详细介绍乐器的音色特点以及在乐队中的重要作用、以音频形式播放各类乐器的声音及其在作品中的主题音乐片段，巧用"共享屏幕"，从声、画、字三维角度，吸引学生的注意力，加深了学生对乐器及其所表现的音乐形象的记忆和理解。

（二）巧用聊天功能，提升教学互动

案例片段一：聆听主题音乐

在聆听各角色的主题音乐时，教师对音乐的速度、风格特点进行分析，引导学生说一说：同学们，你们听出来了吗？这段主题旋律是由哪种乐器演奏的？它表现的是哪一个音乐形象？学生通过腾讯会议的聊天页面，随时以文字形式写出自己心中的答案。

【设计意图】

线上教学过程中，教师没办法通过小小的屏幕看清楚近 40 名学生的学习状态，课堂互动环节，教师也无法关注到每一名举手的学生，但如果每位同学都打开麦克风讨论，线上教学纪律又难以维持。巧用腾讯会议"聊天"功能，让学生通过聊天框的形式，随时输入心中的答案，屏幕上以弹幕形式滚动播放学生的答案，教师根据学生的回馈及时给予评价指导，学生课堂参与度更广，线上互动更活跃，教学环节更精彩，全面提升了学生在线上音乐实践活动中的参与度和体验感。

案例片段二：学唱主题旋律

在聆听"猫"和"彼得"两位音乐形象的主题旋律时，教师通过自弹自唱范唱主题旋律、讲解演唱难点等方法，教唱旋律，学生跟随视频认真学唱歌曲。演唱展示环节，教师将主题音乐的伴奏以音频形式发送到聊天群，学生点击播放伴奏，演唱旋律。

【设计意图】

演唱是学生直接表现音乐的方式，然而线上音乐课如何进行有效的演唱，是音乐教师在线上授课时应该探索和思考的问题。

教师在网络授课端伴奏，学生在网络另一端跟唱，受网速的影响，一定会有延迟，教师的伴奏与学生的演唱就必然不能同步。因此，笔者巧妙的使用腾讯会议的"聊天"功能，将提前录好的音乐伴奏发放到聊天群内，学生演唱时，在自己的电脑上屏幕上点击"聊天框"里的伴奏音频，并跟随伴奏演唱，这样即使通过网络另一端传来的声音也同步了。而其他未能被点名演唱展示的学生，在自己电脑上关闭麦克风的前提下，仍可以在聊天群内自行点开伴奏，跟唱旋律。这样，既解决了网络延迟的问题、保证了演唱质量，又给每位同学提供了伴奏音频素材，确保了全班学生的演唱参与度。

（三）巧用互动批注，趣味巩固新知

案例片段：连线小游戏

巩固提升环节，笔者设置了两个连线小游戏：（见图6）

❶ 请试着将音乐形象和其对应的演奏乐器正确连线吧！

❷ 请试着将演奏乐器和其对应的音乐特征正确连线吧！

学生打开腾讯会议的"互动批注"功能，积极踊跃的举手并在线进行实时连线。

【设计意图】

通过腾讯会议的"互动批注"功能，进行实时连线，学生积极举手，兴趣盎然，参与度十足，在课堂的最后几分钟，用这种自主实践探究的方法，抓住学生的注意力，提升学生的学习能力，巩固了课堂知识点，提升了学生的音乐综合素养。

四、总结与反思

（一）效果综述

本节课运用腾讯会议线上直播课的形式进行教学，整节课中，教师充分发掘并利用网络信息技术教学手段，巧用腾讯会议"屏幕共享"功能，共享画面精美、内容丰富的教学课件，提升学生的学习专注力，促进学生的学习积极性；巧用腾讯会议"举手发言、批注答题"等功能，提升学生在线自主学习能力和线上互动参与度，让学生变被动为主动，紧跟老师的教学思路。整节线上课的教学设计始终遵循以学生为主体，以音乐审美为核心，以学生的兴趣爱好为动力，突出音乐学科的特点，重视音乐实践，鼓励音乐创造，使学生能够参与到每个环节的音乐活动中，基本达到了预设的目标。

（二）实践收获

本节课中，教师利用网络视频资源及课件，通过音乐故事情境导入新课，同时，充分结合视觉情境（如动画视频、乐器的图片、角色的形象、简笔画猫等），让学生在各种音乐情境中一次次地熟悉各种角色的主题音乐，循序渐进地掌握作品的主题和作品所表现的内容。通过聆听主题音乐、模唱旋律、跟随音乐画旋律线、讲解演奏乐器、感受音乐形象等方式方法，让学生充分感受和体验乐器塑造的音乐形象，体会其在音乐中的表现作用，如：弦乐四重奏表现勇敢坚定的彼得；长笛表现灵活轻巧的小鸟，双簧管表现笨拙的鸭子等，这一教学设计既浓缩了这部 20 多分钟的管弦乐作品，又突出讲解了重难点，完成了教学目标。

（三）存在不足

❶ 直接的故事导入缺少音乐学科特征。

❷ 连线环节部分学生想参与却没能参与进来，线上纪律较乱。

（四）改进措施

❶ 新课导入前，可加入一些常规的音乐训练，如发声练习等，再进行故事导入，会更具音乐学科特征。

❷ 连线环节，被点名的孩子在线连线，可让其他学生在纸上写出答案并在屏幕前展示，这样既保证了生生参与，又能使线上教学纪律更有序。

（五）愿景畅想

音乐对于培养学生认识美、创造美、鉴赏美的能力和健康人格的发展具有重要作用，作为一名音乐教师，在今后的教育教学过程中，会持续更新教育理念，努力用巧妙、新颖的教学方法，启发学生听赏音乐，培养学生的音乐感受与鉴赏能力，让学生在聆听、感受、演唱、表演中充分感受音乐的魅力，让线上音乐直播课堂绽放异彩！

【作者简介】

付亚曦，天津财经大学附属小学音乐教师，天津市中小学音乐教师中心组小学组成员，河西区区级学科骨干教师。曾获天津市中小学第十届双优课小学音乐学科优质课，2021 年"基础教育精品课"部级精品课。

-------------------------------- 案例点评 --------------------------------

《彼得与狼》选自人民音乐出版社义务教育教科书四年级下册第四课《童年的音乐》。教师在教学环节的设计上，体现出 "感受与欣赏" 能力培养的要求，以音乐为本，从音响出发，以听赏为主，设计音乐实践活动，引导学生主动参与，丰富学生的情感体验。教师创设了各种有效的教学情境来激发学生的学习兴趣、培养学生的想象力、加强学生的审美感知，让学生在聆听、模唱、体验、表演的基础上，感受作品通过不同的乐器塑造出丰富的音乐形象。

一、创设音乐情境，丰富审美感知

（1）创设"故事"情境，激发兴趣。教师在导入环节，根据音乐作品创设了恰当、有趣的"音乐故事"情境，在老师自然流畅、感情充沛、生动传神的"讲故事"中，学生融入作品，理解作品，在音乐故事情境中善学、乐学，激发了学生的学习兴趣，提高了课堂效率，体现了教学的有效性。

（2）创设"听觉"情境，展开想象。围绕作品中出现的角色形象，教师引导学生分别聆听感受主题音乐，学生通过聆听展开音乐想象，发挥音乐创造力，提升音乐鉴赏力，培养学生的音乐综合素养。

二、多样教学方法，展示个人魅力。

（1）多样的教学方法。教学环节中，教师通过画旋律线、听旋律画图、聆听、模唱、表演、连线等各种教学方法，渗透教学指导、达成教学目标。

（2）教师的个人魅力。本节课中，教师的教学仪态自然大方、富有活力，教学语言精炼，教学评价恰当，专业素养过硬，钢琴弹唱具有较强的示范性。

本课也存在着一些可以更加完善的环节。比如：在课堂评价中，应注意学生的自评和互评。另外，最后可以增加创编表演的环节，让学生跟随音乐故事的发展来表演，使音乐故事情境贯穿始终。

《彼得与狼》的线上直播课能围绕并体现以音乐审美为核心，以兴趣爱好为动力，面向全体学生，注重个性发展，重视音乐实践，鼓励音乐创造等课程理念，教师在教学中采用了丰富的教学方法和教学手段，营造了和谐、互动、探究、创新的课堂氛围，达到了良好的教学效果。

【指导教师】

张红，天津市河西区教师发展中心音乐教研员。多年从事教学班合唱教学实践探索，创建"精致的音乐课堂"，"合唱教学分享会"等区域音乐学科品牌教研活动，在市区音乐教学领域形成较强影响力。

核心素养与立德树人"双维"导向的民族音乐线上教学案例
——以"无锡景"课程为例

张娟娟

一、案例背景

新修订的《义务教育艺术课程标准（2022 年版）》指出："义务教育艺术课程以立德树人为根本任务"[1]。本节课遵循新课标的具体要求，"着眼音乐素养，着手音乐实践"[2]立足学生的全面发展，挖掘教学内容多方面的育人价值，结合学生的成长需求，指向学生艺术表现和创意实践能力的培养进行教学目标设计。根据学生学习音乐的认知特点，充分体现以学生为主体，融入思想政治元素为主线的理念，在此基础上引领学生与小调音乐对话。为实现优质网络教育资源和信息技术与教育教学的深度融合，教师依托学习通搭建了线上教学平台，探索构建了"学习通 APP+ 钉钉群"一体化的线上教学模式。课前，发布通知、发起签到，在终端查看出勤和任务完成情况。课中，运用课堂活动和投屏功能以及"钉钉"直播和屏幕共享功能进行艺术实践输出，开展提问、讨论、分组任务等教学活动。课后，发布作业，上传录屏文件供学生下载使用。用问题牵引学生参与，用视频解决教学难点，用互动强化审美体验，用实践提高音乐素养，让学生经历由不会到会的学习过程。

二、教学设计

（一）教学内容分析

"无锡景"是人音版七年级下册第五单元的重点学习曲目，是一首以吴语方言演唱的小调歌曲，歌词描述了无锡的历史、景物、民俗、风情，反映了人们对乡土的热爱，极具人文价值。该课蕴含不少知识点，包括旋律、节奏、调式、分节歌、装饰音、衬词、方言等，适合将教学内容与课程资源重新整合，集合文字、图片、音频、视频、演唱示范、演奏表演于一体，以任务驱动的方式组织课程内容。本单元的主题是"小调"。在教学中，教师基于单元教学设计，分析单元内容，将"民族音乐"主题教育以听赏、讲解、讨论、分组任务、合作探究、互动交流的方式融入音乐教学中，引导学生体验小调韵味，理解音乐的地域风格，加深对小调音乐的认识和喜爱，从而在学生心中播下民族文化的种子，帮助学生树立音乐文化价值观。

（二）学情分析

七年级的学生对小调音乐不太熟悉，也较难感悟歌曲中的民族精神和民族文化。因此，应重视学生的音乐感知、情感体验，强调音乐与相关文化的联系，使学生在欣赏、体验、表现、创造的过程中，参与多种形式的艺术实践活动，领悟小调音乐的情感内涵。引导学生更深刻地理解：小调承载着民族、地域、时代和人文的信息，具有重要的文化价值。线上教学如何采用视听结合、声像一体的多媒体技术设音创乐情景，变被动学习为主动参与是要注意的问题。歌曲演唱环节，合理运用学习通的"随机选人"进行互动式的巩固与应用，学生在线上也能体验线下教学的互动性。引导学生对乐句旋律特点展开讨论与分享时，采用分组任务，相互帮助和督促，避免有些学生不积极或不参与讨论。

（三）教学目标

❶ 感受歌曲优美动听、清丽流畅的风格特点，体验江南小调婉约的韵味，激发对中国民歌的喜爱。

❷ 在聆听、演唱、模仿、对比等活动中，体会并表现出歌曲流畅柔婉、细腻曲折的特点。

❸ 能用亲切轻柔的声音唱出歌曲细腻委婉的风格特点和吴侬软语的小调风味，初步了解小调的音乐特点。

（四）教学重难点

❶ 教学重点：用连贯、流畅、富有弹性的声音唱好一字多音的句子。

❷ 教学难点：用方言有韵味地唱出歌曲的柔美细腻。

（五）课前准备

❶ 在线课程与辅助资料的建设

依托天津市基础教育资源公共服务平台的"学习空间"，教师通过"新建课程——输入课程名称和课程教师信息——修改封面——上传封面图——确定完成建课"完成了课程建设。运用剪映、万彩动画等软件将知识点制作成微视频上传至平台，完善与学生共享的课程资料。微视频能够激发学生学习兴趣，强化歌曲表现力，为音乐审美和情感体验提供条件、创造环境。在给学生推送课程之前，教师完成了共享资源的建设、题库建设和作业库建设。按照章节、资料类型等方式添加课程资源。通过本地上传和云盘资源，教师按照资源类型创建了两个文件夹，完善与学生共享的课程资料；通过批量导入，将课程题目上传到题库中来。题库建设好后，作业可以直接从题库中一键选题创建，直接将部分题目添加到课程的作业中；通过手动创建，完成了作业题目的添加。

❷ 班级管理与学习方式的设置

班级管理是通过添加班级学生，使学生出现在教师课程当中。我校已经将账号及密码分发给师生并导入了相关班级信息。学生可以通过两种方式登录平台：一是通过电脑PC端网页登录平台的"学习空间"，查看"我学的课"；二是手机端下载APP（学习通）登录。教师完成学生添加后，学生登录就可以观看课程。通过"管理"功能创建班级、添加学生、设置学习方式（全部闯关模式）和任务点（视频、音频、文字等共七个）。

❸ 课前任务与学习内容的安排

教师使用学习通以"通知"的方式，把课程的相关要求和任务安排告诉学生，并且了解学生已读未读情况。要求学生完成课前在线学习。学生课前学习内容包括：1.视频学习："细雨绵绵赏春色""吴侬软语唱江南""曲水流觞共欢歌"，每个环节配有1-2个微视频；2.思考题：旋律和歌词有什么特点？学生学习相关知识点，发现问题并在线交流。学生只有完成任务点，这些任务点才会变成绿色，表示已经完成课程任务。平台会对学生观看的时间长度、方式等数据进行统计。

三、教学过程与实施方法

线上一体化教学需要构建课堂互动和评价监督。教师应用钉钉直播导入新课，展开教学。应用学习通进行分组任务和布置作业。现对课上活动作具体呈现：

（一）导入阶段——创设情境同时激发学习兴趣

❶ 情景导入

> 教师：同学们好！今天老师想给大家表演一段乐曲，请大家猜一猜这是哪个地区的音乐？（钉钉直播，播放教师录制的琵琶弹奏视频"雨碎江南"。）
>
> 学生：（观看视频。）
>
> 教师：哪位同学听出来了，请在评论区告诉我。
>
> 学生：是江南的音乐。

❷ 配乐讲解

> 教师：古往今来，江南的民间音乐不知迷了多少人。同学们能说出江南的民歌都有哪些吗？（课件转入高清、唯美图片。）
>
> 学生：茉莉花、无锡景等。

❸ 引导想象

> 教师：此刻，在江苏无锡的一个茶楼里，一位女子正唱着歌，向茶客和游客介绍无锡古城的历史名胜和秀丽风景以招揽顾客。你听！（播放歌曲《无锡景》。）
>
> 学生：（聆听歌曲。）

【设计意图】

运用钉钉播放教师弹奏的视频使线上课堂更加生动，创设与歌曲相关的情境，激发学习兴趣。观看教师的演奏视频缩小了线上教学的距离感，拉近了师生间的距离。

（二）展开阶段——重难点解决过程同时完成课堂互动

❶ **听赏评述**

教师：同学们觉得她唱得如何？

学生：婉转优美。

教师：歌曲让我觉得婉转优美、悠长绵软同时又带有几分洒脱。我们再听一次，请同学们思考：歌曲旋律由几个乐句构成以及各有什么特点？（播放图形谱视频。）

教师：同学们有答案了吗？

学生：四个乐句。（乐句特点各抒己见。）

教师：看来大家都有各自的体会。接下来，我们通过分组任务来解决这个问题。

【设计意图】

用动画和声音勾勒出歌曲情景，进入新课的学习，增强线上课堂的趣味性。

❷ **分组任务**

教师：老师刚刚在班级空间发布了分组任务，请同学们查看分组情况，在规定的时间内完成各组任务（1组分析第一乐句的特点；2组分析第二乐句的特点；3组分析第三乐句的特点；4组分析第四乐句的特点）。

学生：（查看分组详情，组内成员之间进行讨论、总结、归纳。）

教师：请每个小组推荐一名同学进行线上分享。

学生：（组长整理结果进行提交。）一组：第一乐句旋律使用了装饰音中的波音和倚音，由两个分句组成，只用了四个音：1、2、6、5；
二组：第二乐句音区较高，达到了歌曲的最高音，形成了一个小高

潮。节奏上运用了切分音和连续的附点音符，与第一乐句形成变化；三组：第三乐句首尾相同，中间的曲调由第二乐句的首尾曲调组成，变化重复；四组：第四乐句使用了歌曲中出现过的所有音符和节奏型。由两个分句组成，旋律逐渐下行，句尾落到全曲的最低音 do 上，而且是落在了弱拍上。

教师：各组说得都很不错（具体点评）。下面，请各组参与教师设置的评价。请注意，教师评价50%、组间互评30%、自评20%。

学生：（在班级空间完成分组任务后，点击活动参与教师设置的组间互评和自评。1组组间评价91分，自评91分；2组组间评价91分，自评95分；3组组间评价91分，自评95分；4组组间评价92分，自评95分。）

教师：（点击组间互评和自评查看评价情况并对小组进行评分和输入评语。1组教师评价99分；2组教师评价99分；3组教师评价99分；4组教师评价100分。小组最终得分＝教师评价得分*50%+组间互评平均分*30%+自评平均分*20%）

【设计意图】

用分组任务收集小组汇报结果并进行线上评价，可以及时发现问题并进行纠正，增强课堂的互动性和生成性。

❸ 引导探究

教师：请同学们对比聆听老师的两次弹奏，分辨两次弹奏有什么不同，哪次弹奏更符合歌曲意境。（教师琵琶弹奏。）

学生：第二次弹奏用到了装饰音，更适合歌曲。

教师：装饰音起到了什么作用？

学生：无装饰音听起来生硬、平淡，有装饰音听起来显得更自然、亲密、生动有趣。

教师：找出旋律中的装饰音，试着唱一唱。

学生：（试唱装饰音。）

【设计意图】

学习装饰音，探究装饰音在歌曲中的作用。教师弹奏能增强线上教学的趣味性，增强线上学习的直观性和可视性。

❹ 对比聆听

教师：歌曲的细腻、委婉，不仅因为它有婉转的曲调，还跟什么有关？

学生：当地的语言。

教师：非常好！也就是无锡方言。同学们能把它们找出来吗？（播放带有歌词的图形谱。）

学生："唱拨拉""细细道道"。

教师：用方言演唱和用普通话演唱有什么不一样的感觉？（播放方言版歌曲。）

学生：方言有些字的发音和普通话不同，听起来有点"嗲"，是软的、甜的。

教师：你觉得哪一种语言与旋律更匹配呢？

学生：无锡方言。

【设计意图】

设计有方言、衬词两个部分，逐一讲解，进而发展到探究方言的作用。

❺ 独唱表演

> 教师：吴方言把江南渲染得分外多情。想不想用吴方言唱一唱江南韵味？接下来老师要通过"随机选人"来邀请同学演唱，请做好准备。（学习通点击开始选人，选择了3位同学演唱歌曲）
>
> 学生：（被选中的同学模仿方言演唱。）
>
> 教师：（评价，并进行加分。）
>
> 教师：接下来，请同学们参与话题讨论。（学习通发布讨论话题：如何唱得更有味道？）
>
> 学生：（在话题下进行回复、点赞。）

【设计意图】

用方言演唱歌曲，感受歌曲的韵味。线上教学无法一一了解学生的演唱掌握情况，利用随机抽选学生查看学生学唱情况，可以及时掌握学情并进行针对性点评，增强课堂的互动性。针对如何唱出歌曲韵味设计讨论问题，讨论的过程就是学习的过程。

（三）拓展阶段——引导探究，对比听赏

❶ 情景联想

教师播放《无锡景来历》微课。

【设计意图】

播放微课增加线上教学的趣味性，在学习、了解、感知歌曲魅力的过程中，了解小调的地域风格和特色，增强民族自信心和自豪感。教师设置了防拖拽和防窗口切换，学生将不能快进，鼠标不能离开视频观看区域，且如果有第三方窗口弹出，比如聊天、游戏、新闻等，视频就会自动停止。

❷ 文化理解

学生对比欣赏新民歌版"无锡景"，找出区别。

【设计意图】

采用视听结合创设音乐情境，与风土人情、地方方言相结合，在特定的文化语境中理解音乐风格。

（四）小结作业——教师总结，布置开放式作业

教师使用学习通发布"延伸阅读"作为课后作业。学生阅读后完成课后思考题："有人认为，改造和融合是对民族音乐'舍弃式'的发展；有人认为，改造和融合能够弘扬民族音乐。对此你有什么看法？"学生在教师设置的规定时间内完成后提交。

【设计意图】

学生利用线上资源搜集更多地小调知识，强化、巩固对小调音乐的学习和思考，更多关注小调音乐。

四、总结与反思

（一）掌握线上教学几个点——线上线下能否同质等效

深挖教材，构建清晰的思维导图，合理安排教学进度。从观看教师表演（琵琶二重奏"雨碎江南"）出发，引出课题，经过"字字痴心""曲调传情""吴语唱江南"环节，使学生在聆听、演唱、模仿、对比等活动中，体会并表现出歌曲流畅柔婉、细腻曲折的特点，理解小调的基本特点，掌握小调这一民歌类型。

激发兴趣，增加必要的互动环节，调动学生的参与积极性。线上教学要注意"双向交流"，设置任务点、定时发放、签到、选人、分组任务等，可以避免线上教学的距离感，增加趣味性，有效把握教学节奏，提高教学实效。

不断创新，发挥线上教学优势，使课前自主学习与课中内化吸收相结合。为避免学生上课走神，教师上传了录播的动画。为避免学生开着视频不听课，又使用了平台提供的弹题、防拖拽功能，达到监督学生的目的。学习通为教学环节提供完整的学情分析，包括出勤统计、课堂报告、学情统计等。

（二）推进信息技术与教育教学融合——线上教学能否稳步进行

教育信息化对线上教学提出了新的要求，教师要运用多种信息化技术手段辅助音乐教学，不断增强自身运用信息技术的能力，充分发挥信息技术对推进教学的重要作用。

应用信息技术整合教学内容与学习资源。利用录屏和人物抠像制作教师弹奏的视频，使学生在观看后产生极大的学习兴趣。有些学生因此进行自主讨论交流，为顺利高效开

展新课教学奠定了重要的基础。教师从"千库网"下载了小桥流水、亭台楼阁等元素设计的动态图形谱,帮助学生感受江南水乡的意境,并解决了装饰音、一字多音等教学难点。教师运用"来画动画"制作了《无锡景来历》的微课,动态设计和图像变化,既能吸引学生注意力又能有效传达知识点。

依托网络教学平台架构自主学习、先学后教的教学设计。课前,教师将制作的针对课程内容的微课、课件等上传到网络教学平台形成在线学习资源,组织、帮助学生进行自主学习。学生登录后会收到课程通知,按照通知内容观看微视频,同步浏览课程课件和文字材料,并完成简单的测试。教师通过教学统计进行监测和了解,查看学生对任务点的掌握情况。课中,教师在师生互动、问题牵引、分组讨论、总结评价中深入挖掘,解决自主学习后产生的关键问题,突破难点,给予评价,体现基于学情分析的教学设计。

(三)发展学生音乐学科核心素养——线上教学能否作出贡献

音乐学科核心素养是理念层面的教学远景。本课具体教学任务是教会学生演唱歌曲,对养成核心素养作出贡献,是实践层面[3]。从理念到实践,最重要的环节是在艺术实践中让学生学会歌曲并有韵味地演唱,在积累听觉感受和审美感知经验的基础上实现文化理解。

发展学生音乐学科核心素养,要找准线上教学的切入点——教学内容。教师要根据线上教学特殊的教学策略、情景素材和学习活动,以教学内容为切入,精心设计教学环节和准确把握教学节奏。通过表演、创造、欣赏、联系等音乐学习途径,引导学生在听觉体验的基础上视唱简谱、学唱歌曲,同时注意音准、节奏等方面的要求。合理利用现代教育技术,创设与音乐学习相关的线上教学情景。积极调动学生参与线上课堂,利用课堂活动中的随机选人,让学生独立演唱歌曲并在演唱过程中融入自己对歌曲的理解、诠释,提高艺术表现水平。在引导学生对乐句旋律特点展开讨论时,采用分组任务,发挥探究、合作、交流等方式组织学习活动,避免有些学生不积极或不参与讨论,在过程中发现问题、解决问题。

如何在线上教学中将课程标准落地是一个困惑很多一线音乐教师的问题。线上教学具体实施过程中如何激发学习音乐的动机、提高学习音乐的能力是音乐教育的重要任务,而将其融入学生成长与生活是真正难点。线上教学对教师提出了更高要求,教师的教学使命要清晰,教学效能要提升,要始终坚持五育并举,落实立德树人,发展学生音乐学科核心素养,将民族情怀与文化自信布局于音乐教育全过程,为学生发展启智增慧,为民族自信增添斑斓色彩!

【作者简介】

张娟娟,天津市武清区下朱庄街广贤路初级中学音乐教师。

-------------------------------- 案例点评 --------------------------------

该课的教学设计与实践体现了线上教学的特殊性,课前、课中、课后相结合。课前,将学习资源上传到平台,通过学习通查看每位学生该课程下的任务完成情况,了解每位学生的综合学习情况和具体学习情况,为课堂教学打下基础。课中,通过听赏、对比、演唱、评价等多种教学手段,结合微视频、动画、图形谱、音频、图片等教学资源,调动学生多感官参与音乐体验,非常具体。特别是导入环节,教师的琵琶弹奏加强了学生的直观感受。歌唱教学环节,教师借助多种情境素材和学习活动,激发学生音乐学习兴趣,引导学生在听觉感知的基础上学唱歌曲,深化学习内容。课后合理选择阅读材料作为课堂延伸。该课的教与学过程充分体现了新课标"以美育人""重视体验"的课程理念。总体来说,该课教学具有以下两个亮点:一是课堂活动与教学内容相匹配,鼓励学生大胆表达自己的感受。教师根据三维目标的要求设计课堂教学活动,有针对性地设置讨论问题,合理运用学习通的"班级活动"功能设计的课堂互动,不仅实现了双向交流和同伴学习,而且在活动参与中促进了学生的感受与表现,有效提高了学生参与感和团队合作能力。结合课前学习和课堂表现,当堂总结、多维评价学生参与情况,对学生未达到某一程度的教学内容进行了重点关注。二是自主学习与课堂生成相结合,激发学生对小调音乐的内化和运用。教师根据小调音乐特点,设计了多样的课前学习内容,学生的在线视频观看、知识点学习、文字材料阅读等自学内容不再局限于教材。教师运用了随机选人、分组任务、问题导向等教学方法,最大限度地实现了学生与小调音乐的对话。在强调学生艺术实践上,教师还要下功夫。比如,可在旋律学习和课堂互动上,设计多种与音乐相关的艺术活动。如果能充分关注这一点,设计导向多样化的音乐实践活动,

对学生学习小调音乐可以起到强化作用。

【指导教师】

高秀华，天津市武清区教师发展中心音乐教研员。

【参考文献】

[1] 中华人民共和国教育部，《义务教育艺术课程标准（2022 年版）》[EB/OL]，http://www.moe.gov.cn/srcsite/A26/s8001/202204/W020220420582364678888.pdf，2022.3.

[2][3] 刘沛，2022 年国民音乐教育大会 "音教三人行" 主题论坛 [E]，北京：中国国家图书馆，2022.8.

语 文 01

数 学 02

英 语 03

道德与法治 04

历 史 05

地 理 06

物 理 07

化 学 08

生物学 09

科 学 10

信息技术 11

音 乐 12

体育与健康 13

综合实践活动 14

13

天津市中小学优秀线上
教 学 教 研 案 例 集 体育与健康

多媒介信息技术助力体育线上教学课堂案例
——以高强度间歇体能训练为例

孙玥 赵希波

一、案例背景

为深化国家信息化发展战略，落实"教育现代化2035""教育信息化2.0行动计划"等重要目标任务，全面深入推进新时代教育信息化发展，扎实稳步开展线上体育教学工作，贯彻"健康第一"指导思想，落实"立德树人"根本任务，帮助和引导学生在居家网课学习期间强化体育锻炼，促进学生身心健康全面发展，线上体育课堂教学中应积极融入思想政治教育、生命安全教育和民族传统体育文化教育等元素，帮助学生在体育课中享受乐趣、增强体质、健全人格、锤炼意志。

二、教学设计

（一）教学内容分析

高强度间歇训练（High intensity interval training, HIIT），是指由运动强度较大、持续时间较短的多个体能训练动作所组成的训练模式，且以较低强度的运动或完全休息作为间歇，能够使身体在20分钟之内实现100%体力耗尽的科学、高效、有针对性的训练法，可有效提高中学生的心肺功能和身体素质。本课程教材选自"天天跳绳"APP"在线体育课"中的HIIT·极速燃脂课程，属于简单级课程，适合大部分中学生，坚持练习可有效提高肌体心肺耐力。

（二）学情分析

本课教学对象为水平四初中七年级的学生，他们的特点是：正处于生长发育的关键期，朝气蓬勃，活泼好动，竞争和挑战意识较强，表现力和求知欲较高，参与体育锻炼积极性较大，已经具备了一定的体育运动能力和健康基础知识储备；又由于正处于青春期，身心发展尚不成熟，情绪波动较大。学生的速度、力量、灵敏和协调等身体素质具有较大的差异性，大部分男生的身体素质明显强于女生，男、女生的运动能力个体差异较大。在线上学习过程中，相比较于线下教学，学生课堂表现随意性较大，自制力和自我监管能力不足，教师需加大对线上课堂教学的监督管理力度。

（三）教学目标

❶ 知识目标

学生懂得体能训练对发展身体运动能力的重要意义，明确各动作的正确练习方法与完成标准，能根据自身体能水平制订出个人居家锻炼计划。

❷ 技能目标

大多数学生能规范认真地完成线上体能训练各项内容；部分学生能高标准完成规定练习内容，能主动参与线上教学互动交流，并在教师指导下积极做示范、引领动作。

❸ 情感目标

培养积极进取、挑战困难的意志品质，发扬吃苦耐劳、坚持不懈的体育精神，提高自我锻炼监督和管理能力，体验运动带来的收获与喜悦。

（四）教学重难点

❶ 教学重点

学练 HIIT 训练动作组合。

❷ 教学难点

动作的规范性、自我监督与调控能力。

（五）课前准备

为实现教学资源优势互补，本课采用"腾讯会议"和"天天跳绳"两个 APP 相结合的方式开展线上教学。在上课前，通过"天天跳绳"APP 为学生科学合理地选择、制订随堂练习内容；在"体智云"（校园体育智慧云平台）后台及时关注学生练习状态与完成情况，并给予反馈；利用"腾讯会议"APP 创建教师个人周期性会议室，师生课上可进行实时互动交流、答疑解惑。教师充分利用过程性评价和形成性评价，及时了解学生学习过程情况与运动练习状态，将完成较好的学生运动视频进行展示，多引导、鼓励学生，促使学生在乐中练，在练中乐。

在课前提前布置好本课练习任务。教师通过手机或平板电脑下载"天天跳绳"APP，安装注册后，通过软件中的"体智云"功能平台进行体育教师身份认证，待认证通过后，即可创建自己在学校的执教班级，并形成各个班级的独立二维码。随后，学生可扫描所在班级二维码直接进入个人班级。教师可在"体智云"中进行布置作业、检查作业、开启在线体育课等。

在上课时，学生进入"腾讯会议"教室，打开"天天跳绳"APP，在规定时间内完成老师设置的"在线体育课"课堂练习，内容选择可从简单级别开始，随后逐步增加练习密度和强度。教师通过"体智云"电脑端可同步看到学生当前作业是否开始、完成情况、质量等状态，分别显示"未开始""未完成""已完成"。在"未完成"情况里也可以看到学生当前已经完成了哪几个任务以及完成动作的视频，及时检查学生动作完成质量。学生之间不能相互查看作业，可保证学生个人隐私，为学生积极主动练习创造有利条件。与此同时，教师可利用"腾讯会议"直接对学生进行提问、答疑、评价与反馈，有效实现线上体育课"看得见、掌握得住"。

在布置家庭体育作业方面，教师可使用"天天跳绳"APP 中的"布置作业"功能进行，内容包括三环节：热身环节、核心环节和拉伸环节。作业布置方式有三种：自定义布置，智能布置和模板布置。其中，自定义布置由教师自主选择练习内容、组数和间歇时间等；智能布置是根据想要达成的运动目标，自主选定作业训练时长，"体智云"按照教师的选择，由系统来为学生推荐合适的练习任务，生成智能作业方案；模板布置可根据所教学段，选定系统中的"名师特训方案"等进行专项练习。教师可根据所教学生的实际情况合理选择家庭体育作业内容，制订作业方案，督促学生积极完成。教师使用"检查作业"功能。按时检查作业完成情况并给予鼓励性评价与反馈，提高学生运动积极性和主动性。

三、教学过程与实施方法

本节课教学过程共包括 4 部分：开始部分、热身部分、主体部分、结束部分。

（一）开始部分

检查网络、各班体委清点人数、师生问好；教师宣布本节课内容、安排见习生（有伤病、生理期不适或医嘱建议不适合运动的学生），讲解居家体育锻炼安全注意事项，引导学生注意力尽快回归课堂，做好充分的运动准备。

（二）热身部分

学生跟随视频完成热身环节，主要包括两部分：一是场景模拟跑酷闯关，时间 5～6 分钟；二是室内广播操成套练习（学生当前已会的成套动作或一些适合热身的动作组合），时间 3～4 分钟。保障学生各个关节得到充分活动与伸展，以防运动损伤的出现。

（三）主体部分

❶ "天天跳绳" APP：HIIT 课程

教师课前通过"天天跳绳"APP 发起"在线体育课"，选定 HIIT·极速燃脂课程，对学生强调运动安全的注意事项，学生开始进行自主学练。教师通过"体智云"电脑端查阅学生当前作业完成情况、完成质量、是否开始等状态。同时，教师利用"腾讯会议"直接与学生进行交流，评价与反馈练习情况等。因学生身体素质不同，男女生体能差别较大，需注意因材施教。在完成 HIIT·极速燃脂课程后，学有余力的同学，可根据自身体能水平选择其他锻炼内容或放松休息，待全体完成后进行下一项任务。

❷ 网红健身操：本草纲目毽子操

教师提前备课，熟练学习当前较为流行的健身操视频动作。课上学生先观看快、慢基本动作视频，形成动作表象，随后教师带领学生在线运动。毽子操选取音乐《本草纲目》，完成 4 个动作：盘踢、磕踢、拐踢和抹踢，每个动作 4 个八拍，重复进行。在练习中，及时提示学生动作要点，运用激励性语言激发学生运动热情，坚持跳到最后。每组动作练习结束后，教师组织学生原地踏步 30 秒，尽快调整呼吸节奏，放松腿部肌肉，适量饮水，补充体力。

❸ **课课练：身体素质练习**

本课动态练习较多且以腿部动作为主，充分活动到了下肢，因此本课身体素质练习将主要安排做上肢、核心力量练习，以促进上、下肢力量均衡发展。练习内容包括：男生俯卧撑（女生跪姿俯卧撑）15～20个／组，1分钟平板支撑，各做2组。

（四）结束部分

❶ **放松拉伸与小结**

教师带领学生跟随音乐进行健身气功《八段锦》第一式：两手托天理三焦，学生及时调整呼吸节奏，重复此动作7次，缓解身体疲劳。教师引导学生对个人表现进行自主评价，并对学生进行鼓励性的总结与反馈。

❷ **布置体育家庭作业**

学生在"天天跳绳"APP中完成每日体育家庭作业，由系统智能设定练习内容，每日练习约10分钟，养成良好的体育运动习惯，强身健体。教师在"体智云"的"检查作业"功能区进行每日学生作业的检查、反馈和评价。最后，师生互道再见，宣布下课。

（五）场地器材使用

电脑一台（安装"腾讯会议"APP），平板电脑或手机一部（安装"天天跳绳"APP），瑜伽垫一块，毛巾一块，一杯水。

（六）运动负荷与教学效果

本节课的练习强度中等，练习密度为55%～60%，预计平均心率在120～125次每分钟。多数学生能规范认真地完成线上体能训练各项内容；部分学生能高标准地完成规定练习内容，并能主动设定个人进一步训练目标，学生能感受到运动带来的轻松、愉悦感，基本完成本节课的学习目标。

四、总结与反思

本教学案例采用"腾讯会议"和"天天跳绳"两大 APP 相结合的方式开展线上体育教学，精心创设真实情境下富有趣味的线上体育课堂。根据学生练习情况及反馈，及时调整教学策略，不断改进教学方式方法，丰富教学内容，进而加强学生锻炼的效果，培养学生积极主动参与锻炼的意识。在线上学习过程中，相比较于线下教学，学生随意性较大、自制力和自我监管能力不足，这也增加了教师对课堂和学生监管的难度。

在课的开始部分，完成基本课堂常规后，通过精心创设的真实情境下富有趣味的"场景模拟跑酷闯关"进行热身跑，激发学生的好奇心，调动学生运动的热情。在教学主体部分，学生在"天天跳绳"APP 中来完成教师布置的本课主要练习任务，选择相应学段的练习内容，利用"腾讯会议"室创设师生良好的互动环境，交流在练习过程中的感受与产生的一些困惑，使得教师在教学过程中的课堂监督管理更为及时有效。

在线上体育教学中，要坚持"健康第一"的指导思想，根据学生当前运动水平确定本次课的教学重难点，根据学情（即学生的身体、心理状况）和居家体育运动场地器材等实际条件情况来设计教学过程，运用科学合理的教学方法和学法指导，充分发挥和挖掘网络多媒体资源优势，使学生能够在宽松愉快的学习氛围中进行线上运动锻炼，提高学生的居家运动兴趣。根据所教学生当前阶段学情，面向全体学生，积极创设适宜的学习情境，唤醒学生主动参与运动的自律意识，重视学生自主学习能力培养。教师还要关注个体差异，重视个性化助学，因材施教，满足不同运动能力学生发展的需求，充分发挥课堂评价的调控作用，旨在学生能够自主自发、自律自强地进行运动，并能在学练中发现自己的问题，主动寻求解决问题的办法，从而增强身体健康素质，养成热爱体育运动的良好生活习惯。

【作者简介】

孙玥，天津市南开区天津师范大学附属实验中学体育教师，2022 年校级"德业双馨优秀教师"。近两年曾获天津市基础教育 2021 年"教育创新"论文评选三等奖、南开区中学体育微课一等奖并选入市基础教育公共平台"天津云课堂"。

-------------------------------- 案例点评 --------------------------------

　　本节高强度间歇训练案例，选自"天天跳绳"APP"在线体育课"中的 HIIT·极速燃脂课程。在体育与健康课程标准理念的指导下，注重教学方法的改变和教学内容的设计和以学生为主体，落实"教会、勤练"的一体化教学，关注学生的个体差异和需求，以丰富多彩的学习体验和个性化的创造性表现，重视构建评价内容多维、方法多样，主体评价多元的体系。在学情方面，针对男、女生在运动能力个体差异较大的现状，教师在发展学生速度、力量、灵敏和协调等身体素质方面对学练方法进行精心设计和规划，结合网络学习平台适时在线上进行互动交流。通过分层指导、区别对待，引导全体学生能积极参与到学练中，在学生遇到较难掌握的动作时，教师能第一时间给予学生正确的示范引导，帮助学生较好地走出困惑、克服瓶颈，从而取得良好的课堂教学效果。

　　在教学过程中，本堂课的最大亮点之一是教师利用"体智云"后台关注学生练习状态与完成情况，并在第一时间给予学生反馈。同时，利用"腾讯会议"APP 创建教师个人周期性会议室，充分利用形成性评价，师生间通过实时互动交流、答疑解惑，帮助学生在轻松愉悦的情境下形成学中思、乐中练的良好学习氛围。

　　教学建议如下：结合网络教学的特点，充分考虑教学情境的创建，制订切实可行的安全内容，具有创新意识，能体现个人风格特点。结合线下授课计划，有效开发整合网络教学资源，利于破解教学重难点，保证资源使用时间比例合理，并确保所选择的教学资源政治安全、质量过关。教学过程中，要关注运动负荷和练习密度，有应急处理措施。

【指导教师】

　　赵希波，高级教师，天津市南开区教师发展中心、中学体育与健康学科教研员。天津市市级优秀教师，天津市市级学科骨干教师，天津市中小学"学科领航"教师，南开区学科带头人，天津师范大学体育科学学院硕士研究生指导教师。

信息技术激活线上体育课堂教学案例
——以"体能锻炼——身体素质练习"为例

周首荣

一、案例背景

为全面落实习近平总书记关于教育的重要论述和全国教育大会精神，深化实施国家信息化发展战略，依据《天津市教育信息化"十四五"规划》文件的要求，以信息技术为支撑，持续推进课程资源体系化，保障常态化的线上教学。本案例根据体育与健康学科新课程标准的总体要求，以"健康第一"为指导思想，以促进学生体质健康全面发展、提高学生身体素质、形成或掌握运动技能为内容，以增强学生对体育学科的了解和认识为目标，为学生积极参与体育锻炼打下基础，让学生热爱体育、热爱运动，树立终生体育的理念。

体育教学是一门实践性的体验类课程，改变线下体育课堂的教学模式，关键在于学生的实践性和参与度。线上体育教学需要适应网络教学环境，创新课程内容与之相适应，提升学生自主学习、科学监测等综合能力。教师要利用线上 APP 的全新教学模式，实现体育教学由线下向线上多元化的转换，缓解学生居家学习的紧张情绪，达成学生强身健体、提高免疫力的目的。

通过丰富的网络资源，不仅能使学生感受到体育运动的热情和魅力，还能从运动中体会到坚韧、热情、执着和不放弃的精神。在线下体育课程多元化的基础上，对线上体育课程进行多元化创新，促进学生提高运动目标，激发学生参与运动的积极性，培养学习的自信心，促进学生居家自行体育锻炼的发展，从而达成线上体育课程教学的课堂效果。

二、教学设计

（一）教学内容分析

教学设计要依据新课程标准，通过对课程标准的深入学习，不断地积累素材和知识，从而很好地帮助自己架构设计思路。针对线上体育教学面临的一系列问题，学科组成员之间对于教材内容、教学方法等进行积极的探讨和交流。笔者结合交流经验认为：体育线上教学要选择适合在室内进行且易于操作的身体素质练习作为主要教学内容，同时要考虑学生的水平差异和锻炼的安全性、科学性。教学中要遵循循序渐进、全面参与、因地制宜、自觉主动的原则。结合课程标准，参考各种教学视频，对教学方法与内容进行创新、改进，使其符合学生居家体育锻炼的特点。

（二）学情分析

初中阶段的学生，其身体发育的显著特征是身高和体重的陡增，身体各种器官生长发育显著，但快慢不一。这个时期，如果能进行科学的锻炼，就会为身体运动素质的发展（如速度、力量、耐力、协调、灵敏等）打下良好基础，特别是对处于该年龄段敏感期的速度、爆发力、一般耐力等优先发展会收到事半功倍的效果。同时，随着学生身体骨骼、肌肉和中枢神经系统的发育成熟，他们的运动协调能力会得到进一步的改善。另外，初中学生认知能力有了提高，社会交往技能有所发展，使他们能够掌握更复杂的运动技能并把它们运用到各种体育竞赛活动和日常生活中去。

（三）教学目标

❶ 通过线上体育教学，提高学生对线上体育锻炼的兴趣和自主运动的自律性。

❷ 通过适量的运动锻炼，增强学生的体质，提高免疫力。

❸ 通过线上体育锻炼的过程，在学练中学会观察、学会表现、学会自主学习。

（四）教学重难点

让学生掌握并运用正确的技术动作进行练习；对于后进生，练习过程中教师要给予辅助和鼓励，并帮助他们完成学习任务。

（五）课前准备

❶ 精心设计，活跃课堂

借助多媒体教学的便利，开展线上体育教学，旨在提高学生居家锻炼能力，指导学生如何锻炼，增强体质，保持良好的体能。线上体育教学期间，为了提高学生体育锻炼的积极性，增强锻炼的效果，教师最终制订了一套以力量、柔韧、协调等身体素质为发展内容的练习方法。课程内容主要包括下肢力量练习和心肺功能练习两大部分。线上体育教学主要通过"腾讯会议"和"体智云"等网络平台进行。教师将课堂内容加以整理，以图文、视频、链接等方式提供给学生，学生通过图文要点、视频示范等途径进行动作的练习。根据学生对练习内容的反馈，及时进行教学总结和反思，不断丰富教学内容，改进教学方式方法，以求让学生获得较好的运动效果。

❷ 趣味竞赛，共同参与

为了鼓励学生积极参与运动，本节课在课前会发起一项挑战任务，挑战的内容是通过 APP 平台发布的，比如一分钟跳绳、体能练习等。在挑战过程中老师会与学生一同参与，进行"面对面"竞赛，激发自己与老师一同运动，学生在崇拜的同时，会更有挑战欲，看着气喘吁吁的老师，给同学们更真实的体验，使他们更有成就感。

三、教学过程与实施方法

《体能锻炼——身体素质练习》的教学内容主要由运动安全知识和专项技术动作练习两部分构成，后者又分为讲解、放松、总结、评价等。线上体育教学更注重运动实践环节，通过播放自制微课视频，让学生更直观地了解技术动作要求。在教学过程中观察学生练习的技术动作，对存在的问题及时予以纠正。对学生易犯错误存在的共性问题，进行详细的讲解示范并纠正错误动作。

（一）开始部分

在一堂线上体育教学课中，如何运用线上教学手段激发学生的学习热情呢？笔者对这个问题进行了深入思考，并进行了精心的设计。

❶ 落实常规，追求实效

根据《中小学体育与健康课程标准》内容，结合当前实际情况，制订合理的教学计划，设计教学。在上课前，会首先提前叮嘱学生确保练习场地的安全性，准备好上课所需器材——合适的体育器材可以调节体育课堂氛围，聚焦学生课堂注意力；然后提出线上体育教学课堂常规，做好考勤工作；同时帮助同学们正确认识和看待疫情，学会科学防疫方法，做好自我防护。

提醒学生时刻注意身体发生的变化，监测心率（颈动脉、桡动脉）在练习初期不要超过 150 次 / 分中等强度负荷；练习过程中如有不适应立即停止运动，并迅速告知老师或家长；不适宜进行运动的学生，可见习听课；为保证练习安全，提醒学生线上体育课应尽量有家长陪伴。

❷ 体验运动，用心准备

由于学生们目前是居家进行线上体育锻炼，受场地环境的影响，下肢力量练习的效果不是很好，所以在课堂一开始，采用了"感知体验法"，让学生进行单腿站立，在体验中发现大部分学生会出现站立不稳的现象。通过与学生交流，讨论如何加强腿部肌肉的力量，从而引出本节课的主要教学内容。

在练习前，给学生播放自制微课视频进行准备活动，充分活动学生身体各部位，帮助学生减少肌肉黏滞性，避免运动受伤，调动学生的学习兴趣。

（二）基本部分

本部分是整堂课教学的主要环节，线上体育教学，教师不能在学生面前进行动作示范，也不能面对面对学生进行动作指导，学生的课堂表现很难掌控。针对线上教学的这种弊端，本节课精心设计教学内容，用心制作教学课件和微课视频，以呈现高效线上课堂。在教学过程中，先由教师进行动作示范和讲解，之后老师下达指令，组织学生练习。本节线上体育课采用"腾讯会议"的形式进行，教师与学生均开启摄像头，教师通过视频检查学生动作的标准性，提出指导和鼓励。学生在练习过程中遇到问题可以随时打开麦克风或者通过"聊天室"对老师进行提问，老师会针对学生的困惑进行更细致的讲解。

❶ 下肢力量，间歇训练

练习前，向学生介绍下肢力量的发展对其他身体素质的影响。例如：下肢力量素质的提高有助于速度素质的提高，有助于耐力素质的增长，还有利于促进灵敏素质和柔韧素质的发展。为了满足学生居家练习，本节课将教学内容设计为原地的技术动作，降低了对场地环境的要求，引导学生积极主动地练习。通过严格控制间歇时间，使机体处于不完全恢复状态下反复进行练习。

❷ 耐力练习，增强心肺

根据每节课必备内容进行心肺功能锻炼。跑步对学生的身心发育具有非常重要的作用，经常跑步有利于各项身体素质的提高，可以提高体能和心肺耐率，预防肥胖，塑造良好的体型。运用视频编辑软件，结合标准跑步姿势动态图，为学生制作模拟跑步场景的课件，不仅让学生有一种身临其境的感觉，还可以帮他们纠正错误的技术动作，保持标准的跑步姿势。

（三）结束部分

体育课的结束部分是每节课的尾声，这个阶段的重要任务是组织有效的放松、整理活动，使学生身心逐渐恢复到相对安静状态，同时通过放松部分的练习，教会学生自我锻炼后放松的方法。

❶ 拉伸运动，放松心情

拉伸放松在体育课中十分重要，通过积极充分的放松运动，使人体的各项机能逐渐调节到正常水平，能让学生预防肌肉、韧带失去弹性或关节劳损等，也能提升学生再次参加体育运动的兴趣。在拉伸过程中提醒学生，要时刻注意自己身体的情况，可以放慢练习的速度，自行调整练习的方式。

❷ 课堂小结，身心并育

线上体育教学也要和课程思政紧密结合。"山不辞土，故能成其高；海不辞水，故能成其深！"在教学过程中，教师要不断鼓励学生、激励学生，培养学生吃苦耐劳、挑战自我、顽强拼搏的意志品质。通过数据作业和视频作业的评价，检验学生学习和锻炼的效果，检验教学目标是否达成，适时调整教学进度与安排，同时多元化考核学生的学习效果和能力的提升，实现以评促教、以评促学。

❸ 居家不停练，"疫"起动起来

给学生布置任务，安排学生根据自己的兴趣爱好进行体育锻炼，课后将锻炼记录以作业的形式提交至网络教学平台。

注意事项：要穿着运动服、运动鞋进行锻炼；进餐后不宜立即运动；锻炼前要做好充分的准备活动；锻炼结束后一定要做好放松整理活动；尽量在家长看护下进行锻炼。

四、总结与反思

线上体育教学是一种新的教学形式，具有一定的挑战性。体育教师要在教学设计中不断创新，赋予线上体育课新的活力，力争在线上授课时为学生提供更优质的学习资源，保证线上体育教学的质量和效果，督促学生按时完成学习任务，实现课前、课中、课后教与学的无缝对接。对本次教学案例总结如下：

（一）在线上体育教学中，要选取小范围、小场地、噪声影响较小且有利于个人完成的教学内容。明确练习方法与注意事项，通过文字与视频相结合的形式进行线上授课。

（二）在线上体育教学中，应该以主要发展体能锻炼——身体素质练习为主要的教学手段，同时要对教学内容及时更新，为学生提供丰富的学习资料。

（三）在线上体育教学中，除了利用已有的健身软件，教师一定要提前有针对性地录制教学视频，保证教学质量。提前录制视频在线上体育教学中可以更有效地观察学生做动作，并且可以及时地对学生的技术动作予以纠正、改进、鼓励，制止危险动作。

（四）线上体育教学中，要做好学生出勤统计、运动锻炼打卡统计，并通过学生在运动过程中的数据发现普遍、共性的问题，在教学中及时指导、纠正学生的运动习惯。

（五）为了更好地督促学生进行有效的运动锻炼，达到足够水平的运动量，教师需要不断探索、了解信息化手段。例如，通过"体智云"等网络平台让学生互相监督，培养良好的运动习惯，提高学生的自律能力。

【作者简介】

周首荣，天津市河西区梧桐中学体育教师，二级教师。

-------------------------------- 案例点评 --------------------------------

该教学案例能将当下发达的网络信息技术，应用于常态化的体育线上教学。案例中充分考虑到体育教学实践性的特点，力求将二者有机融合，进而优化线上体育教学

的效果。

在教学内容上选取了适于初中年龄段学生居家自行锻炼身体的力量、速度、耐力、灵敏等身体素质的综合体能练习；在上课形式上选取了学生乐于接受的直播＋课件＋运动软件的组合方式；在教学方法上采取了教师示范引领、师生共同参与，以竞赛促练习（赛前简要介绍、赛中提示注意、赛后分析点评）的有效方法。

从教学环节中不难看出课的导入从引起学生注意开始，有目的地通过脉搏自我检测方法的体验充分调动了学生的学习兴趣。例如：带动学生共同进行单腿站立游戏，比一比谁站的时间长。在激发学生运动兴趣的同时还将提升学生下肢力量的重要性以及核心力量对运动中的身体稳定性的相关体育知识寓教其中。练习前通过自制微课视频带动学生进行充分的热身激活，以保障学生练习中的身体、精神状态，同时为避免运动中出现意外伤害做出了充分的准备。练习中能充分考虑到家庭空间受限、干扰邻里、隔屏指导不便、学生练习懈怠等实际问题。例如：运用"体智云"学生运动软件，为学生建立群组选择动作技术难度不高、运动强度中等，但总体运动负荷适中的项目，进行个人或小组的比赛。无实物一分钟模拟跳绳调动了学生参加练习的积极性，又避免了有绳跳动产生的过大噪音，还降低了技术难度，避免了学生出现连续断绳；可谓一举三得。再如：运用视频编辑软件，制作的正确跑步技术动态视频，不仅为学生模拟了户外真实跑步的场景，还让学生在模仿练习中进行技术的纠正与提高。

案例中教师在练习过程中用"山不辞土，故能成其高；海不辞水，故能成其深"的古训激励学生，有意识地将培养学生挑战自我、顽强拼搏的意志品质有机融入到课堂教学中，使情感、态度、价值观与体育教学完美融合，不失为整堂课的升华。

而通过运动软件布置的课后作业应成为今后体育作业常态化的有益尝试，也是学生运动习惯养成的课后延展和补充。应该是本次案例的一大亮点。

综上所述，尽管还存在着诸多不足，但总体上看这是一节有价值的信息技术运用与体育线上教学的课堂案例。对今后体育线上教学的成熟与发展会起到积极促进的作用。

【指导教师】

王雷，天津市河西区教师发展中心体育教研员，高级教师。

【参考文献】

[1] 中央网络安全和信息化委员会."十四五"国家信息化规划 [EB10L]. http://www.cac.gov.cn/2021-12/27/c　1642205314518676.htm.

"云端体育"强体魄，"空中课堂"绽芬芳
——居家体能练习

李雪艳

一、案例背景

依据《"十四五"国家信息化规划》《天津市教育信息化"十四五"规划》等相关文件指导思想，本校结合体育课程内容与课程标准要求，依托各级各类在线课程平台、校内网络学习空间等，积极开展体育线上授课教学活动。体育教学一直以来都是以实践教学为主，对于在线教学，我们虽然做过一些研究和尝试，但没有大范围开展。传统的线上体育课模式存在几大难点：①课堂监督难，无法实时监督学生上课情况；②课程多样化难，学生通过传统 PPT 完成学习，缺少体育课程的趣味性和竞技性；③课后作业检查难，传统体育作业批改工作量大，繁琐易出错；④教学资源难获取，教学资源内容匮乏，质量参差不齐，严重影响体育老师展开工作。由于本学期线上开学的现状，我们在线上教学这方面有了大范围的应用，最大的特色就是我们在学生最急需加强身体素质的时候，为学生精选了若干强身健体的运动方式，落实"传统内容重细节，创新模式突特色"的理念，借助 AI 人工智能"天天跳绳"APP，采用远程在线教学等现代化的教学手段，不仅完成正常的教学计划，还实现增强学生体质，调节学生身心的目的，保证教学效果达到最佳。

二、教学设计

（一）教学内容分析

基于"居家锻炼"的实际情况，围绕"教什么""如何教""达到什么效果"的问

题，结合体育学科"身体活动"的特点，集体研讨教学内容、实施策略、评价方法。

受居家锻炼环境和条件的限制，教学内容要依据简化、实操、科学的原理，以"中低强度"的量度为依据，大致拟定如下：操化类包括眼保健操、广播操；体能类包括深蹲、仰卧起坐、高抬腿、坐位体前屈、开合跳、频率跑等。

"如何教"包括了教学平台的利用和教学流程的设计。教学平台可以基于腾讯会议，教师在线答疑；微信群、QQ群等聊天平台与微课相结合，加强师生互动，教师采用定时提醒，固定时间纠错答疑，指导学生体育锻炼；在QQ群推送教学内容，结合班级群指导锻炼；天天跳绳、QQ作业等APP布置、收集、评价作业，让课堂和锻炼落到实处。

"达到什么效果"一直是此次线上教学的痛点，至于为什么是痛点，大致原因是教师过分注重教学效果。例如，每天学生的锻炼内容是否保质保量完成、上交的作业是否及时、照片或视频的质量是否合格，殊不知变量太多、条件太复杂，效果如何就很难量化了。我觉得核定锻炼的效果应该遵循：锻炼了吗？出汗了吗？锻炼过程是否开心？教学内容的设定要让同学们感兴趣，积极主动地投入锻炼。

（二）学情分析

学情围绕着"学什么""怎么学""学到什么程度"的问题展开。

教师的教学内容与学生的学习内容是有机、统一的，只是学生存在着个体的差异和兴趣的趋向，在居家实况下显得更为突出。学生由于作息时间紊乱、多种电子产品和学习平台的使用等原因而情绪焦虑，身体素质普遍下降。合理安排体育锻炼和心理健康活动，对于学生来说非常重要。以周为单元，日为目标，时段为任务的教学驱动下，学生总会有喜欢学的、不喜欢学的、讨厌学的内容，作为教师无法强制，只能引导、规避和融合。一般来说，男孩子喜欢力量，女孩子喜欢韵律；好动的人喜欢强度大的，好静的人喜欢量度小的。学什么貌似出现了瓶颈，其实不然。从核心素养的角度出发，运动能力、健康行为、体育品德都是学生学的内容。基于"疫情"的特殊情况，学生锻炼的方法、健康的体育行为、良好的体育品德都是学习的点。所以学什么一目了然：基于身体锻炼，形成自律的体育运动习惯，锤炼坚毅的意志品质。

"怎么学"？体育就是活动，活动的学习方法一定是基于参与而展开的。通过听看音视频，学生在大脑里形成运动表象，依据听、看、想、做的学习策略完成学习。对于节奏、动作变换多的操化动作，边看边练；对于简单重复的体能练习，重在心理施压、坚持锻炼；对于运动计划的拟定，要突出自身特点、做到精准锻炼。

从学生的角度讲"学到什么程度"，在居家学习基础上比较难核准。但是从教学内容、教学目标出发，有锻炼效果就行。

（三）教学目标

知识与方法：让学生掌握室内运动的方法，培养学生的运动兴趣，以此达到健身的目的。

技能与体能：掌握科学的锻炼方法，培养学生自主学习的能力。增强学生体能，提高免疫力。

行为与品德：缓解学生心理压力和焦虑情绪，增强敢于挑战的勇气和自信心，形成自律的体育运动习惯、锤炼坚毅的意志品质。

（四）教学重难点

技能与体能重点：掌握科学的室内运动方法。

技能与体能难点：自主创编动作。

行为与品德重点：养成自主锻炼的运动习惯。

行为与品德难点：勇于展示自我的自信与勇气。

（五）课前准备

笔者从头摸索线上教学的新方法，寻找适合于学生居家锻炼的新手段，潜心学习线上教学技能，筛选了网课优质资源，经过设计与反复尝试，自行录制了系列 Tabata 体能训练课程、创编了韵律操，利用微信公众平台、腾讯会议、AI 智能打卡小程序、天天跳绳 APP 等现代信息技术手段开展"云"端体育课。实现了体育课堂的优化，促进了学生的身心发展，保证了教学效果达到最佳。

辅助支持工具：PPT，QQ 群及腾讯会议、天天跳绳 APP。

在线教学资源：教师录制的两段居家体能健身视频，网络平台优质健身视频，天天跳绳 APP 里优质教学视频。

三、教学过程与实施方法

（一）平台签到，资源共享，激发学生练习的兴趣

教师每次上课前 5 分钟，在 QQ 群发布上课提醒，有利于学生提前做好上课准备。提前开启腾讯会议召集学生进入"教室"。等待期间，了解学生出勤情况，做好记录，及时反馈给班主任，确保学生居家安全。教师结合现有条件以及学生的身体发育特点设计了两套适宜在家练习的 Tabata 健身操。每套操包含 8 个动作，整套操一共 4～6 分钟，主要以有氧练习和核心力量练习为主。课前提前推送到 QQ 群中，提供给学生预习和自学。同时借助 AI 人工智能技术"天天跳绳"APP 和"体智云平台"，提前发布本节课课堂任务。

（二）创设精学多练的课堂氛围

先由老师进行动作示范和讲解，并带领同学们进行集体动作练习，之后老师下达指令，让学生根据训练的强度，分配好自己的体能，锻炼学生对自己的运动能力的判断与监控。通过简练的话语与直观的图像，给予学生较长的自主练习时间，老师通过视频，检查动作，对学生提出指导和鼓励。为了尽可能避免线上教学带来的教师难以对学生全面关注的问题，在练习过程中允许学生随时打开麦克风或者通过聊天室对老师进行提问，教师还要定期询问学生在练习的过程中有没有遇到问题，并通过对话的方式解决这些问题。

（三）探索新型教学模式，提高学生参与度

借助 AI 人工智能技术"天天跳绳"APP 和"体智云平台"设置课堂练习作业，由专业教练带练，AI 互动计数，定标人体骨骼点，辅以动作捕捉技术，仅需智能手机即可实现实时运动轨迹跟踪，准确计数，消耗热量计算等。使用时，手机屏幕距人 2 米，不影响视力健康。内容包括体能类项目如跳绳、深蹲、仰卧起坐等及体感互动游戏近两百种。学生在课堂内实时 PK，设置排行榜，课程数据一键回收，多维度分析结果，增强了体育课程的趣味性和竞技性，较大地提高了学生的参与度。

（四）发展学生潜能，自主创编内容

学生熟练掌握一些动作技能以后，教师进一步提出要求，让学生根据Tabata的音乐，自己编创一套适合自己的健身操，在以后体育课上，学生就可以应用自己创编的健身操进行练习。在创编时，有的同学根据居家练习场地小的特点创编了床上健身操、沙发健身操等；有的学生利用居家的环境创编了移动健身操、器具健身操等；还有的同学根据自己身体素质的需求创编了下肢力量操、腰腹力量操、快频率燃脂减肥操等。这些健身操的创编，不仅让学生的身体在课上得到了锻炼，同时也在学生头脑里埋下了终身体育意识，为学生终身锻炼打下基础。

（五）完善评价体系，鼓励表扬树榜样

在线教学的特殊性要求对课前、课中、课后的教与学数据及时全方位跟踪，通过签到、回答问题、课堂连麦互动检验学生在线学习的状态。线上教学中教师充分关注每一位学生，发现他们的闪光点，通过当主播的形式把他的优点充分地展示给大家，同时通过天天跳绳APP公布当日优秀学生，让大家以此为楷模。这样的做法充分调动了学生的积极性，让他们体会到成功的快感。课堂中学生练习更认真、更努力了，每个人都有一个努力的目标——当"主播"。充分给每一名学生创造机会，尽可能让每一名学生都能够展示自己。这种鼓励形式的应用，让我们的课堂教学效果更好，学生的收获更多。

（六）结合专业特点 积极开展课程思政

练习结束后，安排学生短暂休息，利用这个时间为学生讲解疫情防控期间我们"应该做的"和"不应该做的"，为学生讲解抗疫过程中发生在我们身边的"奉献"和"担当"，引导学生要理解、支持和感恩那些奋斗在抗疫一线、为我们保驾护航的人。与此同时，疫情当下，学生对于体育的正确认识，更能激发出学生自觉锻炼的热情，增强学生的健康意识和锻炼意识，从而提高学生的身体素质，增强自身免疫力，为疫情期间的学习、生活打下良好的身体基础。

（七）智能课后作业布置，学习效果有保障

通过"天天跳绳"APP和"体智云平台"布置作业时，由于有了信息化手段的赋能，

体育教师的批改作业也变得简单了——平台会自动智能化的依据学生完成项目的次数、时间给出各个级别的成绩评定，教师也可以随机调看学生完成作业的视频，给出自己的点评。除此之外，平台还会根据学生前一天完成作业的情况，自动匹配生成后一天个性化作业的内容。"天天跳绳"APP和"体智云平台"体育作业系统优势：老师一键布置体育作业，自动生成学习报告，通过视频作业检验学生学习和锻炼的效果，检验教学目标是否达成，适时调整教学进度与安排，同时多元化考核学生的学习效果和能力的提升，实现以评促教、以评促学。

四、总结与反思

网络技术的发展为传统课堂注入了新的活力，线上教学虽然是疫情防控的临时举措，期间也伴随着许多新的问题，但机遇与挑战永远是并存的。通过线上体育教学总结存在以下几个问题：

（一）体育锻炼环境不容忽视

因为是在家中，场地成为最重要的局限因素。居家锻炼有别于户外运动，很多同学锻炼空间有限，在设定锻炼内容时，应考虑此因素带来的局限性。

（二）教学内容及运动强度的把控

学生刚开始学习时热情很高，但慢慢的，放松了对自己的要求，不能持之以恒。在教学内容的安排上要充分调动学生的积极性。在设定锻炼动作时，可由易到难，逐步增加运动强度，运动间歇由长到短，给予一定运动恢复期。另男女生身体素质不同，可适当进行相适宜的动作区分。

（三）加强与学生的沟通，监督教学也是促进学习锻炼的有效手段

在课堂中，有的同学没有及时打开摄像头。我们有多种和学生交流互动的方式，要充分地利用起来，通过及时的交流了解学生学习锻炼的情况。

（四）课后作业完成质量还需加强

有少数学生不能够及时回传作业视频。现阶段学生网上课程也越来越多，学习期间的锻炼间隙会相对缩小，可在每周学习内容和作业发布的前期、中期和后期用多种形式督促他们养成锻炼的好习惯。

线上教学虽然难以替代面对面示范指导，但对丰富教学内容、推动课程建设与教学方法改革有着很大的挖掘意义。在线上教学的背景基础下，及时调整教学内容和运动强度，为学生提供更优质的学习资源，保证线上教学的质量效果，督促学生按时完成学习任务，帮助学生培养提升自主学习等综合能力，实现课前、课中、课后，教与学的无缝对接！

【作者简介】

李雪艳，天津市宝坻区第九中学体育教师，曾获宝坻区"优秀共产党员"、区级"骨干教师""教育教学先进个人"等荣誉称号。多次获得区级体育教学大赛一等奖，创编了两套居家体育教学资源，均在市区级平台分享。

------------------------------ 案例点评 ------------------------------

一、教学设计强调课程内容的整体构建

该案例中的教学分析与学情分析内容是有机统一的，教学重难点设置合理。围绕"教什么""如何教""达到什么效果"的问题，结合体育学科"身体活动"的特点，研究教学内容、实施策略、评价方法。学情围绕着"学什么""怎么学""学到什么程度"的问题展开。提炼出了运动能力、健康行为、体育品德三个方面的核心素养，并以此为课程实施的出发点和落脚点。旨在让同学们能够掌握与运用体能和运动技能，提高运动能力；学会运用健康与安全的知识和技能，形成健康的生活方式；积极参与体育活动，养成良好的体育习惯。

二、案例特色

案例最大的特色就是在学生最急需加强身体素质的时候，为学生精选了若干强身健体的运动方法，亲自录制了系列 Tabata 体能训练课程、创编了健身操，借助 AI 人工智能"天天跳绳"APP，采用远程在线教学等现代化的教学手段，利用腾讯会议、AI 智能打卡小程序等现代信息技术手段开展"云"端体育课。传统内容突特色，创新模式重细节的理念，不仅完成正常的教学计划，还实现使学生增强体质，调节身心的目的，保证教学效果达到最佳。

三、课的实施过程贯穿教学特色

（一）线上体育教学突出"全"

学生积极参与全覆盖。课前有点名、课中有互动交流、课下有反馈，关注缺乏自律性的学生，让每个学生都能积极参与体育运动。

（二）线上体育教学突出"新"

活动内容新颖：借助 AI 人工智能"天天跳绳"APP，内容丰富多样，学生学习热情高。

教学形式新颖：采用腾讯会议直播形式进行线上教学，教师教学方法生动有趣，动作示范引领和语言讲解提高了学生的学习兴趣。

（三）线上体育教学突出"动"

线上教学，师生互动：教师根据线上交互的特点，尝试以实时提问或课后运动视频作业的方式来增强教学反馈，简化教学目标和内容，保障学生的锻炼效果。

线上展示，生生互动：适时安排学生体育运动展示，促进学生互动交流，提高学生主动运动的积极性。

四、发展建议

第一点，合理调整课程计划，注重课堂的实效性。每个教学环节和每个细节做实做细，指向性明确。体育教学课堂中很多专业动作都具有一定的复杂性和技术性，在进行线上教学时教师可以先通过视频放慢这些动作，以便学生能较好地观察、理解这些动作并进行有针对性的学习，最终达到提升体育课堂整体教学效果的目的。

第二点，注重课堂的实践性。课堂教学要联系学生个人实际，充分考虑学生的接受能力和承受能力，合理安排运动负荷，选择切实可行的、实践性强的教学内容及教学方法，做到练习形式细节化，内容多样化，方法趣味化。

第三点，注重课堂的延展性。让学生把课堂上学到的知识技能，融合在平时的生活中，形成终身锻炼的意识与习惯。同时，注重学生健康行为与体育品德的培养。

【指导教师】

赵儒，天津市宝坻区教师发展中心体育教研员。曾获市级体育传统校先进个人，市级田径、篮球优秀教练员，市区级学科带头人；参与国家级两项课题，市级三项课题。获市级优秀体育课二等奖，区级双优课一等奖，市区级优秀教学案例奖。

语文
01

数学
02

英语
03

道德与法治
04

历史
05

地理
06

物理
07

化学
08

生物学
09

科学
10

信息技术
11

音乐
12

体育与健康
13

综合实践活动
14

14 天津市中小学优秀线上
教 学 教 研 案 例 集 综合实践活动

牙签搭高——综合实践活动线上教学课例

吴鹏

一、案例背景

线上教学和线下教学会随时切换的新时期，为开展综合实践活动提供了更加充分的时间和空间。为缓解学生上网课的视力疲劳，培养学生探究的兴趣，更好地提高学生动手动脑的实践能力，选择"牙签搭高"这样的一个课题，既可以增强学生的综合实践能力，提高空间思维能力，又可以在家长的参与和指导中，促进亲子间和谐有效的沟通，体验探究与成功的乐趣。

探究"牙签搭高"这一活动，重视深度学习和已经学到的知识的迁移运用与创造，正式与非正式学习，并且以提升学生的科学精神和创新能力为目标，进一步培养学生的批判思维和逻辑思维。在疫情期间，家里的活动用品不足，但是牙签一般家里常备，胡萝卜、橡皮泥也很好准备，为课题的顺利开展提供了必要的物质条件。

二、案例描述

（一）教学内容分析

"牙签搭高"这一活动，学生通过动手制作，利用自己所学过的知识，以寻找搭得高的解决方法为学习任务，通过任务驱动学习，提高解决问题的能力。学生为了能够顺利完成作品，需要以任务为导向，在活动过程中，主动地确认目标、寻找资源、建构路径、解决问题，从而发现和确认现象、寻求合理证据、科学地做出解释，从而获得问题解决的结果。在这个过程中需要学生把发现的问题与问题解决相关联的不同学科的知识进行整合，开展跨学科学习活动，从而提高知识的横、纵面沟通能力。

（二）学情分析

在线上线下融合发展时期，综合实践活动作为国家义务教育的必修课程和基础教育课程体系的重要组成部分，进行线上教学。在设计课程方面，笔者是先思考如何确定课题。课题首先要满足两个条件：一个是在家好做，家里好开展，需要的物品一般家庭都有；一个是可以调动家庭成员参与的积极性，家长可以和学生一起操作，在活动时促进家庭的和谐，缓解线上教学与线下教学切换时给家庭带来的心理压力。选定课题后，录制或者找到网上已有的视频作为参考，然后写出活动方案，教师先按活动方案做示范，最后，在 QQ 群里发布并和家长学生沟通，先提供方案再出示视频，学生动手实践，在操作过程有问题的学生或家长可以线下互动指导，学生写出活动报告，把作品的照片晒到群里，大家相互学习、借鉴，有条件和想法的同学可以再进行反复操作。

（三）教学目标

学生通过"牙签搭高"活动提高了参与课程的积极性和主动性，缓解"线上 + 线下"教学给家庭带来的心理压力，促进亲子间的和谐沟通。

学生通过"牙签搭高"活动提高了创造性和解决问题的能力，并在实践探索中发现整理出与问题解决相关联的不同学科的知识，把这些相关学科知识进行整合，提高了批判思维和逻辑思维能力与创新能力。

学生通过为"牙签搭高"活动书写总结报告和评价鉴赏，既锻炼了总结分析能力，又树立了实事求是的科学态度。

（四）教学重难点

学生开展探究"牙签搭高"活动，重点在于进一步锻炼学生的动手能力和科学探索能力，培育"科学实践"的形象气质。难点在于学生是第一次自主进行实际的搭建工作，需要考虑的实际问题会很多，如：红萝卜，粘土等连接物都会有脱水后粘度减弱的问题，就需要学生考虑到实际情况抓紧时间或者提高连接物的保鲜度；如果连接物过重，虽然会加强物体的坚固性，但是到了塔体的高处，就会降低塔体的稳定性。

（五）课前准备

❶ 教师准备

教师首先自己利用手头的物品搭一次试试，然后做相关策划，包括活动方案、实施时的参考视频、活动后反思等。因为是线上教学，要把环节一步一步地设计好，既能调动孩子的积极性，又不让孩子觉得操作过于困难，同时通过提前录制的微课、视频给孩子提供范例和创作思路，活动后反思的收集可以是学生直接提交 word 文本，也可以是文字照片，便于收集和学生间的交流借鉴。在 QQ 群建立相应的群相册，让学生可以把所做的作品传到群里，方便相互学习评价。

❷ 学生准备

在"线上＋线下"教学期间，考虑到就地取材的方便，准备牙签和胡萝卜这种家庭基本都具备的东西，同时也在方案中注明了"开放"的要求"牙签 200 根（看家里有多少可以用多少，但是一定记录清所用根数）；2 根胡萝卜（可以用橡皮泥等代替）"。

三、教学过程与实施方法

（一）第一阶段 活动的准备阶段

教师设计好相应的活动，准备好要给学生的活动方案和微课并在 QQ 群中建立相应的相册，为之后学生作品的展示提供客观方便。

在这一点上其实线上教学要比线下教学有一定的优势，线下教学虽然也使用微课等手段，但基于课堂进行的小组活动，小组内只出一个设计方案，而线上的活动中学生独立思考设计，有更多的创作空间。学生通过自己独立的思考，强化了质疑和求异思维，从不同的角度看待问题，从中培养发现问题的能力。遇到问题经过追根寻底，多问几个"为什么""怎么做"，然后再做出自己的独立判断与设计，能更好的培养出独立思考探索的能力。

线下课堂教学时发现在别的组有展示的时候，其他组就直接套用他们的方案，而线上的方案都是多种多样的，是一个人一个想法，在实践中孩子会更有针对性地进行分析、探索，实践出的真知更加适合自己。

线上教学时学生身边可以学习的手段更多了，可以借助于网络看看有关搭高的问题中，我们需要注意的是什么；可以借阅相关书籍或者向家长进行提问求助，在此期间就创造了孩子和家长共同进行活动的契机，让家长能够进入到孩子的学习活动中，家长适时的帮助能让孩子更加信任，促进学生与家长间的交流，增强家校共育效果，促进家庭和谐的氛围，有利于孩子的身心成长。

（二）第二阶段 活动的实施阶段

在 QQ 群及校园公众号里发布活动方案。在 QQ 群里发笔者做的微课、短视频，为学生提供一个演示及思路。

在群里发起注意事项：

"牙签搭高"活动最终会评选出谁的作品高，但是因为都是学生在家进行，牙签不能做到统一，所用到的牙签数也不好统一，教师给出的物品准备方案，只是一个参考。因为居家防疫，为减少不必要外出，在能找到的材料下进行，有什么用什么，不要特意出去买，但要知道所用的牙签长度和最多能用的牙签数。

学生在清洗胡萝卜之后，将胡萝卜切块，笔者会在这一阶段提示安全与卫生问题，例如使用案板或托盘进行切块，注意刀口、牙签较尖部分，防止出现安全隐患。

学生在活动时要注意好时间，推荐活动时长不超过 2 小时，考虑到所用材料为胡萝卜、橡皮泥等，时间如果持续太长，胡萝卜没有水分既容易塌也不容易扎了，橡皮泥也容易变硬，不易操作。

学生在活动时，一定要先思考再活动，做到有准备有思路地活动，遇到问题时一定先自己解决，可以查书、查网等，实在不行再向家长、教师求助，提高独立解决问题的能力。

最后学生要完成方案报告总结，既要有作品照片，还要学会反思，总结这次活动中好的经验，遇到了什么困难，是如何解决的。

学生动手制作，并在学生有问题时及时回复解答。

学生作品展示（见图1）。

图 1 学生作品

（三）第三阶段 活动的总结阶段

学生完成报告、反思，有的写了电子版，有的完成了纸质版（自家打印，书写完成后拍照）。在群内也进行展示交流，同学之间相互学习评价取长补短，有条件的同学还进行了二次创作。

在线上教学后，学生通过活动的总结可以及时对自己的作品进行修改和创作，这是线上教学的又一优势，因为线下教学时基本只会给每个小组进行修改的机会，毕竟材料和时间有限，但是线上的教学后，在家中可以有充足的实践机会，有的同学就发现在制作连接点的时候，短时间内粘土的效果更好，既满足了质量轻的要求又有了更好的粘连性；也有的同学还想到了，我们可以用用过的牙签再创作"牙签玩偶"。学生在探究、设计、创作、反思的过程中进行体验、体悟与体认，在全身心投入到活动中后，发现、分析和解决问题的能力和发展实践创新能力均有所增强。

四、总结与反思

（一）对于本节课的反思

在"线上＋线下"相结合的教学期间让学生在家能够学会自主学习，还能提高动手实践能力，获得有效的学习收获，同时减轻心理压力是设计这次活动的初衷。从学生学习效果反馈来看，目标基本都达到了。综合实践活动就是需要学生亲自动手实践，产生丰富体验，在实践体验中不断反思，形成深切感悟。有了深切感悟，感性体验才能上升到理性层面，学生的认识才能发生深刻变化。因此，综合实践活动中必须不断引导学生及时反思，活动结束后进行全面反思总结，树立实事求是的科学态度。而且在活动中，学生遇到问题，可以上网、看书、向家长讨教等，通过多种途径自己寻求解决问题的方案和方法，不仅可以横向调动自己已有知识，还可以对某些新知识，如建筑方面的知识有初步的认知和理解。家庭成员共同参与活动，还一定程度上减轻了学生居家防疫的心理压力，使家庭成员之间关系更加和谐。

（二）对于线上教学的反思

在"线上 + 线下"教学时，学生面对的是网上教学指导，但是基于综合实践活动的特殊性，线上教学要具备以下六个特性：

❶ 具象性

这次教学内容虽然只是实验探究类的，但是线上教学指导要更加的"具象性"，学生才能更好地接受、去学习、去探索。因为不能像在校上课一样方便直观地面对面学习，所以要把环节设计得更加紧凑，一环扣一环，让学生通过视频、方案等就能具象出来每一步都要干什么，然后才会更好地去干，同时，基于综合实践活动的实践性，也要留给孩子们充分发挥的空间，从而达到自己动手获取经验、科学实践的目的。

❷ 独立性

线上指导教学时，教师得到孩子的反馈会是五花八门，因为学生会面临到各种各样的问题。通过线下单独辅导，收集孩子们问题的"独立性"也会找到他们之间"共性"，从而对已有生成性资源分类梳理、提炼。对于生成的共性重难点问题，可以再制作一个知识点精细化解读的新课程或者对于多人都出现的错点，整理生成为错题册子，分析错误原因，给出再遇见同类型题时教师要注意的事项，利于学生更好地完成学习任务。

❸ 及时性

线上教学，能够及时回答学生提出的问题，及时帮助学生解决遇到的困难。在交流软件中，既有时间的提示，又有各种操作功能，通过交流互动，及时回复和解决学生的问题。

❹ 合理性

在线上教学内容的安排上一定要合理，安排的内容一定要尽量规避外出的因素，不要让家长外出打印，或者准备一些家里不常见的物品，或者设计所用的物品是不可替代的。再有，"合理"还指的是内容的难度上一定要适中，太简单了，学生觉得没意思，缺乏挑战性；太难了，又有超纲的嫌疑，给学生讲解时还不容易讲明白，还会造成很大的学习压力。因此内容难易适中，可以让家长参与到孩子的学习中，在无形中通过互相的交流，缓解学生的学习压力，减轻实际情况造成的心理负担。

❺ 连贯性

连贯性指的两个方面的内容，一个是教师所使用线上教学的软件要连贯，目前为了线上教学开发的软件不下十余种，一定要固定一个，不能今天用这个软件，明天用那个软件，让家长反复注册，关注多个软件的信息，造成不必要的麻烦，所以选好一个适合的就固定下来使用这一个；二是教学所用时间的连贯性，提前安排好固定的活动时间段开展教学，便于学生有充足的时间开展实践活动。

❻ 充分性

线上教学教师要将反馈给学生的各种问题，进行分类整理，添加必要的标识（如错误原因、收集时间、作品要求、学生姓名等），对他们进行一定的分层分类指导，对于集中的问题就可以再次讲解做到有的放矢，及时解决。在收集学生作品时可以除了作品本身外，附带一个说明：这个作品的创新点是什么，怎样完成的，还有哪些不足？这样通过学生的反思，再次认识作品，教师也能知道是否达到自己预定的教学目标，在哪些地方还可以改进。

基于"牙签搭高"的线上教学是综合实践活动的一次新的探索，也是对自我教学能力的一个锤炼，学生也能有更加充分和自由的时间去整合自己的知识进行实践的探索，家长其实在活动中也能更加地了解孩子，看到他的成长。学海无涯，技术之海深不见底，还需教师钩深索隐，潜精研思，更好地进行线上教学。

【作者简介】

吴鹏，天津市河西区纯真小学综合实践活动教师。多次在区市做展示课和经验介绍，在教育部专家调研河西区综合实践课程中承担展示课任务，获得了专家的高度肯定。在天津市第十届"双优课"活动中认定为"优质课"。

------------------------------ 案例点评 ------------------------------

"牙签搭高"课程是融合了学生动手操作能力、科学探索能力、知识建构能力、沟通能力等多能力的综合实践活动，在活动中教师结合居家学习的材料优势，进行具有创新性的教学活动设计，通过设想、实践、总结、展示等多环节设置，引导学生创造性解决问题。同时，在线上活动中融合了群相册、短视频等多种信息化学习途径，打破线上教学局限，帮助学生高效、便捷开展学习活动，为学生营造了良好的线上学习氛围，让每个学生能够乐于探索、乐于实践、乐于展示，真正实现综合实践课程培养学生综合素质的跨学科实践能力的培养目标。

本案例中强调从学生实际出发，关注学生已有经验、心理结构等特点，为学生建构学习提供范例、创作思路等"脚手架"，将学生更高效地带入问题情境。学生通过探索性、自主性活动研究，将实践思路转化为行动与生成性经验，遵循了建构主义理论教学思路，是以"探索——实践——理解——总结"发展为基础的教学方法体现。

从本课教学设计来看，教师教学准备充分，设计环节缜密，尊重学生个体发展的独特性，在教学中收集学生学习中的问题进行梳理提炼，形成共性重难点问题，关注学生身心发展，注重学生学习过程细节，创新性地拉进教师教与学生学之间距离，实现对话式的教育模式，让教师能够更加准确、高效指导学生学习。

在评价环节设计上，教师的及时生成评价反馈，对教学活动有重要的指导价值，学生在线反馈大大提升了教学的实效性，增进了学生与学生、学生与教师之间的交流与沟通。多项"线上+线下"教学活动使得课程教学安排更具有逻辑性、互动性，在分析与解决中辅助学生完成知识梳理到知识生成，值得推广借鉴。

为更好地辅助学生居家开展线上教学，结合本节课可以更加系统化地设计课例，生成具有综合实践特点的"群课例"，帮助学生构建知识之间的联系，辅助学生跨学科思维生成，从而更好地培养学生核心素养。

【指导教师】

张宝红，天津河西区纯真小学校长，数学高级教师、市级学科带头人。主持承担"十三五"市规划办课题《纯真教育学校特色文化建设的实践研究》，被评定为良好等级。2020年独自撰写专著《至纯至真学做真人》。

线上创新思维课程为美好生活进行创意设计

刘敏

一、案例背景

为落实"双减"教育政策，实现"优质轻负"的工作要求，立足五育融合的教育指导思想，充分发挥综合实践活动课程的育人优势，不断提升教学质量，促进学生的全面发展、个性化发展，通过多年来的综合实践活动课程构建与发展，我校已形成了具有学校特色的综合实践活动课程体系。为适应新形势下教育教学的工作要求，学校充分利用信息技术教育资源优势，开发线上综合实践活动课程，其中的《科技创新 思维训练》已成为天津市基础教育资源公共服务平台精品网络课程资源之一，师生可利用该资源组织课程学习，开展科技活动，学习、探究、交流和实践相结合，激发同学们对科学的兴趣，提高科技素养，不断培养同学们的创新精神、思维能力和实践动手能力。

二、案例描述

（一）教学内容分析

综合实践活动课程《科技创新 思维训练》，系统地讲解了发散思维、逆向思维、组合法、特点列举法等创新的思维方法和创新技巧，教学内容紧密联系学生生活实际，引导学生从家庭生活、校园生活、社会生活中发现问题、主动建构知识、寻求不同途径探索出解决方案、绘制简单的设计图和制作简易模型。通过课程化培养让学生通过思考、交流、探究、协作，体验科学完整的创客实践周期。

（二）学情分析

八年级的学生，正处于认知发展水平的高峰期，其记忆力、理解力和逻辑思维能力都在高速发展，同时也初步具备了一定的分析能力和探究意识，兴趣比较广泛，对新鲜事物具有强烈的好奇心和求知欲，遇到问题会独立地思考、追求和探索。同时，受知识水平和经验技能的制约，在问题的思考上缺乏整体性、逻辑性，可以通过知识讲解、自主学习、案例分析、合作探究、动手实践操作等教学方法和手段提升学生的综合思维能力。在教学中还要进一步提高学生的表达能力和评价能力，通过正面激励与肯定，不断挖掘学生们的创造潜力，不断提升学生的创新能力和实践能力。

（三）教学目标

❶ 价值体认

亲历线上综合实践活动课程，发掘线上教学的优势，开展多种形式的网络互动交流，主动分享体验和感受，通过对"生活中的不方便"进行针对性"更新"、创意设计，进一步激发学生热爱生活、创意生活的情感和对科学的探索精神，加深有积极意义的价值体验。

❷ 责任担当

通过制订连续性的线上活动计划，利用新闻调查、影片片段、光影图片、实时线上绘图等新颖的多媒体手段，培养学生观察思考的能力，增强创新意识，关注科技前沿，进一步增强科技强国的责任担当。

❸ 问题解决

关注生活，深入思考并提出有价值的问题，从现实问题和实例出发，利用网络和多种媒体手段查阅资料、查新设计。利用媒体软件多种功能，小组交流个性化参与，每次活动目的明确，逐层递进，逐步提升认识、分析和解决问题的能力。

❹ 创意物化

利用网络各种小程序丰富课堂活动的形式，结合相应的信息技术软件、线上绘图工具丰富学习活动过程，实践体验创客创作的流程，提高利用信息技术进行分析和解决问题的能力以及数字化产品的设计与制作能力。

（四）教学重点难点

教学重点：结合"天津市基础教育资源公共服务平台"精品网络课程资源，利用信息技术软件等多媒体工具，线上学习、练习使用 3 ～ 5 种思维方法和创新技巧。

教学难点：利用网络和多种媒体手段，快速查阅资料、查新设计。利用媒体软件多种功能，小组交流个性化参与，在创新设计中能综合运用所学思维方法和创新技巧解决实际生活中的问题，培养创造性思维。

（五）课前准备

教师准备：PPT、影像片段、设计学案，相应的信息技术软件、线上绘图工具。

学生准备：铅笔、橡皮等文具，相应的信息技术软件、线上绘图工具。

三、教学过程与实施方法

课程对象：八年级

课程及活动时间： 7 周（每周 2 课时）（见表 1）

表 1 课程及活动时间安排

阶段	时间	内容
活动准备阶段	2 课时	1. 练习使用天津市基础教育资源公共服务平台的课程资源，开展自主学习，做好课前准备。
	2 课时	2. 创新方法指导。 3. 明确问题，制订活动方案。
活动实施阶段	6 课时	1. 创新方法指导。2. 设计与制作。3. 修改完善设计。
	2 课时	4. 科技小论文写作方法指导。5. 撰写科技小论文。
活动总结阶段	2 课时	1. 展示交流，反思评价。 2. 活动拓展延伸。

（一）使用"天津市基础教育资源公共服务平台"开展线上学习

进入平台，在课程中心"精品网络课程资源库"找到《科技创新思维训练》课程资源。学生利用课程资源自主开展线上学习，做好线上每节课前准备。同学们分享在"天津市基础教育资源公共服务平台"的学习体会，阅读"精品网络课程资源库"里的创新小故事，说说印象最深的创新故事给自己的启发。

（二）创设线上教学情境，启发思考

【教学片段一】

教师：首先观察你所在屋子的窗户，思考窗户上可以附加什么元件，来增加它的功能、美观度、利用率。推动窗户并回忆，在平时使用的时候有什么不方便的地方？或者你的家人、朋友、同学，有没有抱怨过窗户不好用？这就是它的"不方便"，咱们就可以改进它。也可以从"希望"入手，我们希望它增加什么功能，就沿着这个方向改进它。谁有想法，请你说一说。

学生A：高层的窗户特别多，看着就很危险，也不容易擦洗。

学生B：窗户上安装铁网防盗不美观。

学生C：现在上网课，下午的时候阳光很刺眼还特别晒，又不方便去关窗户。

……

【设计意图】

结合居家学习的环境，观察身边事物，引导学生学会发现问题。

（三）运用信息技术开展设计实践活动

【教学片段二】

教师：请同学们把自己家的窗户拍成照片，利用计算机上的绘图工具把自己的设计想法绘制出来，然后和同学们分享你的设计。

学生A：给窗户装上眼镜的变色玻璃，就可以在强阳光下变色，有效调节室内光线，也会防晒了。

学生B：窗框上设计有尺寸，换窗帘、买窗户挂饰时候就不用总量了。

学生C：自动擦洗窗户装置避免蜘蛛人擦窗户时候遇到危险。

学生D：防盗的红外线扫描警报装置，比铁窗美观。

> 学生E：窗外安装温度计和湿度计，利用蓝牙与手机相连，实时显示天气。如果窗户与传感器相连，就可以实现自动关窗了。传感器不仅可以感知湿度，还可以感知气味。如果低楼层的窗户，喷洒农药或杀虫剂，传感器感知到，也会及时关窗户。
> ……

【设计意图】

八年级的学生具备了一定的信息技术技能，利用线上教学的信息化操作优势，运用学生已有知识与技能提高了分析问题、解决问题和表达的能力。

（四）成立"线上学习小组"实现线上合作探究学习

【教学片段三】

> 教师：同学们，在居家学习的环境中，我们身边有很多的日用品，能不能将身边的物品进行同类组合，从而实现一个新的设计呢？现在给5分钟时间，请同学们把自己的想法通过咱们成立的"线上学习小组"进行小组讨论，然后小组选出代表发言，谈谈你们小组的优秀创意。

【设计意图】

由于学生都是居家学习，小组合作探究学习就成为了线上教学的又一难点。通过建立"线上学习小组"有效解决了线上小组合作探究学习问题。同时，教师还可以利用这个"线上学习小组"检查学生的课前准备情况，了解学生存在的学习问题等。学生也可以通过"线上学习小组"进行课后的交流与合作。

（五）挖掘课程思政教育元素，实现线上教学五育融合

【教学片段四】

> 教师：我国航天领域的科学研究发展迅速，为了建设我国的空间站，你们知道迄今为止我国一共发射了多少次神舟飞船吗？

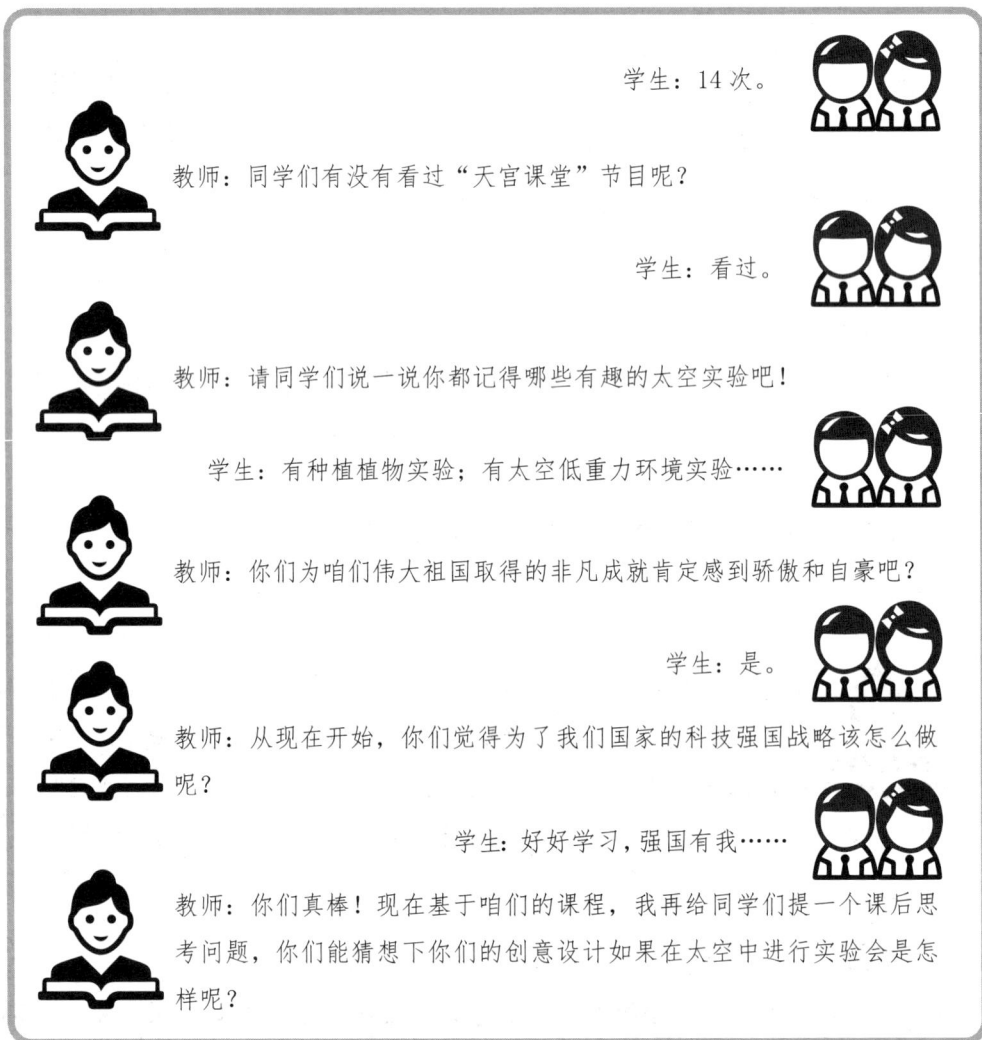

学生：14 次。

教师：同学们有没有看过"天宫课堂"节目呢？

学生：看过。

教师：请同学们说一说你都记得哪些有趣的太空实验吧！

学生：有种植植物实验；有太空低重力环境实验……

教师：你们为咱们伟大祖国取得的非凡成就肯定感到骄傲和自豪吧？

学生：是。

教师：从现在开始，你们觉得为了我们国家的科技强国战略该怎么做呢？

学生：好好学习，强国有我……

教师：你们真棒！现在基于咱们的课程，我再给同学们提一个课后思考问题，你们能猜想下你们的创意设计如果在太空中进行实验会是怎样呢？

【设计意图】

引导学生关注国家科技发展进步，进一步增强学生科技强国的责任担当。同时通过太空实验，进一步拓展学生思维、激发科学兴趣、培养科学探索精神。

（六）线上交流与评价

1. 组织线上创意设计交流与评价，撰写科学小论文。

2. 小组讨论，针对线上活动进行阶段性总结，评选小组"创意小能手"。

3. 大家汇总，组长进行交流结果汇报，针对创意设计、论文撰写、交流与讨论等环节评选"创客小达人"。

（七）整理线上课程资料，形成资源

利用线上课程的录制和回放功能对课程及时录制，同时将学生课上生成的信息资源收集成资源包，并作为课后学习资源分享给学生，同时也生成了学生的成长记录袋，为学生的多元评价、综合评价提供了依据。

四、总结与反思

（一）活动总结

1. 同学们表现积极，参与程度特别高，配合默契，针对问题积极思考，抢着回答，思维训练进行的顺利且效果显著。

2. 针对创意设计练习，同学们踊跃完成，图文并茂，各小组个性化在线交流，勇敢表达自己的想法，对交流讨论环节兴趣盎然，积极帮助别人出谋划策，交流讨论进展顺利，改进建议中肯到位。

3. 多角度利用线上绘图工具，结合设计理念，每个创意设计都进行了 3 次改进，最终完成较为合理的发明设计图，撰写科技小论文。十几名同学参加了"未来科学家主题创意赛"。

（二）进一步思考

1. 课程前做好充足的准备工作，利用各种小程序丰富课堂活动的形式，会提高思维创新训练效果。例如利用"抽签"小程序，让大家"盲选"设计物品，把"课堂练习"变成"游戏时间"，深受同学们喜爱。有同学在反馈时候说，每次创意课最喜欢的就是这个环节。

2. 线上课程适当"放手"，可以提高学生的参与度，会让课堂气氛更加热烈，学生投入更加专注。

一次活动课程前，有几位同学提出由自己来分享屏幕。课堂上，这几位同学发布设计的时候，充分发挥了他们在学习上的主体作用，软件切换、图文分享、画笔标注都非常清晰明了。同学们讨论也很热烈。思维训练和设计实操环节，大家的积极性好像又提高了。

结果在接下来的几次课程中，有更多的同学积极主动发言交流，充分发挥了学习主体的主观能动性。用了更多的媒体手段，引入了新闻调查、影片片段等等，在分享和讨论中获得了很多建议，对大家进行创意设计有很大的帮助。

3. 无论是课前、课中还是课后，学生们通过网络搜集信息非常方便。课堂上，针对一些名词、注解，网络查询特别迅捷。针对一些设计进行查新，很多网络资源、专业网站都能给大家提供很多帮助。

4. 线上课程可以录制，在回放时进一步思考。教师在观看课堂回放的时候，可以再仔细思考当时的课堂情境，进一步改进自己的教学模式。学生可以通过观看课堂回放，针对课堂情境反复思考，还可以换一个视角观看自己课堂表现，甚至可以对比自己之前思索的问题，得到新的启发。

【作者简介】

刘敏，天津市第四十一中学综合实践活动课程教师，区级骨干教师，综合实践活动课程教研片长、学科组长。建立社团"科技创新社"，开设校本课程《科技创新 思维训练》，逐渐在实践中积累经验，用行动带动学生。

------------------------------ 案例点评 ------------------------------

本案例体现了综合实践活动课程以培养学生综合素质为导向的课程目标，课程开发能够面向学生的自身生活和社会生活，课程实施注重学生主动实践与开放生成。学生能从个体生活、社会生活及与大自然的接触中获得丰富的实践经验，形成并逐步提升对自然、社会和自我之内在联系的整体认识，具有价值体认、责任担当、问题解决、创意物化等方面的意识和能力。

从教学设计思路上看，教师注重思政教育的引领，通过挖掘课程中蕴含的思政教育元素，有机融入素养目标设置、任务情境创设、任务设置与实施、学习成果与表现等教学环节。通过引导学生观察发现生活中的科学技术问题，密切联系学生的生活和已有经验，开拓思维，敢于创新，促进学生热爱生活、创造生活，不断深入认识理解科技强国的重要意义，增强社会责任感和使命感。

本案例在教学方法策略上，能充分利用信息化教学手段，发挥"天津市基础教育资源公共服务平台"的教学资源优势指导学生学习，注重推送真实情境下的优质学习资源和适配的学习任务。通过搜集相关信息资料、拓展学习资料（师生共同生成）、作品交流分享、信息环境下与真实生活实践体验下的交互式学习探究活动，帮助学生进行正确的学习选择，促进学生思维品质发展、行为能力提升和创造潜能激发，体现了综合实践活动课程从学生的真实生活和发展需要出发，从生活情境中发现问题，通过探究、制作、体验等方式，提高学生的综合素质。

教师能够根据综合实践活动课程的教学特点，着力解决线上教学的突出问题。

一、做好课前准备，保障线上教学质量

学生能够利用线上教学平台了解课程，开展自主学习，并根据课程内容要求进行相关知识学习储备和学习材料准备。教师通过建立"线上学习小组"落实检查学生的课前准备情况，并通过课前网络交流了解学生学习的主要问题，进一步分析学情，做好线上教学的有效指导。

二、善于创设学习情境，增强线上教学的实践体验性

综合实践活动强调学生的实践体验，这也是线上教学的难点之一。本案例中教师充分考虑到了学生居家线上学习的环境因素，创设生活情境问题。例如让学生通过观察自家的窗户引出创意设计问题，学生可以在线上实现边观察、边思考。同时运用线上教学的信息化手段优势，利用学生已有的信息技术技能开展在线动手实践活动，学生通过将自家窗户拍成图片，用计算机绘图工具绘图说明自己发现的问题或创意想法，提高了学生的实践体验性。

三、利用"线上学习小组"实现线上合作探究学习

综合实践活动强调学生的小组合作学习，由于学生都是居家学习，小组合作探究学习就成为了线上教学的又一难点。案例中教师通过建立"线上学习小组"有效解决了线上小组合作探究学习问题。在合作探究教学环节中，学生在本组网络群中合作学习、发表观点，同时将本组学习讨论的成果发布在线上再进行全班集体合作探究，充分发挥了学生的学习主体作用。

四、及时做好课后资料整理，生成线上教学资源

利用线上课程的录制和回放功能对课程及时录制，同时将学生课上生成的信息资源收集成资源包，并作为课后学习资源分享给学生，使学生可以反复观看学习、复习、总结反思，同时也有利于记录下学生的成长过程，通过对学生成长过程的观察、记录、分析，促进教师进一步把握学生的成长规律，了解学生的个性与特长，不断激发学生的潜能，为更好地促进学生成长提供依据。

【指导教师】

魏涛，天津市河西区教师发展中心教研员，中国教育学会教育管理分会第七届委员会学术委员，区级骨干教师，参与过《综合实践活动：劳动技术九年级全一册》编写工作，主持和主要参与过多项市级重点课题研究。

天津市中小学优秀
线上教学教研案例集

——下册

主编　郝捷

天津出版传媒集团

天津科学技术出版社

目 录

区域教研

坚持育人为本 "大""小"团队共建教研新形态 ················· 03

网络环境下"云端共研"模式的构建与实施 ················· 11

混合式教学视角下的整本书阅读课程推进 ················· 19

立足"四个起来"总载体 激发教研活动新动能
——线上教研活动提质增效样态研究 ················· 29

构建网络环境下教研形式新样态
——以指导青年教师线上教学为例 ················· 36

基于云端课堂的小学数学线上教学实践研究 ················· 43

拓宽教研服务渠道,助力线上教学有效开展 ················· 51

建空中教研站 创线上教研新形态 ················· 57

线上教研:促进教师网络授课能力中的角色作用 ················· 65

乘"云"破浪,集"智"共研
——小学英语"1+1 双师课堂"云智线上教研案例 ················· 71

进行"七步"线上教学 形成"七好"特色流程
——2022 年津沽英语线上教学模式网络教研案例 ················· 79

赋能"双减",提质增效
——初中物理四级联动线上教研案例 ················· 89

教研凝"合"力 教学出"云"彩
——以区域教学研究提升云课堂质量 ······· 97

互联网下的教研新发展
——提升教研效率 促进教师发展 落实高效课堂 ······· 104

研教相长 云端对"化"
——以宝坻、永登、武山、民丰四地初中化学线上教研为例 ······· 110

用好平台，重视实验，做实实践探究 ······· 117

云端研课，别样精彩
——以专题教研活动之线上教学的"智""汇"交流为例 ······· 124

依托学科研修工作室 探索网络教研新形态
——"1+N 网络教研"模式的实践与反思 ······· 132

基于"双平台"线上教研的实践探索 ······· 140

智能应用支持下的线上专题研修
——以 Python 程序设计研修班为例 ······· 146

基于天津市中小学智慧教育平台的 2-2-2-4 网络研修模式
——以 STEAM 理念下跨学科主题教学网络研修为例 ······· 152

线上线下融合式教研方式 提升小学音乐学科教研质量
的研究与思考 ······· 159

基于音乐学科线上教学情况的总结与反思 ······· 165

构建劳动技术教师"网络研训联动体"教研模式，
助推教师专业化成长 ······· 171

"平台 + 即时互动 + 平台"多元结合的线上
教研模式的应用探究 ······· 177

基于线上平台的汉字校本课程推进 ······· 183

校本教研

聚焦"三段三环",信息赋能教学
——以语文学科线上教学、教研为例 ………………………………………… 193

"双减"视域下跨区域教研的有效实施
——地理学科"互联网＋教研"区域联动线上教研案例 ……………………… 202

探索网络教研新思路　构建线上教学新模式 ………………………………… 207

聚焦网络教研,助力线上教学实践 …………………………………………… 213

聚研云端　智慧赋能
——基于网络平台的教师线上线下混合式研修实践研究 …………………… 219

智慧云端显身手,此处无生胜有生
——线上模拟上课比赛提升体育教师教学能力的案例探析 ………………… 225

云端课堂　"艺"彩绽放
——"面点飘香寓意深　传统文化有传承"——花馍面塑校本教研案例 …… 231

1 天津市中小学优秀线上
教学教研案例集　**区域教研**

区域教研
01

校本教研
02

坚持育人为本 "大""小"团队共建教研新形态

袁小园

《义务教育语文课程标准（2022年版）》指出，教师要关注互联网时代日常生活中语言文字运用的新现象和新特点，认识信息技术对学生阅读和表达交流等带来的深刻影响，把握信息技术与语文教学深度融合的趋势，充分发挥信息技术在语文教学变革中的价值和功能。这就说明，在教研工作中我们要以立德树人为根本任务，顺应"互联网＋"趋势，积极促进线上线下相结合的混合式教研新常态建设，从而促进教师逐步提高信息素养与信息化教学能力。

在教研活动中，我们了解到建设线上线下相结合的混合式教研新常态要更加关注三个问题的研究：怎样促使丰富的线下教学经验与线上教学过程有机融合，不断提升线上教学效果；怎样有效整合、恰切使用线上教学资源，不断提升备课质量；怎样以共建共用区域教研成果为切入点，不断促进线上教学研讨的发展。也就是说我们的教研活动还需加强对信息化与语文教育教学深度融合的实践探索，例如积极开展适切使用信息化教育教学工具的教学研讨活动。为此，我们探索并总结了"教学设计联动云集备"专题教研活动的流程（见图1），即：调研与统筹——共研与集备——复研与提升。在活动过程中，以"一课一研"引领"一研一得"，有效发挥"学校集备小团队"与"学科教研大团队"共研互促的积极作用，促使教研过程能够产生"建设一组，带动一群"的广泛性影响，助推教研成果研为所用，进一步促进线上线下相结合的混合式教研新常态建设。具体阐述如下：

调研与统筹：在工作中，若要充分体现教研服务教学、促进教学发展的作用，就必须要精准了解教与学过程中所存在的真实问题及主要需求，有针对性统筹规划教研活动，在真实情境中展开问题解决式教学研究。

共研与集备：本环节主要分为四个阶段。

第一阶段——加强专题学习。根据确定的教学研究专题，由学校备课组长组织教师展开针对性网络备课学习，主要包括与本专题相关的文献研究、课堂观摩、教学活动、案例分析等学习内容。

第二阶段——深入展开研讨。在学校备课组长的组织下，根据专题学习收获开展教学设计集体备课活动，包括细致分析学情，确定教学目标，设计教与学活动，体现多元主体、多种方式的评价特点等。

第三阶段——完成教学设计。由主备教师完成教学设计，并及时与备课组老师进行研讨，完成教学设计的修订。

第四阶段——校际研讨提升。由对本专题有丰富研究经验的区域骨干教师组成校际联合集备组，与主备教师一起开展"校际云集备"研讨。在这一环节里，联合集备组老师根据主备教师的备课分享，分别从教学目标设定、教学资源使用、教学环节设计、教学过程实施、教学评价方式、教学效果预设等方面提出修订建议，以充分发挥学生学习主动性，发挥教师主导作用。主备教师在与校际联合集备组老师进行深入沟通的基础上，进一步修订、完善教学设计，形成专题教学设计成果。

复研与提升：本环节主要是通过开展"区域分享，成果推广"的活动，由主备老师进行区域教研交流，为区域各学校集备组开展持续性校本教研活动做好准备。同时，与主备教师及时进行沟通，以创设学习情境，有效开发、整合、运用教学资源，促进学生核心素养提升等研究为切入点，做好本次参与教学设计教研活动的总结与反思。

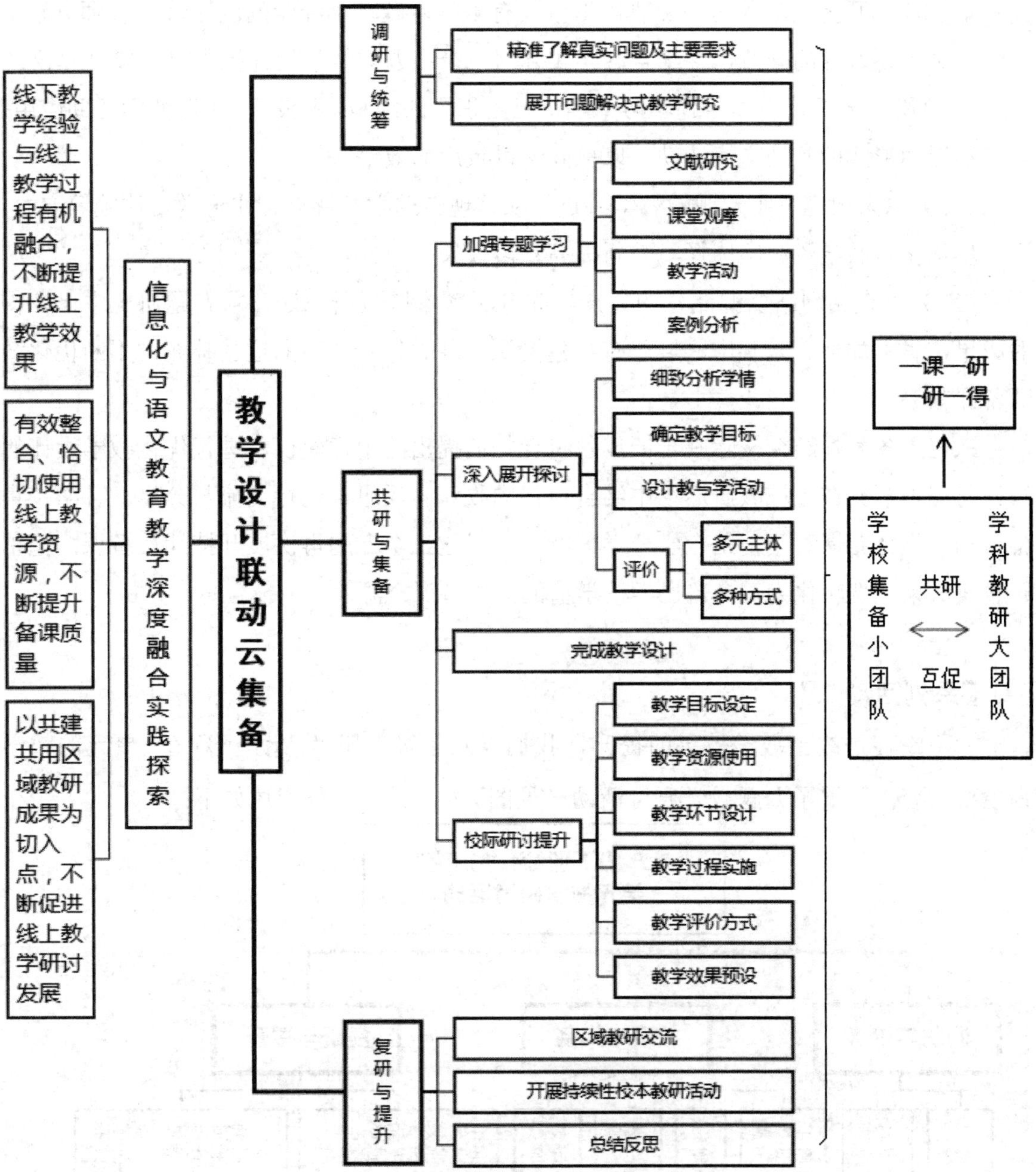
线下教学经验与线上教学过程有机融合，不断提升线上教学效果
有效整合、恰切使用线上教学资源，不断提升备课质量
以共建共用区域教研成果为切入点，不断促进线上教学研讨发展
信息化与语文教育教学深度融合实践探索
教学设计联动云集备
调研与统筹
精准了解真实问题及主要需求
展开问题解决式教学研究
共研与集备
加强专题学习
文献研究
课堂观摩
教学活动
案例分析
深入展开探讨
细致分析学情
确定教学目标
设计教与学活动
评价
多元主体
多种方式
完成教学设计
校际研讨提升
教学目标设定
教学资源使用
教学环节设计
教学过程实施
教学评价方式
教学效果预设
复研与提升
区域教研交流
开展持续性校本教研活动
总结反思
一课一研
一研一得
学校集备小团队
共研
互促
学科教研大团队

图 1 “教学设计联动云集备”专题教研活动流程

【系列活动一】

九年级开展复习教学研究，经过调研确定了要深入开展课外文言文、课外现代文、综合性学习三个教学专题的研讨活动，分别由三所学校的备课组老师来完成相关复习课的教学设计。三所学校集备组老师们经过反复研磨讨论，就教学设计成果与校际联合云

集备组老师展开更加深入的"云研讨"，具有丰富专题教学经验的区域骨干教师分别听取了三位主备教师的交流，并结合教学实际对三个专题的教学设计提出以下修订建议：

（一）综合分析这三项专题学习中学生已经积累的经验，积极开展"探究学习助应用"等多种活动形式的互动交流活动，以巩固学以致用的效果。

（二）深入研究三个专题的教学特点，从体现专题学习特点、注重学习体验等方面，进一步优化对教学资源的选择，不断提高复习效果。

（三）以查阅网络资源储备的方式，充分了解本区教研在这三项专题研究中已取得的成果，思考如何有效利用区域已有共建资源，并做好新资源的适当补充，不断优化教师备课效果。

三位主备教师结合校际联合云集备组老师们提出的中肯建议，进行优化教学设计的修订与完善，并在区域教研活动中结合自己的收获与反思，进行交流与分享。各学校集备组利用集体备课时间，结合学校学情特点，对这三个专题再次展开持续性备课，把单一教研成果适切转化为符合自己学校学情的集体备课资源。

【系列活动二】

为不断促进线上教学效果的提升，我们以八年级下册"活动·探究"单元的教学为主要内容，开展了专题教学研讨活动（见图2）。具体过程阐述如下：

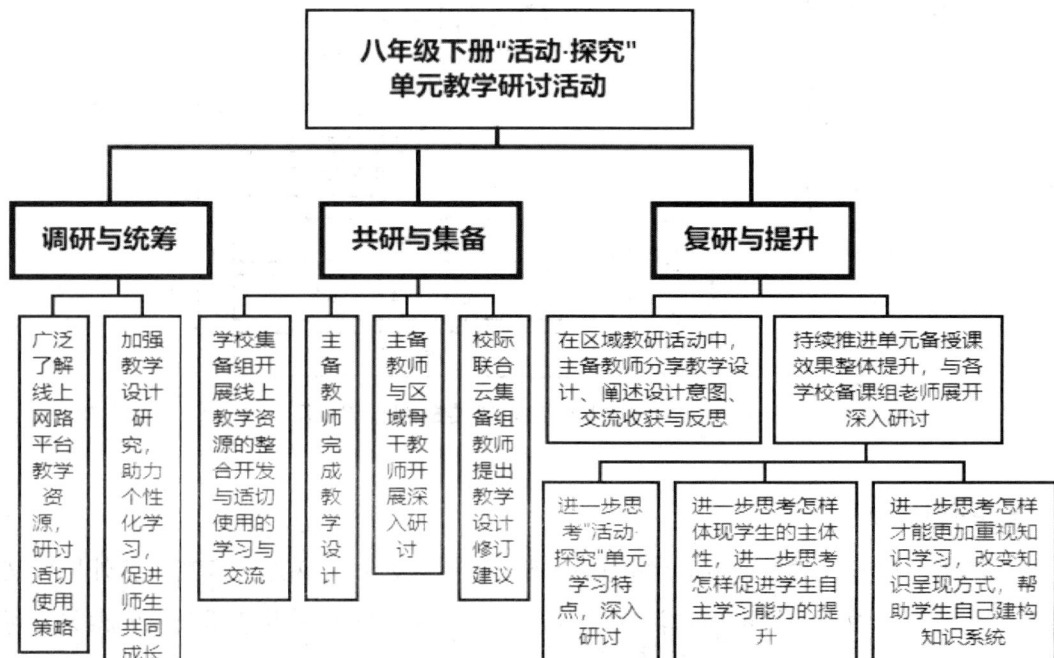

图2 八年级下册"活动·探究"单元专题教学研讨活动说明

第一阶段——调研与统筹

在调研中我们了解到开展提升线上教学效果的研究，大家比较关注的一个问题是"怎样有效开发、使用教学资源，以不断提升备授课的效果"。基于解决问题的实践性研究，我们统筹规划了八年级下册"活动·探究"单元专题教学研讨活动，主要是想侧重两个方面的深入研究：广泛了解线上网络平台教学资源，研讨适切使用策略；加强教学设计研究，助力个性化学习，促进师生共同成长。

第二阶段——共研与集备

对于八年级下册"活动·探究"单元的教学研究，首先由参与教学设计工作的学校集备组老师们，结合教材内容开展线上教学资源的整合开发与适切使用的学习交流。然后，针对学习内容，研讨教学重难点，设计学习活动，主备教师完成教学设计。在此基础上，以"云研讨"形式，由主备教师与校际联合云集备组的区域骨干教师一起，继续开展深入备课研讨。校际联合云集备组的老师们从以下维度为教学设计提出修订建议：

维度一，建议学习"人教智慧教学平台"八年级下册"活动·探究"单元教学备课资源，从作家作品简介、创作背景及课文内容说明、音频朗读、关键点讲解等角度，做好分类与整理。

维度二，建议结合"国家中小学智慧教育平台"第四单元的教学视频，进一步开发第四单元任务一"学习演讲词"和任务二"撰写演讲稿"的备课资源，为教师围绕把握演讲词主要特点、重视演讲的口语表达属性等问题而展开深入的备课研究，为引入优秀演讲视频等多媒体学习资源，提供适切性资源储备。

维度三，建议从加强学情研究的角度，结合"天津市基础教育资源公共服务平台"上本单元两节春季同步精品课展开深入学习，进一步拓展对"撰写演讲稿"的备课研究，为完成任务三"举办演讲比赛"打下扎实基础。

以上建议，以有效储备教学资源为切入点，既有助于增强教学备授课素材的丰富性，也对适切提升线上教学资源的使用效果具有积极引领作用。

第三阶段——复研与提升

在区域教研活动中，由主备教师分享教学设计、阐述设计意图、交流收获与反思。这些研究成果对于区域各学校备课组开展八年级下册"活动·探究"单元教学的备授课研究具有积极的启发性作用。为持续推进单元备授课效果的整体提升，区域教研活动还结合以下问题，与各学校备课组老师展开深入研讨：

（一）请结合本单元的备授课，进一步思考"活动·探究"单元的学习特点，并开展深入研讨：怎样以活动探究单元的活动任务为轴心形成一个综合性的学习体系。

（二）在本单元学习体系的建设过程中，进一步思考怎样以"阅读是基础，写作是关键，演讲比赛是亮点"的学习过程来体现学生的主体性，并进一步思考怎样适切引入学习资源，引领学生将其转化为自主学习资源，以促进学生自主学习能力的提升。

（三）本单元学习涵盖了阅读、聆听、书面和口头表达，全面培养了学生的语文基础知识能力。结合对演讲词特点、写法等知识的学习，进一步思考在教与学过程中，怎样才能更加重视知识学习，改变知识呈现方式，帮助学生自己建构知识系统。

本次八年级下册"活动·探究"单元的专题教学研讨活动，深入研究学生语文学习及成长规律，充分体现了语文学科的育人功能，对于引领学生全面发展、健康成长具有积极的促进作用。从促进教研发展的角度分析，本次关于活动探究单元的教学研讨，以"调研与统筹——共研与集备——复研与提升"为研究路径，对共建区域线上线下相结合的混合式教研新常态也是积极的引领与促进。特别是在研究教与学过程、解决教学真问题等方面，体现出"大""小"教研团队互研互促的作用，也体现出区域教研立足教学实际，对学校加强统编语文教材编写理念研究与实践的引领。可见，在区域教研活动中加强对教学设计整体性、系统化的研究，既有助于深入探索语文教与学的方式，又能够对校本教研持续发展切实起到引领作用。

【系列活动三】

《天津市教育信息化"十四五"规划》指出，以教育信息化关键领域为切入点，以教育教学瓶颈点为突破口，转变传统思维，变革传统模式，发挥技术优势，推进新技术与教育教学深度融合，坚持创新理念引领、务实应用发展，发挥教育信息化新效能。在基于"互联网+"教研活动的研究中，我们了解到对于网络平台怎样更好应用于教学这一专题还需要有更加深入的研讨；对于如何适切开发、使用线上教学辅助设备这一专题也需要有更加深入的学习。为此，我们开展了"坚持应用探索，持续提升线上教学质量"专题教研活动，统筹规划了三个活动环节：

第一环节，请学校集备组结合具体情况，对所使用的线上教学平台各项功能进行学习、开发与实践研究，并在集体备课活动中进行分享、总结。

第二环节，请区域骨干教师结合各学校集备组的具体情况，在教研活动中分享线上教学技术方面的实践研究成果，既包括对线上网络平台各项功能应用于教学使用方法的说明，也包括直观在线演示。主要交流了以下研究成果：

（一）基于大家普遍使用"腾讯会议"开展直播课堂教学这一具体情况，请区域骨干教师在线分享腾讯会议互动批注、投票等功能的使用，对于线上直播教学的应用性探索具有实践引领的作用。

（二）基于老师们比较关注线上课堂辅助教学设备使用方法的具体情况，请集备组骨干教师介绍了写字板、平板电脑在线上教学中的应用方法，并结合教学实例分享了用好线上教学辅助设备的教学体会。

（三）基于老师们在教学实践中对线上课堂技术使用日渐成熟，更多聚焦研讨如何提高教与学质量这一问题的具体情况，请区域骨干教师分享具有实践意义的经验。例如介绍人教智慧教学平台黑板功能的使用方法，介绍 PPT 板书、平板电脑板书与腾讯会议共享屏幕相结合使用的方法，介绍激发线上教学互动交流积极性的课件制作方法等。

第三环节，以线上课堂教学的复盘说课与分享听课收获为切入点，与老师们一起广泛开展线上教学的共研交流活动。在互听互议的教学研讨中，围绕线上教学备课与上课、网络平台各项功能的开发、线上教学辅助设备的使用等内容，引领老师们一起开展线上课堂教学的复盘反思，分享彼此的思考，从加强线上教学备授课效果的角度提出各项实践性建议。

本次教研活动打破时空界限，坚持应用导向，充分激发了教师研究线上教学技术开发与使用的积极性，鼓励教师积极参与线上教学技术的学习与应用，对于语文教学与线上信息技术的有效融合具有实践性促进作用，对于全面提升区域语文教师教育信息化水平和信息素养，推进区域语文教学与信息化的融合也具有积极的影响。

总结

本教研案例以促进信息化与语文教育教学深度融合，提高线上教学资源使用的有效性，持续提升线上教学质量等研究为切入点，阐述了区域初中语文教师团队对于建设线上线下相结合混合式教研新常态所做出的积极探索。这三个系列活动，遵循"调研与统筹——共研与集备——复研与提升"的研究思路，注重加强教研成果的提升、推广与应用，对区域教师积累线上教学设计的经验也起到积极的引领作用。同时，这一系列教研活动对于促进教师依托"天津市基础教育资源公共服务平台""人教智慧教学平台"等信息化平台，不断提升备授课质量也很有启发意义。实践证明，加强区域线上线下相结合的混合式教研新常态建设，应依据老师们教研的实际情况，充分发挥区域教师"大""小"团队共研互促的作用，以教师的信息素养提升促进语文专业化发展，不断提高教师教学备授课质量，促进学生的全面发展和健康成长。

【作者简介】

袁小园，南开区教师发展中心初中语文教研员。在教研实践中始终坚持教学、科研共同发展，以"大语文观"指导各项工作的开展，主持多项课题研究，撰写多篇论文。主要研究方向：初中语文课程建设、初中语文教材教学研究、拓展语文学习空间、提升语文核心素养研究。

网络环境下"云端共研"模式的构建与实施

杨慧莉

统编小学语文教科书的全面推行使用，使教师亟需加强对统编教材的理解及文本解读的能力，进而改进教与学的方式。对于边远地区的语文教师来说，和天津地区相比还缺少培训的渠道及多样化的培训方式，加上教师的信息技术水平不均衡，影响了对统编教材的深入学习。本案例依托南开区云动课程资源平台应用实践共同体项目，在线组织"津甘疆"三地开展"相遇云端，共研统编教材"信息化主题教研系列活动。旨在有效助推三地师资培训，助推义务教育资源的公平、共享。

一、构建"云端共研"模式，打造教师信息化发展新路径

"云动课程资源平台应用实践共同体项目"是在天津市南开区教育局的支持下，由天津市南开区教师发展中心牵头，将天津、甘肃、新疆三省市 38 个成员单位组织起来，围绕在线开放课程、信息化教学应用模式，共同开展研究和实践，共同推动在线开放课程信息化教学应用发展的群体。三地教师通过云动课程资源平台，实现结对帮扶，有效促进了基础教育的健康持续发展。

笔者依托"云动课程资源平台应用实践共同体项目"，结合小学语文教研实践，以"共研统编教材"为核心，开展了云端建课、云端选课、云端连线和云端共研四个阶段的主题活动，构建了"螺旋提升、整体共进"的"云端共研"模式（如图 1 所示）。

图1 "云端共研模式"结构图

"云端共研模式"的建立及信息化主题教研活动的开展，不仅打破了地域界限，实现了信息化的有效使用和优质资源的共享，而且提高了三地小学语文教师解读统编教材的能力，提升了教师信息化水平。同时，改变了教师传统的学习方式和教研模式，拓宽了开展教学研究的思路，为教师的专业化发展提供了新的交流途径。

二、"云端共研"模式的实施

"云端共研模式"的实施路径有两条，一条是"南开区云动课程资源平台"，平台共十大类、600多门课程，全部向三地教师开放，教师可随时随地登录平台进行课程的学习，实现优质教育资源的共享；另一条是 "南开·云动"实践共同体网络社区研修平台，在线组织三地教师开展自主学习与成果展示，拓宽了教研活动的新思路，成为教师互助、发展的平台。笔者充分利用两条路径，开展以下系列活动：

（一）"云端"建课，推广成果，分享资源

网络社区活动是指将网络技术作为构成新型学习与研究的状态，以探究式学习、交流研讨的方式，开展教学研讨的互动活动。笔者带领研究团队及甘肃、新疆参与研修的教师，共同开展"云端"资源建设，形成研究成果线上化、信息化、可视化，助力教师

的专业发展。

❶ 任务驱动，自主探究

结合统编教科书的编排特点，笔者和研究团队一起对统编教科书各年级各单元进行解读，准确把握各单元的重难点，梳理出各学段语文要素的关联与衔接，录制单元解读微课视频，上传到网络社区研修平台，为"云端"共研提供了丰富的学习内容。以学习"小学语文统编教材全学段单元导读"为任务，参与学习的三地教师结合单元导读的学习，任选年级，参与社区话题研讨。如，"结合教学实践，在教学中如何灵活使用教科书？""通过各单元导读的学习，对单元整体设计有哪些思考？"通过自主研修，教师意识到将"教材"变为"学材"，部分教师结合自己的教学实践对灵活使用教材展开了积极研讨。还有的教师则从"单元整体设计"的角度分享了自己的研修成果。经过近一个月的"云"平台研修活动，教师对统编教科书的编写理念有了更为清晰的认识，对于教学方式的转变有了突破，最终以课堂教学和学习感悟的形式在"云"平台进行交流展示。

❷ 资源共享，同伴互助

汉字是中华民族文化的瑰宝，写好汉字是小学语文教学的第一要务。结合教师上传的《有趣的汉字之形声字》《引兴趣之源，拓识字之渠》两个优秀成果，笔者在网络社区研修平台发布了"小学语文网络研修成果展示"活动，并就"如何激发学生学习汉字的兴趣"和"低年级识字教学的新思考"两个话题发起讨论。讨论过后，甘肃环县、新疆和田地区的老师分别上传了《激发学生识字兴趣》《有意思的中国汉字举例》等资源，展现了两地教师对教材的理解与有效使用。结合教师们在习作单元教学中的困惑，平台相继发布了"统编教科书习作单元教学策略研讨活动"。教师们在线观看习作单元教学解析微课，并结合教学实践再次交流实践经验。活动帮助教师厘清了单元各版块的功能与作用，给出了具体的操作策略，有效解决了三地教师习作教学的困惑。

这种"任务驱动，自主探究"的"云端"学习方式吸引了两地教师积极参与。教师在自主研修活动中，进一步认识到在线自主研修的重要性及可操作性，提高了自身工作的实效，加强自我反思，提升了信息化水平，实现同伴互助。研修成果引领辐射至三地教师，促进了教师教学思路的转变和教学能力的提升，同时构建了线上自主研修活动模式（如图 2 所示）。

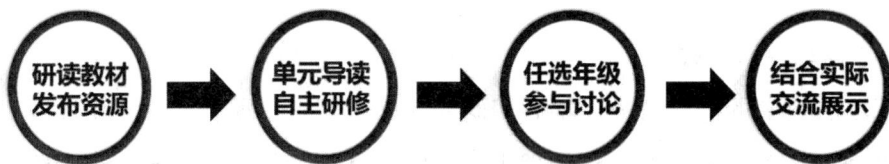

图 2 线上自主研修模式结构图

（二）"云端"选课，学习成果，形成思考

"南开区云动课程资源平台"课程资源丰富，有学生选修课程、教师研修课程、国家课程配套微课等，为开展"共研统编教材"信息化主题教研活动提供了充足的学习资源。

❶ 区域课程，助力学习

本区小学语文学科多年来致力于区域课程资源建设。以统编教科书为载体，以弘扬传统文化为核心，构建了以区域课程为轴线的主题课程群，将国家课程微课资源、区域精品课程资源、校本特色资源有机衔接。其中小学语文学科开发的区域精品课程和教师研修课程、国家课程配套微课均发布在"南开区云动课程资源平台"。《展卷开蒙　悦享文化》《小学语文统编教材课例篇》《名字里的"大名堂"项目化学习篇》，均以区域精品课程展示分享的形式供三地师生学习研讨。

特别是在"停课不停学"期间，丰富的课程成为供师生使用与学习的优质资源。课程资源体现了在学科核心素养的视野中，以单元主题整合阅读与习作学习领域，关注专项研习，读写同向发展。遵循语文学习规律，在读写一体化的语文实践活动中促进学生语言与思维的共同发展，全面提升学生的语文学科核心素养。

资源的辐射功能，有效带动了三地教师及共同体联盟校在实践运用中形成自己的成果。各校围绕"品味中华文明，筑梦教育腾飞"的主题，开展了校本课程资源建设，探索中华优秀传统文化与小学语文学科的融合，坚定了学生的文化自信。

❷ 科学测评，深化研究

"展卷开蒙　悦享文化"主题课程群，面向全体师生，为师生带来优质"云课堂"。同时，师生在完成课程学习后会进行科学测评，留言互动。为了更好地检验学习效果，我们设计了探究性的课后练习题进行反馈和检验。如，有趣的汉字学习板块，围绕识字与写字构建了任务群，即通过观察、分析、整理，发现汉字的构字组词特点。按照汉字字形结构等规律梳理学过的汉字，感受汉字文化内涵，感受中华传统文化，养成自主积累的习惯。

灵动的阅读板块，课后练习引导师生有效使用阅读策略，用文字或图示梳理作品的脉络。通过圈点、批注等多种方式记录自己的阅读感受和体验，并主动与他人分享，初步形成自己的理解和认知。

在项目化学习活动中，积极组织师生参加跨学科学习活动，引导学生利用多种信息渠道获取资料，在简单的调查访谈活动中记录自己真实的生活。能结合自己的知识积累和生活经验提出要探究解决的主要问题。通过查阅网络或跨学科知识的相关资料，与他人合作等方式探究解决问题的具体方法。

这些资源为两地教师钻研教材、钻研学情、钻研教学方式提供了大量信息数据支持，保证了教研成果的真实性、科学性。在活动过程中，许多教师都能用心挖掘课文中的传统文化元素，巧妙设计教学环节，为学生搭建展示的平台。由此增强了学生的文化底蕴，提高了学生的语言表达能力，发展了学生的综合素质。该活动构建了小学语文主题学习活动模式（如图 3 所示）。

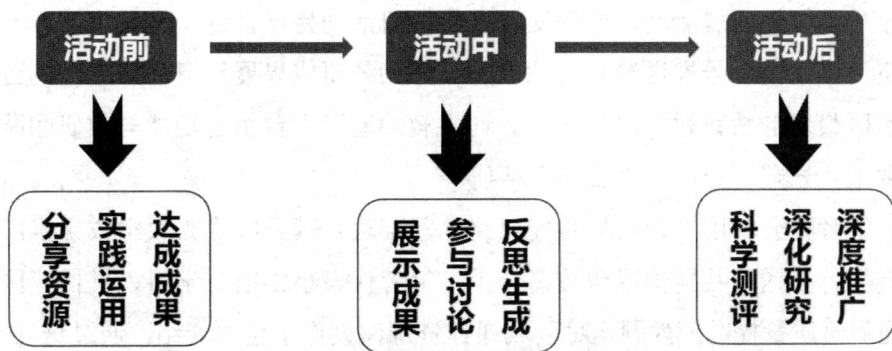

图 3 小学语文主题学习活动模式结构图

（三）"云端"连线，互动成果，持续推广

《义务教育语文课程标准（2022 年版）》指出："教师要关注互联网时代日常生活中语言文字运用的新现象和新特点，认识信息技术对学生阅读和表达交流等带来的深刻影响，把握信息技术与语文教学深度融合的趋势，充分发挥信息技术在语文教学变革中的价值和功能。"[1] 由此可见，信息技术支持的语文学习成为学习的最广泛路径。信息素养是学生核心素养的一部分，也是教师素养的一部分。"云端共研"充分利用信息技术，实现了成果的积极互通及共研活动的持续推广。

❶ 深入实地，云端连线

为了将共同体项目进行持续跟进与推广，笔者随"应用实践共同体讲师团"赴甘肃省环县、庆城县进行项目推进。其间，深入两地共同体联盟校开展"共研统编教材"信息化主题教研活动。首先，根据甘肃地区教材培训情况及前期网络社区平台的学习情况，制订培训方案，确定培训内容，进行了主题为《守正创新，用好统编教材》的专题讲座。其次，通过听评课及教师座谈，了解教师使用教材中的困惑及网络社区平台使用的问题，进行有效帮扶。

专题讲座从新教材、新理念、新方法三个方面全面解读统编教材。一是要了解"新教材"。二是要践行"新理念"，即加强单元整合，落实课程目标；重视交际表达，听说读写并重。三是要掌握"新方法"。要注重学生对语言的实践，强调积累与运用。同时结合网络社区平台前期研讨话题，组织老师们通过腾讯会议现场互动，进行津甘两地连线共"研"。两地教师畅谈了自己对教材的理解，并结合课堂实践，对如何"守正创新，用好统编教材"交流了经验和做法。

❷ 项目推进，持续共研

为了今后更好地开展活动，增进交流，将共研活动持续推进，笔者将"南开区小学语文工作室"微信公众号推送给甘肃的教师。作为教研成果展示窗口，老师们可以第一时间看到本区最新的教育教学研究成果。许多教师通过平台留言功能与教研团队对话，进一步实现了"云端"对话，"云端"共研。

此外，笔者充分利用平台直播功能，将"基础教育国家级优秀教学成果推广应用示范区启动会"，推送给共同体联盟校。会上，笔者代表小学语文学科以《构建区域课程资源，全面促进质量提升》为题，对区域课程资源建设作了全面介绍。通过这次"云端"共研，三地的教师们对成果推广的路径和措施有了更加深入地了解，活动构建了线上线下相结合的混合式学习方式（如图4所示）。

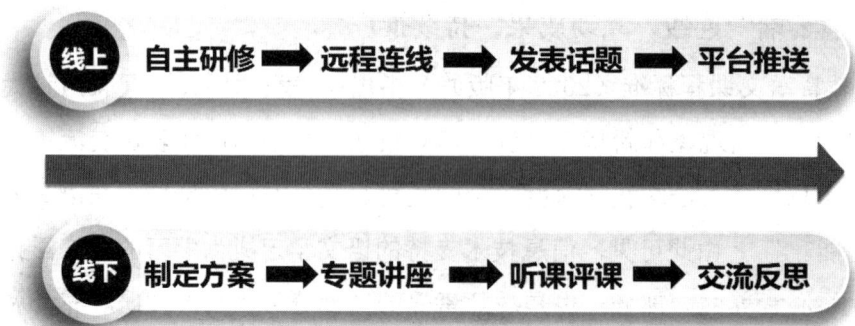

图 4 线上线下相结合的混合式学习方式

（四）"云端"共研，集结成果，深究拓展

"相遇云端，共研统编教材"信息化主题教研活动，有效促进了两地对统编教材的深入研究与实践交流。在研究与实践过程中，教师们参与积极，研修成果显著。笔者将这些资料整理完善，完成了《南开区"云动"课程资源平台应用实践共同体工作手册》。手册包含了研修方案、自主学习、网络社区活动记录、开放性活动记录和研修成果五个板块。收集包含了教师线上听评课记录、网络社区活动实施情况记录以及各种项目成果等丰富的资料。对今后继续开展其他"云端"活动具有重要的指导意义。

通过课程资源平台，共发布了自主研发的区域精品课程教学资源 430 课时，目前产生访问量 307806，总选课量达到 3735 人。各参与方在"南开·云动"实践共同体网络社区研修平台上传了统编教材单元导读微课资源 36 个，典型案例 2 个，组织了 4 次话题研讨；发表文章 20 余篇。收集到的教学设计、课件、微课、论文、典型应用案例等形式的成果 48 项。此外，评选出优秀成果 24 项，以环县南关小学、环城小学为代表的微课、论文及案例优秀成果共 10 项。这些优秀成果陆续在 "南开区小学语文工作室"微信公众号上进行了展示、推广。

活动有效促进教师团队的整体发展及教师专业水平的提升。在后期的持续推广与深究拓展中成果显著。"展卷开蒙 悦享文化" 市级精品教研展示活动促进了共研活动的延伸推广；信息化网络主题教研助推了本区和兄弟区县"一体化联研"活动。研究过程注重研究成果的交流与推广，注重发挥对辐射范围的积极影响，以促进教育教学实践过程更有针对性、可行性和实效性。

三、云端共研模式的反思

（一）教育信息化 2.0 时代带动了发展动力观的转变，即新时期基础学科教育在发展上需要迅速做出变革，要将目光放在整个学科的教育工作中，确保学科教育的可持续发展。[2] 本案例是基于信息化 2.0 背景和教师需求进行的大胆尝试。构建了螺旋提升，整体共进的云端学习模式。即通过一系列的云端共研活动总结成果，形成的成果成为新的共研内容，在学习中继续完善或产生新的思考，最后形成新的成果。这种基于教师专业需求的教研更有利于促进教师发展，是真问题、真研究。

（二）本案例将"云端共研"模式进行细化，构建了津甘两地双线结合的研修模式，形成螺旋提升、整体共进的真实共研过程（见图5）。

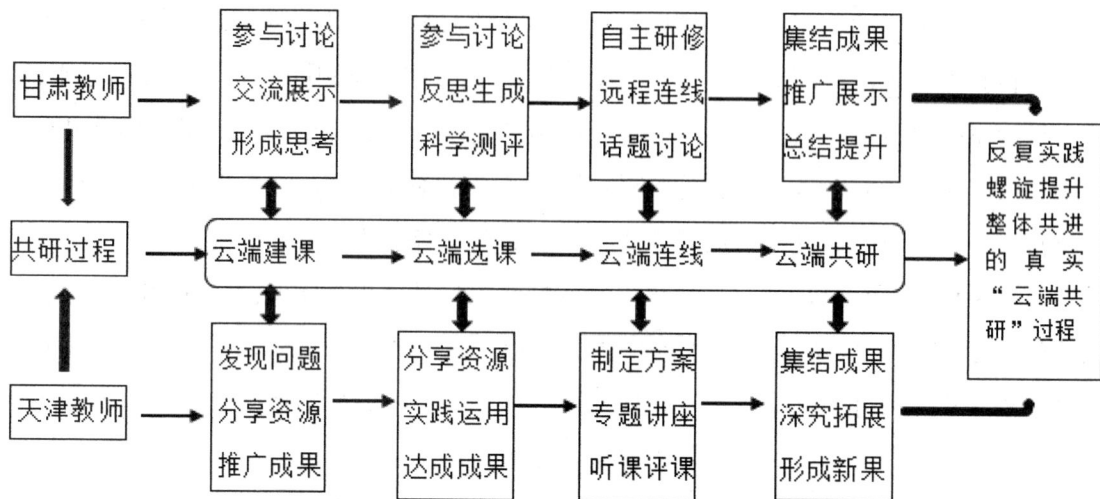

图5 "云端共研模式"实施过程结构图

（三）"云端"共研有效助推了"津甘疆"三地师资培训，有效助推教育优质资源的公平、共享。共研活动不但保证了研学的顺利实施，并且以点带面，有效推进教师团队的整体发展。同时，充分发挥了研究成果对教育教学实践的推动作用及对辐射范围的积极影响。教师们良好的团队协作，积极的研究探索精神、持续的学习与思考能力得以体现。

笔者将不断探索，充分利用信息化平台，寻求突破"云端"共研的新思路，实现优质资源推广，助力教师专业发展。

【作者简介】

杨慧莉，天津市南开区教师发展中心小学语文教研员。天津市教育学会小语会常务理事。专注于小学语文语用教学研究。先后主持市级研究课题7项，出版学术专著1部，发表论文20余篇，指导多名教师获全国教学比赛一等奖。

【参考文献】

[1] 中华人民共和国教育部. 义务教育语文课程标准 [S]. 北京：北京师范大学出版社 . 2022.

[2] 孙海霞. 教育信息化 2.0 时代小学语文教学研究 [J]. 中小学电教 . 2022.07.

混合式教学视角下的整本书阅读课程推进

董前峰

一、案例背景

2020 年，线上教学成为新的教学样态被广大语文教师逐渐认识，努力实践。我区小语团队结合统编教材"快乐读书吧"栏目研发了一至六年级整本书阅读课程资源，在滨海新区百余所学校千余名学生中推广使用，以"线上观课＋线下阅读"为主要方式推动阅读；其中，部分优秀课例作为天津市"云课堂"教学资源，上传到天津市基础教育公共资源教研平台。切换到线下教学后，笔者与本区域小语团队又以学生的真实需求为起点，以课堂为载体，探索了线下整本书阅读的课程模型与操作范式，实践中逐步明确了基于儿童立场推进阅读课程的研究方向。2020 年底天津市首届精品微课程教学课例大赛中，我区 12 节"快乐读书"微课程获奖。2021 年笔者所在的我区小语团队申报的市级课题《基于儿童立场的整本书阅读读写支架群的创建》通过申请；课题组打磨的《红楼梦导读》获双优课三等奖；《低年级绘本阅读课程》获批精品校本课程资源，发布在天津市基础教育网络教研平台，供全市师生浏览学习。2022 年，结合我区的实际工作经验与思考，笔者撰写的题为《基于儿童立场的整本书阅读课程推进构想》一文发表于《天津教研》。3 年来，笔者与团队教师结合本区实际进行了多次推荐书目论证，梳理了贴合教材与学情的"篇本类"联读的阅读策略，构建了"快乐童年——幻想童年——精彩童年"的儿童化阅读阶梯训练体系，组织了"快乐读书"居家阅读实践活动，倡导红色经典阅读，传承我国优秀传统文化、革命传统文化，建立全民阅读共同体。两年半的探索，小语团队逐步形成了混合式学习背景下整本书阅读的成功经验：全民阅读式教学生态；任务驱动型教学模式。希望为整本书阅读提供一条可以实践，可以复制的思路。

二、案例描述

意大利著名教育家蒙台梭利指出，"教育以儿童为中心，必须在内在驱动力的基础上自由成长。"当前课程领域发生重大转向的是"从标准化转变为根据学习者的需求进行定制，从关注教材的呈现转变为重点分析学习者的需求，从内容的灌输转变为帮助学习者理解。"整本书阅读教学也要遵循以学习者为中心的路径。

基于儿童立场的整本书阅读，应把儿童的精神成长放在首位，充分发挥阅读滋润儿童心灵的作用，充分呵护儿童的天性，创设童真童趣的阅读情境，整理满足儿童需求的阅读策略，寻找儿童喜闻乐见的阅读路径，设计丰富多彩的阅读活动，构建有利于儿童精神滋养的阅读课程体系，帮助儿童形成个性化的读书经验。

（一）精准定制，构建儿童化的课程体系

❶ 基于儿童立场的整本书阅读教学的价值分析

阅读图书，儿童需要有大段的、完整的、不被打扰的时间支持，线上教学时间与空间上的弹性和恰好为整本书阅读提供了契机，儿童在整本书提供的海量信息中，透过现象看本质，前后联系，分析综合，发展思维，体验"解构—建构—再解构—再建构"的学习过程，了解事物间普遍存在联系的观点。

整本书阅读的多重价值为学生提供滋润其心灵成长的营养。书籍蕴含的自然美、社会美、人性美以巨大的文学价值，丰富学生的情感世界，提高学生的道德品质；整本书的思想价值超越时空的阻碍，以无与伦比的深度与广度推动着学生的心智发展；整本书的教育价值在于，它既是人类智慧的结晶，也是民族精神的源泉，它提供了经验，指引了方向，对儿童心理的健康成长，文化自信的形成具有重要的作用。

❷ 基于儿童立场的整本书阅读学情分析

整本书阅读的起点在哪里？教师如何发现？基于儿童的阅读需求的课程体系如何构建？整本书阅读，若没有切中儿童的心理需求，没有唤起儿童的读书欲望，其危害是不容小觑的。

线上学习期间，为了解儿童的课外阅读情况，我们借助问卷星平台结合统编小学语文教科书《快乐读书吧》编制了学情问卷调查。调查侧重了解以下几个方面：一是小学

生课外阅读的背景；二是小学生课外阅读的兴趣状况；三是小学生已经具备的阅读经验以及所面临的具体困难。为使调查结论更贴近事实，我们选择了滨海新区 12 所学校的563 名小学生作为调查对象，调查结果如图 1 图 2 所示。

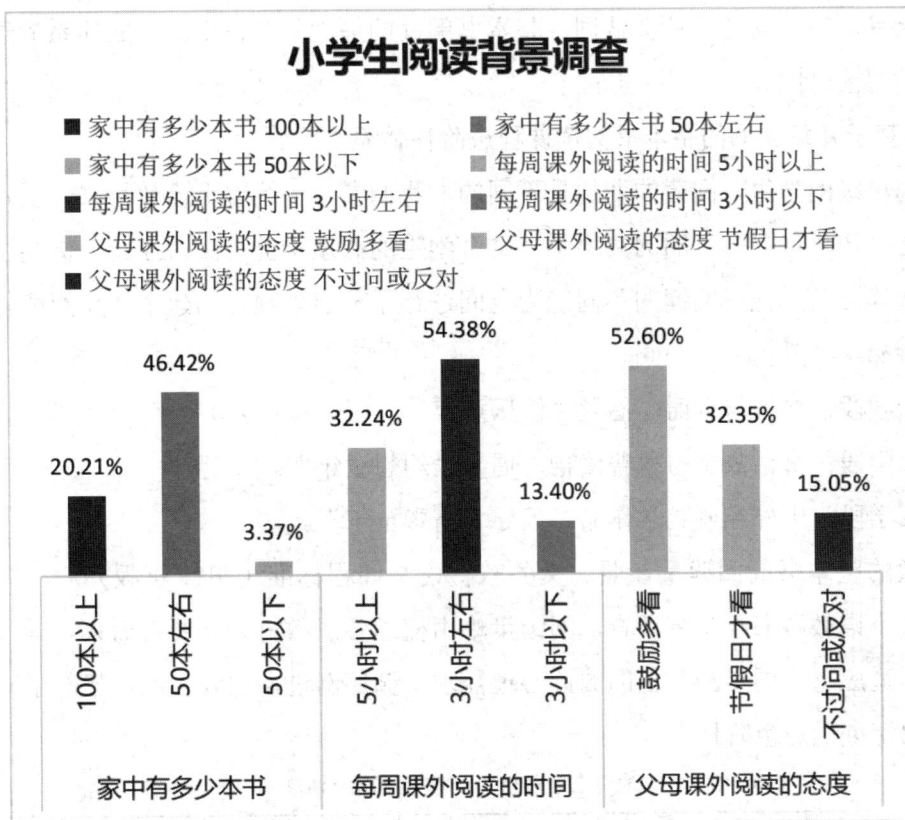

图 1 小学生阅读背景调查

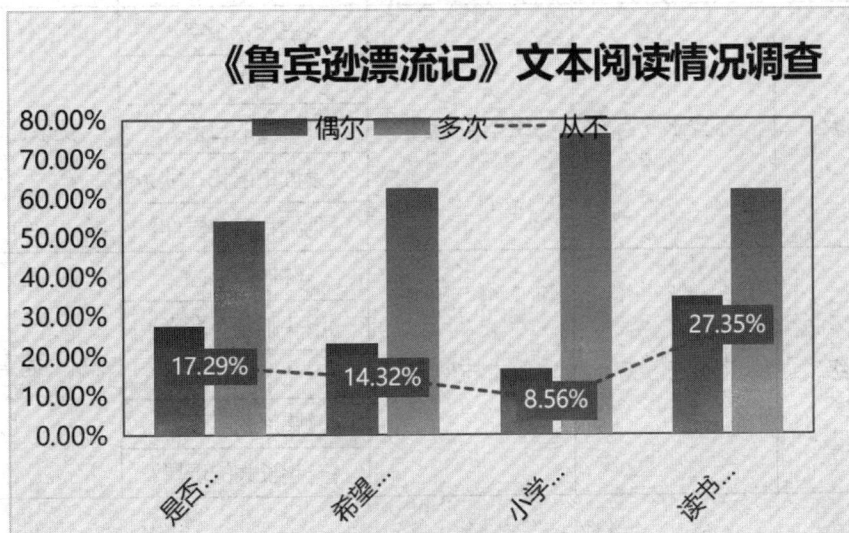

图 2 文本阅读调查情况调查

调查表明，不同年龄段的儿童对经典阅读的期待是不同的。对于中外经典文学名著，儿童有阅读愿望，但阅读动力不足。这是因为儿童阅读能力与经典作品的难度不对等，多数儿童的文本解读尚处于未经开垦的初始状态。整本书阅读的条件已基本具备，表现在儿童接受，家校支持，社会认同。整本书阅读的最大问题在于缺乏成体系的过程指导与足够的阅读时间。

❸ 基于儿童立场的整本书阅读课程进阶性体系

不同年级的学生，阅读的期待是不同的。我们参考了统编小语教科书一至六年级上册课文与"快乐读书吧"的阅读要求，结合学生的心理特征与阅读经验，借鉴了莱克赛尔分级阅读法，对儿童阅读的不同能力区间进行了分层处理，构建了体现阅读能力进阶的阅读阶梯。

第一学段：绘本与童谣，倡导"快乐童年"。

第二学段：童话故事与科普读物，倡导"幻想童年"。

第三学段：中外经典文学作品，倡导"精彩童年"。

儿童的整本书的阅读量参照《义务教育语文课程标准（2011 年版）》，阅读书目参照统编小语教科书与学情调查，阅读策略由梳理各册教材语文要素而来。学段分级系列阅读，适应了不同年龄儿童的阅读心理需求，循序渐进，由浅入深，架起了一道通往儿童心灵深处的彩色阶梯。

表 1 各学段分级阅读书目和策略清单

年级	阅读总量	阅读文体	阅读书目	阅读策略
一年级	不少于 5 万	绘本与童谣	《三十六个字》	提取、联想
			《我妈妈》	
			《蚯蚓的日记》	
			《读读童谣和儿歌》	
			《猜猜我有多爱你》	
二年级	不少于 5 万	绘本与童谣	《神笔马良》	预测、联想、提取
			《没头脑和不高兴》	
			《七色花》	
			《愿望的实现》	
			《一起长大的玩具》	

年级	阅读总量	阅读文体	阅读书目	阅读策略
三年级	不少于 40 万	寓言与童话	《中国古代寓言》 《伊索寓言》 《夏洛的网》 《木偶奇遇记》 《长袜子皮皮》	预测、提取、联系、视觉化
四年级	不少于 40 万	科普读物	《十万个为什么》 《爷爷的爷爷在哪里》 《细菌世界历险记》 《森林报》 《昆虫记》	提取、提问、联想、统整
五年级	不少于 100 万	国内名著	《西游记》 《水浒传》 《三国演义》 《红楼梦》 《俗世奇人》	浏览、预测、提取、联系、推论、统整
六年级	不少于 100 万	国外名著	《鲁宾逊漂流记》 《尼尔斯骑鹅历险记》 《汤姆索亚历险记》 《爱丽丝漫游奇境》 《绿野仙踪》	预测、提取、联系、推论、比较、视觉化统整

（二）混合式教学建模，设计儿童化的阅读指导路径

❶ 线上教学：以儿童的方式为童年浸润书香

与单篇课文的教学不同，整本书的阅读指导，应在儿童阅读的全过程中实施干预，混合式学习形态使整本书全程指导得以落实。以线上教学生态为例，可以采用以下路径进行建构。

（1）导读微课，唤醒儿童阅读期待

线上习期间，我们结合推荐阅读书目自主研发了 6 个年级，6 个系列，30 节导读微课，同时配合学习建议，通过滨海新区网络教研平台发布到每个家庭，此举既为整本书阅读预热，又指明了阅读的思路与方向。导读课中突出的要素有作家作品介绍，有文章

主要内容，有目录浏览，有精彩片段赏析。

（2）方法示范，推动儿童阅读进展

我们以"每周一书"的进度推动第一学段的"亲子阅读"，第二学段的"师生共读"，高年级的"班班有读"，每个班级结合本班学生实际，选读一本书，形成本班"阅读共同体"，阅读推进课上突出的元素有：方法引领，比较阅读，学用结合。

（3）交流展示，提升儿童思维品质

"班级读书会""经典云诵读""阅读达人秀"从个人、班级、学校、区域等层面保障儿童真阅读、真思考，真获，帮助儿童形成整本书的阅读成果。教师需要关注的要素是：聚焦话题，师生分享，形成阅读经验。

❷ **线下教学**：以儿童喜闻乐见的方式确定整本书阅读的路径

整本书阅读中，阅读方法是核心，是通往阅读核心素养的桥梁，怎样正确地阅读一本书？教师如何帮助儿童在书本的漫游中一路前行，抵达终点？笔者以四年级阅读书目《十万个为什么》为案例谈谈线下教学生态下如何指导儿童在全程阅读中建立阅读路径。

《十万个为什么》阅读指导方案

【第一环节：创设情境，任务驱动】

这本书与国内的《十万个为什么》有所区别，作者带读者来到奇妙的神秘国度，名字叫做"我们的屋子"，屋子里的每一样东西，都是一个谜……作者伊林采用"屋内旅行记"的方式，对日常生活中的许多事物提出饶有兴味的问题，可以布置学生开启一场"屋内旅行记"，记录这场旅行。任务驱动帮助学生建立阅读期待，为学生未来的阅读定向、导航。

表2 《十万个为什么》提问清单

①看到《十万个为什么》这个题目，我会想：
②开始阅读时我的问题：
③阅读中我的问题：
④阅读后我的问题：

【第二环节：自主通读，制订计划】

在阅读《十万个为什么》的初始阶段可以让学生根据自己的阅读进度制订通读计划，以确保阅读活动的完整，可以设计通读计划表如下页：

表 3 《十万个为什么》阅读进度表

日期	内容
	第一站 自来水龙头
第一天	人是从什么时候开始洗澡的？为什么要用水来洗涤？ 人们是如何使用肥皂泡的？我们为什么要喝水？
第二天	水能不能把房屋炸毁？固体的水；穿上冰鞋后为什么不能在地板上滑行？存不存在不透明的水和透明的铁？
	第二站 炉子
第三天	人类从什么时候开始会取火的？火柴为什么可以点着火？火柴是什么时候发明出来的？为什么水无法燃烧？
第四天	炉子燃烧过后，劈柴到什么地方去了？炉火旺盛的时候，为什么会呼呼作响？水为什么能够灭火？一个关于炉子的谜
	第三站 餐桌和炉灶
第五天	厨房实验室；马铃薯是什么东西？我们为什么不吃生的马铃薯？为什么烘烤的马铃薯有硬皮，而煮的却没有？浆过的衣服为什么是硬的？面包的皮是从什么地方来的？
第六天	为什么陈面包会变硬？为什么面团里边放上酵母就会发起来？面包里的小孔是从哪里来的？为什么啤酒会咝咝作响，并且冒出泡沫？汤是什么东西？
第七天	我们为什么要吃肉？人造食物；盛在瓶子里的美食；奶为什么会变酸？干酪里的小孔是从哪里来的？为什么干酪放很长时间也不会变坏？
第八天	古代的人都吃什么东西？为什么面糊会变酸？我们喝咖啡和茶有多长时间了？古时候的人吃东西的时候用什么，怎么吃？
	第四站 厨房锅架
第九天	七种东西七个谜；为什么不同的东西要用不同的材料来制成？什么样的材料最坚固且又最不坚固？铁为什么会生锈？为什么马口铁生锈不像普通的铁生锈那样厉害？铁器是用什么做成的？
第十天	生铁为什么不像熟铁，熟铁为什么不像钢？除了瓦罐以外，还有什么东西是黏土制成的？厨房里使用的瓦罐能够给你什么启示？
	第五站 碗柜
第十一天	厨房里用的瓷器究竟是谁发明出来的？你的碗柜里面有没有用沙子制成的东西？液体有没有硬的？
	第六站 衣柜
第十二天	镜子的历史；我们的衣柜里面都有些什么？穿着皮袄为什么能使人感觉到温暖？是穿三件衬衣暖和，还是穿一件相当于衬衣三倍厚的衣服暖和？有没有由空气筑成的墙壁？为什么夏天穿毛呢衣服不好？我们为什么要穿衬衣？

【第三环节：阅读活动，全程指导】

为帮助学生丰富阅读经验，顺利完成全程阅读，可以设计形式活泼，操作简单，指向明确的统整性阅读活动，让学生的阅读在开放、多元且富有活力的"读、思、画、展、联"中提高思维品质与阅读能力。

活动1：插图排队。将《十万个为什么》书中的插图做成卡片，打乱次序张贴在班级墙报，学生重新排序，整理出不同站点的新发现。这个活动帮助学生回忆书中主要内容。

活动2：阅读路标。为班级的其他小读者设计《十万个为什么》的路标，标画出自己漫游过的地方。

活动3：漫游地图。记录自己阅读时每一站的发现，并绘制"屋内旅行"平面图，学生借助这张图梳理全书，也可以把自己的生活体验与阅读体验建立联系，从而反馈自己最关心的细节。

活动4：发现奇迹。以"读书会"的形式说一说自己阅读中感觉很奇妙的发现，与小伙伴朗读分享。

需要指出的是，整本书阅读过程中，教师的角色定位与在其他类型的学习指导中不同，学生阅读时，教师始终应以资深读者的身份参与其中，尊重学生阅读的权利，给予学生必要的帮助，阅读策略和阅读方法的指导始终是隐含在阅读活动中的。

（三）精心选择，提供儿童化的策略支援

❶ 阅读情境的创设

情境在学生语言实践活动中的作用是非常重要的，学生感悟语言、积累语言、运用语言要在一定的场域中进行，培养学生的语文素养，必须创设情境。整本书阅读也是语言学习，也需要依托富有活力的、情趣盎然的情境。

线上学期间，我们针对线上教学期间师生只能隔空见面[1]的状况，结合推荐书目研发了30节微课，每节课5至8分钟，推出了系列主题阅读，我们充分发掘整本书中的生命教育元素和成长元素，借助现代信息技术手段，将一本本好书制成视听精品，通过公众号送达滨海新区万千家庭，送达的不仅是灵动的课堂，也是开阔的视野。

教师在推进课上带领学生走进图书世界，获得精神成长。《蚯蚓的日记》告诉儿童要树立乐观向上的生活态度；《鲁宾逊漂流记》揭示了冒险精神与生存规则，满足了儿童对生命的好奇与疑惑；《木偶奇遇记》《西游记》《汤姆索亚历险记》《尼尔斯骑鹅

旅行记》讲述的都是成长的故事，揭示了成长与成功的关系；《森林报》《细菌世界历险记》突破时间与空间的阻碍，解锁宏观世界与微观世界的生存密码；《三十六个字》把热爱汉字的火种埋在儿童心中，告诉儿童家庭与爱是支撑个人成长的源动力。

不少语文教师陆续开设了班级公众号，通过云端"班级读书会"与学生、家长连线，分享交流读书的收获与乐趣。学校、家庭、社会紧密联系，构成了一个多层次、立体化的"全民阅读共同体"，在这个巨大的阅读场域里，每个人既是读者，也是传播者，共同讲述着一场以生命为主题的故事。

❷ 阅读支架的帮扶

为达成整本书阅读目标，需采用某些阅读方法和技巧，即阅读策略。应该说阅读策略是阅读核心素养的抓手。梳理小学阶段常用阅读策略，笔者发现不外乎九种：预测、提取、联系、图像化、推论、提问、联想、比较、统整。为保证阅读策略指向核心素养，可以设计几种阅读支架，在思维发展区与语言发展区之间搭建通道。

"信息检索单"——提取书中的有效信息，培养提取信息能力。适宜在阅读一本书的初始阶段使用。

"好书推荐卡"——提取加工信息，整合观点，对书中人物情节进行评价。

"情节图"——手绘场景，建立书中人物与事件的联系，培养整体感知的能力，将碎片化阅读转化为系统性阅读。在形式上可以是多元的，如培养发散思维的"气泡图"，统整文章的"鱼骨图"，梳理和归类的"圆圈图"……

三、案例反思

整本书阅读更接近人们日常生活的真实阅读状态，具有巨大而独特的教学价值空间，是每位语文教师心中的教学圣地，整本书阅读课程化事实上是将一本本蕴含着人类智慧结晶的书转化为儿童认识世界的学习资源，成长经验。如何使整本书的教学价值最大化，怎样以最适宜、最有效的方式唤醒儿童。线上学习空间渐次打开，"混合式学习"冲击着传统学习方式，怎样发挥混合式学习平台的优势，弥补现实中的课堂教学"线性推进"的弊端，帮助儿童真正实现个性化的连续学习？基于儿童生命需要，着眼儿童心灵成长，整本书教学有待进一步探索。[2]

【作者简介】

董前峰，天津市滨海新区教师发展中心三分中心小学语文教研员，天津市小学语文专业委员会常务理事，主持多项省部级重点课题，撰写的多篇论文发表于《小学语文》《天津教育》等专业期刊。

【参考文献】

[1] 吴欣歆. 语文课程视野下的整本书阅读 [J]. 课程. 教材. 教法, 2017, 37(05): 22-26.

[2] 李煜晖. 探索和发现的旅程 [M]. 上海. 上海教育出版社. 2019.6.

立足"四个起来"总载体 激发教研活动新动能
——线上教研活动提质增效样态研究

燕芬

近年来，在社会形势需要、网络信息技术、国家政策导向等多重因素推动下，在线教育教学逐步普及，基于混合式教学模式的学习环境、组织结构、教学方式持续创新。线上教学在很大程度上重构了学习环境的基础和条件，不少学生和教师也出现了一定程度的不适应。因此，这更加需要教师和教研人员突破教育理念的局限与技术的操作性障碍，科学设计适合学生自主学习、师生高效互动的新流程、新模式。作为教研人如何助力一线教师专业成长和在线教育教学？为此，基于OBE理念，将"学生中心、成果导向、持续改进"贯穿于教研活动及教学活动中，与老师们形成"学习共同体"开启不断进阶的征程，调动广大教师积极性，让各校老师在研学、研教中，寻求破解问题之法，总结经验做法形成实操攻略，通过聚智合议"金点子"、实践踏出"新路子"，让教研不断给师生赋能，进而提质增效。下面谈一谈线上教学背景下开展教研活动的一些做法和体会。

一、聚焦"精准调研"这个关键，推动问题需求"明"起来

教研活动的策划和组织直接影响着教研活动的质量。为使网络教研活动更具针对性、实效性，在预设教师需求的同时，坚持科学调研，采用个人访谈法、问卷调查法和观察法来精准定位问题需求。

访谈调查。通过电话、微信与不同学校、不同年龄段、执教不同年级的多位教师进行个人访谈，了解一线教师的现实需求。

问卷调查。利用"问卷星"对教师进行问卷调研。

巡课观察。通过进入教师直播间,进行在线巡课,观察师生教与学的情况。

通过调研了解:①支持线上教学所使用的平台工具有哪些?②线上教学采用的方式、手段有哪些?③筛选与应用了哪些教学资源?④师生沟通答疑环节的渠道和做法;⑤课后练习、作业反馈情况;⑥有效达成目标的经验做法;⑦实施过程中存在的问题、困惑及对教研活动提出的需求和建议。

通过调研,首先遴选各校实践的亮点,汇总经验做法。其次梳理了网络教学主要问题①中老年教师对平台和工具使用不熟练,个别教师面对新的挑战有畏难情绪;②在教学过程中不清楚每位学生的学习状态;③网络教学缺失课堂有效管理;④学生学习专注度较差,尤其低年级学生学习时过于依赖家长的支持与监督;⑤在线学习不能体现学生主体地位,缺少动手操作的过程,缺少充分思考的过程,缺少积极回答问题的过程,缺少与他人交流的过程;⑥线上教学效果不及线下教学。因为在线学习学生在家学习无法获得教师持续的关注,加之没有同伴的参照,让儿童独立学习,势必给教学带来种种问题。

可以说,通过科学调研,精准了解各校教研组在实践过程中创生的好做法好经验;准确定位问题需求,知道"哪些人具有哪些经验做法可以输出分享引领他人""哪些人在哪方面需要哪些专业支撑、行为引领"。

二、突出"分类施策"这个导向,推动教学素养"强"起来

教研活动是以促进教师专业发展为宗旨的一种实践性、反思性的专业发展研究活动。聚焦问题解决的教研活动不应是单声道的教研员的独角戏,而应是以 OBE 理念为指导,多样态的研究式参与式的教研。实践中,基于校情、师情、学情的不同彰显分类施策,切实以一线教师为中心、学生为中心,并不断以成果为导向,在持续改进中,不断探索出有效的方法策略,提供针对性个性化实操攻略、进阶路径,从而给师生赋能。

(一)融入实践"研",促专业能力迈上全新台阶

为了更好地凝聚智慧,开展有效沟通,做到:①肯定教研组的做法或亮点。②为了避免内容重复,统筹各校稿件内容,并聚焦调研呈现的问题困惑与各教研组提交的内容进行匹配。③为凸显问题解决,与教研组长交流研讨并提出修改方向,或建议增加内容,或提供相应资源,聚焦热点问题开展实践与反思,把问题作为小课题让教研组进行实践

研究。④明确成果展示要求，约定上交初稿时间。⑤对特色不明、内容过于质朴的初稿，协助提炼主题、打造高光亮点。

研究表明：教师专业成长不是依靠外部灌输就可以获得，而是在自我实践反思中以及群体合作中逐渐获得的。为此，根据各校教研组成员具体情况，因校施策，提供个性化服务，教研员与教师结成"学习共同体"。如，为召开三年级数学网络教研活动，对教研组人数为 10 人左右的学校，在她们总结已有经验做法的同时，提出更高的要求，让其对现有的一两个问题开展实践研究，以问题驱动实践，发挥其组内名师、中心组成员的作用，促其聚智合议携手共研、提出破解具体问题的"金点子"，作为教研员了解教研组工作情况，当同伴互助出现低水平重复或问题无法解决时，及时跟进共同探索。对其他几所获得展示机会的学校，采取因需指导，随时沟通的方法，如，指导了一个只有 2 人的教研组，从其上交样稿、制作 PPT 到后面录制微课视频，反复交流研讨提出建议。在此过程中，参与的老师们在实践中反思，在反思中改进，最终在区级教研活动中分享的内容让参会教师从中收获更多的有用、好用的技能技巧、方法策略，使参会教师在理解的基础上可借鉴、能使用、促迁移；参与展示汇报的老师们在起到示范引领作用的同时收获了成长、获得良好成功体验；增强了研究意识，也促进了高阶思维的发展。这种样态下开展的网络教研活动，确实能起到彼此赋能，促进教学能力水平不断迭代的作用。

（二）多维触角"练"，促信息水平紧跟时代步伐

线上教学，离不开平台及相关工具（腾讯会议、一起作业、微校云、班级小管家等等）的加持。在教育教学中不断发挥其支持教与学的作用，促使教师信息化素养的不断提升。在调研中发现，许多学校非常重视对师生的操作培训，对一些公众号、网络平台、APP 等如何操作使用，进行说明或介绍。如，通过微信群推送视频《腾讯会议教师（学生）使用说明》《运用班级小管家如何提交作业》等。培训教师先行学习实操练习，尤其一些中老年教师，信息化水平存在较大差异，这就需要教师在学习与实践中不断进阶。结合巡课工作对教师表现水平进行了三级划分，促使老师向更高水平迈进。

一级表现水平：掌握简单的操作方法并能指导学生使用；能使用推荐的微课等资源进行线上教与学的活动，并能完成作业批阅。

二级表现水平：在教学过程中，能根据师情、学情，较熟练地使用相关的操作工具；能对提供的微课等资源进行二次加工或创作，使学习产品更好的服务于在线学习；能利

用平台的基本功能进行线上互动（如腾讯会议），能较熟练地进行屏幕共享，使用举手、连麦、开摄像头、聊天区发送答案、投票、计时器等相应功能。

三级表现水平：能根据使用的操作工具，随着操作平台功能不断增强，能主动开发探索更多"新玩法"，如，腾讯会议，使用互动批注（可用【鼠标】【激光笔】等定位当前 ppt 的特定区域；用【画笔】实时勾勒重点；还可以使用【文本】功能，快速添加批注；会使用【橡皮擦】；批注完成后，还可点击【保存】按钮，将内容保存下来，方便重温回看。）；能充分利用希沃白板、睿智云等交互式学科教学工具开展网络教学。

可以说，技术的发展，带给我们新的教学体验，也必将促进教学新模式的形成。通过对教师信息工具使用表现水平的评价，促进教师在实践中提升信息技术水平，在不断迭代中提高信息素养。

（三）变换主体"悟"，促指导方式回归学习本原

OBE 理念强调以学生为中心，学生是学习的主体。加涅曾说：教学的目的是帮助人们学习。学习的内涵是什么？神经科学认为：学习是脑加工的过程，是脑对刺激产生的反应，它包括对信息的感知、处理和整合。认知心理学认为学习是认知加工的过程。它包括信息的输入、信息的处理和信息的输出。基于理论的学习与指导，作为教研员，首先要改变以往的教研方式，加强线上联动教研，不仅发挥区学科带头人的作用，而且探索以各校教研组长为中坚力量、各校教师参与的"区——共同体（片）——校"三级网络教研活动的开展，助力更多一线教师参与研究，明确疑惑，提炼策略，唤醒教师成长自觉。通过任务卷入式教研活动，使教师成为教研活动的主角，实现教研以教师为中心。让老师们经历学习的过程：感知信息——认知加工——整合输出，意在促使每位参与者体悟学的过程，明确知识体系的更新迭代不可能全部由别人帮助完成，自我学习自我建构整合输出，才可谓真正现实学会及会学。为此，我们聚焦单元整体教学设计的研究与实践，注重变革教学设计视角和方法，立足儿童视角，梳理教材重点，诊断学生学习难点，为学生的学设计"好任务和好问题"，提供学习资源和支架并进行前置作业及课后作业的研究。引领老师们备课时要从课时走向单元，用单元整体教学的思想来进行教学过程的实施。以学生立场、课程视角来设计学习活动。主要从"教材解读——学情分析——确定目标——教学设计（建议）——前置作业、课堂练习、课后作业"几方面着手，带动教师成为研"学"研"教"的参与者、实践者、建设者，促使教师更好地把握学情、

理解教材，提升对学生学习的指导力。进而实现：只有备得深，析得准，才能讲（学）得透，练得精，使学习真正发生。

三、拧紧"模式创新"这个重点，推动案例交流"活"起来

通过经验分享案例交流，达到互学互鉴共成长。下面选取其中两个案例进行简要介绍。

案例一

❶ "线上授课" ——定时推送资料、实时在线答疑

主要筛选应用"国家中小学智慧教育平台"和"一起学 APP"教学资源，通过二次加工进行网络授课并针对个别学生无法按时上课的情况，把当天录课发送到班级群中。每天将导学案及学习资料定时推送到班级群中；借助微信群的照片打卡分享学习生活，增加互动，教师实时在线答疑。

❷ "课后反馈"——巧用线上平台、提供精准辅导

选用"一起学"APP 布置课后练习。利用"课时讲练测"中习题配套视频讲解，辅导学生订正错题。使用可智能组题的"课后巩固"，针对性地布置练习。老师实时从平台呈现的数据信息查看学生答题情况，从而做到精准辅导，通过平台奖励"学豆"或单独发送评语和奖励，以多样化评价提升学生在家学习的兴趣。

❸ "课外拓展"——收获数学知识、渗透数学文化

每周五下午 2：30—3：00 安排数学绘本故事的听读活动，并指导学生在听故事的同时，发现数学知识，感受数学文化，分享学习收获和体会。

案例二

学生线上学习主要经历"预""学""练""固""拓"五个环节。

第一环节"预"，以前置引思维：即学生预习，教师进行预习指导。使用"七彩课堂"预习卡。做好预习指导，不要求学生把预习卡的所有内容打印或抄录下来，只需要写出答案进行核对，并重点把不理解和出现错误的地方进行标记，作为第二天课上重点学习部分。

第二环节"学"，以知识打基础：这是学生学习的核心环节。一是采用直播互动式学习；二是观看教师推送到班级群或个人微信中的针对学情录制的重难点或易错题的指

导（讲解）视频或语音、文稿。通过上述两种相互促进、相得益彰的知识呈现形式，更好打牢学生的基础素养。

第三环节"练"，以贯通促融合，练习分为了三部分：一是对应学习内容的练习（书面、口头、操作等）；二是计算天天练（口算达人秀、扑克24点赛等）；三是思维训练。

第四环节"固"，以补短强反馈：即对所学的知识进行巩固复习。针对一周或者一单元的学习情况，将学生解答的相应习题、制作的知识梳理图等，通过拍照上传进行评价反馈。

第五环节"拓"，以延伸激兴趣：拓宽学生的眼界和知识层面，激发学习兴趣。向学生推送南开区"云动"课程资源平台上的小学数学趣味课程以及数学绘本等拓展学习资源。

四、扭住"持续优化"这个根本，推动教研标准"立"起来

（一）坚持"上下"同步，以教研指导引领教学实践

教研与教学，是教育活动的一体两面，两者互促互进，不可分割。网络在线教育过程中遇到的一系列新情况、新问题，更加需要教研与教学实现高水平的有机融合，从而精准、及时、科学地解决问题。其中，教研必须充分发挥"三统"作用，实现对教学内容、教学活动、教学理念的统筹、统领、统一，对教学实践进行持续性、常态化的指导，引领教学活动适应新形势、师生需求、新特点。指导工作要避免"大水漫灌"，真正做到"精准滴灌"，为不同教师提供个性化建议指导。

（二）坚持"内外"兼修，以专业素养促进师生互动

教师与学生的互动形式和效率，直接影响着传递过程的有效性。教师必须准确掌握网络在线教育的知识呈现结构、备课流程、跟踪方法、反馈渠道，并通过反复实践来提升与学生互动沟通的能力，实现知识的高效传递。特别是，要将调动学生自主学习、自主思考的积极性作为重中之重。

（三）坚持"新旧"联动，以新式理念扬弃固有方法

信息化网络教学时代，教学活动不得不采用一些新的理念和思路，但这并不意味着

对以往教学模式的替代。相反，必须立足于已有教学的基本模式，以问题为导向，根据网络教学中学生诉求和实践动态进行持续调整、总结、提炼，并以网络教育研究理论为指导开展教育实践，通过教学团队的定期讨论交流，对已有方法进行扬弃，真正实现"新旧"联动。

（四）突出"点面"结合，以优秀典型带动全体队伍

教研教学活动，既是个体行为，更是集体行为。适应线上教学要求，必须做到"点面"结合，在学校内部、教育共同体（片）和全区范围三个层次，及时发掘教学中的工作亮点、优秀典型、成功经验，通过特定平台进行表彰和推广，由点及面、以点带面，"波浪式"推动形成教师自我提升的动力。

五、后记

教育是国之大计、党之大计。教师是立教之本、兴教之源。教研活动是提升教师教学水平的重要"催化剂""风向标"。在加快构建高质量教育体系、建设教育强国的新征程上，造就一支高素质专业化基础教育教师队伍，打造科学精准高效、符合师生需求、响应时代呼唤的教研体系，对于办好基础教育乃至整个国民教育至关重要。作为教研人员，我们要深入学习贯彻习近平总书记关于教育工作的重要思想，紧密结合时代发展对线上教学提出的新要求，以推进信息技术应用为抓手，坚持"互动融合、高效便捷、师生至上、形式多样"，探索网络条件下教师管理优化、教学方法创新、教育精准支持的新路径、新模式，加快建立完善在线教学数字化平台，遴选优质资源，推广先进理念，以实际行动为教学增效、为师生减负、为教育赋能。

【作者简介】

燕芬，天津市南开区教师发展中心小学数学教研员。天津市特级教师，曾荣获：国家级优秀教研员、天津市"十五"立功先进个人、国家级市级优秀指导教师等。多次受聘为"国培计划"授课教师。

构建网络环境下教研形式新样态
——以指导青年教师线上教学为例

白少荣

网络的发展和普及给各行各业带来了很多便利，对经济发展和教育进步更是产生了深远的影响。随着课程方案及新课程标准的出台，教师在教学上也产生了很多新问题，面临很多新困惑，对于青年教师成长更是巨大挑战。线下教研活动已经无法满足教师的教研需求，这就需要开发新的教研活动形式来解决教师在教学中所遇到的困惑。特别在疫情和"双减"政策的影响下，线上、线下教学不定时切换成为现实，这样促使线上教研从以往的"补充性"向"常态化"发展，线上教研为青年教师成长搭建平台。

一、探究案例背景，追本溯源

突如其来的疫情打乱了学生学和教师教的模式，对此教师们有基础准备但无经验可谈。平时课堂上师生面对面的教学规律因时空隔离不再适用，教师急需找到科学合理的教学方法，重塑学生管理模式、提高教学质量、确保线上教学平稳有序开展。面对全新的线上教学方式，青年教师更有一种束手无策的感觉。很多青年教师感到恐慌，既期待学生能学好知识，又担心学生不适应，同时害怕自己不能合理选择教学资源、驾驭课堂、把握学生在线学习状况，完不成教学任务。

"双减"政策的提出以及新课标的出台，对于青年教师而言既是机遇又是挑战。优化作业设计、减轻学生作业负担的前提都是要提高课堂教学质量，那么如何设计线上教学，为学生提供有效资源，课堂教学和谐融洽，使最短时间效益最大化……是值得研究的问题。

为最大限度减少线上教学的盲目性，区教师发展中心小学数学教研组迅速搭建"网络教研"平台，通过问卷及调研，了解青年教师线上教学困境的表现和成因，正确把握线上教学的本质，提出优化策略，为教师、学生、家长解燃眉之急。

二、阐述案例情节，知己知彼

来自青年教师的疑惑：线下教学还管不住学生，作为青年教师线上教学我们能行吗？面对大量的授课平台如何选择，哪些适合学生？线下教学时老师能随时观察学生状态，通过眼神就可以了解学生对知识的掌握程度，线上教学师生面对屏幕如何交流，如何掌握学生在线动态？线上教学怎样进行小组合作交流？教师如何板书？学生作业该如何处理与评价……

来自巡课过程的问题：教师不能合理选择教学资源，有些教师直接播放整段微课视频，学生视觉疲劳且理解不透彻，不深入；有的教师课件躺倒，自己全然不知；有些教师直接将教材放在屏幕前，直接书写很不规范，影响学生视力；还有的老师就是主播，自己在那滔滔不绝，唱起了独角戏……

三、诠释教研样态，聚力赋能

习近平总书记勉励新时代广大青年：青年兴则国家兴，青年强则国家强。青年一代有理想、有本领、有担当，国家就有前途，民族就有希望。青年教师是教育教学的希望，作为新时代教师应勇于承担时代赋予的使命，努力提升专业素养，扎实练就教学能力。线上教学给青年教师带来挑战，但同时也为他们搭建了成长的舞台。为使青年教师迅速适应线上教学模式，解决上述问题，区教师发展中心小学数学团队大力加强对青年教师的培养。单纯的线下教研已经无法满足大量青年教师的诉求，构建多种线上教研新样态是全面提升青年教师线上教学能力的必然。

（一）统筹规划，整体架构

所谓豫则立，不豫则废。合理的规划及组织机制，是做好线上教学工作的基础。小学数学青年教师人数较多，他们分布在城区、乡村等不同的学校。又由于本区地域广、学校散落，线下教研极其不方便，所以各种工作的开展都离不开街镇教委及学校领导的大力支持，故而区教研部门首先搭建了全区教研大平台（组织机制见图1，设计架构见图2），同时又搭建了青年教师小平台，将青年教师按所教年级分成小组，各组安排区级骨干教师作为组长进行带领，确保政令上下畅通，使教研活动的开展具有实效性。

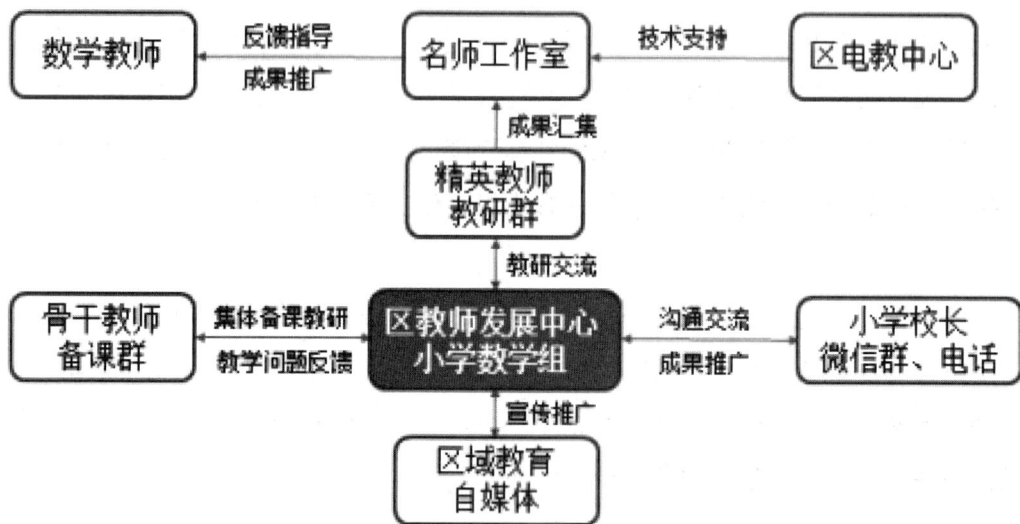

图 1 组织机制

图 2 设计架构

（二）依托资源，开辟渠道

线上教学环境、教学方式以及教学手段等与线下截然不同。面对形形色色的教学平台、大量的教学辅助软件、不计其数的教案设计、微课展示、课后习题等，青年教师眼花缭乱，感到很茫然，因此加强对青年教师的有效引领格外重要。教研员将区骨干教师按年级分成小组，把青年教师安排其中，通过微信群、腾讯会议、钉钉等形式，分年级开展集体备课教研活动，多方面整合网络资源进行备课和推送。例如教辅书的电子版、相关绘本资源、各个平台的资源（国家中小学智慧教育平台、天津市基础教育网络教研平台……），其中包含教学设计、课件、微课、同步练习、复习资料等。

骨干教师按年级，通过微信群将准备好的优质资源下发到各个学校，教师们根据学校区域特点及自己班级学生情况，合理选择适合学生发展的资源。使教师备课、学生预习有抓手，真正做到兵马未动，粮草先行。这样既平复了青年教师的焦虑情绪，使他们有了方向，同时也为线上教学的平稳开展奠定了坚实的基础。

（三）组织活动，解决困惑

为了更准确、更全面、更迅速地了解青年教师线上教学情况，教师发展中心小数组紧跟教师日常教学，及时了解线上教学实际，发现教学中存在的问题。同时，通过和校长群体的沟通交流，掌握青年教师、家长和学生的宏观表现，从学校角度对线上教学整体把握。根据所掌握的教学实际，通过调查问卷、微信沟通、学校反馈等手段，召集青年教师进行集中网络教研，寻找线上教学的困境和对策。经过调研分析，得到线上教学反映出来的问题及结论如下：

- 学情掌握严重不足，作业布置和处理困难重重。
- 教学资源充分，但教师没能根据自己学生实际有效选择。
- 学生出现两级分化现象，且年级越高越明显。
- 随着家长复工，学生自控能力差，新的矛盾逐步出现。
- 学生的学习环境不同，学困生的辅导仍是难题。

发现问题迅速解决问题，将问题消失在萌芽状态，骨干引领凸显成效。小学数学教研员特聘了数学骨干教师，利用网络平台为青年教师线上教学排忧解难，答疑解惑。骨干教师将线上教学中出现的问题归结为五只"拦路虎"（设备、露脸、资源、网络、作业），针对几项弱点各个击破，使青年教师醍醐灌顶，茅塞顿开。本次活动以"为青年教师破瓶颈，这个区以助教促提升"为题，刊登在天津教育报上，对青年教师是极大的鼓舞。

随着教研部门及学校领导大量巡课、青年教师们不断摸索，线上教学虽然逐渐走上正轨，但通过问卷、实际调研等发现仍存在各种问题。鉴于此，及时组织开展了青年教师线上教学阶段性研讨网络会议，针对如下内容的交流研讨，为青年教师寻找解决问题的答案：

❶ 如何正确认识线上教学的本质。

❷ 网络资源要合理鉴别及使用，不能盲目推送给自己学生。

❸ 探究线上图形与几何教学模式，指导学生动手操作。

❹ 作业反馈及学生两级分化严重问题。

❺ 如何做好线上、线下教学的过渡和有效衔接问题。

网络教研会议，能很好发挥骨干教师及青年教师的集体智慧。教师们针对线上教学方法和策略进行了行之有效的网络教研。第一小组的青年骨干教师为大家分析了一些软件功能的开发及使用。如汗微微课宝的投屏功能，用触控笔在平板上板书，投屏到电脑上，再将投屏画面直播，实现线下板书功能；利用钉钉在线课堂，使用递粉笔功能，让学生在线在黑板上书写展示，充分做到师生互动。第二小组的青年骨干教师还针对"圆锥体积"的教学实践，为大家展示图形与几何知识在线上如何操作学习，并将老师们在教学中存在的一些困惑给予解决，进一步推动了下一阶段的线上教学工作。

（四）经验分享，共同提升

教师队伍的整体素质决定着一个区域的办学质量，建设一支业务精湛，素质优良的教师队伍是教育发展的首要任务。针对线上教学困境的成因、表现与纾解，我们借助钉钉平台组织青年教师进行了网络教研，系统梳理线上教学的客观规律，深刻探究教育本质，形成大量优秀教学经验。青年骨干教师，从"教学资源和信息技术的挖掘和使用""助力学知热情、建构高效课堂""减负增效、家校共育""注重对低年级线上课堂构建""线上、线下有效衔接"等多方面经验进行分享。钉钉强大的录屏功能为大家记录下的教师们分享的精彩瞬间，骨干教师再通过"天津市基础教育网络教研平台"将其发到区小学数学工作室中，供全区教师随时观看，全面提升青年教师线上教学能力。

教研部门还利用腾讯会议等平台先后组织了"线上教学的困惑""示范引领 优化线上教学策略""复课新气象，教研促成长"等多场线上培训活动。青年教师们谈收获、谈想法，取他人之长补自己之短。开放、民主的网络学习环境，为潜心研究、勤奋努力的青年教师脱颖而出创造公平机会，使青年教师面对不定时的线上、线下切换教学模式毫不畏惧，条理清晰地组织学生学习。教师们还创新了立体图形隔屏操作的教学方法；线上小组合作学习方法；寻找到多种布置作业、批改作业的程序以及线上教学的评价手段；还帮助年长教师进行线上操作……对区域教育教学质量整体提升起到促进作用。

每次教研活动，大家都以更新教育观念为先导；以解决青年教师教学中可能存在的突出问题为突破口；以学习、研究新课标、新课程理念为重点，结合小学数学学科特点及青年教师在教学中遇到的实际问题进行交流；针对线上、线下混融式教学也进行了大量研讨。充分利用微信群、腾讯会议、企业微信、钉钉等各种网络平台，全面提高了本区小学数学青年教师队伍的整体水平。

四、呈现教研功能，助力成长

合理划分学区片教研是促进教育均衡发展的有效手段。线上教学期间，本教研团队不仅组织青年教师进行多次教研活动，还紧跟本区线上教学实际，借助本区大、小学区，校际联盟等形式组织全区小数教师进行教研，解决"线上教学"难题。调研样本涉及范围广，教研成果同步应用，后续反馈修正及时跟进。线上教研对于促进全体教师专业化、个性化发展，有着传统教研活动所不可比拟的优势，其跨时空，大面积，双向快捷互动的交流，节省时间，高度共享。通过对青年教师线上教研的实践与研究，为后续整体性常态化教研提供了抓手。

目前本区正尝试构建"以校为本、校际联盟、区域推动、整体发展"的学区教研机制，建构"骨干引领、同伴互助、典型示范、随时反思"的区域教研基本流程。把项目研讨、集体备课、经验交流、专题讲座、教师培训等活动融入到教研活动中来。借助各种平台，努力提高全区教研的针对性和实效性，实现优势互补、资源共享、整体提升的目标。

五、体验应用成果，立竿见影

全区近百所小学及时调整线上教学期间的教学方案，努力做到：细化内容，制订计划；做好方案，分工合作；研讨关键，找准对策；精准实施，积极反思。每次教研之后都有总结有反思并形成高质量简报，充分利用区域媒体进行传播。这样可以使全区老师们及时借鉴好的经验方法，合理选择运用到自己的班级教学之中，提高能力的同时，促进教师专业成长。

本团队还有效借助网络教研平台，将学区优秀集体备课视频、信息技术深度融合大赛课堂实录、疫情期间的学生日记、模式课展示视频、校际联盟教研培训总结、青年教师培养简报、小学数学教研成果等展示给师生，为大家学习提供方便。这种教学资源共用模式，提升教师自身专业素养，推动课堂教学深度融合，使优质资源利用率最大化，促进了教育均衡化发展。

小学数学学科努力探索运用线上教研平台，为城乡教师间的多向交流、研讨、分享等提供了发展空间。变革了传统教研模式，特别解决了本区地域广、集中教研不便的弊端，实现了跨时空、高效率、多角度的提升。线上教研作为一种新型教研方式，以其自由灵活、交流便捷等特点备受教师青睐，线上教研已经成为一种趋势。

按照教育部《关于全面深化课程改革落实立德树人根本任务的意见》精神，网络化、信息化已成为教学研究与培训方式发展的必然趋势。实施线上教研是教师专业发展的新途径，它能弥补传统教研存在的不足。突破教研员与教师只能小范围、短时间互动的局限。放大课程资源效益，缓解专业支持力量不足和资源匮乏的矛盾，加强校际间联系，促进教育均衡化发展。

【作者简介】

白少荣，天津市宝坻区教师发展中心，小学数学教研员。中国教育学会小学数学专业委员会先进工作者；市级学科骨干教师，市级评价专家；承担多个市级课题研究，撰写多篇国家级、市级论文；双优课评比市级二等奖。

基于云端课堂的小学数学线上教学实践研究

陈鑫

云课堂是互联网＋教育的一种形式。它将学习资源带到互联网平台。师生通过媒体技术从真实的教室过渡到虚拟的网络空间，与线下教学相比，云课堂为学生提供了更大的自主权。根据实际需要，可能存在一段时间的线上教学，后期会回归线下教学，二者可能随时切换，那么基于云端课堂的线上教学具有哪些优势？存在什么问题？怎样解决？切换线下教学阶段的教学衔接怎样做才能有效？

一、携手云端 时空自由

线上教学并不只是把上课的地点，从教室转到线上那么简单。线上教学突破了时空的限制，实现了时间、空间上的自由，可以满足不同学校、不同家长的实际需求。

通过线上巡课，不难发现与传统教学相比线上教学存在以下的三个不同：

（一）授课时间不同

学校通过前期调研根据本校家长的需求安排直播时间。线上直播大都安排在上午，答疑课安排在下午，不能参加直播课的学生会得到直播课的录制链接，力争不让每一个学生掉队。

（二）授课班级不同

以往的线下教学都是以一个班级为单位进行授课，而线上教学的授课班级有的和之前一样，按原来的课表上课；有的把任教的两个班合二为一，进行教学；还有的学校打破了班级授课，将多个班合并，安排年级骨干教师直播讲授新课，其他教师也进入课堂，形成多师课堂，之后再回归本班进行在线答疑。

（三）授课形式不同

基本分为以下几种：一是与线下教学模式大体相仿，授课时长在 30 ～ 40 分钟；二是使用国家中小学智慧教育平台或天津市推送的点对点优质精品课程，边播放，边讲解；三是利用我区数学公众号推送的在线助学课程作为前置性作业，引导学生自主学习，在20 分钟答疑课上教师再进行针对性辅导。

显而易见，线上教学虽然与线下教学的时长、场景、授课形式不同，但是可以根据不同的学情、校情灵活地制定一校一策，即使师生不身处一室，照样也能携手云端，完成学习任务。

二、调控互动 面临困扰

线上教学虽然给教学带来了一定的便利，但是不得不承认一线教师在实践中往往面临以下困扰：

（一）课堂调控难度大

师生相隔于屏幕，不便于教师把控学生的学习状态，造成部分学生听课效率低。直播时即便开启了摄像头，有的学生一如既往全神贯注，积极主动连麦发言，而也有的学生自控能力比较薄弱，无法进行同步学习，注意力不集中，一旦被点名答题，就会以网络卡顿为由拒绝，教师不得不重复问题或再找别的学生口答，影响教学效率。

（二）有效互动难度大

线下教学教师可以自如地与学生互动，抓生成性资源，灵活机智的开展教学，同样学生也可以小组合作探究学习。反观线上教学面临的最大挑战就是教学互动的困难。空间的阻隔，让小组学习、生生互助变得困难甚至缺失，师生互动也遇到种种难题。如果线上教学只是单一输入式的教师讲、学生听，实际是无效教学，要想了解学生的状态必须通过多种形式的互动，在知识的关键处启发学生思考去唤醒、去点燃，学生之间的思维碰撞往往能够迸发出智慧的火花，再辅以教师适时点拨促使学生顿悟，醍醐灌顶。

要顺利解决以上问题就需要线上教学的技术支撑。

三、活用技术 掌控课堂

线上教学对师生的信息素养都有很高的要求，需要教师充分利用信息技术收集、分析数据，模拟线下教学真实情境提高课堂效度，课前需要对学生操作对应的功能进行培训。线上教学开展初期笔者在教师微信群中进行了相关的技术培训，并辅以讲解视频。在我区教研活动中进行了线上教学技术分享，从腾讯会议、钉钉课堂平台授课操作以及作业的布置批阅等方面对教师们进行相关培训，结合线上教学的两节课例展示，使教师们明确合理使用信息技术能有效提高课堂实效，依据线上巡课中发现的问题提出教学建议。

（一）互动签到 营造氛围

利用腾讯会议软件的签到功能，点击应用，选择签到，设置签到时长，签到说明可以选填，点击立即发起，学生界面会弹出签到提醒。教师在右侧可以看到签到记录，方便统计上课人数。

除了这种方式，签到是不是还可以营造一些富有温度的氛围。比如课前教师提前三分钟进入网络教室，运用宫格视频模式可以看到很多学生在出镜，与学生交流，这个时候就可以跟学生打招呼或者玩一些小游戏，还可以使用答题签到。这样多种方式签到，就能够快速的将学生提前吸引到课堂中，使其进入一个上课的状态。既完成对设备的调试，又间接完成对学生的点名签到，可谓一举多得。这样的互动点名签到方式，比软件签到更有效率，更有温度。

（二）组合互动 把握学情

教学过程是师生积极参与、交往互动、共同发展的过程。师生、生生之间的交往互动，促进教与学的融合、思维的碰撞。要把握学情，关注学生学习，基于学生的真实起点开展教学。怎样才能知道学生真实的想法呢？就是互动！

由于线上教学时间有限，教师可以把探究的内容前置，在上课前一天，教师设计问题探究单，发给学生，学生根据教师的提示对一节课的核心问题开展自主探究学习，可以将探究的过程和结果拍照，甚至可以拍视频发给教师。这种方式的优势是教师就能够比较从容地去把握学情，选用有价值的交流资源，提前插入 ppt，设计好交流的环节。那么不足是什么呢？就是无法把握学生到底是独立自主思考解答还是在家长的帮助下解答。这种方式比较适合于那些复杂的需要动手操作的内容。

以腾讯会议为例，可用的互动方式有连麦、利用聊天区发送答案或当堂探究的作品、视频、互动批注、白板，此外还有投票、分组功能。怎样活用这些技术有效地进行师生、生生的互动呢？就需要提升师生的信息素养，对互动方式的运用也要动脑筋，要打好一套"互动组合拳"，提升线上教学能力以及随机应变的教学机智。

教师可以根据教学活动的需要，采用举手互动的方式，能够同时了解大面积学生的想法，它的优势在于利用聊天区，一下子可以看到大部分学生的想法解答。那么怎么用呢？比如导入的环节或者练习的环节，聊天区师生集体互动，这种方式方便快捷；再比如新授课，学生自主探究后的交流环节可以采取拍照或者视频上传展示，学生将自主解答的过程和结果拍照上传到聊天区，解决核心问题。教师可将学生在聊天区发送的图片拖拽到共享屏幕上，可以进行适当的裁剪，调整大小。此时，教师阅读学生的作品了解把握学情，筛选学生上传的作品，根据教学的需要选取作品进行分享交流。这样就能实时辨析学生的练习情况。这种方式对教师线上教学操作使用的熟练度和快速把握学情，选用有价值的交流资源的能力要求是比较高的。当然学生还可以直接在摄像头下展示自己的作品。有多种方法解答的资源通过 PPT 展示，学生就边出镜边运用互动批注标画自己的作品，加上连麦阐述思路，这样一种组合方式的互动。

教师也可以用批注圈出重点，其他的学生可以在讨论区发表意见。根据学生的讲解，及时发现并纠正错误。这样教师可以兼顾学生的讲解和讨论的意见，恰当的提出问题，引导启发其他学生参与。教育学生边听边思考，参与对话思辨，从而实现多元互动场面。

腾讯会议具有投票功能，教学时可以使用投票功能进行选择或判断的练习。教师可以在课前提前创建，然后在上课时点击发起投票。学生进行投票后，每个选项显示选择的人数，以及会在下方显示具体人名。这有助于教师快速了解全体学生对知识的掌握情况，有的放矢地开展教学，还可以用抢麦的方式调动学生参与的积极性。

　　腾讯会议目前的分组功能只能分成两组，教师可以在交流讨论环节运用分组学习，利用加分制度鼓励学生踊跃发言、小组之间相互评比学习。

　　课后可以利用问卷星等软件进行自评、互评和师评，或者利用微信群进行评价互动，多元评价的模式激发学生学习的热情，有效减轻居家学习的焦虑。教师灵活运用互动的方式展开调研，生生之间的互问互答，互相质疑，互相评价必定能促进目标达成，素养提升。

四、精心设计 减负提质

　　线上教学同样需要教师精心设计、规范教学语言、设计问题情境、引导学生自主探究，减负提质。

（一）语言精准 把控课堂

　　教师在直播过程中要面带微笑，注意以学生为中心，要时时刻刻关注学生的学习状态，语言要精准，有针对性，要略带一点点兴奋、真诚、有感情、语速适中。作为主播，还需要改变语言表达的方式，经常要采用一种设问，甚至有时候要自问自答，师生、生生互动，互相评价，多运用启发、鼓励等话语教育学生、引导学生交流，要让学生感觉到教师和同学们就在眼前，帮助学生养成在线学习的好习惯。

（二）合理取舍 突出重点

　　线上教学比线下教学的时长还短一些，一般半小时，有的答疑时间是 20 分钟。要在规定时间完成教学任务，需要整体规划教学内容，要把有限的线上教学时间用在解决核心问题上。新授课就要聚焦核心问题，围绕教学重点设计好核心问题。一节课解决一到两个问题，积极创设学习情境，设计问题链引导学生进行思考和讨论，让学生在自主探究的过程中去发现、总结新知。练习讲评课，要聚焦针对性的问题，教师对学生的作业进行批改后，选择学生的典型错误和典型的解答方法，线上进行交流讲解，大部分学生都会的，简单的基础知识就不讲了。少数人的错误，可以采取课后微信答疑、单独交流的方式。

五、有效衔接 浅思分享

根据实际情况，线上教学随时可能切换到线下教学，师生随即回归校园，云端课堂虽然精彩，但在切换线下教学后势必会面临以下的问题：

（一）学生身心要调整

由前一段时间的居家学习要调整为正常的作息时间，恢复正常的学习状态，势必会使部分学生身心产生不适应，焦虑或缺乏安全感。

（二）拉大个体间差异

对学生个体而言，优秀生自律意识强，线上教学让他们有了更多的自主学习的时间，自然会更优秀；学困生因为不自觉可能会雪上加霜。

（三）学习进度不一致

因为各校采用的直播方式不同，可能会导致区域内各校的教学进度不同，甚至可能由于学生学习能力的差异同一个班级学生的学习进度也会拉开距离。

其实，切换线下教学阶段学校、教师面临的最大的考验就是学困生的帮扶，如何破解这些难题，实现线上、线下教学的有效衔接呢？

对实现教学有效衔接笔者提出以下建议：

❶ 分析研判在前，梳理指导同步

对全体学生在线学习情况进行整理分析、综合研判，以分享思维导图、互动游戏等方式，帮助学生梳理在线教学单元知识，放慢课堂节奏，加强学法指导，及时收集问题，对学生进行个性化指导，共性问题课上解决，个别问题精准帮扶，可以利用学生小组互助、教师微信沟通讲解或课后服务时间加强辅导，帮助学困生树立信心。展示分享线上延展技能、项目式活动，完成线上线下的衔接。

❷ 区、学区片、校三级教研联动

充分发挥集体教研的优势，利用区、学区片及校三级教研联动，形成教研合力，以研促教，加强集体教研、集体备课，实现有效衔接。

（1）适当统筹课时进度

通过问卷调查、访谈等形式了解本校、本班的课时进度，适当整合教学内容。在前期重在梳理复习线上学习的知识，通过教研达成共识将剩余课时内容按照单元整体教学的视角进行重组，实现一校一策甚至一班一策。

（2）恰当确定教学起点

教学起点的确定源于对教材的把握、对学生现实学习水平的分析以及课上生成的教学起点。在确定教学起点后，就要统筹安排分层教学，根据学生的个体差异，制订出可行的教学目标和教学方法，实施个性化教学，让每一位学生都能得到发展。

（3）加大有效作业研究

深入开展有效作业设计研究，重视作业评价研究，建议从结果性评价转向过程性评价最终实现多元评价，不让作业成为学生的负担，使学生在完成作业的过程中，激发兴趣、提升素养、实现自我认同。

（4）优化设计提高质量

在线上教学中，教师经常选取优秀的课程资源片段，播放后再结合学情进行讲解、启发和点拨。回归课堂，这种优秀的资源只要使用恰当，仍然可以助力教学。教师根据学情进一步优化教学设计，设计体现数学本质的数学活动，引导学生自主学习，从而提高教学质量。

（5）研究单元评价方式

经过前一段时间的线上教学，教师、家长和学生可能对学业质量评价会产生一定的焦虑。这也促使教研员和教师们进行更加深入的思考。

在双减政策落地之时，不少家长和教师担忧学生的学习质量会下降，对学业评价也存在焦虑。改革学业评价方式势在必行，为此在我区教研活动中组织了 4 ~ 6 年级单元评价方案设计评比活动，希望能集思广益，为评价方式的调整做铺垫，实现既能反映学生知识点的掌握程度，又能让不同层次的学生都能获得成功体验的目标。

基于云端课堂的小学数学线上教学经过一段时间的教研培训，教师们在教学实践中能依据教学目标分解问题、互动环节及时反馈、随时关注充分了解学生的需求、勤于探索新技术、敢于实践新方法，后期会研训结合，实现线上、线下有效衔接，落实双减，减负提质！

【作者简介】

陈鑫，天津市南开区教师发展中心小学数学教研员。曾获区德业双馨先进教师、领航教师等称号；主持天津市十四五课题，多篇论文获市级奖项；赴香港担任小学数学教学指导一年；指导多名教师在市级赛课中获奖。

拓宽教研服务渠道，助力线上教学有效开展

张洪艳

一、案例研究背景

线上教研，是后疫情时代教研的新形态。怎样拓宽服务渠道，使线上教研的作用最大化，为线上教学提供有力保障？怎样通过内容丰富的线上教研，提升线上教学的效率？怎样在新的教研形式下，打造适合本区教师发展的教研模式？我区七年级数学区域教研从问题视角出发，深入思考面临的一系列新问题，在传统教研形式和内容的基础上不断尝试，大胆创新，探索出多种教研渠道，助力线上教学有效开展。

二、教研服务渠道

（一）主题教研：丰富教学手段，促进资源整合

与 2020 年的线上教学相比，经过了两年的积累与整理，2022 年的线上教学资源更为丰富，市、区、校三级资源形式多样，同一节课教师的选择更为广泛。同时各种教学平台技术更加成熟，教师的使用也更加熟练，根据学情和教情各校对线上授课平台的选择趋于稳定。摆在老师面前的问题不再是"用什么""怎么用"，而是"怎样用得更好"。

通过巡课、问卷、访谈等形式，教研员充分了解老师们的需求、特长，在线上教学之初召开以"如何做好线上教学工作"为题的主题教研活动。除教学内容、教学进度等常规要求外，重点由老师们分享了在线上教学中积累的各级资源整合的方法，小程序、小软件的应用技巧等。如我区某校的周老师分享了市级资源的特点、如何根据需要将市

级资源与校本资源融合，将"名师"请进自己的课堂；张老师分享了利用"一页温馨提示"，督促学生做好课前准备的方法，让学生及时进入上课状态、提高上课的效率；徐老师分享了如何在课堂教学中利用"每日交作业"小程序，收集学生习题情况、及时点评的方法，使学生的学习情况得到及时反馈，增强了师生间的交流互动；李老师分享了如何利用"希沃"中的"知识胶囊"指导学生录制讲题小视频，为学生搭建展示的平台、帮助学生复习巩固新知；刘老师分享了利用几何画板，增强课堂教学直观性的方法……每一个分享都针对老师们线上教学需要解决的问题，"小技巧""小方法""小妙招"经过了实践的检验，实用性更强，实效性更好。

线上授课中，老师们的教学手段更加丰富、实用，市、区、校三级资源得以有效整合，形成了动静结合、师生互动、灵活高效的线上教学状态。

（二）创新反馈：及时探讨分析、破解评课难题

理念的落地、方法的应用除了专题引领之外，也需要教研员专业、有效的课堂观察，在具体操作上予以指导。线上听课成为课堂观察的主要形式，但线上听课的现场感差，容易造成记录不全面、点评时效性不强等问题。

怎样让线上听课反馈像现场评课一样及时、即视？七年级数学教研员创新线上听评课方式，边听边在关键处截图，边听边记录所思、所想、所感，除手写记录外，还形成电子版听课反馈文档。每一篇听课记录都从"整体印象""亮点与问题""整体建议"三个方面做出评价和指导："整体印象"一般从课堂氛围、师生互动情况等做出整体评价，以反馈优势为主；"亮点与问题"则针对讲课过程中的细节进行反馈，如内容处理是否恰当、教学语言是否规范、数学思想渗透是否到位、数学方法总结是否合理、对生成性问题的处理是否及时等，以"截图＋文字"的形式详细记录，"亮点"会与讲课老师探讨这样做的理念依据，"问题"会给出适当的教学建议，要求备课组在校本教研时间或在微信群里交流研讨、及时解决；"整体建议"是从整节课的设计理念、整体框架做出指导，体现"以学生为本"的理念，突出学生的主体地位。

每听完一节课，教研员会立刻将听课记录的电子版反馈给讲课教师和学校的备课组长，及时组织线上简短的交流，共同读一读课标要求、说一说对教材的理解、谈一谈设计的理念、辩一辩出现的问题，最终将关注点落在"调动学生积极参与线上教学、提高课堂教学的实效性"上，使线上教学"不打折扣"。

因为反馈迅速、研讨及时，再加上截图带来的画面感，线上听课后"评课难"的问题得到有效解决，教研员积累了一手的听课资料，有助于了解本区线上教学的综合情况；备课组积累了全面的听课反馈情况，有助于整体了解年级情况，改进教学；讲课教师掌握了自己在几次听课中的对比情况，找准了学习提升改进的方向、提高了线上教学的专业水平。

决定线上教学有效性的两个最主要的因素，一是课堂教学，二是作业情况。在通过听课把脉课堂的同时，如何在减时、减量的基础上，提高作业设计的质量、提高作业管理的效率？这是线上教研需要解决的另一个重要问题，也是保障线上教学有效性的重要措施。

（三）作业交流：分享管理方法，科学有效评价

在上学期集中学习"双减"政策的基础上，我区在七年级数学区域教研中组织了关于"作业设计与管理"的专题研究，各校在作业的改革中积极探索，形成了行之有效、各具特色的作业设计、评价管理的模式、方法、经验。线上教学期间，老师们在作业设计、收集、反馈、评价等方面呈现了理念更新后的新方法、新形式，当然也有的学校仍面临作业管理中的部分难题。在观察、调查、交流、研讨的基础上，通过线上分享的形式，进行了两次有关"作业"的主题分享教研活动：第一次以"'双减'背景下，课时（或单元）作业创新设计"为主题，第二次以"线上教学，作业的评价与管理"为主题，两次分享各个备课组总结线下、线上作业设计、管理、评价中的优秀经验，纷纷呈上自己学校的特色做法。

我区某校的焦老师以《"双减"背景下初中数学课时作业的升级与改造》为题，从"线段的和差"一节的课时作业设计入手，提出作业设计要学课标、读教材、研学生，内容选择要有基础、有梯度、有变化、有延伸、有思想，作业分析要充分利用数据、及时准确反馈、适时适量补偿。牛老师以《探索"轻负担，高质量"我们在路上》为题，侧重介绍备课组作业管理方法，常规作业要求分层布置、学生根据自身情况自由选择；实践作业注重学生动手能力，每个章节均有体现数学应用价值的作业设计；根据所学知识，按板块设计拓展作业，深化学生思维；量化作业评价，从质、量等多个方面入手，包括学生自评、教师评价、同学互评和家长评价等多个评价角度；定时收集、整理学生作业，举办优秀作业展览（线上教学期间以微信公众号的展示宣传为主），定期开展作

业设计研讨，讲理念、讲方法，分析问题、改进形式，提升作业设计的质量。孟老师介绍了"展示型""探究型""总结型"作业，创新作业评价形式，以学生为主体，给学生搭建展示的平台，请学生做"小老师"，培养学生的数学语言表达能力、拓宽学生的思维广度、发展学生的数学核心素养。

作业交流与分享，让各校的优秀做法得以汇总，为线上教学的作业设计与管理提供了新思路，帮助学生巩固所学知识，帮助教师提升线上教学质量，有利于更好地发挥作业的育人功能。

随着疫情的平稳，线下教学将逐步恢复。怎样将线上教学的优势继续保持？怎样克服线上教学中存在的问题？怎样从线上平稳过渡到线下教学？一系列问题成为老师们面临的新挑战。因此区教研继续以"服务一线"的理念，有针对性地开展工作，做好总结、分析、引领。

（四）听课总结：全面分析现状，保障平稳过渡

切换线下教学前，教研员全面总结线上教学听课情况，将听课记录的电子版按校分类整理，形成"一校一文档"的一手资料，点对点发送给备课组长，供备课组长反思、总结本校线上教学的情况，为线下开展补偿性教学、提升线下教学质量提供依据。

召开"七年级2022春季线上教学听课反馈"专题教研会，全面分析听课中的亮点，反馈典型问题，从线上、线下融合、过渡的角度提出教学建议。线上教学的亮点主要集中在：市、区、校三级资源的有效融合，使课堂形式更灵活、实效性更强；教师每节课准备充分，课件、学案、作业中的典型问题、教学中的重点难点都及时、恰当，无论是基本的教学资料还是教学环节的处理，都做到了用心、用智；线上教学的数学课堂也能浑然一体，教学过程中语言规范、指令明确，过渡语言巧妙、教学环节连贯，问题设置梯度化、符合学生思维发展，对学生积极评价、课堂氛围融洽等特色明显。当然，线上教学反应出来的问题也很典型，如教师讲得多，学生参与少；问题呈现多，课堂容量小；从头讲到尾，环节不完善等。针对问题，考虑线下教学的需要，提出如下建议：研读课标，定准课堂方向、把握编者意图、发展学生素养；关注学生，更新教育理念、研究学情学法、突出学生主体；学会整合，各级资源融合、各种软件综合利用、打通课堂内外；共同学习，紧跟时代步伐、不断学习新知、与学生与课堂共同成长。

分析线上教学的亮点，让老师看到教学中的榜样；呈现典型问题，增强老师们改变

的动力；提供建议方法，明确老师们努力的方向。这样线上、线下过渡的主题教研，针对性更强、服务性更好，让老师们在关键节点处反思、整理、再出发。

教学逐步恢复到线下，教研仍以"线上"的形式为主，将线上教研与线下教学有效融合是现阶段教研工作的重点，七年级数学采取了"线上研课"的形式，打通线上与线下。

（五）线上研课：展示优秀课例，加速教师成长

切换线下教学后的教学进度如何把握？怎样提升线下教学的效率？怎样充分发挥学生的主体地位、提高学生的课堂参与度？切换线下教学后的调研中，以上三个问题是教师最关注的问题，急需解决。结合区研讨课，七年级数学区域教研中陆续安排了四位青年骨干教师线下录课、线上展示。

教研员组织备课组长研讨线上研课的形式，最终确定出："备课组集体备课——年级试讲——点评修改（备课组研讨、与教研员进行线上交流）——线下录课——线上展示——说课点评"的模式。每一节课的打磨中，做到理念先行——边学2022版课标的理念、边对照专家解读的思想，让新理念指导线下教学；做到学生主体——让学生做课堂的主人，从活动设计、习题选择、课堂展示多个环节突出学生在课堂中的地位，让每一名学生都参与到教学活动中来；做到灵活规范——数学课堂是严谨的，但严谨的思想可以用灵活的形式来表达，数学课堂是规范的，规范的语言、书写等表达形式需要在平时的教学中传递。每一节课的展示，做到高标准、严要求，说设计理念、说教学方法、说内容呈现、说课堂表现、说反馈情况、说教学反思，从多个角度展示，做到说清想法、展示亮点，让展示教师、点评教师、观摩教师都有所收获。

三、反思与启示

区域教研，应以"引领专业成长，服务一线教学"为根本理念，面对新的教学环境和教研要求，要不断创新教研形式，丰富教研内容，拓宽服务渠道；要从一线教师的实际需求出发，以专业的视角指导课堂教学、组织主题研讨，解决一线教学切实存在的问题；要通过不同的教研形式，引领教师发展，为教师的成长搭建平台、提供范式，促进教师专业水平的提升；要不断深入一线，了解本区域教学的情况、教师的需要、教研的可挖掘途径，有效促进线上教学的开展，为线上、线下平稳过渡提供有力保障；要总结

经验、组织分享、不断反思，拓宽教研的渠道，形成本区域的教研特色。

【作者简介】

张洪艳，天津市和平区教师发展中心数学教研员，天津市首批骨干教师，和平区名师工作室主持人，河北省名师、骨干教师。

建空中教研站 创线上教研新形态

宋彩华 佘文娟 李立娜 李淼

一、案例背景

2021 年 12 月，中央网络安全和信息化委员会印发《"十四五"国家信息化规划》，对我国"十四五"时期信息化发展作出了部署安排，为各地区、各领域信息化工作提供了重要指南。同时《教育信息化 2.0 行动计划》中也指出，要完善国家数字教育资源公共服务体系，建设国家中小学网络云平台，深化网络学习空间应用普及行动，全面提升师生信息素养[1]。而如何利用网络有效开展线上教学？如何使用授课软件、巧用网络资源？如何批改作业、反馈学生知识掌握情况？如何在线上教学中实现高效的师生互动等一系列问题逐渐显现出来，这也使得线上教研的引领、指导迫在眉睫。在这种情况下，建空中教研站，为全区数学教师搭建沟通交流、经验分享的桥梁，促进研学一体化，创线上教研新常态势在必行。

近几年，伴随着数学教育工作者对知识碎片化，认知浅显化等问题的思考，深度教学、单元整体教学等理论迅速发展。同时，随着教育资源均衡化的逐步推进，各地区开始尝试搭建虚拟教研室，名师工作室等线上研修活动平台，这都为线上教研活动的常态化开展提供了丰富的理论研究背景。在线上教研活动的开展中围绕与时俱进的发展性原则，利用国家、市区级平台组织研修，坚持理论与实践相结合，以研促教，将理论应用于教学实践，在系列活动中，主讲教师进行分领域展示，群策群力，实现合作共赢。

二、设计理念

为构建线上教研的新形态，设计教研活动时从宏观视角进行整体规划，通过问卷星的调查和线上巡课、听课、议课，收集整理老师们在线上教学实践过程中存在的典型问题。

针对问卷反馈的问题，挖掘教学技能扎实，教育技术运用熟练的一部分教师作为活动主讲人，通过课例分享，以及空中教研室的研讨、资源的分享、教研后的反思，达到以研促教，提升教学质量的目标。

线上教研活动的实施沿着"两路径、三阶段、六环节"的模式展开（见图1）。通过线上巡课，以及共同体推荐两条路径挖掘精品课例，按照调研、实施、总结三个阶段设计系列教研活动，进而通过问卷调查、确定主题、团队磨课、课例形成、展示交流及反思推广这六个环节逐层推进，切实发挥教研活动对教师教学的指导作用。

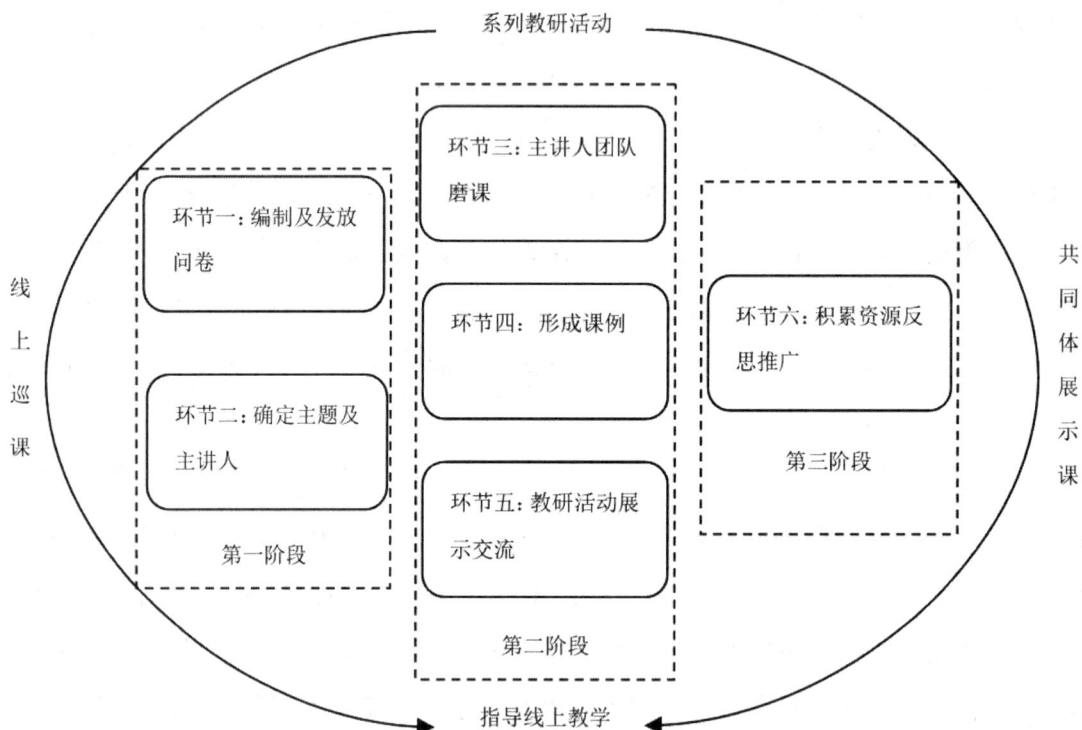

图1 线上教研活动的开展模式

线上教研活动的开展主要基于三个平台，调研阶段通过问卷星发放、收集数据，分析难点，从而提炼出教研活动的主题内容，实施阶段主要通过腾讯会议，进行优质课例的展示交流，与信息技术相关的软件平台的应用技能的提升，最后的总结阶段，是通过天津市基础教育网络教研平台进行资源的共享、研讨及推广。

三、凝练主题

有大量数据分析的教研活动更精准。通过问卷星收发问卷，了解教师在线上教学中备课、授课、互动、评价等关键环节上存在的问题和疑惑。根据分析结果，确定线上系列教研活动的三个大主题，六个子主题（见图2）。

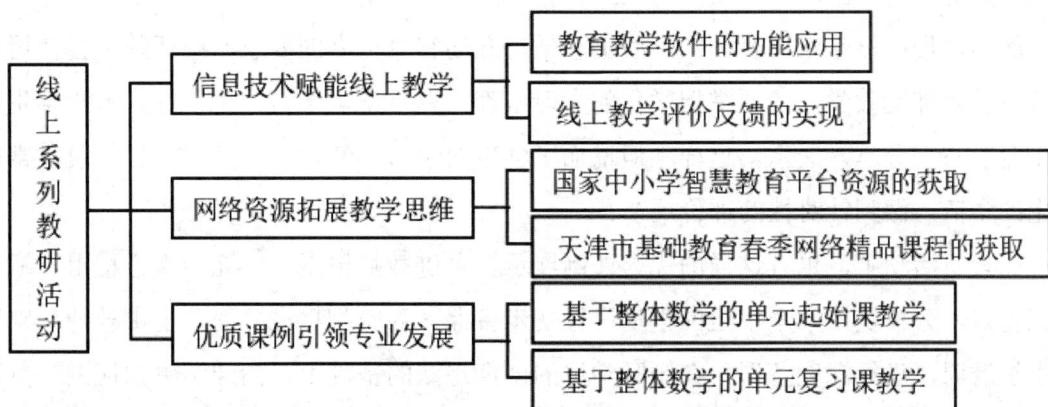

图 2 线上系列教研活动主题

四、案例解读

（一）信息技术赋能线上教学

随着信息技术在教育教学中推广和深入，一线教师信息化教学的能力需要显著提升。通过与一线教师交流、网上听评课及问卷星调研发现，多数教师对各种线上教学软件的应用能力不强，线上授课难以把握学生的学习状态，课堂互动不充分，评价反馈不及时等都是亟需解决的典型问题。

针对以上问题，在线上系列教研活动中，围绕备授课平台、授课软件以及线上评价平台等几个方面对教师进行培训。

人教智慧教学平台、洋葱学院、希沃白板、101 教育 PPT 等软件为老师们提供了很好的备授课平台。线上教研活动中围绕上述平台进行了深入培训。例如，人教智慧教学平台，为师生提供了高清电子课本，授课模式下，教师可随时调用教材，并在电子课本上进行圈画，批注，方便学生抓住课本重难点；人教智慧教学平台的黑板报功能可随时补充课堂板书，并能截图保存，对于课下回顾，整理课堂笔记很有帮助。

线上教研中，还围绕直播课程类、微课录制类、作业批改类等软件进行了培训，每次活动都是由一到两位教师主备，实践成熟后指导全区教师学习，将经验分享推广。教师们利用腾讯会议共享屏幕进行展示，一步一步操作指导老师们使用，屏幕前老师们通过一边观看会议中的指导，一边动手操作电脑实践，发现问题及时提出。全区教师齐心协力，隔屏互动不降质量，提升了线上教研的实效性。

教学过程应该是双向互动的，线上教学对互动有着更高的要求，教师除了会使用各种信息技术辅助教学，还要掌握学生的学习心理，尊重学生学习的主体性，多给学生搭建平台参与，分享，展示。这样不但增加了学生的学习热情，互动参与，也能及时掌握学生的学情，做到针对性的评价反馈。

在教研活动中，也有这样的优秀课例展示。主讲教师根据"二元一次方程组"章节知识特点，分模块由六个小组的学生进行初步备课。为做到精准复习，主讲教师分别和各小组磨课，进行深度备课，在倾听学生的创意想法的基础上，指导学生如何围绕复习主题，更好地完成小组构思。各小组精心准备，动画制作，配音调试，PPT制作，精选习题、精准解读。展示课中，师生利用腾讯会议，通过屏幕共享、互动批注等功能，实现了课堂高效互动。

一节复习课，激发了学生们自主求知的潜能，师生互动，生生互动，人机互动。信息不断交互的课堂才是避免线上授课枯燥、低效的关键。实现让学生在创设课程的过程中走进课程，在思考数学的过程中学会数学的思考。

"问卷星"平台在实现线上教学过程中的实时反馈中也成为教师的有力助手。线上教研以"二元一次方程组"单元复习课的课例展示为例，对全区教师的问卷星使用方法，特别是问卷星的网络题库功能进行培训。

在教师设计问卷时，可以快速检索题库，也可以从考试题型中自选题型进行设计。设置好的题目可以在题目下方点击设置题目分数、添加习题解析，最后生成试卷。学生通过点击二维码或链接可以直接在线上教学过程中进行答题，提交试卷后可直接查看教师提前设计好的习题解析，从而快速查找自己的不足之处。与此同时，教师可以在问卷星中直接查看到每位学生的检测结果、每道题目的正确率情况等，及时把握学情，精准评价反馈，适时调整教学设计，提升教学实效。

（二）网络资源拓展教学思维

信息时代的老师们不缺少资源，但缺乏对资源的辨识能力，如何取我所需，为我所用，是需要空中教研站解决的难点。线上研学一方面需要为老师们提供高质量的静态教学资源，另一方面要提升老师们利用国家级、市区级平台、专家讲座获取资源的能力。为此，线上教研中以教学资源的精选巧用为课题，精选信息技术骨干，分别对国家中小学智慧教育平台资源和天津云课堂春季精品课课程资源的巧用进行分享交流。

两个平台的资源丰富，课程设计精准、制作精致。主讲教师从平台的登录，教材版本章节的选择等步骤指导老师们进行学习。经过深入研究，这两个平台资源不仅有助于教师备课参阅，而且在课程设计中，国家中小学课程资源更适合学生课前预习与课后复习。它为教师提供了优质的微视频课程，每节课配有相应学习任务单和课后练习，让课程的学习更具有针对性。而天津云课堂春季精品课以单元小节为课时单位，更适合小节后的巩固提升。为此，主讲教师在指导资源的精选的同时，给出巧用两个平台资源的合理化建议，让老师们可以根据需求进行选择使用，受到了一线教师的一致好评。

丰富的网络教育资源不止为教师提供最适合的教学素材，而且为学生提供广阔的自主学习空间，更难能可贵的是它为教师提供了便捷、持续的自主研修平台。在教师个人专业能力提升方面，国家中小学智慧教育平台提供了教材培训、新课标解读、教改经验、暑期教师研修专题学习等丰富的专业发展资源，多位专家对义务教育数学课程标准整体解读、数学课程内容与教学实施、数学课程素养与课程目标等方面的讲解，为教师的课堂教学实践指明了方向，实现了教师学科素养的提升。

优质网络资源的选取过程，无疑拓展了教师的眼界，打开了教师的教学思维，在资源的整合使用过程中更是融合了多位优秀教师的智慧结晶，更加深了教师对知识的理解。

（三）优质课例引领专业发展

在信息软件应用、网络资源获取的培训基础上，空中教研站还开展了一系列优质课例的直播展示活动，在听课、评课的过程中，教师从技术应用和内容设计的不同层面上，对信息技术与线上教学如何进行深度融合有了更加深刻地学习体验。

因网络延迟、学生响应速度、交流不直观等问题，导致线上教学存在教学任务重、时间紧的问题。线下教学的一课时，在线上教学难以按时完成，每节课常有一些遗留问题。同时，因不能面对面交流，缺乏面授、面批、面改的过程，教学缺乏连贯性，使得学生对知识的认知更容易出现碎片化、浅显化的问题。面对这些问题，教师需要重新思考如何设计线上教学内容，从而达到更好的教学效果。

义务教育数学课程标准（2022年版）在教学建议中明确指出："制订指向核心素养的教学目标，整体把握教学内容，选择能引发学生思考的教学方式，重视单元整体教学设计"[2]。故在线上教学时尝试用单元整体教学的思路来设计整个单元，重新规划各个课时的教学目标，将整章知识的主线、核心思想进行提炼，让学生在整章内容的学习之初就有清晰地把握，在学完当前章节后又能以整体观梳理整章的知识结构，形成知识网络，解决好线上教学存在的问题。

围绕线上单元整体教学共开展三次教研活动：3月31日以七年级第六章"实数"为研究主题，进行了单元起始课设计的初探，主讲教师在第一课时"算术平方根"的设计过程中，将这一章要学的内容、本章的地位作用进行了融合，同时整节课通过"三看"算术平方根的概念，很好地解决了"为什么学""怎样学"的问题。通过本次活动的启发，在4月21日以七年级第八章"二元一次方程组"，八年级第十八章"平行四边形"为研究主题，三位主讲教师分别进行了单元起始课和单元复习课的案例展示，这三节课更加凸显了单元知识主线的提炼。在两次活动的推动下，越来越多的教师开始尝试单元整体教学的设计思路，5月26日举办了以单元复习课为主题的精品课例展示活动，以七、八年级共十个章节为主题分别进行了展示。这些优质课例从内容设计上以"单元整体教学"为核心思想，但全部课例均是线上教学，各个教学环节的落实无一不在展示着线上教研活动的开展对教师们的指导作用和深刻影响。

以"二元一次方程组"单元起始课为例，本节课以利用二元方程组模型解决实际问题为主要线索，将方程（组）的概念及其解的概念、解法的探究串联起来，不仅带领学生认识了有关概念，更初步体会了解方程组核心的"消元"思想。而实际问题的解决又让学生经历了数学建模的完整过程，感悟数学与现实生活的紧密联系，激发学生的求知兴趣，渗透数学模型思想，提升数学核心素养。

在解法探究时，再次利用两种方程的对比，引导学生自主发现代入消元法的基本思路和步骤，通过设置"有效"的问题，引领学生思考，在等式性质的支持下，还可以利用加减消元法来解决问题。从主讲老师展示的学生课后作业来看，学生虽然没有书写出规范的解题过程，但却深刻地理解了本节课蕴含的消元思想，以及利用二元方程的模型解决实际问题的基本过程。这也完全契合了本节课的教学目标，即让学生对本章的知识和思想有一定的感悟和体会，从而使后面各个课时的教学更加自然，更加深入。

通过对一系列"单元整体教学"优质课例的研讨，老师们在内容设计的理念上有了更加深刻的思考，而基于"线上"的教学背景，单元整体教学很好地解决了课时紧张，教学不连贯，难以达成教学目标等问题。真实的教学案例，更加具有操作性和示范性，提升了教师们线上单元整体教学的设计能力。

五、案例反思

云端共成长，研学出实效。以往的教研活动，多是围绕文本展开，以教研员的思考为主线，教师缺乏参与感和获得感，且因地域、时间等因素限制，增加教师参与教研活动的难度。空中教研站的创建，切实解决了以往教研活动的典型问题，开创了教研活动的新常态。系列教研活动的开展不仅主题明确、结构完整、内容充实，而且教研活动具有整体性、持续性、深刻性，能更好地生成可推广的教学资源。参与到空中教研站的老师们，将学习到的各方面教学能力应用到了云课堂中，多名教师微课作品获得国家、市区级奖项，多位教师在各类比赛活动中并取得优异的成绩。空中教研站助力老师们更新教学理念，开拓视野与学识，提高教育教学理论与实践水平。系列线上教研活动除在本区的应用价值外，空中教研站的创建，也为其他区县提供了可借鉴的思路：

第一，凝练主题、系列教研。广泛征求教师意见，想教师所想、知教师所需、解教师所急，凝练教研活动主题使其系列化，在基于新课标的研读的基础上，更加具有实操性，能为教师提供可复制、可应用的教学范式。

第二，发现榜样、引领示范。教师队伍中最优秀的老师，就是老师的老师。充分发挥区内优秀教师的示范引领作用，通过展示课、巡课等途径积累好的教学案例，围绕教研主题进行展示，从而提升教研活动的实践性。

第三，群策群力、共享共进。充分发挥市区各级各类精品课程、线上教研平台的作用。在线上教研平台上建立群组，不仅可以形成本区的空中教研室，更有助于与其他区县，省市的数学教育同仁们的合作共建。

线上教研中教师也会遇到瓶颈，在传授老教师们线上软件操作能力的方面还需要做得更加细致，在单元整体教学整合方面还要长期坚持研学等。随着教育改革的深化，教研职能不断丰富。在教研浩渺的时空中，本区教研空间站是微不足道的一个点，但这个点不是孤立的点，而是网状结构中的一个结点。让想法流动起来，互为资源、共同收获、彼此照亮、共同成长。点动成线、线动成面、面动成体。让教师共探符合教研规律的教研新样式，共建线上教研新常态。

【作者简介】

宋彩华，天津市滨海新区教师发展中心，初中数学教研员。佘文娟，天津师范大学滨海附属学校，初中数学教师。李立娜，中新天津生态城第一中学，初中数学教师。李淼，天津市滨海新区中部新城学校，初中数学教师。

【参考文献】

[1] 中华人民共和国教育部. 教育部关于印发《教育行动 2.0 行动计划》的通知 [EB]，2018-04-13.

[2] 中华人民共和国教育部. 义务教育数学课程标准（2022 年版）[M]. 北京：北京师范大学出版社，2022.

线上教研：促进教师网络授课能力中的角色作用

孟宪良 付永娜 刘倩影 张婧 李楠

教育质量关系到每一位学生的健康成长，关系到一个国家未来的发展与民族的繁荣。根据党的十九大精神和全国教育大会部署，加快教育现代化，认真落实《中国教育现代化 2035》《关于大力加强中小学线上教育教学资源建设与应用的意见》等文件精神，促进信息技术与教育教学融合应用，探索信息化背景下育人方式和教研模式的变化。2020 年以来，我区教研团队在区内进行了多种方式的线上教研活动探究。线上教研活动的总体目标是基于网络授课环境下，指向学科核心素养的课堂教学案例的分析与研究，进而寻找更贴近学生生活，联系社会实际，以优秀传统文化为真实情境载体的网络授课模式。线上教研活动形式多样，包含对一线教师听课、评课、交流、展示、分析、研讨等实质性内容。通过线上教研交流互动，力求促进一线教师网络授课思维方式的转变，探究落实学科核心素养的教学过程模式，实现立德树人根本目标的课堂教学模式。

一、线上教研的开展背景

线上教研是以《关于加强"三个课堂"应用的指导意见》为出发点，按照信息化背景下育人方式和教研模式的变化为根本任务，探索促进教师网络授课的课堂教学模式。2022 年初，在特殊时期下，网络学习方式成为学生学习的刚需，线上教研也自然成为教师教学研讨的最佳途径。利用信息化手段实施教研方式的变革与探索，围绕线上教研"多屏互动、实时研讨"这一主题，组织一线教师，开展线上教学研究工作。

二、线上教研的初衷与目的

线上教研的初衷是使教师在网络授课过程中拥有主动性、互动性、时效性、探究性，更加完善课堂教学目标，通过课堂教学方式的变化，使网络课堂学习效率更加高效，形成对网络授课教学有实际指导意义的教学模式。

通过线上教研，帮助一线教师形成具有新课程理念思想、富有研究价值的一系列网络课堂教学案例，以及"有引入、有分享、有收获、有感悟"的网络课堂教学模式，进而能够更好的助推教师改变教学观念，调整教学策略，融合出更加适合学生线上学习，更加高效的网络课堂教学手段，并且在教研管理区域内达到能推广、能示范、能引领的作用，最终实现基于核心素养下的网络课堂教学案例的分析与研究这一总体目标。

三、线上教研的角色作用

为了在网络教学中更好地落实学科核心素养和探索高效课堂的提升方法，我们制订了多种线上教研方式。首先，利用 UMU 互动平台，对我区六所高中 70 多名一线教师进行了问卷调查，并且统计好问卷调查的数据和结果分析。然后，根据调查结果对如何在网络授课中渗透学科核心素养，进行腾讯视频会议，并对网络授课中的精彩案例，进行钉钉课堂全区展示课活动。形成"指向学科核心素养的网络课堂教学案例研究"课题小组，集中进行网络教学中的流程安排、教学设计的分析、改进和二次研讨，通过 UMU 互动平台、腾讯会议、钉钉课堂、微信群直播等多种教研方式相融合，促进网络课堂中的教学效率，并且提高学生学科核心素养的网络课堂教学模式。

（一）线上教研的问卷作用

没有调查就没有发言权，在前期阶段，我们利用网络互动平台，在线上教研过程中收集、整理不同高中一线教师对网络课堂教学中的困惑以及在网络授课中如何对学科核心素养的有效落实，使得我们的后续教研活动有的放矢。在问卷调查过程中，归纳提炼教师关于网络授课的实施途径和方法。了解教师对网络授课中信息技术能力的掌握程度，学习研究相关必备知识和外延知识。我们依据问卷数据中的反馈结果，通过对一线教师关于网络授课的技术困扰与经验所得，精心设计线上教研活动，形成有针对性的解决老师们的问题，帮助一线教师设计更加高效的网络课堂教学模式，探讨如何在网络授课中更好地完成学科核心素养的落实。通过线上教研，力求让老师们尽快掌握线上教学的方法，解决网络授课中出现的疑难问题；通过调查问卷，及时反馈调整网络课堂教学方案。

（二）线上教研的实践作用

通过前期的调查问卷，以线上教研为抓手，与一线教师形成"网络授课中有效落实学科核心素养的模式研究"课题组，课题组成员利用课余时间，集中开展文献研究工作，学习了本课题相关理论知识。通过之前的线上调研，我们对一线教师进行了网络授课模式的相关培训，然后由一线教师、教研员，进行网络实践教学活动，并且对网络课堂实录进行深刻的总结与反思。从反思到实践，再由实践到总结，每一位教师的研究目的更加明确，认识更加深刻，形成了统一的网络教学思维模式，在网络教学中最大可能地将学科素养渗透、传递、融合给学生。

在十余次的线上教研过程中，教师们热情高涨，学习了多种网络授课技能。比如，UMU互动平台、钉钉在线课堂、腾讯会议、微信群直播等平台的授课模式。另外，老师们还积极学习了如何在网络授课中向学生渗透数学学科核心素养，使学生在网络授课中依然能够获得核心素养的养成。在线上教研中，教师们集中学习了《信息技术下教学方式的变革》《基于学生核心素养培养的授课模式探究》《浅谈如何在网络教学中培养学生的核心素养》。同时，一些教师也根据自身研究，呈现一系列优秀精彩的网络教学设计。比如，题为《GeoGebra环境下提升学生的数学核心素养——以函数的单调性概念教学设计为例》的网络教学，借助信息技术，全方位展示函数单调性的变化过程。再比如，题为《核心素养导向下快乐高效课堂的感悟》的网络探究式合作式学习的教学设计等，一改传统讲授式为主的教学模式，创立了有利于学生发展的新型网络教学模式。经过教研团队和一线教师的共同努力实践，在网络授课中赋予学生主动学习的能力。

（三）线上教研的指导作用

通过线上教研，我们得出以下结论：网络教学模式的改变，不仅是教师教学形式的改变，也是学生学习方法的改变。学生学习方法的改变，其实是学生认知过程变化的改变。网络课堂教学不是简单地把知识从教师传递给学生的过程，而是师生共同成长、共同发现的过程，在网络授课中形成交互式学习生成的过程。通过线上教研的指导，我们旨在让一线教师转变思想方式，把从在课堂上"监督学习"转变为培养"拥有主动学习能力的学生"的一个思想转变、授课方式的转变。在教研过程中，通过课堂实例的研讨，指导一线教师在课堂教学中更多的关注学生思维方式的变化，注重培养学生的认知水平和发展能力，从而使学生的思维方式拥有转变和升华的过程，更好地提高学生分析问题和解决问题的能力。

（四）线上教研的展示作用

在数十次的线上教研过程中，我们选出优秀的网络授课教学案例，进行交流展示。比如，有的教师利用钉钉在线课堂，在情境创设、新知讲解、课堂评价及课后作业等环节全方位与学生互动交流，展示自己精心设计的教学环节。教师利用线上教学时多媒体展示的便利性，设计了贴近学生生活的"人口增长模型"，让学生感受数学是身边的数学。在新知讲解过程中，利用空间几何体的3D模型展示，培养学生直观想象的核心素养，提升学生分析问题、解决问题的能力。在课后的评价体系中，教师利用线上打卡软件，恰当及时的给出符合学生认知的评价方式，从而提高学生线上学习的积极性。

在线上教研的展示过程中，很多教师严格把控线上教学"六步走"流程：

（1）严查考勤。上课前3分钟，利用签到软件，进行签到，保证考勤。

（2）多屏互动。师生共同打开摄像头，相互交流，进行多感官互动学习。

（3）课堂生成。利用"连麦""举手"等功能，随机点名，回答问题，做到全员反馈。

（4）分层教学。设计分层练习，录制1分钟至5分钟不等的小视频供学生自主学习。

（5）学生为本。以学生为主体，面向全体学生，设计线上教学环节，围绕学生展开及时问答。例如对于习题的订正，通过学生自主报名或者教师连线的方式，将习题的讲解细化成任务，分配给学生，学生通过连麦视频讲解，培养学生独立思考的能力，让他们学会用数学语言描述问题，用数学方法解决问题。

（6）作业设计。线上教学更要注重作业质量的设计，做到精挑细选、分层作业，打造精细化分析。教师在作业评价中，全批全改、及时反馈、加强对基础知识的落实。

在线上教研的展示过程中，还有的教师利用微信群直播功能进行教学。我们发现，微信群直播的优点在于可以及时的在微信群接龙的方式签到，教师课前三分钟在群里发出签到任务并"@所有人"准备上课及本节课需要准备的东西，然后打开直播，统计上课人数。教师采用直播方式，能激发学生的学习热情，也能在相互交流过程中，及时了解学生的疑惑，从而进行更有针对性的讲解。对于课程中较难理解的公式、定理，通过直播方式，可以在直播过程中播放和本节课相关的知识点和历史背景，让学生了解到数学的博大精深、源远流长，激发学生学习数学的兴趣。在直播课上，教师在课件上圈圈点点，利用"数位板"将重点过程板书出来，方便学生记录学习笔记。对于网络授课中的作业问题，教师在设置上做到合理安排，少而精，利用微信群中小小签到 APP，方便学生提交作业。教师可以直接进行作业的批改反馈，也能定时发送答案，对于每堂课的作业做到作业必批、有批必评、有错必纠。同时，教师会在每次作业中选出五篇优秀作业进行展示，充分激发学生网络答题的积极性，对于学生书写格式的规范性，也起到很好的强调作用。通过线上教学的展示功能，促进了学生学习的主动性，拉进了师生之间的距离，也为师生线下交互式学习奠定基础。

（五）线上教研的推广作用

通过线上教研活动的实施，我们发现，青年教师善于在信息化教学领域进行研究，经验丰富的教师善于观察网络课堂的教学变化，对如何提高网络授课效率深有研究。有的教师则根据高一新教材的编写要求，对教材中数学建模与数学评价模块有深入的理解和分析，录制了研究性学习的视频课资源传递给学生。在教研中，我们让一线老师进行视频课讲解以及教学设计说课视频，供老师们交流思考。

经过线上教研，老师们对网络授课拥有了一些经验所得，通过教研团队的严格甄选，我们做好分析、归纳和总结，形成教研教案，达到能够适合新课程标准、很好地落实学科素养的教学模式，真正起到能研究、能示范、能引领、能推广的作用。

四、线上教研的价值和意义

通过线上教研的调查分析、案例研讨、课堂实践、模式总结，我们提高了一线教师在网络授课中的教学能力，为一线教师的网络课堂教学提供了更加程式化的教学模式，帮助一线教师更好地在网络教学中落实学科核心素养，从而促进学生更加全面的发展。

通过线上教研的整理，我们把近 50 节网络课堂实例进行比对分析，总结网络授课经验与成功之处，将得到的成果形成系统的理论分析，并升华成课题报告、论文总结。

经过系统分析，我们将提出网络授课课程类型、网络授课中落实核心素养行之有效的方法途径，为今后的网络教学工作提供参考，也为今后的网络课堂教学明确方向、提供借鉴、做出引领。

总之，通过线上教研的实践，使一线教师逐渐形成更加成熟、具有能够促进学生思维方式转变、落实学科核心素养的网络教学模式，更好地实现教师的专业化发展，实现立德树人的根本目标，更好地促进学生健康全面发展。

【作者简介】

孟宪良，天津市北辰区教师发展中心高中数学教研员，曾荣获第七届、第十一届全国信息技术与课程整合优质课一等奖；第九届高中青年教师优秀课天津市二等奖；第一届、第三届天津市数学会青年学术奖；北辰区第六届名师。

付永娜，天津市华辰学校高中数学教师。

刘倩影，天津市南仓中学高中数学教师。

张　婧，天津市朱唐庄中学高中数学教师。

李　楠，天津市朱唐庄中学高中数学教师。

乘"云"破浪，集"智"共研
——小学英语"1+1 双师课堂"云智线上教研案例

张祖光

一场突如其来的新冠疫情在按下线下教学暂停键的同时，也按下了线上教学、教研的开启键。这是一场对"互联网＋教育"的检阅，更是一次对"信息时代教育变革"的展望！云智线上教研蓄势而发，应运而生。

一、案例背景

中华人民共和国教育部在 2018 年 4 月 13 日发布教技〔2018〕6 号文件《教育信息化 2.0 行动计划》中明确指出通过实施教育信息化 2.0 行动计划[1]，到 2022 年基本实现"三全两高一大"的发展目标[2]，即教学应用覆盖全体教师、学习应用覆盖全体适龄学生、数字校园建设覆盖全体学校，信息化应用水平和师生信息素养普遍提高，建成"互联网＋教育"大平台，推动从教育专用资源向教育大资源转变、从提升师生信息技术应用能力向全面提升其信息素养转变、从融合应用向创新发展转变，努力构建"互联网＋"条件下的人才培养新模式、发展基于互联网的教育服务新模式、探索信息时代教育治理新模式。

基于此背景下，在这个特殊时期，我区研究的云智（"云"教研＋"智"教育）线上教研便起到了抛砖引玉的作用。它体现了便捷性、实效性和可操作性。突破了以往教研会议时间与空间上的限制，"云"教研——根据所需随时随地开展线上研讨，"智"教育——举我区教师之力，融"慧"贯通，智"慧"教学，共研同进。实效性促使教师不断转变教育观、资源观、课程观，并多维度、更深度地研究特殊时期的教育教学现象、问题和对策。对教师自己的专业实践及专业发展进行反思性探寻。可操作性已通过团队的不断论证与完善，形成了行之有效的运行机制，确定了今后线上线下相结合教研模式。

二、教学设计

在智慧合一，团队合一，目标合一的云智线上教研体系中，依托天津市基础教育网络教研平台、区域智慧校园网络平台，从小学英语学科教与学的实际出发，探索"1+1双师课堂"模式，即"录播名师"+"直播导师"共同打造的线上双师课堂，通过云智线上教研主渠道引领师生快捷、方便地实现教与学。

三、案例实施

基于大单元教学理念的小学英语单元教学设计[3]，以人教精通版英语五年级下册第三单元 Rules in our life 为例，进行"1+1双师课堂"云智线上教研活动[4]，具体实施如下：

（一）兵马未到，粮草先行——录播名师为先导，优质资源精选取

根据学生学习规律和翻转课堂模式，在市区两级部门科学安排下，录播名师作为先导，提前做好"功课"，建立了优质资源库。学生们可以利用天津市基础教育网络教研平台、区域智慧校园网络平台，建立起课前微课预习—课中交互学习—课后分层作业—即时评价反馈的线上线下融合学习模式。

（1）课前微课预习：上课前15分钟，学生通过观看天津市基础教育网络教研平台、区级智慧校园平台上的精品微课进行自主预习第三单元 Rules in our life 课程，内容精彩、目标明确、制作精良、形象生动，得到广大教师、家长、学生的一致好评，更深深吸引着学生的注意力，激发学生的学习兴趣。辅以教师提供的单元主题学案，让学生的学习有目的性。学生们还可利用微课暂停的功能，认真思考，突破难点，更好地理解所学内容和知识点，提高预习效果。

（2）课中交互学习：平台上的教师运用希沃白板5交互式白板或PPT制作了高效优质的交互式教学资源，探索技术支持的课堂导入与课堂讲授，增加教学的互动性，将

学科的教学设计情景直观化、问题形象化、活动多样化。教师通过丰富与整合第三单元Rules 拓展学习资源，营造真实有效的教学情境，激发学生学习兴趣，明确学习任务，在课堂上以"生"为本，引领学生开展自主探究和合作探究，解决课前预习中学生们发现的问题——We should... 和 We shouldn't... 更好地发挥学生学习的能动性。

（3）课后分层作业：英语作业的布置要依照《义务教育英语课程标准（2022 年版）》的理念 [5]，与课堂教学紧密配合，在双减背景下，切实减轻学生课业负担的同时，不断促进学生思维、智力、兴趣、意志等方面的健康发展，培养学生自主学习能力以及创新能力，发展学生智力。本课对英语作业进行了分层设计，学生借助网络平台，以思维导图、手账、海报、趣配音等多彩的形式完成作业。学生按照自己的学习能力水平完成自选作业，并以音视频或照片形式在智慧校园平台提交。学生可使用腾讯文档实时记录学习情况，完成"摘星榜""笑脸墙"等，营造积极向上的线上学习氛围。

（4）即时评价反馈：根据天津市基础教育网络教研平台、区级智慧校园平台上学生作业完成情况，教师判断学生学习的状态，按照"Excellent""Good job""Come on"等分别给出评价，并根据当课知识特点详细写更加具体评语。此外，利用"智慧校园"平台对学生进行详细数据分析，快速详细地了解学生学习情况，以便全面及时地掌握学生的学习效果，为互动答疑及线下教学提供依据。

天津市基础教育网络教研平台、区级智慧校园平台的应用使课前预习、课中学习、课后复习、评价反馈一体化，形成了环环相扣、层层递进的"云智"教育模式，对线上线下融合教学发挥了非常重要的作用，为学生们提供了个性化和全面化学习，实现优质素质教育。

（二）厉兵秣马，春风化雨——直播导师巧点拨，补充资源再构建

❶ 巧借信息技术，增强教学效果

线上教学的任课教师可以依据录播课例的教学情况及学生的实际学情，适时、适度、适量对学生进行辅导、答疑、查缺补漏、巩固练习、拓展提升等补充资源教学工作；根据学生居家学习特点，按照"以学定教、以教导学"原则精心设计学习任务单；遵循学生认知规律，参考区域智慧校园平台录播课例的教学设计，集体分析学情，设计本年级学生学习的研学内容和指引；把教学的重难点分化、设计成有梯度有水平层次的练习，从而降低学习的难度，为学生扫除新知识点的学习障碍。

在本案例中，为了巩固本单元主题 Rules in our life 学习内容，直播教师根据市区平台录播课程基础上，在云智线上教研活动中，老师们集思广益又为本单元教学补充设计出三种思想道德和社会实践题型：

第一题为 I can find these rules in our life，要求学生找一找生活中出现的各种 rules；第二题为 I know the rules very well，要求学生运用所学英语自主描述相应规则；第三题为 I can obey school rules, home rules and social rules. 要求学生对自己遵守校规家规和社会规则进行五星自我评价。

❷ 巧用畅言平台新技术提高线上学习效果

语用能力是学生学习英语的出发点与落脚点。以终为始，以行为知。居家学习环境下如何有效地训练学生语用能力呢？运用趣配音智慧软件、"畅言互学"平台里面的"语用交流"功能，可让学生完成自己的语言输出，然后由系统扫一扫，一秒智慧评析，及时统计出学生的作答情况，帮助教师及家长减轻批改压力。系统会自动生成作答过程数据分析报告，可以查看学生个人作业正确率以及错题情况。同学之间还可以相互评论与点赞。学生兴趣盎然，积极参与，有效提高语用能力。

❸ 巧设"单元"问卷自评，突出育人导向

本案例 Rules in our life 教学目标是让学生在具体的情境中，学习、认识并遵守校规、家规和社会规则，争做一名遵纪守规的少年。因此，为了将录播所学内容回归生活实际，教师在单元学习前后设计问卷自评，以考查学生遵守规则的行为情况。

在学前自评中，因为学生并未开始本单元 Rules 知识的学习，所以每道题提供了中文解释，而在学后自评中，学生们已完成本单元知识的学习，因此去掉了中文解释。教师将测评分为 School Rules, Home Rules 和 Social Rules 三大部分，共 100 分。选项为 always, often, sometimes, never，分别为：3，2，1，0 分，共 90 分。频率副词是学生的学习难点。

问卷星为"单元"评测提供了快捷的数据系统，体现单元主题意义的题目使每一名学生能够有效地对自己进行学前自评和学后自评。教师合理利用数据分析，能充分发挥好评价的激励作用和促学功能。如：学前自评可让教师全面了解学生遵守规则情况，有助于制订个性化和针对性的教学目标；横纵向对比学前和学后自评，可使教师掌握学生单元学习目标实现情况，体现以人为本教育理念。

Home Rules 中平均分提高最多的是帮助做家务，always 同学增加 9 名，often 增加 3 名，never 减少为 0，规则的理解和认识有效提高了劳动意识。在床上读书和很晚上床睡觉平均分提高 0.2 分，帮助学生认识到正确习惯的重要性。

School Rules 中认真听讲、在小组合作中积极发言、积极问答、帮助同学、保持干净、打扫教室等题目平均分变化明显，always 人数增加较多，形成了积极向上的学风和互帮互助良好班风。

Social Rules 中学生们对社会规则的遵守情况平均分普遍较高，以上题目达到 2.8 分左右，在我会照顾小朋友、帮助老人、垃圾分类、是否在街上玩等规则的认识上有所提高。

开放题，I can also obey these rules，让同学们发散思维，不拘泥于课本，认真思考周围生活的方方面面来完成答卷。在学后自评中，很多同学学会用英语表达规则，而且还紧跟时代：Wear your helmet before riding. 骑电动车戴头盔。通过这些题目真正将核心素养的培养落地。

小凡同学的答案着实令人惊喜。之前，思维敏捷的他上课总爱制造噪音，扰乱课堂秩序。如今，他说到做到，学习积极性大大提高！他的行为改变影响着每一名同学，同学们学习氛围浓厚，效率大大提高。教师们看到了信息时代背景下的作业评价给学生带来思想教育的影响力！

四、评析及反思

天津市基础教育网络教研平台、区级域智慧校园平台为全社会广大师生提供了多种便捷、实用的功能。通过云智线上教研活动，为全区师生传递各种信息资源和技术手段，大家赞不绝口，纷纷表示实用性很强，节约了很多时间和精力，受益良多。比如师生可以通过课程包、教案、试卷、学案、课件、导学案、课堂实录、媒体素材、培训、活动、交流等功能，进行教与学。而"1+1双师课堂"云智线上教研活动也为广大教师扣响了"互联网 + 教育"的大门。教师应该扮演好"名师录播 + 导师直播"的角色。线上教学过程中，教师应尽可能避免单纯的"主播表演、学生收看的模式"，应该转变为网络"导播"，让学生跟随老师的指导参与教学互动。授课中尽可能加强师生互动：可以通过课堂连麦、线上答疑、评论作答等形式提升学生的网课质量，强化教师主导效果。你若芬芳，蝴蝶自来。所以，学好录播课、上好直播课、科学布置作业、做好有效预习和点睛指导是上好网课的关键。

通过云智线上教研活动，我们得到了很多收获与启迪，以下思考与广大师生一起分享。

（一）养成候课习惯

在直播或录播授课时，提前十分钟线上候课。教师除准备好授课内容外，还要准备好授课工具（手机、电脑等），及时检测好网络，避免仓促上线，直播无法正常进行或时断时续影响授课效率，不给学生及家长留下准备不充分的印象。同时，要求学生提前进入课堂，除做好课堂准备外，课前十分钟预习本节课的知识点。

（二）课堂要可控

要进一步落实好课前动员、课中激励、课后交流谈心的课堂教学三部曲。通过连麦、语音问答、互动面板、激励性的评价等手段让学生思维灵动、深度参与，尽量把学生的注意力掌握在老师的可调控、可掌控。网课学习更要重视学生在课堂中的表现，发现问题及时调整。

（三）发挥好小组作用

通过评选优秀小组等量化机制，充分调动小组的积极性，激发学生学习网课的主动性。让小组长做好老师小帮手（催交做作业、提醒上课、指定对子帮扶等）。在学生充分自主学习后，课前及课后作业中的难点，小组长在小组内通过一对一交流、结对子互动讨论，通过兵教兵的方式达到生生互动的作用。对于小组都不能解决的问题，小组长整理出疑点，以问题单的形式报送给学科教师。

（四）及时反馈

对于课堂中的疑点难点问题，采用线上连麦视频互动的形式，小组学生代表先进行讲解展示成果，其他小组补充，教师根据学情反馈答疑解惑、点拨重点难点、讲解易错、易混问题并进行归纳总结。

（五）进行分层训练

布置作业要依据校情、学情有效布置。作业分必做题和选做题：必做题全体学生都要完成（这部分作业必须依据课标，是课堂教学最基本的要求）；选做题为学有余力的学生设计（这类题要依据教材，有一定的趣味性并且有研究探讨的价值）这样分层布置作业，符合学生实际，让不同的学生都有所收获。学生线下完成作业、拍照上传，教师在线批阅，同时将有问题和有错题的作业及时打回，再让学生纠错，达到巩固知识的效果。这样就构建了学生 "线下自主学习—线上合作交流—线上展示反馈—线下分层训练"的网课新型教学模式，有效减少了学生在线的时间，实现了学生自主学习、自主管理及自我发展。

总之，疫情无情，教育有爱。教育是一盘棋，我们在和疫情博弈；教育是一种使命，我们在坚守初心；教育是一种耕耘，我们在期待花开。在这场没有硝烟的战役中，老师们用行动展现责任与担当，用爱与真诚守护孩子们的成长。停课不停学，重点在学不在教。教师要发挥好 "1＋1 双师课堂" 效能，充分利用好云智教研机制为学生的学习保驾护航，加强家校联系，隔空不隔爱，做学生的引路人。

【作者简介】

张祖光，和平区教师发展中心党支部书记、小学英语教研员；教育部基础教育研究所理事、中国教育论坛特邀编委、中国人教社讲师、天津市国际交流协会副主任、天津市教育学会小学外语学会理事、兼职督学；荣获全国优秀教育工作者、全国英语名师、教育部十佳外语教师、首批市级学科骨干教师、名师工作室领衔人。主持省部级课题 8 项，出版学术专著 1 部，编著 1 部。

【参考文献】

[1] 教育部关于印发《教育信息化 2.0 行动计划》的通知 [J]. 中华人民共和国教育部公报，2018(04):118-125.

[2] 教育部推教育信息化 2.0 行动 2022 年基本实现 "三全两大一高"[J]. 未来教育家，2018(06):30.

[3] 邵一桐. 基于大单元教学理念的小学英语单元教学设计——以人教版小学英语五年级下册第二单元为例 [J]. 校园英语，2021(44):96-98.

[4] 叶丽娟. 小学英语 "1＋1" 双师导学课内翻转教学模式探索 [J]. 教育信息技术，2021(Z2):125-128.

[5] 李亮.《义务教育英语课程标准（2022 年版）》解读：教、学、评视角 [J]. 天津师范大学学报（基础教育版），2022,23(05):13-17.DOI:10.16826/j.cnki.1009-7228.2022.05.003.

进行"七步"线上教学 形成"七好"特色流程
——2022 年津沽英语线上教学模式网络教研案例

康玉明

为落实《天津市教育信息化"十四五"规划》精神，实现优质教育资源与网络教育服务新模式的应用融合，促进管理平台与资源平台在服务方面的应用融合，实现线上与线下的个性化应用场景无缝对接[1]。我区教师通过多种途径建立以班级为单位的网络联系，合理调整教学方式，灵活安排学习内容，做好学生指导与答疑。进一步优化一站式的管理服务、个性化的教学服务、精准化的科研服务、智慧化的生活服务，全面支持创新教育服务业态。充分考虑学生线上线下转换的适应期，适度放缓教学进度，循序渐进、合理安排教学容量和难度，做好线上教学与返校上课的教学衔接，加强心理健康教育和家校联系，帮助学生调节心理状态，逐步引导学生"收心"，从"心浮气躁"到"平心定气"。

通过市教科院课程中心指示、区教育中心指导、区域全体教师指论，建构了"进行'七步'线上教学，形成'七好'特色流程"的区域"津沽英语线上教学"模式（图 1）。此模式基于通过"1 心 3 环 3 支撑"

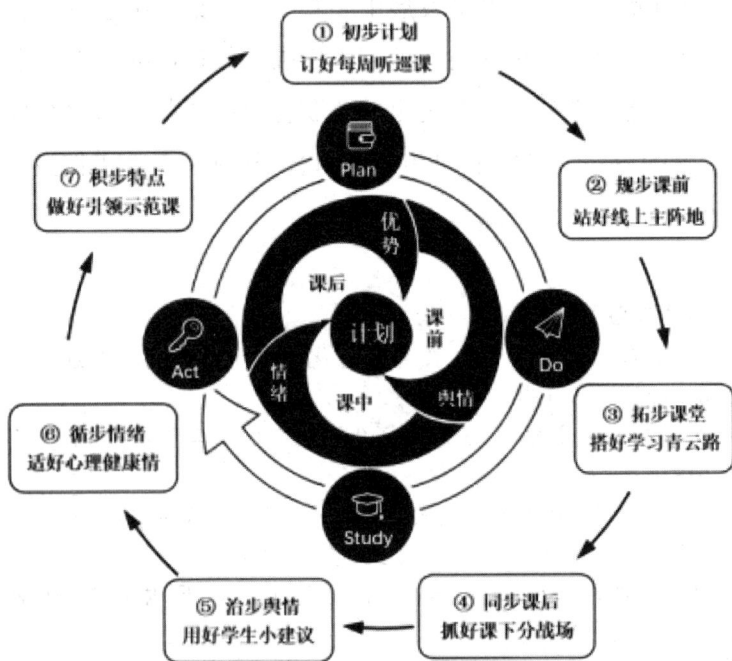

图 1 区域"津沽英语线上教学"模式

形式，进行 PDSA 循环提升（图 2）。

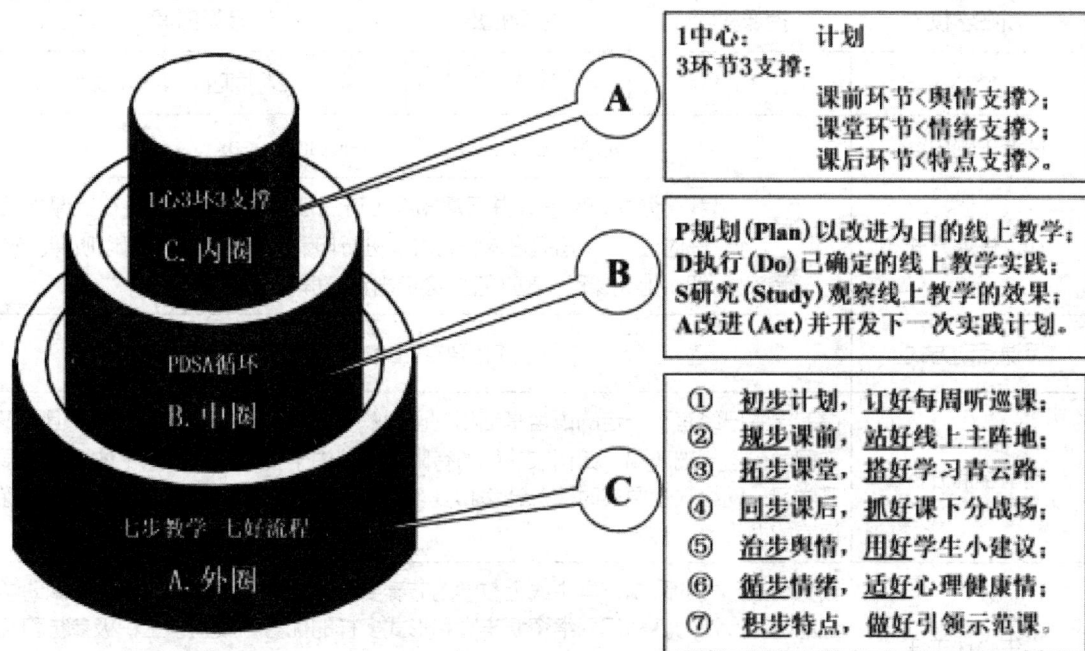

图 2 "津沽英语线上教学"模式说明

随着线上教学的不断深入，流程的不断完善，模式的不断实践，通过规划、执行、研究和改进，这种有效线上教学模式成型，形成可复制、可推广的基本线上教学范式。

一、初步计划，订好每周听巡课

根据市教育科学研究院课程教学研究中心学科教研员和区教师发展中心教研部负责人安排，做好每周听课、巡课。本学期线上教学持续 6 周，听、巡课共计 34 节，完成听课反馈表 34 份。让每节课听巡前做好课准备：统计所在学校、授课教师、授课班级、授课时间，登记授课主题内容、线上进入方式、授课活动方式。每节课听巡后做好课后反馈：随记当前学情分析、学生心理关注、学科德育基点、学科素养培养、教学整体流程、作业布置方式；随记科学性体现、创新性说明，赋权师生，提质教学（见表 1）。

表 1 区域高中英语听课、巡课记录反馈表

所在学校	授课教师	授课班级	授课时间
****	***	高二 1 班	2022.3.24 周四 08：00-08：45
授课主题内容	选择性必修三 Unit 6 Developing ideas		
线上进入方式	我已分享钉钉码，并已通知群主班主任，英语教研员将在上课当天临时进群。扫码进入钉钉群，进行申请，审核通过，可以听课、巡课。上完课后，班主任将会请出钉钉群		
授课活动方式	钉钉群线上教学		
当前学情分析	高二学生已经有了一定的语言基础和阅读理解能力，学习热情较为浓厚，但是多数同学英语基础薄弱，口语表达能力有限。此外由于会考在即，除了依据教材展开学习，网络教学要实时注意迁移和复习，帮助学生回忆和重塑知识框架，训练语言能力		
学生心理关注	因为线上形式的限制，学生线上教学的节奏要适当进行调整，同时要注意调动学生的听课专注力。利用网络资源丰富和形式多样的优势，鼓励学生积极参与和互动，努力做到"思维不断线"。另外网络存在延迟，因此教师要给学生留下充足的思考时间，多等待，多启发，多激励，多引导		
学科德育基点	通过本单元的学习，学生不仅能够掌握不同文体的特点，体会作者对自然的爱，同时也能够更好地理解人与自然的关系，树立欣赏和保护自然的意识，建立感恩自然、珍视自然、关爱自然的信念。本节课的学习，学生将进一步思考人类活动对自然环境的影响，提高保护自然的意识		
学科素养培养	通过对作家 Rachel Carson《寂静的春天》这本书的书评，学生掌握书评的写作特点和结构；通过介绍、评价作者表达的人要敬畏自然、关爱自然、保护自然的观点，引导学生感悟文章主题，加深对单元主题意义的认识，对于生活中的现象进行反思，洞察人类活动对自然环境的影响，培养独立思考能力和批判性思维		
教学整体流程	单词测验，线上互动→视频导入，内容预热→书后练习，理解语篇→阅读训练，提升技能→回顾探讨，升华主题（作业）		
作业布置方式	通过钉钉 App，发布作业内容，学生们通过拍照上传		
科学性体现	在温故知新，复习巩固的基础上，学习新的内容。注重学生阅读思维、能力和解题技巧的培养，培养学生线上自主学习的能力		
创新性说明	通过利用时下学生熟知的网络热点与单词教学相结合，充分利用线上课"看"的直观和便利性，培养学生通过"看"提取语篇信息的能力和知识灵活应用迁移的能力。利用网络视频，为学生丰富课外背景，辅助理解本单元的主题意义——感恩自然、珍视自然、关爱自然		

二、规步课前，站好线上主阵地

线上教学与线下教学相比，存在着交流展示不便，教师要尽可能发挥线上教学的优势，为让学生每节课的学习效率最大化，这要求我们教师必须备好每一节线上教案、上好每一堂线上课，站好教学主阵地。

（一）优选平台

高中英语教师依托国家中小学智慧教育平台和天津市基础教育网络教研平台，依据英语学科特点、自身教学习惯，利用市、区精品网络教学资源，使用腾讯会议、钉钉直播、手机投屏在线课堂进行线上授课，运用钉钉检查作业、使用维词APP检查学生单词学习情况。

（二）注重细节

备课是上好一节课的前提。线上教学比课堂教学对备课的要求更高，不仅要备教材、备学生，而且要备线上教学呈现方式[2]，这就要求教师精细准备，提前安排好展示内容，弥补线上板书不方便的问题，节省课堂时间。

三、拓步课堂，搭好学习青云路

在线上教学更注重基础，教师课堂容量和教学难度会比线下授课有所降低，针对不同情况，采取相应的措施。

（一）达到线上教学的有效授课

上课是重中之重，首先要求学生全员参与，因故不到，要及时向学生家长核实并通知当堂任课教师。为保持听课状态，课上适当互动，让学生打开话筒，利用视频通话回答问题，共享上课屏幕，上传听课记录或课下笔记。全程统计听课时长，课下及时告知缺勤学生课程回放链接，确保学生有补习的机会。

（二）利用线上教学的便捷优势

为提高课堂教学的容量，方便快捷地给这部分学生推荐一些线上英语学习资料，如今日习题、英语在线、每日一听、学习打卡等，在线提高学生的英语语言能力。

（三）采取线上教学的展演方式

在线上教学期间，英语课前可以安排 3~5 分钟的英语演讲。由于线上教学的局限性，英语演讲虽被暂停，但是学生准备演讲材料的步伐没有停止。通过网络投票，恢复线下课前演讲，上传演讲音视频，促进了线上学习的积极性，拓展了演讲舞台。

四、同步课后，抓好课下分战场

判断学生是否掌握了一节课的内容，最直接的方式就是本节课相关作业的反馈。作业是学生学业内化提高的主要途径，做好收取全员作业和做到及时批改作业的工作，是巩固学生习得效果的重要途径之一。

（一）分类作业

教师把高中英语线上作业分为以下 5 类：课文预习；维词学习；质量检测练习；钉钉网上答疑；笔记照片上传。为了让作业按时上交，利用微信群、维词和钉钉的提醒功能多途径提醒功能作业上交截止时间。之后，教师及时批改，写出评语鼓励或说明作业存在问题，并利用钉钉评选出优秀作业，同时进行展示。

（二）分类辅导

除了抓好学生作业之外，老师们也要处理好线上课后提出的问题。统计线上课学生个性和共性问题，共同回复共性问题，耐心解答个性问题，及时分享点滴课堂精彩瞬间，与学生讨论英语学习感受，用以保持学生学习英语的积极性。

五、治步舆情，用好学生小建议

无论是教师还是学生，对疫情线上教学有学而不实之感，从而出现舆情浮躁，而作为教师最好引领正确的方法不是阻止而是疏导，把学生的注意力引导到学习的主渠道，多听学生的心声，合理满足他们的需求，充分考虑学生的建议，换位思考，更好地提高线上教学水平，提升课堂效率，调动英语学习的积极性。

（一）丰富形式，提高兴趣

高一某班班长提出英语线上教学容易沉闷，希望英语课堂再生动、活泼一点。任课教师也反思了教学实情，针对平台开发功能的使用，做出了相应的变化。如把平时按组分配任务改成抽签形式，并且设置幸运同学，提高了学生参与的积极性，给课堂增加新鲜度。同时，根据授课内容，让学生听唱英文歌或赏析英文诗。另外，针对单元主题进行相关资料的查找，播放拓展情景的小视频……明显提高了学生英语学习兴趣。

（二）打卡链接，提升能力

为解决线上教学习题练习不足的问题，高二某班课代表同学提出打卡任务。我们老师深受启发，建立了打卡组长群，针对授课内容，由他们负责每天挑选 2 道情景适恰、考点对应的高考原题。每天早 8 点在钉钉发布打卡任务，晚 8 点分享答案解析。既减轻了任课老师的教学负担，也增强了学生的组题能力。

六、循步情绪，适好心理健康情

线上学习期间，学生面对疫情会产生不安、焦虑等不良情绪，也会因为线上学习的不适应而产生一些情绪低落、思维迟缓、意志减退等负面现象。这时就需要教师关注学生的言行，关心他们的动态，及时疏导，保持健康心理。

（一）结合学情，提出建议

根据日常学生反馈，教师提出 5 点建议：一要保持健康生活方式，做好个人清洁卫生。少出门，戴口罩，勤洗手，保持作息规律，保证睡眠时间，合理膳食，增强免疫力；二要坦然面对情绪变化，理解和接纳负面情绪。在疫情压力下，不良情绪是人们面对应激事件的正常心理反应，是机体自我保护的体现，提醒同学们不必过于敏感紧张，无需否定自身感受，积极理解和接纳负面情绪的存在；三要科学看待疫情防控，学习情绪调整方法。通过官方渠道了解防疫信息积极配合疫情防控工作，做到不信谣、不传谣，学会一些简单的心理调节方法，如"深呼吸""放松肌肉"等来维护情绪稳定，也可以通过运动、音乐、倾诉来转移注意力，增加积极体验；四要进行室内锻炼活动，保持良好身体状态。结合自己的兴趣和生活条件自主选择活动方式，适当的运动可以消除疲劳，提高大脑中的血氧含量，能够促进大脑活动，愉悦身心[3]；五要密切亲友互动交流，做到隔离不隔心。在家里可以利用电话、QQ、微信等线上沟通平台与同学交流、与家人保持联系，减轻孤独感，增强战胜疫情的信心，增进彼此的情谊。

（二）针对应激，进行疏导

根据学生主动向教师倾诉自己在线上学习期间的心理不适，教师们客观指明这些情绪属于正常现象，不用过度担忧，线上教学也是临时之举，肯定学生在这段时间的表现，尽自己最大努力鼓励学生，消除学生的心理焦虑。另外，在线上评选优秀学生和优秀学生干部，让他们适时交流他们的成功经验；老师们同时安慰一些落选的学生，及时鼓励并指出不足，提出相应的提高方法，消除消极诱因，提升转优因素。

（三）基于反馈，做好调节

对于一部分不主动向教师们倾诉自己心理不适的学生，教师们就要根据自己观察（如上课出勤、课上提问、作业反馈等情况）和课代表、班干部的反映，主动找学生谈话，询问学生具体情况，找到问题所在，帮学生尽快调整心理，让其积极阳光地生活和学习。

七、积步特点，做好引领示范课

随着线上教学的不断深入，线上教研的渐进提升，针对高中英语学科特色，持续开展活动，增强线上教学效果。

（一）教学教研有机结合，拓展思路

在线上教学期间，教师发展中心、学校通过教研员、教研组长认真遴选，及时转发线上教学资源和实时分享备课链接，多方保障教师网络备课资源，提升线上授课水准。

（二）特点特色随机呈现，形成示范

If I have seen further, it is by standing on the shoulders of giants.（如果我看得更远的话，那是因为我站在巨人的肩膀上）。线上观摩展示课也是快速学习线上教学的一种捷径。教师发展中心教研部联合学校组织高中英语学科线上教学有效课堂系列展示课活动，形成各色范式。

❶ "12用"做"钉钉"线上示范课（汉沽六中优秀青年英语教师高旭老师）：

（1）享用英文歌曲播放，提前入课，放松心态；

（2）专用问卷星考单词，自动统计，成绩直观；

（3）利用图片考查设问，生动形象，情景真实；

（4）宜用聊天互动板块，展现学情，反馈及时；

（5）选用标注专用软件，操作熟练，条理清晰；

（6）启用音频视频对话，师生互动，监控有效；

（7）试用多种笔墨功能，交错显示，呈现了然；

（8）应用答题卡做选择，动态生成，比例自现；

（9）参用学生所提问题，针对解答，难点突破；

（10）兼用课外生平介绍，拓展外延，理解深入；

（11）巧用同色结构联系，解析文本，整合有法；

（12）意用文章主题思想，落实素养，立德树人。

❷ "12"例做"腾讯"线上课（田家炳中学优秀青年英语教师果园）：

（1）引例课外词源视频，补充知识，语感转换；

（2）适例维词教学系统，管理班级，作业分析；

（3）援例电子文本资源，点题清晰，章节明了；

（4）范例语篇整体教学，说明类型，总体设计；

（5）破例课前截图对比，提示词语，便于理解；

（6）变例音频开麦跟读，初步阅读，要点能现；

（7）品例现代科技发明，开拓视野，放眼国际；

（8）释例文章细节阅读，提炼语法，动态标注；

（9）沿例树状思维导图，总分关系，双向支撑；

（10）变例答案多重选项，批判思维，落实素养；

（11）特例留白思考分享，反复推敲，真情表达；

（12）创例腾讯钉钉融合，腾讯直观，钉钉评判。

❸ **"12 真"做"腾讯"手机直播课（汉沽一中优秀青年英语教师赵蕾）：**

（1）真释手机直播操作，视频演示，同仁受益；

（2）真人腾讯现场直播，显身授课，倍感亲切；

（3）真情师生课下交流，准备上课，放松心态；

（4）真审答题正确比例，择差讲解，痛点解析；

（5）真写答题要点批注，现场总结，直观沟通；

（6）真记错题校正笔记，逐条分列，指出症结；

（7）真实手机竖屏直播，概括全篇，整体呈现；

（8）真态手机横屏放大，微观讲解，细节清晰；

（9）真传专题答题技巧，总结规律，授予方法；

（10）真练专项书面表达，十年统筹，共性自现；

（11）真题检验学生基础，提炼要点，注意行文；

（12）真批学生作业样本，整体评判，细节批改。

示范课利用视频、图片的直观性，在短时间内让老师们对"腾讯""钉钉"两个主要线上教学软件和手机直播有效方式有了更全面、更深入的认识，学到未启用的功能，让教师们的线上教学更加得心应手。

总之，作为教研员、老师和学生，应该用好线上平台工具、做好线上教学，使线上线下适切结合，更好地服务于教学工作，这才是正解。在线教、在线学、在线研，落实线上教学目标任务以及线上线下的高效衔接，是摆在我们面前的一道"必答题"。而市教科院课程教学研究中心组织的网络教学教研案例征集评选活动，就为我们破解这道"必答题"搭建了平台。相信，我们的"必答题"定会有百家争鸣、百花齐放的"必解术"。

【作者简介】

康玉明，天津市滨海新区教师发展中心第一分中心高中英语教研员。天津市教育学会中学外语学会理事、兼职督学、优秀教育工作者、教学能手，国家级、市级课题负责人。

赋能"双减"，提质增效
——初中物理四级联动线上教研案例

朱轶男

一、案例背景

2019 年 2 月，中共中央办公厅、国务院办公厅印发《中国教育现代化 2035》，提出要"加快信息化时代教育变革""实现规模化教育与个性化培养的有机结合"[1]，为智慧教育的实现绘制了蓝图。2019 年 4 月，天津市教育委员会发布《天津教育信息化 2.0 行动计划》，积极推动信息化与基础教育教学的深度融合。2019 年 11 月，教育部《关于加强和改进新时代基础教育教研工作的意见》，指出要"积极探索信息技术背景下的教研模式改革"[2]。这一系列文件都展现了国家和天津市对"互联网＋教育"的要求。2020 年初开始受到不可抗力因素的影响，使得教学和教研都要在线上进行。2021 年 7 月 24 日，中共中央办公厅、国务院办公厅又印发《关于进一步减轻义务教育阶段学生作业负担和校外培训负担的意见》，指出"要全面压减作业总量和时长，减轻学生过重作业负担"[3]。《义务教育物理课程标准（2022 年版）》的课程理念为"倡导教学方式多样化""合理运用信息技术""面向全体学生，培养学生核心素养"[4]。

基于信息技术如何开展线上教研落实"双减"政策要求，培养学生核心素养，需要在课堂教学和作业设计两方面下功夫，特别是在线教学阶段的课堂教学和作业设计的研究与实践，为提质增效提供重要保障。因此，在本区初中物理线上教研的安排上，开展四级联动式"训·研·评"一体化系列线上教研活动。

二、教学设计

由于突发情况的影响，本市中小学从 2022 年 1 月 10 日起暂停线下教育教学活动，教学和教研都通过网络进行。

初中物理学科利用"市—区—学区片—校"四级联动线上教研模式（见图 1），"自上而下"与"自下而上"双线贯穿，在培训、教研、评价中实践和落实双减政策。

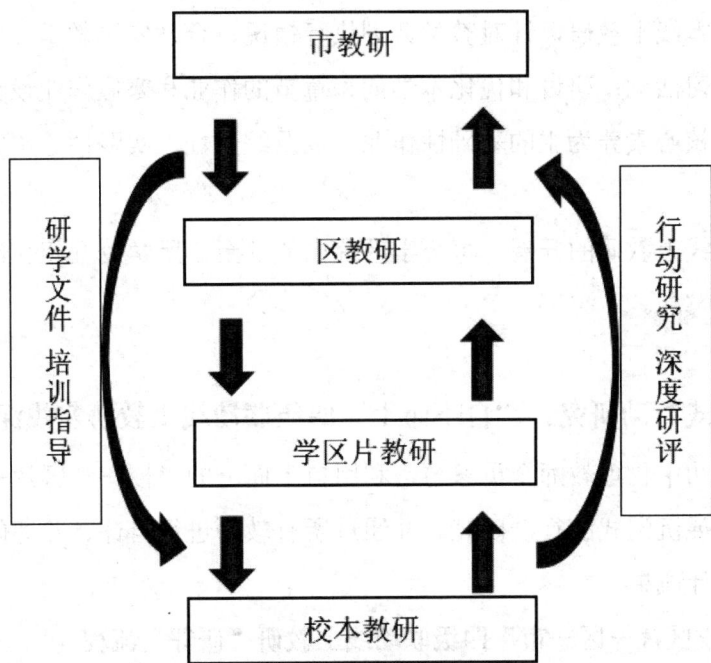

图 1 四级联动线上教研模式

以"初中物理作业设计主题系列线上教研活动"为例，展现四级联动线上教研模式的具体实施。

（一）研究与学习文件政策，"自上而下"四级联动线上教研贯穿培训指导

❶ **市线上教研**

市教研员组织全市初中物理教研员会，传达天津市教育科学研究院课程教学研究中心发布的《关于做好本市中小学期末阶段教学指导工作的意见》《天津市中小学在线教育网络平台操作指南》《天津市中小学寒假作业布置指导建议》，依托天津市基础教育

网络教研平台，科学、合理使用天津市基础教育资源公共服务平台与国家中小学智慧教育平台所提供的优质课程资源。

❷ **区线上教研**

笔者指导我区骨干教师录制微课资源并上传在区"智慧校园"平台供师生使用；主讲培训讲座《双减背景下聚焦课堂，优化作业》《初中物理线上教学指导》，指导教师基于课程标准，合理实施线上教学活动和作业布置，培养学生的物理核心素养。

❸ **学区片和校本线上教研**

各校开展校本线上教研，针对教学计划执行情况，合理安排教学工作；指导学生，开展线上自主学习活动；研讨和优化本学期每章节的作业和寒假作业设计，包括以落实三维目标和物理核心素养为主的基础性作业，以及综合性、实践性、探究性、课程思政性的作业。

通过学区片线上教研的开展，每个学区片内的 5 至 6 所学校互相交流，取长补短，促进学区片均衡发展。

（二）沉浸式行动研究，"自下而上"四级联动线上教研实践深度研评

为促进所有初中物理教师全员参与，利用自下而上的"校—学区片—区—市"四级联动线上教研开展沉浸式的行动研究。并通过所有教师进行自评、互评的任务驱动，评选出优秀作业设计成果。

❶ **"校—学区片—区—市"四级联动线上教研"研评"流程**

（1）各校开展校本线上教研活动，由各位初中物理教师交流研讨作业创新设计和效果，评选优秀作业成果；

（2）学区片线上教研活动中，全区 17 所学校评选并派出优秀教师代表，展示交流；同时录制视频，汇总后提供网盘链接再发给各校，各校教师在校本教研时学习研讨，利用问卷星投票，从八、九年级 6 个学区片共 34 个备课组中评选出优秀备课组的发言；

（3）全区线上教研，由全区初中物理教师投票评选出各学区片中的 8 个优秀备课组进行典型发言，再利用问卷星投票，评选出八、九年级各一个最佳备课组。

（4）全市线上教研，由区线上教研投票评选出的八、九年级最佳备课组向全市展示推广优秀成果和经验。

❷ 具体安排（见表 1）

表 1 四级联动线上教研具体安排

线上教研	校本	学区片	全区	全市
时间	2022 年 2 月 3 日	2022 年 3 月 2 日	2022 年 3 月 23 日	2022 年 4 月 27 日
网络环境	腾讯会议	腾讯会议	钉钉群	钉钉群
主题	初中物理作业的创新设计	初中物理作业的创新设计	"双减"背景下初中物理作业的创新设计优秀成果共享会	天津市初中物理线上线下融合教学展示交流系列活动——《双减背景下的作业设计》
主要内容	①各校备课组的所有任课教师交流本校寒假作业成果和效果；②针对本学期每章节的作业设计研讨	线上教学阶段作业设计，寒假作业成果展示（例如，九年级第二学区片线上教研发言题目见注1）	八个最佳备课组展示(发言题目见注2)	研究课、经验交流、主题讲座（详情见注3）

注 1：《基于物理核心素养的创新作业设计》《双减背景下作业设计初探》《自主探究，兴趣领航》《九年级线上教学特色作业展示和效果》《九年级线上教学作业评价的实践与思考》《九年级物理创新性作业展示》

注 2：①八年级《线上线下物理教学融合——作业设计初探》《"双减"下作业设计的尝试与思悟》《寻觅，遇见，喜爱——初中物理特色作业设计初探》《"双减"政策下初中物理作业的改革与探索》《全体兼顾、均衡发展、整体提高——"双减"背景下假期作业和线上教学有效性思考》

②九年级《创意作业促双减，线上线下融合展特色》《新形势，新背景，精准减负——寒假及线上作业设计初探》《冰雪交融，春回大地——寒假作业设计》

注 3：①研究课：《力学专题复习》《电学专题复习》

②经验交流：九年级备课组《"线上线下"相融合，特色作业助"双减"，实现物理高效教学》；八年级备课组《改弦更张奇葩欲吐，除旧布新嫩蕊待放》

③主题讲座：《双减背景下的初中物理作业设计》

三、案例分析

初中物理作业设计线上主题教研通过四级联动线上教研"训·研·评"一体化系列活动，在全区所有初中物理教师的"教研—实践—再教研—再实践……"多轮次研讨和实践中，不断深化双减政策对作业设计要求的理解，实现螺旋式循环上升。

（一）全区线上教研，培训指导

为贯彻落实双减政策，我区教师发展中心制定了《区中小学作业设计评价标准》，笔者在区线上教研中为教师做了解读。针对线上教学的作业布置，培训了如何使用微信小程序"老师收作业"和"交作业"。

（二）校本线上教研，学习实践

各校在区线上教研之后，开展校本线上教研，指导任课教师学习和实践。例如，笔者参加了我区某中学八年级物理的校本教研活动，备课组长结合自己的使用情况，对本校的老师们进行了二级培训，演示讲解如何利用"老师收作业""交作业"小程序布置作业和收作业、作业如何手动批改，还可以使用智学网实现相应的功能。对于年龄大的老师，又特别讲解了如何使用腾讯会议开展线上课堂的教学。

双减背景下，不仅需要提高课堂教学的质量，同时需要提高作业设计的质量。各校在校本线上教研中，归纳总结符合双减政策要求的作业设计亮点，并形成文字稿提交。

（三）全区线上教研，再次培训指导

笔者主讲区教研的培训讲座《以核心素养为导向，基于标准的作业设计》，展示各校作业设计的亮点，针对作业功能、作业目标、初中物理作业设计重点、如何设计符合标准的素养导向的单元作业等作业设计质量相关问题做了详细的讲解说明。

（四）校本和学区片线上教研，再学习实践

如，我区某学校开展以《物理在线作业设计及反馈方式》为主题的校本线上教研，探讨差异化的物理作业和反馈方式，从而优化线上作业设计，培养学生核心素养。

根据八、九年级学生学习的不同要求设计丰富多彩、不同层级的作业种类。

八年级的作业分为笔记、实验录制、课后练习的多样作业，落实教学目标的同时激发兴趣；九年级的作业分为知识梳理、课后练习、小专题的总结、错题整理四个部分，在夯实基础的目的上做到知识脉络清楚，横贯四通。

我区智慧校园中的笔记、小结、实验视频展示，作为学生作业的第一层级，利用其限时性和统计结果督促每位学生完成作业，优秀作业上墙展示给学生获得成就感的机会；

针对综合题目的微信群和赶考状元的照片提交、音频或视频讲解提交，在保证能力较强学生完成的基础上帮助薄弱学生化解难题。一起交作业的小程序，可进行当堂选择题作业的反馈。

为了营造检测气氛，达到学生同时同练一套习题的目的，利用腾讯会议，在家长的帮助下，八年级进行了一次、九年级进行了两次线上的"云测验"。

为了保证不太自主的学生按时参加学习，完成作业，设置"缺席竟演"，累计未完成 2 次的在线表演。

对于学有余力的学生，设置"挑战之旅""历史同期声""生活中的物理"等学生活动项目供其挑战。

在学区片线上教研中，各校交流在校本教研和实践中不断创新线上作业的形式、优化作业设计、增加与学生的互动反馈的具体措施，取得良好效果。

（五）市、区线上教研，再指导培训

市、区教研通过腾讯会议和微信群，转达市里文件精神，对于线上教学和寒假作业的布置，提出具体的指导和要求。要求设计好寒假作业，包括以落实三维目标和物理核心素养为主的基础性作业及综合性、实践性、探究性、课程思政型的作业。

（六）校本、学区片线上教研，再学习实践

各校经过校本线上教研，研讨并按照要求制订寒假作业并提交给笔者，审核并修改调整，优化寒假作业设计。

第二学期开学后，在校本、学区片线上教研中，展示交流作业成果，研讨线上作业的设计和布置，打破时空限制，使作业更具有趣味性，提高教学效率，让作业更具有针对性，针对学生的能力差异让作业变得更具有实践性和开放性。

❶ 多方位展示学生的作业成果，立德树人

学生在家中做实验的视频作业，实时在微信群"班级交流群"中展示；任课教师汇总学生的实践作业的照片或视频，在线上课堂中展示。

既有观看天宫实验、渗透学科思政的作业，又有动手清理排水管、强化劳动教育的作业。

❷ **凭借网络平台数据统计功能，精准定位，提高指导效率**

如，微信小程序有快速统计作业收取情况，还有利用大数据统计与反馈练习总评、所用时间、练习完成率、练习正答率、共同错题等答题情况。

❸ **利用网络平台的即时交互性、多媒体互动性等特点，创新作业反馈与评价方式**

如，钉钉群有表扬和展示优秀作业功能。学生的作业被选为优秀作业，既给其他同学做示范，又提升了自信心。

教师运用微信小程序的语音功能批改作业，学生也用同样方式与教师沟通，提高学生对作业反馈的重视，教师能更充分了解每位学生；运用"小管家"里的各种表情包的符号批改法，用"有创意"并加一朵小红花、"拳头"和"↑""↓"表示作业创新性、正确率、书写好坏。

线上分小组之后，学生格外重视自己在小组中的贡献和积分，用小组积分带动个人完成效率。绑定作业反馈与课堂做整体评价，根据对作业情况的反馈和积分以及课堂表现，评出每一位学生的综合指数，如果第二天课堂情况有所改变的话，就会参与班级的奖励活动。这样将课堂和作业连接成一个整体，成为一个良性循环。

（七）全市线上主题教研"双减背景下的作业设计"，展示与推广本区优秀校本线上教研成果

❶ **线上教研优势显著**

本次全市教研，线上有 672 人观看了直播，避免了线下场地的限制和人群的聚集，发挥了线上教研的优势。

❷ **校本教研成果展示**

（1）我区两所学校的教师做了展示课《跟着冬奥学力学》《电学专题复习——分析设计电路》设计了相应的实践性作业。

（2）我区八年级、九年级备课组优秀作业设计校本线上教研展示。

八年级作业，激发学生兴趣，培育核心素养；九年级作业，培养学科能力，坚持五育并举。

1）发挥网络平台优势

如，利用本区"智慧校园"等网络平台发布收取作业，有针对性推送线上个性化作业；开展线上"生活中的物理"知识竞赛，激发学习热情；"智学网"平台助力精准教

学,统计数据,建立网上个人专属错题本;班级微信群中展示学生实验、讲题的图片、音频、视频等;学生在网站上发帖,展示物理融合中国传统文化,寻找古诗词中的物理;学生的优秀作业在区"智慧校园"和学校公众号平台展示。

2)线上与学生互动,反馈学生的作业落实情况

如,师生通过共享屏幕、共享文档进行线上讨论; 学生当"小老师",录制实验、讲题视频;在线课堂直播学生家中现场做的"云"实验;网课中的"PK",学生打开摄像头,同时展示选择的答案。

3)融合学科思政

通过学生自制手抄报,教师在线上教学中利用冬奥会、中国航天科技等素材,把"爱国情、强国志、报国行"自觉融入到物理教学实践中,培养学生科学态度与责任核心素养。

4)展现心中感悟

学生可结合线上课、寒假等读过的书,写出心得体会、读后感和读书笔记等。

❸ 主题讲座培训教师

笔者主讲主题讲座《双减背景下的初中物理作业设计》,培训教师们在 SOLO 学习进阶理论指导下,如何实现作业设计赋能增效,打造线上线下高效课堂。

四、案例总结

初中物理四级联动线上教研系列活动,基于网络环境,发挥信息技术的优势,跨越时间和空间的限制,利用教师全员参与的沉浸式行动研究开展深度教研和评价,实现"训·研·评"一体化。

(一)训——培训学习

培训学习由原来的单向听文件传达、听培训讲座,转变为"以教师为本",在"校—学区片—区—市"四级联动线上教研过程中,教师在主讲、交流中展现出在实践过程中是否能够运用"所学",这是学习的更深度层次,可以达到更好的学习效果。

(二)研——深度教研

教师在线上教研中,不只是听教研、看教研,而是成为行动研究者,以"主人公"

视角深度参与教研活动。教师不只是标准的执行者，在行动和实践中，参与区线上常态课堂评价标准的研制，在实践、再实践的过程中不断完善评价标准。

（三）评——评价提升

教师在自评，特别是评价他人的过程中，再度审视研读文件、政策、课程标准等，判断他人是否达到要求，也是自我的提升过程。

和平区初中物理教师全员沉浸式参与四级联动线上教研活动，使每位教师在教育教学、信息技术等理论和实践层面都有很大收获。今后，笔者还要继续研究线上教研的深度·效度·广度，提升线上教研品质，落实双减政策的同时提质增效，注重培养学生的核心素养。同时，面对目前线上线下随时切换的新常态，引领我区教师们进一步实践和研究线上线下融合教学，实现立德树人的根本任务。

【作者简介】

朱轶男，天津市和平区教师发展中心初中物理教研员。全国首届优秀物理教研员，天津市首届骨干教师，和平区名教师。获天津市第七届基础教育教学成果二等奖。指导多名教师获全国教学大赛及全国创新课大赛一等奖。

教研凝"合"力 教学出"云"彩
——以区域教学研究提升云课堂质量

包伟清 王家元 李如

自新型冠状病毒防控以来，"云课堂"成为教学的一个重要阵地，由师生共同搭建的"云课堂"呈现了各级教育部门的责任与坚守，呈现了广大教师的智慧与情怀，也呈现了亿万家庭的理解与支持。"云课堂"与以往线下授课方式不同，通过网络云平台实现了师生间的"亲密接触"，为知识的传承牵起了一条特殊的纽带，成为授业解惑的一条新途径。

"云课堂"对教师而言是一场考验。如何提高线上教学质量，让学生的居家学习不走过场，是广大师生和家长共同关注的一个重要问题。从两年前的匆匆面对，到现在的小有经验，教师和学生都在这场考验中快速成长。

"云课堂"与以往的线下授课方式有着很大的差异。线上教学，教师的教和学生的学依靠网络软件衔接，互动反馈受限，教师自身资源（体态语言、表情、目光等）难以发挥其作用，教师对学生学习行为的影响力减弱。教师在教学过程中无法像线下授课一样及时了解学生的接受程度，在依据学生的学习进展调整教学进展方面受到影响。与此同时，学生个人的学习兴趣、自控能力、学习习惯等也严重影响着学习效果。

笔者通过近两年来线上授课的巡课、总结和反思，对线上授课存在的问题、教师教学中的困惑开展研究，对线上授课的教学手段、教学经验进行了总结和提升，在区域教研中开展讲座、交流学习、优秀案例展示等教学研究活动，以研促教、以研促学，帮助教师合理有效利用网络平台，打破师生间的时空界限，提升线上教学质量，为南开区高中物理学科线上教学保驾护航。

笔者所在教研团队在区域教研中指导教师关注影响线上教学备课质量的三个关键点，抓住线上授课的四个环节，为学生提供高质量的云课堂教学。

一、影响线上教学备课质量的三个关键点

基于线上师生"隔空"教学与线下师生面对面教学的差异,笔者所在教研团队在教研中明确指出教师在线上授课备课前要先了解影响线上教学备课质量的三个关键点。

❶ 教师的线上教学基于什么样的学情来设计

教必须基于学的基础,释学生所惑,解学生所困。学生的学习基础,决定着老师的教学起点。

教师备课时,首先必须了解学生在学习前已有的学习程度,关于这一点,线上教学和线下教学备课是一致的。

其次教师要了解在完成教学任务的过程中,学生的学习进展程度,难点在哪里。这方面,线上教学由于师生无法面对面进行交流,教师对学习中的学情掌握无法像线下授课那样直观,而且学生个人的学习兴趣、自控能力、学习习惯等因素对学生学习进展程度的影响也是非常大的,尤其是学生的自控能力在没有教师、家长直面约束情况下对学生的学习效果的影响往往成为影响学生学习的主要原因,因此教师在备课中如何利用情境和问题的设计调动学生学习兴趣,如何通过教学互动的设计,加强教师对云课堂的掌控了解,如何提高教学反馈的有效性,及时掌握学生的学习动态,以便于及时调整教学实施策略,加强教学的针对性和有效性,这是教师在备课中要重点考虑的。

最后教师要了解完成学习任务后学生掌握知识的情况。这一点,线上教学和线下教学虽然是一致的,但由于线上授课的作业也是通过云端收集的,加大了教师判作业的难度,再加上学生自律性的影响,教师对学生学后学情的掌握增大了困难。因此教师在教学设计时要注重作业设计的有效性,尤其在"双减"背景下如何布置适度、适量、有创造性的作业,并通过作业的批复及时掌握学生学习的程度。

❷ 教师的线上教学基于什么样的教学资源来设计

线上教学不仅为教学提供了多样化的教学方式,也为学习提供一个丰富的平台资源。教师可以精心选择相关的课件、学案、习题以及相关视频、图片资料等,科学合理地设计每一节课。

笔者所在教研部门为广大教师推荐了优秀的资源平台供教师们备课、学生自主学习使用。

（1）教育部为全国的中小学生用户打造的线上学习平台——"国家中小学智慧教育平台"。资源包括防疫知识、红色教育资源、专题教育资源，以及从小学至普通高中的主要学科课程资源，供学生学习。

（2）天津市基础教育资源公共服务平台提供了海量图书、期刊、报纸、视频、原创等资源，集知识管理、课程学习、专题创作、办公应用于一体，提供一站式学习、教学与办公服务。"市平台"提供"天津云课堂"网络课程，包括由市教委组织全市优秀教师集中制作的，覆盖我市义务教育阶段和高中阶段学科教学内容的精品微课程，从历届"一师一优课"获奖课例中精心筛选，加工推出的小学至普通高中非毕业年级网络课程，还包括市区教研部门精心推出的富有天津本地特色的专题教育网络课程以及各区建设的校本课程资源等，供全市中小学生在线学习使用。教师可根据教学需求精心选择适合的学习内容，通过网络学习空间布置学习任务并指导学生进行自主学习及开展答疑辅导。

（3）南开区"云动"课程资源平台，"云动"平台共有六类课程共计136门课程的几百节课。其中包含南开区高中物理团队开发的36节教师研修、学生自主学习课程。教师可根据学情、教学需求，依托其实施教学，选择适合的学习内容，通过网络学习空间布置学习任务，指导学生进行自主学习，并开展答疑辅导。

（4）南开区高中物理学科历年教研成果，包含示范课视频、优秀教学资源、教材分析、三维目标细化表、各级各阶段训练题等。

❸ **教师的线上教学基于什么样的教学渠道来设计**

线上授课，虽然导致教师与学生无法第一时间产生交流，学生掌握知识情况不能得到及时反馈，尤其是对自制力不够的学生，线上授课无疑也给学生课堂上开小差提供了得天独厚的机会。但是不足之下也有优势，线上授课打破了传统模式下的授课形式，克服了线下教学的主要缺点，即受时间、空间的限制，网络成为了主要的传输工具，它提供了跨时空、多渠道的教学通道。科学合理选择有效的网络教学工具，更能为我们的线上教学提供助力。在目前的线上授课中，我们在教研中推荐使用腾讯会议作为教学主要渠道，通过合理应用腾讯会议软件中的签到、共享、分组讨论、投票、聊天、互动批注、录屏等功能，实现空中授课实时监控、交流互动，调动学生学习的积极性和主动性。除了腾讯会议外，还推荐使用希沃授课助手、微信小程序"每日交作业"等辅助教学。

二、抓住线上授课的四个关键环节

对于当前的线上教学，从教师到学生都需要一个适应过程，随着学生对这种教学方式新鲜感的逐渐褪去，线上授课的困难就逐渐凸显出来，如何让学生保持较高的学习兴趣，如何在线上教学环境下对学生实行有效的监管，如何实现在居家环境下开展物理课程学习中离不开的实验探究，如何有效落实学习成果，等等，这些都是我们每名物理教师需要进行研究和思考的，也是我们需要重点研究和解决的问题。

笔者所在教研团队通过学习先进的线上教学经验，研究巡课过程发现的问题，针对线上授课的主要问题积极找对策，通过教研指导和示范引领来落实线上授课的四个环节。

❶ 注重问题情境环节的创设

有效高质量学习的重要标志是思维的介入，而且这个思维是积极的、主动的。"不愤不启，不悱不发"，只有学生学习的内驱力被激发出来之后，才可能有积极主动的思维和探索。布鲁纳认为："学习者在一定的问题情境中，经历对学习材料的亲身体验和发展过程，才是学习者最有价值的东西"。问题情境学习法正是在学生原有知识储备和生活经验的基础上，有意识地让学生陷入新的困境，以形成新的认知冲突，从而唤起学生对新知识的渴望和探索的一种学习方法。问题情境的核心是置问题于情境中，问题情境蕴含学生感兴趣的问题，引起学生的关注，促使学生进行思考、探究。有效的问题情境促使学生真正主动、积极地投入到我们的云课堂学习中去，这是单纯靠线上管理无法达到的教学效果。

例如在《宇宙航行》一课的学习中，教师通过视频和图片创设问题情境，引发学生思考和提出学习的困惑问题。

问题情境一：利用腾讯会议软件的共享屏幕功能展示飞天壁画、嫦娥奔月、明朝万户等图片，以及神舟飞船成功发射的视频。提出问题："是什么困难制约着人类探索宇宙的脚步？宇宙航行的最大困难到底是什么？"通过创设问题情境激发学生学习热情并引起学生思考，利用腾讯会议软件的聊天功能实现线上交流，引导学生得出"发射速度"是制约宇宙航行的最大困难，激发学生探究学习第一宇宙速度的热情。

问题情境二：展示地球卫星图片和北斗导航系统图片，引导学生提出学习的困惑问题"环绕地球飞行的这么多卫星会不会相撞？"激发学生探究学习卫星运行规律的兴趣。

问题情境三：利用视频展示神九和天宫的对接，创设应用情境，"在同一轨道下神九和天宫对接，是不是神九加速追上天宫就行了？正确的操作方法是什么？"

教师通过把预设问题置于恰当的情景中，营造情境氛围，激发学生的好奇心，帮助学生尽快地融入学习活动，激发学生的学习动机，并由此而引发学生思考"我应该通过什么方法来研究这个问题"。让学生在获取知识的同时经历研究问题的过程，掌握研究问题的方法，促使学生在获得知识的过程中发展核心素养。

❷ **注重探究过程环节的创设**

物理是一门以实验为基础的学科，很多物理规律是通过实验探究得出的，而居家教与学给实验探究增加了困难，尤其是疫情的突发，教师没有充分的实验探究教学的准备，如果在学习中仅仅告知学生实验结论，学生不仅对规律的理解不到位，而且也没有深刻的印象，更无法要求学生很好地利用规律解决问题。这种情况下，实验的教学视频、动画模拟实验过程、虚拟实验室等的作用和教学效果不容忽视。尤其是教师利用身边随手可得的器材做的一些实验小视频的教学效果就更难能可贵了。

我们高中物理教研团队发动骨干教师的引领作用，收集、提供、推荐老师们使用优秀的实验视频辅助线上教学。不少老师利用身边的小器材做实验小视频激发学生科学探究的欲望，鼓励学生和老师一起动手做实验。

例如在光学一章学习中，老师们不仅利用收集的实验视频再现了折射定律、全反射现象、光的干涉、光的衍射规律的探究，还录制了自己做的小实验视频丰富学生学习的素材，更激发学生探究物理规律的求知欲。

实验一：消失的玻璃棒——探究折射定律。教师在玻璃杯中倒入油和水，放入玻璃棒，玻璃棒在油里消失了。

实验二：小猫去哪了——探究全反射现象。教师将小猫图片装入塑料袋中，把装有图片的塑料袋放入水中，由于全反射现象，小猫不见了。

实验三：魔术穿墙而过——探究光的偏振现象。教师利用偏振片演示小球穿墙而过。

❸ **注重交流互动环节的创设**

线上教学由于师生无法面对面进行交流，教师对学习中的学情掌握无法像线下授课那样直观，但我们可以利用网络软件的互动、交流功能很好的做到师生互动、生生互动，实现多元评价，甚至由于网络教学的多通道特点和数据快速分析特点，往往能够取得线下教学达不到的效果。例如腾讯会议的聊天功能、分组功能、互动批注功能、投票功能，微信群里的交流等等，都可以很好的实现多通道交流，使教师及时掌握学生的学习情况和学习困惑问题，同时也使学生体会到同伴互助的快乐。

例如在《宇宙航行》一课的学习中，教师提出问题"是什么困难制约着人类探索宇宙的脚步？宇宙航行的最大困难到底是什么？"后，学生可以在聊天区发表自己的看法，如重力的影响，速度不够大……学生在发布自己的想法时，也能看到同伴们的想法，互相启迪，教师也能及时了解学生的思维动态。

又如在《宇宙航行》一课学习了卫星运行规律后，教师发起课堂练习（选择题），要求学生在腾讯会议投票里发布答案。随着每一位学生答案的上传，投票里马上就显示出每个选项的投票人和百分比。教师马上就可以知道哪位学生做错了，全班的正确率是多少。

再如在《宇宙航行》一课学习了第一宇宙速度的计算方法后，教师发起课堂练习（计算题），这时教师就可以利用腾讯会议的互动批注功能请某位学生在屏幕上写出他的运算过程，并请另一位学生给他做出评判和修正，发挥多元评价的教学功能，并及时掌握学生学习情况并加以鼓励。

❹ **注重学习成果落实环节的创设**

作业是课堂教学的延续，一份好的作业，不但能充分调动学生学习的积极性，激发学生学习的兴趣和创新精神，而且能满足不同学生的个性发展的需要。教师不仅要通过生动、互动的云授课调动学生积极主动地参与到线上学习活动中，还需要精心设计落实环节来巩固学习成果。学习成果的落实主要分为两部分，一为课上过程性学习成果的落实，二为课后学习成果的落实。课上过程性学习成果的落实包括课堂提问、课堂反馈，但由于受众不多，老师还要通过对学生课上笔记的检查，来督促和保证学生认真落实课堂学习的内容，教师可以要求学生课后把当天课程学习的笔记拍照上传，教师检查并表扬笔记认真的学生。课后学习成果的落实，主要是通过布置和落实检查课后作业，来督促和巩固学生落实学习成果。课后作业可以分为两部分，一部分为以习题形式呈现的基础性作业，主要是检查学生对学习内容的理解掌握程度；一部分为创造性作业，如一些拓展性小课题、小实验，主要是开拓学生视野和培养学生创新能力。例如在学习《光的衍射》一课后，教师指导学生利用手机手电筒和烘培用锡纸来观察光的衍射现象，并观察总结衍射图样与小孔大小、形状的关系。这样的小实验延续了课堂学习，更激发了学生的好奇心和求知欲，鼓励学生勤动手、善思考，培养学生终身学习能力。

　　作业的收集和批复也是线上授课的一个困难点,我们在教研研讨中推荐微信小程序"每日交作业"来检查课上和课后作业的落实。作业内容可以编辑文字、上传图片、文件、语音、视频等,可以设置答题卡自动批改作业,学生在线完成,系统会自动批改并直接出统计结果,提高教师批阅的时效性,可选择截止时间、是否补交、是否公开、批改权限,勾选班级后即可发布。发布后还可以一键分享到班级群,提醒学生查看完成。教师也可以在"每日交作业"小程序中批改作业,公布答案,进行批注等。

　　总之教师要围绕学习目标布置有效的作业,特别是对学习有困难的学生,课后、线上要加强个别辅导。

　　虽然疫情为我们的教学增加了困难,但也为教师和学生的成长搭建了更广阔的舞台。"哪里有琅琅读书声,哪里就有成长和希望。"教师们要静心思索、从容应对、科学施教,从而实现真正的沟通、有效的指导、智慧的合作,成为"互联网＋教育"时代背景下的行家里手。

【作者简介】

　　包伟清,天津市南开区教师发展中心高中物理教研员,正高级教师,天津市优秀教师,获市五一劳动奖章。王家元,南开大学附属中学物理教师,区级骨干教师。李如,南开大学附属中学物理教师,区兼职教研员,多次获国家级、市级奖。

互联网下的教研新发展
——提升教研效率 促进教师发展 落实高效课堂

刘映辰

为促进信息技术与教育教学相融合，深入探索信息化背景下教研新模式，我区物理组依托信息化平台，不断挖掘在网络环境下教研新形态。利用线上教研的即时性和便于留存完整记录的特点，帮助教师即时了解新的教育理念和发展，加速新教师的成长。

线上教研不仅仅指在教研过程中运用了网络技术的教研活动。从学习方式与教学研究实践方式的角度来看，线上教研是指将网络技术作为构成新型学习研究生态环境的有机因素，以探究学习交流研讨作为主要学习方式的教学研究活动。在市、区、校三级教研的形式下，可以通过线上教研及时有效的对当下教育教学的相关内容进行传达、交流以及保留。为了更高效的实施教研活动，笔者及所在团队，及时发现线上教研出现的问题，并不断完善线上教研机制，不仅仅保证线上教研高效有序进行，并为后期的线上线下融合发展奠定基础。为此在线上教研中特别关注教研的形式与内容两方面。

一、探究适合线上教研的形式

网络资源有着丰富、实时观看、及时更新的特点，为此教育相关部门为师生打造各级资源平台，我区也为师生发展创建南开区"云动"资源平台，教研活动可在此平台进行。

（一）教研学习时间、地点灵活化

线下教研需要教师在指定时间到指定地点进行，线上教研根据教研内容可做灵活调整，如展示课若以录课形式播放，可提前将课例上传到南开区"云动"资源平台，教师可在某一时间段随时、随地进行观看，避免教研当日教师因网络不稳定或突发状况等造成无法及时观看，之后可再在指定时间登录南开区"云动"资源平台继续进行教研交流。

线上授课的形式可以让教师进课堂学习的机会变得更多。线上授课帮助笔者能够更频繁的巡课，及时了解教师授课情况以及学生吸收效果，并在此过程中发现特色课例，在教研活动中作为典型教学案例供老师们参考。进入课堂学习的时间不再仅仅限于教研日，可根据需求不同的教师群体安排有针对性的平日集体入课堂学习。课例分为教学思路的优秀课例，便于提高教师专业技能；熟练使用信息化手段教学软件的优秀课例，促进线上课堂的有序进行；调动学生积极参与课堂的优秀课例，帮助教师培养学生自主学习、健康发展。此类教研能有针对性的帮助教师提高业务能力，对于新教师的快速成长作用尤为明显。

（二）教研内容可留存并公开化

南开区"云动"资源平台和其他线上会议软件均有录制功能，教研时可进行录制帮助教师后期随时反复观看。南开区"云动"资源平台也可将教研的相关内容进行下载，如课例视频、教育教学讲座 PPT、教师分享的习题资源等。

（三）教研反馈与交流

视频类资源可设置任务点，在教师为学生播放教学资源时，提示学生此阶段视频内容需要掌握的核心知识，通过后方可继续学习。教研活动或者课例资源下可设置评论区，观看教师可留下建议与疑问，建立教研活动的老师和课例老师收到"云动"平台发出的提醒后可及时回复，有同样建议或疑问的师生也可在交流留言中得到反馈。

二、探究适合线上教研的内容

教研中会对教师进行相应的培训，培训内容包括分享适合的资源提高教师自身教学水平；了解线上授课的特点，帮助教师更高效的完成线上教学；分析学生学情、心理特点等。所以设计了以下内容。

（一）依托优秀资源进行专业知识培训

教师的知识储备需要不断增加，教学理念也需要不断更新，教研中推荐教师使用国家中小学智慧教育平台、天津市基础教育资源公共服务平台、南开区"云动"课程资源平台。展示优秀课例，并有针对性的进行解读和指导，可以帮助教师增强业务水平。在此基础上，以集备组为单位，设计磨合一节优质课在教研活动中展示，大家相互学习优秀课例中极具参考价值的方式、方法。再通过授课教师分享设计思路、课后反思，让老师们进一步了解授课教师设计的想法与初衷。最后通过教师们线上的交流、评课的环节，深挖课堂，将内容、形式进行再设计，来完善本节课的教学内容，并根据自身情况和学生特点用于自己的课堂设计。所有过程也都将记录在南开区"云动"资源平台，教师观看。

南开区"云动"资源平台，根据教师的不同需求设计安排各种资源，针对本学科特点，我区教研团队打造专题课程，供师生学习。现已完结的课程有配套教材的微课、创新实验、课程开发与实践上百节优质课资源。并设置长效、更新课程，如教材分析，同一章节不同教师从不同角度进行分析，统一标题下有多个资源分享，并根据课表变化实时更新。

利用"人教智慧教学平台"开展备授课活动。"人教智慧教学平台"不仅可以解决很多线上教学中的问题，甚至在线下授课也是提高课堂效率的好帮手。在教学中想要展示教材的内容往往通过语言的描述请学生看书、画书，人教智慧教学平台配有电子版教材，便于教师展示教材上的关键图片以及部分文字内容进行强调，此平台还有配套实验软件及视频，可提高教师备授课效率。教研中教师分享线上教学如何使用此软件，并在经验交流中挖掘更好的使用方式。

（二）适应信息化发展的教学方式培训

线上授课作为新的授课形式，还有很多需要改进和完善的地方，师生都需要一个适应和磨合的过程，为了缩短磨合期，促进高效课堂的形成，线上教研可从软件与设备的使用角度进行技术培训，以及信息化融合优秀的课例的展示。老教师有着更丰富的教学经验，而年轻教师对于新事物的接受更快更好。年轻教师从信息技术的角度分享如何使用软件教学提高课堂效率，并将使用方法面对全区教师讲授、分享。此次网络分享的教研过程就如同教师线上授课的过程，有助于教师亲身体会信息化手段带来的便捷。这样的教研能够帮助教师尽快适应新生事物。针对线上授课为教师提出以下建议。

❶ 注意事项

课堂可视化增强，避免纯语言交流。如 PPT 使用，配合清晰的板书，如白板、书写笔等。针对物理的学科特点，实验是物理教学中重要的一部分，无法现场实验可以采取视频播放、打开摄像头直播实验等方法，增强实验的可视性，帮助学生吸收和理解。

❷ 互动反馈

线上教学的最大问题就是无法身临其境，缺少师生间眼神的交流，及时反馈会有一定的制约性，所以互动反馈的频次、形式、以及针对性变得十分重要。教研中帮助教师学习软件各项功能的使用，最大限度的提升互动频率，可以加强学生课上的听课效率，也能及时反馈学生吸收情况，如打开摄像头和音频既能保证学生学习的环境还能节省打开音频的时间，可以像线下课一样及时互动交流。同时可以搭配通过小程序或微信等方式即时提交课上练习答案，掌握学生吸收情况，并针对反馈结果更改教学进度或方式方法。

❸ 教学创新

线上教学本身就是授课方式的一种创新，针对这种授课方式，必然要配以相应的教学内容创新。如实验的创新，在实验器材不足的情况下，利用家中物品进行替代，自制教具、改进实验。实验人员可以是演示实验实施者——教师，也可以是利用家中物品感受和探究实验的体验者——学生。对于通过程序设定的模拟实验，在教学过程中非必要不推荐，本着尊重事实的态度，科学研究的严谨性，尽量使用真实实验视频。但是对于电学中电路的研究，为保证在家中学习的学生安全，可以采用此类软件，既保证学生的安全，又可以让学生感受类似真实的操作过程。在线上教研过程中教师交流实验心得，并将实验视频或教学片段上传至平台，供教师们借鉴及使用。

作业也不仅仅是传统的书面习题，也要不断创新，可以布置更多的个性化作业。教研中教师将特色线上作业进行展示，交流经验。如依据个人特点设计的知识梳理动画；使用家中物品动手实验等。在夯实基础的同时做到知识脉络清楚，高效有针对性，并能理论实践相结合。作业的反馈也可以从传统的教师判作业，一对一纸上的交流模式，改为通过软件上交作业，客观题可以快速出具数据，减轻教师负担的同时能够根据数据更好的掌握学生吸收情况及时调整教学方式。

❹ 资源收集

依托市、区资源平台针对学生水平差异，习题可以采取分层讲解的方式。在教研中分配相应任务，对习题进行分类录制。如书后习题，可以请有一定基础的学生讲解录制，收集整理，教师审核后，上传至平台，资源共享，通过随时、可反复观看来帮助基础薄弱的学生加强基础知识的掌握；再请优秀学生以小组为单位录制历年中考能力类题目，并由教师审核后，资源共享，保证学有余力的学生扩展知识面。教研中请骨干教师审核进行评比，选择优秀讲解视频在平台上建立专题，帮助师生复习使用。这样既培养了学生思维与语言表达能力，又能增强学生自信心、责任感和对学习的兴趣，同时达到分层教学的目的。

（三）教师教学理念与态度、学生心理发展培训

物理学科核心素养是学生在接受物理教育过程中逐步形成的适应个人终身发展和社会发展需要的必备品格和关键能力，是学生科学素养的重要构成。学生物理学科核心素养的发展不是一蹴而就的，而是一个循序渐进的长期发展过程，需要通过初中和高中两个阶段物理课程的学习来实现。义务教育物理课程作为科学教育的组成部分，是以提高全体学生科学素养为目标的自然科学基础课程，是学生物理学科核心素养发展的初级阶段。此阶段的物理课程不仅应注重科学知识的传授和技能的训练，而且应注重对学生学习兴趣、探究能力、创新意识以及科学态度、科学精神等方面的培养。学习兴趣是促进学生自主学习的重要因素，"亲其师信其道"师生间的和谐关系、教师的教学理念与态度，都将影响着学生对学科的重视程度和吸收效果。著名教育家夸美纽斯说过"教师应该是道德卓越的优秀人物。"言传身教是最好的教育。在学科教研中请区内优秀班主任、领航教师展示一堂真正让学生感受到自己是课堂主体的优秀案例，用真实的课堂向教师们解释如何从知识与价值观双方面的进行"传道授业解惑"。课例中展示了语言的艺术，如何激发学生的自信心、如何引导学生思考、如何帮助学生自主解决问题、如何体现分层教学。用柔和的语调、明确的指引、充分了解每一个学生的水平、有针对性的进行提问帮助所有学生在 45 分钟的课堂学有所得。优秀的教师不仅仅是拥有一套完整教学体系的研究者，更应是能够因材施教的践行者。教师应将对学生的尊重与关爱放在心中，并通过语言、行动传达出来，让学生感受到，并做出反馈。

（四）及时传达相关政策

线上教研具有便捷、及时、可留存的优点，对于需要传达的相关政策，可以通过线

上教研及时进行传达，不受到空间等因素的制约。例如，转入线上教学时，可以通过线上教研立刻培训相关内容，新课标出台时可以立刻通过网络将内容传达给每一位老师。还可以将相关内容存于资源平台中，供老师们随时查阅。以减负提效作业设计教研为例，可以通过线上教研传达、实施相关要求。

网络下的线上教研使信息传递变得更及时，时效变得更长，也为我们的教育教学开拓了更广阔的思路。随着科技的发展，信息化的普及，教师团队对于教研形式与内容不断的探索与挖掘，线上教研形式会更完善，也让会教研更高效。

【作者简介】

刘映辰，天津市南开区教师发展中心初中物理教研员，学科带头人、领航教师、指导组首席、中心组成员、优秀班主任，全国物理教学创新大赛一等奖、全国教师教学设计创意优质课一等奖，并多次在市（区）级大赛、论文评选中获得各类奖项。

研教相长 云端对"化"
——以宝坻、永登、武山、民丰四地初中化学线上教研为例

刘凤仙

2022 年 4 月 15 日上午，天津市宝坻区全体初中化学教师和甘肃永登县、武山县及新疆民丰县的部分初中化学骨干教师共一百九十余人以腾讯会议的形式召开了"线上教学案例及经验分享"教研专题研讨活动。此次云端教研活动以"研教相长 云端对'化'"为活动主题，积极探讨初中化学线上线下教学的有效衔接，高效复习，落实"双减"。会议由宝坻区教师发展中心初中化学教研员刘老师主持。

一、活动背景与意图

（一）对口帮扶

永登、武山、民丰三县与宝坻区是教育帮扶对口区县，这次跨省异地联合教研，是为深化"全链条式"教育帮扶，进一步巩固和提升基础教育帮扶成果。

（二）课例引领

为充分落实教育部办公厅〔2022〕6 号《关于做好 2022 年中考命题工作的通知》的相关精神，强化立德树人的根本任务，贯彻"双减"的工作方针政策，提高教师对化学复习的有效性和科学性，促进教师的专业成长和学生的健康发展。通过骨干教师对线上教学经验的介绍，提高线上教学技能。

（三）探讨实施大单元教学

本节《再识"水"》打破教材顺序，基于大概念统领的化学学习主题，强调课程内

容的整合，将上下两册教材中不同单元、不同课题有关水的知识，重新建构知识体系，以"懂水—知水—用水—惜水"为教学主线，进行大单元进阶性设计，从全新视角发展学生核心素养。从而引领教师对化学课标的领悟，提升课标践行力。

（四）探索跨省异地联合教研模式

宝坻区全体初中化学教师和甘肃省永登县、武山县，新疆民丰县等地区部分初中化学骨干教师一百九十余人以腾讯会议的形式进行联合教研，为跨区域联合教研提供范例，达到研教相长。

二、线上教研的创新之处

（一）统计式签到更加智慧与便捷

此次教研活动以"课例展示—经验分享—评析交流—专题讲座"为活动主线。会议开始前，参会教师利用腾讯会议中"小鹅云课"的签到工具进行签到。小鹅云课的签到工具比普通签到更细致，根据需要设定起止签到时长，从快速获取签到结果，管理后台能不间断地统计汇总各位与会人员起止时间及参会时长，入会次数，是否坚持到会议结束等签到详情，反映出参会者对会议的专注度。这次统计式签到方式是我区初中化学教研活动的第一次尝试。

（二）线上授课利用教育信息技术手段丰富且效果显著

《再识"水"》这节展示课的教学环节、信息手段及应用意图（见图1及图2）。

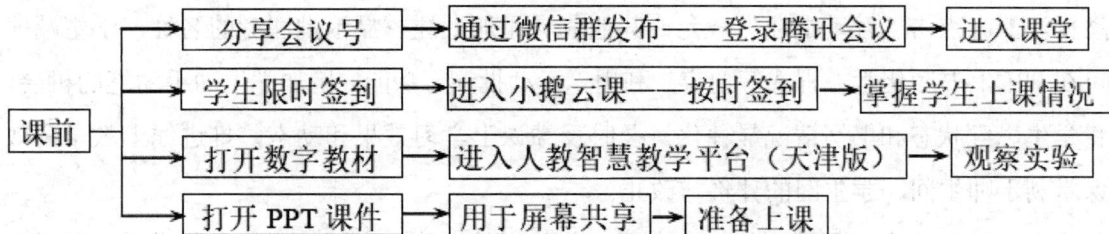

图1 《再识"水"》展示课的课前准备

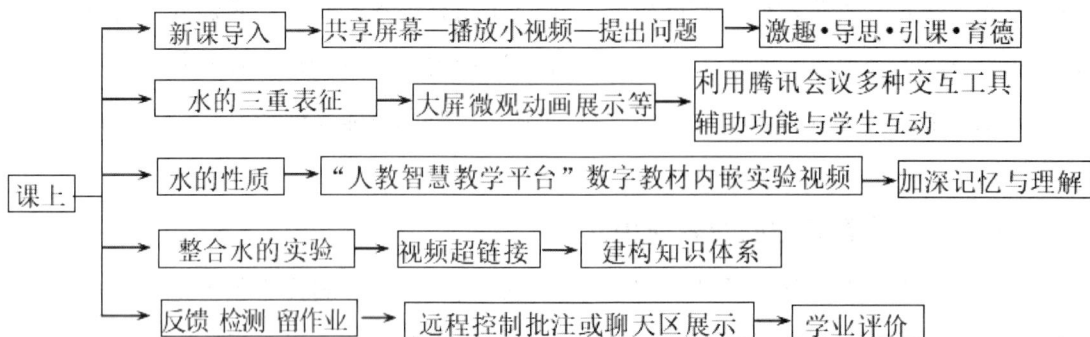

图 2 展示课的课上过程

教研活动之初，授课教师利用"腾讯会议"展示一节复习课——《再识"水"》。她首先利用腾讯会议的共享屏幕 → 共享桌面 → 打开《再识"水"》PPT。同面授教学一样，通过播放"水之道"小视频，进行激趣、导思、育德、引课，完成"懂水"环节，引出本节课题《再识水》。而后依次结合水的化学式、水分子模型、水电解实验、氢气燃烧实验，电解水装置图，电解水微观模拟图等，整合教材中所有有关水的实验、爱护水资源的途径，引导学生进一步理解水的宏观组成和微观构成、水的性质、水的作用等，最终完成大单元统领"知水、用水、惜水"的学习主题，从全新视角发展学生核心素养。

教学中在技术上，更多应用了腾讯会议软件中的"举手""互动批注""聊天"等功能与学生进行互动。

（1）点击腾讯会议页面左侧 😊 笑脸窗口，出现"🙋举手""👏鼓掌"等图标。学生参与课堂活动时点击🙋举手图标，教师即可会意该生欲提问或是回答问题等，即可交流互动，弥补了师生不在同一空间不可视的不足。如果有较多的学生同时点击"举手"参与互动时，教师可通过"举手"的开关设置，进行单一或分组协作来达成活动的目的。

（2）"互动批注"是指在PC端开启共享屏幕或白板后，主页面顶部悬浮工具栏中的【互动批注】。点击"互动批注"→允许其他成员添加批注→显示批注者的名称，学生端即可在PPT上书写化学方程式等内容。利用"互动批注"功能，增加学生动手动笔的机会，将学生思维状态和书写情况显性化，及时反馈课上学习效果和动态，推进线上教学高效课堂利于师生间、学生间的评价与改正。

（3）让学生在聊天区直接打字书写，并且互动评价，老师打开聊天区对学生书写内容用红色画笔进行标注，色彩分明增加了学生注意力。展示、评价结束后，教师选择"保存或清空所有批注"，恢复PPT界面，便于给学生呈现清晰画面。

（4）让学生分别在自己的练习本上书写，然后拍照上传到聊天区，教师点开学生上传的图片，全体学生全屏观看、评析，也便于监测学生质量。

教师还利用"人教智慧教学平台"中的初中化学数字教材内嵌实验视频、视频超链接等信息手段再现水的化学性质。如，将PPT最小化切换到课前设置好的数字教材相应"水与二氧化碳反应"页面。播放实验视频过程中，适时点击暂停键，随时让学生对实验现象进行描述和分析。再点击数字教材中"图片"，利用数字教材里"聚光灯"功能，突出显示对实验现象的正确描述和结论，引起学生的"有意注意"，从而矫正学生认知不足。水与氧化钙反应实验则是选择了超链接的形式进行播放。其他内容的学习，分别采用插入不同视频、动画展示、微观模型等方式，有效激发兴趣，整合内容，提升了学生综合能力。在学生学习效果检测反馈环节，通过腾讯会议的"互动批注或远程控制"，邀请学生操纵鼠标远程操控教师端进行网络互动，点击课件中设置好的"活动训练"，给学生参与课堂活动、展示自我的机会。线上课堂的气氛活跃了、参与度也高了，学生的兴趣自然就调动起来了。

（三）线上课堂在实施化学新理念上起到引领作用

这节《再识"水"》复习课，强化了大概念统领的化学学习主题，以"大单元"教学为设计理念，探索"教学评一体化"的思维型教学实践，在课堂教学中真正实现素养落地。她打破教材顺序，通过整合上下两册书中不同单元、不同课题有关水的内容，重新建构了有关"水"的知识体系，以"懂水—知水—用水—惜水"为教学主线，环环相扣，将零散的知识系统化，从全新视角引领学生融会贯通。本节课理念新，设计巧，容量大、手段多，效果实，达到提质增效、落实"双减"的教学目标，起到育德育人的教学效果。从全新视角发展学生核心素养，对教师领悟化学新课标，提升课标践行力起到了引领示范作用。

（四）线上教学技能的交流起到示范作用

本次教研中，由另一位化学老师做"线上教学经验案例的交流"展示。该老师结合自己的教学案例，对教师PC端、手机端和学生端等不同的端口分别进行小程序签到、在线必答、抢答、互动标注、远程邀请、线上提醒、作业的反馈与评阅等线上教学手段在不同场景中的应用进行了详细的展示与讲解说明。这些无痕切换的教学手段使用，有效地提高了学生课堂的参与度，提高了课堂的学习效果。他主要分享了"人教智慧教学平台""腾讯会议""微信及微信小程序'每日交作业'""单机选人""分组随机挑人"和"人人通空间"等十四个线上教学平台、软件或小程序的使用过程与体会。

如腾讯会议中，对某选择题进行"全员答题"的具体操作流程是：点出"腾讯会议"底部的【更多】（手机 APP）或【应用】（PC 端），找到【小鹅云课】→【答题】→【设置选项】→设置【答题时间】，设置【预设答案】→【发起答题】→接收端弹出【选项】→选取【答案选项】→【提交答案】，然后系统后台自动统计并反馈出答题的正答率等数据。在线答题，反馈非常迅捷，很快地分析出学生的知识掌握情况，可以显示提交答案的速度和正答率等数据，也可以看出是哪些学生出错、错在哪题，然后对其针对性的交流与辅导。可见，小程序的利用大大提高了课堂效率。

线上作业的布置和批阅、评价与反馈，是课堂结构中不可或缺的重要组成部分。通过"每日交作业"小程序一键发作业，有效布置作业的同时，其批阅功能尤其显得准确高效，大大减轻了教师的人工批阅。如利用天津市中小学网络学习空间人人通系统"人人通空间"在线作业的填空题，编辑题目后，通过"教学助手"软件一键批量导入到指定的文件目录下处理即可进行在线测试。

这样课上就可以利用此程序进行习题（作业）反馈了。教师通过程序里提供的每道题正答率，实时了解并反馈学生的知识掌握情况。在反馈环节中利用"光荣榜"和"小组评分"等功能，激发孩子们的成功喜悦感。激励学生在课上展现良好的精神面貌，培养学生的自律意识。

（五）线上点评启思路凝共识促提升

全体化学教师评课研讨阶段中，甘肃省天水市武山县洛门初级中学的化学老师、宝坻区多位教师分别就复习展示课和线上教学工具的综合使用，点评精辟、各抒己见。随后教师们与两位张老师就线上教学小程序如何使用进行了细节上的探讨和交流。老师们线上点评注重精研讨、启思路、凝共识、促提升，大家相互切磋，拓宽了思路，掌握了技能，受益匪浅。区教研员老师对上述老师的典型性发言和讨论进行了肯定，对今后线上教学提出新的要求，要认真总结线上教学经验，结合实际不断完善线上教学方式与方法，精心组织指导学生和家长开展线上教育教学活动，确保学生居家学习的效果，做好随时进行线上线下教学的切换准备。

（六）专题讲座对课堂教学深度引导

教研员结合巡课调研指出在线授课中存在的诸多问题，提出了整改建议，并做了题为《复习课中的"深度教学"》的专题讲座。教研员结合巡课调研和具体课例总结出"多点横向组合，单点纵向融合"的复习课教学方法及其应用。以这节课《再识水》为例，讲解如何以学科核心素养为导向，整合课程内容开展大单元教学。分析了学生"深度学习"与教师"深度教学"是如何具体呈现的。指出"深度学习"不等于学习内容的深度或难度，不是刷高难度的题，而是对学习内容的深度理解、深度认知。"深度学习"的前提是教师"深度备课""深度设计"，发挥学生主体作用，进行"深度引导"，从而实现"深度教学"。积极推进综合学习，探索大概念大单元教学，开展主题化、项目式学习等综合性教学活动，加强知识间的内在关联，促进知识结构化。刘老师还指出一节课的效果不是看老师讲了多少内容，而是看学生掌握了多少内容，学生真正把一节课内容吸收了，能自己分析了，才算一节好课。同时，她希望老师们进入复习阶段后一定做好复习计划，从复习时间上做好计划、从复习内容上做好规划，从复习方法上做好策划，不能盲目的过一天算一天。

三、教研活动效果与反思

这次线上教研活动的开展，为宝坻区骨干教师搭建了展示风采的平台，有效促进了教师之间授课经验的交流、沟通与切磋。正是在这种不断地学习与反思、探索与交流活动中，教师们才能不断地进行思想的碰撞，产生智慧的火花，进而构建出更多具有化学学科特色的精品课堂，为宝坻区化学教学增添更多新活力。对于进一步推进区初中化学教师的课堂教学水平、提高教师的教育教学能力、全面提升学校教育教学质量，具有积极的作用。

此次教研活动既有实用的方法，更有理论的指导，为提升线上教学和复习课教学提供了有效经验、方法，为促进教师科学备考，增效减负，学科育人，提供了方向引领和行动方案。尤其强调了大概念统领的化学学习主题，注重大单元教学设计，注重"教学评一体化"实施，从全新视角发展学生核心素养，对教师领悟化学新课标，提升课标践行力起到了引领示范作用。

另外，此次教研活动实现了跨省异地联合教研，为跨区域联合教研提供范例。线上教研与现场教研一样都是教学研究的有效形式，不仅省去了舟车的劳顿还克服了时间、经费、地域等因素的阻碍。此次，低成本"云端'对化'"教研活动，打破了本地区的教学思维定式，实现教学研究的优势互补、协同发展，大家畅所欲言，超越时空限制，不受权威的影响，真正了实现平等对话。这种同屏"充电"在线研讨，跨省联合教研活动为教师们提供了学习交流、分享教学智慧的平台，实现了思维共振、经验共享与情感共鸣，让学科核心素养真正从理念走向了行动与实践，实达到了研教相长的目的。

但是，线上教学程序的应用，高效的课堂教学设计不是看一看、聊一聊，观摩一下就能熟练掌握的，需要老师们潜心钻研，积极在"做中学""用中学""学中用""创中用"中真正提高现代化教育教学技能、融合新理念，提升课堂教学质量，提高"互联网＋教研"质量。

【作者简介】

刘凤仙　天津市宝坻区教师发展中心　初中化学教研员。获得天津市"市级学科骨干教师"等称号。主持多个市级课题已结题，有三十余篇论文获得国家级、市级奖，另有多篇文章在《天津教育》《考试研究》等期刊上发表。

用好平台，重视实验，做实实践探究

樊雅富

受疫情影响，我们的教学又由线下转为线上，这给我们的科学教学活动带来较大影响，主要体现在：学生对科学课没有兴趣了；实践探究活动不好实施了。《义务教育科学课程标准（2022 年版）》明确提出：科学课程要从科学观念、科学思维、探究实践、态度责任等方面，让学生逐步形成适应个人终身发展和社会发展所需要的正确价值观、必备品格和关键能力，实现科学课程的育人价值，培养学生的科学核心素养[1]。探究实践是科学学科核心素养的一个重要方面。如何在线上教学时组织学生进行探究实践活动，让学生的探究不止步，这是摆在我们面前的一个难题。为此，我区科学教研团队进行深入研究，经过研究发现：借助平台功能，做好居家实验，能做实实践探究活动。

一、用好平台，做实探究实践

探究实践是指在了解和探索自然、获得科学知识、解决科学问题，以及技术与工程实践过程中，形成的科学探究能力、技术与工程实践能力和自主学习能力。探究和实践是科学学习的主要方式，在教学中要让学生经历有效探究和实践过程[2]。无论是线上教学还是线下教学，教师应围绕科学探究的 8 个要素（即提出问题、做出假设、制订计划、搜集证据、处理信息、得出结论、表达交流和反思评价），组织学生经历有效探究和实践活动。但是线上教学时，最难落实的就是"搜集证据"。线上教学时，很多教师用实验视频替代了动手实践。虽说学生也能得到数据，但是造成"动手实践"环节缺失了，学生没有了亲身经历，没有了体验活动，学生对科学课也会渐渐失去兴趣。下面以教科版六年级下册《垃圾的处理》一课为例，谈谈如何挖掘和使用腾讯会议和微信群功能，组织学生进行实践探究活动。

（一）充分交流互动，优化探究计划

制订计划是科学探究的一个重要要素，探究活动能否成功、搜集的数据能否有说服力，与是否科学合理制订探究计划有密切关系。因此，线上教学时，教师应充分利用腾讯会议共享功能，聊天区图文反馈、连麦等，组织学生积极互动，制订并优化探究计划。

《垃圾的处理》一课教学片段：

❶ 认识简单的垃圾填埋

师：在实际生活中，人们常用的垃圾处理方式就是填埋和焚烧，而目前，全国大约80%以上的垃圾都是采用填埋的方式来处理的。谁能说说你们理解的填埋是什么样子的？

生：填埋，就是找块空地，挖个大坑，把垃圾倒进去，再用泥土盖上。

师：填埋有什么优点，有什么不足呢？（腾讯会议聊天区互动交流）

生：会污染环境、会有臭味、会有虫子，等等，但是比露天垃圾场看着要整洁。

师：是不是像我们所认识和理解的这样呢，让我们做一个垃圾填埋的模拟实验验证一下吧！

【设计意图】

通过介绍常用的垃圾处理方法，引出本课的研究主题——填埋法。充分利用腾讯会议的共享、聊天、连麦等功能，在互动交流中，初步了解填埋法的优缺点，明确模拟实验目的。

❷ 认识简单的垃圾填埋

师打开腾讯会议共享屏幕，播放课件中一张垃圾填埋场图片。

师：请大家认真观察图片，思考"垃圾填埋"模拟实验需要什么材料，在聊天区发表自己的想法。

生1：有土和地下水。
生2：填埋坑里的土；坑最底下的地下水。
生3：填埋的垃圾。

师：我在聊天区看到了大家的想法，你们的想法很好，那你认为填埋垃圾最有可能会污染什么？

生1：雨水会污染地下水。
生2：因为雨水会落在垃圾上，渗透后会污染地下水。

师：用什么来模拟下雨？

生：用喷壶喷水。

师：哪位同学来总结一下我们这个模拟实验所需要的材料，请连麦。

生连麦后总结：需要土、小石子、地下水、浸过酱油的纸、喷壶、塑料瓶等。

【设计意图】

模拟实验应尽量还原真实情境，教师可以通过聊天区、连麦引导学生有序说出模拟实验的材料，为后面设计科学合理的探究计划做好铺垫。

❸ 设计并完善探究计划

师：材料我们准备好了，具体该怎么做？（在聊天框中可以举手示意）
师共享上课课件并出示实验方法，找一个学生连麦读一遍：
（1）先在广口瓶中放入清洗干净的细石子约3厘米厚。
（2）加入清水，使水刚好位于石子的一半。
（3）用镊子往瓶中靠瓶壁处放入几团浸过酱油的纸巾，用细石子埋住，

再慢慢地往上面喷水。

（4）观察瓶子底部水的颜色和清澈度的变化。

师提示学生：

用镊子放纸巾时要靠瓶壁放，以便于观察；浇水时要浇在纸巾的上方；仔细观察实验中出现的现象。

师：实验前你们先试着推测一下会发生怎样的现象？（在腾讯会议聊天区互动交流）

生：水会变黑。

师：会不会像你们推测的那样，我们要通过实验来证明。

（二）交互使用平台，实现有效互动

活动是教学的生命，有效互动是核心。线上教学时，每个学生都是一个独立学习个体，并具有独立的学习空间，这和线下教学截然不同。线上教学时互动的次数和质量不如线下，因此教师可以采取腾讯会议和微信两种平台交互使用的模式，实现有效互动。

教师结束屏幕共享，学生打开摄像头开始实验，教师通过摄像头观看学生实验情况，发现问题及时给予指导。

师：请同学们将实验的结果拍照回传各组微信群，在各自的小组微信群交流观察到的现象，并讨论通过实验现象得到什么结论？（学生在微信群展示个人实验结果，教师利用腾讯会议共享功能，展示各小组微信群中拍摄的视频或图片，并让学生利用腾讯会议连麦进行汇报、交流和研讨。）

教师总结：把垃圾简单地填埋，垃圾中的污水会扩散，还会污染地下水，而地下水会四处流动，那么污水中的病菌、毒素会随着地下水扩散到更广大的范围，危害人们的健康。

通过填埋场的模拟实验视频，各组学生都能直观看到"垃圾"在雨水浸泡后发生的变化，直接观察到瓶子底部的水变黑了，从而明白了垃圾被埋在地下，其中有害的东西仍会污染地下水，危害人们健康。腾讯会议和微信的交互运用，可让实验现象可视化，互动交流更充分。这种搜集、整理实验数据的方法，在线下教学时可以借鉴。

（三）开发微信群功能，实现小组合作学习

小组分工合作学习是一种有效的学习方式，但是在线上教学时不好实现。为此，教师尝试了小组微信群的方式，即提前将班内学生分成几组，选出组长，让组长负责建微信群并担当管理员，负责组内的考勤、学习任务布置、组织组内讨论、收集汇总组内想法等。

师：看来填埋垃圾不是最优方法，请你来设计一个新型的填埋场。

教师提示：设计的关键是把垃圾与周围的土地、空气、地下水隔离开。我们可以根据这幅图（见图1）来进行设计。（请6个小组通过小组微信群合作探究，小组长汇总所有组员想法，组织组员在小组群内交流，达成共识后，组长画图、回传、讲解。）

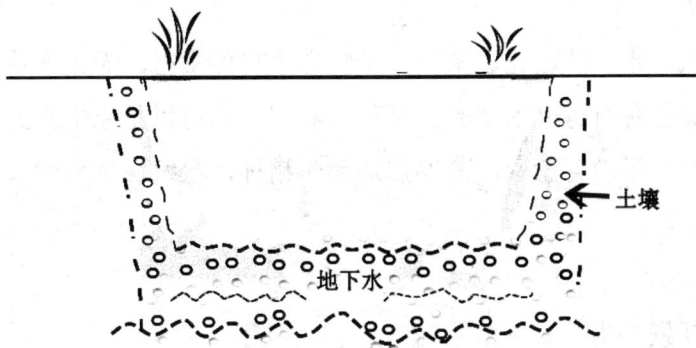

图1 垃圾填埋设计图

腾讯会议和微信的交互运用，能实现小组在线合作探究，充分调动每一个学生探究积极性，提高学生的参与率。

二、重视居家实验，落实实践探究

在线上巡课时发现许多学生对科学课没有兴趣，通过分析发现：因为线下的科学课有动手实验活动，学生就喜欢；线上教学时，因为实验器材缺少，教师只是讲实验或观看实验视频，不做实验，学生没兴趣。归根到底就是因为线上科学课缺少动手实践活动。为此，我区科学教研团队进行了居家系列小实验的研发。利用居家实验，重新点燃学生对科学课的热情，以实践探究活动促科学学科核心素养落地。

（一）设计目的和素材来源

① 设计目的

（1）鼓励学生动手做科学；

（2）激发学生创新意识，培养学生的创造力；

（3）培养学生合作解决问题的精神；

（4）给学生提供趣味、生动学科学的机会；

（5）提高学生废物利用及环保意识；

（6）培养科学探究的技能、精神与持续研究的毅力；

（7）验证科学理论，使科学概念具象化，体现科学、技术与工程的结合。

② 素材来源

素材可以是纸、水、沙、光、植物、动物等大自然素材。无论一草一木，只要孩子们能够利用其去做各种有意义的实验，都可以利用。也可以是家中常见物品，或者是废弃物品。只要具有科学教育意义，能够启迪科学精神，激发探究科学兴趣的材料都可以使用。

（二）确定开发主题

① 依托材料，合理开发。

即使在线下教学，实验材料的准备也是科学老师最为头疼的问题，更何况是线上居家学习，很多实验材料学生找不到。因此，教师应以家中现有材料为出发点设计实验，合理选择家中材料来替代教材中的实验材料，进行家庭小实验开发。

② 紧扣内容，服务目标。

科学实验不是单纯为了满足学生玩的需要，应与学习的课程内容相符合，应紧扣科学学科核心素养。在开发实验时，无论是替代实验，还是拓展实验，都应是为达成课程目标服务，决不能脱离教材。

③ 开放创新，促进成长。

开发居家小实验时，站位可以高一些，可从开放、创新角度去设计、发明、改进和创造。通过小实验让学生亲身体验科学技术给人们生活带来的改变，发展学生的科学探究能力和科学思维能力。

（三）重视课后拓展，将学习再延伸

作为一名科学教师，一定要树立开放的教学理念，不要把上下课铃声当做教学的起点和终点，因为小学生科学的活动往往不是一节课所能完成的，有些教学内容单凭课堂教学难以全面完成，如"能记录、整理和描述常见植物和动物从生到死的生命过程""能制作实物模型，并基于证据改进实物模型的设计和制作"等内容。因此，教师应以课后拓展活动对教材学习内容予以补充。课后拓展类活动，不仅丰富了课上学习内容，还充分体现了学习的延伸，能让学生的探究实践不止步，让学生的核心素养得到发展。

我区学科中心组经过实践研究，开发出一些适合居家做的小实验或小制作，这些实验或制作分为课上类和拓展类，激发了学生学习科学的兴趣，有效地解决了线上教学时缺少动手探究活动的难题，极大丰富了我们课程教学资源。

❶ 课上类

瓶子吹气球；搭纸桥；弹力橡皮筋枪；电动小车；简易手电筒；静电吸管；磁力小车；自制小乐器；声动杯；新型潜望镜；吸管风车；浮力鸡蛋；电磁秋千；水沙漏；自制放大镜等。

❷ 拓展类

自制电动机；响笛；光的折射和全反射隐形的图案；小台灯；电动风扇；电动汽艇；激光笔声波筒；磁转玩偶；悬浮陀螺；光盘气垫船；简易饮水机；人造雪；自制滴灌器等。

其实，提高线上教学效率还有其他途径和方法，比如使用微信直播、钉钉直播等平台，我们可以深挖它们的功能，用整合的方式再次开发、综合使用。总之，提升线上科学课教学效率，一定要以发展学生核心素养为出发点，探寻提升科学课线上教学效率的有效策略，让学生快乐探究、快乐成长。

【作者简介】

樊雅富，北辰区教师发展中心科学教研员，市学科领航工程学员，市级骨干教师，北辰区名教师。曾担任国家级、市级课题负责人；多次进行市级专题讲座，20 余篇论文获国家级、市级奖；教育部"优师优课"评审专家。

【参考文献】

[1] 中华人民共和国教育部 . 义务教育科学课程标准（2022 年版）［S］. 北京：北京师范大学出版社，2022.4.

云端研课，别样精彩
——以专题教研活动之线上教学的"智""汇"交流为例

程建娜

随着网络的发展，"随处可学""随时可研"的教育新生态正在中小学萌芽与发展，线上教学成为当下关注的一个教育热点。虽然信息技术老师具有较强的技术应用能力，通常会被"标签"为可以"无门槛"地实施线上教学的"能手"，但事实上很多信息技术老师反映自己对开展线上教学非常"茫然"，他们要么直接"照搬"线下课堂的教学方式，无视学生学习效果；要么一味"纠结"学生家里没有笔记本电脑或台式计算机，许多学习内容无法演示也无法指导学生操作；要么"苦恼"于隔屏教学"管理"困难，调动不了学生，也不能了解学生即时的学习状况……面对诸多问题，我们在区域学科教研中采用"众筹"智慧与经验"汇聚"方式，分别于 2022 年 3 月 30 日和 4 月 20 日开展了两次线上专题教研。本文笔者就结合此次线上教研系列活动的设计与实施，谈一下如何引导区域中小学信息技术教师们在"合力"探讨有效线上教学中，提升自身线上教学能力的策略与方式。

一、聚焦关键问题，锚定研讨的主题与目标

❶ 研究问题的确定

信息技术教师说起来好像是学校里的"技术专家"，负责很多信息化工作，但通过调研、线上巡课以及课后交流，我们发现很多老师会技术操作或解决技术故障，但在如何利用技术有效支持教学方面上，并不比其他学科老师具有"优势"；他们习惯于通过机房里的工具软件进行教学设计和实施，对于如何指导学生隔屏利用"多样化工具"完成教学任务"很迷茫"；有的老师片面地将线上教学作为一种"短期""应急"教学，简单将线下教学方式"移植"到线上，不关注具体的教学内容和教学方式的转变……

与此同时，在线上巡课中，我们也发现有的老师正在积极探索各种有益的教学变革：有的结合学生身边所用的移动数字设备，及时为学生推荐适合的软件；有的结合线上教学方式顺势调整教学内容；有的与其他学科老师一起研究如何"掌控"好学生的线上学习过程，以便更好地、及时地、前面地了解学习结果……

综上分析，可以看到线上教学作为一个"新"的教学样态，一方面目前没有成熟的经验可以参考，另一方面又迫切需要进行教学改进。从教育的长期发展看，线上教学作为一种新的教学形式，将贯穿于中小学乃至学生终身学习的过程中。例如，在新出台的义务教育信息科技课程标准中，三年级就安排了在线学习的内容。因此，我们认为有必要将线上教学作为当下教学研究的一个关键问题，由此确定出专题教研的研究内容，即结合调研情况，尝试将存在问题与有益尝试两种情况做交叉处理，在"汇聚"集体智慧和经验中，"合力"探索有效的线上教学策略。

❷ 研究的主题与目标

围绕上述教学研究的关键问题，我们确定的专题研究主题为"聚云端教研相长"，拟通过两次教研活动，在"交流—改进—再交流"中进行问题的迭代解决。活动主要用线上研讨方式对线上教学进行"研""享""汇"，通过学习共同体的群策群力，让教研问题由教师提出，又由教师协同解决。而这也是我们认为的"自底向上"探讨线上教学的一种有效教研方式。

本次系列专题线上教研的主要目标为：

（1）及时转变观念，从思想上认清并理解"线上与线下教学"常态化的意义，提升数字化教学胜任力。

（2）通过身边同伴的线上教学经验分享，汇聚典型做法，调动更多老师的研究热情，促进线上教学的深度实践。

（3）通过全体老师的线上研讨和互动交流，相互解答遇到的问题，分享更多有益做法，形成线上教研共同体。

（4）梳理线上教学策略，对阶段性教学进行必要的指导，提升专业素质，提高线上教学的有效性。

二、关注线上研究，确定教研组织的平台

本次专题研究我们采用线上教研形式，通过同步和异步两种方式展开活动，尽可能突破线下传统教研的时空限制，让更多老师参与进来。同时，也让老师们参与线上活动中，进一步感受与反思"线上学习"的利与弊，以便更好"优化"自己的教学。

具体的线上教研活动主要通过"钉钉群直播+作业/天津市基础教育网络教研平台"的形式开展。其中"钉钉群直播"进行的是实时线上活动交流，因故无法参与直播的老师可以观看回放，教研员也可以通过数据分析了解老师们活动的参与情况；"作业/天津市基础教育网络教研平台"主要是开展异步交流分享的主要工具和平台，可以拓宽教研的时空限制，扩大交流的"广度"。实际上，多种平台的交叉，也给老师们不同的使用体验，在活动中进一步认识不同方式的交流范围和内容呈现的区别。

三、活动迭代，开展线上教学的"智"之"汇"

本次专题教研是通过时隔3周的两次活动迭代展开，主要想激发老师们将所获得的"研讨经验"付诸于"实践"，并用"行动经验"引发教学理念的转变和教学方式的改进，最后通过两次经验的分享，汇总出信息技术学科线上教学有效实施的策略与建议。

（一）线上教学初步研讨，交流典型经验，查找问题改进教学

❶ 线上教研直播，同步交流分享

首先，集中反馈，直面问题与改进方向。在第一次教研中，首先笔者结合线上听课情况进行分析（见图1），肯定老师们有价值的线上教学实践探索，如有的老师及时调整教学内容，结合学生使用手机等移动设备上课的现象，引入人工智能体验的学习；有的老师通过网络小测验、提问等方式与学生进行互动，及时了解学习情况和状态；有的老师要求学生在听课中绘制思维导图笔记并上传，"引导"学生掌握学习的"方法"等。同时，也指出当下存在的典型教学问题，如有的老师在思想上对"线上课也是课"存在认知偏差，课堂上以播放视频的"简单化教学"为主，教学有效性差；有的老师不习惯"露脸"上课，整节课教师和学生都是"只闻其声不见其人"，教与学的效果无法有效

把控；有的老师只是将线下学校里的上课方式、学习内容甚至软件简单"移植"到线上，忽视很多学生家里没有电脑，用移动终端进行学习的现状，使得一部分操作练习无法实践演练，等等。通过分析还帮老师们认识到，线上教学相比线下课堂教学的实施难度要大，除了技术平台的应用，其中也隐含着学生心理情绪、师生有效交互和情感态度价值观等多方面问题，需要我们改变观念，从意识状态、内容设计、组织方式、评价反馈等多方面重视与改进。

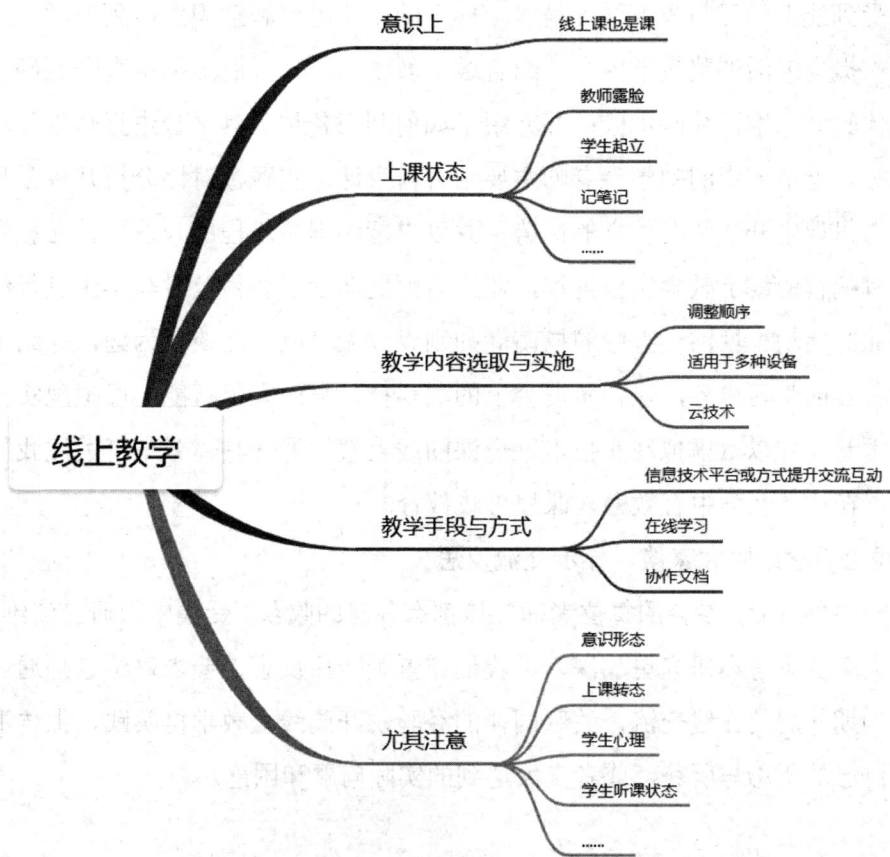

图1 线上教学问题分析与建议

　　接着，经验交流，"汇聚"线上教学的"智慧"。我们在听课中发现了许多"可圈可点"的优秀线上教学经验，相信这些身边同伴的案例更能引发老师们的"共鸣"，对他们自我的触动与改进也更"深刻"。因此接下来的教研，重点邀请五位老师结合具体案例，从不同侧面介绍了他们线上教学的有益探索。其中，昆明路小学滨海学校的王淼老师介绍了学校有序的线上教学安排以及自己所尝试的"微信班级群"和"腾讯会议＋微信群"两种方式线上授课的优缺点，并以《人脸识别初体验》一课为例，分享了前后两次执教的心得。塘沽三中的马莉老师以"以学生为本,提高线上学习参与度"为主题,从案例选题、实施过程、效果反馈和教学反思等方面详细介绍了《视频的拍摄与编辑》单元教学的设计与实践,强调采取开启摄像头实时"查看"学生状态、通过随机提问了解学生的学习情况、制作教具辅助重难点理解、课堂反馈及时掌握学习效果等方式,以提高学生的参与度和有效性。塘沽渤海石油第二中学的魏丹丹老师则从教学形式、学情分析、内容安排、师生活动和作品收集反馈等方面交流了线上教学的体会,如课前播放上课铃,让学生感受到线上学习与线下学习是"一样"的,从思想和意识上做到教学"无痕"衔接与切换;提出灵活调整教学内容,结合线上教学实际,开展虚拟仿真开源硬件教学、人工智能体验和二维码编码体验;并介绍了如何利用各种工具平台进行师生互动和作业收集反馈等。塘沽五中的刘学瑞老师主要结合自身课堂实践,对比分析几种常见教学平台,介绍腾讯课堂开展线上教学的优势,并以《慧编程游戏程序开发》单元教学为例,分享了手机编程的线上教学实施过程,还为老师们演示了如何及时与学生进行线上互动和提交作业等活动。塘沽十五中的杨萌老师则以《无"机"之谈》为题,介绍了所设计的认识新科技的学习内容,包括冬奥会上的黑科技、身边人工智能、虚拟现实技术以及物联网技术等,并以《虚拟现实技术》一课的线上教学展开具体分享,关注我国科技发展新成就,在线上教学中有效融入课程思政教育。

❷ 线上教学经验大家谈,异步交流反思

典型经验分享后,参会的每位老师应该都有各自的收获。受集中教研交流维度所限,也为了让大家的思考和研究更加深入,我们布置了研后反思,要求每位老师通过钉钉群作业开展为期一周的在线交流,关联同伴的经验,开展线上教学再实践,上传上课效果图,提出自己的所思与所获,或者交流遇到的实际问题和困惑。

(二)线上教学迭代研讨,归纳相应教学策略

❶ 交流反馈,汇聚更多优秀线上教学经验

在第二次教研中,首先笔者结合三周来的听课以及第一次专题教研后的线上交流情况,从教学内容与工具、教学平台、教学经验与难点等方面进行分析。在教学内容上,很多老师能够结合线上教学的特殊性,创造性地编排学习内容,如《制作电容笔》《绘制像素画》《网络信息辨真伪》等,并灵活选用工具软件开展相应内容学习,如在视频制作、编程作品学习中,鼓励学生用手机端的工具软件进行作品创作。在教学平台选择

上，老师们除了使用腾讯会议，还结合具体需求开展多样化线上教学平台实践，如选用希沃白板进行手机投屏，金山文档收集学生作业、开展协作学习，应用 UMU 和人教系统进行资源建设，使用腾讯课堂开展教学师生互动等。而在教学经验交流中，我们也可以看到许多老师都认识到了教学转变的必要性，并结合自己的课堂实践，对线上教学的方式、组织等给出很多有价值的建议，强调要关注学生学习的现场感和互动性。在作业反馈中，也有一些老师提出自己遇到的问题、困惑或思考。其中，最让我们感到欣喜的是，一些老师提出的问题在其他老师们的经验交流中会关联到"答案"，这种相互启发、相互促进的互动分享，"不经意间"构建了研修学习的共同体。

接着，我们再次邀请四位老师介绍他们"别样"的线上教学实践，开阔大家对线上教学有效实施的思考。其中，渤海石油第一小学的王苓老师为大家分析了线上教学环境的特殊性，介绍了可以选用适合的平台和工具有效提升教学效果，并以《口算程序》一课的线上教学为例进行具体分享。塘沽十五中的张瑞娜老师以《是挑战，也是机遇》为主题介绍了自己线上教学的做法与想法，同时还提出了围绕主题开展"问题引领引入学习—微视频介绍自主学习—师生互动建构学习—应用体验迁移学习"的线上教学模式，强调教学中要辅以导学单和记笔记等方式，为学生提供必要的学习支架，引领学习过程。塘沽一中的唐禾老师结合《递归算法的程序实现》一课的线上教学实施，从重构教学内容、注重思维培养，高效工具赋能教学，以及线上教学的"方法论"等方面做了重点分享，并详细介绍了人教系统支持的编程环境与 UMU 互动学习平台的交互功能协同使用的功效，提出基于学情的融合案例，有效应用不同平台开展线上教学。塘沽二中的王捷老师则以"学习通"平台为例，详细介绍整合于该平台中的各种工具，以及如何使用它们设计线上课程，以更好支持学生的学和教师的教。

❷ **归纳建构，梳理线上教学的方法与策略**

结合两次线上教研的分享，笔者与老师们共同梳理出线上教学有效实施的方法策略。

（1）教学组织方面，要注意保证"五感"。主要包括：师生开摄像头，保持教学的"亲切感"；保持上课的仪式，增强学习的"现场感"；关注听课的习惯，养成学习的"状态感"；开展多样灵活的互动，提高教学的"投入感"；及时评价与鼓励，激发学生的"成就感"等。

（2）教学资源与工具方面，要关注数字化学习效果的有效达成。例如，设计好学习资源，提供学习支架，使用微课、学习单等指导学生有序地进行同步与异步学习；同时要根据学校和学情，确立相适宜的学习平台，尽量保证学生学习平台的统一性；另外鼓励多使用协作文档进行学习和资源收集，让学生感受到线上协作学习的魅力；而编程工具的使用则更建议多元化，教师关注共性的方法引导，必要时可以手机投屏演示操作，学生也可以灵活使用手机等移动设备或电脑实现操作。

（3）教学实施方面，要能灵活重构学习内容和方式。例如，结合当下热点和线上教学实际，确定反映相关技术的学习内容；要将线下教学内容进行必要"改造重组"，提炼出反映技术本质性的学习内容，即时变化操作软件，以便线上教学需要。如视频处理单元的学习，没有必要再使用教材中给出的软件，应选用学生身边所用的软件，关注的是视频编辑的共性方法，而不是某一软件的使用操作。教学方式则更鼓励师生、生生的互动，利用各种交互方式（如测验、投票、点名器等）调动学生参与学习，及时了解线上学习状况。

需要说明的是，以上线上教学策略的梳理只是研究的一个开始，后面还将随着线上与线下教学的常态化切换，逐步完善相关探索并加以补充，进而更好地落实学科教学的有效性，发展好学生的数字素养与技能。

❸ 反思反馈，线上教研体会交流

经过一个多月的线上教学专题教研，老师们对于线上教学从"陌生"走向"实践"，甚至由"点滴经验"走向"优秀成果"。在合力研讨中，很多老师有了更多的启发和收获，对于线上教学获得了较为全面的认识。在教研的最后，我们再次组织老师结合自己的实践以及同伴们的分享，在网络教研平台上进行活动反思与交流，完成经验的再升华。其中，有的老师用图片方式展示自己的学习成果或学生线上学习作品；有的老师则是通过"心得"方式介绍线上教学情况和参与线上教研的收获；有的老师则通过"评论"发表观点，相互交流。

四、线上教研别样精彩，"研以促教，研以促学"得以落实

本次专题研究，虽然开展了两次活动，历时一个多月，但老师们参与热情很高，对教学改进的效果也非常明显。两次线上教研累计有 280 人参与了直播活动，提交作业、心得、图片和评论等 340 多次，整个活动覆盖了 90% 的区域小学、初中和高中三个学段的信息技术教师。从教研参与和交流情况看，大部分老师反馈收获颇丰，教研活动既

在教学内容的选择上给出指导，也在软件选用和技术应用上提供示范，还在线上教学组织和管理上做了规范。有的老师提出不仅学习到有用的线上授课工具和平台，更是掌握了新的教学方式与方法；也有的老师指出"线上教研就像一盏指明灯，自己曾经的困惑一一解开，促进自己改进和深度思考。"（更多体会可以在天津市网络教研平台中浏览）

结合老师们的教研反馈，我们认为这次活动较好地达成了教研目标。首先，大家统一了认识，线上教学虽然是一种"新"的教学形式，没有可直接借鉴的经验，也相对实施"困难"，缺少线下上课的"氛围"，不好把握学生的"状态"，但只要明确"线上课也是课"，师生端正好态度，相信方法总会比问题多。其次，老师要"无缝营造"教学氛围，将线下上课的"习惯"迁移到线上课中，如听铃声上课、起立问好、笔记记录、提问评价等，让学生从意识上淡化师生现实空间中彼此的距离，接受并常态化适应虚拟的隔屏交流。另外，要关注线上教学的独特性，要灵活选用工具平台，掌握必要的应用技巧，更大程度上借助技术支持，服务好教与学；还要合理调整或规划重构学习内容，突出方法和素养的培养，而不纠结于某一具体软件是否是移动端还是 PC 端的使用。当然，线上教学中学生的心理健康、视力保护等问题也应予以必要关注。

正如很多老师所言"线上教学是挑战也是机遇"，我们通过这次线上专题教研不仅仅是在探讨"纯粹的"线上学习的有效实施，其实也想借助这样的研究与思考，引领老师们用"研究的视角"解决教学问题，逐步走上专业化发展的道路。

【作者简介】

程建娜，天津市滨海新区教师发展中心中小学信息技术教研员，正高级教师。天津市未来教育家奠基工程学员，市级学科骨干教师，参与人教中图版高中信息技术《数据与计算》教科书与教参编写等工作。

依托学科研修工作室 探索网络教研新形态
——"1+N 网络教研"模式的实践与反思

魏玲 刘雅欣 边萌 强家虎

创新教研工作方式，积极探索信息技术背景下的教研模式改革，是新时代对进一步加强和改进基础教育教研工作提出的新要求。2019 年 11 月 20 日，教育部发布的《关于加强和改进新时代基础教育教研工作的意见》提出：要根据不同学科、不同学段、不同教师的实际情况，因地制宜采用区域教研、网络教研、综合教研、主题教研以及教学展示、现场指导、项目研究等多种方式，提升教研工作的针对性、有效性和吸引力、创造力。

面对发展素质教育、全面提高基础教育质量的新形势新任务新要求，如何发挥教研工作的专业支撑作用？面对中小学教育教学工作进入到线上教学与线下教学随时切换的模式，如何细化落实保障教研活动的实效性？创新教研工作方式，迭代升级构建教研工作新形态是新时代教研工作亟需破解的难题。

一、"1+N 网络教研"模式

为破解上述难题，本研究团队进行了一系列的尝试，提出了"1+N 网络教研"模式，即 1 个网络教研根据地和 N 种网络教研新形态。

（一）1 个网络教研根据地

"1 个网络教研根据地"主要指南开区信息技术教研工作室。依托天津市基础教育网络教研平台，本研究团队成立了"信息技术教研工作室"，由全区中小学 149 名信息技术教师组成了一支网络研修队伍，形成了"共研、共建、共享、共成长"的研学共同体。

研学共同体所有成员把"信息技术教研工作室"作为网络教研根据地，随时随地进行交流与分享。大家可以通过"通知公告"板块第一时间掌握研训通知；通过"轮播相册"板块记录教学活动精彩瞬间；通过"新闻资讯"板块掌握学科前沿信息；通过"讨论"板块和同伴一起探讨疑难问题；通过"资源列表"板块共享优质教学资源；最重要的是还可以通过"活动列表"板块获悉所有共同体成员发起的研修活动。"信息技术教研工作室"实现了跨时间、跨空间、跨学段的"随时随地的可研"状态，解决了常规教研在时间、地点、人员方面的各种困扰，为网络教研的实施提供了全方位的支持平台。

（二）N 种网络教研新形态

网络教研不仅仅是把常规教研搬到网络上来开展，而是要为教研工作赋能，使之在推进课程改革、指导教学实践、促进教师发展、服务教育决策等方面发挥其应有的作用，真正成为保障基础教育质量的重要支撑。

"N 种网络教研新形态"主要指通过开展专题培训、教学展评、课例评比等不同主题的网络教研活动，提升网络研修技能促进教师专业发展，开展面向核心素养的教学实践探究，落实网络安全教育培养信息社会责任，使得网络教研呈现深度化、个性化和成果化等多种新形态。

最后，本研究团队在研究与实践的基础上，最终构建了"1＋N 网络教研"模式（见图 1）。

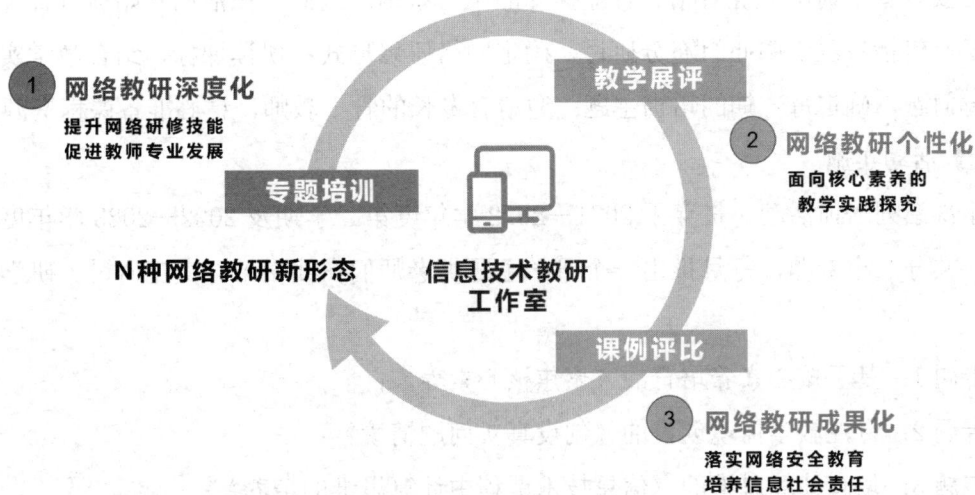

图 1 "1＋N 网络教研"模式

二、"1+N 网络教研"模式的实践

（一）主题引领，网络教研深度化

为深度推进网络教研，充分发挥网络教研的价值，本研究团队以实施新课程新教材、探索新方法新技术、提高教师专业能力为重点，着力增强教学设计的整体性、深度化，不断提高基于课程标准的教学水平。

【网络教研案例一】

网络教研主题：提升网络研修技能，促进教师专业发展

网络教研对象：区信息技术教研工作室全体成员、本学科第六周期继续教育所有学员

网络教研形式：专题培训

网络教研过程：

❶ **活动目的**

作为线下专题培训的有效补充，本次活动旨在为学科教师提供可持续学习的平台，将在线业务学习提升养成习惯。

❷ **活动准备**

基于网络的专题培训不仅仅要考虑学科教学研究的多主体、跨时空、低成本和高效率，更要看重培训中平等对话、合作探究的学习氛围。因此，在活动开始前进行了精心的准备，包括：组织中心组充分研讨，确定网络研修形式；研读课标，结合教学实践中的关键问题，确定每一期的培训主题；邀请有专长的骨干教师，精心准备课程资源等。

❸ **活动实施**

本次系列培训活动，贯穿了 2021—2022 学年度第二学期及 2022—2023 学年度第一学期，共分八个专题，每月推出一个研学主题供老师们在线学习、交流研讨。研学主题包括：

专题 1：基于核心素养培育的《聚焦核心素养》；

专题 2：专注教学情境创设的《创设真实问题情境》；

专题 3：培育计算思维的《信息技术课程中计算思维的培养》；

专题 4：尝试创客教育的《走进智慧课堂 体验创客教育》；

专题 5：分享图形化编辑软件的《Blockly 的应用介绍》；

专题 6：探索人工智能教育的《人工智能概述》；

专题 7：实践人工智能教学的《计算机视觉与自然语言处理及应用》；

专题 8：强调信息社会责任的《了解网络安全 保护个人信息》。

教师对专题培训活动的深度参与是保证教研成效的重要前提。为此，本活动设置了多个活动板块，通过多个活动板块的环环相扣，保障了网络教研的深度化。在"活动内容"板块，分享了多种形式的在线学习资源，如自主学习的 PPT、导学案、拓展学习视频资源、拓展阅读文字资料等，满足教师自主学习和碎片化学习需求；添加了主题讨论环节，开展学习过程中的在线讨论；在"活动随拍"板块，提供了活动随拍空间，将参训教师学习过程中的重点环节在平台活动中留存下来；在"活动心得"板块，便于大家各抒己见，平等互动，交流学习心得和体会；此外，还设置了"活动评论"板块，为参训教师提供留下意见和建议的空间，引导参训教师从以往的被动接受者逐步转变为主动加工者，逐步实现共建共享的新形态，从本质上促进教师网络教研效果的提升。

❹ **特色亮点**

在活动中本研究团队发现，网络专题培训更方便教师间的多向交流讨论、切磋分享。相较于传统面授培训，教师可以碎片化学习，形式上更加灵活；可以直接了当的发表观点，甚至是一些相对尖锐的问题，谈及想法和感受更加自如；在讨论环节中，教师还能够共同聚焦待解决问题群策群力，思路更加开阔。

通过网络专题培训活动，开辟了学科培训的新形式，拓展了网络教研的新思路。解决了时空距离带来的时间成本和资金成本问题，打破了传统教研活动中的资源交流限制，促进了教学资源和学习内容的保存完整性和进化发展的可重用性，提升了教师自主学习和同伴互助的效率，促进了教师专业能力的可持续性发展，为打造出一支优质专业的信息技术学科教师队伍提供有力保障。

（二）按需服务，网络教研个性化

网络教研的优势让教师参与教研活动的积极性与日俱增。满足不同学校、不同教师的需求，开展个性化的网络教研，成为教师专业成长的心之所想、心之所向。

【网络教研案例二】

网络教研主题：面向核心素养的信息技术教学实践探究

网络教研对象：区信息技术教研工作室全体成员

网络教研形式：教学展评

网络活动过程：

❶ 活动目的

本次开展"说—听—评"交流展示活动，旨在规范教师听、评课行为，发挥网络教研潜在优势，提高信息技术课堂教学质量。

❷ 活动准备

基于网络的"说—听—评"活动，立足核心素养，发挥教师的主体能动性，进行充分的研讨与交流。特别是在评价环节，设计同步追踪问卷时，可以从教材分析、教学目标、教学过程和综合素养等不同层面实施个性化评价。

❸ 活动实施

本次活动面向我区中小学信息技术教师，从各学段中推荐并遴选了 7 节优质课进行教学展评，活动共分为 4 个环节：

（1）展示交流

参加展评的 7 位教师按照组别进行说课，小学段：《多元化评价助力课堂教学，提升学生信息社会责任》《硬件软件齐协力》《影视剧场享欢乐》；初中段：《循环结构的妙用：冒泡排序》《体验剪辑的乐趣》；高中段：《计算思维看扎染文创》《走进神奇的图像编码世界》。

（2）逐课点评

各学段的骨干教师、教研员进行了逐课点评：倡导结合生活实例，激发学习兴趣，提高学生问题解决的能力；倡导情境探索式学习，实现知识的自主建构，培养学生的语言表达能力；倡导不断汲取前沿知识，交流教学经验，进一步促进自身教育教学能力的提升。

（3）问卷调研

所有教师通过问卷对展评教师进行评价。通过对回收问卷的分析发现：小学信息技术课程更注重从基础性教材出发，立足教学目标的逐一落实，在任务完成的过程中强化学生信息意识，培养其创造性解决问题的能力。初中信息技术课程更关注教学环节的设计与教学活动的规划，冀图通过情境化的任务安排培养学生探索发现、设计创造、分享评价的多元能力。高中信息技术课程在关注教学过程的同时更加强调学生综合素养的提升，即充分发挥学生的主体性，在项目探究中逐步形成计算思维，进而实现数字化资源的利用与创新。

（4）拓展延伸

活动结束后，教师可以继续在工作室中发表活动随拍、活动心得和活动评论，从广度和深度上，加强本次活动的辐射性效应。

❹ **特色亮点**

本次活动沿着"观摩—实践—研讨—反思—再实践—分享"的路径开展，以提高教师专业素养为核心，在展示教师的成功之处的同时，通过同伴互助，深挖问题和不足，对待商榷问题进行深入分析，助力了教师专业成长。

通过网络教学展示活动，为信息技术教师跨学段间的交流学习搭建了平台，可以听到更多的"声音"，"点燃"更多的想法，有利于发现和解决信息技术课堂教学中存在的共性问题，有利于各学段核心素养培育的衔接。

（三）以评促用，网络教研成果化

随着不同样态的网络教研逐步推进，一批生成性资源也日趋完善。在此基础之上，应进一步发挥网络教研的应用价值，将生成性资源成果化，并将其广泛应用于教育教学实践之中。

【网络教研案例三】

网络教研主题：落实网络安全教育，培养信息社会责任

网络教研对象：区信息技术教研工作室全体成员

网络教研形式：课例评比

网络教研过程：

❶ **活动目的**

本次活动以课例评比为抓手，引导教师关注学科教学关键问题，提出相应的解决策略；形成一系列教研成果，促进教研成果产生应用价值。

❷ **活动准备**

网络安全教育，既是本学科思政育人点之一，也是核心素养的重要内容，也是各学段都关注的教学关键问题。日常教学中，教师已经形成了相关资源，也有了一定的经验积累。在此基础之上，本研究团队开展了"2022 年信息技术学科网络安全教育课例评比活动"。

❸ 活动实施

本次活动面向我区中小学信息技术教师，要求参评教师结合各学段学生特点，深入挖掘课程标准和教材中涉及的网络安全教育内容，结合当下热点技术、话题进行适当扩展，完善教学设计，制作课件，并录制说课视频形成课例作品。课例评比活动共分为三个阶段：

（1）组织阶段

在天津市基础教育网络教研平台中建立评比，设置评比时间、附件格式、参赛人员范围等参数。通过"信息技术教研工作室"等多个渠道下发网络教研活动通知，鼓励教师积极参与。

（2）评审阶段

邀请专家和各学段骨干教师作为评委，分学段对参赛作品进行背对背评审。评委需对作品中包含的教学设计、课件、说课视频分别进行评分，并按照权重给出总分；组长对每位评委给出的成绩进行汇总后得出参赛选手的最终成绩。在评审过程中，评委需对每个作品的情况做详细的记录，挖掘作品亮点，查找作品中的问题，为后续的交流、展示、推广应用做准备。

（3）展示交流阶段

评选出的优秀作品作为教研成果，通过多种方式进行展示和交流。一是在"信息技术教研工作室"中建立专栏，将教研成果进行滚动展示，同时开启评论功能，方便教师表达观点、开展讨论。二是邀请部分获奖选手进行说课展示，详细讲述作品设计过程，分享经验，反思问题。

❹ 特色亮点

本次评比活动在我市中小学"线上教学"期间开展，恰好是学生需要长时间接触网络的时期，使得此次评比更加具有现实意义。教师们对此次网络教研活动反响热烈：青年教师参与热情度很高，作品内容丰富新颖；有经验教师带头示范，作品相对完善成熟，活动中涌现出很多优秀作品。

评比是方法和手段，目的是总结提炼出高质量的教研成果。通过网络教研课例评比活动，集思广益，群策群力，将高质量网络教研成果应用于教学实践，并不断总结形成可复制、可实践的方法或模式，促进了网络教研成果的落地。

三、"1+N 网络教研"模式的反思

（一）"1+N 网络教研"发挥了教研工作的专业支撑作用

2022 年 4 月，教育部发布了《义务教育课程方案（2022 年版）》和《义务教育信息科技课程标准（2022 年版）》，信息科技作为国家课程从综合实践活动课程中独立出来在 3—8 年级独立开设。与此同时，信息科技教师也面临着现行教材与课标不匹配、教学案例与教学与资源匮乏等一系列问题。本研究团队借助"1+N 网络教研"，引导教师立足学生核心素养培育，开展大单元教学研讨，探究跨学科主题案例，建设配套课程资源，关注学科关键问题……一次次的思维碰撞让教研工作无限拓展，服务了学校教育教学，助力了教师专业成长，实现了教科研一体化发展，充分发挥了教研工作的专业支撑作用。

（二）"1+N 网络教研"提高了教研活动的参与率与实效性

"1+N 网络教研"打破了时间、空间壁垒，碎片化的学习方式，为教师网络研修和专业发展营造了适切的氛围；打破了学段壁垒，跨学段的协同教研，为教师开阔思路和做好学段衔接提供了更多的可能；打破了环境壁垒，开放的交流研讨环境，为青年教师展示风采和快速成长搭建了进阶的舞台……"1+N 网络教研"激发了教师参与教研活动的热情，在线上教学与线下教学随时切换的过程中保障了教研活动的实效性。

经过不断地实践与反思，"1+N 网络教研"创新了教研工作模式，呈现了网络教研新形态，实现了网络教研的迭代升级。今后，本研究团队将继续携手 149 名共同体成员，在引领课程教学改革、助力教师专业发展、提高学生综合素质等领域继续进行理论研究与实践创新，持续完善"1+N 网络教研"模式，进一步探索网络教研的数据化、精准化与智能化。

【作者简介】

魏玲，天津市南开区教师发展中心信息部主任、信息技术教研员。刘雅欣，天津市南开区教师发展中心信息技术教研员。边萌，天津市南开区教师发展中心信息技术教研员。强家虎，天津市南开区教师发展中心信息技术教研员。

基于"双平台"线上教研的实践探索

王勇 张天轶

"互联网+"环境下的教研经历了以数字化文本信息交流为主,到以资源共享及空间建设为主,再到以视频直播形式开展教研三个发展阶段,与传统线下教研相比,具有较多的不同之处。对于这种新教研方式如何有效开展,需要我们在实践中摸索,本文笔者就试图寻求一种适应时代发展的教研模式,结合区域所做的课例研修的线上教研活动,与大家共同探讨。

一、问题的提出

课例是教师学习的支架,是教师直面教学共同分享的"平台",也是教育理论与教育实践的中介。课例研修是教师关注对真实教学问题的发现、研究与解决的同时,将理论学习与备课、说课、授课、观课、议课、反思等实践结合起来。能够增长教师的实践智慧,使之成为教学研究的实践者,能够有效地促进教师的研究与反思能力,因此,课例研修是教师开展教学研究活动中必不可少的一项,提升自身的教学水平,开展高效的课例研修活动,将会推进教师专业向着更加良好的方向发展。

随着互联网中多种平台的普及,在强大的软环境助力下,开展基于"互联网+"课例研修已成为可行。2019 年,教育部在《关于实施全国中小学教师信息技术应用能力提升工程 2.0 的意见》中指出"充分利用新技术开展研修伴随式数据采集与过程性评价,提高测评助学的精准性"。在人工智能、云服务、大数据、5G 等技术加持下,在线教研提供了更加便捷、更加强大的支撑,因为常规教研存在受场地投影屏幕影响,画面清晰度不高声音混杂,而且缺少互动交流不能时时互动交流等现状影响,即便交流也不能及时采集与保存"研究数据"，学习研修效果非数据化，不能与信息时代发展相适应。

二、明确研究方向

科学技术的发展一直带动着信息技术学科前进，同时也促进教学内容不断的更新。面对教育发展的大好趋势，如何带动老师从舒适区进入学习区，是摆放面前的问题。因此我们要借助教研活动激发需求，唤起大家的研究热情。在赏析与研究优秀课例中，让大家开阔教学方法，打开设计思路，促进老师们的学科专业化成长。

在前期与部分老师线上交流的基础上，我们认为教学目标落实、教学策略实施是课堂教学的研究问题，两者密不可分。关注教学目标、关注对课标的理解和落实，是我们课例研究不可忽略和首要切入点。为此我们精心选择了《数制》一课做为分析研究的课例载体，力求通过对这份课例的分析，汲取在情境设计、知识迁移方面的设计思想，进一步推动老师教学设计能力、策略规划与实施能力。

三、现状与问题

正值开展线上教研活动，与之前的现场教研方式有所不同，互联网能够提供同步与异步的便捷功能，打破时间、空间的约束，为教研方式开辟新的空间。

经过实践我们发现一是要解决教研平台，二是解决课堂资源。如果需要同步研究可采用腾讯会议，如果是异步可以使用"天津市基础教育资源公共服务平台"。课程资源来源于信息技术优质课，为了更有效率地开展教研，课堂实录的视频是不能少，同时将本课的教学设计、说课等资源也要一并上传平台。为更有针对性地对课堂某一环节进行分析研究，需要将课堂实录切分，切分的依据是教学设计中的"教学过程"一项，具体（见图1）课程资源结构。

数制

2.1 说课视频

2.2 课程分析

2.3 教学过程

| 教材分析 | 学情分析 | 教学目标 | 流程设计 |

| 提出问题 | 提炼已知 | 探索新知 | 关联新旧知识 |
| 解决问题 | 课堂总结 | 板书设计 | |

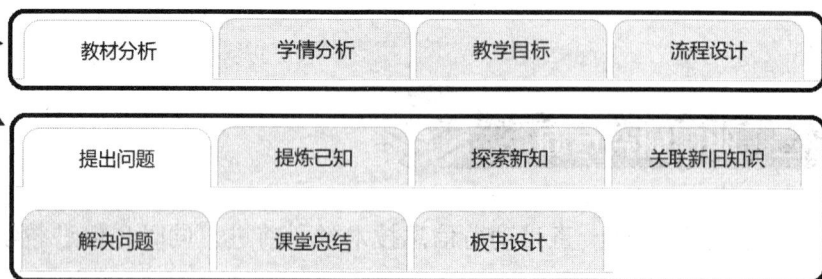

图 1 课程资源结构

四、实践探索

（一）技术选择

天津市智慧教育平台作为开展线上教研的技术支撑发挥了重要的作用，尤其是基于课例分析的教研活动更有优势。常用的视频会议具备交互功能，均支撑线上教研的开展，形成了有别于传统线下教研的教研新样态。教研是老师们双向互动的活动，而网络所能提供的技术有很多，如 QQ 群、微信群、腾讯会议、钉钉、UMU 等，但不是所有技术都适用，需要结合需求选择。面对目前具有的成熟技术与教研需求，笔者采用"天津市智慧教育平台"+"腾讯会议"做为当前首选方案。智慧平台提供强大的资源服务，在前期准备中也是将课例资源放在市级平台上。腾讯会议在教师的线上教学中也已广泛使用，具有良好的使用基础。

（二）模式探索

在确定教研使用的平台与技术后，下一步是开展双平台下的线上教研活动。市级资源平台提供课例支撑，腾讯会议提供教师互动。

按前期制订的研修目标，将所需要研讨的问题列出清单，每个问题都有对应的课堂实录与教学设计。利用腾讯会议与老师们交流，明确任务安排，达成研究共识，通过分析教学设计与观摩教学片断视频，进一步加深理解，思考这一环节设计与实践的教学意图，哪些地方值得借鉴，哪些地方需要改进，同时在腾讯会议的聊天版块交流，谈收获与体会，在"研"中引发新思考（见图2）。当然做为教研员也可以时时提出问题，引导研究方向。

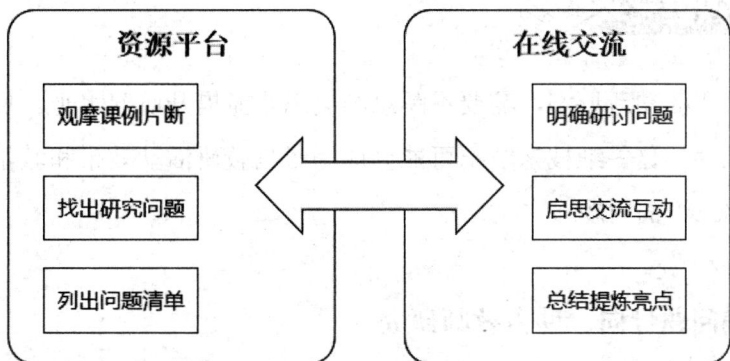

图 2 模式探索

（三）研在问题

教研活动最终目的是解决教师在教育教学中所面临的问题，促进教师的专业成长，所以说有意义的教研不仅仅是借助技术手段，还要将教研聚焦在问题上。挖掘教学关键问题，展开讨论，彼此回应，相互补充，积极分享各自经验、表达各自观点，让所有教师获得收益。

例如：学生理解二进制的进位规则是学习中的难点，在观看课例之前，将这个问题拿出来，先让教师们思考如何设计教学活动。老师们借助腾讯会议的平台进行交流，有的老师建议使用实物教具进行演示来认识进位；有的老师建议通过播放微课来学习……老师们在各抒己见过程中对难点问题有了初步分析。接下来观看课例，从中学习到可以将十进制知识进行方法迁移，使学生更生动形象地理解了二进制的进位规律，并在此基础上还可以延伸到八进制、十六进制的学习。在提炼已知探索新知的过程中，学生将新旧知识相互作用形成信息加工的过程，达到了知识建构。这种教学策略为新教师提供了很好的启示。

在网络研讨中关注大家的需求，生成新观点，鼓励大家通过分析诊断，理论对接、总结提升，及时梳理出有效教学的适宜性策略。当然也需要敢于质疑与解答，好的教研活动不是平淡的，不是你说他说温和地说，而是适当穿插辩论和质疑，互动中生成思想火花。

五、反思改进

探索线上教研活动新形态，需要不断总结反思才能提升研究水平。反思的内容可以从诸多细节从入手，这些细枝末节都可能会成为影响教研活动效果和教学能力的重要因素，我们梳理出三方面问题。

（一）明确问题导向，助力教师研究

线上教研需要把握好研究什么、怎么研究、为谁研究的。研究什么的起点要确定主题，主题来自于课堂，来自于教师的亲身实践，也来自于教学中存在的困惑。以课例分析为载体，要打开思路，既可以研究优秀课例，吸纳好的策略，也可以将有问题的课做为研究对象，通过剖析问题，探索解决方法，这也是助力教师的专业成长的途径。

（二）融入当下技术，突出线上效能

线上教研可以跨越空间维度，吸纳更多的老师参与。如此开放的环境会激发大家参与的热情，使更多老师将自己的意见分享，改变活动。如何将大家的评论、建议进行有效归纳、分类、整理是线上教研继续探索的内容。可在教研时，将大家的众多建议粘贴到"词云"里，"词云"就是对网络文本中出现频率较高的"关键词"予以视觉上的突出，将数据可视化，使老师们快速识别关键点，攫取较集中的建议。

（三）探索深度教研，转化研究成果

教研活动是在不断实践中前行，从呈现课例、提出问题、假设猜想到梳理提炼的研究是一个螺旋上升的过程。整个过程不但把眼界打开，更要注重培养教师结合自己的教学实践，将形成的思想、积累的方法转化为科研课题，树立走出舒适区迈向学习区的信念，努力向专家型教师前进。

六、结语

我们也应该认识到，线上教研目前是教研活动的一种形式，也是当前形势下必不可少的教研方式，因时而新的教研活动需要我们勇于实践与探索，在实践探索中让研究变得赋予价值，焕发生机活力。课例研修让教师在参与中更加注重"理性反思"和"合作分析"，形成研究意识、养成研究习惯，激励教师保持了学习的主动性和积极性，加快了他们向研究型教师的转变。所以，营造"线上教研"要处理好"变"与"不变"的关系，坚持不变的是聚焦研究，提升教育教学质量，找准方向，静下心、慢下来、深下去，夯实教学根基，实现学科育人的新发展。

【作者简介】

王勇，天津市红桥区教师发展中心，承担小学信息科技学科教研工作。

张天轶，天津市红桥区教师发展中心，承担初中信息科技学科教研工作。

智能应用支持下的线上专题研修
——以 Python 程序设计研修班为例

韩蕾

线上教研和线下教研，都有其不可取代的优势。对于专题研修活动而言，整合线上线下资源，根据活动内容系统性的设计研修方案，形成线上线下一体化的研修思路，方可在研修实践中发挥不同教研形式的最大效能，才能满足不同层级教师的研修需要，发挥教研优势，巩固教研成果。因此，本文所探讨的是指向线上线下一体化的教研活动。

一、线上线下一体化的研修需要

（一）教师专业发展需要的切实回应

教研是教师专业发展的有力抓手，亦是学科队伍发展建设的有效途径。然而，当教师面临日常冗杂的工作之时，往往对于按时参加集体线下教研感到力不从心。因此，教研部门整合资源开展研修时，要全面考虑不同教师的实际需要。对教研形式而言，要兼顾线下集中与线上自主；对于教研内容而言，要统筹线下主题引领与线上资源建设。

依托智能应用开展线上教研，已然被广大教研员和教师所接受并使用。当读了一本教育著作收获颇丰时，老师们可以通过天津市基础教育网络教研平台开展心得分享；当面对线上教学产生困惑时，老师们可以通过网络会议分析原因研讨对策；当得知义务段新课标发布时，老师们可以通过直播平台学习课标组专家的讲解。应对不同的教研情境，我们可以选择不同的技术手段作为支持，然而在线上教研的具体实施过程中，如何规避线上教研短板，发挥其优势最大化，是我们应该不断去探索的。

（二）智能时代的必然趋势

在智能时代，随着信息科技的不断发展，各种各样的智能设备、智能应用已经悄然改变了我们的教研形式、教研模式和教研过程。对比于传统的线下教研形式，智能应用支持下的教研活动，可以更全面地满足教师需要，更便捷地服务研修过程，更精确地诊断研修成果。智能应用给予了教研活动更多可能性，活动组织者可以利用技术手段解决教研活动中的突出矛盾和问题，更加合理地安排研修计划、管理研修过程，线上线下一体化的教研活动将成为我们教研中的新常态。

二、智能应用支持下的线上研修优势

（一）打破时空限制

教师繁重的工作内容与自我发展的研修需要所产生的矛盾，一直是教研活动难以避免的，另外，大规模的线下集中研训组织成本较高。面对这诸多问题，我们可以提前把教研内容电子化，通过网络会议的形式组织在线研习；抑或将教研资源上传至网络教研平台，老师们可以随时调取资源，自行安排时间观看学习。

（二）助力资源建设

教研活动通常围绕某一专题展开，其内容呈现凝聚着组织者的心血与参与者的智慧，是非常宝贵的学习材料。传统教研的受益者往往只限于现场研修教师，而使用网络教研平台，搭建在线的教研资源库，可以将成果受益面辐射到更广大的教师中去。网络教研平台除了呈现资源以外，还能展示其他教师对于教研活动的感悟，以及对教研内容的评述。而这既进一步丰富了资源建设，也便于后来者可以在其他教师的文字中吸收养分，从而对教研内容进行更全面的内化。

（三）便于学习监测

有效地收集研修学员的学习需求和学情信息，对于教研活动设计至关重要。组织者可以使用在线问卷调查工具发布调研问题，通过分析学员的学习需求，调整研修内容；通过分析学员的学情数据，来合理地安排研修进度与组织形式。在活动过程中，结合研修内容，编制任务练习，实时诊断学员的学习成果，并根据反馈结果调整研修内容与进度。在活动后，调查学员对于本次研修活动的态度与意见，综合评价研修效果。

（四）增效研修组织

活动报名、学员分组、课程签到、作业收集等研修组织环节，也可以借用信息技术手段来完成。活动前，可以利用微信群工具进行接龙，采集学员预报名信息；利用群分组功能，进行学员随机分组。活动过程中，学员扫描签到码进行签到、签退。活动后，学员可以将作业上传至教研平台群组指定文件夹中，来完成作业提交。在智能应用的支持下研修组织更加高效，节省了组织者的管理成本，使得研修活动更加顺畅、有序。

三、智能应用支持下的 Python 程序设计专题研修案例

（一）课程设计

专业技能部分，见表 1。

表 1 专业技能部分培训内容

节次	项目主题名称	学习目标	项目任务流程	知识点内容	评价与作业
1	初识 Python	掌握 Python IDE 和库文件的安装方法，熟悉 Python 的基本语法结构	实现 BMR 基础代谢率计算器的项目开发 实现日期计算器项目开发	通过简单的项目掌握 Python 基础语法与程序设计中的基本算法结构	基于 Python 实现密码强弱判断工具
2	Python 实现妙笔生花	掌握 Python turtle 画图功能，了解基本算法知识，利用算法解决问题	实现国际象棋棋盘 实现分形树 实现红绿灯	通过简单项目掌握算法知识，了解分治算法，利用算法解决实际问题	基于 Python 实现红绿灯
3	Python 探索唐朝诗人社交圈	利用 Python 实现词频统计	实现唐朝诗人社交圈分析程序	掌握 Python 词频统计的方式，熟悉利用 Python 解决问题的方法	完善词频统计程序
4	城市 AQI 数据分析	利用 Python 实现网络数据获取与分析	实现城市 AQI 数据分析与统计	掌握如何利用 Python 爬取网络数据，如何利用 Python 实现数据分析	完善 AQI 工具

教学实践部分：

讲座 1：基于 Python 的创客项目设计与开发；讲座 2：基于 Python 的人工智能项目教学设计与实施。

在课程方案拟定后，笔者编制了"关于 XX 中小学信息技术学科 Python 研修班的学情调研"问卷（如表 2 所示），并通过 Forms 进行发布，以统计学员教师研修期望、对研修内容的认可度、对本次活动的建议等。根据调研结果，笔者对研修内容及其难度进行了调整，并结合学员实际需求，确定课程开展频次和形式。

关于 XX 中小学信息技术学科 Python 研修班的学情调研

ZX 拟近期组织 XX 中小学信息技术学科 Python 研修班活动，现就拟报名人员做学情调研，请各位老师结合本人实际情况填写问卷，本问卷为匿名填写，调研结果仅供活动参考，感谢各位老师的支持和配合。

1. 学校

2. 您报名本次活动的主要原因是什么

3. 您期待您在本次研修活动中获得怎样的研修结果

续表

4. 您对以下哪个项目更感兴趣（可多选）

5. 您认为按照题 4 选项中的项目开展研修，合理吗

6. 您对以下哪个讲座主题更感兴趣（可多选）

7. 本次研修过程中，每学时结束后将会布置相应作业，您认为每次作业占用您多长时间合理

8. 您更倾向于哪种研修时间安排

9. 您更倾向于哪种学习形式

10. 本次预计研修学时为 5 学时，研修合格颁发结业证书，您认为缺勤几次视为不合格合理

11. 您认为阻碍您参加研修活动最主要的原因是什么

12. 您对于本次研修活动的意见或建议

图 2 关于 ×× 中小学信息技术学科 Python 研修班的学情调研

（二）合作分组

为保障研修发挥实效，活动过程中讲师以小组为单位下发任务，小组成员通过互相协作，完成作业任务，并获得相应计分。然而参照以往教研经验，往往同学校、同年龄段教师倾向分为一组。为打破这种倾向，使得分组更加合理，在活动前，笔者通过微信群抽签功能，组织学员教师随机分组。

分组后，各小组推选本组组长，并建立小组学习群，方便实时沟通交流。课程结束后，每小组要推选一位优秀学员，此时各组使用群投票工具，民主推选本组优秀学员。

（三）平台交流

在讲座环节，由于主讲人地处外市，为便于活动组织与交流，采取腾讯会议形式开展。线上会议打破了参与者的空间界限，也免于参训老师奔波。但会议前应注意以下几点：①发布正式研修通知，提醒学校为参训教师调课，保障学习时间；②活动开始前，应灵活采取签到方式，可以扫码签到，也可逐个开麦答到，做好会议记录；③由于主讲人和参训教师隔着屏幕交流，容易造成参训者精力不集中的情况，因此在活动中，要尽量多的组织交流环节，让参训者有参与感，并能够结合研修内容进行深入思考。

值得一提的是，结合讲座交流型活动的特点，往往参训者在聆听过程中会引发诸多思考，但活动后，不加以整理归纳，很难吸收成为系统的知识。所以，会后我们应用天津市基础教育网络教研平台，组织老师们在线交流学习心得与体会。老师们不但能将个人思考所得以文字形式保留，亦能够从他人的活动心得中吸收养分，凝练提升，共同成长。

（四）资源整合

研修视频是非常宝贵的学习资源，参训者在学习技术后，可以复习观看，查漏补缺。另外也可以作为主题培训课程资源，供后来者学习。尤其是对于新教师，可以将其作为入职培训的研修项目，帮助新教师快速适应目前信息学科教学的技术技能要求。因此，活动后，我们将课程视频整合，在征得主讲者同意的情况下，上传至百度网盘，并分享给参训教师。

经过不断的累积，我们希望打造出具有地域学科特色的研修资源库，整理精品资源，以满足不同层级教师的需要，从而助推教师队伍建设发展。

四、小结

教研活动中的技术应用应该讲求适时、适度、适当，不能为了用技术而用技术，而是要用技术服务教研本身，在恰当的环节使用合适的工具，真正发挥技术应用的作用，使得教研活动更加智能、高效，从而促进教师队伍发展。

本文展示的研修案例，在综合运用各种智能手段后，设计出了更加贴合教师学情的课程内容，实现了研修过程有序化、高效化的管理，充分调动了教师参训积极性，搭建交流共享平台，并产出了非常宝贵的生成性资源，是一次线上线下一体化研训的有益尝试。

【作者简介】

韩蕾，天津经济技术开发区教育促进中心，信息技术学科教研员。致力于信息技术学科教学、创客教育与人工智能教学的研究，参与教科版高中信息技术学科《开源硬件设计》教材编写，并多次承担市级教育规划课题的研究。

基于天津市中小学智慧教育平台的 2-2-2-4 网络研修模式
——以 STEAM 理念下跨学科主题教学网络研修为例

杨洋

一、案例背景

2022 年 4 月，教育部印发了义务教育课程方案和课程标准，涵盖了信息科技、语文、数学、英语在内等共计 16 个学科，在课程方案中，明确提出各门课程用不少于 10% 的课时设计跨学科主题学习。

教育教学后疫情时代，线上线下混合式教学成为教学常态，教学研修也随之出现了线上线下混合式研修形态，基于天津市中小学智慧教育平台笔者构建了 2—2—2—4 网络研修模式，试图最大化的提升教研效率和质量。2—2—2—4 网络研修模式主要是基于 2 个空间、2 个平台、2 重身份和 4 个环节开展的线上研修方式。这种模式不受网络状态的限制，使零散的研修内容和孤立的研修形式得到最大程度的整合。

2022 年 9 月，天津市义务教育信息科技课程在 3—8 年级独立开课，开课年级的大幅增加使得教师的人员缺口极大，学校保障了开足开齐课程的同时，留给学科的问题即为信息学科教师人员激增，教师专业分散，教师专业能力亟待提升。

基于以上分析，笔者尝试基于天津市中小学智慧教育平台的网络研修模式，以期打破时间和空间的限制，通过 STEAM 理念下跨学科主题教学研修，探讨信息科技线上教研的针对性和实效性。

二、2-2-2-4 网络研修模式的构建

网络研修有效开展的基本条件分别是良好的硬件环境、符合教师专业发展需求的研

修内容以及推进研修目标达成的有效活动方式。因此在开展网络研修活动之前需要做好充分的硬件环境准备,笔者在研究起始阶段经过功能对比和需求分析,决定使用天津市中小学智慧教育平台中的学习空间和天津市基础教育网络教研平台作为活动平台,从而实现更高效的资源汇聚与成果分享。

每位教师的专业发展需求不同,所教授的学生层次及教师本身已具备的专业水平也不同,从这个角度也反映出了以往集中培训的问题——不能满足所有教师的需求。因此我们必须为教师提供"个性化、多元化、自主化"的研修方案,让教师自己选择研修的内容主题、选择研修的时间,从而使不同需求的教师都能有所收获。此外"学教结合"是该模式中必须要有的环节,"学"是教师通过学习专家讲座、视频文献等提升专业显性知识,而"教"则是通过教学实践来内化学科隐形知识。

基于以上分析,我们在实践中总结了区域信息科技学科网络研修模式——"2-2-2-4"网络研修模式(如图1所示)。

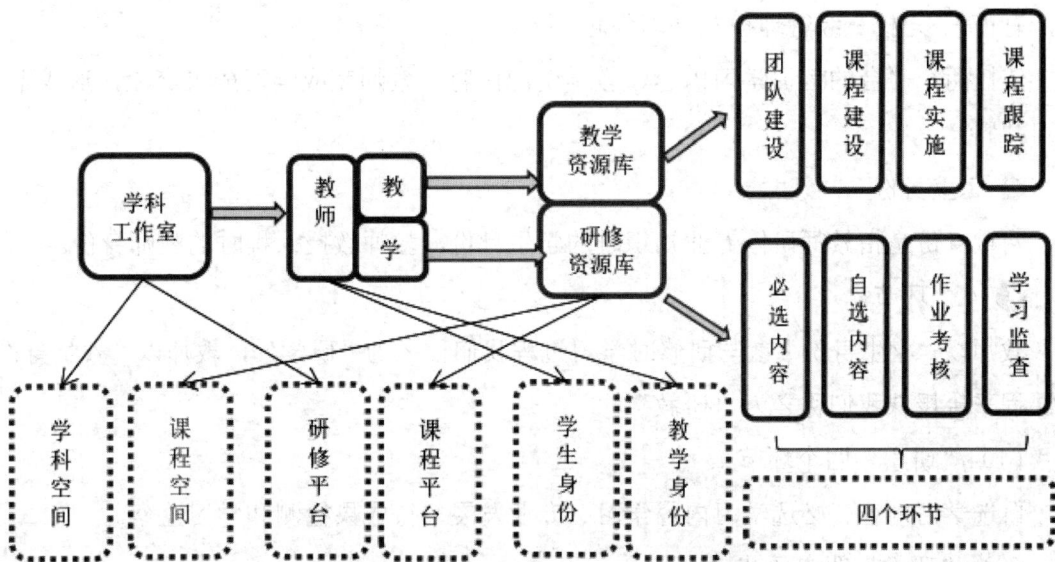

图2 "普职融通"网络教研活动实践路径

图中圆角虚线框介绍了"2-2-2-4"网络研修模式的底层逻辑结构:2 个平台、2 个空间、2 重身份、4 个环节。

图中圆角实线框基于研修模式构建研修实体框架:基于学科空间和研修平台构建学科工作室、基于课程空间和课程平台构建教师研修资源库和教学资源库,四个环节贯穿于资源库建设和应用的全过程。

❶ **2个空间**

一个空间指 STEAM 理念下跨学科主题网络空间，通过天津市基础教育网络教研平台建立主题工作室。本研修模式中的空间可以高效的汇聚资源、开展活动、分享成果，并可通过平台中的活动随拍、活动心得、活动小结以及活动评论四个模块记录教师参与研修过程，使活动过程留痕、精品内容留档。

一个空间指课程空间，该空间基于天津市中小学智慧教育平台学习空间，这一空间包含两大课程：课程一是跨学科主题学习相关理论，课程二是教师共建共享教学课程。

❷ **2个平台**

两个平台分别为天津市基础教育网络教研平台、天津市中小学智慧教育平台。两个平台属于天津市基础教育类平台，教师学生在两个平台上都有登录账号，对两个平台也相对熟悉，即使有新增用户也可以通过本校管理员完成注册。相比其他类似平台，这两个平台管理机制相对更加完善，基础账号数据已基本完成，在研修教学过程中如遇到问题，有市一区一校三级管理模式处理问题。

依托两个平台的培训学习内容、教学资源内容，教师完成学习成果交流，形成学科学习共同体。

❸ **2重身份**

两重身份是指教师研修专业知识时的学生身份，教师教授课程时的教师身份。

❹ **4个环节**

教师以"学生身份"参与研修时学习过程我们称之为"研学"，教师以"教学身份"在课程平台授课我们称之为"研教"。

（1）"研学"四个环节

自选学习内容、必选学习内容学习、专业发展习得成果检测和学习监察。

（2）"研教"四个环节

教学团队建设、课程建设、课程实施、课程跟踪。教师需要完成学科专项课程建设，专项课程需有教师团队合作、实现课程资源共建共享。

三、STEAM 理念下跨学科主题教学网络研修模式实施流程

研修之初，我们建立了跨学科主题学科空间工作室，基于课程空间和课程平台依据四个环节建立教师研修资源库和教师教学资源库。四个环节贯穿于资源库的建设和应用的全过程。

（一）教师"研学"四个环节

基于 2-2-2-4 研修模式，STEAM 理念跨学科主题教学网络研修最关键的环节即为教师的"研学"，教师的"研学"完成了教师自身能力提升的知识储备环节。

❶ "研学"课程资源内容的选择——环节一、二

"研学"内容的选择依据教师基本情况的了解，结合区内实际情况制订了《北辰区信息技术（科技）学科现状及教师研修意向专项问卷》，从教师年龄、学历、教育背景、专兼职情况、新课标理解程度、STEAM 教育观念理解、跨学科主题教学自身基本情况、研修意向等基本内容为切入点，通过问卷分析，了解并分析教师在 STEAM 理念下跨学科主题教学网络研修中的现有能力水平和基本需求，完成对课程资源建设的"学"情分析。

"研学"过程中，STEAM 理念对于跨学科主题教育的实施有着极为重要的引领作用，其内容不可或缺。跨学科主题学习源于新课程方案中的课程标准编制，同时每个学科都针对跨学科主题教学给出了各学科的基础要求，对于各学科课程标准的学习也必不可少。从课程资源需求问卷分析的结果出发，跨学科学习还需要考虑一部分兼职非信息相关专业的需求。为此，课程资源从以上 3 个内容着手，研修课程资源分为以专家引领为主的课程如专家教学专题讲座（新课标）及国家指导性文件、STEAM 理念优秀教学案例分享、以学科教学融合为基本形式的学科融合交流展示课例。

研修课程资源建设分为研修基础课程搭建和研修升级整理课程建设两部分，以学科课程标准为例，跨学科主题教学部分作为基础课程可直接提炼，但对于同一学段不同学科课程标准的跨学主题教学的对应匹配则需要进行升级整理再加工的过程。

同时将课程内容分设为必修和选修两部分，至此完成了研修中的 2 个环节，这两个环节处于不断更新的过程中。

❷ "研学"习得成果检测——环节三

"研学"活动过程及成果检测是网络研修模式的重要组成部分，活动的组织一般和成果检测相关联，成果主要包括学习心得撰写、重要文献拆解解读、知识型线上答题、线上虚拟场景测试等形式。以义务教育阶段信息科技课程标准（2022年版）为例，拆解三年级跨学科主题教学所涉及的教学目标、核心素养学段目标、核心素养学段特征等内容，学习成果上交拆解案例并交流分享。线上答题一般是针对一些知识类学习资料，借助学习空间的作业功能，针对学习资料设置相应的题目，通过答题检测学习成果。

习得成果检测大致分两种检测形式：第一种以自主研修、集中限制时间提交研修成果进行。第二种以线上集体讨论研修，线下提交研修成果进行。

❸ "研学"学习监察——环节四

学习监察在整个"研学"过程中分为学习过程监察和学习成果监察，学习过程监察主要通过学习空间在线统计功能，教师学习知识点的学习时间和学习频次作为主要过程性学习的监测，学习成果监察主要通过提交的成果、考试成绩进行比对。通过学习监察发现某一"研学"内容掌握程度欠缺可以再找同类知识进行补学。

（二）教师"研教"四个环节

❶ "研教"教学团队建设——环节一

信息学科教师专业分散，尤其小学段，涵盖了语文、数学、英语、劳动等多个学科的信息科技兼职教师，虽然这样情况给学科专业能力学习设置了很大障碍和困难，但也为跨学科主题学习注入了新鲜动力。

以年级为教学大组，以教师学校距离、教师能力为依据，再分设教学实施小组，每一个小组作为一个教研组，对于同一内容，各教研组之间进行同题异构式研讨。

借助天津市基础教育网络教研平台，以研修活动为主线。

❷ "研教"课程建设——环节二

借助天津市中小学智慧教育平台学习空间，教研小组教师进行协同课程建设，班级上课后形成的过程性评论成为真正意义上的生成性课程。

❸ "研教"课程实施——环节三

课程实施环节以教研小组对应的学校集合为学校，以各学校所包含的班级集合为授课班级，对于同一课程，给不同的班级可以发送不同的课前课中作业，在教学实施环节做到"同而不同";对于学生能力有差异的班级或个体,可以实现差异式教学及关注,真正做到"因班施教、因材施教"。

❹ "研教"课程跟踪——环节四

"研教"课程跟踪分为两个层面。第一层面:教师教学过程跟踪及监察,教师的上课情况、课程设置情况、作业发布及作业批改情况,能在某种程度上监管课程实施的成效。第二层面,教师对学生学习情况的跟踪,学习努力程度和学习效果的监督及反馈,能为教师对于学生所学内容的掌握程度提供第一手数据。

对于跨学科主题教学的过程,教师需要不断的关注学生对于课程知识点的掌握情况和完成任务所需指导的需求方向,课程中对于问题解决的关键环节需给予学生有效及时的帮助,在这方面,课程跟踪也能给予很大的便利。

四、2-2-2-4 网络研修模式实施效果

(一)研修空间,化散为整、化碎为统

在这一模式下,可以最大化的发挥线上教研的研修优势,通过天津市基础教育网络教研平台作为跨学科主题教学的信息集散空间、资源汇聚空间、活动组织发布聚合空间、交流研讨展示空间。

(二)线上课程,合二为一、打破时空

在目前这种线上线下常态化切换的教育教学环境下,线上教学利用这一模式有其无与伦比的优势,线上教学和线下教学可以无缝对接,汇总课程内容,延续教学连贯性和一致性,对于学生的过程性学习监管可以做到自始而终。线上课程成为了跨学科主题教学的资源框架,资源的应用突破了时空的限制。

(三)线上教研,创新形式、资源共享

打造教学研究共同体,高效资源协同,支持资源建设协作。集体备课、课程试讲,多种教研形式赋能教学能力快速成长。

对于 STEAM 教育理念下的跨学科主题教学,多学科教师共同参与到线上教研中,为

真实情景真实问题的创设给予了更多的思想碰撞，借助于天津市中小学智慧教育平台学习空间共建知识图谱，构成教材、教学案例。实现资源高效管理与成果沉淀，助力资源深度共享。

五、结束语

　　总的来说，通过区域实践，笔者认为 2-2-2-4 网络研修模式是基于当前教师发展需求的的新型研修模式，是对传统研修的发展创新，具有人员分组灵活化、组织载体信息化、教研内容多样化、教研方式互动化的特点。课程空间突破了时空限制，为开展高质量教研交流，高效率资源协同、高水平教师发展提供了强有力支撑。新课标下信息科技学科研修对于学科跨主体外延式及核心素养内涵式高要求，通过课程空间可聚焦教研交流、资源共建、能力提升三大关键，打造研修能力提升的一站式服务，分享先进教育理念、成熟改革措施、优秀教研成果。跟踪研修数据，实时掌握教研能力薄弱点、改进点，以点带面，快速突破能力瓶颈。

【作者简介】

　　杨洋，天津市北辰区教师发展中心，北辰区信息科技学科教研员，智能教育领航教师学员。

线上线下融合式教研方式 提升小学音乐学科
教研质量的研究与思考

刘雅欣 冯悦

信息技术应用能力的提升，带来的是课堂教学形式与内容的变革，当知识以学生们喜闻乐见的方式呈现出来时，收效必然显著。信息技术支持下的课堂，是对传统教学的突破，让学习目标更明确，让学习方式更多元。因此，促进信息技术与教育教学融合运用，探索信息化背景下育人方式与教研模式势在必行。

利用互联网环境、现代化多平台信息技术的优势，通过线上线下融合的教研方式，优化音乐学科教研内容，开发教师培训课程，探索多元互动的新型的教研模式，提升音乐教师综合素养，使其在信息化背景下优化育人方式与教研模式。

高效的音乐学科教研活动是广大一线教育工作者的共同追求，同时也是教研者的重要任务，作为教研员，笔者又该如何做好教师成长的领路人呢，两年来摸索的线上线下融合式的教研方式，力求推进教师专业发展，有效地提升教研质量和育人方式。

一、线上教研活动

（一）有针对性的给教师推介教学资源和网络授课模式，让线上教研落到实处

作为"天津云课堂"小学音乐学科课程资源内容的审核与梳理工作者，为老师们筛选推出了百余节"课程学习资源"。如国家中小学智慧教育平台，精品云课公开课平台等等，这些平台具有丰富的教育资源，由全国知名教师真人讲解与动画或照片相结合的形式，以微课视频形式满足学生线上学习的需求。这些音乐课程，教师的讲、演、奏、唱、辅以图、文、谱、音视频等资料穿插展示，形式和手段丰富多样。有些课程采用幻灯片配画外音的形式，有些是教师讲解加表演的形式，有些是师生远程互动形式。笔者

通过线上腾讯会议直播的教研方式,给老师们现场指导,现场答疑,并在与老师们的互动交流中,了解他们的有效方法,及时推介给大家。提前发给教师学习资源包并布置研讨准备,为教师学习提供时间和方式上的选择,确保学习满足个性化需求,同时使学习具有针对性和实效性,直接指向教学课例分析。

然而这只是初级阶段,经过一年多的摸索,老师们觉得优质教育资源的共享非常值得开发与利用,但如果学生只是一味观看视频,缺乏表现和互动,无法产生积极参与的意愿。为保证线上音乐教学质量,笔者带领老师们深入研究课程资源,鼓励大家自己制作课件,将优质课程资源与学生实际情况相结合,重新整合教学环节,设计互动内容,创新音乐活动。

例如,我区的一位音乐老师,准确把握音乐线上教学的定位与目标,结合自身专长,通过以下两个策略设计音乐线上教学课程。

一是线上体态律动教学,激发学生参与兴趣。她从国家中小学智慧平台、网络优质微课、短视频平台等途径搜集素材,创编动作,录制视频、剪辑音频。将复习歌曲与体态律动相结合,精心编创了多首歌曲律动游戏。包括手势舞《祖国祖国我们爱你》《顽皮的杜鹃》《只怕不抵抗》《摇船调》等;还让学生运用生活中的小物品马克笔、筷子、一次性纸杯等材料,以节奏训练与体态律动相结合的方式在音乐游戏中演唱歌曲,打击节奏。她通过摄像头观察学生的参与情况,及时给予评价与鼓励,让学生感受到教师的关注与肯定。通过共享屏幕,让学生展示自我,使线上课程内容更加生动,让学生充分享受趣味体验的同时,增强了参与线上音乐活动的欲望,激发了学习音乐的兴趣。

二是结合优质课程资源,创新线上音乐教学活动。在新歌教学《我是小音乐家》中她利用多媒体课件创设了听声音辨别乐器,开放腾讯会议中批注功能让学生通过为乐手找到自己的国家等游戏活动,让学生探索用一次性纸杯或饮料瓶的各部位打击节奏,结合智慧平台上的视频,引导学生创编纸杯舞为歌曲《小小音乐家》伴奏。在新歌教学《嘀哩嘀哩》中,她设计了看图谱背唱歌曲游戏巩固学习,并带领学生敲击马克笔或者筷子,以节奏训练与体态律动相结合的方式表演歌曲《嘀哩嘀哩》。在欣赏教学《进行曲》中,通过利用多媒体课件展示,结合腾讯会议投票、批注等功能创设创编表演、拍手踏步、旋律线条等音乐活动,让学生参与音乐体验、音乐学习与音乐记忆,掌握乐曲曲式结构和风格特点。丰富的音乐活动实行交互式线上音乐教学,打破家庭与家庭之间的壁垒,让音乐课堂随着网络"脉动",丰富学生的音乐体验,也向校外的家长展示了音乐教育对于美育的重要作用，极大地促进了在线课堂教育全方位加速发展。

（二）线上教研分层实施，扎实有效，提质增效

线上教研比日常教研更要求内容"吸睛"、主题明确，能够解决迫在眉睫的问题。

线上教研主要分两级进行：首先是校级教研，抓学科组长这支队伍，发挥学科组长的示范引领作用。组级教研更具针对性，组长对于组内教师很了解，可以将任务有效分配，发挥组内团队合作，提升校本教研的实效性。其次是全区大教研活动，由教研员组织展开，根据教师的专长，做好基层校教师案例分享的任务安排。做到提前谋划，任务驱动个别辅导，二次碰撞，再引发更深入的思考，最后形成更好的可行性方案，以微课的形式呈现在线上教研活动中。让原本教研质量不可控的网络教研，因内容"吸睛"而提质增效。

二、线上线下教研有效融合

（一）线上线下教研方式融合，分层推进教师专业成长

为了更好地推进教师专业化成长，让老教师克服职业倦怠，青年教师激情满满，不同年龄的教师都获得职业幸福感，笔者采取线上线下融合的教研方式，分层推进。

笔者将区内小学音乐学科具有高级职称且经验丰富的教师组织起来，充分发挥老教师的引领作用，这些教师平均年龄50岁以上，在某种程度上，尤其是信息化水平上远远逊色于青年教师，尤其是现在的各种竞赛活动也已经远离他们了，看似没有进步的空间了，容易产生职业倦怠。而通过基本功、双优课等赛事，笔者发现青年教师有干劲，专业基本功扎实，但教学基本功严重欠缺（例如在教材的分析上，教学设计的规范上等），因此，笔者将二者有机结合起来，让老教师们针对每年级中一个单元的教学内容做教材分析以及重点内容的教学设计分享，将自己几十年的教学经验毫无保留的分享。可通过线上分享的方式呈现有点为难他们，因此，笔者发挥青年教师优势，一对一进行线下微课制作辅导。在这个过程中，老教师增长了新的技能，青年教师在与老教师的研磨中，深入地了解了教学设计的意图和方法的使用。线下的一对一教研研讨方式和线上最终微课呈现的教研展示方式，分层推进了教师专业成长，实现专业提升。

在教研的过程中，无论个人还是团队，都实现了多层次交流助力从理论到实践的落地。

（二）发挥教研员引领功能，打造线上线下教研新模式

线上教研虽说是教研新模式，但已然成为常态。

❶ 主题引领，谋划在先

笔者采取每月一题的形式，先后设计"梳理教材，找准关键学习点""如何上好线上课""做好线上线下教学的有效衔接""如何进行教学设计""如何撰写教学案例"等主题，并做出阶段性规划。学校可自主选择专题学习：

例如，认真研读课标，按课标对不同年级提出的要求完成任务；研读教材编写意图，认真备课，深挖教材内涵；善于发挥教师自身特长、带动影响学生、形成特色教学风格；一专多能是小学音乐教师的必修课，坚持业务知识的学习和积累，加强基本技能的训练，积累教育智慧，不断提升自身业务素质，从而自如驾驭课堂等。

❷ 才艺展示，精彩分享

视频展示是网络教研的主要载体，其展示内容丰富多彩，包括学科基本功、课例片段、教学法分享等，即便在线上教学期间，也可以让教师们重返"舞台"，露出夺目之光。他们把自己练习基本功的视频上传，笔者通过腾讯会议的视频会议组织观摩，还可以现场评价与点赞。笔者想，无论是线上展示、还是线下实操，这个过程都会激发同伴合作，切磋中见真章，交流中知不足。老师们探讨交流、乐在其中，是智慧的碰撞，取其精华，各取所长，促进教师与教师之间的共同成长，发现问题，解决问题。

❸ 及时总结，中肯点评

根据每次教研活动情况，教研员给予引申性总结及中肯的建议，让老师们知道应该做什么、为什么这样做，怎么做才更好，鼓励大家不断前行，追求幸福的教研人生。

❹ 团队合作，积累成果

天津市 2020 年春季、秋季两季录制的微课中，并未安排我区的老师们录制音乐学科的微课，但在笔者的组织下，老师们不用扬鞭自奋蹄，已经将小学阶段的部分教材制作成系列微课，涉及到小学各年级，并将部分微课录制成微课例。老师们线下互相听课交流的机会少了，现场展示的机会也少了，而这种方式让老师们有了展示的平台，笔者给老师们最大限度的提供舞台，网络教研，展示交流。

在这个实践的过程中，实际上是教师经历的一次次磨课，一次次修改，一次次完善的过程，更是教师提升的过程。最后呈现出的是体现教师教学思想的、教师专业技能的、教师课堂艺术的精品微课例。

三、提升教研质量之笔者的思考

当前，互联网和人工智能等新技术的发展，促使我国的教育形态发生改变，教师教授知识与学生获取知识的方式途径都发生着深刻的变革。两年来的线上线下融合的教研方式，虽然摸索了一点经验，但同时也引发了笔者的思考。

作为一名新时代的音乐教育者，必须不断学习提升自己的专业理论水平、拓宽国际化视野，并且要抓住机遇，跟上发展步伐，掌握现代化教育教学技能，因为音乐教师综合素养的提升是线上线下教学有效融合的基础，无论是线上还是线下，都需要教师有着扎实的教学基本功、高水平的专业能力、渊博的知识面及国际化的视野，因此，提升音乐教师综合素养是第一要务。

面对线上教研的形式，应进一步加大线上教研的监管力度。不能回避，人都是有惰性的，线上教研方式灵活便捷，但缺乏监管，不是简单的在屏幕前"露脸儿"就是参与教研了，而要让教研真正为教师服务，教研内容是教师的需求，做到真正"解渴"。因此，创造性地开展线上线下教研活动，更好的激励、调动不同层次教师都能积极主动参与学习并投入研讨互动，让教研真正提质增效。

音乐教育是不断向前发展的，无论是线上教学还是线下教学，都应坚守音乐教育的理念，努力将教师的职业潜能发挥到最大，从后疫情的背景出发，探索出创新的音乐教学模式，为后续的小学音乐教学发展奠定基础。适应新形势，创新教学方式，发挥音乐教育最大的价值，合理运用网络信息技术，加强互动交流，创新音乐活动，在培养学生音乐素养的同时提高音乐实践创造能力，让学生获得优质的音乐体验，为学生的长足发展奠定基础和保障。线上线下融合式教研，也将成为一种常态。笔者会不断创新教研方法，拓宽新时代教研工作的创新发展路径，提升教研质量。

【作者简介】

刘雅欣，红桥区教师发展中心音乐教研员，天津市教科院课程中心线上教研中心区教研员。天津市学科骨干教师，天津市中小学第六周期继续教育面授课程小学音乐学科首席专家。

冯悦，天津师范附属小学音乐教师。红桥区学科骨干教师，曾获天津市双优课一等奖。

基于音乐学科线上教学情况的总结与反思

史洪英

在疫情的影响下，"互联网＋教学"成为教育领域新常态，教育教学工作的开展也有了全新的方式。教师由线下教学改为线上教学，和学生在网络平台上相聚在一起，隔空进行师生互动。在新的教学模式下进行音乐学科知识的学习，对学生来说，是一种全新的尝试和体验；而对每一位老师来说，这更是前所未有的挑战。由于师生不能面对面地交流，因此教师不能及时且准确地把握学生上课的状态。与此同时，上课时还会面临网络延迟等问题。综上所述，本文围绕如何有效激发学生在线上课堂中的学习兴趣，拓宽学生视野，加强教师的信息技术水平、教学能力和业务水平等方面进行论述，与同仁们共同探讨关于有效改进线上教学质量、提高学生线上学习效率的方式方法和线上教学的新形态。

在听、巡线上课的过程中，笔者发现了很多高质量的音乐课。教师教学方法得当，师生互动良好；学生积极、热情、主动；家长主动配合老师，帮助孩子上传音频、视频，使孩子能更快、更好得完成老师布置的作业和任务。尤其是部分初中教师针对线上教学中学生兴趣低的情况进行了大胆创新，从原来只教教材的内容，改为在教材的基础上增加相关内容的教学，拓展和丰富了教材的内容，极大的激发了学生对线上音乐学习的兴趣。

一、音乐学科线上教学的具体优势

（一）优质课程资源帮助教师提高教学水平

"国家中小学智慧教育平台""天津市基础教育网络教研平台""人教智慧教学平台"

等提供的精品课是名师经过精心打磨后呈现给教师和学生的，教师可以根据学生的实际情况，选择和使用这些平时接触不到的课程资源，学习优秀的教学方法、教学手段、教师的教态和语言，尤其要学习如何准确把握重难点并突破等。通过优化学习的内容、评价的方式，进行有效的组织，来实现教学目标，进一步提高教师的教学能力。

与线下教学相比，线上教学可利用的资源更丰富，并且线上教学不会受到时间、空间的限制。对于教师来说，可发掘的资源更丰富，如微课、教学课件、习题库等，便于备课和整合相关知识，也有利于教师提升教学水平，拓宽自己的视野。

（二）利于学生复习和巩固，为学生学习提供自由空间

教师根据学情，从"国家中小学智慧教育平台""天津市基础网络教研平台""人教智慧教学平台"等甄选和提供丰富的网络资源，学生可以自行选择适合自己的学习进度和方法，甚至可以选择自己喜欢的老师和课程，具有自主性和多样性。线上教学不受时间和空间的限制，学生在学习时可以没有固定的场所，可以在任何时间、任何地点收看直播，与线下教学相比更为自由。由于线上教学有点播回放的功能，学生还可以随时收看回放和重播，有利于及时巩固和复习。例如，有的学生年龄小，需要父母陪伴上课；有的学生需要去往父母的单位上课；有的学生需要在父母晚上下班后的陪同、帮助下才能将演唱视频发给老师等。所有任课教师、班级学生和家长都能看到学生发在群里的作业，能够准确把握学生学习的实际情况，更有利于家长督促学生学习，有的放矢地帮助学生提升学习能力等。

（三）线上才艺展示激发学生对音乐的兴趣

才艺展示既锻炼学生心理素质、培养竞争意识，又增进学生学习音乐的主动性等。线上音乐会最大的优势是学生不用自带乐器到校，又能避免学生之间面对面演出时的紧张，普遍受到学生和家长的欢迎，尤其是家长，争先恐后的跟老师联系，给孩子报名参加才艺展示，这样既给学生提供艺术特长展示机会，又极大提高了学生线上学习音乐的兴趣。

通过网络平台，学生可以很方便地在家展示自己的音乐特长。教师在收集、整理作业时发现学生们兴趣很高，优秀的学生特长展示比比皆是。通过自评和互评，学生们学有所得，且极大提高学生的自信心，激发了学生对音乐的学习兴趣。

（四）线上教学促进了教师之间相互学习

音乐学科不仅和其他学科教师一样使用 PPT 等多媒体手段，还要将音频与视频频繁转换。对于年长的教师来说，使用多种且复杂的信息技术手段是前所未有的挑战。随着线上教学时间不断延长，年长教师的群体开始出现了不知道如何使用信息技术手段、不知道如何操作、不能熟练转换设备等问题。经过音乐学科集体教研，年轻教师发挥熟练运用信息技术手段的优势，分享好的使用方法和手段。青年教师带动老教师在使用信息技术手段方面共同进步。期间，区域之间各校音乐教师、本校各学科教师之间互相学习，取长补短，全区音乐教师掀起了浓厚的信息技术学习高潮。线上教学也从整体上提高了教师们的信息技术水平。

二、音乐学科线上教学的弊端

（一）线上教学缺少师生的互动

在线上音乐课时，因师生之间不能面对面交流，变成了人—机—人隔空交流。对于教师而言，只是单方面的讲授过程，无法及时捕捉学生的反馈，不知道学生是否在认真听，能否听懂、学会。教师难以把握上课内容深浅快慢，只变成单方面的教，学生得到教师近距离指导和帮助的机会也大打折扣，较之线下缺少互动。

（二）学生线上学习自律性差、学习监管难度大

教师对学生监管难度大，出现了有少数同学和家长不重视音乐学科、学生在音乐课堂上在做其他事情、学生缺乏和老师及时互动或提交反馈的兴趣、个别学生没有出现在网络课堂等现象。种种情况造成了不能按时完成教学任务的严重后果，这是线下教学时没有出现过的问题。

（三）唱歌教学在线上教学出现延时和卡顿现象

欣赏教学、器乐教学的效果较好，但歌唱教学却出现了由于歌唱的声音不能同步的问题，尤其是合唱教学会遇到延时的情况，这些问题都导致了学生的情感体验不够、情境感知匮乏等消极影响。因此，这就促进我们教师去思考：在线上音乐学科教学中如

何把学生吸引到学习中来？如何提高学生的自我管理能力？如何将无情的线上教学变得"更接地气，更深入学生心"呢？

三、改进音乐学科线上教学的策略

（一）利用信息技术手段改进教学

首先，教师不能完全把线上直播教学按照线下课堂教学方式一样开展——互联网限制了师生面对面互动，却为施教提供了多种可能性。例如，针对线上音乐教学中唱歌教学教唱环节中声音延时以及不能同步等问题，教师可以利用腾讯会议、钉钉的"聊天"功能，提前把伴奏音乐放到聊天群里，学生演唱时，在自己的电脑里的点击"聊天框"里的伴奏音乐，并跟随伴奏演唱，这样就同步了。其他没有展示的学生，在关闭麦克风时，仍然可以跟随伴奏练习，这样既解决网络延时、不能同步等问题，又给每位同学提供了伴奏音频素材。针对低段学生不会操作的问题，教师可以从互联网中获取到的微课、教学课件等一些优质的教学资源，规避师生不同步或延迟等问题。

在提高学生专注力和自我管理能力方面，可以充分利用信息技术手段，教师通过使用PPT的动画、班级优化大师软件和视频画中画，调动学生们的学习兴趣并提升学生课堂专注力，尤其软件班级优化大师中的随机点名功能，不仅能点一位同学，还能随机设置多位同学临时组成小组学习，小组成员之间互帮互助，有效提高了学生课堂的专注力。再有，可以利用学生喜欢的杯子律动、乐器演奏、手语舞、自制打击小乐器、举办班级音乐会等教学方式弥补学生线上学习的不足，让每个学生都积极参与到线上音乐课堂中来，提高学生学习兴趣。这样一来，教师可以将更多的精力放在设计学习目标、学习任务、学习评价上，创新线上学习分享、学习合作、学习反馈等方式。

（二）拓展和丰富教材内容，激发学生学习兴趣

在巡课的过程中，笔者看到有初中教师在线上音乐课中用一首网红歌曲引出了一堂戏曲欣赏课。教师在教学导入的环节中使用了歌曲《志忐》的戏曲版，并提出问题——在这首歌中你听到了哪几种地方戏，有没有你家乡的戏？听完后，孩子们纷纷回答在歌曲中听到了京剧、豫剧、黄梅戏和越剧。教师接着提问："请你说出最喜欢哪种地方戏？

为什么喜欢？"等问题，学生各抒己见、积极发言。紧接着教师播放了《中国八大地方剧种》的视频，并要求学生在观看的过程中记住自己喜欢的剧种特点。有了导入环节的铺垫，同学们在这一环节就很容易的了解并记住了京剧、越剧、评剧、豫剧、黄梅戏、秦腔、昆曲和晋剧这八大地方剧种的戏曲特点、发展过程及流行地区等。在后续环节，通过对比欣赏京剧版、秦腔版、豫剧版和昆曲版的《神女劈观》，学生自行总结各地方的戏曲特点，整个课堂的气氛异常活跃，他们用高涨的情绪听完了不同版本的《神女劈观》。

在拓展延伸环节中，当原版京剧版的《神女劈观》在屏幕上播放时，教师不断在耳麦中听到，在弹幕上看到孩子的感叹与惊呼声！在总结环节中，学生各自发表自己的感想，这节课激起了学生学习戏曲的热情，并希望老师在下节课中能进一步带领他们学唱这八大剧种。课后通过和教师沟通了解后发现，教师在利用现代网络寻找戏曲相关资料时，意外发现《神女劈观》不仅有京剧版，还有豫剧、秦腔、昆曲、川剧等各种地方剧种版本，便萌发了在教学环节中加入不同剧种对比欣赏的想法。通过对不同剧种的对比欣赏，教师很快抓住学生的好奇心理，让学生们保持着对整节课堂教学内容的好奇和热情，激发了学生学习中国民族民间戏曲的兴趣。

（三）针对学生年龄特点选择合适的软件

此外，在巡课过程中笔者还发现，在信息技术手段使用方面，教师大多使用腾讯会议、钉钉直播、"在线课堂"等软件进行直播。"钉钉直播"相对网络环境要求低，比较顺畅；"在线课堂、视频会议"实时性较强，可以同步连麦、即时互动，效率最高。"钉钉"上线较困难，而"腾讯会议"相对网络要求低。由于低年级学生年龄小，操作不熟悉，会导致使用时遇到困难。而使用微信群直播比腾讯会议和钉钉更简单顺畅、更适合低段学生，学习效果也很好，还能让学生更方便的和老师交流。

在恢复线下教学后，我们仍然可以合理利用线上学习的优点，将其巧妙融合到线下学习中，推进融合，再进行一体化的教学设计。

"互联网＋教学"逐渐成为教育领域新常态，这也给区域教研工作带来了新的思考，推进了线上线下相结合的新型教研方式。为了提高音乐学科教师教育教学水平，适应新形势线上教学，依托"天津市基础网络教研平台"，本区域举办了教师系列活动，参与了天津市基础网络教研平台小学音乐"音乐的力量"主题优质课程资源展示活动，将教师在线上教学期间制作的课程资源上传到天津市基础网络教研平台"音乐力量"进行分享；举办教学案例征集遴选活动，将微课类和课堂教学类的优秀案例推荐到市级遴选；举办读书会分享活动，教师通过阅读、平台分享、交流和反思，不断提高教师成长的脚步。

疫情未能阻碍我们对音乐教育事业的追求和热爱。未来已来，唯变不变，互联网重塑教育的时代已到来，适应环境的发展，才能发展长存。线上教学要求学生和老师都顺应变革，共同推动教育教学的发展。从教师教学的角度出发，这需要我们进行教学方法和手段的创新，以多种形式、多个角度去吸引学生的注意力，因材施教，进行创新性的教学。在不断反思和研讨中进行教学策略调整，努力实现线上教育效果最优化。在研修中思考，于分享中进步。让教研能够引领、带动教师们继续深耕细探，提升线上教学质量，推进教师专业成长，更好的适应教学新形势。道阻且长，行则将至，行而不辍，未来可期！

【作者简介】

史洪英，天津市滨海新区教师发展中心第三分中心音乐教研员，市级骨干教师，主持和参与多个市级重点课题研究，多篇论文获国家、市级一、二、三等奖。曾获全国"菁华杯"优质课例一等奖、市级双优课二等奖。

构建劳动技术教师"网络研训联动体"教研模式，
助推教师专业化成长

吴津

　　劳动技术教师"网络研训联动体"是在新教研文化理念引领下，基于教师专业成长需求，适用于区域劳动技术学科教研的新形式。劳动技术教研以探索信息化背景下教研模式为重要任务，历经"自主—交汇—融通"的研发过程，借助区域内优质劳动教育资源，充分发挥骨干劳动技术教师辐射作用，交汇教师自身专业特长与劳动技术学科的相似内容和共性问题，逐步探索劳动技术教师"网络研训联动体"教研模式（见图1）。劳动技术教师"网络研训联动体"旨在以提高课堂教学质量，提升教师专业技术能力为目标，助推信息技术与劳动技术教育教学深度融合，促进立德树人根本目标在劳动技术课堂的真正落实，进而实现终身教育理念。

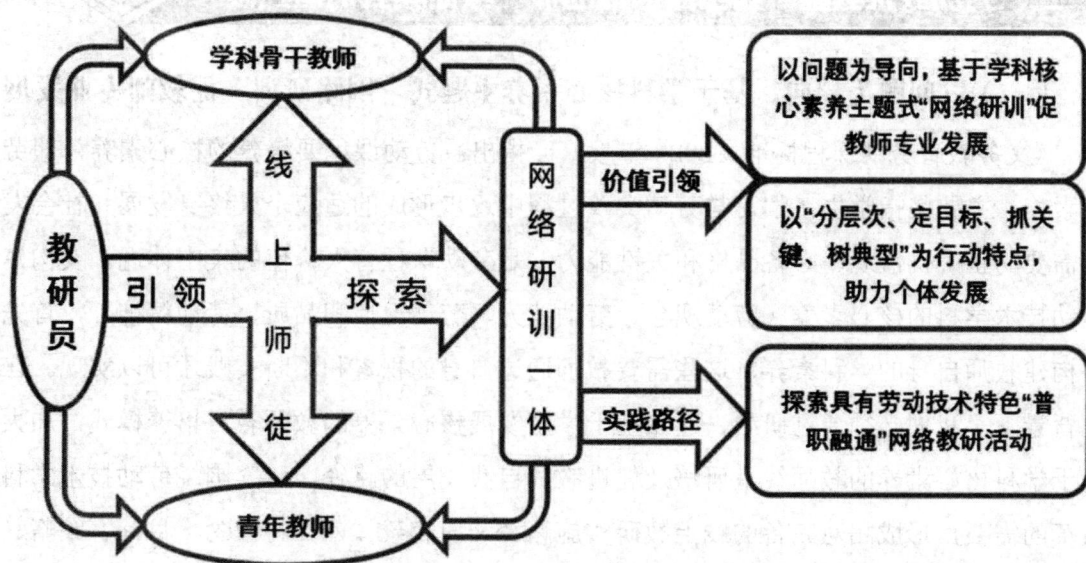

图 1 劳动技术教师"网络研训联动体"教研模式

一、劳动技术教师"网络研训联动体"教研模式内涵

劳动技术教师"网络研训联动体"是以教研员为引领、学科骨干教师为辐射、青年教师为主体的线上研训联动团队。整合全区劳动技术教师资源，利用网络优势打破学校间壁垒，将学科骨干教师与新任劳动技术学科青年教师结为线上师徒，使青年教师可以利用网络快捷优势随时随地在群体学习中、在学科骨干教师的帮扶下不断提升专业技能；骨干教师在带教实践中发挥辐射作用，不断实现自我超越；教研员在引领教师专业发展中探索"网络研训一体"的新路径。三者职责分工、目的任务各有不同，形成面、线、点三层联动研培生态系统，使具有不同智慧水平、知识结构、思维方式、认知风格的成员汇聚网络形成互补，既有同质间的交汇融合，又有异质间的错落参差，这样使学习主体之间保持多元联动而和谐的关系，从而高效带动全区劳动技术教师专业素养水平的阶梯式发展。作为教研员要充分发挥教研系统在整体提高教育教学质量、培养创新型人才中的"杠杆"作用，借助区域内优质劳动技术教育资源，探索信息化背景下适合我区劳动技术学科自身网络融通教研的新路径。

二、劳动技术教师"网络研训联动体"教研模式价值引领

（一）以问题为导向，基于学科核心素养主题式"网络研训"促教师专业发展

《义务教育劳动课程标准（2022年版）》指出：劳动课程要培养的核心素养，即劳动素养，主要是指学生在学习与劳动实践过程中逐步形成的适应个人终身发展和社会发展需要的正确价值观、必备品格和关键能力，是劳动课程育人价值的集中体现。要构建劳动技术学科的核心素养（劳动观念、劳动能力、劳动习惯和品质、劳动精神），首先要构建教师自身的学科素养，这些需要教师通过自身的积累和不断实践才可以实现。在此背景下，我们必须通过研制、建立基于学生发展核心素养的教师教育培养模式，加大基于学科核心素养的教师线上研培及促进教师自我发展的路径，研究围绕劳动技术学科改革的需要，形成相对完备的线上教研实施路径和内容载体，并将理念、目标、策略、方法等影响教育质量的关键要素纳入其中，丰富区域网络教研"研究、指导、服务"工作职能的内涵与外延。

梳理聚焦课堂教学、校本研修、教学规范等重点问题，服务、发现、诊断制约劳动技术教师专业化发展的因素，开展"全员定期线上调研—定点连线回查—线上专题指导—线上专业引领"等不同方式和内容的线上教学研究活动。基于学科核心素养的内涵，根据劳动技术教学中普遍存在的共性问题、难点问题、疑点问题、热点问题等，面向全体教师做形式多样的主题式线上研培，进而突出专业引领，强化有效教研，提升全员教师教学能力。

利用线上问卷调研便于大规模开展统计、及时分析处理数据的优势，筛选聚焦共性核心问题，设置专题并辅之以适当网络融通教研手段。网络研训联动团队的教研组长、骨干教师、青年教师，通过"天津基础教育网络教研平台"、线上会议、"河北区劳动教师线上研培群"、网络直播等各种展示交流平台，开展以同类教研问题为前提的主题式研究，全方位、立体辐射，达成网络融通教研成效，在实现推动区域内整体劳动技术学科教师核心素养，提升教学质量的同时，利用网络教研优势快速缩短校际间差距。

以问题为导向基于学科核心素养的主题式线上共研，教师践行将学科核心素养内化为自身的教育教学理念，转变为个人的教育行为，升华为自身的教育教学特色，教师在提升自身专业素养的同时必然促进学生的可持续发展。

（二）以"分层次、定目标、抓关键、树典型"为行动特点，助力个体发展

❶ 有的放矢，量身定制研培方案

注重劳动技术教师专业发展的不同阶段及需求，深入开展以实践为基点，以劳动项目为载体，利用"网络研训联动体"的不同辐射层面，借助"线上菜单""网络超市"的研训项目，对不同层面教师提出的专业支持合理规划、量身定制研培方案，对区域内劳动技术教师提供具有针对性的线上专业引领、支持和指导等服务。

❷ 以案例研究为载体开展线上实证教研

以课题研究为载体的区骨干教师线上专题会议，同时开放多维度线上教学现场，促进校际间教师开展分层教研，构建教研协作网络。教研员可针对教学质量相对落后的学校进行对点帮扶，针对学校制约教学质量发展的瓶颈问题和症结顽疾，定点定时连线送研下校，使得"网络研训联动体"主体性更强，目标性更突出，研究味更浓郁，成效更显著。

以"网络研训联动体"为中心吸纳聚合区域内优秀教师，利用劳动技术学科"网络

公众号"总结、提炼劳动技术教学中的优秀经验、项目案例、微视频等，并及时线上推广，利于即时交流分享，便于实时下载学习。通过个性化线上展示活动打造学科名师，发挥学科教学的示范辐射作用，进而满足教师专业化发展的个性需求，助力个体发展。

三、探索具有劳动技术特色"普职融通"网络教研活动实践路径

"普职融通"网络教研，以"融德于品、融爱于才、融道于心、融术于行"为理念引领，在理念与行为之间搭建桥梁、架构模型，规划了"普职融通线上研培课程""劳动创新案例微视频开发实践""普职教师线上技术特长展演"这三种实践路径，即：以线上"研"引线下"潜思"为核心，以线上"创"引线下"有获"为目标、以线上"技"引线下"有术"为共识，推进劳动技术教师"网络研训联动体"的常态实施、深度融合。

（一）交汇共性问题，聚焦学科特征，精心打造独具个性"普职融通"网络研培内容

职教很多专业课程与普教劳动技术学科、劳动项目内容有着很高的相似度，通过发挥"网络研训联动体"独特作用，由区级教研员牵头骨干教师团队，交汇二者的相似内容和共性问题，激发二者融通的工作灵感。通过聚焦劳动技术学科特征，发挥普职教师各自专业特长，着手开发建设促进普、职劳动技术教师专业能力共同提升的"普职融通"网络研培课程。有的放矢帮助教师真正掌握劳动技术专业教学技能，系统学习劳动技术项目，逐步引导劳动技术教师成为专业型教师，乃至专家型、学者型教师。

"普职融通"网络研培课程采用现场直播远程收看的方式，打破了普职学校间的壁垒，克服了学习人数众多和场地限制等不良因素，有课不能收看直播的教师还可以观看回放进行课后学习，同时解决了学习时间难以统一的问题。劳动技术教师通过网络研培课程提升劳动操作技能水平，有了较强的劳动技能运用意识和实践能力，逐渐学会并掌握劳动技能生活化的方法，才能不断将专业技能知识内化，进而与现实生活中的事物建立起一定联系，形成专业自觉性。

（二）逐步探索"普职融通"深化劳动技术教师"网络研训联动体"教研模式。

为推动"网络研训联动体"教研实践不断深化，通过"广泛调研—聚焦问题—普职对比—融通定位—研发实践"的过程，不断探索出具有学科特色的"普职融通"网络教研活动实践路径（见图2），强化教研支撑和教师研训效果。

（1）以提升普、职教师的专业技能为融合点，选取教师们最棘手、最关注、最亟待解决的内容作为主要线上研培项目，开发"普职融通线上研培课程"。

（2）以普、职劳动技术学科特征为融合点，倡导核心素养引领下的线上线下整合学习，践行"劳动技术创新案例微视频的开发与实践研究"。

（3）以普、职骨干教师技术特长为融合点，借助普、职教师线上劳动技术特长展演，发挥骨干教师辐射作用，开发"劳动技术项目线上实践教学"。

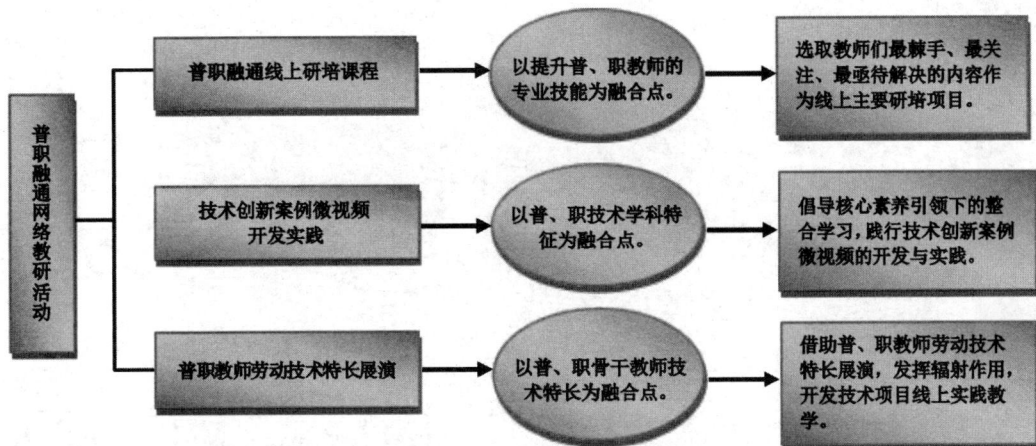

图2 "普职融通"网络教研活动实践路径

构建劳动技术教师"网络研训联动体"教研模式，突破了仅仅针对或区域或学区片或学校等单层次问题研究的简单模式，而是充分运用互联网优势、借助信息技术手段，站在整体的视角、从理念入手，融通问题、融通原因、融通策略、融通方法、融通资源，使教师专业素养发展获得了长远、全面、系统、多维的强有力支持。

构建劳动技术教师"网络研训联动体"教研模式，是站在新时代信息化背景下尝试借助信息技术手段以区校整体的视角审视教研的发展；尝试以"互联网＋教育"的推进打破区校教研、片校教研、校校教研之间相互封闭的壁垒，以网络融通为原则从区域层面设计和引领劳动技术学科教研活动；尝试以促进不同需求的劳动技术教师专业发展为主线梳理网络教研研究思路。相信，通过不断探索、共识与革新的过程，逐步探索劳动技术教师"网络研训联动体"教研模式的引领路径，终将成为助力培养教师专业化发展的不竭动力！

【作者简介】

吴津，天津市河北区教师发展中心教研员，天津市学科领航教师，主持并参与多项国家级、市级课题，多篇论文在国家级、市级刊物发表并获奖。

“平台＋即时互动＋平台”
多元结合的线上教研模式的应用探究

王国强

教学研究是促进教师专业发展的重要途径之一，随着移动互联网的空前发展，手机、iPad 等移动设备的普及，传统的教研形式已经不能完全满足教师专业快速成长的需要，运用“互联网＋平台”促进教师专业发展的研究也已经走向深入。利用“互联网＋平台”开展教研活动，实现了数据记录分析、实例分享、平等交互等，有效促进了教师专业成长，实现了教师教研从基于经验主义的模式向基于实证的模式的转变。笔者结合自身线上教研实践，探索基于“天津市基础教育网络教研平台”的 “平台＋即时互动＋平台”多元结合线上教研模式，以期能够为教师搭建平等互动的交流平台，促进教师专业成长。

一、线上教研平台的选取

线上教研方案制订前期，对现有网络软件、平台进行梳理分析优缺点，再结合教研活动过程中各环节的特点和目标，选用合适的网络软件、平台。线上教学研究要求所能提供的资源应该是开放的，传播媒介应该是多向交流的，知识及理念的探讨应该是跨越时空限制的，教学研究采用的手段和形式应该是多样化的。

通过对比多种线上教研平台，笔者发现天津市基础教育网络教研平台，具有市、区、学校三级学科网上教研协作功能，能够支持中小学基于网络开展教学研究；能够利用网络信息化的手段辅助开展教研活动，更好地实现交流活动；能够将优秀的教学方法、教学资源、教学经验共享给教师，解决了各地区教学水平参差不齐、资源难以共享的问题。笔者基于以上分析选取“天津市基础教育网络教研平台”做为线上教研主要平台。

（一）天津市基础教育网络教研平台的主要功能

❶ 天津市基础教育网络教研平台构建了完善的优质教学资源库

网络教研平台针对目前资源库建设专业性不强，资源结构建设不合理，资源分散、重复率高，资源难以满足教师个性化需求，教师分享资源积极性不高的现状。按照用户平时的使用习惯，将资源按照学科、年级、教材、章节、知识点绑定的方式进行管理，同时设置管理员对资源进行审核，以保证资源的质量。用户可以按照平时的使用习惯在平台上检索资源，下载、分享有用的资源用于自己的教学中。方便了全市内优秀教学资源的共享，方便了教学资源的体系管理，促进了全市范围内各教师之间的资源交流，能更好地帮助教师提升自身教学能力，提升全市的教学水平。

❷ 天津市基础教育网络教研平台为教研活动搭建了展示交流的空间

天津市基础教育网络教研平台上专门开创了活动栏目空间，可以辅助教研活动的开展，支持研讨交流。我们将新课程实施中的各种问题放在平台上，让一线老师们参与讨论，征集一些好的经验和做法，让老师们共同参与新课程建设。

❸ 天津市基础教育网络教研平台为教研活动搭建评比展示的空间

天津市基础教育网络教研平台上专门开创了评比栏目空间，市级、区级、校级教研活动组织者可以利用平台发起多种评比活动，例如：论文评比、课例评比、教学设计评比、微课评比等多种活动。同时老师们还可以随时观摩其他老师上传的评比作品，相互促进、相互提升，这样以评促研、以评促教，帮助老师快速成长和发展。

（二）利用天津市基础教育网络教研平台开展教研活动面临的问题

制订线上教研方案时，既要考虑网络平台对教研活动的优化，又要考虑线上教研实施的可行性、便捷性，从而使组织者的精力更多着重于教研活动的本身。利用天津市基础教育网络教研平台能够最大限度发挥活动前的互动交流和活动后的研讨，延展了教研活动的空间和时间，但也存在一定的局限性。

❶ 教研活动现场交流学习无法实现

天津市基础教育网络教研平台还没有在线视频的功能，只能通过文字表述来表达各自的观点，从而制约了教研活动的互动性和即时效果，导致教研互动的深度不够，大部分的主题研讨都是基于简单思考的浅中层互动，缺乏深层互动。

❷ **教研活动的进程不好把控**

由于不能进行即时的交流和沟通，教研组织者和教师之间不能相互了解各自状态，无法形成良好的教研氛围，不能创设有深度的交流研讨氛围，而且不能很好把控活动的进程，致使教研效果大打折扣。

❸ **网络教研不能直接面对教师，不能与教师进行很好的情感沟通**

由于天津市基础教育网络教研平台不能面对面交流，缺少视觉上的交流，参与教师没有"亲临现场"的切身感受，所以不能充分了解教师的教研诉求。

二、探索"平台 + 即时互动 + 平台"多元结合的线上教研模式

为了能弥补天津市基础教育网络教研平台的不足，最大限度的发挥天津市基础教育网络教研平台的优势，笔者探索"平台 + 即时互动 + 平台"多元结合教研模式，可以充分发挥天津市基础教育网络教研平台的资源优势和互动交流优势，弥补即时性欠缺的不足。该模式将教研活动的组织分为四个阶段，第一阶段：确定教研主题，发布教研任务单；第二阶段：双向互动，示范引领；第三阶段：评价交流，共同提高；第四阶段：延展时效，持续推进。

下面笔者以"项目应用及实践专场教研活动"为例，详细介绍"平台+即时互动+平台"多元结合教研模式（见图1）。

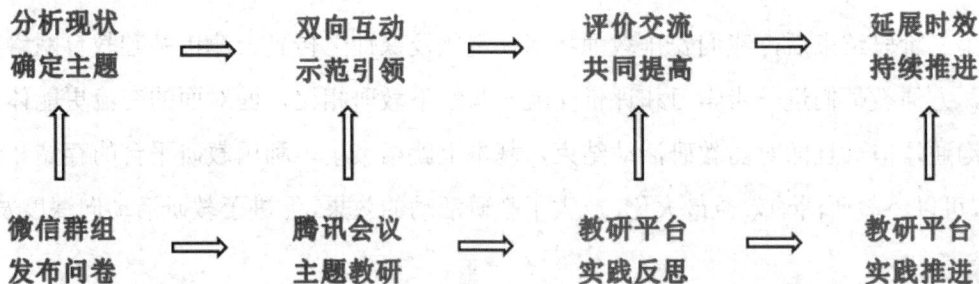

图1　平台 + 即时互动 + 平台教研模式

（一）第一阶段：确定教研主题，发布教研任务单

❶ **发布调查问卷**

教研活动开始，首先要发布调查问卷，收集问题、发现问题，从而确定教研主题，

调查问卷的发布通过微信群来完成。

❷ **完成教研前期教师活动任务**

根据调查问卷确定教研主题"课堂教学中项目应用及实践"，发布教研通知，包括教研活动的时间、地点、形式，同时发布教研任务单，安排活动前期教师活动任务：每人撰写一篇"项目应用及实践"案例，上传到"天津市基础教育网络教研平台"—活动—基于核心素养的教学项目实践应用及评价研究。这个阶段的任务是教师将文件上传到网络教研平台，供大家学习研究，为下面的交流研讨做准备。

（二）第二阶段：双向互动，示范引领

为了让老师们能真正领悟项目应用教学策略与课堂实践，教研组织者通过直播平台（钉钉或腾讯），组织视频会议进行交流和展示，发挥时时双向互动功能，全体教师可以充分发表建议，畅所欲言，气氛热烈，达成教研目标。

（三）第三阶段：评价交流，共同提高

通过观摩课例和自我反思，各位教师都有所感悟，带着各自的心得，老师们制订教学实践方案，开展教学实践，再根据自己的实践进行总结反思，在教研平台进行交流分享，从而在真正意义上促进教师的专业成长。

（四）第四阶段：延展时效，持续推进

第三阶段结束后，我们安排教师将活动视频及课件上传到天津市基础教育网络教研平台，方便教师们进一步学习和评价交流。与线下教研相比，面对面的交流更能体现感情的沟通，但一旦面对面教研活动结束，基本上就结束了。利用教研平台的存储和评价功能，可以将教研活动效益最大化，放大了教研活动的效果，促进了教研活动向深度发展。

三、"平台＋即时互动＋平台"多元结合教研模式推广价值

（一）有助于将个体自我反思与群体性反思有机结合

反思也是教师提升研究能力的重要手段。教研活动的实践反思，不仅包括教师个人

的自我反思，同时也包括群体式反思。自我反思是利用天津市基础教育网络教研平台，随时记录下教师的教学体会、教学叙事和教学心得，并借助平台进行评论和反馈。群体性反思是指以教研组织者的教研专题为主要对象，结合课堂的授课情况，通过"说课、评课和辨析"等一系列环节，对教研专题进行全面分析和研讨，逐渐获得理念上的共识，共建共享教研成果，以便为日后的教学实践活动提供有力的指导。"平台＋即时互动＋平台"多元结合教研模式，对反思活动的全过程进行记录，使每一位教师都能参与并发表自己的建议或是观点，深入参与到具体教研活动中。这样的过程可以将个体反思与群体反思有机结合，使每个教师获得参与感，真正实现了在分享中实现创新。

（二）有助于呈现平等、开放，多主体教研氛围

"平台＋即时互动＋平台"多元结合教研模式，主要研讨教学中遇到的难题和学科教师遇到的共性问题。当教师在天津市基础教育网络教研平台中发布自己对某个问题的看法后，可以吸引更多的同伴教师与之互动，给出一些解释和帮助。可以帮助教师摆脱只靠个人经验来学习和工作的状态，从个体学习转变为共同学习。同时教师可以在教研平台活动栏目，搜集相关教学问题，发起活动，然后教师们围绕这些问题进行研究讨论，通过跟帖和回复的方式，拉近每个人之间的距离。

（三）有助于教师更好地实现专业化发展

"平台＋即时互动＋平台"多元结合教研模式，将老师们的一些真知灼见的观点、经验和案例分享在天津市基础教育网络教研平台上，这些是参加教研活动的教师的集体智慧的结晶，它能最大限度的调动教师的主观能动性，使越来越多的教师利用平台参与互动，通过平台记录和发布个人的教学过程，生成教学实践经历，反思教学问题，每位老师都可以根据自己的教学水平，兴趣特点，提升自身素养，形成自己的教学风格和特色。

因此"平台＋即时互动＋平台"多元结合教研模式，作为一种新型的教研方式、学习方式，他带给我们的不仅仅是冲击，更多的应该是引领、思考、发现与探索，天津市基础教育网络教研平台资源信息量大、素材多、传递速度快、查阅资料不受时间空间的限制，可以使老师了解最新的教育教学动态、科研成果，不断给自己充电。充分利用"平台＋即时互动＋平台"多元结合教研模式，发挥网络即时互动功能，利用天津市基础教育网络教研平台资源存储、延迟互动的功能，能够最大限度的促进教师专业发展。

【作者简介】

王国强，天津市武清区教师发展中心通用技术、劳动技术教研员，天津市未来教育家奠基工程四期学员，天津市学科骨干教师，市级"双优课"学科指导教师，高中通用技术学科教学指导意见的编写组成员。

基于线上平台的汉字校本课程推进

邓敏娜 高馨蕊 陈玉姗 唐晓蕾 张雪

当前，义务教育课程标准的最新修定，教学方式的变革，已成为我国深化教育教学改革的关键议题。在课程标准落地的过程中，教研工作的主要任务逐步聚焦为"研究学生学习成长规律""指导教师改进教学方式""服务学校教育教学，引领课程教学改革"[1]。在互联网＋教育的发展背景下，如何在"优化教学方式"上发挥作用，促进"启发式、互动式、探究式教学"[2]的发展，是教育变革和教育数字转型的重点和难点。本文依托"天津市基础教育字源公共服务平台"等信息化平台，以本区域"综合实践活动"课程"跟着汉字去旅行"的线上教研活动为例，努力呈现优化教学方式的线上教研形态。

一、线上汉字课程的创建

2022年义务教育课程标准的修定，强调课程的综合性、实践性，跨学科主题学习活动也成为课程实施过程中的亮点和难点。在这种背景下，以"跟着汉字去旅行"为主题的跨学科学习活动的校本课程资源创建和使用就显得尤为重要。基于天津市基础教育资源共享平台的天津市精品网络校本课程创建，提供了比较实用的线上备课、选课、上课、交流的设计，让教师们看到了校本课程共建共享的可能。

❶ 有助于系统化校本课程的构建

传统校本课程的研发受到时间和空间的限制，往往局限于一时一地，难以汇集更大范围的力量和资源，很难构建系统化的校本课程。基于天津市基础教育资源公共服务平台的校本课程创建，不仅为校本课程提供了在线共建的可能，而且在线校本课程也拥有更加丰富的呈现方式，既有助于呈现课程内的结构，也便于体现课程间的联系，为系统化的综实课程创建提供了便捷。从"跟着汉字去旅行"课程群的整体设计来看，这一汉字校本课程涵盖了人与自然、人与社会、人与自身三大领域，包括自然见闻、社会见闻、儿童成长，分别对应低、中、高段学生年龄特点和发展需求（见表1）。

表1 汉字校本课程的领域和主题

领域	自然见闻	社会见闻	儿童成长
主题	汉字里的植物王国	汉字里的人在旅途	汉字里的发现发明
	汉字里的动物王国	汉字里的节日庆典	汉字里的似水流年
	汉字里的奇珍异兽	汉字里的九行八业	汉字里的喜怒哀乐
	汉字里的春华秋实	汉字里的不辞辛劳	汉字里的匹夫有责

在校本课程创建的初期阶段，我们先推出了"汉字里的植物王国"和"汉字里的人在旅途"两个主题的校本课程，包括了"汉字里的一草一木""汉字里的自然美景"等二十四个教学单元。在此基础上，我们也正在着手开发"汉字里的发现发明"主题的课程资源创建，并打破时间和空间的限制，将校本课程的创建队伍扩大到更多所学校，让更多教师能够参与到校本课程的创建中来。

❷ 有助于校本课程的共建与共享

基于平台的线上课程创建，调动了教师的参与积极性，校本课程的创建团队也由最初的六位老师，拓展为现在的十八位教师。由于线上教学可以运用的资源和讯息更加丰富，教师的教学思路也得到拓展，在原先校本课程讲义的基础上，线上课程增加了微课资源、学习任务点、学习资源等内容，由此微课先导、课堂引导、活动延伸、成果汇报的教学流程也能落地实施。线上课程的选课方式，也使得原来局限于一所学校的汉字课程，可以供多所学校教师进行使用，学习时间、交流时间也更加自由。线下教学难以全体使用的课前学习单、课堂活动单、课后拓展单和交流反馈单等，也能通过信息化平台以任务点的方式来呈现，学生在线完成这些学习要求后，教师能非常便捷地掌握每个任务点的完成情况，学生之间也能够分享彼此的学习成果。

❸ 有助于教师教育教学方式优化

天津市基础教育资源公共服务平台为教师开展"启发式、互动式、探究式教学"提供了实施的路径，也为学生进行"研究型、项目化、合作式学习"创造了可能。"跟着汉字去旅行"是基于语文学科的课程综合化尝试：在教学内容上，它是对已有语文教材的补充和丰富，比如语文教材中涉及"隹"的内容，就可以在"'鸟隹各异'的湿地观鸟之旅"的体验中得到拓展；在教学形式上，它是对当前线上线下教学方式的整合和优化，有助于发挥线下教学基于文本学习交流的优势以及线上教学基于媒体学习探究的优势。例如，《将相和》一课的教学，学生对"击缶"这一细节产生了浓厚的兴趣，提出了"缶有什么用途？""缶这种容器怎么会出现在君王的宴请活动中？""故事中的'击缶'有什么特殊的含义吗？"等问题，线下教学时难以进行深入的探究，教师引导学生通过"汉字里的一瓶一罐"的线上主题学习，在微课学习和拓展活动中，对这些问题进行深入的思考和交流，最终对秦国崛起的历史背景有了崭新的认识，这也从侧面进一步凸显了蔺相如的胆识。此外，学生们还以时间线的形式分组呈现了不同容器的发展演变过程，并进行了线上分享和交流。

总的来说，始于 2019 年的汉字校本课程，历经了由线下教学到线上教学，再到线上教学和线下教学融合的转变过程，从最初的教师轮流执教，到如今校际选课的学习形式，不管是课程内容和课程形式都经历了多次的调整和打磨。目前面临的最大挑战就是，如何推动教师和学生转变教与学观念，在激发兴趣、启发思考、促进探究上下功夫。线上和线下教学切换的方式，在观念转变、方式拓展和资源丰富上，都对教师提出了较大的挑战。这就更需要发挥线上教研平台在构建教师发展共同体上的优势，一同促进线上校本课程的共建和共享，让优质的线上校本课程推动学生全面发展。

二、跨学科主题教学的设计

综合实践活动是"培养学生综合素质的跨学科实践课程"[3]，在"注重加强学科知识、社会生活与儿童经验的联系，开展跨学科主题教学"方面有独特的优势。汉字综合实践课程"跟着汉字去旅行"本身就是跨学科主题课程，如何借助天津市信息平台及其优质资源，"促进跨学科综合教学""促进教学组织方式重构和教学方法创新""促进差异化、交互性教学和个别化指导"[4]，需要从明确教学定位、整合教学资源和优化教学设计入手。

❶ 跨学科主题教学的定位

信息时代的到来，引发了人们关于"什么知识最有价值"的反思[5]，在诸多问题和力量的推动下，以问题探究为导向、以学生学习为中心、以大概念统整为核心的"跨学科主题教学"，越来越受到各国教育者的关注。当前，"跨学科主题教学"也已成为我国大中小学教育变革的关键举措之一。在高等教育阶段，2018 年 10 月，教育部等六部门发布的《关于实施基础学科拔尖学生培养计划 2.0 的意见》中，强调"建设跨学科课程"等"促进学科交叉"[6] 的举措已经成为创新人才培养的重要途径。在中小学阶段，2017 年和 2022 年修定的国家课程标准，将"跨学科主题教学"融入到各学科课程当中，且占总课时的 10%，以突出本次课程标准修订的时代关切。由此可见，"跨学科课程"和"跨学科主题教学"在大中小学阶段的重要地位和突出作用，与出发点相对应，我们也应该以社会生活、学生经验和学科整合[7] 来作为跨学科统整的立足点。

❷ 跨学科主题教学的资源

在"跟着汉字去旅行"这个主题之下，我们确立了专题"汉字里的仲夏端午"，相关内容可划分为"汉字与诗词""巧手与制作""美食与营养""清洁与收纳""游移与习俗""调查与研究"等单元，每个单元也有具体的活动内容，专题学习结束后，将这些内容统整起来，就可以形成最终的游园活动。

为了整合已有课程资源，我们结合部编本语文教材中一年级下册的《端午粽》和二年级下册的《传统节日》，以及劳动技术课程的动手制作部分，搜集了端午主题的课程资源十余项，并借助市级相关资源平台，对已有的资源进行了补充和优化。在资源整合的过程中，我们发现已有资源存在"就课文学课文、就制作学制作"的现象，相关内容之间缺少衔接和延展，也很少体现学科的核心知识、关键能力，更不用说思辨和创新能力的发展了。为此，我们在教研活动时，引导教师在跨学科教学设计中增强"探究"意识和"统整"意识[8]，不仅要知道如何做，更要探讨为什么要这样做、如何做得更好，充分发挥已有资源平台的示范和引领作用，把握核心要点、拓宽学科视野、丰富教学方法，提供更多的优质教育资源。从长远发展来看，如果能够采用"知识图谱"[9] 和"能力图谱"的方式呈现学科资源要点，那么网络资源平台将能像"课程超市"一样便捷。

❸ 跨学科主题教学的设计

为了探索"新技术条件下的混合式、合作式、体验式、探究式等"[10] 新型教学方式，我们开展了线上教研活动，以"汉字里的一草一木"和"汉字里的春耕秋耘"进行了跨学科教学活动设计。比如"汉字里的春耕秋耘"，以"工具"统整活动设计，贯穿语文、劳动技术学科，从"春耕秋耘"的景象导入，引发学生关注"耕"和"耘"的联系和差异，从最初的耕作工具"耒"、早期的农业活动"耕耘"、耕作方式的发展"春耕秋耘"，探讨"工具的种类""工具的使用""工具的发展"等议题（见图 1）。为了引导学生更好地感知工具种类、使用和发展的进程，我们设计拓展阅读《鲁滨孙漂流记》，在一个较短的时间周期中体会人类发展进程中的"工具发展"，最终形成"野外生存指南（工具篇）"。通过这些活动，我们力求改变教师教、学生学的观念和方式，探索线上教学教研活动的新样态。

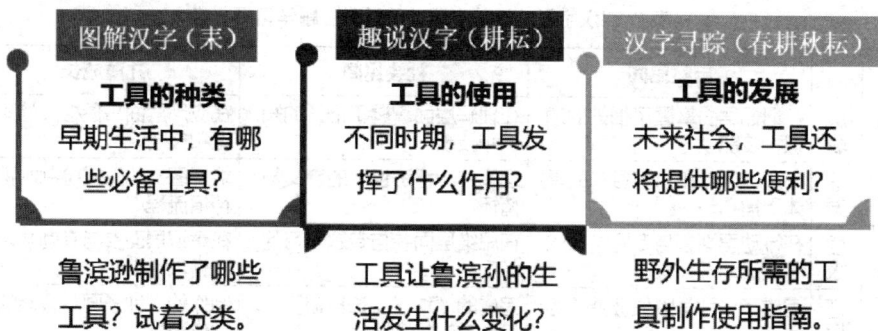

图1 "汉字里的春耕秋耘"设计思路

三、互动性教学活动的评价

如果说课程资源的创建与呈现，决定着线上校本课程的实用性，那么课程建设中的深度互动设计则决定着线上平台校本课程的有效性。"不做深度的交流，谈不上严格意义上的教研"，同样，不做深度的交流，谈不上严格意义上的教学。这种深度的交流，要求至少进行五次来回以上的互动才能够实现。从这个角度来看，我们的线上线下教研、线上线下教学都很少达到深度交流的目的，这也使得课堂上学生被动学习、浅层记忆、收获较少的浅层学习非常普遍。

跨学科主题教学的有效进行，除了通过"概念统整"加强学科知识、能力的习得，通过"问题探究"加强学生认知、情感的参与，还需要通过"深度互动"提供目标达成的证据。以"汉字里的五谷丰登"为例，这个专题从"禾"的字源入手，体会古人对丰衣足食的重视程度，联系当前全球性的粮食危机、我国实行的种子工程和战略粮食储备计划，感受中华民族的生存智慧和优良传统，并结合"我收集的种子""水稻种植流程""种子生长日记""制作种子画"等活动，来增强教学活动的个体意义感和时代价值感。为了引导学生更好地参与学习过程，我们设计了"跨学科主题学习评价表"，从知识技能、参与情况、探究意识这三个方面对学生的学习活动进行引。为了准确判断学生的学习目标达成情况，除了描述所达到的层级水平之外，还需要提供相关的观察、描述、分析、解释来证明学生已经达到相关层级水平的要求。在天津市基础教育网络教研平台的使用中，我们也在努力地寻找和发掘恰当的途径，从形成性评价的角度，将教师教学过程、学生学习过程的有效信息记录下来，促进教与学的能力的增长（见表2）。

表2 "汉字里的五谷丰登"跨学科主题学习评价表

		自然见闻	社会见闻	儿童成长
知识技能	层级	在记忆层面掌握了相关的知识和技能	在理解层面掌握了相关的知识和技能	在应用层面掌握相关的知识和技能
	证据	知道"禾"和"五谷"的具体所指	理解"一稻济世"的含义与情怀	能用图文的形式绘制水稻种植流程
参与情况	层级	在行动层面参与专题学习的各项活动	在思维层面参与专题学习的各项活动	在意识层面参与专题学习的各项活动
	证据	完成了"种子收集任务"等活动	完成的"种子生长日记"，有真实的体会	制作的"种子画"有清晰的创作理念
意识研究	层级	具有提出问题的意识	具有分析问题的意识	具有解决问题的意识
	证据	提出的问题是：	对问题的分析是：	解决问题的思路是：

由此可见，随着课程改革的深入，教研机构"研究、指导、服务"的基本职能定位，在进一步朝着"课程发展""教学研究""资源建设"[11]的方向发展，教研员的职能也由"教学指导""教学服务"朝着"推动课程改革""改进教学实践""促进教师专业发展"的方向迈进[12]。教研员不仅仅是学科教学指导者和研究者，还应成为一名专业的"课程领导者"，教研员的专业性不仅体现在"怎样教好一门课"上，还应体现在"如何使国家课程方案通过学校落实在学生身上"，体现在"是否带领教师发展课程，教师是否愿意追随你发展课程"[13]。从汉字校本课程的推动来看，教师的深度参与，也正说明着我们正在做一件有价值的事情。

【作者简介】

邓敏娜，天津市滨海新区教师发展中心综合实践活动教研员。

高馨蕊，天津市滨海新区港西新城小学语文教师。

陈玉姗，天津市滨海新区大港同盛学校语文教师。

唐晓蕾，天津市滨海新区大港同盛学校语文教师。

张雪，天津市滨海新区大港同盛学校语文教师。

【参考文献】

[1] 教育部关于加强和改进新时代基础教育教研工作的意见 [J]. 中华人民共和国教育部公报, 2019(11):24-26.

[2] 中共中央国务院关于深化教育教学改革全面提高义务教育质量的意见 [N]. 人民日报, 2019-07-09(001).

[3] 中华人民共和国教育部制订. 中小学综合实践活动课程指导纲要 [M]. 北京：北京师范大学出版社, 2017.11.

[4] 教育部等五部门关于大力加强中小学线上教育教学资源建设与应用的意见 [J]. 中华人民共和国教育部公报, 2021(05):51-55.

[5] Susan M.Drake, Joanne Reid, 方兆玉. 几经迭代更新, 跨学科课程走进了 21 世纪 [J]. 上海教育, 2020(32):24-30.

[6] 教育部等六部门关于实施基础学科拔尖学生培养计划 2.0 的意见 [J]. 中华人民共和国教育部公报, 2018(10):29-31.

[7] 方兆玉. 跨学科学习 :Why,What,How[J]. 上海教育, 2020(32):31-33.

[8] 顾小清. 促进 IT 与跨学科课程整合的主题学习模式 [J]. 电化教育研究, 2003(03): 61-65.

[9] 教育部等六部门关于推进教育新型基础设施建设构建高质量教育支撑体系的指导意见 [J]. 中华人民共和国教育部公报, 2021(09):15-19.

[10] 教育部等六部门关于推进教育新型基础设施建设构建高质量教育支撑体系的指导意见 [J]. 中华人民共和国教育部公报, 2021(09):15-19.

[11] 王艳玲, 胡惠闵. 基础教育教研工作转型 :理念倡导与实践创新 [J]. 全球教育展望, 2019, 48(12): 31-41.

[12] 罗生全, 孟宪云. 教研员胜任力初探 [J]. 教育研究, 2017,38(09):124-131.

[13] 崔允漷. 论教研室的定位与教研员的专业发展 [J]. 上海教育科研, 2009(08):4-8.

2 天津市中小学优秀线上
教学教研案例集 **校本教研**

区域教研
01

校本教研
02

聚焦"三段三环",信息赋能教学
——以语文学科线上教学、教研为例

邢敏 高琳 夏婉臣 门舒梦

自 2020 年春季以来,为加快建设数字中国,提升师生数字素养与技能,中小学认真落实各项文件精神,积极推进"互联网 + 教育"发展,探索信息化教学新模式,让简单易行的信息技术赋能线上教学,打破了传统教学中时空的界限,让师生快捷、方便地实现教与学。

一、案例背景

2019 年,中共中央、国务院印发《中国教育现代化 2035》,其中第八项战略任务便是"加快信息化时代教育变革"。实现教育现代化离不开教育信息化的引领和支撑。信息技术不仅改变着当下的教育,也将重塑未来的教育。《教育部等五部门关于大力加强中小学线上教育教学资源建设与应用的意见》(后文简称为《意见》)中明确提出,"鼓励教师积极学习借鉴平台提供的优质课程案例,有机组合或创造加工各类优质资源,优化教学设计,丰富教学内容,促进跨学科综合教学。"《意见》中还明确提出,要"赋能教师因材施教,充分利用大数据技术,加强对学生学习过程信息收集,精准分析学情,促进差异化、交互性教学和个别化指导,特别是关心帮扶学习上有困难的学生,不断提高课堂教学效率与质量。"当前,探索线上教研、教学与线下教学紧密结合、优势互补的融合创新,利用信息化技术推动教育理念更新、教育模式变革,提升教育治理能力和水平,破解教学难点问题,成为时代赋予每一位教育教学工作者的使命。

此外,先学后教,是一种比较成功的教学范式。先学后教,指学生"学"在前,教师顺应学情,依据学生真正的知识生长点进行学习活动的设计,"教"为"学"服务。

学生"学在前"，教师"指导在后"的课堂改革，促进了教师教育观念和教学方式的变革，对于改变长期以来学生被动学习的状态，让他们成为更加积极、主动的阅读者，发挥着极其重要的作用。

二、案例主题

基于以上背景，本案例主题确定为小学语文学科"先学后教"理念下的"三段三环"线上教学模式探究。

线上教学期间，我校语文学科在"先学后教"理念的引领下，采用"三段三环"教学模式（见图1），助力线上教学。"三段"指：课前、课中、课后三个阶段，"三环"指以上每个阶段的三个环节。课前：任务清单—微课辅助—梳理反馈总结；课中：创设活动—预学增效—信息赋能；课后：分层作业—多元评价—落实反馈。"三段三环"教学模式，在课前、课中、课后为学生提供全面的、精准的指导，真正做到预设问题、解决问题，同时教研成果、指导方法的多样性也为线上教学的多样性、高效性提供必要的基础。对于预学单中反馈出来的共性问题进行释惑，个性问题分别指导，在共性指导的同时尊重了学生的个性差异。

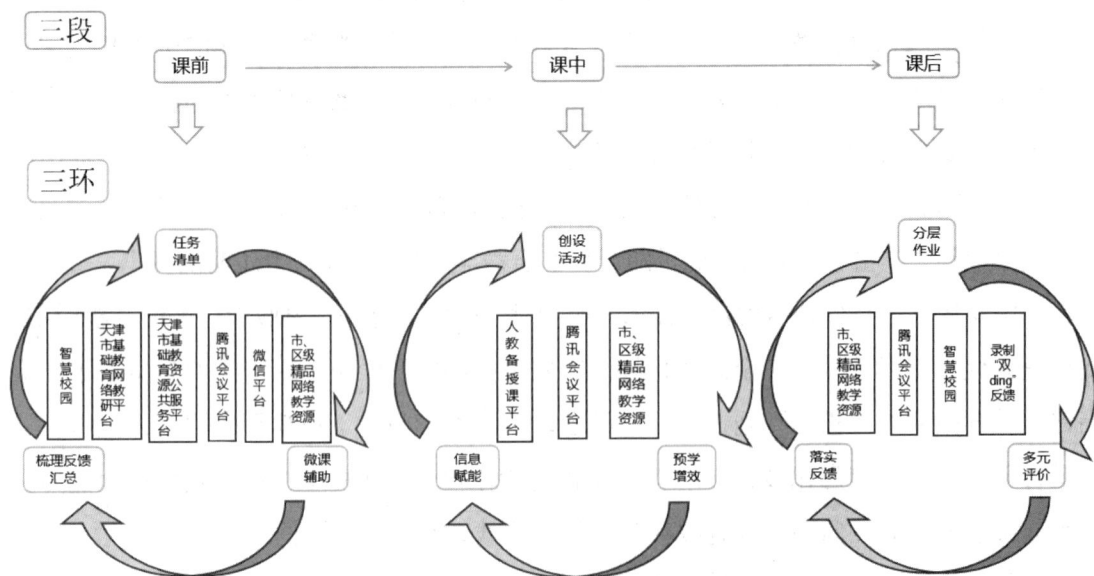

图1 "三段三环"教学模式理论模型

三、具体实施

（一）课前：立足"先学后教" 预学支架课堂

❶ 任务清单预学

为充分了解学情，发挥学生在课堂中的主体作用，教师每日进行组内线上教研，设计本年级语文学科"预学任务清单"，不同学段、不同单元的侧重点有所不同。"预学任务清单"中既包括教材中的认读字、会写字，还有对于课文中词语意思的理解或辨析，对课文内容的理解感悟，对课外知识的拓展延伸，还包括学生对于预学成果的自我评价。各班任课教师再结合自己班级的学情，在年级预学单的基础上设计本班专属预学任务清单，并通过智慧校园网络学习空间（后简称"智慧校园"）"教师助手"发布，同学完成后上传到智慧校园平台。同学们不仅可以上传自己的作品，还可以看到其他同学的预学成果，相互启发，互相借鉴，共同提升。

例如一年级语文下册《人之初》一课，教师通过学生预学建议单的内容了解到，"会写字"版块中的"玉""相""义"等汉字，大部分同学能够自行观察，正确书写。而对于《人之初》这篇课文，却有大约 74% 的同学不能完全理解课文的内容（见图 2）。这样的学情反馈，将指导教师在教学中压缩生字教学时间，引导学生通过"小老师"讲解、小组互学的方式完成汉字的书写练习，而将时间更多地放在课文内容的理解上，并通过各种形式的朗读，课外资料的查阅，角色的趣味扮演等形式，反复感知课文的内容。

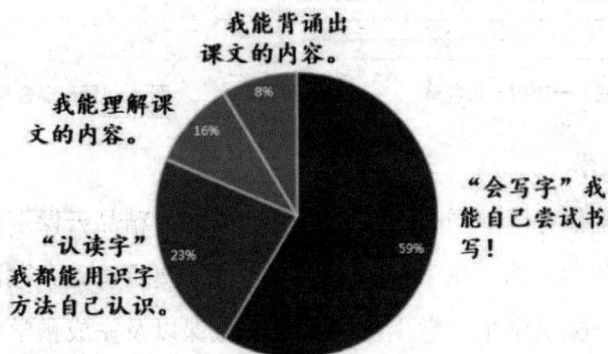

《人之初》学情调查汇总

- 我能背诵出课文的内容。 8%
- 我能理解课文的内容。 16%
- "认读字"我都能用识字方法自己认识。 23%
- "会写字"我能自己尝试书写！ 59%

图 2 《人之初》学情调查汇总

再如三年级下册《我变成了一棵树》，教师设计了如图3所示预学任务清单，这份预学单，既包含了基础型学习任务，又包括发展型学习任务，引导学生进行文学阅读及创意表达，通过想象感受文学语言的独特魅力，并尝试创编有趣的故事，发展想象力，为课上学生间互相交流、启发提供内容。

再如六年级下册《董存瑞舍身炸暗堡》一课，教师设计了如图4所示预学任务清单，高学段的这份预学建议单，将重点放在发展型学习任及拓展型学习任务，引导学生认真思考，个性表达，在阅读文本、查阅资料的过程中充分感受革命先烈伟大的精神世界和人格力量。

《我变成了一棵树》预学单

班级_____ 姓名_____

学习单完成得怎么样？给自己来个评价吧！☆☆☆☆☆

一、课前预习，自读课文。

1.读一读，读对了就在这个词画个"√"吧！
希望 身上痒痒的 小鳄鱼 丁零丁零 香肠 糖醋排骨 小馋猫

2.请你自读课文，注意读准字音、读通句子，难读的地方可以多读几遍，为自己的预习成果送上相应数量的小星星吧！

预习小任务	预习之星（满级五颗星）
1.我能读得准确流利。	
2.我找到了一些容易读错、写错的字，并把它们圈画了出来。	
3.读到感兴趣的句子，我把它们画了下来，并在文章旁边批注下了我的想法。	
4.读过文章后，我还有想要知道的内容。	

二、写一写，注意观察字的间架结构哦！
状（　）狐狸（　）腰（　）零（　）巧（　）克（　）肠（　）
继续（　）抬（　）倾（　）

三、默读课文，把你认为想象有意思的地方用铅笔在书上画下来。

四、展开想象的翅膀，如果你也会变，你要变成什么？变了以后会发生什么奇妙的事？

我想变成：_____
故事中还有以下人物：
_____
变了之后会发生的奇妙的故事：
_____
_____
_____

图3 《我变成了一棵树》预学单

《董存瑞舍身炸暗堡》预学单

六年___班 姓名_____

1.熟读课文，梳理出董存瑞的英雄事迹，体会他是一个怎样的战士。
（以自己喜欢的方式梳理）

2.在书中标画出董存瑞神态、言行的句子，在旁批注自己的理解体会，便于课上交流。

3.查阅相关的资料，摘记在下面的空白处，加深对课文内容的理解。

图4 《董存瑞舍身炸暗堡》预学单

❷ 微课辅助预学

教师在下发预学任务清单同时，还利用智慧校园"精品云课"栏目推送市、区级微课资源，辅助学生预学，为"先学后教"的翻转课堂奠定基础。微课时长适中，短小精悍、画面生动，十分吸引学生。学生在观看学习微课以及完成预学单的过程中，会解决一部分自己在观课前存在的问题，同时也会生成新的问题，学生一并在预学单中做好整理。部分学生更会利用思维导图的形式，在预学单中梳理自己在预学过程中产生的问题、思考及解答。

❸ 梳理汇总反馈

一张完整的预学单,不仅有教师前期提出的预学建议,更是学生自行预习,动脑思考后的成果体现。学生利用智慧校园"家长助手"或智慧校园中的"班级圈"功能,将预学成果以照片或视频的形式分享给教师和同班同学,教师根据学生的反馈,汇总学生的共性和个性问题,找准学生的困难点和成长点,进行二次备课,辅助课堂教学。

(二)课中:借助直播教学 整合资源化难

在线上教学期间,教师依托腾讯会议,利用人教智慧平台开展线上授课活动,立足学生核心素养发展,引导学生广泛参与,积极思考,热烈讨论,最大限度地发挥学生学习的主观能动性。

❶ 创设学习活动

《义务教育语文课程标准(2022年版)》中"课程理念"这一部分提到,"义务教育语文课程结构遵循学生身心发展规律和核心素养形成的内在逻辑,以生活为基础,以语文实践活动为主线,以学习主题为引领,整合学习内容、情境、方法和资源等要素,设计语文学习任务群。"

线上学习期间,语文教师也在线上教研中积极探讨,设计紧扣语文要素、贴合学生生活、激发学生学习兴趣的学习活动并在课堂中实践,帮助学生建立语文学习、社会生活和学生经验之间的关联。

❷ 预学增效课堂

在"先学后教"理念的引领下,研究团队认识到,要尊重并了解学生的前期知识获得,充分发挥学生主体作用,大家都会的不讲;部分同学会的,多让会的同学去讲;大部分同学都不会的内容,作为教学的重难点,教师要教在学生的困难点和生长点,为课堂教学提质增效。

在直播课上,教师充分利用课前学生完成的预学单,由学生进行屏幕共享,展示自己的预学单内容,其他同学可以清楚直观地看到汇报人的预学单,并在此基础上针对老师提出的问题进行充分交流。学生在交流的过程中,学习认真倾听,抓住他人内容的要点,不断丰富、完善、深化自己对于这一问题的认识和理解,建立起良性循环机制。

例如在三年级下册第五单元的"初试身手"部分,学生在课前的预学单中,想象颠倒村的故事，并将想象内容诉诸笔端。大多数学生能够抓住颠倒村"颠倒"的特点展开想象，如房子是倒立的，鱼在天上飞，鸟在水中游……有一小部分学生的想象则更为大胆、奇特，颠倒了生物链关系，如老鼠抓猫；颠倒了时间，如人一出生就是老人，越活越年轻；颠倒了说话的方式……因为已经将学生展开想象这一部分前置，所以课堂上，学生有充分的时间互相交流，大家在交流的过程中互相启发，不断开拓思路，为想象插上了翅膀，感受想象的乐趣。交流后的学生文思泉涌，跃跃欲试，动笔修改完善自己的练笔，都在原有基础上获得很大程度的提升。

❸ 信息赋能课堂

在线上直播课上，教师充分挖掘人教智慧平台的资源功能，如在进行生字教学的时候，可以运用"聚光灯"功能，将预学单中体现出来的，学生认为难写的、易错的生字突出放大显示，帮助学生更好地观察字形及易错笔画，还可以利用生字动画演示的功能，让学生清楚看到一些难写字的正确笔顺。

针对一些难读的句子，教师也可以播放相应段落的音频，起到示范的作用。在古诗教学中，教师还可以充分利用资源平台中的动画，借助视频内容帮助学生入情入境，更好地理解诗意，想象画面，并根据画面诵读古诗。学生在交流课文内容时，教师可以在课本页上适时圈画、批注，对于学生而言，这是一种示范，也是一种有效的互动。

对于教师在预学单上发现的学生的共性问题，教师还可以运用人教智慧平台的"书签"功能，提前在课本页的相应位置插入书签，添加相关讲解内容，等到课堂教学进入到这一部分的学习时，教师可以适时出示书签内容，"教"在关键处。

人教智慧平台在线上直播课堂中的运用，大大提升了课堂教学效率，打破了原来以教师讲解为主，学生汇报随着 PPT 内容走的局面，变为教师的教随着学生的学走，先学后教，以学定教。

（三）课后：智慧赋能作业 多元评价激发兴趣

线上学习期间，教师结合学生的学情，利用预学单以及学习单，分别在课前、课中对学生进行个性化指导。与此同时，教师还借助智慧校园平台，对学生的课后学习成果作进一步的反馈与评价。

❶ 分层作业，巩固拓展

教师要想让学生对知识有进一步的理解与巩固，除了关注学生课中的学习，还需要合理设计作业。因此，一至六年级所有教师以级组为单位，利用教研时间充分研磨学习市、区精品网络教学资源，借助腾讯会议进行资源共享，梳理微课中出现的知识重难点。

在学习后，各年级教师以小组合作的形式，设计分层作业，根据线上学习时学生的学情以及易错点设计基础性作业和进阶性作业。基础作业以巩固基础知识为主，全班学生都需要完成，如字词的书写、课文的朗读背诵；进阶作业是可选择性的，在巩固知识的基础上强调语文思维能力或者表达能力的提升，学生自愿完成。

低年级是无作业年级，但有趣的、可选择的趣味主题活动不仅能提高学生的学习兴趣，还能帮助学生巩固课堂知识，将课堂收获与生活实践相结合，拓展学生的知识视野。在一年级的识字单元中，识字是学生学习的重点。学生不仅要认识课本中的汉字，更要养成在生活中识字，主动识字，乐于识字的好习惯。为了达成这一教育目标，教师设计出"我会找找好朋友"识字主题活动。在此主题活动中，有"表音表义好兄弟""汉字部件我来组""生活识字我会讲"等板块主题活动。学生可以选择自己喜欢的小活动进行准备，并将展示的成果分类别发送到智慧校园的班级圈中，再进行交流和分享。

到了中年级，学生的阅读能力和表达能力有了一定的提高，教师们便结合本学段学生学情设计实践性学习任务。如三年级下册第三单元语文园地中的词句段运用，为引导学生从阅读中学习表达，用一些表示动作的词说清楚某个手工活动的过程，教师布置了进阶作业，由学生录制手工制作的视频，并讲解步骤，或者拍摄每一步骤的照片，辅以简单的文字介绍。

高年级的学生，已经预备了一定的语用能力，教师们在设计学习活动时更注重学生对于已有知识经验的综合运用，重视以活动促进学生自主学习，关注学生思维品质的发展。如五年级下册第二单元的名著单元，学生在学习相关课文后，为了激发学生继续阅读古典名著的兴趣，教师因势而动，布置制作人物名片、梳理人物关系思维导图的进阶作业，还建议学生利用线上云平台进行互动，排演课本剧，演一演自己喜欢的角色。通过这样的方式，学生的学习更加多维，由课本延展至课外，同时提高了思维能力及表达能力，在潜移默化中提升语文核心素养。

❷ **线上互动，多元评价**

线上学习期间，结合"互联网＋教育"的背景，学校一至六年级教师充分利用线上平台，落实对学生作业的多元评价。

在课后，教师会借助腾讯会议平台进行教研反思，利用信息技术进行屏幕共享及互动，针对线上教学期间学生出现的问题进行梳理，同时借助线上教研共同设计学生的课后学习活动，充分利用信息技术赋能教育教学，提高学生课后学习的效率。

在作业评价方面，教师利用智慧校园平台，在教师助手中开启作业上墙功能，学生借助家长助手上传活动成果，如录制的小视频、音频，设计的思维导图、小书签等，都可以发布到智慧校园班级圈进行分享。结合"多元评价"这一理念，在评价学生的作业时，各年级均采用自我评价、教师评价、生生互评相结合的方式，实现评价主体多元化；在评价形式上，教师利用信息技术，在平台上实现语音点评、文字点评、表情符号点评等多种形式，倡导以鼓励为主的反馈，满足学生完成作业的期待感。

❸ "双 ding"助力，反馈有声

学生能力的"拔节"离不开教师的时时指导，掌握学生的学习动态，关注学情，是教师指导学生有效学习的关键。为扎实落实学生核心素养，学校创立"双 ding"反馈机制，紧"盯"作业实效及学生成长。教师对学生的作业开展多元评价的同时，针对评价过程中发现的共性问题，实时录制视频"胶囊"，有针对性地进行讲解，并通过智慧校园平台推送。一二年级语文教师根据学生年龄特点，结合实际学习情况，每周录制"成长 ding"帮助学生梳理知识重难点；三至六年级语文教师结合作业评价，利用教研时间总结学生共性问题，同时"对症下药"录制"作业 ding"，关注学生易错点，进行针对性的阶段指导。教师们勤关注，深思考，为学生线上学习期间的知识掌握提供有力保障。

四、结果及评析

"双减"之下，教师必须紧跟时代发展的脚步，认清当今教学实际问题，与学生全面发展的迫切要求同向同行，确保教育教学的实效，做好立德树人、培根铸魂的教育事业。

线上学习期间，学校语文学科以"先学后教"为核心理念，积极探索出"三段三环"教学模式，借助市级网络教研平台，优化信息技术手段，构筑起学习更加灵活、主动，学生的参与度更高的翻转课堂。

课堂上，学生是学习的主体，能够利用多媒体技术充分发挥主动性，从自己的生活经验出发，在线上与同学们进行思维碰撞，在知识共享的过程中在过程中练习表达、汲取灵感，将知识吸收内化于心，有了网络学习环境的支持，所有学生都有机会参与到课堂中，体验个性化教育。

"三段三环"教学模式，也帮助老师们在"线上课堂提质增效"这一新的研究领域，找到了可行的路径和方法。教师在课堂中转换着自己的角色，由知识的传授者变为诊断学情的"医生"和促进学生学习的"导师"。教师时刻将学生的"学"放在首要位置，依托"天津市基础教育网络教研平台"等市级平台，通过腾讯会议进行网络教研，根据预学情况调整教学方案，充分利用智慧校园教师助手、家长助手、班级圈等多种信息技术，采用直播课、课堂交互共享等教学方式，将线上课程、课后作业和拓展练习有机融合。教师借助平台收集并梳理学生在课前预学、课中交流、课后作业中的各种问题，总结归纳，将共性问题作为课上进一步细化讲解的依据，针对个性化问题点对点指导做好精准帮扶，有助于学生核心素养的全面发展。

信息赋能教研教学，技术的合理使用为学生营造出更开放的学习情境，为教师优化了线上教学的新模式，用智慧点亮了"云课堂"新时代。

【作者简介】

邢敏，天津市和平区万全小学一级语文教师。高琳，天津市和平区万全小学高级教师，教学副校长。夏婉臣，天津市和平区万全小学一级语文教师。门舒梦，天津市和平区万全小学一级语文教师。

"双减"视域下跨区域教研的有效实施
——地理学科"互联网＋教研"区域联动线上教研案例

郑娟　邓昊源　陈辉

背景简介：本案例以地理学科跨区域教研为学科背景，以天津市基础教育网络教研平台为依托，通过对市级网络资源平台的高效整合和提升改进，利用公开展示课实施"互联网＋教研"的跨区域联动，并利用"多元互动式"课堂观察平台，对该课内容进行课堂教学量化考核。本案例的主要目的是在"双减"视域下跨区域教研的有效运用这一领域进行尝试性探索。

为进一步深化区域间地理学科课堂教学改革，加强兄弟学校、区域间的合作交流，探讨在"互联网＋"视域下地理学科新课标新教材的实施策略，充分发挥信息技术对教育的革命性影响，2021 年 11 月 25 日，南开区、西青区、红桥区三区联动，各区地理教师利用线上形式开展以"信息技术与教学研究创新融合"为主题的区域教研活动，这是一次信息技术与教学、教研的立体整合有益尝试，是积极推进"互联网＋教学、教研"模式中的全新探索。该案例以本次教研活动的研究课为依据，试图完整呈现区域联动线上教研的优势和成果。

一、以天津市基础教育网络教研平台为依托，将市级课程资源高效整合，实现优质资源的有效利用

本次教研课设置课题为《海洋灾害及其避防》研究课。

在课程设计阶段，根据课程内容，有选择地使用了天津市基础教育网络教研平台中市级秋季精品课程资源，使课程更具实操性，备课过程实现了从逻辑思维生成到课堂形态构建的具体搭设。比如，平台资源中是利用《中国海洋灾害公报》中 2016 年到 2019

年我国各类海洋灾害造成的直接经济损失和死亡人数作为导入，数字令人震撼，有利于课堂氛围的渲染，引入海洋灾害的情境。另外，在《中国海洋灾害公报》的相关数据处理上，改变了数字呈现的方式，让学生利用表格（如表 1 所示），思考这组统计数据显示出我国近年各类海洋灾害哪些特点，进一步说说自己对海洋灾害的认识。变文字叙述为列表比较，更直观，便于阅读。

表 1 《中国海洋灾害公报》我国近年各类海洋灾害相关数据统计表

年份	造成的直接经济损失	死亡（含失踪）人数
2019	117.03 亿元	22 人
2018	47.77 亿元	73 人
2017	63.98 亿元	17 人
2016	50.00 亿元	60 人

可以说，信息化手段为我们的日常教学提供了大量的情境与素材，打破了传统教学不具延时性、空间小、封闭、仅仅局限于课本的状况，让课堂更具综合性、开放性和实践性，增加学生的学习兴趣，提高学生地理实践能力。

在备课、授课过程中，充分展现了互联网强大的信息集成功能，充分利用信息化手段工具性的特点，可帮助教师多角度、多层次、多领域开展立体式备授课。本节课在准备阶段做到了两个结合：

结合市级平台和互联网资料为学生提供一个贴近生活的情境，从而使学生能够通过探索研究获得知识，而不是被动的接受记忆。授课的信息化和现代技术的应用紧密结合，将单一学习变为知识的多学科交叉应用。

同时，通过课堂实时数据采集和数据处理分析，将教学各个环节分别生成独立的效果数据，并以此效果数据为基础数据，再次建立反映总教学过程、总知识达成、地理核心素养的效果数据，进一步指导我们未来的课堂教学。

二、以"互联网 +"为教研形式载体，转变教研理念和策略，构建设"云、网、端"的常态化智慧教研

疫情对常态化线下教学造成了不小冲击，在这种情况下，积极探索以"互联网 +"为支撑的线上学习成为时代课题。在线上教学过程中，诸如国家中小学智慧教育平台、天津市基础教育网络教研平台等国家级、市区级平台为实现高效的线上教学提供了有力

保障。线上教研将教研活动的实时界限打破，使得教研活动具有延时性，不再受时空限制，依托强大的信息化手段，不断强化传播效果。

此次的线上教研，我们采取腾讯会议的形式，是构建 "云、网、端" 的常态化智慧教研的初步实践，本次互联网教研呈现以下特点：

（1）互联网保证了教研活动的顺利开展。由于特殊时期疫情防控因素的不确定性，线下教学与教研活动的常态化开展受到一定的冲击。在疫情防控时期，互联网保障了师生教学活动的连贯开展。

（2）互联网促进了区际教研的开展。区际教研活动能够有效实现各区教学情况的交流和教学质量的优化提升，但在传统的线下教研活动中，由于受到地区交通、教研时间安排、教研场地等因素的限制，难以大规模、常态化开展区际教研活动。线上教研打破了时空的阻隔，利用在线会议等软件可以实现大规模的区际教研活动，交流各区的教研成果，共同研究教学中的问题。线上教研的发展有利于形成区域教研联合体，促进各区教学信息的流动，进而实现优质教学资源的共享，促进全市各区的教研水平的提升与教学效果的改进。

（3）线上教研增加了教研活动的频次，增强教研的灵活性。利用互联网技术的便捷性等特点，教研活动的开展的频次增加，开展的方式更加灵活。首先，由于线上教研相对于传统的线下教研准备的内容和相关成本更低，在保证相关的时间安排合理下，教研活动开展的频次和方式更加多样，能够及时的沟通教学中出现的问题，更好地发挥教研对教学的指导作用。其次，线上教研为转变教研模式提供了技术支持。传统的教研活动的组织形式是"自上而下"的，即由教研员调研确定活动题目，一线教师进行专题式的学习。通过互联网便于开展教研的优势，可以构想教研"自下而上"新模式：由一线教师在实践中发现值得讨论和研究的真实问题，通过向教研员申请，及时通过线上教研平台开展"微教研"活动，即针对教学中的"真问题"开展谈论研究活动。

（4）线上教研提升了教师信息技术水平。线上教研活动依靠互联网等信息技术实现，从客观上对教师的信息素养提出了要求。为了实现基本的教研功能，教师需要学习相关的信息技能。通过教研活动获得的信息技术同样能够应用在教学活动之中，提升基础教学课堂的信息化水平。值得注意的是，尽管线上教研能够促进教师信息素养的提升，但线上教研的形式和操作行为应当尽量简化，避免为教师增加过多的技术负担。

三、利用“多元互动式”课堂观察平台，实现课堂教学量化考核的可视性和权威性

在整个教研的听评课环节，以本节课核心素养的培养为具体案例，利用“多元互动式”课堂观察平台，采集信息，生成课堂观察工具量表来进行科学的数据化分析，实现观课、评估、管理等功能的有效整合，以期达到矫正偏差性教学行为的目的。该平台的使用展示了评、核方法和结果，成为此次教研中最突出的体现，同时也是兄弟区域课题成果展示。

首先，基于课程标准，利用课堂观察 APP，对此节公开课中地理核心素养的培育行为进行了数字化评核。（如表 2 所示）

表 2　地理核心素养的培育行为数字化评核

核心素养培育行为	数字化评核	核心素养培育行为	数字化评核
地对人的影响	A	要素综合	A
人对地的影响	A	时空综合	A
人地关系评估	B	地方综合	B
区域特征分析	A	地理信息收集处理	A
区域研究方法	A	实践活动方案设计	D
区域决策评估	B	实践活动组织实施	D

课程观察平台将地理的四大核心素养又细分为十二个具体指标作为评核的标准。根据这十二个具体的评核指标，采集课程相关信息，评价每个维度等级，为课堂打分，做出数字化的评分，为教师备课、反思提供依据，这更有利于矫正、改进我们的教学行为。

课程观察平台 APP，采集了本节课的教师与学生的各种行为信息，依据十二个指标对本节课做出了客观地分析，量化的分析了本次教研课的主要优缺点。

主要优点：根据对每一项核心素养培育行为的数字化评价，可以明显了解到本节课有效的培养了学生的地理四大核心素养；教师以海洋灾害的发生为背景，让学生从天津风暴潮、日本海啸等真实情境的资料中获取相关地理信息，融合地理要素整体性，进行人地关系的分析，归纳出海洋灾害的成因、避防措施，潜移默化地培养了学生的四大地理核心素养，对学生读图分析资料的能力、综合思维能力以及整理归纳的能力都有很大的提升效果。[2]

主要不足：本课在人地协调评估、区域决策评估、地方综合三个评价维度稍弱，没

有完全运用以生态、社会、经济持续协调发展的原理正确评估人地关系的协调程度。实践活动方案设计、实践活动组织实施完全没有涉及，可以说对地理四大核心素养中的地理实践力没有充分的体现，学生没有得到应有的锻炼。教师以亲身经历说明去正规的旅游地游玩，学生深入分析评估少。[1]

矫正建议：进一步培养学生分析资料、辨证和批判的思维，让学生能对区域决策提出自己的评价。[1]

利用"多元互动式"课堂观察平台，为课堂数字化评核、打分，改变传统的语言描述式评课，让数字说话，每一项指标的占比就是对这节课最真实有效的评价。未来，把这项技术也运用到备课环节，就可以实现教师在备课时按着衡量指标去准备素材、设计课堂活动，以此达到更优的课堂教学效果。

此次教研牢牢把握教学教研新契机，促使和推动教学研究突破固有模式和教学思想束缚，不断优化"互联网+"教学模式，促进了教学、教研的深度开发，以技术为课堂教学和教学研究发展赋能。

【作者简介】

郑娟，天津市天津中学地理教师，南开区骨干教师，南开区地理学科中心组成员、南开区毕业班复习指导中心高中地理学科指导教师。

邓昊源，天津市南开区教师发展中心高中地理教研员，天津市教育招生考试院教育质量 评估监测中心高考评价项目组成员，天津市中小学基础教育精品课程资源建设高中地理学科指导教师，南开区"三青三名 教育专家工程"区级学科带头人，南开区毕业班指导组地理学科首席指导教师。

陈辉，天津市天津中学高中语文教师，中学一级，南开区骨干教师，担任班主任多年，南开区高中语文中心组成员。

【参考文献】
[1] 河北工业大学附属红桥中学国家级"十三五"规划课题《基于大数据平台的提升课堂教学效率的行动研究》成果

探索网络教研新思路 构建线上教学新模式

王欢　王志坚

2021 年 12 月，中央网络安全和信息化委员会印发了《"十四五"国家信息化规划》，对我国"十四五"时期信息化发展作出部署安排，从总体上为我们描绘了未来五年"数字中国"的建设图景和实施路径。其中，重点提及开展终身数字教育、开展"互联网＋教育"云网一体化建设、加快建设中国教育专用网络和"互联网＋教育"大平台、实施全民数字素养与技能提升行动等多项涉及教育的内容。随即，天津市教育委员会积极响应，于 2022 年 1 月，发布了适应当地教育发展的《天津市教育信息化"十四五"规划》，将教育信息化真正落到实处。新政策为当代教育发展指明了方向，也为所有教育工作者提供了新的教育教学思路。为此，教育工作者们积极学习网络信息技术，尝试探索网络教研新思路，构建线上教学新模式。当然，在这过程中也遇到了很多困难。比如：集体备课方式的选择、网络教学平台的搭建、师生及生生互动的实现、学生学习情况的监督和反馈、学生心理健康教育的实施等。

面对这些困难，我校的优秀教师们刻苦钻研、不断探索，积极顺应"互联网＋教学"的新型教学改革趋势，借助信息技术的强大支持，突破了传统教学的时空限制，把先进的教学理念更好地融入到教育教学中，逐步建立起一套较为完善的线上教育教学体系。

一、积极教研、勇于创新

❶ 积极组织教研，确保实时沟通

每周一到两次由各备课组长牵头进行学科组内教研，通过"腾讯会议"确定整体教学进度，博采众长制订教学计划，浓缩精华、精益求精确保每堂视频课质量，并及时总结上一阶段遇到的教学问题，群力群策商讨解决之法。遇到网络技术问题及时请教专业人士，主动学习信息技术，掌握更加丰富的教学手段。申请百度网盘账号，内设"学科资料库"，将精心筛选过的教学资料、学习资料上传至此，方便学科组教师随时查阅取用，同时设立"学科组微信群"方便教师们日常在线沟通交流。

❷ 顺应学生发展，转变教学理念

教学是"教"与"学"的双边活动，教学理念是指导教学的关键，线上教学因其特殊性，教学理念需要做出相应调整，以期能够更好的满足学生的发展需求。将线下传统的以"教"为中心的教育理念转变为更适合线上教学的以"学"为中心。线上教学最大的缺点就是不能与学生面对面，那么如何调动学生的积极性？如何保证学生有效学习？如何掌握学生的学习进度？加之高中知识本就较难理解，迫使老师们在线上教学中，不得不摆脱传统的以"教"为中心，即以"教师、教室、教材"为中心的教学设计，转向以"学"为中心，即主要关注"学什么？怎么学？学到多少？"的教学设计。"学"为中心的教学设计是一种目标导向的反向设计[1]。即，首先制订预期学习目标，然后设计相应的能够促进这一目标实现的学习活动，使得学习目标能够被实现。最后设计相应的学习测评，使教师可以判断学生的学业表现是否达到目标，并将这些判断转化为学生的平时成绩，给学生以及时的反馈和激励。

❸ 激发学习动机，关注心理健康

多年的教育教学工作经验告诉我们，拥有正确学习动机和持久学习动力的学生往往更容易成为学业中的佼佼者。线上教学对于学生的自控能力有较高要求，如何让学生更快的适应网络课程，从中获得与线下教学相同的学习效果，是教育工作者首先要考虑的问题。纠正学生被动的学习思想，化被动为主动，帮助学生建立正确的学习动机。同时，运用多种教育手段激发学生的学习动力，使其在思想和行动上获得统一。

此外，复杂的网络世界，多变的社会环境，过重的学业压力，使得许多中学生出现了心理问题，迷茫、焦虑、恐惧等不良情绪逐渐显露。这就提醒教育工作者们关注学生智育的同时，也要特别关注学生的心理健康。通过实践摸索，思政教育是能够解决以上问题的有效途径。为此，在课前十分钟的签到环节设计融入了思政内容，用"鸡汤+时事"引导学生，以"PPT＋视频"的形式呈现给学生我们身边的真实事迹。如，用抗疫英雄钟南山84岁为民出征、"人民英雄"张定宇渐冻之身与疫情赛跑、条件艰苦的西藏学生为上网课登雪山等正面事迹，引导学生树立正确人生观与价值观，端正学习态度。别人的负重前行换来了我们的岁月静好，让学生学会感恩的同时，战胜迷茫、焦虑、恐惧等不良情绪。

二、精心挑选、网课准备

❶ 选资源

在集体备课后，要根据自己班的学情筛选出合适的教学资源，笔者常用的教育资源平台有"国家中小学智慧教育平台""学科网""智学网""超星学习通"等。另外，在短时间内掌握了教学直播平台的操作方法，自学了视频制作剪辑软件，如 EV 录屏、格式工厂、剪映等。为了将课程内容以最好的形式呈现给学生，每节课都经过了细心打磨。

❷ 选平台

选择合适的网络教学平台至关重要。通过不断摸索尝试，最终筛选出两种简洁易学、实用高效的网络直播工具软件："腾讯会议"和"希沃白板 5"。

（1）"腾讯会议"优点

1）"预定周期性会议"的功能可以让教师们根据课表进行周期性预约，生成固定会议号，老师们不用再重复预约会议，学生们也不用每次手动输入不同的会议号，精简了入会流程。同时设置入会提醒铃声，让学生养成准时上课的好习惯。

2）"签到"功能：该功能可以看到学生的入会时间、参会时长等到课信息，节省了老师们课上组织签到的时间，也避免了学生签到后逃课的现象。

3）"共享＋人像"功能：师生共同打开摄像头的同时还可以进行"屏幕共享"，让老师即使是线上分享，也能让学生感觉与老师同处一个空间，拉近师生距离。

4）"共享白板"功能：可以实现教师上课边讲边写，开启设置"允许其他成员添加批注"后还可以在白板上与学生进行互动。

5）"云录制"功能：可以生成课堂回放视频和讲稿，帮助老师和学生课后重温。

（2）"腾讯会议"缺点

1）师生、生生之间的多方互动交流较难实现。

2）学生想要录屏需要搭配录屏软件。

（3）"希沃白板5"优点

1）"云课件"功能：丰富的资料储备，学科资源，方便老师们随取随用。

2）"时间胶囊"功能：录制微课，回溯老师授课过程，随时可以云端查看，方便师生复习。

3）"课堂活动"功能：以小游戏的形式进行知识学习，变单向传输为兴趣引导，老师将屏幕授权给学生，学生在自己手机屏幕上完成活动，有效增强师生互动、生生互动。

4）"答题板""举手"功能：教师将设置好答案的答题板发给学生，全体学生当场作答并上传，教师端可以自动收集汇总学生的作答情况，进行有针对性的讲解，既节省了教师批阅的时间，又能够将所有学生都调动起来，充分提高学生的课堂学习效率。

5）"思维导图"功能：以结构图、逻辑图的方式呈现出知识之间的关联，更加简洁、直观，有利于提升学生的学习效果。

（4）"希沃白板5"缺点：

1）不能和所有学生面对面交流，看不到学生的学习状态。

2）缺少对于学生进行班级管理的功能。

通过对以上两种软件的优缺点测评，结合笔者日常授课的需要，扬长避短，最终确定"腾讯会议"用于新授课，"希沃白板5"用于习题课。

其次，还筛选了一些能够丰富学生学习形式的小程序和APP软件。如微信中的小程序"接龙"，它具有"作业接龙""作业打卡""问卷调查""群投票""成绩发放"等多种适用于线上教学和管理的功能，让老师们在线上收发作业也能得心应手。并且它的上传方式也有多种选择，如文字、文件、图片、音频、视频等，极大提高了学生课下学习的兴趣。学生上传完成后，教师可以逐一批阅留言，可以选择"全班可见"也可以选择"本人可见"，极大地保护了学生的自尊心。同时，还可以发奖状、评优秀作业，令"全班可见"，用树榜样的方式激发学生的学习动力。又如"超星学习通"APP，笔者最常用的是它的"学习资源"和"知问"功能。它的"学习资源"囊括了图书、期刊、报纸、视频等多个网站的优质免费资源，方便学生课下预习复习使用。"知问"功能主要是实现了线上问答式互动，教师可以在这里发布小组讨论或集体讨论的议题，方便学生进行线上交流，实现学生间的线上多方互动。同时还可以让学生进行自评和互评，促进学生反思自己的学习收获。

❸ 选设备

手机、iPad、电容笔、笔记本电脑。根据课堂内容设计，选择合适的教学设备，一般讲课采用电脑端进行网络直播，同时在移动设备端开启智慧课堂。电脑和移动设备同步使用，实现了线上教学的同步互动。

❹ 建班群

每个教学班建立一个微信群，用于分享学习资料，发布学习任务，反馈学习评价等。并将课代表设置为群管理员，辅助教师进行班级管理，同时以高度的责任感激发这些学生的学习兴趣，进而带动班级整体的学习氛围。

❺ 定评价

建立学习评价机制，加强过程性考核。过程性考核包括考勤、作业、课堂表现、阶段性检测成绩等，占比总成绩的 70％。总结性考核，即期末考试成绩占比总成绩的 30％。阶段性检测和期末检测选择"智学网"在线答题，"腾讯会议"直播考试。

三、校方支持和技术保障

校方领导参与各个教研组教研活动，年级统一设置各班的直播账号，一班一号方便领导、教研员、老师随时进入会议进行巡课、听课，任课教师根据听课建议完善网络直播课。安排专业人员对老师进行信息技术的培训，为老师们提供"互联网＋教学"的技术支持。

四、教学实施

❶ 课前预习

借助"微信群""超星学习通"推送预习学案和视频资源，通过"接龙"微信小程序完成对新课程预习的打卡。

❷ 课中直播

课前十分钟师生共同进入班级腾讯会议，学生陆续打卡签到，同一时间，教师借助腾讯会议的共享屏幕功能对班级同学开展思政教育。

正式上课后，通过"腾讯会议"或者"希沃白板5"进行线上教学，明确告知学生本节课的学习目标。创建以"学"为中心的课堂教学环节，借助丰富的网络资源和软件功能，将教学内容尽可能清楚明白的呈现出来。同时在线上课堂中要保持与学生的互动，尽可能让更多的同学参与进来。如：口头提问、板书答题、课堂检测、分组汇报等。这样的互动能够让学生随时保持清醒专注，不会因为一时走神而错过学习内容，影响平时成绩。

❸ 课后学习

"互联网＋教学"的模式使得学生的课后学习形式更加丰富。如，借助"超星学习通"的"知问"功能，发布本节课相关的论题或思考题，要求学生在线讨论，并完成互评。其用意是让学生成为学习的主体，锻炼学生的思维能力和语言组织、表达能力。又如，借助微信小程序"接龙"中的"作业打卡"功能，实现课后作业的收发，上传完成后教师逐一批阅留言。最后辅以章节测验和实践作业。其中章节测验主要考察知识目标的达成度，实践作业主要考察学生能力目标和价值目标的达成度。这些讨论和作业充分利用了以"学"为中心的教学模式，保障了在线学习的质量。另外，一些优秀的作业或者讨论激烈的议题，在线上教学中可以预留学生展示时间，用榜样的力量带动学生的线上学习氛围。

五、结束语

新时代信息技术的发展给传统教学带来了新的生机，当然也给教育工作者们带来了新的挑战。信息技术与教学的融合和发展从客观上促进了一线教师对信息化技术的学习和掌握，为未来全面实施教育信息化打下了坚实的师资基础和技术基础[2]。我校教师始终坚持"以生为本"，无论线上、线下，都要保证学生的有效学习。"路漫漫其修远兮，吾将上下而求索"，信息化教学之路还很漫长，我们一直在探索和尝试，不断学习新的技术，相信未来"互联网＋教学"的新型教学模式将更加成熟。

【作者简介】
王欢，天津市河东区第四十五中学高中物理教师，校级学科带头人。
王志坚，天津市河东区教师发展中心物理教研员。

【参考文献】
[1] 陈佑清. 学习中心教学论［M］. 北京：教育科学出版社，2019:73-112.
[2] 冯晓英，孙雨薇，曹洁婷. "互联网＋"时代的混合式学习：学习理论与教法学基础［J］. 中国远程教育，2019（2）：7-16.

聚焦网络教研，助力线上教学实践

杨海

随着互联网及信息技术的广泛应用，线上教学逐渐成为当前教育教学的新常态。于是线上教学的短板及其带来的新问题随之也摆在了每一位教师的面前。如何解决好线上教学的各种问题，怎样上好一节有质量的线上教学课，让每一位学生在线上学习期间，能最大化提高学生的学习效果，发展学生的综合素质，满足不同学生的个性化发展的需要，这将是我们教师需要研究的新课题。通过学科教研组积极开展教研活动，充分发挥集体的智慧，深入研读课标，钻研教材，认真组织备课，探讨多种教育教学方法和策略，改进作业形式和批改方法，有效应对线上教学带来的诸多教学问题，保障教师的线上课堂平稳而有效地进行，教师的教育教学能力水平和学生的综合素质能力都得到明显的提升。

一、把牢学科教学的指挥中心——学科教研

当今的世界正处于网络信息化高度发展的时代，网络资源为我们的教育教学提供了丰富资源和便捷的沟通方式，这就促使教育教学的形式发生着逐渐的改变[1]。为了组织好线上教育教学，教研组成员可以通过微信群、天津市基础教育网络教研平台等渠道，开展以"线上教学方式研讨"为主题的教育教研活动，就"当前线上教学主要存在的问题、线上教学有效的方法策略和下一步如何开展线上教学以及作业的设计和安排"等一系列问题展开交流、讨论和学习，充分地发挥线上教研的实践指导作用。

（一）教研主题确立与准备

在上一次的教研活动后期，单独设立一个环节。在这个环节中，教研组成员提出自

己在线上教育教学过程中遇到的问题和疑问。科学组长收集、整理、综合各位教师的问题，进而确立下次教研的主题及时间，并发布于天津市基础教育网络教研平台。各位教师登录教研平台，学习教研主题及内容，针对其他教师的问题或疑问，提出自己的建议和方法策略，准备下次教研的发言内容。

（二）当前线上教学的困难及措施

❶ 时空错位，缺乏有效的交流与沟通

经过教研组各位教师的讨论和交流，普遍认为当前线上教学面临的最大问题是师生分割在直播线上的两端，缺少与学生的正面交流，对学生的学习效果和学习态度不好做出准确地判断。如何才能做到像在教室教学一样，教师能够有效地掌控学生的学习状态，做到有效沟通呢？应对措施：建议教师和学生在上课期间都打开摄像头，让师生彼此能看到对方，建立一个"身临其教室"的情境，增加师生互动的真实性。还可以利用线上教学软件的互动工具，适时抛出一些即时问题，增加师生间的互动机会，避免有些学生出现"空挂"学习的现象，有利于提高学生对课堂的参与度和互动效果。

❷ 学生的个性化需求问题

部分学生对于一些学习科目或内容上有困难，对一些知识的理解不够到位，需要教师单独辅导；有些学生在某一学科上兴趣浓厚，课堂知识不能满足其发展的需要。为了避免这些"有的学生够不着，有的学生吃不饱"的现象，在教研活动中，教研组制订相应对策：在教学过程中要认真分析各班学生情况，利用班级微信群、QQ群、钉钉等家校沟通方式，建立与学生的单独沟通的有效方式，以便于对学生提供个性化辅导，做到面对全体，满足个体。

线上教学不同于线下课堂教学，也会暴露出其他的问题，如网速缓慢、卡顿，课堂时长不能保证，还有学生的思想动态和情绪变化等一系列问题，在教研活动中都可以进行深入的分析和讨论，并提出了相应的对策。

（三）教学策略和方法交流

针对线上课堂教学方面，教研组每位教师各自都提出了一些好的方法和策略，如地理老师通过建构地理图，归纳知识点的方法，让学生形成知识体系，同时积极寻求师生互动的方式，利用风趣幽默的语言吸引学生的注意等方式；有的老师提出要夯实基础，结合视频，调动学生的积极性；有的老师建议，对于七年级的教学，可以适当放慢教学进度，夯实基础，同时，利用学科特点，联系生活实际，建构真实的情境，加深学生对知识的理解，锻炼学生解决实际问题的能力；有的老师提出的精讲多练的教学手段，还有老师提出要紧扣课程标准，要重点突出，突破难点，要切实提升学生学科核心素养，等等，为今后的线上线下教学提供了丰富的方法和策略。另外，教研组共同学习了天津市教委和滨海新区教体局关于线上教学的精神要求，明确了线上教学是当前教育教学的新常态，提示大家要注意课堂教学过程的规范性，如：教师的仪表、背景环境、语言规范、教学流程等；要注重线上教学的效果与科学性，保证线上教学质量。

（四）注重对学生的思想政治教育和情绪安抚

线上教学不仅对教师的教学带来一定的困扰，同时对学生和家长也带来很大的心理压力，特别是学生。长期的居家线上学习，容易对学生造成情绪焦虑。在教研活动中，教师经过探讨，提出在做好课堂教学的同时，要注重缓解学生精神压力，调节好学生情绪，要特别关注学生的心理健康和思政教育。教师需要树立正确的成才理念，充分认识到健康心理对孩子成长成才的重要意义，树立正确教育理念，缓解学生线上学习带来的紧张、焦虑的情绪，构建轻松、健康、和谐的线上学习环境。针对个别学生要建立学生的心理健康档案，做到适时进行帮扶和疏导。

二、坚守教学主阵地——线上教学

（一）统一进度，认真备课

依据各学科课程标准和教材进度安排和教研交流结果，同年级同科制订统一的教学进度，汇总教学资源，认真钻研教材，精心设计教学环节，精选视频、图片等教学资源，合理安排教学内容，设计好每一节课，做到目标明确，思路清晰，重点突出。

（二）丰富多种教学手段，提高课堂效率

❶ 利用概念图，建构知识体系

概念图是对一节或是一章内容知识点的概括和总结，运用好概念图，有助于学生建

构完整的知识体系，从整体上加深学生对知识的理解[2]。如在七年级下册第三章《人体的呼吸》的复习课上，教师通过建立概念图，利用动画形式把外界气体与肺的气体交换过程、呼吸道对空气的处理过程、肺泡与血液之间的气体交换过程及血液与组织细胞的气体交换过程等重点知识点串联在一起，有助于学生从整体上理解人体的呼吸过程，建构完整的知识体系。八年级生物老师把八年级下册第二章《生物的遗传和变异》转换成概念图的形式，把性状、基因、染色体、基因的显性和隐性、性别遗传和变异等相关知识整合在一起，让学生更容易理解生物遗传和变异的本质及二者的关系。

❷ **建立课堂上师生间有效互动**

师生之间在课堂上教学形式多样化，能使学生始终有新鲜感，调动学习的积极性主动性，培养孩子们的综合能力，这也是素质教育的要求。（1）教师要带着感情去讲课。线上教学中即使看不到学生，也要带着感情去讲，因为学生隔着屏幕也能够感觉到教师声音中所蕴含的关切和热情。（2）开通摄像头。眼神互动也很重要，线上教学的过程中，要观看摄像头，让学生感受到教师的关注。（3）尽量用"你"而不是"你们"。但因为上教学和传统课堂不一样，通常情况下是学生自己一个人看视频，旁边没有其他同学，而这时候如果说"你"会让他更有存在感，好像老师专门给他讲的一样，这样他就会更专心。（4）尽量用口语讲课。口语化的语言会让学生学习体验更好。教师在制作课件时，可以将文字内容写得口语化一些，这样学生阅读起来，就像是在直接和老师对话一样。⑤巧用平台资源，通过视频或语音连线、留言等功能。

❸ **充分调动学生的线上参与度**

项目式学习是一种新型的学习模式，以项目任务为抓手，以问题为驱动，可以有效调动学生参与问题解决的积极性。在日常线上或线下教学中，我们可以将知识点归纳与概括或检测题转化形成项目式任务。结合班级学生合作小组的形式，制订小组抢答或承包制度，让更多的学生参与到学习和交流中来，调动学生参与课堂的积极性。教师也可以全面掌握学生的学习状况，合理安排教学进度。

❹ **创设真实情境，激发学生学习兴趣，加深学生的理解**

学生的生活经验和已有知识是学生学习新知识的重要资源。在真实的情境中，利用学生的前知识，有利于学生最近发展区的形成，获得新知识。如解决呼吸过程中肌肉的收缩与舒张、胸腔容积大与小、气压升高与降低和吸气、呼气关系相关问题时，由于七年级学生还没有学习相关的物理学知识，学生理解起来有一定困难。教师利用挤压矿泉水瓶或注射器作为教具进行操作演示，帮助学生形象地认识到空间大小与气压高低的关系，有助于学生对知识的理解和对问题的解决。

三、作业批改与反馈

学生作业作为教学评价的一项重要手段，不仅具有诊断、巩固、分析学情等功能[3]，还可以提升学生能力，发展学生的学科核心素养。为了全面贯彻党的教育方针，落实立德树人根本任务，学生作业设计以国务院办公厅印发的《关于深化教育体制机制改革的意见》、教育部印发的《关于进一步减轻义务教育阶段学生作业负担和校外培训负担的意见》为依据，以学科课程培养要求为目标，创新作业形式，分层设计作业。进行个性化学业辅导，为学习有困难的学生补习辅导与答疑，为学有余力的学生拓展学习空间。教师利用微信群、钉钉课堂、微校云等多种途径布置作业，批改作业，并及时认真地做出评价和反馈。

（一）精心设计问题，减轻学生作业负担

当前，线上学习形式还不是十分成熟，导致课堂上能有效利用的教学时间有所缩减。为了提高教学效率，教师需要依据课程标准和教学重点内容，精心设计基础性检测问题，把握学生对知识的理解和运用情况，提高学生的思维和能力，避免出现要求学生强行记忆的问题和冗长而无意义的题目，减少学生的作业量，减轻学生课业负担，缓解学生线上学习的精神压力。

（二）丰富作业形式

为了缓解学生学习压力，我们可以通过设计一些调查类、模型制作类、观察类等趣味性作业。这不仅丰富了作业形式，增加了学生完成作业的兴趣，还锻炼学生的知识的迁移、创造性思维和实践动手的能力。

（三）加强个别辅导和知识拓展

线上教学最大的困难是师生无法进行面对面的交流，可以结合在校期间对学生的了

解，再通过电话家访、微信、QQ交流的形式，了解学生居家学习的状况，有针对性的对学生进行心理疏导和学业的帮扶。对于那些学有余力、基础知识掌握较好的学生，可以设计拓展性作业，以满足不同学生个体化不同的需要。

教研即教育教学研究，是指总结教学经验，发现教学问题，研究教学方法等。教研可以提升教师的教育教学水平，提高教育教学质量。通过以"线上教学方式研讨"为主题的教育教研活动，学科组成员从"当前线上教学主要存在的问题""线上教学有效的方法策略"和"下一步如何开展线上教学"以及"作业的设计和安排"等几个方面深入研讨，针对目前的线上教学，形成了行之有效的方法和策略，提高了线上教学的实效性，有效落实学科核心素养和学科思政教育。同时，线上教研活动调动了教师参与教研活动的积极性，提升了教师线上教学水平，树立了以学生为中心，落实全员育人、全程育人、全方位育人的教育理念。

【作者简介】

杨海，天津市滨海新区大港海滨学校初中生物学教师，天津市滨海新区教师发展中心第三分中心兼职教研员。

【参考文献】

[1]卢静静.线上教育背景下初中生物学信息化教学研究[J].中学生物教学,2021(36):23-24.

[2]王素梅.初中生物开展"概念图"教学的实践研究.2021年教育科学网络研讨年会论文集（中）.2021,25-27.

[3]教育部办公厅.《教育部办公厅关于加强义务教育学校作业管理的通知》.2021.04.12

聚研云端 智慧赋能
——基于网络平台的教师线上线下混合式研修实践研究

柴琛

2018 年，国务院印发的《全面深化新时代教师队伍建设改革的意见》中要求"转变培训方式，推动信息技术与教师培训的有机融合，实行线上线下相结合的混合式研修"。同年，教育部印发了《教育信息化 2.0 行动计划》，明确提出要求"推进网络学习空间在网络教学、资源共享、教育管理、综合素质评价等方面的应用"。因此，建立教师网络研修平台，采用混合式研修模式进行教师培训是深化教师培训模式改革，全面提升培训质量的重要措施。

网络时代的到来，重构了教学研究生态。学校积极适应时代变化，以"智慧校园"建设为契机，以实施一体化高效教研为目标，以构建开放、动态、互动的智慧教研平台为抓手，逐步建立起一体化、全员化、泛在化的网络教研机制，有效弥补了各校区独立教研存在的资源匮乏、氛围不浓、缺少引领等不足，提升了教研品质，促进了教师的专业成长。

一、优选平台，拓展研训路径

（一）平台选择，优中选优

为避免数据的分离，减少教师在各个平台使用中的游离，减轻教师使用过程中的负担，近几年来，信息中心深度应用、挖掘"智慧校园"和"智慧教研平台"两大平台优势和不足，在实践探索中积极拓展校本研修的路径，打好线上线下组合拳，逐步建立起融学习、研究、讨论、观课于一体教师研修社区，不断提升研训效率。

在学校智慧校园中，设有"乐享交流圈"研修板块，分为教研课程、知识库、乐享直播、论坛四个专区：教研课程中包含教师培训课程、骨干教师引领课上百节，丰富的视频资源为教师自主研修带来便捷；知识库是学校为教师推荐的链接课程，一个小的公众号链接、一篇好的科研文章、一个育人章法都会像智慧锦囊一般及时与教师分享；乐享直播解决了校区分散的研修痛点，在各自办公室就实现了互动教研、在线观课、专家在线指导、与协作校共同研修的目标；论坛则是伴随培训课程或活动发布，学校定期组织教师在线交流学习心得、完成线上打卡作业分享的渠道。智慧校园"乐享交流圈"打造了随时可学的移动研修社区，有力地促进了全校教师的专业发展。

"智慧教研"平台的出现，更好弥补了"智慧校园"某些功能的缺憾。资源云存储是线上研修的关键环节。"智慧教研"的"学习资源"板块作为全校教师的公共教学资源库开放使用，帮助教师快速检索并使用不同学段、不同学科的各类教学资源；"活动专区"板块作为全校教师开展学科教研活动的重要渠道，通过自主学习、协同备课、常规听评课、公开示范课和录播课五种情境的选择满足多种教研活动需求；"讨论区"板块为全校教师提供交流分享教学心得的平台，定期发布教育教学话题，帮助教师提升理论素养；教研社区功能，实现了学科资源内部共享、基于学科特色开展更具实效性、针对性的教学、研讨活动等目标。

两大平台优势互补，为学校"线上研修模式"的实践提供了充分的基础保障，也为学校线上研修活动的开展增添了更多理性的思考。借助平台在资源建设、协同互动、数据采集分析、评价反思等方面，拓展应用领域，不断实现为教师生长赋能的助推作用。

（二）研发先行，攻坚克难

在学校信息化建设进程中，常遇到这样两个问题：一是青年和老年教师们应用技术的水平差距大；二是教师信息技术应用策略碎片化，不利于学校统一进行数据管理和分析。为此，学校将善于使用、乐于研发技术的老师组建成覆盖全部学科的信息技术研发团队，以任务驱动的形式每周固定时间进行信息化应用专项研究。团队从不同方面对前沿教育技术产品进行品鉴，深度研发信息技术在各学科教学中的应用策略。伴随着研发进程，学校采用研发引领与多样化培训相融合策略，带动全校教师信息化水平整体推进。将研发团队的研发成果以微课教程的形式发布在智慧校园中，指导教师全员掌握；通过每周教给大家"一个小技巧"的方式，向老师们推送实用技能课程，帮助大家不断提升信息化教学实操能力。同时，还借助平台广泛展示老师们的学习收获，以任务驱动每日打卡任务作业的方式，带领教师们边学习，边实践、边验收。针对部分年龄偏大，信息素养欠缺的教师，为帮助他们同样拥有线上自主研修的网络技术应用能力，采用老带新、新促老"渗透式"推进策略，研发组每推进一个项目时，都先为每个学科培训一批技术先行骨干教师，方便教师们学习使用过程中，身边有随时可问的"明白人"，并为中老年教师提供一对一帮扶的伙伴，边学边讲边用，让激励和鼓励伴随身边。"小而精"的课程和实实在在的帮助，极大提升了全体教师们利用信息技术解决学科教学难题的能力，更激活了老师们的学习信息化应用技巧的热情，大家用学无止境的思想不断研磨，苦炼内功，增强了将技术融合到教育教学中的意识和自觉性，使得学校各项工作依托于信息技术亮点频出。

二、丰富内涵，创新研训形式

网络一体化教研既要有专门的网站、信息平台，更要有一套完整的运行保障机制，并且要实现对教师参与教研情况的全程关注和重点掌握。在实践中，逐步形成了序列化的网络教研操作程序，闭环的建立使一体化网络教研始终在良性的轨道上运行。

（一）问题导向，研出智慧

每次智慧教研活动都有明确的主题，这样活动才有目的性、针对性，才有可能取得一定的成效。比如在中共中央办公厅、国务院办公厅颁布"双减"文件之后，让教师准确把握作业的性质和功能，提高教师设计作业的能力，是各个学校研究的重要内容。2021年秋季学期，信息中心结合教学实际确立了相应的系列教研主题，充分利用"智慧校园"开展如"双减"背景下，如何创新作业的设计理念、如何建立学生作业星级评定制度等研讨活动，组织教师在线交流学习心得，并将教学实践与小课题研究相结合，带领全体教师每月聚焦一个主题，通过课题实践→撰写案例→组内汇报→学科联合大教研→跨学科分享互学的形式，提升每位教师、每个教研组的学术探讨力，用科研的方式推动教师专业成长。

（二）组建社区，研出特色

2014年教育部《网络研修与校本研修整合培训实施指南》指出，"依托教师网络研修社区，实施网络研修与校本研修整合培训，创新教师网络研修模式，建立校本研修常态化运行机制"。其中，研修社区是网络研修与校本研修整合培训实施的主要形式，即通过优质网络课程、研讨活动等方式，以研修社区的形式组织开展网上学习与现场实践活动。

研修社区是汇聚资源、让资源增值的园地。一方面，围绕大家共同确定的研修主题，教师上传优质资源供同伴参考。另一方面，社区成员在研修各阶段活动中，都需要有意识地记录所生成的思想、观念、实践做法，让其成为进一步研修的宝贵基石。

为支持各学科开展好常态化线上教学研究，搭建好交流分享平台，各学科分别在两个平台建立九大学科教研工作坊，由主管主任和学科组长作为工作坊坊主，负责组织开展学科特色主题研修活动。在社区中，组织教师共建教学资源库，方便大家随时获取查阅丰富的学科资源，打通年级学段的知识壁垒；利用协同备课功能，开展"同课异构"协同备课活动，将各自的教学智慧融合成集体智慧，在互学互鉴、研磨改进中，形成集体智慧下的一份份优秀样板案例，供坊内教师进行借鉴。除此之外，学校充分借助智慧校园"乐享交流圈"展示互动的功能优势开辟"乐享教研坊"栏目，为各学科教研工作坊提供个性化研修需求，开展"博硕杯人人做课"、微论坛等主题校本研修活动，使各科教师在坊主带领下开展线上线下混合式研修，不断为专业成长赋能。

（三）项目推进，研出实效

为切实提升线上研修质量，学校申报了"线上线下混合式协同教研模式"项目研究，应用"智慧教研"平台各个板块开展了深度研修活动。从全校教师人人申请个人账号；到人人能够应用平台自主备课、上传教学资源；人人能够基于移动端听课本 APP 进行听课；人人能够利用智慧教研平台线上观课、评课、参与社区特色研修活动的方法；再到逐步学会根据数据采集和数据分析，挖掘数据背后的价值，为课堂教学提质增效，线上教研渐渐成为教师教学研究的一种常态形式。现平台已上传教学设计、教学课件等资源数百个，教师参与平台观课反思交流数百个。

在技术应用方法普及之后，学校根据校区分散、课后服务启动后教师聚在一起线下研修时间减少、教师跨校区听课存在一定困难等实际情况，以学校"博硕杯"课堂教学大赛为契机，组织同学科、同校区教师应用"听课本"APP 线下听课，跨校区教师则利用教研平台中的录播课功能对执教课程进行线上听课，并依托《学校课堂教学评价表》

实时评价反思。即使在线上教学阶段，学校仍利用智慧教研平台，组织居家办公的教师们进行了数次集体观课研修活动。做课教师在课后可通过平台及时了解老师们对这节课的打分以及听课教师的评价情况，对自己执教的课程进行客观反思，进而在课后的线下教研时与老师们分享交流。一条龙的听评课教研活动，真正使做课教师在充分了解每位听课人的评价反馈的基础上，做到了对自身教学水平的客观审视，为后续教学能力的进一步提高做好了助力和推动。

两大平台的联动使用，有效解决了学校三个校区教师无法到现场听课的窘境，更打破了时间和空间的阻碍，将交流，研讨、互动第一时间汇聚在一起，形成可供研磨的宝贵共享资源。

三、形成机制，提高研训质量

（一）顶层设计，机制保障

为推动线上教研有序开展，学校建立了由一把手把握方向、分管校长具体负责、信息中心 + 学科主任全面推进、研发小组技术支持、全员广泛应用的多级管理组织架构，各部门明确职责、密切协作、共同推动，确保线上研修活动的高质量开展。在顶层设计与架构基础上，学校还进一步从学校、教研社区、教师三个层级，细化推进措施，明确实施策略，坚持以机制建设为保障，以培训学习为先导，通过开展不同主题、不同层级的专项培训，达到统一思想，全员提升的目标。

（二）量化评价，激励发展

为提升教师信息技术水平，给线上研修活动高质开展提供好技术保障，信息中心采用"以评促学、以评促用"的原则，每学期都制定详尽的校本应用考核细则，以成长积分的形式不断激活教师自身专业成长内动力。通过开展"信息化应用技能"闯关嘉年华活动，对全体老师进行了智慧教研平台、腾讯"智慧校园"使用技巧的专项考核，从上传教学设计到生成听课码、再到借助移动端 APP 进行模拟听课评价、开启乐享小直播等方面进测试，最终对完成的教师颁发电子版的合格证书，进一步助推学校教师研修技术应用能力整体提升。通过与研修融为一体的评价，提高教师参与的积极性和满意度，促进教师反思性习惯与实践性知识的发展，提升学校校本研修的常态化水平，实现混合式研修的本真价值与意义。

基于网络的线上教研不仅为教师研修形式开拓了教学创新的新思路，对教师专业理论与实践水平的强化同样具有积极的促进作用。在探索中我们发现，只有将研修的主动权赋予老师，让研修活动不再成为专家、有经验老师的"一言堂"，提供多种平等、民主、参与的机会，就能促进老师成为主动的思考者、积极的探索者和智慧的决策者。未来学校将继续深耕网络智慧教研之路，带动全体学生提升信息化素养，整合家长和社会一切有助于学生发展的资源和学校一起，为培养具有尚品、硕学、卓能、强体的未来地球村栋才不懈努力。

【作者简介】

柴琛，天津市和平区岳阳道小学，主管信息中心、美术教育、教工团工作，致力于信息技术与教育教学融合创新，曾获全国教育教学信息化大赛一等奖，荣获和平区五一劳动奖章等荣誉称号。

智慧云端显身手，此处无生胜有生
——线上模拟上课比赛提升体育教师教学能力的案例探析

周昊

一、案例背景

　　模拟上课比赛是提高教师教学能力的重要形式之一，教师在设计模拟上课方案过程中可以有效地提升自身的认知与技能，为实践课堂中的教学活动开展提供了十分丰富的资源。但是受到疫情的影响，以提升教师教学能力为目标的模拟上课比赛也不得不转为云端比赛，以"天津市基础教育网络教研平台（以下简称为教研平台）"为载体实现线上模拟上课比赛。在此背景下，本人通过案例分析的形式来展现开展线上模拟上课大赛的价值与意义，并展示如何依托"教研平台"开展线上模拟上课大赛，面对模拟上课大赛中存在的问题，探析合理的解决方案，旨在切实发挥信息技术的价值与优势，帮助教师有效地提升个人教学能力。

二、模拟上课的意义

　　模拟上课也称作无生上课，是一种虚拟的教学模式，即教师在没有学生的情境下，通过模仿实际的课堂教学呈现出教学设计的上课模式，是一种检测教师教学能力的手段和方法。模拟上课的形式具有条件制约少的特点；虽然体育课必须有实际示范和组织调动（口令形式）等过程，但由于模拟课是在没有学生情况下的无生上课，因此，它不受教学场地、气候、对象、器材等条件限制。模拟上课具有想象空间大的特点；由于制约条件少，留给教师的想象空间也就大。比如，没有学生，但教师的上课不能缺少双边活动，这就需要教师充分展开想象的翅膀，用一个人的"单口相声"赢得"群口相声"的

"喝彩"。再比如，实际教学过程中的突发事件是不可避免的，那么一堂课中可能会发生哪些突发事件，该如何处理，等等，都需要教师通过想象来预设好方案。从这一侧面看，模拟上课其实是考量一个教师对教学实践的经验积累程度和应对突发事件的能力。而且模拟上课的时间要求短；模拟上课主要检验教师对一堂实际教学课整体把握如何、教学方法是否合理、教学主题是否突出、教学各阶段转换是否流畅、教学内容设置是否科学等，但并不需要像一堂实际教学课一样上满45（40）分钟，而是需要试课老师对试课的内容有所侧重、删略，突出自己想突出的教学意图、思想、特点，通常时间控制在10分左右[1]。

三、线下模拟上课大赛的问题

通过线下模拟上课大赛，参赛教师开拓了思路，对教材的研究更加透彻，是实现自身教学能力提升的重要渠道；教师在模拟上课比赛中收获颇丰，对教学实践具有十分显著的指导价值，颇受参赛教师的认可。但线下模拟上课也有一定的局限性，问题也相继出现，本人将问题总结如下：

❶ 由于疫情、教师时间无法统一等，组织线下的聚集活动，教研、比赛等活动颇受影响；

❷ 线下比赛的成本颇高，制约了比赛的规模和发展（包括评委、工作人员的劳务费以及参赛教师的时间成本）；

❸ 参赛教师的人数受到制约：因为时间难统一，受场地的限制，参赛人数会有局限，这也打消了部分教师的参赛热情，降低了参赛率。

四、探究符合时代、可持续发展的策略

综合上述问题，为了刚需的解决问题，发挥信息技术的优势，助力模拟上课比赛的开展，本人依托教研平台和信息化手段，将原本的线下模拟上课大赛转变为线上的模式。线上的模拟上课大赛，不仅涉及到线下比赛的诸多内容，还涉及到信息技术的应用。那么，如何依托网络教研平台和其他应用程序开展线上模拟上课比赛，达到提升教师教学能力的目的呢？本人将从线上模拟上课的流程入手，探讨此问题。

❶ 成立筹备组

以教师发展中心体育教研室为核心，成立线上模拟上课筹备小组，负责比赛的规程制定、教材选定等事宜；小组成员各司其职，明确比赛目的、流程，确保比赛的顺利进行。

❷ 报名

采用线上报名的形式进行，负责报名环节的工作人员建立微信群，随规程发布二维码。这样，参赛教师扫码进群即可报名，扩大了教师的参与率。

❸ 抽签

首先确定教材内容，模拟上课比赛教材均选自人教版教材，涵盖了田径、球类、武术、舞蹈等教材，丰富了教材内容；抽签在参赛群中利用小程序完成抽签工作，负责抽签的工作人员对教师的抽签内容进行统计汇总。

❹ 天津市基础教育网络教研平台的使用

（1）比赛端口的开通

管理员登录平台设置比赛相关内容与参数后开通端口；参赛教师抽取教材后，在规定的时间内完成视频的录制并上传至教研平台。

（2）成立评审小组

首先，确定各组的评委老师，通过线上会议，统一评价标准与评课时间；其次，管理员将参赛作品进行分组，并设置评委进入各组，在线上对选手作品进行打分与反馈；最后，在完成评审后交由负责成绩统计的工作人员进行成绩的复核与统计，按照规程比例，列出获奖名单。

（3）成绩的公示与展示

在所有成绩核对统计完成后，交由公众号负责人，公示成绩，对优秀作品进行展播，（疫情得到稳定控制的前提下）组织线下的表彰会，提升教师荣誉感。

五、线上模拟课对教师教学能力的提升

教师能否上好课，教学设计是关键。首先要深入分析教材，厘清思路，研究教材中的知识点和动作，并融会贯通，使之转化为自己的储备；其次，要以课程标准、教材内容为指导，明确教学目标及重难点；再次，要找到教学目标、教学内容和学生实际之间的内在联系，找到使教学内容适应学生接受能力、促进学生身心发展、实现教学目标的

教法学法，要实现上述三个方面的转化，教师就必须有一定的钻研和组织教材的能力[2]。通过线上模拟上课大赛，教师在对其抽取的教材备课过程中，通过对教材的研究和学习，以及集体备课、校本教研的过程中，对教材再学习、再认识，加强了教师对教材的把控能力，十分有利于提高课堂教学质量，提升教师的教学设计能力。

通过参加模拟上课比赛，教师"言传身教"的能力得到了锻炼和提高。所谓"言传"，即教师的语言表达能力，一名教师的表达能力如何，会很大程度影响教学目标的达成程度；"身教"是指体育教师必备的动作示范能力，通过自身漂亮的示范动作，能够吸引学生，从而建立正确的动作表象。"言传"与"身教"相辅相成，精炼准确的语言表达加上潇洒漂亮的动作示范，学生学习动作事半功倍。一名参赛教师就把复杂的动作描述，用"rap"口诀的形式表述出来，既精炼又方便学生理解和记忆。

通过参加模拟上课比赛，教师们会反复练习示范动作，尽可能做到完美，对于一些教材的动作有了更深的理解，提升了教师的讲解示范能力。

此外，参赛教师在模拟上课的过程中，对学生会出现的错误进行预设，通过一些练习手段进行纠正，这也提升了教师对于课堂的控制力；并且，很多参赛教师也会精心准备多媒体课件，呈现出视频互动的多媒体信息化课堂，提升了教师多媒体的运用能力。

六、精益求精——对线上模拟上课大赛的反思

我区已成功举办线上模拟上课大赛三届，参赛教师人数始终保持在 200 人以上，形成了具有一定规模、水平较高的精品线上教研活动。但部分教师呈现的模拟上课作品水平参差不齐，仍存在着一些问题：

❶ 重视程度

线上模拟上课比赛的开展，在一定程度上缓解了一些老师面对评委带来压力的同时，也成为很多教师对比赛降低重视的原因之一。针对模拟上课比赛的开展，虽然已经取得了可观的成绩，但是因为有一些教师并未正确认识到模拟上课比赛的价值与意义，而线下比赛与线上比赛之间的转换，恰好满足了这部分教师的心理：没有线下评委的面对面，自己录好视频后上传就可以，就出现了"走形式"的问题。这些教师参加比赛的模拟上课视频质量较低，甚至有的教师在与学生的模拟互动过程都简化，严重的违背了举办模拟上课比赛的初衷。没有认真准备的模拟上课比赛内容，不仅对教师专业技能的提升没

有显著的作用，还占用时间与资源，最后落得事倍功半。

❷ 信息技术应用不熟练，打消参赛热情

线上模拟上课比赛是以"教研平台"为载体开展的，参与比赛的整个过程需要线上报名、线上抽取教材、视频上传等一系列信息技术操作，对于一些老教师来说，因为自身的信息技术能力有待提升，也造成了一定的困扰。有些有经验的老教师表示，自己设计的模拟上课方案在线下比赛中呈现起来游刃有余，但是现在这种线上比赛的形式，从开始心理上会有抵触情绪，上传视频时也会因为网络问题导致中途上传失败，严重的打消了教师参赛的积极性。

❸ 抽取教材的不确定性

有的教师在参与模拟上课比赛时所抽取的教材在平时教学中很少真正去教或者根本不教，导致这样的教师在面对陌生的教材时，没有日常教学经验的积累，在课程内容的安排与教学方案的设计上存在很多问题。特别是线上比赛是录制一个完整的视频进行上传，教师都希望自己的作品是完美的，可因为对于教材的不熟悉，在模拟授课录播时总是会产生中断或者无法顺利衔接的情况，或是变成了"背稿"上课，造成了课程质量不如意的情况。除此之外，因为不同的教材、不同课次对于教学目标以及重难点的设置不同，教师在不能正确理解的情况下，会导致整个教学设计的内容都偏离主题，从而在参赛中不能获得理想的成绩。

通过往届比赛成绩的汇总，获奖率较高的教材多是球类、体操、田径类内容，也就是平时体育课中常教的一些内容，但对于武术、舞蹈类"冷门"教材，除部分专项教师外，多数老师很难在这种教材中出彩，因此也导致抽到此类教材的教师应付了事，导致所呈现的课程内容质量不高。

综上几点，本人也做出反思：

❶ 信息技术的普及与应用虽然已经成为大趋势，但是因为传统的比赛的方式已经是教师所熟悉的，对于"教研平台"应用不熟练成为影响比赛效果的原因之一，所以在平时的备课、上课中，要鼓励教师多应用"教研平台"等信息化工具，将其变为帮助自己开展教学活动、提升个人教学能力的重要手段，而非带着对于"新事物"的陌生感去应用它。

❷ 线上课程、线上比赛、线上教研等云端活动的开展，已然是未来教育教学发展的必然趋势，对于教师群体来说，不仅是丰富教学内容的重要渠道，也是创新教学方式

的重要载体。对于教师意识和理念的改变则是迫在眉睫的，特别是对于一些对应用现代化信息技术有抵触心理的教师来说，我们要做好引导工作，开展信息化教研活动。

❸ 做好教材的深入研讨与分析。身为教师，应做到"用教材教"，而不是单纯的"教教材"，只有通过深入的剖析，真正的理解教材内容，才能设计好一堂课；而通过模拟上课的形式，正是检验自己的设计能否应用到实际课堂的手段，通过设计、修改、再设计、再修改的磨练，上好一节学生喜欢的体育课，达到提高自身的教学能力的目的。

❹ 无论是线上还是线下的比赛，其实核心目的都是为了提升教师教学能力，从而更好的开展教学活动，特别是体育课程，在"双减政策"背景下受到了很多家长与教师的重视，所以教师要积极发挥模拟上课比赛的价值，积极学习优秀教师高效的课堂模式，将"教研平台"当做学习的渠道，以自我主动学习与参与模拟上课比赛两种形式相结合，为自己教学能力的提升实时注入新鲜的血液。

【作者简介】

周昊，男，2011 年毕业于沈阳体育学院体育教育专业，同年参加工作至今，现任职于天津市滨海新区塘沽第一中学（初中校区），体育与健康学科。曾获天津市"阳光体育"先进教师称号，天津市基本功大赛个人一等奖，参与国家级及市级课题研究，承担滨海新区教师发展中心的部分教研活动，致力于打造线上精品教研活动，以提高体育教师专业素质。

【参考文献】

[1] 试课 . 百度百科（baidu.com）[EB/OL]. 2022(01)

[2] 孙涛，陈松，周燕，张连霞，苟海峰 . 教师的课堂教学能力发展研究 - 教师教学能力发展研究科研成果集（第十一卷）[D]. 2017(11)

云端课堂 "艺" 彩绽放
——"面点飘香寓意深 传统文化有传承"——花馍面塑校本教研案例

马燕　冯会

一、教研背景

线上线下教学方式的切换，对教研的组织、管理与实施等方面提出了诸多挑战，同时也为教师提升信息素养和信息化教研能力带来了难得的机遇。双线切换背景下，有效利用信息技术和网络资源开展线上教学活动，确保线上教学与线下教学等质同效是亟待解决的问题。为此，美术学科组在本学期初（2021—2022 学年第二学期），进行了深入研讨，在综合分析线上教学利和弊的基础上，深入挖掘中国优秀传统文化美育资源，结合 Steam 教育理念，充分利用天津市基础教育网络教研平台和网络资源组织教研。组内教师借助信息化手段开展线上教学，适时调整教学内容和方式，力求打破学科壁垒促进学科融合，以实现美术课程线上线下的顺利切换，更好地"培养德、智、体、美、劳全面发展的社会主义事业的建设者和接班人"。本文以"面点飘香寓意深 传统文化有传承——花馍面塑"为的主题的校本教研案例为例，阐述学科组的探索成果。

二、教研教学实践策略与路径

（一）探究传统文化传承途径 确立教学主题

陶行知先生说，"生活即教育"。当我们的教学地点由课堂转入家庭时，学习与生活的边界变得模糊，师生教与学的体验也随之发生了改变。线上教学摆脱了时空的局限，促进了学习方式的多样化，为学生实践提供了有利条件，主要包括：①各种工具材料的获取更加便捷，拓宽了学习材料的广泛性；②可以得到家人的参与和指导；③学习实践不受课堂的局限，时间更加灵活。在此基础上，学科组内教师共同研讨，最终确立了题为"面点飘香寓意深 传统文化有传承——花馍面塑"的主题式探索课程。

花馍也称面花，是中国民间面塑品，是我国民间艺术的奇葩，被评为国家第二批非物质文化遗产。据史料记载，早在汉代就有了花馍制作的记载。逢年过节，老人过寿，小孩满月、过岁，婚丧嫁娶，在农村有制作花馍作为赠送礼品的古老乡俗。现如今，山西、陕西等地依旧保有在重要节日制作花馍的习俗。花馍造型多样，颜色丰富，寓意吉祥，寄寓着人们对美好生活的向往，蕴含着深刻的美学智慧，体现着民间的传统文化与内涵。

因此，学习制作花馍，不仅能够丰富生活技能，提高动手能力，提升审美能力和造型能力，同时还能传承非物质文化遗产，弘扬中华美育精神和传统美德，发挥隐性教育和显性教育的协同育人效应，推动课程思政融入美术课堂教学，实现德、智、体、美、劳的共同发展。

（二）融合信息化教学手段 提高教学效率

线上教学除了要对信息技术进行有效应用外，更加要注重网络教学资源的融合与利用，这也是提升学科教学有效性的必然要求。天津市基础教育网络教研平台、人教智慧教育平台，有丰富教学资源，精品课、教案、微课涵盖了全学段所有学科。通过观摩学习优质课，研学优质教案，能够生发课程设计灵感。课例中好的教学活动设计，新颖的多媒体使用方式，巧妙的微课设计都能够成为教学设计的优质储备资源。优质的教学资源是有效性的载体，通过对平台上的资源进行有机整合，在线上教学中，美术组内教师先后使用了QQ语音、腾讯会议、腾讯课堂等方式组织教学，利用希沃白板、微课制作，丰富课堂形式，借助微信小程序"每日交作业"等手段收集学生作品。

以蒸花馍课程为例，本节课利用腾讯会议组织线上教学。腾讯会议可以实现教师头像与课件的实时共享，实现语音与文字对话同频进行。当一位学生用语音回答问题的时候，其他同学可以将自己的答案用文字回复在公屏上，这样老师不仅可以及时了解到学生的学习情况，而且能有效提高线上课堂学生的参与感和师生间的互动感。

导入环节，利用希沃白板设计面食探索地图和路线，了解我国面食文化，提升文化自豪感。同时，借助引导语言，烘托课堂气氛。"本节课来到陕西，让我们一起来探索陕西的特色面食——花馍"，增加线上课堂的趣味，提升学生学习兴趣。

新授环节，利用希沃白板的蒙层和遮罩功能丰富教学活动，增加线上教学的互动感。

例如，在讲解花馍类别的时候，先出示图片引导学生观察并猜测，再通过橡皮擦擦除蒙层显示相应类别。利用微课讲解花馍的制作步骤，突破教学重难点，提高学生实践效率。即使学生在学习过程中未听清或者未及时记录重要步骤，也可通过微课再次学习，有效保证了线上教学质量。

教师开展线上教学往往容易忽视实践环节，学生是否能够运用所学知识指导实践是检验课程成效的重要衡量标准。对于蒸花馍这节课来说，课程中涉及了面粉与水、面粉与酵母的配比，还有醒发和蒸制时长，以及多种制花方法等多个细碎的知识点。如果只是通过课上学习，很难完全掌握。微课的优势在此时得以体现，教师可以通过 QQ 群分享微课视频供学生反复学习加深记忆。

（三）充分挖掘线上教学资源 拓宽学习渠道

线上学习，使学习资源不再局限于单一的教材，充分利用立体化、多样化的线上资源，有利于丰富学生自主学习手段。以蒸花馍这节课为例，课上时间有限，只能向学生展示几种花馍的制作方法，学习平台的推荐就可以有效弥补课堂的时间局限。通过推荐学习平台或视频链接让学生自学动物花馍、组合花馍的制花方法。此外，随着各种短视频 APP 的流行，还可以向学生推荐博主，供学生自主学习。

（四）实时追踪学生实践成果 丰富反馈形式

线上教学使师生间的互动减少，为及时了解学生的学习情况和学习效果，进一步促进师生互动和生生互动，我们利用 QQ 群、投票小程序、问卷星等形式，收取学生作品。在蒸花馍一课中，通过 QQ 群收集学生的花馍作品及制作花馍的过程视频。学生可以利用醒发、蒸制等时间间歇在 QQ 群内上传照片，或者分享自己遇到的问题，教师及时给予线上解决，快速便捷。在学生上传的过程中，教师和学生可以通过 QQ 群看到学生的作品及制作过程，并通过 QQ 群投票小程序，进行线上评比，师生间进行点评，选出优秀作品，以实现师生互动、生生互动。

三、教研实践成效

（一）弘扬中华美育精神 坚定文化自信

中华优秀传统文化是中华民族历经数千年在不断探索中逐渐形成的，一方面承载着中国文化的血脉，另一方面延续着中华民族的审美特点和审美心理，其中蕴含丰富的美育资源、审美形式和美学追求。从中华优秀传统文化中选取教学主题，可以让优秀传统文化在新的载体上得以传承和发展，这既是增强学生文化自信的有效途径，更是传承优秀文化的可行之路。

花馍主题课程中，学生在材料准备阶段就表现出了浓厚的兴趣，由此可见，本次选题是成功的。课堂上学生学习并了解了花馍的历史文化、发展历程以及相关制作工艺，亲自参与到各种花样面点的制作与创新，在潜移默化间延续了我国的优良传统文化，感受了传统民间美学的艺术熏陶，审美能力和造型能力也得到了提升。

（二）美育促进德育 推动课程思政

美育者，应用美学之理论于教育，以陶养感情为目的者也。中国的美育思想一贯重视美育陶养感情，强调在感性体验中实现教化目的。由此可见，美育可视作树立良好道德品质的基本通路。以花馍主题课程为例，花馍既是一种民间艺术形式，同时又体现着中华民族的意识形态。在了解花馍历史渊源和文化特征时，花馍中所投射的中国传统伦理观念，如尊老爱幼、睦邻友好，会潜移默化的影响学生，从而实现寓价值观引导于知识传授和能力培养的美育要求，帮助学生塑造正确的世界观、人生观、价值观。最终使美术课程和思政课程同向同行，将显性教育与隐性教育相统一，形成以美育促德育的经常性通路，推动学科思政一体化建设，进一步落实立德树人的根本任务。

（三）提升劳动技能 点亮成长底色

为更好地了解本次课程的实施成效，组内教师精心设计了调查问卷。结果显示，87.1%的学生掌握了花馍的制作方法；46.1%的学生通过老师课上推荐的网络平台学习到了更多的花馍制花方法；70.6%的学生学习后会主动参与到面点制作的活动中。调查结果说明"蒸花馍"主题式探索课程，能够有效提升学生的劳动技能，有助于培养学生良好的劳动意识和劳动习惯，同时还激发了学生主动参与劳动的意愿。在美育中渗透劳动教育，长此以往，有助于学生理解劳动对于个人生活、家庭幸福的意义；有助于培养生活自理能力、家庭责任感；有助于养成良好的劳动习惯和品质，树立自立自强的意识。

（四）跨学科主题教学 多课程协同育人

"蒸花馍"主题式探索课程中，充分运用了 Steam 教育理念，将不同领域的学科知识进行整合，打破了学科之间的壁垒，实现了学生的综合发展。

在制作过程中，通过搓、擀、压、夹、剪等方式，结合学生新奇的构思进行造型，有效提升了学生的动手能力和造型能力，充分培养了学生的创新精神和创造能力，潜移默化间传承了优秀传统文化，实现了美术与劳技两门学科的融合。

在成果展示环节，需借助信息化手段进行展示，学生要将自己录制的制作片段编辑成视频，这就需要学生运用学过的视频制作知识来完成。学生们充分利用信息学科学习的剪辑软件，认真制作，大显神通，通过图片和视频的形式展示了花馍制作成果，实现了美术与信息技术学科的联动。视频中他们有的化身大厨、有的随性自然、有的稍显手忙脚乱，学生们的作品或稚拙、或粗狂、或精致，一幅幅生动的画面，一段段剪辑的视频，彰显着学生们的性格特点和蓬勃朝气。

（五）美育助推心育 呵护健康成长

线上学习期间，长时间面对电脑，容易出现疲惫、焦虑、懈怠等情绪状态，学生的心理健康问题凸显。同时，居家学习对亲子关系提出了又一次挑战，很多家长反馈，居家学习过程中亲子关系不断激化，出现一系列问题。动手类实践活动，可以使学习场景更加多元化，使学生在轻松愉快的制作过程中放松心情，有效的缓解连续网课带来的疲惫感。同时，在家人的陪伴下制作花馍，更能提升学生的成就感。在此过程中，家长参与指导，增进了亲子关系，实现了家校协同育人，丰富了课程的实践意义。

（六）线上线下融合协同 构建高效教学模式

线上线下教学方式的切换，使在校学习为主、线上教学为辅的教学方式，急速转变成了居家学习、线上课堂、在校学习三者统筹融合的教学方式，形成了线上线下融合式教育模式。如何促使线上线下高质高效衔接，是对融合式教育模式提出的新议题。以花馍主题课程为例,线上课堂学习单个花馍的制作方法,积累知识及操作技巧,线下课堂以学习小组为单位进行项目式学习,制作组合花馍,形成线上支持线下,线下赋能线上的增效机制,使二者优势互补,相辅相成。

四、结语

经过学科组内教师的不断深入验证和大胆创新,组内教师探索出的主题式探索课程,在线上课堂初获成功。丰富的网络资源以及新颖线上教学手段经过筛选与整合融入教学设计,丰富了学生的线上学习体验,为线上课堂焕发了新的活力,同时也为顺利衔接线下教学提供了基础支撑。

对于教师而言,此次探索形成了以中国优秀传统文化为桥梁,促进"五育融合"的通路。道阻且长,终点即是新的起点,如何构建弘扬中华美育精神、落实课程思政一体化、实现多课程协同育人的美育育人体系,让落实"五育并举"的主题式探索课程成为常态化课程,需要我们进一步探索与实践。

【作者简介】

马燕,天津外国语大学附属滨海外国语学校,初中美术教师。

冯会,天津外国语大学附属滨海外国语学校,初中美术教师。

后　记

历经一年，《天津市中小学优秀线上教学教研案例集》（以下简称"案例集"）终于能与大家见面。上下两册书凝聚着112名作者、44名指导教师、14名编者的智慧和心血。

本书是天津市教育学会"十四五"重点课题"区域网络学习空间支持下在线教研实施策略研究"（课题编号：KT-［十四五］-301-ZD-2102）研究成果的重要组成部分。案例集酝酿之初，正值2022年线上教学期间。天津市中小学教师、教研员充分利用互联网与数字化资源开展了卓有成效的线上教学、教研的探索与实践。对于教育的数字化有了更深刻的理解，并且在实践中探索出新的数字化教学模式。这对于数字化背景下线上与线下教育的融合发展起到至关重要的作用。本书的出版将为课题的进一步深入研究提供有力的支撑。

在本书出版之际，特别感谢天津市教育科学研究院课程教学研究中心赵福楼主任对教学、教研数字化工作一直以来的大力倡导和悉心指引，对本案例集提供的指导；感谢天教科院课程教学研究中心沈婕、赵诗辉、周蓉几位主任对线上教研工作的大力支持；感谢案例集编者团队所有编委在本书编撰过程中做的大量审稿、修改和组织工作；感谢每位参与此书编写的教研员、教师的倾情付出；感谢天津市中小学网络学习空间人人通平台提供的技术支持与服务。

教育的数字化转型是大势所趋，既是机遇，也是挑战。愿与所有教育同仁一起，为应信息技术发展，推教育变革和创新而努力！

郝捷

2023 年 5 月